"十二五"普通高等教育本科国家级规划教材

"十四五"普通高等教育本科规划教材

供基础、临床、护理、预防、口腔、中医、药学、医学技术类等专业用

医学寄生虫学

Medical Parasitology

（第5版）

主　编	刘佩梅　诸欣平
副主编	张唯哲　杜娈英　胡立志　刘明社　郑小莉　吴玉龙

编　委　（按姓名汉语拼音排序）

蔡国斌（武汉大学基础医学院）	万巧凤（宁夏医科大学基础医学院）
杜娈英（承德医学院基础医学院）	王卫杰（河北医科大学基础医学院）
宫梓琳（佳木斯大学基础医学院）	吴玉龙（滨州医学院基础医学院）
郭俊杰（齐齐哈尔医学院医学技术学院）	闫　艳（包头医学院基础医学与法医学院）
胡立志（天津医科大学基础医学院）	杨　彪（沈阳医学院基础医学院）
黄学贵（遵义医科大学基础医学院）	鱼艳荣（北京大学基础医学院）
李士根（济宁医学院基础医学院）	战廷正（广西医科大学基础医学院）
刘光英（福建医科大学基础医学院）	张　静（重庆医科大学基础医学院）
刘红丽（山西医科大学基础医学院）	张唯哲（哈尔滨医科大学基础医学院）
刘明社（长治医学院基础医学部）	张晓丽（哈尔滨医科大学基础医学院）
刘佩梅（天津医科大学基础医学院）	赵海龙（青海大学医学院）
毛樱逾（西南医科大学基础医学院）	郑　斌（新乡医学院基础医学院）
木　兰（内蒙古医科大学基础医学院）	郑小莉（西南医科大学基础医学院）
彭小红（桂林医学院基础医学院）	周必英（遵义医科大学基础医学院）
秦元华（大连医科大学基础医学院）	周怀瑜（山东大学基础医学院）
佘俊萍（西南医科大学基础医学院）	诸欣平（首都医科大学基础医学院）
孙希萌（首都医科大学基础医学院）	

秘　书　任继玲（天津医科大学基础医学院）

北京大学医学出版社

YIXUE JISHENGCHONGXUE

图书在版编目（CIP）数据

医学寄生虫学 / 刘佩梅，诸欣平主编．—5版．—北京：北京大学医学出版社，2024.8（2025.8重印）
ISBN 978-7-5659-3158-1

Ⅰ．①医… Ⅱ．①刘…②诸… Ⅲ．①医学－寄生虫学－高等学校－教材 Ⅳ．①R38

中国国家版本馆CIP数据核字（2024）第106529号

医学寄生虫学（第5版）

主　　编：刘佩梅　诸欣平
出版发行：北京大学医学出版社
地　　址：（100191）北京市海淀区学院路38号　北京大学医学部院内
电　　话：发行部 010-82802230；图书邮购 010-82802495
网　　址：http://www.pumpress.com.cn
E-mail：booksale@bjmu.edu.cn
印　　刷：北京瑞达方舟印务有限公司
经　　销：新华书店
责任编辑：孙敬怡　　责任校对：靳新强　　责任印制：李　啸
开　　本：850 mm×1168 mm　1/16　印张：23　插页：4　字数：670千字
版　　次：2003年2月第1版　2024年8月第5版　2025年8月第3次印刷
书　　号：ISBN 978-7-5659-3158-1
定　　价：55.00元
版权所有，违者必究
（凡属质量问题请与本社发行部联系退换）

第 5 轮修订说明

国务院办公厅印发的《关于加快医学教育创新发展的指导意见》提出以新理念谋划医学发展、以新定位推进医学教育发展、以新内涵强化医学生培养、以新医科统领医学教育创新，要求全力提升院校医学人才培养质量，培养仁心仁术的医学人才，发挥课程思政作用，着力培养医学生救死扶伤精神。《教育部关于深化本科教育教学改革全面提高人才培养质量的意见》要求严格教学管理，把思想政治教育贯穿人才培养全过程，全面提高课程建设质量，推动高水平教材编写使用，推动教材体系向教学体系转化。《普通高等学校教材管理办法》要求全面加强党的领导，落实国家事权，加强普通高等学校教材管理，打造精品教材。以上这些重要文件都对医学人才培养及教材建设提出了更高的要求，因此新时代本科临床医学教材建设面临更大的挑战。

北京大学医学出版社出版的本科临床医学专业教材，从 2001 年第 1 轮建设起始，历经多轮修订，高比例入选了教育部"十五""十一五""十二五"普通高等教育国家级规划教材。本套教材因骨干建设院校覆盖广，编委队伍水平高，教材体系种类完备，教材内容实用、衔接合理，编写体例符合人才培养需求，实现了由纸质教材向"纸质+数字"的新形态教材转变，得到了广大院校师生的好评，为我国高等医学教育人才培养做出了积极贡献。

为深入贯彻党的二十大精神，落实立德树人根本任务，更好地支持新时代高等医学教育事业发展，服务于我国本科临床医学专业人才培养，北京大学医学出版社有选择性地组织各地院校申报，通过广泛调研、综合论证，启动了第 5 轮教材建设，共计 53 种教材。

第 5 轮教材建设延续研究型与教学型院校相结合的特点，注重不同地区的院校代表性，调整优化编写队伍，遴选教学经验丰富的学院教师与临床教师参编，为教材的实用性、权威性、院校普适性奠定了基础。第 5 轮教材主要做了如下修订：

1. 更新知识体系

继续以"符合人才培养需求、体现教育改革成果、教材形式新颖创新"为指导思想，坚持"三基、五性、三特定"原则，对照教育部本科临床医学类专业教学质量国家标准，密切结合国家执业医师资格考试、全国硕士研究生入学考试大纲，结合各地院校教学实际更新教材知识体系，更新已有定论的理论及临床实践知识，力求使教材既符合多数院校教学现状，又适度引领教学改革。

2. 创新编写特色

以深化岗位胜任力培养为导向,坚持引入案例,使教材贴近情境式学习、基于案例的学习、问题导向学习,促进学生的临床评判性思维能力培养;部分医学基础课教材设置"临床联系"模块,临床专业课教材设置"基础回顾"模块,探索知识整合,体现学科交叉;启发创新思维,促进"新医科"人才培养;适当加入"知识拓展"模块,引导学生自学,探索学习目标设计。

3. 融入课程思政

将思政元素、党的二十大精神潜移默化地融入教材中,着力培养学生"敬佑生命、救死扶伤、甘于奉献、大爱无疆"的医者精神,引导学生始终把人民群众生命安全和身体健康放在首位。

4. 优化数字内容

在第4轮教材与二维码技术结合,实现融媒体新形态教材建设的基础上,改进二维码技术,优化激活及使用形式,按章(或节)设置一个数字资源二维码,融知识拓展、案例解析、微课、视频等于一体。

为便于教师教学、学生自学,编写了与教材配套的PPT课件。PPT课件统一制作成压缩包,用微信"扫一扫"扫描教材封底激活码,即可激活教材正文二维码,导出PPT课件。

第5轮教材主要供本科临床医学类专业使用,也可供基础、护理、预防、口腔、中医、药学、医学技术类等开设相同课程的专业使用,临床专业课教材同时可作为住院医师规范化培训辅导教材使用。希望广大师生多提宝贵意见,反馈使用信息,以便我们逐步完善教材内容,提高教材质量。

序

医学关乎人类生命的存在与繁衍，医学卫生事业的发展涉及国家安全、经济发展、社会文明和人民福祉。医者德为先，能为重，技为精。医学教育应既科学、严谨、规范，又充满温情与关怀。"健康中国"的美好愿景与目标，激励着医务工作者为之奋斗。医学教育要坚守为国育才、立德树人的根本任务，落实《关于深化新时代学校思想政治理论课改革创新的若干意见》《高等学校课程思政建设指导纲要》《教育部关于深化本科教育教学改革全面提高人才培养质量的意见》《关于深化医教协同进一步推进医学教育改革与发展的意见》《关于加快医学教育创新发展的指导意见》等文件精神，以适应我国"大医学、大卫生、大健康"的发展需求，为"健康中国"筑牢人才基础。

近年来，高等院校探索新医科建设，推进现代医学教育教学新模式，坚持以人和健康为中心，建立健全覆盖生命全周期和健康全过程、"促防诊控治康"一体化的人才培养体系，高度重视身心、社会、环境等要素，融通医工理文学科，提升新时代医学生的整体素养；运用现代数字信息技术，增强情境化教学，加强临床实践教学，有效地提高了学生专业胜任力。同时，高等院校深化落实党和国家关于加强大学生思想政治教育的指示精神，将思想政治教育贯穿于人才培养体系和课程教学，使习近平新时代中国特色社会主义思想进课堂、入头脑，培养人民群众满意的、医术精湛的社会主义卫生健康事业接班人。

北京大学是经历过百年洗礼的老校，为我国建设和发展做出了杰出贡献，与全国医学教育界的同道们共同努力，在医学教育教学研究、教师培养、教材建设、实践教学规范等多方面不断改革创新。北京大学医学出版社秉承医学教育宗旨，落实党和国家对教材建设的要求和任务，立足北大医学，服务全国高等医学教育，与各院校教师一起不懈努力，打造精品教材，以高质量完成课程教学活动的"最后一公里"。本套本科临床医学专业教材是在教育及卫生健康部门领导的关心指导下，由医学教育专家顶层设计，北京大学医学部携手全国各兄弟院校群策群力、共同建设的成果。本套教材多年来与高等医学教育改革相伴而行，与时俱进，历经多轮修订，体系日趋完善，符合专业要求，编写队伍与院校构成合理，编写体例不断优化创新，实现了纸质教材与数字教学资源结合的精品新形态教材建设。实践证明，这套教材满足本科医学教育的专业标准要求，在适应多数院校的教学能力与资源的情况下，能很好地引导、深化专业教学，已成为本科医学人才培养的精品教材，为我国高等医学教育事业发展做出了突出贡献。

第5轮教材建设坚持以习近平新时代中国特色社会主义思想为指引，积极探索思政元素融入教材，落实立德树人根本任务，坚持现代医学教育理念，体现生命全周期、健康全覆盖的整体要求，与相关学科恰当融合，全面更新了医学知识和能力体系，体现了"中国本科医学教育标准—临床医学专业（2022）"的要求，配合教学模式与方法的改革，吸收"金课程"建设经验，优化教材体例，融入医学文化，重视中华医学文明，强调适用、实用，行稳致远，开创新局，锤炼精品。

在第 5 轮教材出版之际，欣为之序。相信第 5 轮教材的高质量建设一定会为我国新时代高等医学教育人才培养和健康中国事业发展做出更大贡献。

前　言

　　高水平、高质量的医学教育既是办好人民满意教育的重要组成部分，也是医疗卫生事业改革发展的重要支撑。随着我国医药卫生体制改革的不断深入，对高等医学教育改革也提出了更高的要求。探索如何培养适应国家需要、人民满意的高质量、高水平医学人才是当前医学教育的首要任务。

　　在教育部、国家卫生健康委员会（以下简称"卫健委"）关于医学教育改革精神的指导下，我们联合国内多所医学院校，编写了第5版《医学寄生虫学》本科教材。

　　为达到教育部和卫健委对本科医学人才培养的要求，本教材以符合人才培养需求为纲领、体现教育改革成果、创新教材形式；以深化岗位胜任力培养为导向，体现医学人文、职业素质和临床能力培养；以基础与临床融合为原则；采用以问题为导向的启发式、研讨式教学方法改革，突出应用。本教材以案例形式引导学生掌握各章节的重点、难点，着力培养医学生临床思维能力和运用基础理论解决临床实际问题的能力。

　　此外，为适应教育信息化转型，本教材将传统出版与数字技术有机融合，增加了数字教学资源模块，实现以纸质内容为核心、数字教学资源为辅助的新形态教材建设。

　　本版教材编写广泛收集了对第4版教材的意见，特别是征询了已毕业且在临床工作的毕业生的意见或建议，在保留第4版教材优势的基础上，力争使本版教材突出三基（基础理论、基本知识、基本技能）、五性（思想性、科学性、先进性、启发性和适用性），符合人才培养目标。此次新版教材编写凝聚了全体编写人员多年的临床与教学经验和智慧，经历了较长时间，付出了大量精力，我们力求将第5版教材编出特色，体现高质量和高水平。但限于水平和其他诸多因素影响，书中可能还会有不足或疏漏之处，敬请广大师生给予批评指正。

刘佩梅

目 录

第一篇 总论

第一章 寄生、寄生虫与宿主的概念 …… 3
一、寄生 …… 3
二、寄生虫及其类别 …… 3
三、宿主及其类别 …… 4
四、寄生生活对寄生虫的影响 …… 4

第二章 寄生虫的生物学 …… 6
一、寄生虫的生活史及其类型 …… 6
二、寄生虫的营养与代谢 …… 6
三、寄生虫的分类及命名 …… 7

第三章 寄生虫与宿主的相互作用 …… 9
一、寄生虫对宿主的作用 …… 9
二、宿主对寄生虫的作用 …… 10
三、宿主与寄生虫相互作用的结果 …… 10

第四章 寄生虫感染的免疫 …… 11
一、寄生虫抗原 …… 11
二、免疫应答的类型及特点 …… 12
三、免疫逃逸 …… 14
四、免疫病理 …… 14

五、寄生虫感染对宿主的免疫调节 …… 15

第五章 寄生虫感染与寄生虫病的特点 …… 16
一、急性感染 …… 16
二、慢性感染与隐性感染 …… 16
三、多重感染 …… 17
四、幼虫移行症和异位寄生 …… 17

第六章 寄生虫的危害 …… 19
一、寄生虫对人类健康的影响 …… 19
二、寄生虫对社会经济发展的影响 …… 20

第七章 寄生虫病的流行与防治 …… 22
一、寄生虫病流行的基本环节 …… 22
二、影响寄生虫病流行的因素 …… 23
三、寄生虫病的流行特点 …… 24
四、寄生虫病防治的基本措施 …… 24
五、新现与再现寄生虫病和食源性寄生虫病 …… 25
六、我国寄生虫病防治的成就、现状与任务 …… 26

第八章　医学寄生虫学研究和发展 …… 27

一、寄生虫病诊断技术 …… 27
二、寄生虫的抗药性研究 …… 28
三、寄生虫病疫苗 …… 29
四、寄生虫基因组学、蛋白质组学、转录组学的研究进展与趋势 … 29

第二篇　医学原虫学

第九章　医学原虫学概论 …… 33

第十章　阿米巴 …… 39

第一节　溶组织内阿米巴 …… 39
第二节　其他消化道阿米巴 …… 46
一、迪斯帕内阿米巴 …… 46
二、结肠内阿米巴 …… 46
三、哈门内阿米巴 …… 46
四、微小内蜓阿米巴 …… 47
五、布氏嗜碘阿米巴 …… 48
六、齿龈内阿米巴 …… 48
第三节　致病性自生生活阿米巴 …… 49
棘阿米巴 …… 49

第十一章　鞭毛虫 …… 53

第一节　杜氏利什曼原虫 …… 53
第二节　锥虫 …… 58
一、布氏冈比亚锥虫与布氏罗得西亚锥虫 …… 58
二、克氏锥虫 …… 60
第三节　蓝氏贾第鞭毛虫 …… 62
第四节　阴道毛滴虫 …… 66
第五节　其他毛滴虫 …… 69
一、人毛滴虫 …… 69
二、口腔毛滴虫 …… 69
三、脆弱双核阿米巴 …… 70
第六节　致病性自生生活鞭毛虫 …… 71

第十二章　孢子虫 …… 75

第一节　疟原虫 …… 75
第二节　刚地弓形虫 …… 91
第三节　隐孢子虫 …… 97
第四节　其他孢子虫 …… 101
一、肉孢子虫 …… 101
二、贝氏等孢球虫 …… 103

第十三章　人芽囊原虫 …… 107

第十四章　纤毛虫 …… 110

结肠小袋纤毛虫 …… 110

第三篇　医学蠕虫学

第十五章　吸虫 …… 115

第一节　概论 …… 115
第二节　华支睾吸虫 …… 119
第三节　布氏姜片吸虫 …… 124
第四节　肝片形吸虫 …… 126
第五节　并殖吸虫 …… 128
一、卫氏并殖吸虫 …… 128
二、斯氏并殖吸虫 …… 132

第六节　血吸虫 ………………… 134
第七节　其他人体寄生吸虫 ………… 146
　一、异形吸虫 ………………… 146
　二、棘口吸虫 ………………… 148

第十六章　绦虫 …………… 151

第一节　概论 …………………… 151
第二节　链状带绦虫 …………… 156
第三节　肥胖带绦虫 …………… 161
第四节　亚洲带绦虫 …………… 163
第五节　细粒棘球绦虫 ………… 165
第六节　多房棘球绦虫 ………… 170
第七节　微小膜壳绦虫 ………… 172
第八节　缩小膜壳绦虫 ………… 174
第九节　曼氏迭宫绦虫 ………… 175
第十节　阔节裂头绦虫 ………… 179
第十一节　其他人体寄生绦虫 ……… 181
　一、克氏假裸头绦虫 ………… 181
　二、犬复孔绦虫 ……………… 182
　三、西里伯瑞列绦虫 ………… 183
　四、德墨拉瑞列绦虫 ………… 184
　五、线中殖孔绦虫 …………… 184
　六、司氏伯特绦虫 …………… 185
　七、水泡带绦虫 ……………… 186

第十七章　猪巨吻棘头虫 ……… 188

第十八章　线虫 …………… 191

第一节　概论 …………………… 191
第二节　似蚓蛔线虫 …………… 195
第三节　毛首鞭形线虫 ………… 198
第四节　蠕形住肠线虫 ………… 200
第五节　十二指肠钩口线虫和美洲板口线虫 ………… 202
第六节　丝虫 …………………… 210
　一、班氏吴策线虫与马来布鲁线虫 ………… 211
　二、旋盘尾线虫 ……………… 216
　三、罗阿罗阿线虫 …………… 217
第七节　旋毛形线虫 …………… 218
第八节　粪类圆线虫 …………… 223
第九节　广州管圆线虫 ………… 227
第十节　其他人体寄生线虫 ……… 230
　一、结膜吸吮线虫 …………… 230
　二、东方毛圆线虫 …………… 232
　三、美丽筒线虫 ……………… 233
　四、麦地那龙线虫 …………… 234
　五、棘颚口线虫 ……………… 235

第四篇　医学节肢动物学

第十九章　医学节肢动物学概论 ………… 241

　一、节肢动物的主要特征 …… 241
　二、医学节肢动物的主要类群 …… 241
　三、节肢动物生态 …………… 242
　四、医学节肢动物的危害 …… 244
　五、病媒节肢动物的判定 …… 246
　六、医学节肢动物的防制 …… 246

第二十章　昆虫纲 …………… 249

第一节　概述 …………………… 249
第二节　蚊 ……………………… 250
第三节　蝇 ……………………… 258
第四节　白蛉 …………………… 264
第五节　蠓 ……………………… 266
第六节　蚋 ……………………… 267
第七节　虻 ……………………… 268
第八节　蚤 ……………………… 269

第九节 虱 ………………………… 272
第十节 臭虫 ……………………… 273
第十一节 蠡蠓 …………………… 275

第二十一章 蛛形纲 ………… 280

第一节 概述 ……………………… 280
第二节 蜱 ………………………… 281
第三节 恙螨 ……………………… 286
第四节 疥螨 ……………………… 289
第五节 蠕形螨 …………………… 292
第六节 革螨 ……………………… 294
第七节 尘螨 ……………………… 296

附录 ……………………………… 300

附录1 各组织系统常见的人体
　　　寄生虫病 ……………… 300
附录2 医学寄生虫学专业词汇及
　　　解释 …………………… 302
附录3 医学寄生虫学检测技术 … 319
　一、病原学检测技术 ………… 319
　二、免疫学检测技术 ………… 331
　三、分子生物学检测技术 …… 336
附录4 常用抗寄生虫药 ………… 338

主要参考文献 …………………… 344

中外文专业词汇索引 …………… 346

彩图 ……………………………… 357

第一篇 总　论

医学寄生虫学（medical parasitology）是研究与医学有关的寄生虫及其与宿主关系的一门学科，是预防医学专业和临床医学专业的基础学科。医学寄生虫学研究的范围包括医学原虫学（medical protozoology）、医学蠕虫学（medical helminthology）和医学节肢动物学（medical arthropodology）。本学科通过研究医学寄生虫的形态结构、生长发育和繁殖规律及其与宿主和环境因素的相互关系，了解寄生虫病的发生、发展规律和发病机制。在此基础上，阐述寄生虫病的诊断方法、流行规律和防治原则，以期为控制和消灭寄生虫病提供基础理论。

第一章

寄生、寄生虫与宿主的概念

第一章数字资源

一、寄生

在自然界漫长的生物共进化过程中，各种生物之间形成了复杂的关系，凡两种生物生活在一起的生物学现象称为共生（symbiosis）。在共生现象中，根据两种生物之间相互依赖的程度和利害关系，可将其分为以下三种不同类型。

1. 共栖（commensalism） 指两种生物生活在一起，一方受益，另一方既不受益也不受害的关系。例如，结肠内阿米巴原虫生活在人体结肠肠腔内，人体为其提供了营养和生存环境，但它并无致病力，人体既不受害也不受益，两者是共栖关系。

2. 互利共生（mutualism） 指两种生物生活在一起，双方均受益的关系。例如，鞭毛虫生活在白蚁消化道内，为白蚁提供了消化木屑的酶类，将木屑的纤维素分解成白蚁所需的营养物质，而白蚁为鞭毛虫提供了生活场所和食物。如此，两者互相依赖，彼此受益。

3. 寄生（parasitism） 指两种生物生活在一起，一方受益，另一方受害的关系。在寄生关系中，受益的一方称为寄生物（parasite），若寄生物为动物则称为寄生虫；受害的一方称为宿主（host）。例如，牛带绦虫寄生于人体小肠内，以人消化和半消化的食糜为营养物质，造成人体营养不良。牛带绦虫作为受益的一方，即寄生虫；人体作为受害的一方，即宿主。

共栖、互利共生和寄生三种状态之间常没有明显界限，在特定情况下可以相互转化。

二、寄生虫及其类别

寄生虫的种类繁多，根据其与宿主的关系，可分为以下几种类型。

1. 体内寄生虫（endoparasite） 指寄生于宿主体内细胞、组织或器官的寄生虫。例如，刚地弓形虫寄生于宿主各种有核细胞内，旋毛虫幼虫寄生于宿主横纹肌组织，蛔虫寄生于宿主肠道，卫氏并殖吸虫寄生于宿主肺等。

2. 体外寄生虫（ectoparasite） 主要指寄生于宿主体表的寄生虫，如虱、蚤等。

3. 专性寄生虫（obligatory parasite） 指生活史的各个时期或某个阶段必须营寄生生活的寄生虫。例如，疟原虫有多个发育阶段，各个阶段都必须在人体或蚊体内生长、发育和繁殖，否则就不能完成其生活史；又如，钩虫的幼虫虽可在自然界营自生生活，但其必须侵入人体小肠，才能进一步发育为成虫。

4. 兼性寄生虫（facultative parasite） 有些寄生虫主要在外界营自生生活，但在某种情

况下可侵入宿主营寄生生活。例如，粪类圆线虫主要在土壤内营自生生活，但也可侵入人体，寄生于肠道营寄生生活。

5. 偶然寄生虫（accidental parasite） 指由于偶然机会进入非正常宿主体内寄生的寄生虫。如蝇偶可将卵产在人眼部的结膜囊内，由卵发育为幼虫（蛆），导致眼蝇蛆病。

6. 暂时性寄生虫（temporary parasite） 指取食时侵袭宿主，取食后即离去的寄生虫，如蚊、蜱等。

7. 长期性寄生虫（permanent parasite） 指成虫期必须营寄生生活的寄生虫，如猪带绦虫成虫只有寄生在人体小肠内才能生存。

8. 机会性致病性寄生虫（opportunistic parasite） 有些寄生虫在宿主免疫功能正常时处于隐性感染状态，但当宿主免疫功能低下时，虫体繁殖力及致病力增强，导致宿主出现临床症状，此类寄生虫称机会性致病性寄生虫，如刚地弓形虫、微小隐孢子虫等。

三、宿主及其类别

根据寄生虫不同发育阶段对宿主的需求，可将其分为以下几种。

1. 终宿主（definitive host） 指寄生虫成虫或有性生殖阶段寄生的宿主。如卫氏并殖吸虫成虫寄生于人或某些哺乳动物，人或这些动物即为卫氏并殖吸虫的终宿主。

2. 中间宿主（intermediate host） 指寄生虫的幼虫或无性生殖阶段寄生的宿主。若某种寄生虫生活史中需要两种或以上中间宿主，则依次称为第一、第二中间宿主。如华支睾吸虫有两种中间宿主，第一中间宿主为淡水螺，第二中间宿主为淡水鱼类。

3. 保虫宿主（reservoir host） 有些蠕虫成虫或原虫的某一发育阶段既可寄生于人，又可寄生于某些种类的脊椎动物。后者在一定条件下可将其体内的寄生虫传播给人，从流行病学角度来看，这些动物即为保虫宿主。例如，华支睾吸虫的成虫既可寄生于人，又可寄生于猫，猫即为该虫的保虫宿主。

4. 转续宿主（paratenic host，transport host） 某些寄生虫的幼虫侵入非适宜宿主后，并不能发育至成虫，仅能长期维持幼虫状态。只有当其有机会侵入适宜宿主体内时，才能继续发育为成虫。此种非适宜宿主即为该种寄生虫的转续宿主。例如，卫氏并殖吸虫的适宜宿主是人和犬等动物，野猪是其非适宜宿主。其童虫侵入野猪体内并不能发育为成虫，长期保留幼虫状态。如果人或犬生食或半生食含有此种幼虫的野猪肉，则童虫即可在两者体内发育为成虫。因此，野猪即为该虫的转续宿主。

四、寄生生活对寄生虫的影响

从自生生活过渡到寄生生活，生物体经历了漫长的演化过程。在两种生物建立寄生关系之前，作为寄生的一方无论是形态结构还是生理功能均需要做一些必要的调整，以适应从自生生活向寄生生活方式的转变，即要进行前适应（preadaptation）。最后，寄生的一方对被寄生一方的依赖性越来越强，乃至离开对方便无法生存。寄生生活对寄生虫的影响可以概括以下几个方面。

1. 形态结构改变 由于大多数体内寄生虫生活在营养丰富的环境中，能轻易获得营养及消化酶，也无需像营自生生活那样到处奔波觅食。因此，其消化器官和运动器官便逐渐退化或消失。例如，寄生于肠道内的绦虫（cestode），其消化器官完全消失，借助体壁的特殊结构吸收营养物质。有些虫种产生了特殊的附着器官，如寄生性扁虫（华支睾吸虫、卫氏并殖吸虫）的吸盘，绦虫顶部的小钩等。又如，顶复门和微孢子门中的寄生性原虫均不具备运动器官（纤毛），而营自生生活的虫种则均具有纤毛。

2．生理和代谢途径改变　由于寄生生活迫使寄生虫的生活模式发生了根本性改变，因此其生理和代谢途径也发生了改变。如寄生于消化道内的寄生虫具有抵抗宿主分泌的胃蛋白酶及胰蛋白酶的消化能力，能量代谢也由原先的有氧代谢变为糖酵解途径。大多数寄生虫无需再合成细胞内某些必需的成分，取而代之的是从宿主获取。寄生虫体内的某些酶类，自身也不再合成，改由宿主提供。

3．繁殖能力增强　寄生虫为维系种群延续需要极强的繁殖力，以利于进化选择。寄生虫的生殖方式多样，原虫以简单、快捷、高效的二分裂或多分裂无性生殖为主要的生殖方式，蠕虫以有性生殖为主，而有的则行两者兼而有之的世代交替（alternation of generation）方式。例如，牛带绦虫成虫虫体由1000～2000个节片构成，每个孕节片内含有8万～10万个虫卵；每条雌性蛔虫每天可产约20万个虫卵。

4．特殊入侵机制的形成　寄生虫在从自生生活变为寄生生活的过程中，为了增加侵入宿主的机会，形成了特有的入侵机制。例如，溶组织内阿米巴可借助自身合成的蛋白水解酶的作用穿透宿主肠壁组织，而共栖型结肠内阿米巴则不能合成此种酶。又如，日本血吸虫尾蚴头部钻腺能够分泌消化宿主皮肤的酶类，在这些酶类与虫体机械运动的共同作用下穿透皮肤进入宿主体内。

思 考 题

1．简述共生现象的三种类型并举例说明。
2．简述宿主的概念及类别并举例说明。

（刘佩梅）

第二章 寄生虫的生物学

第二章数字资源

一、寄生虫的生活史及其类型

1. 寄生虫的生活史 寄生虫完成一代生长、发育和繁殖的整个过程称寄生虫的生活史（life cycle）。寄生虫的整个生活史过程包括寄生虫的感染阶段、侵入宿主的途径、在宿主体内移行、到达的寄生部位、离开宿主的方式，以及发育过程中所需要的宿主（包括传播媒介）种类等。寄生虫完成生活史除需要适宜的宿主外，还受外界环境的影响。因此，了解和掌握寄生虫的生活史，不仅可以认识人体是如何感染某种寄生虫的，还可针对虫体生活史的某个发育阶段采取有效的防治措施。

2. 寄生虫生活史的类型 寄生虫的生活史具有多样化的特点，有些虫种的生活史比较简单，在完成生活史过程中仅需要一种宿主；有的则相当复杂，完成整个生活史除需终宿主外，还需要一种或两种中间宿主。根据寄生虫生活史是否需要中间宿主，可将其分为如下两种类型。

（1）直接型：有些寄生虫的生活史比较简单，在完成生活史过程中不需要中间宿主。如阴道毛滴虫（*Trichomonas vaginalis*）、蓝氏贾第鞭毛虫（*Giardia lamblia*）和溶组织内阿米巴（*Entamoeba histolytica*）等原虫在发育过程中不需要中间宿主，它们的生活史属于直接型。此外，有些蠕虫，如蛔虫和钩虫，它们的虫卵或幼虫在外界不需要中间宿主，即可直接发育至感染期，也属直接型生活史。在流行病学上，将具有此种类型生活史的蠕虫称为土源性蠕虫。

（2）间接型：有些寄生虫的生活史相对复杂，完成生活史需要中间宿主或媒介昆虫，即虫体只有在中间宿主或媒介昆虫体内发育至感染阶段后才能感染人体。如丝虫、旋毛虫和血吸虫等蠕虫的生活史均属此型。在流行病学上，又将它们称为生物源性蠕虫。

二、寄生虫的营养与代谢

1. 寄生虫的营养 各种寄生虫需要的营养成分基本相同，如糖类、蛋白质、脂肪、维生素、水、无机盐等。体内寄生虫可直接摄取宿主的组织、细胞和非细胞性物质，如血浆、淋巴液、体液以及宿主消化道内未消化、半消化或已消化的物质。具有消化道的蠕虫（如线虫），会经虫体消化道吸收宿主摄取的营养物质；消化道缺如的蠕虫（如绦虫），主要通过皮层（tegument）吸收营养物质；有胞口（cytostome）与胞咽（cytopharynx）的原虫（如结肠小袋纤毛虫），从胞口获取营养；有伪足（pseudopodium）的原虫（如溶组织内阿米巴）吞噬食物后在胞质内形成食物泡（food vacuole）再消化吸收；许多不能形成食物泡的原虫，则可通过表膜吸收营养，其转运方式包括简单扩散（simple diffusion）、易化扩散（facilitated diffusion）、主动转运（active transport）和胞吞（endocytosis）等。

2. 寄生虫的代谢　包括能量代谢和合成代谢两方面。寄生虫的能量主要通过糖酵解获得。寄生于红细胞内的疟原虫、寄生于肠道内的蓝氏贾第鞭毛虫和溶组织内阿米巴等主要通过乳酸酵解途径产生 ATP 来获得能量。部分能量则通过固定二氧化碳获得，业已发现寄生虫体内有两种固定二氧化碳的酶参与能量代谢，如苹果酸酶和磷酸烯醇式丙酮酸激酶。有些寄生虫也可以从氨基酸代谢获得能量，如溶组织内阿米巴先将甘氨酸转变为丙酮酸，再参与能量代谢；利什曼原虫在媒介昆虫体内的发育则利用脯氨酸作为能量代谢的来源。由于寄生环境及其含氧量的差异，寄生虫在能量转化过程中采取的呼吸方式也不同。例如，蛔虫的能量生成系统，包括从感染期幼虫的有氧呼吸至成虫的以延胡索酸接受电子的无氧呼吸的转换。感染期幼虫生活在氧分压高的外界环境中，进行有氧呼吸，即葡萄糖经酵解和三羧酸循环（tricarboxylic acid cycle，TAC）分解，生成大量 ATP。而当感染期幼虫进入人体之后，在氧分压相对较低的小肠内发育时，则进行延胡索酸呼吸以获得较高数量的 ATP。

寄生虫的合成代谢十分旺盛。虽然其生长、繁殖均需要大量蛋白质，但所需要的营养成分主要来自宿主。因此，大多数寄生虫的合成代谢种类十分有限。合成蛋白质所需要的氨基酸来自分解的食物、宿主组织中的蛋白质或摄取游离氨基酸；多数寄生虫缺乏完整的合成嘌呤的途径，而是依赖宿主体内丰富的碱基、核苷来适应嘌呤合成途径。有些寄生虫可自身合成嘧啶，如疟原虫和线虫。脂类物质亦主要来源于宿主。如寄生蠕虫大多不能合成胆固醇和不饱和脂肪酸，也缺乏从头合成脂类的能力。同样，多数原虫也不能合成胆固醇。

三、寄生虫的分类及命名

动物的分类系统，反映了自然界中各类动物从低级到高级进化过程中的相互亲缘关系。了解寄生虫的分类系统可以帮助人们比较全面、准确地认识各个虫群和虫种，追溯各种寄生虫演化的线索，以及寄生虫的生命过程及其危害。传统的寄生虫分类主要以形态学为依据，如细胞核的结构、运动细胞器类型等，这种分类方法有很大的片面性和局限性，不能反映一个物种的真正面貌，也很难解释种群间的亲缘关系。随着生物科技的发展，以及基于对低等动物的生物化学和分子生物学认识的进展，出现了新的分类系统。目前的分类已超出以往的形态学范围，而是基于生态学、遗传学、地理学与分子生物学多个领域相结合而形成的更为科学的分类系统。

按照传统的动物分类系统，寄生虫属于原生生物界的原生动物亚界的 3 个门，即肉足鞭毛门（Phylum Sarcomastigophora）、顶复门（Phylum Apicomplexa）和纤毛门（Phylum Ciliophora），以及动物界中无脊椎动物的 4 个门，即扁形动物门（Phylum Platyhelminthes）、线形动物门（Phylum Nemathelminthes）、棘头动物门（Phylum Acanthocephala）和节肢动物门（Phylum Arthropoda）。医学上，将原生动物称为原虫；将扁形动物和线形动物统称为蠕虫；与医学有关的节肢动物，习惯上也将之称为医学昆虫，是指身体具有外骨骼、分节，有成对附肢的一类动物。尽管有关寄生虫的分类系统尚有争议，相信随着分类手段的进步，寄生虫的分类会逐步清晰和更为科学。

寄生虫的命名遵循动物命名的双名法（binomial nomenclature，又称二名制），即学名（scientific name）由属名和种名组成，采用拉丁文或拉丁化的文字表示，属名（genus name）在前，第 1 个字母大写，种名（species name）在后，如有亚种名，则放在种名之后；种名和亚种名之后是命名者的姓与命名的年份。例如，日本血吸虫的学名为 *Schistosoma japonicum*

Katsurada，1904，表明该虫是由 Katsurada 于 1904 年命名的。

思 考 题

何为寄生虫生活史？试述寄生虫生活史的多样性和复杂性并举例说明。

(诸欣平)

第三章 寄生虫与宿主的相互作用

第三章数字资源

一旦与宿主建立起寄生关系，寄生虫在入侵、移行、定居、生存过程中，必然会对宿主的局部组织和器官，乃至全身造成不同程度的损害，同时也必然会受到宿主非特异性和特异性免疫应答的作用，并诱发宿主产生正常或病理性免疫应答。寄生虫与宿主之间的关系推进了彼此的演化过程。当宿主的防御功能提高时，寄生虫通过产生相应的免疫逃逸机制来逃避宿主的防御功能。此外，宿主的种群演化也受到寄生虫的影响，比如在恶性疟流行严重的西非，镰状细胞基因携带者约占种群的24%，这些携带者能免死于儿童期疟疾。

一、寄生虫对宿主的作用

寄生虫可造成宿主细胞和组织的损伤，其引起感染的能力称致病性（pathogenicity）。致病性的强弱程度称毒力（virulence），不同种类的寄生虫对宿主的致病作用及相关机制不尽相同，归纳起来有以下三种。

1. 机械性损伤 寄生虫在入侵、移行或定居过程中可对宿主局部组织器官造成一系列的损伤。一般分为：①直接损伤组织，如钩虫的丝状蚴侵入人体皮肤时引起皮炎，成虫寄生于人体小肠，借其钩齿或板齿咬附在肠黏膜上，造成黏膜的散在性出血点、小溃疡等。②堵塞腔道，如大量蛔虫寄生于人体小肠，可扭结成团造成肠梗阻。③压迫组织、器官，如寄生于肝内囊状的细粒棘球蚴，可压迫胆道，引起黄疸；若寄生于脑，可引起颅内压增高症状。④破坏被寄生的细胞，如疟原虫、利什曼原虫和弓形虫等细胞内寄生性原虫，因其在细胞内大量繁殖可造成细胞破裂。

2. 化学毒物作用和免疫病理损害 寄生虫的分泌物、排泄物或死亡虫体的崩解物和被损伤宿主组织的分解产物等，均可作为毒物或抗原物质对宿主产生毒性作用，造成局部组织器官或全身损伤。如溶组织内阿米巴分泌的蛋白水解酶能够破坏肠黏膜局部组织，造成溃疡。蛔虫寄生可引起全身荨麻疹。寄生虫的虫体抗原成分，除可刺激宿主机体产生保护性免疫应答外，还可引起免疫病理反应，造成宿主组织器官形态和功能的改变。如血吸虫虫卵沉积于肝，由其分泌的可溶性虫卵抗原可引起虫卵肉芽肿，造成肝硬化。

3. 夺取营养 寄生虫在宿主体内存活，所需营养物质绝大部分来自宿主，例如，寄生于小肠内的蛔虫以宿主消化和半消化的食糜为营养。如若寄生的虫数很多时，则可造成宿主营养不良。又如，寄生于小肠内的钩虫通过吸血使宿主丧失蛋白质和铁质，造成缺铁性贫血。阔节裂头绦虫选择性地摄取消化道内的维生素 B_{12}，导致部分患者产生巨幼细胞贫血。

二、宿主对寄生虫的作用

宿主作为受害的一方，必然会对寄生虫的入侵进行抵抗，综合防御作用是宿主抵抗寄生虫的重要机制。其主要表现为物理与生物化学屏障作用、非特异性免疫应答和特异性免疫应答。宿主的皮肤、黏膜、胎盘、体液（如胃酸）等生理屏障作用，以及细胞吞噬作用、炎症反应、补体作用等均可抵御寄生虫入侵。从皮肤入侵的寄生虫，如血吸虫的尾蚴和钩虫的丝状蚴有一部分可能在皮肤内即被杀死。胃酸可杀死进入胃内的虫卵或包囊。进入血液的原虫可被吞噬细胞吞噬。此外，遗传基因的作用使宿主对某些寄生虫具有先天不易感性。例如，达菲（Duffy）血型阴性人群，因其红细胞膜上缺乏间日疟原虫裂殖子入侵的受体，而对间日疟原虫有先天抵抗力。再如镰状细胞贫血者（具有 *HbS* 基因）不易感染恶性疟原虫。宿主的特异性免疫应答如各种特异性抗体、免疫效应细胞、细胞因子等，在抵抗寄生虫入侵、寄居过程中均起主要作用。

宿主的营养状况对抵御寄生虫入侵和寄生也起一定作用，如高蛋白饮食不利于许多肠道原虫的发育，而富含糖类的食物则有利于某些绦虫的发育等。

三、宿主与寄生虫相互作用的结果

宿主感染寄生虫后，影响临床后果的因素一般包括寄生虫种（虫株）的毒力、数量、逃避宿主免疫应答的能力、宿主的营养和免疫状态，以及寄生虫和宿主的遗传结构及遗传变异等。宿主与寄生虫相互作用的结果，概括起来有三种：①体内寄生虫被宿主完全清除，宿主获得对再感染的免疫力，但这种情况比较罕见；②宿主清除大部分或未能清除体内寄生虫，但对再感染产生相对的抵抗力，导致宿主慢性感染，宿主也可成为无症状的寄生虫感染者或可作为传播病原体的带虫者（carrier），此种情况比较多见；③宿主的免疫力极弱，不能有效地控制寄生虫在体内生长、繁殖，出现明显的病理变化和临床症状，导致寄生虫病（parasitosis），严重感染可造成死亡。

思 考 题

1. 寄生虫对宿主的损害主要表现在哪些方面？
2. 简述寄生虫与宿主相互作用的结局。

（刘佩梅）

第四章

寄生虫感染的免疫

第四章数字资源

寄生虫感染的免疫是宿主识别、抵御和清除虫体及其产物引发的一系列免疫应答。在众多的寄生虫中，除墨西哥利什曼原虫外，寄生虫诱导的人体免疫应答大多属于非消除性免疫，即此种免疫应答既不能消除体内全部入侵的寄生虫，也不能诱导宿主产生终生免疫，但却能诱导宿主产生部分保护性免疫以遏制寄生虫，防止致死性感染，并能在一定程度上抵御再感染。然而，超常的免疫应答却会导致人体组织的免疫病理损害。另外，寄生虫在进化过程中也适应性地演化出诸多拮抗机制以逃避宿主的免疫攻击。

研究寄生虫感染的免疫目的和意义在于：①揭示寄生虫病的发病机制，减轻或消除免疫病理性损害；②研制疫苗；③研发免疫诊断方法；④增强药物的治疗效果；⑤作为感染模型来研究复杂的免疫调节机制；⑥用于寄生虫的分类学研究。

与宿主抗病毒和细菌感染的特异性免疫一样，寄生虫抗原进入机体后可诱发宿主免疫系统的识别、应答和排斥反应。本章主要介绍寄生虫感染免疫的特点。

一、寄生虫抗原

寄生虫的虫体结构和生活史的复杂性，决定了寄生虫抗原的复杂性。分析寄生虫抗原成分对于寄生虫病的致病机制和感染过程中的免疫调节，以及免疫诊断和疫苗研究都具有重要意义。依据不同的研究目的，可将寄生虫抗原分为以下几种：根据生活史的不同发育阶段，可将其分为各发育期的期抗原；按寄生虫的虫体结构来源或定位，可分为表面抗原、体抗原和分泌排泄抗原等；根据化学成分可分为蛋白抗原、多糖抗原和磷脂抗原等；根据功能可分为诊断性抗原、保护性抗原和变应原等。

知识拓展

全球首款疟疾疫苗

2021年10月，WHO推荐了全球首款疟疾疫苗RTS, S/AS01，并建议中、高度疟疾流行区5个月以上的儿童使用。这款疫苗是针对恶性疟原虫红外期的亚单位疫苗，以子孢子期表达的环子孢子蛋白为基础进行构建，已历经30余年研发和临床试验。该疫苗的问世是人类抗击疟疾史上的重要里程碑，给人类遏制疟疾乃至最终消除疟疾带来希望。但其保护率较低，保护性免疫持续时间也不长。作为第一个进入实际应用的寄生虫病疫苗，RTS, S/AS01疟疾疫苗仍存在不足，期待以此疫苗为起点，通过寄生虫学、免疫学、流行病学等多学科研究人员互相协作，开发出更多、更高效的疟疾疫苗并投入使用，从而服务于全球消除疟疾的伟大目标。

二、免疫应答的类型及特点

（一）免疫应答类型

宿主的抗虫免疫分为固有免疫（innate immunity）和适应性免疫（adaptive immunity）两种类型。

1. 固有免疫 即非特异性免疫，是指机体在进化过程中针对病原体感染形成的一系列防御功能。由物理和生物化学屏障、固有免疫细胞和分子组成。物理屏障即为组织屏障，包括健康的皮肤、黏膜、胎盘等，可对寄生虫侵袭起到机械阻挡作用。生物化学屏障包括皮肤和黏膜分泌物中所包含的溶菌酶等，固有免疫细胞和分子包括吞噬细胞、自然杀伤细胞等，对寄生虫侵袭起吞噬和杀灭作用。寄生虫可活化固有免疫导致炎症反应的发生，使感染得以局限和控制。固有免疫受遗传因素控制，并与宿主的年龄、性别、营养状况有关。适应性免疫是指机体接触到了寄生虫抗原分子后，产生针对同样抗原的特异性免疫（specific immunity）应答，旨在排除异己，维护自身的稳定。其特征为特异性、多样性、记忆性、特化作用，以及自我限制和自我耐受。

2. 适应性免疫 分为消除性免疫（sterilizing immunity）和非消除性免疫（non-sterilizing immunity）两类。消除性免疫是指宿主感染寄生虫后所产生的特异性免疫应答能够完全清除体内的感染，并对再感染产生完全的抵抗力，如人体对硕大利什曼原虫产生的免疫应答。但大部分寄生虫感染后，宿主所产生的免疫应答属于非消除性免疫，即寄生虫感染后虽能诱导部分的保护性免疫，但不能消除体内全部寄生虫，也不能诱导宿主产生终身免疫。如人体感染疟原虫后，虽然能够在一定程度上抵抗同种疟原虫再感染，但并不能消除体内已有的疟原虫，宿主保持低度感染状态。当用药物清除体内的原虫后，适应性免疫也就逐渐随之消失，这种免疫类型称为带虫免疫（premunition）。带虫免疫在寄生虫感染中较多见，是寄生虫与宿主在漫长的共同进化中形成的一种平衡机制，其意义在于既限制了虫荷，又不致使宿主在短期内死亡，形成了慢性感染的特征。在血吸虫感染中，虽然机体的保护性免疫可抵御尾蚴的攻击，但不能排除体内业已存在的成虫，成虫仍可以不断产卵，造成肝损害，这种免疫类型称为伴随免疫（concomitant immunity）。

（二）免疫应答特点

1. 免疫应答过程及免疫效应 人体对寄生虫感染的免疫应答过程包括：①抗原处理与呈递；②T细胞激活与细胞因子分泌；③免疫效应（包括体液免疫和细胞免疫）三个阶段。

（1）细胞免疫：寄生虫感染的免疫应答取决于寄生虫抗原分子与免疫细胞的接触。当巨噬细胞、树突状细胞等抗原提呈细胞（antigen-presenting cell，APC）摄取的抗原，经蛋白水解酶加工后转运到细胞膜，并与主要组织相容性复合体（major histocompatibility complex，MHC）Ⅱ类分子（MHC Ⅱ）一起与Th细胞膜上的抗原受体结合，此时巨噬细胞释放IL-1。此阶段称为抗原的加工和提呈（antigen processing and presentation）。这一过程决定了后续的特异性免疫应答的类型。Th1细胞被激活后释放的IL-2和IFN-γ分别活化巨噬细胞、NK细胞及Tc细胞，构成了细胞免疫的主要成分；IL-1可使Th2细胞释放IL-4、IL-5、IL-6和IL-10，激活B细胞分泌抗体（IgA、IgM、IgG、IgE），是体液免疫的主要成分。某些寄生虫抗原经巨噬细胞加工处理后，也可直接激活B细胞。Tc细胞在抗病毒免疫中发挥重要作用，但在寄生虫感染中的作用尚不确切。NK细胞发挥作用无需MHC Ⅰ类分子，可非特异性地直接杀伤靶细胞，是寄生虫感染的重要效应细胞。寄生虫感染最重要的免疫成分是巨噬细胞。激活的巨噬细胞可吞噬寄生虫感染的靶细胞或游离的原虫，通过细胞内溶酶体蛋白酶的溶解杀伤虫体，此为细胞内杀伤（intracellular killing）；此外，该细胞也可释放毒性物质如过氧化物离子（活性氧，ROI），后者通过脂质过氧化及释放 NO 产生毒性反应，破坏寄生虫线粒体，起到杀虫作用，此为细胞外杀伤（extracellular killing）。巨噬细胞还具有 IgM 或 IgG 抗体的 Fc 受体，通过抗体依赖细胞介导的细胞毒作用（antibody-dependent cell-mediated cytotoxicity，ADCC）机制发挥细胞外杀伤作用。此外，巨噬细胞还可释放 TNF 和 TGF-β，参与细胞免疫及免疫病理反应。在蠕虫免疫中，抗原活化的 T 细胞分泌 IL-5，后者可促进嗜酸性粒细胞分化成熟。嗜酸性粒细胞通过 IgE 和 IgA 的介导，经 ADCC 导致细胞脱颗粒，释放碱性蛋白等杀伤蠕虫。

（2）体液免疫：抗体的主要作用在于，①分泌型抗体（如 IgA）可与寄生虫表膜抗原结合，从而阻止寄生虫入侵黏膜细胞；②激活补体，如 IgG1、IgG2、IgG3 和 IgM 可经过经典途径激活补体，凝集的 IgA、IgG4 和 IgE 可通过替代途径激活补体；③ IgG1、IgG3、IgM 或 IgE 与巨噬细胞及中性粒细胞表面 Fc 受体结合，通过 ADCC 介导杀虫作用，即增强调理作用（facilitated opsonization）；④ IgE 介导的 I 型超敏反应可诱导肥大细胞和嗜碱性粒细胞脱颗粒及炎性介质的释放，局部的炎症反应有利于腔道蠕虫的排出；⑤ IgG 和 IgM 可与血液中游离的虫体结合，阻止其对宿主细胞表膜受体的识别，即凝集作用（agglutination）。

已知所有人体寄生虫均不同程度地存在抗原分子与宿主免疫系统的接触，因此均可诱导宿主的免疫应答，但免疫机制各有特点。例如，肠阿米巴病和贾第虫病患者血清中含有高滴度的抗体，但这些抗体与免疫保护无关；抗体在疟疾免疫中起重要作用，在弓形虫病和利什曼病中则以细胞免疫为主。然而，在许多情况下，宿主有效的抗虫免疫依赖于各种免疫成分的共同参与，不存在单一的免疫机制。已知不同的寄生虫抗原表位（epitope）可分别激活 Th1 和 Th2 亚群，释放各种淋巴因子，调节细胞免疫或体液免疫。

（3）细胞因子（cytokines）：细胞因子大多为小分子量的糖蛋白，产生于免疫应答的效应期，半衰期较短，只在寄生虫抗原激活免疫细胞后，经基因转录表达，并分泌到细胞外。一种细胞因子可由多种不同类型的细胞产生；另外，一种细胞被激活后可分泌几种细胞因子。因此，在免疫应答中，细胞因子作为细胞间的信号传递介质，或相互拮抗，或相互协同，以网络形式对细胞免疫和体液免疫发挥调节作用。淋巴细胞分泌的细胞因子又称淋巴因子（lymphokines）。Th1 释放的淋巴因子（如 IFN-γ、IL-2）主要驱动细胞免疫，多见于原虫免疫；Th2 释放的淋巴因子（如 IL-4、IL-5、IL-9、IL-10）主要介导体液免疫，多见于蠕虫免疫。

由于寄生虫感染免疫应答的复杂性和特殊性，有些细胞因子在抗感染免疫中起重要作用，而另一些却与炎症和免疫病理反应有关。近年发现，巨噬细胞、调节性 T 细胞（T regulatory cell，Treg）以及 Th17 在寄生虫感染免疫应答以及宿主免疫病理中均起重要作用。根据寄生虫类型了解各细胞因子的主次关系，对于指导寄生虫疫苗研制和免疫病理研究具有重要的意义。

2. 寄生虫感染免疫应答特点　人体对寄生虫产生的免疫应答，是寄生关系，即宿主与寄生虫双方相互制约的表现，其反应特点和表现形式因年龄、寄生虫的种类和发育阶段不同而有很大差异。其中，原虫免疫和蠕虫免疫之间亦有差别。免疫应答的特点以及具有诊断意义的人体免疫物质检测（除特异性抗体外）主要包括以下几个方面。

（1）IgE 抗体水平升高：是蠕虫感染的一个重要免疫应答特点。一般来说，经皮肤、黏膜进入的活虫较注射的死虫抗原更能有效地诱导 IgE 抗体产生。一方面，IgE 参与速发型超敏反应，如蛔虫性哮喘、荨麻疹、皮肤速发型过敏试验等都有 IgE 抗体参与。另一方面，在寄生虫感染的保护性免疫中，IgE 抗体也发挥重要作用，如肠道排虫和 IgE 介导的巨噬细胞和嗜酸性粒细胞的杀虫作用。

（2）嗜酸性粒细胞增多：为蠕虫感染免疫的另一特征。虫源性嗜酸性粒细胞趋化因子、肥大细胞脱颗粒释放的趋化因子、Th 细胞释放的淋巴因子及补体裂解片段等，均可引起外周血

液中嗜酸性粒细胞增多。在抗体的参与下，嗜酸性粒细胞参与杀虫和免疫应答的调节。血液中嗜酸性粒细胞计数有助于某些蠕虫病的辅助诊断。

（3）速发型皮肤超敏反应阳性：为某些蠕虫感染的重要特点之一，可用于流行病学的筛查试验。

三、免疫逃逸

有些寄生虫在宿主体内生存、发育和繁殖，逃避宿主免疫效应的攻击，这种现象称为免疫逃逸（immune evasion）。其主要机制如下。

1. 抗原变异（antigenic variation） 寄生虫通过改变自身的抗原成分逃避免疫系统的攻击。例如，某些血液内寄生原虫经常改变表膜抗原表型（如锥虫），使得针对原来表膜蛋白质抗原的血清特异性抗体对新的变异体（variant）无效，因而阻断了抗原-抗体的结合以及由补体的激活而导致的虫体溶解。

2. 分子模拟（molecular mimicry） 有些寄生虫（如曼氏血吸虫的童虫）能将宿主的蛋白质结合到虫体表面伪装自身，从而阻碍了免疫系统对异源性抗原的识别。此外，血吸虫还能破坏结合于体表的抗体，当IgG抗体Fc段与虫体抗原结合后，虫体很快分泌出一种丝氨酸蛋白水解酶，将IgG水解成多肽片段，这些多肽片段反过来可抑制巨噬细胞释放溶酶体酶和超氧阴离子，抑制了对虫体的杀伤作用。近年来，对于血吸虫基因组和蛋白质组的研究结果显示，血吸虫编码重要酶分子的基因和其他部分高度保守的基因，相当一部分与其寄生的人类宿主有着惊人的相似。寄生虫这种在漫长寄生生活演化中形成的"互利共存"，是维持寄生关系的微妙机制之一。

3. 免疫抑制（immunosuppression） 许多寄生虫进入宿主体内后可抑制抗体产生，降低巨噬细胞吞噬功能，抑制细胞介导免疫（cell-mediated immunity）应答。其结果使宿主易合并其他感染和影响免疫接种的效果。蠕虫感染可使宿主维持在一定的脱敏状态，甚至可减轻某些自身免疫性疾病的损伤。

4. 解剖位置的隔离 对于细胞内寄生原虫，血清抗体难以发挥作用，如红细胞内期的疟原虫；有些寄生虫在宿主体内形成囊壁结构使其与免疫成分隔离，如猪囊尾蚴、弓形虫包囊等；腔道寄生虫主要受局部分泌型抗体的作用，如肠道蠕虫和原虫、阴道毛滴虫等。至于在巨噬细胞内寄生的原虫，则可避免巨噬细胞内溶酶体的作用，从而得以在该细胞内增殖，如利什曼原虫和弓形虫等。

四、免疫病理

寄生虫侵入人体后之所以能够导致疾病的发生，并非仅仅限于虫体对宿主的直接损害。事实上，许多寄生虫感染的慢性病程多伴有宿主的免疫病理反应，是寄生虫诱导的特异性免疫应答的超常现象。由某些寄生虫引起的这种免疫病理反应所导致的组织损伤，已构成危害人体的主要病理过程。免疫病理反应分为以下四种类型。

1. Ⅰ型超敏反应 寄生虫抗原（变应原）诱导的IgE抗体先结合于肥大细胞和嗜碱性粒细胞，当抗原再次进入机体并与IgE结合时，上述细胞脱颗粒，释放组胺、5-羟色胺等生物活性物质，引起血管通透性增加，导致局部或全身超敏反应。如某些蠕虫感染后宿主产生的荨麻疹、尘螨性哮喘、细粒棘球蚴囊液所致的休克等。

2．Ⅱ型超敏反应　寄生虫特异性抗体或自身抗体直接结合宿主细胞，或免疫复合物附着于正常细胞，从而激活补体导致细胞的溶解或组织的损伤。如某些疟疾患者的贫血。

3．Ⅲ型超敏反应　寄生虫循环抗原与抗体结合形成免疫复合物沉积于毛细血管壁，激活补体。补体裂解碎片引起中性粒细胞的浸润，释放出溶解酶导致炎症。如疟疾和血吸虫患者的肾病。

4．Ⅳ型超敏反应　受染宿主再次受到抗原刺激后，Th细胞亚群增殖并释放淋巴因子，导致以淋巴细胞和单核细胞浸润为主的炎症病理变化。如血吸虫卵肉芽肿。

在寄生虫感染中，不同种的寄生虫或同种寄生虫的不同发育阶段诱导的超敏反应类型不同，这一现象与寄生虫抗原的复杂性和细胞因子的反应类型有关。

五、寄生虫感染对宿主的免疫调节

寄生性蠕虫感染后宿主可以出现免疫应答的偏移或极化（immune polarization）。例如，血吸虫侵入宿主至成虫产卵后，宿主逐渐由Th1型的免疫应答偏移至Th2型应答，这一现象与免疫抑制和随后的肝纤维化有关。近年报道，血吸虫感染甚至可以降低1型糖尿病患者的血糖水平，减轻过敏性结肠炎的病理损害，抑制过敏性哮喘；丝虫分泌的含有磷酸胆碱的糖蛋白ES-62可以抑制B淋巴细胞、T淋巴细胞、树突状细胞和巨噬细胞的活化，甚至通过抑制FcεR1介导的肥大细胞的活化和脱颗粒，减轻超敏反应。寄生虫感染诱导的宿主免疫调节是研究感染与免疫乃至寄生现象的良好模型。

思 考 题

1. 寄生虫感染免疫应答的特点有哪些？
2. 阐述寄生虫感染引起宿主免疫应答与寄生虫病的关系。

（刘佩梅）

第五章

寄生虫感染与寄生虫病的特点

第五章数字资源

在寄生虫生活史中，对人体具有感染力的发育阶段称感染阶段（infective stage）或感染阶段。例如，日本血吸虫生活史包括卵、毛蚴、母胞蚴、子胞蚴、尾蚴、童虫和成虫7个发育阶段，其中只有尾蚴具有感染力，故尾蚴是日本血吸虫的感染期；寄生虫侵入人体后，能够存活和（或）增殖（繁殖）称寄生虫感染（parasitic infection）；寄生虫侵入人体后，受染者不出现明显临床症状和体征的称带虫者（carrier），反之，称寄生虫病（parasitosis）患者。寄生虫病是寄生虫与宿主相互作用的结果，主要取决于感染寄生虫的数量、毒力、宿主的营养状态及免疫功能等因素。带虫者可以成为传染源，在寄生虫病的流行病学上具有重要意义。

一、急性感染

寄生虫病的急性感染（acute infection），系因初次感染的寄生虫数量多、毒力强，或慢性患者再次大量感染而引起。寄生虫的代谢产物、分泌物以及死亡虫体的分解产物等，常引起感染者出现严重的急性症状及体征。例如，从非疫区进入疫区的外来居民或者疫区的儿童，极易发生急性血吸虫病和重症疟疾，淋巴丝虫受染者会出现急性淋巴管炎和淋巴结炎等。

二、慢性感染与隐性感染

慢性感染（chronic infection）是寄生虫病的另一个重要特点。绝大多数感染者表现为慢性持续状态。此种现象多因感染较轻，少量多次感染，或因感染者以往曾出现过一些临床症状，但未经治疗或治疗不彻底，而逐渐转入慢性感染状态。在慢性感染过程中，人体同时伴有组织损伤和修复性病变。寄生虫之所以能在很长一段时期内在人体内生存而不被消除，原因可能与宿主对大多数寄生虫不能产生消除性免疫有关。例如，在血吸虫病流行区，大多数患者处于慢性感染状态；这些患者体内既有虫卵肉芽肿，也伴有组织纤维化。再如，慢性阿米巴痢疾患者出现的阿米巴性肉芽肿、慢性疟疾的脾大和丝虫病的象皮肿等。

知识拓展

寄生虫在人体内存活的时间

寄生虫的类型不同，在人体内存活的时间也会有所不同。一般情况下，寄生虫无法在人体内无限期地存活，大部分存活的时间都比人的寿命要短得多。具体情况如下。

寄生虫的存活时间与人体健康有密切的联系，人体免疫力越强，寄生虫的存活时间越短，人体的免疫力越弱，寄生虫的存活时间越长。一般来说，蛔虫在人体内存活时间约为1年，蛲虫为2周至2个月，钩虫平均存活时间为5年，丝虫的平均存活时间也是5年，肝吸虫可以在人体内存活15～25年，而姜片虫为2年，肺吸虫是6～10年，猪带绦虫和牛带绦虫最长寿命不超过25年。

在日常生活中要注意寄生虫病的防治：注意餐前、便后洗手、消毒；留意清洁卫生，勤洗澡；肉类食品、海产品等食材要完全煮熟；生活用水要完全煮沸；及时消灭蚊子、蟑螂等容易传播疾病的虫类；一旦发现身体内存在寄生虫，需要去医院及时治疗。

人体感染寄生虫后，没有出现明显临床症状，但又不易用常规方法检测出病原体，此种寄生现象称为隐性感染（inapparent infection）。但当宿主免疫功能降低或受累时，体内的寄生虫便可大量增殖，致病力增强，导致患者出现明显临床症状和体征，严重者可导致死亡。如粪类圆线虫、刚地弓形虫和隐孢子虫均可引起隐性感染。

三、多重感染

多重感染（multiple infection）是指人体同时感染两种或两种以上寄生虫的现象。此种现象比较常见，尤见于肠道寄生虫感染。据1988—1992年我国人体寄生虫分布调查结果，多重感染率为25.86%，最多的一人同时感染9种寄生虫，甚至有5岁以下儿童感染多达6种寄生虫。研究表明，不同虫种寄生在同一宿主体内可能会相互促进或制约，增强或减弱其致病作用，从而影响患者的临床表现。例如，当蓝氏贾第鞭毛虫与短膜壳绦虫寄生在同一宿主时，有利于前者的生存，而与钩虫或蛔虫同时存在时，其生长、繁殖则相互制约。造成多寄生现象的原因可能是多方面的，但起码反映出感染者居住地区社会经济水平、个人和环境卫生条件落后的状况。随着社会不断进步、卫生条件的改善，多寄生现象也会逐渐减少，甚至消失。

四、幼虫移行症和异位寄生

1. 幼虫移行症（larva migrans） 是指一些蠕虫幼虫侵入不适宜宿主后，不能发育为成虫，幼虫在体内存活并移行造成局部或全身性的病变。幼虫移行症的特征是在组织器官受损的同时，出现外周血内嗜酸性粒细胞增多，丙种球蛋白及IgE水平升高等超敏反应。根据幼虫侵入的部位及临床表现的不同，可将幼虫移行症分为皮肤幼虫移行症（cutaneous larva migrans）和内脏幼虫移行症（visceral larva migrans）两种类型。有的寄生虫既可引起皮肤幼虫移行症，又可引起内脏幼虫移行症，如斯氏狸殖吸虫。

（1）皮肤幼虫移行症：以皮下组织损害为主，常见皮肤出现线状红疹或皮下出现游走性包块，如巴西钩口线虫（*Ancylostoma braziliense*）或犬钩口线虫（*A. caninum*）幼虫引起的皮肤

匐行疹；曼氏迭宫绦虫裂头蚴引起的皮下游走性包块。

（2）内脏幼虫移行症：以内脏器官损害为主，如犬弓首线虫引起眼、脑等器官的损伤；广州管圆线虫幼虫引起的嗜酸粒细胞增多性脑膜炎等。

值得注意的是，幼虫移行症应与某些蠕虫在正常宿主体内寄生、移行所造成的病变相区别。如人蛔虫或钩虫的幼虫在人体组织器官移行造成的病理组织改变和引起的临床症状，不属于幼虫移行症。

2．异位寄生（ectopic parasitism） 是指有些寄生虫在常见寄生部位以外的组织或器官内寄生的现象。异位寄生引起异位病变（ectopic lesion），出现不同的症状和体征，如卫氏并殖吸虫童虫和血吸虫虫卵在大脑异位寄生，引起脑型卫氏并殖吸虫病和脑型血吸虫病。

了解寄生虫幼虫移行症和异位寄生现象，对疾病的诊断和鉴别诊断至关重要。

思 考 题

1．试述寄生虫病的特点。
2．试述寄生虫病、带虫者、隐性感染的异同点。

（吴玉龙）

第六章

寄生虫的危害

第六章数字资源

寄生虫对人类的危害,主要包括其作为病原体引起寄生虫病及作为传播媒介引起疾病传播。从流行病学历史上看,寄生虫病也是一类古老的疾病,对人类的危害历史久远。根据考古研究,早在公元前 3350 年至公元 480 年的粪化石中就鉴定出钩虫卵。从流行分布上看,寄生虫病遍及全世界,特别是在热带和亚热带地区,在人类传染病中占有相当的比例,人群发病率和病死率均很高。寄生虫病对人类健康的危害极大,造成的经济损失无法估量,严重影响了社会和经济的发展,并且成为世界各国普遍关注的公共卫生问题。

一、寄生虫对人类健康的影响

1975 年,联合国开发计划署 / 世界银行 / 世界卫生组织(UNDP/World Bank/WHO)联合倡议的热带病培训研究特别规划(Special Program for Research and Training in Tropical Disease,TDR)要求防治的六类主要热带病中,除麻风病外,其余五类都是寄生虫病,即疟疾(malaria)、血吸虫病(schistosomiasis)、丝虫病(filariasis)、利什曼病(leishmaniasis)和锥虫病(trypanosomiasis)。2000 年列入 TDR 重点防治的疾病又增加了结核和登革热,并将原来的丝虫病划分为淋巴丝虫病(lymphatic filariasis)和盘尾丝虫病(onchocerciasis);将锥虫病分为已被有效控制的美洲锥虫病(Chagas' disease)和未被控制的非洲锥虫病(African trypanosomiasis),统称十大热带病,也被 WHO 称为"被忽视的热带病"(neglected tropical disease,NTD)。在这十类疾病中寄生虫病占有七类,而七类寄生虫病中有六类是由医学节肢动物传播的。其流行分布与危害情况见表 6-1。

表 6-1 TDR 要求重点防治的七类寄生虫病的流行与危害

疾病	中间宿主 / 传播媒介	流行国家 / 地区	受威胁人数	感染 / 患病人数	死亡 / 伤残人数
疟疾	蚊	108 个	33 亿	2.47 亿 / 年	78.1 万 / 年
血吸虫病	螺	76 个	6 亿~8 亿	2 亿	20 万
淋巴丝虫病	蚊	73 个	14 亿	1.2 亿	4000 万(肢残)
盘尾丝虫病 (河盲症)	蚋	33 个(非洲、南美洲)	8600 万	3700 万	1000 万(眼残)
利什曼病	白蛉	热带、亚热带	3.5 亿	(90 万~170 万)/ 年	(2 万~3 万)/ 年
非洲锥虫病 (睡眠病)	蝇	36 个(非洲)	7000 万	20 万 / 年	5 万
美洲锥虫病 (恰加斯病)	蝽	21 个(拉丁美洲)	9000 万	(700 万~800 万)/ 年	1.3 万

2010年WHO发布报告，又将囊尾蚴病（cysticercosis）、麦地那龙线虫病（dracunculiasis）、包虫病（echinococcosis）、食源性吸虫病（food borne trematodiasis）、土源性蠕虫病（soil-transmitted helminthiasis）新纳入为"被忽视的热带病"。在非洲，平均每100秒就有一名5岁以下儿童死于疟疾，非洲锥虫病每年新增病例数10万。

肠道寄生虫感染十分严重，特别是在亚洲、非洲和拉丁美洲的农业地区，常以污水灌溉和施用新鲜粪肥，造成了肠道寄生虫病的广泛传播。据估计，全球约10亿人感染蛔虫，7亿人感染钩虫，8亿人感染鞭虫，阿米巴感染者约占全球人口的1%，蓝氏贾第鞭毛虫的感染人数达2亿。在澳大利亚土著社区中，5岁以下儿童的感染率竟高达50%。发展中国家由于经济和生活条件相对落后，寄生虫病的流行情况远较发达国家严重。但在经济发达国家，寄生虫病也是一个重要的公共卫生问题，如美国阴道毛滴虫感染者达250万，英国为100万。曾被称为"旅游者腹泻"病原之一的蓝氏贾第鞭毛虫，不仅广泛流行于发展中国家，在发达国家的流行也相当严重。隐孢子虫污染供水系统引起的暴发流行，在美国、英国和加拿大等国均有过报道。一些机会性致病性寄生虫，如弓形虫、隐孢子虫等的感染已成为艾滋病（AIDS）患者死亡的重要原因。另有一些尚未引起注意的寄生虫病，如异尖线虫病在一些经济发达的国家也开始出现流行的迹象。近年来，随着人们生活方式、生活习惯及环境气候等因素的改变，食源性寄生虫病（food-borne parasitic diseases）与动物源性寄生虫病在人群中的发病日渐增多，食源性寄生虫病的流行在部分地区呈明显上升趋势，已成为影响我国食品安全和人民健康的主要因素之一。而且，寄生虫对人类危害的严重性还表现在寄生虫产生抗药性等方面，如恶性疟原虫抗药株、抗性媒介昆虫的出现给寄生虫病的防治增加了新的难度。随着国际交往和旅游业的发展，境外一些寄生虫病和媒介节肢动物输入我国的风险加大，给人民健康带来新的威胁，应引起高度关注。

二、寄生虫对社会经济发展的影响

寄生虫病不仅影响患者的健康和生活质量、给家庭带来经济负担，还会给社会经济发展带来巨大的损失，如劳动力的丧失、工作效率的降低、医疗资源的消耗及预防费用的增加等。据统计，在非洲因疟疾造成的经济损失占国民生产总值的5%，非洲锥虫病（睡眠病）在非洲造成的经济损失每年达45亿美元，这些无疑会加重贫穷国家的负担，阻碍社会和经济发展的进程。

很多寄生虫病是人兽共患病，它们不但使人体健康严重受到影响，而且给畜牧业生产带来巨大损失。如包虫病、囊虫病、旋毛虫病、隐孢子虫病、肉孢子虫病、裂头绦虫病、贾第鞭毛虫病等均属此列。在中国，因绵羊感染包虫病每年造成的损失可达4亿元；在南美洲的墨西哥，1980年因猪感染囊虫病而废弃大量猪肉，损失约4300万美元，相当于养猪业投资总额的68.5%；在南斯拉夫，1996年由猪旋毛虫病引起的经济损失达40万马克；在澳大利亚，因小牛犊感染贾第鞭毛虫发生腹泻，给生产者造成重大经济损失；在欧洲，牛的肉孢子虫感染率高达61%～99%。为了治疗和控制寄生虫病，政府需要投入大量资金和人力，因此加重了政府的财政负担，影响国家建设进程。因此，寄生虫病是制约发展中国家经济发展的重要原因之一。

寄生虫病被称为"贫穷病"，它与社会经济和文化落后互为因果。目前，全世界血吸虫病患者有80%集中在非洲，疟疾患者90%分布于非洲撒哈拉沙漠周边地区，这无疑成为阻碍非洲经济发展的重要原因，而因经济落后造成的对卫生和健康教育资金投入的不足，是寄生虫病难以控制的重要因素之一。寄生虫病导致个体健康不良，部分或完全丧失劳动力。如血吸虫病，轻度患者可丧失劳动力 16%～18%，中等程度患者丧失 30%～57%，重度患者丧失 72%～78%。劳动力丧失，工作效率降低，以及更换职业造成的经济损失加重了贫困，形成"贫致病，病致贫"的恶性循环。

随着人们对于寄生虫病危害的认识，尤其是在 20 世纪下叶，WHO 实施了大规模的控制和消除寄生虫病计划，旨在消灭寄生虫本身或传播媒介以及中间宿主。尽管随着清除计划的实施人们对于寄生虫感染的生物学和流行病学的认识日渐加深，但是寄生虫感染对全球公共健康的威胁仍将长期存在。

思 考 题

1. 寄生虫对人类的危害有哪些？
2. TDR、WHO 要求重点防治的寄生虫病有哪些？

（吴玉龙）

第七章

寄生虫病的流行与防治

一、寄生虫病流行的基本环节

寄生虫病在流行过程中必须具备三个基本条件才可能在一个地区引起流行,这三个条件分别是传染源、传播途径和易感人群,又称寄生虫病流行的三个基本环节。

1. 传染源(source of infection) 人体寄生虫病的传染源是指感染了寄生虫的人或动物,包括患者、带虫者和保虫宿主,例如日本血吸虫病的传染源可以是人或牛、猪等哺乳动物。

2. 传播途径(route of transmission) 寄生虫离开传染源后,经特定的发育阶段、利用某些传播因素,进入新的易感宿主的全过程,称为寄生虫病的传播途径。通过传播途径,寄生虫完成了对宿主的更换,同时也实现了延续世代繁衍。寄生虫生活史中对人有感染性的阶段称为感染阶段(infective stage)。感染阶段通过相应的传播方式(way of transmission)传播给人。常见的传播方式有如下几种。

(1) 经土壤传播:指寄生虫从传染源排出后污染了土壤,在土壤中发育至感染阶段(感染性卵或感染期幼虫),人因误食感染性虫卵污染的食物和水或接触幼虫污染的土壤而被感染的传播方式。如蛔虫病、钩虫病和鞭虫病等寄生虫病主要经土壤传播。

(2) 经水传播:指寄生虫感染阶段虫体污染了水源,人因饮水或接触疫水而感染。如接触含有血吸虫尾蚴的水体,饮用被隐孢子虫卵囊污染的水等。经水传播的寄生虫病称水源性寄生虫病(water-borne parasitic disease)。

(3) 经食物传播:指人因误食被某些寄生虫感染阶段污染的食物,或生吃、半生吃含有虫体感染阶段的鱼、肉等而导致寄生虫感染的传播方式。如误食被蛔虫感染期卵、贾第虫包囊、隐孢子虫卵囊污染的食物,或生吃、半生吃被肝吸虫囊蚴、猪带绦虫囊尾蚴、旋毛虫囊包幼虫寄生的动物肉类可感染上述寄生虫。

(4) 经空气(飞沫)传播:个别寄生虫的感染阶段可借空气或飞沫传播,如人吸入空气中飘浮的蛲虫卵可被感染。

(5) 经节肢动物传播:有些寄生虫经节肢动物叮咬吸血或机械携带而传播。如疟原虫、丝虫、利什曼原虫和锥虫等寄生虫须在媒介节肢动物体内发育后,才具有感染性,当这些节肢动物吸血时把病原体传播给人。而蝇可以机械性携带方式传播蛔虫卵、溶组织内阿米巴包囊等。

(6) 经人体接触传播:一些寄生虫可通过人际间的接触而传播,包括直接接触传播和间接接触传播。直接接触传播是指在没有任何外界因素参与下,易感者直接接触传染源而导致寄生虫病的传播,如阴道毛滴虫或耻阴虱是通过性接触而传播的;间接接触传播是指易感者因接触被传染源排泄物或分泌物所污染的日常生活用品等所造成的传播,如易感者可通过接触被滴虫病患者污染的公共坐便器而引起感染传播。

感染期寄生虫侵入人体的途径(方式)主要包括以下几种。

1）经口：感染期寄生虫可通过摄入食物、饮水，或通过被污染的手指、玩具而经口感染。如蛔虫感染期卵、华支睾吸虫囊蚴和卫氏并殖吸虫囊蚴、溶组织内阿米巴包囊、隐孢子虫卵囊等均可经口感染人体。

2）经皮肤：经皮肤感染有两种方式。一是生活在水体或土壤内的某些寄生虫的感染阶段（多为幼虫）可钻入人体皮肤，例如，钩虫的丝状蚴、日本血吸虫尾蚴等均可直接侵入宿主皮肤。二是当媒介昆虫叮咬人体皮肤吸血时，一些在其体内寄生的病原体随之侵入人体内而引起感染，如疟原虫、利什曼原虫等经吸血昆虫的叮咬而经皮肤侵入人体。

3）经胎盘：在妊娠期间或分娩时，有些母体感染的寄生虫可经胎盘侵入胎儿体内造成感染。例如，母体感染的弓形虫或疟原虫，均可经胎盘侵入胎儿体内。

4）经接触：感染期寄生虫因传染源与易感者的直接或间接接触而侵入易感者导致感染。如阴道滴虫可经性接触而发生直接接触感染，也可通过公共坐便器等间接接触感染。

5）逆行感染：蛲虫卵可在肛门附近孵化为幼虫经肛门进入肠内，到达寄生部位发育为成虫，此种方式也称逆行感染。

6）经呼吸道吸入：如棘阿米巴包囊或蛲虫卵可经呼吸道吸入感染。

7）其他：经输血感染，如献血者是疟原虫感染者，其血液内的疟原虫在未被检出的情况下可经输血导致受血者感染；经器官移植感染，如器官捐献者为弓形虫感染者，移植后，寄生于捐献器官细胞内的弓形虫可导致受捐者的感染。

3．易感人群 是指对某种寄生虫缺乏免疫力或免疫力低下而处于易感状态的人群。人体感染某种寄生虫后，可产生一定的免疫力，这些具有免疫力的人数决定了人群的易感性。另外，人群易感性与年龄和遗传基因等因素相关，如血吸虫病流行区的儿童较成年人易感，Duffy 阴性血型者对间日疟原虫感染具有先天的抵抗力。

二、影响寄生虫病流行的因素

寄生虫病流行受自然因素、生物因素和社会因素的综合影响。

1．自然因素 包括地理环境和气候因素，如温度、湿度、雨量、光照等，可直接影响寄生虫病的流行，也可通过影响寄生虫、中间宿主和媒介的生物种群的遗传、发育、分布及其活动，间接影响寄生虫病的流行。例如，肺吸虫的中间宿主溪蟹和蝲蛄只适合在山区小溪里生长，因此，肺吸虫病通常仅在山区、丘陵地区流行。

2．生物因素 有些寄生虫在完成生活史过程中需要中间宿主或节肢动物，这些中间宿主或节肢动物的存在，对这些寄生虫病的流行起决定性作用。如日本血吸虫中间宿主钉螺仅分布于我国长江流域及其以南地区，因此我国日本血吸虫病也分布于这些地区。

3．社会因素 包括社会制度、经济状况、生活条件、科学水平、文化教育、医疗卫生、防疫保健以及居民的生产方式、风俗习惯等，这些因素是制约寄生虫病传播和流行的重要因素。如某些地区有喜食生鱼的饮食习惯，可导致肝吸虫病在当地流行。地区经济不发达、人们生活水平低、居住环境差、文化教育程度低、生产和生活方式落后、饮食习惯不良等都不可避免地造成寄生虫病的广泛流行。

自然因素、生物因素和社会因素常相互作用，共同影响寄生虫病的流行。由于自然因素和生物因素一般相对稳定，而社会因素常不断变化，因此，社会的进步、经济的发展、卫生条件的改善和人民文化教育水平的提高对控制寄生虫病的流行起到重要作用。例如，以往血吸虫病流行区大量使用耕牛，导致血吸虫病传染源很难得到控制。近年来，我国推行以农用机械代替耕牛的政策，以减少传染源，大大控制了血吸虫病在当地的流行。

三、寄生虫病的流行特点

人体寄生虫病流行的基本特点包括地方性、季节性和自然疫源性。

1. **地方性（endemicity）** 有些寄生虫病在某地区经常发生或只在该地区流行，并非自外来输入，这种情况称地方性。寄生虫病的分布常呈明显的区域性。这与下列因素有关：①气候条件，如在干燥、寒冷地带钩虫病很少流行；②中间宿主或媒介节肢动物分布，如我国血吸虫病的流行区与钉螺的地理分布一致；③居民的生产、生活习惯，如在有吃生鱼习惯的地区，华支睾吸虫病流行十分严重，而包虫病的流行则与当地畜牧业生产方式和环境密切相关。

2. **季节性（seasonality）** 由于不同季节的温度、湿度、雨量等气候条件对寄生虫、中间宿主和媒介节肢动物种群数量的消长有明显的影响，因而寄生虫病的流行常有明显的季节性。生活史中需要昆虫宿主的寄生虫，其传播季节常与该种昆虫出现的季节相一致。如在我国，间日疟的流行与中华按蚊种群消长的季节相一致；人们的生产或生活方式与寄生虫感染的季节性相关，如夏季居民因生产、生活（下水游泳和洗衣服等）接触疫水较频繁，因此急性血吸虫病常出现于夏季。

3. **自然疫源性** 有些寄生虫病可在人和脊椎动物间传播，这种寄生虫病称为人兽共患寄生虫病（parasitic zoonosis）。在人迹罕至的原始森林或荒漠地区，这些人兽共患寄生虫病可在脊椎动物间自然地相互传播。当人偶然进入该地区后，这些寄生虫病则可从脊椎动物传播给人，这种地区称为自然疫源地。这类无需人类参与而存在于自然界的人兽共患寄生虫称为自然疫源性寄生虫病。寄生虫病的这种自然疫源性，不仅体现了大多数寄生于人类的寄生虫是由动物寄生虫进化而来，同时也表明许多寄生虫病在流行病学和防治方面的复杂性。

四、寄生虫病防治的基本措施

寄生虫病防治的基本原则是针对寄生虫病流行的三个环节，采用综合防治措施。

1. **控制传染源** 传染源是寄生虫病传播中的主要环节。在流行区，加强对传染源的管理，发现并积极治疗患者和带虫者，监测、治疗或捕杀保虫宿主；在非流行区，监测来自流行区的流动人口，防止传染源的输入和扩散。

2. **切断传播途径** 应根据不同寄生虫病各自的传播途径，采用合适的措施将其切断。措施主要包括：加强粪便管理，普及农村无害化厕所，对水上作业船民进行粪便集中管理和消毒；加强水源管理，实施农村安全用水全覆盖；搞好环境卫生和个人卫生；控制或杀灭中间宿主和媒介节肢动物。

3. **保护易感人群** 人类对各种人体寄生虫感染大多缺乏特异性免疫，因此，对人群采取必要的保护措施是防止寄生虫感染的最直接手段。主要的保护措施包括：加强健康教育，强化集体和个人防护措施，改进生产方式，改变不良饮食习惯和行为方式。必要时采取预防性服药或用驱避剂涂抹皮肤等措施。对于个别寄生虫病可考虑接种疫苗进行预防。

由于大多数人体寄生虫的生活史复杂，影响寄生虫病流行的因素较多，采取单一的防治措施难以奏效。因此要采取控制传染源、切断传播途径和保护易感人群的综合防治措施。相关地区必须根据当地各种寄生虫流行的具体情况，因地制宜地制订相应的防治方案。

知识拓展

犬是黑热病原虫保虫宿主的发现

黑热病是由杜氏利什曼原虫寄生于人体引起的。该病曾在我国广泛流行，中华人民共和国成立后黑热病的防治取得了显著成效，这得益于我国热带医学的奠基人钟惠澜教授对该病的深入研究。20世纪30年代前，国际学术权威学者认为人的黑热病与犬没有关系。钟惠澜并没有轻信西方学者的论断，他从寄生虫病流行的三个基本环节入手，深入疫区实地调查，敏锐地察觉到患者和病犬在疾病的流行上有着密切关系。虽然病犬与患者体内的病原体形态相同，但要证明犬体内的病原体能够感染人类必须要有更坚实的证据。钟惠澜教授的夫人挺身而出自愿成为志愿者以身试疫。经过一系列试验，钟惠澜教授首次在世界上证明了犬的病原体可以感染人，犬是黑热病原虫的保虫宿主。研究成果对黑热病的诊断和防治意义重大，彰显了医学大家的创造性思维和对科学的执着奉献精神。

五、新现与再现寄生虫病和食源性寄生虫病

在1997年之前，我国发现并有记载的寄生虫有230余种，目前全世界有记载的寄生于人体的寄生虫有608种（不含医学节肢动物），其中包括原虫116种、线虫176种、吸虫183种、绦虫76种，另外有铁线虫、环节动物等。近年来，有些寄生虫在我国为新发现的虫种。

1. 新现与再现寄生虫病　新现寄生虫病（neoemerging parasitic diseases）是指新近确定的和先前未知的能威胁人类健康，且在近期或未来可能造成公共卫生问题的寄生虫病，可将其分为4类：第1类，对此类寄生虫病或综合征已有认识，但未被确认或病原体尚未被确认，如一些环节动物和铁线虫等；第2类，此类疾病早已存在，但病原体被重新鉴定或分类，如亚洲带绦虫等；第3类，此类疾病系由自生生活或动物寄生虫偶然寄生于人体引起，如棘阿米巴等；第4类，是新出现的人体寄生虫病，病原体如微小隐孢子虫、巴贝西虫新种等。再现寄生虫病（reemerging parasitic diseases）则指一些早已被人们熟知，且已经得以控制，不再被认为是公共卫生问题，但现在又重新出现并流行的寄生虫病，主要有疟疾、血吸虫病、囊尾蚴病、内脏利什曼病、弓形虫病、贾第虫病和包虫病等。这类寄生虫病多发生在原流行区，但也有的发生在以往的"非流行区"。

在当前经济全球化和信息化的时代，新现与再现寄生虫病不仅给人民生命健康带来严重威胁，而且也会给经济建设和国家安全稳定带来一定影响。因此，提高对由这些疾病引起的突发事件的应急反应和处理能力十分重要。

2. 食源性寄生虫病（food-borne parasitic diseases）　是指由食入含有活的寄生虫感染阶段的食物而引起感染的一类寄生虫病。食源性寄生虫病可以分为两大类，一类是食物本身含有感染期寄生虫，在加工或烹调时未将其杀死，食用后导致寄生虫感染，这些食物称为寄生性食物，一般以动物性食物为主；另一类是食物本身不含有寄生虫，只是在生长、运输、加工过程中被寄生虫的虫卵、包囊、囊蚴、卵囊污染，人在生食或半生食后导致寄生虫感染，这类食物称污染性食物，一般以植物性食物为主。食源性寄生虫病的流行与人们食谱的扩展、食用方式的改变，以及食品卫生管理的滞后等因素密切相关。近年来，随着我国人民生活水平的日益提高，食物来源和饮食方式的丰富多样，食源性寄生虫病的发病率有明显上升趋势，一些过去较少出现的食源性寄生虫病不断增多。不良的摄食行为是导致食源性寄生虫病发病率增高的主要原因，这不仅使原有的食源性寄生虫病的流行出现了新的变化和特点，还出现了新的食源性寄生虫病。

我国常见的食源性寄生虫病有：华支睾吸虫病、带绦虫病、并殖吸虫病、旋毛虫病、布氏姜片虫病和弓形虫病等；近年来，患者数量较以前增多的病种有：广州管圆线虫病、颚口线虫病、肾膨结线虫病、裂头蚴病和片形吸虫病等。

六、我国寄生虫病防治的成就、现状与任务

经过几十年的努力,我国在控制和消灭寄生虫病方面取得了举世瞩目的成绩。继20世纪50年代基本消灭黑热病之后,又经过50多年的防治,中国在全球丝虫病流行的国家和地区中率先消除了丝虫病,并于2007年得到WHO审核认可。经过70余年的不懈努力,我国疟疾防控成绩显著。从20世纪50年代,全国有疟疾流行的县(市)1829个,发病人数约3000万,至2020年,中国大陆地区已连续4年无本土原发蚊传病例报告,达到了消除疟疾的目标,2021年WHO给予认定。以往,日本血吸虫病多流行于长江流域及其以南12个省(区),危害十分严重。但目前全国所有血吸虫病流行县(市、区)均达到传播控制。我国的血吸虫病防治已经进入消除阶段,计划2030年实现消除血吸虫病的目标。

尽管在寄生虫病防治方面成就斐然,但由于我国地域辽阔、环境复杂、东西部经济发展不平衡等原因,寄生虫病的流行仍是严重的公共卫生问题。当前在寄生虫病的反复化学治疗,以及对媒介昆虫化学防制实施过程中,出现了寄生虫对抗寄生虫药物的耐药性、媒介昆虫对杀虫剂的抗药性等诸多复杂问题。随着人类活动范围的扩大,许多本来人体很少接触到的寄生虫从自然界被带到居民区,造成新的感染。进入21世纪以来,人类交往增多,国外一些寄生虫或媒介节肢动物也随之逐步输入国内,使得一些输入性寄生虫病开始传播流行;人口城市化、城市和农业建设造成大规模人口流动,导致了传染源的输入和易感者增加,为寄生虫病的流行提供了条件。以疟疾为例,尽管我国已实现消除疟疾的目标,但由于传疟蚊媒广泛存在、人口流动频繁、输入性疟疾病例增多,以及抗药性虫株的增加,使得局部地区仍然存在再次流行的风险;又如,尽管全国血吸虫病已从传播控制向传播阻断乃至消除的阶段迈进,但钉螺分布面积仍很广泛,除了吡喹酮用于传播阻断之外,疫苗的研发距实际应用尚有很大差距,因此血吸虫病仍存在再次流行的风险。

目前,我们仍需加强对食源性寄生虫病、土源性寄生虫病和机会性致病性寄生虫病等的防控。我国政府和卫生部门已将食源性寄生虫病,如华支睾吸虫病、并殖吸虫病、姜片虫病、细粒棘球蚴病、带绦虫病、猪囊虫病,以及土源性寄生虫病,如钩虫病和蛔虫病等划为重点防治的疾病;其他一些机会性致病寄生虫病,如弓形虫病和隐孢子虫病等也因艾滋病的流行逐步受到了重视。

应该认识到,我国地域横跨寒、温、热三带,自然条件千差万别,相当多的地区经济欠发达,人民的生活习惯与生产方式复杂多样,人口流动频繁,文化教育程度有限,在未来一段时间里寄生虫病在我国流行的可能性仍然存在,局部地区也可能出现反复流行,甚至会出现严重流行的状况。同时,随着全球一体化、经济全球化等进程的推进,输入性传染性疾病及寄生虫病所引发的公共卫生危机事件会经常发生,因此我国寄生虫病防治仍是一项长期而艰巨的任务。但相信随着社会经济的不断发展,国民文化教育程度和生活水平的提高,以及卫生条件的改善和卫生宣传教育的普及,寄生虫病在我国的流行终将会得到进一步的控制,中国的防控经验也将为全球消除寄生虫病做出重要的贡献。

思 考 题

1. 简述寄生虫的常见传播方式。
2. 简述寄生虫侵入人体的途径。
3. 人体寄生虫病应如何防治?

(诸欣平)

第八章

医学寄生虫学研究和发展

第八章数字资源

从 20 世纪 50 年代开始，我国高等医学院校普遍创建了人体寄生虫学教研室或寄生虫学研究所，并建立了国家级、省级甚至市县一级的寄生虫病防治研究机构，组织开展了大规模的全国性流行病学调查，进行了必要的基础研究和应用技术研究，推进了从试点到全面的防治实践，成功控制或消除了多种重大寄生虫病，为保护人民群众身体健康、推进国家卫生医疗事业建设做出了巨大贡献，也在全球树立了社会主义大国的良好形象。经世界卫生组织审核认定，2007 年宣布中国消除了丝虫病；2021 年宣布中国消除了疟疾。我国还制订了 2030 年根除血吸虫病的规划。近 20 年来，我国在日本血吸虫、华支睾吸虫、旋毛形线虫、广州管圆线虫、带绦虫等重要寄生虫基因组研究方面取得了重要进展，为现代寄生虫学的发展做出了重要贡献。中国科学家屠呦呦因在抗疟疾药青蒿素研发过程中的突出贡献而获得 2015 年度诺贝尔生理学或医学奖。

人体寄生虫学的学科内容也不断获得充实和发展，寄生虫学正处于一个由传统寄生虫学转向现代寄生虫学的时期。20 世纪 90 年代后，分子生物学、分子免疫学、基因组学、蛋白质组学以及生物信息学技术的不断应用，使得分子寄生虫学的学科范围不断扩大，并成为寄生虫学研究的前沿领域，对寄生现象的认识也进一步深入。随着多个重要人体寄生虫全基因组测序与解析的完成，人们从系统生物学和大数据角度深化了对寄生虫及寄生关系的本质理解，也为寻找并利用寄生虫与宿主在基因或蛋白质水平上的差别，研发新型抗寄生虫药和疫苗，或进行寄生虫种株的鉴定，或获得有诊断意义的分子靶标提供了更多科学依据或技术对策。寄生虫基因组研究的发展标志着寄生虫学已进入现代寄生虫学时代。寄生虫在生命科学与医学研究中的独特作用已受到关注。寄生虫分子免疫学、基因组学、转录组学、蛋白质组学、生物信息学、分子流行病学、空间流行病学、纳米技术、抗寄生虫新药、预防和治疗性疫苗、诊断新技术和有发展前景的媒介控制技术等新的科学技术日趋成熟。寄生虫病控制策略也将得到更加科学的制订和有效执行，传统的和新出现的寄生虫病终将会得到有效控制。实验技术的发展进一步促进了以实验寄生虫学为主要内容的学科发展。在寄生虫的虫株分离、代谢过程、驱虫药物的发现及作用机制等方面取得众多重要成果。现阶段，现代医学寄生虫学研究主要着重于以下几个方面。

一、寄生虫病诊断技术

1. 免疫学诊断方法 尽管病原学诊断方法在寄生虫病的诊断中具有极其重要的地位，但仍有部分寄生虫病由于寄生虫的寄生部位特殊、不易取材等原因不适合病原学诊断，如脑囊尾蚴病、包虫病等。免疫学诊断方法对于此类寄生虫病的诊断具有重要的意义。传统的寄生虫病

免疫学检测方法有皮内试验、沉淀试验等。随着免疫学技术的发展，寄生虫病的免疫检测技术也得到了很大的进步，酶联免疫吸附试验（ELISA）、免疫层析法等检测技术逐渐成为寄生虫病免疫检测技术的主流。目前，寄生虫病免疫学诊断方法可以分为利用寄生虫抗原检测特异性抗体和利用特异性抗体检测寄生虫抗原两大类。传统的寄生虫病免疫诊断所采用的寄生虫抗原是从虫体提取的粗抗原，利用它检测制备的寄生虫抗体检测试剂存在着交叉反应多、假阳性多的问题。近年来，随着基因工程技术的发展，大量的寄生虫种特异性抗原基因被克隆表达，基因工程重组寄生虫种特异性抗原逐步得到了应用，大大提高了寄生虫病特异性抗体检测的特异性和可靠性。鉴于寄生虫感染后抗体的产生需要时间，而且体内寄生虫清除后，抗体仍将在体内存在一段时间，故抗体检测难以做到早期诊断和疗效评价。随着单克隆抗体技术的成熟，利用单克隆抗体来检测样本中的寄生虫抗原也已经成为寄生虫病免疫诊断的一个重要方向。

2. 分子生物学诊断方法　包括基因探针杂交、基因扩增法和基因测序。传统的基因探针杂交法是利用人工合成病原体基因组中的某一个特异片段，与待检测的核酸样品进行杂交来诊断特定的寄生虫。目前，单纯的探针杂交已经很少使用，多数是与基因扩增法结合在一起建立检测方法，如 TaqMan 荧光定量 PCR。基因芯片技术也是基因探针技术的一个发展方向，但在寄生虫病分子诊断领域很少使用。基因扩增法是将特定的待测靶基因在体外扩增后进行检测，代表性的方法是 PCR。目前，在常规 PCR 方法的基础上发展起来的荧光定量 PCR 方法，已经开始在寄生虫病（特别是原虫病）的检测和诊断中应用，不仅快速准确，而且可以同时检测多种病原体，具有广阔的应用空间。除了 PCR 法之外，LAMP 是一种近年来日益受到关注的基因扩增方法，由于它是一种等温扩增方法，不像 PCR 检测需要 3 个不同温度循环而必须使用较昂贵的 PCR 仪，适合基层使用，在寄生虫分子诊断领域前景广阔。应用基因测序技术进行病原体检测是在近年来测序技术成熟、价格显著下降的基础上才发展起来的一种检测手段，可以通过基因组测序对疑难病例样本进行基因组测序，再进行数据库检索比对，以判断病原体。目前，应用基因测序技术进行寄生虫病的诊断尚属于起步探索阶段，仅在个别疑难病例中有所使用。

二、寄生虫的抗药性研究

药物是治疗和控制寄生虫病最行之有效的措施之一。但药物的长期使用导致一些寄生虫产生了抗药性（或对药物敏感性下降）。一般认为，导致寄生虫产生抗药性的机制有以下几个方面。

1. 药物作用靶位基因突变　如抗蠕虫的药物苯丙咪唑为细胞微管蛋白抑制剂，主要与虫体的微管蛋白结合，抑制微管组装的聚合，从而杀死虫体。虫体抗药性的产生是因虫体（如血矛线虫）肌纤维的 β-微管蛋白编码基因发生突变，结果导致其编码的 β-微管蛋白氨基酸序列突变，进而引起蛋白结构改变，最终药物与其靶位点亲和力下降或不能与其靶位点结合而使药物失去抗虫效力。

2. 寄生虫抗药基因表达量增加　此种情况通常见于对多种药物具有抗药性的虫种。抗药性的产生是因虫体长期处于药物作用压力下的环境中，使其细胞膜上的运输蛋白或细胞内的化合物降解蛋白的 mRNA 转录水平和蛋白质表达量增高，最终导致药物在虫体内代谢发生改变，移除药物或阻止其活性。该现象多见于恶性疟原虫和某些线虫虫种。

3. 天然抗药性　有些寄生虫（如疟原虫和锥虫）的基因组不稳定，在自然条件下就存在不同基因型的虫体。它们对同种药物的敏感性不一定相同，属于对某种药物不敏感基因型的寄生虫，体内存在着天然的抗药性。

不同种寄生虫对药物产生抗药性的机制不同，具体机制也不清楚。为了延缓寄生虫药物抗性的产生，须加强对寄生虫药物抗性机制及监测技术的研究。在治疗过程中合理掌握药物剂量和正规疗程，必要时使用复合型药物也是减少抗药性产生的重要措施。另外，须积极研发新的抗虫药，以建立抗寄生虫药的后备防线。

> **知识拓展**
>
> **疟原虫耐药基因鉴定**
>
> 恶性疟原虫是对人类致病性最强的一种疟原虫，每年因其死亡的人数超过40万。目前，青蒿素联合疗法（ACT）治疗疟疾在临床上了取得一定疗效，其以青蒿素作为一线药物，以甲氟喹、哌喹和羽扇豆碱等作为联合药物。然而，耐药性的全球传播是恶性疟原虫治疗的一大主要障碍。因此，耐药基因的鉴定是解决耐药问题的重要举措。近期，研究人员开发了一种新型的功能筛选方法来鉴定恶性疟原虫的耐药基因。通过该方法筛选出了一种新型的甲氟喹耐药基因：多药耐药转运蛋白7（*pfmdr7*）。*pfmdr7* 表达上调可引起甲氟喹抗性，该发现对治疗恶性疟原虫引起的疟疾具有重要科学意义和临床价值。

三、寄生虫病疫苗

近年来的研究表明，经典的抗寄生虫药对寄生虫病的治疗作用不断减弱，甚至对有的虫种完全丧失。很多寄生虫病，如血吸虫病、疟疾和弓形虫病等病种，仅仅通过药物治疗并不能得到有效控制。造成此种现象的原因主要是寄生虫产生了抗药性。从理论上讲，如果能研制出有效的抗寄生虫疫苗，寄生虫病流行便将会得到有效的控制。但由于寄生虫虫体结构和生活史复杂，以及对寄生虫感染后免疫机制缺乏足够的认识，因此对寄生虫疫苗的研制还存在很大困难。目前，正在研究中的寄生虫疫苗的类型很多，主要有弱毒疫苗、分泌抗原疫苗、基因工程疫苗、化学合成疫苗及核酸疫苗等，但成功者并不多见。随着对抗寄生虫感染免疫机制研究的深入，抗寄生虫疫苗研究也在不断取得进展。第一个人用寄生虫病疫苗（疟疾疫苗RTS，S）已于2015年通过欧洲药品管理局的审核和推荐，相信在不远的将来，会有更多的寄生虫病疫苗获得突破。

四、寄生虫基因组学、蛋白质组学、转录组学的研究进展与趋势

随着DNA测序技术的进步，寄生虫基因的发现速度大大加快，目前经测序获得的寄生虫基因组全序列的虫种有：恶性疟原虫、约氏疟原虫、间日疟原虫、马来丝虫、克氏锥虫、微小隐孢子虫、利什曼原虫、弓形虫、日本血吸虫、曼氏血吸虫、华支睾吸虫、旋毛虫及冈比亚按蚊等常见寄生虫。寄生虫基因组学研究已进入后基因组时代，已从结构基因组学转向功能基因组学，以此可以揭示寄生虫基因组的功能和调控机制。转录组学和蛋白质组学可分别从整体转录水平和蛋白水平揭示寄生虫基因表达、转录和翻译修饰特征，并能了解基因调控规律和蛋白质间的相互作用，从而获取寄生虫病病变进程及基因、蛋白质网络的整体综合信息。日益发展

的转录组学和蛋白质组学实验技术，使我们能够更便捷、快速地研究寄生虫功能基因及其表达调控机制。例如，采用双向电泳、荧光差异双向凝胶电泳（DIGE）、iTRAQ、Label-free 等技术可以获得寄生虫特定发育期、特定状态下整体蛋白表达情况，并可进行定量比较分析，发现表达差异的蛋白分子；利用 RNA-seq 技术可以获得寄生虫特定发育期、特定状态下全部 RNA（包括编码 RNA 和非编码 RNA）的转录水平，即可以比较分析基因编码 RNA 的转录水平差异，也可以分析非编码 RNA（如 miRNA、LncRNA 等）的转录差异，从而能够进一步研究基因表达调控机制；RNA 干扰（RNAi）技术可以便捷地使特定基因沉默，从而研究该基因功能。近年来，新兴的 CRISPR/CAS9 技术可以更加便捷地对任何基因进行基因编辑（如基因敲入、敲除、敲降），进行基因功能的研究，对于一些无法使用 RNAi 技术沉默基因的虫种（如疟原虫）具有更大的价值。随着多种功能基因组学方法的系统运用，将会阐明更多种寄生虫关键基因的功能及其调控机制。研究结果将帮助人们揭示寄生虫基因组所包含的信息，全面了解寄生虫生物学特征和寄生虫与宿主之间的关系，并可提供新的诊断方法，筛选新的药物靶点和疫苗候选分子，为控制和消灭寄生虫病开辟新途径。

思 考 题

简述导致寄生虫产生抗药性的机制。

（胡立志）

第二篇

医学原虫学

第九章

医学原虫学概论

第九章数字资源

原虫（protozoa）也称原生动物，为单细胞真核生物，能够独立完成生命活动的全部生理功能，包括摄食、代谢、呼吸、排泄、运动及生殖等。原虫在自然界中分布广泛，种类繁多，迄今已发现 65 000 余种，其中大多数营自生生活或腐生生活，少数营寄生生活。寄生于人体内的原虫有 40 余种，称为医学原虫（medical protozoa）。医学原虫包括致病性和非致病性原虫，致病性医学原虫对人类健康和畜牧业生产可造成严重危害，不容忽视。

【形态】

原虫外形多样，呈圆形、卵圆形或不规则形，大小介于 2 ~ 200 μm，其结构由胞膜、胞质和胞核组成。

1. 胞膜 亦称表膜（pellicle）或质膜（plasmalemma）。电镜下可见，胞膜由一层或一层以上的单位膜构成，与其他生物膜相同，具有可塑性、流动性和不对称性，嵌有蛋白质的脂质双分子层结构。胞膜是原虫与宿主细胞及寄生环境直接接触的部位，其蛋白质分子具有受体、配体、酶类以及其他抗原成分，与侵袭和免疫逃逸等功能密切相关。胞膜同时参与原虫的营养、排泄、运动、感觉等多种生物学功能。

2. 胞质 由基质、细胞器和内含物组成。

（1）基质：均匀透明，主要成分是蛋白质。其中有由肌动蛋白组成的微丝和由微管蛋白组成的微管，既可保持虫体具有一定形状，又可以参与原虫的运动。有些原虫的基质均匀一致，有些原虫的基质有内、外质之分。外质透明呈凝胶状，具有运动、摄食、排泄、呼吸、感觉、保护等作用；内质呈溶胶状，其内含有细胞器、细胞核和各种内含物，是新陈代谢的重要场所。

（2）细胞器：原虫具有与其他真核生物功能相同的以及其特有的细胞器。按功能可分为：①膜质细胞器，主要参与细胞能量合成代谢，如线粒体、内质网、高尔基体、溶酶体、动基体、核蛋白体等。②运动细胞器，主要参与原虫的运动，也是原虫分类的重要依据，包括伪足（pseudopodium）、鞭毛（flagellum）和纤毛（cilium）。伪足是外质随虫体运动突出的部分，形状可变，多呈叶状或舌状。鞭毛细长，数目较少，可伸向虫体前端、侧面或后端。纤毛短而密，常分布于虫体的表面。具有上述细胞器的原虫相应称为阿米巴（amoeba）、鞭毛虫（flagellate）和纤毛虫（ciliate）。有些鞭毛虫和纤毛虫还具有其他特殊的运动细胞器，如波动膜、吸器等。③营养细胞器，主要功能是摄食、排泄以及调节虫体内渗透压，包括胞口、胞咽、胞肛以及伸缩泡。

（3）内含物：原虫胞质内有多种内含物，包括各种营养储存小体（如食物泡、糖原泡、拟染色体等）、代谢产物（如疟色素）和共生物（如病毒）。特殊的内含物也可作为虫种的鉴别标志。

3. 胞核 由于遗传物质（基因）主要位于细胞核内，因此胞核是原虫生命活动的控制中

心。细胞核由核膜、核质、核仁和染色质组成。核膜是双层单位膜，膜上的微孔是核内外物质交换的通道。核质呈纤维状的网构成，分布于细胞核中，其成分为蛋白质，网孔中充满液体，核质是细胞核的支架，也是染色质附着的场所。核仁富含蛋白质和 RNA 分子，染色质主要由 DNA、蛋白质和少量 RNA 组成，由于这两种核糖核酸为酸性，故二者可被碱性染料深染。寄生性原虫的胞核有两种类型：①泡状核（vesicular nucleus），多数原虫属于此型，染色质稀少，呈颗粒状，分布于核质和核膜内缘，有 1 个粒状的核仁；②实质核（compact nucleus），常见于纤毛虫，核大而不规则，染色质丰富，有 1 个以上的核仁。

【生活史类型】

医学原虫的生活史指原虫从一个宿主传播到另一个宿主的整个过程，包括其生长、发育和繁殖等各个阶段。通常把原虫生活史中具有运动、摄食和增殖的阶段称为滋养体（trophozoite），滋养体通常是致病阶段，也是某些原虫的感染阶段。某些原虫还有包囊（cyst）阶段，相对滋养体而言，它们是不能运动和摄食的静止期，也是原虫的感染阶段。包囊是滋养体在外界环境不利的情况下团缩，分泌某些物质形成囊壁发育而成。

医学原虫生活史形式多样，根据其传播特点，可将生活史分为三种类型。

1. 人际传播型　此类型生活史简单，完成生活史只需一种宿主，经直接接触、间接接触或中间媒介在人群中传播。包括两种情况，一种是生活史只有滋养体阶段的原虫，以直接接触的方式进行传播，如阴道毛滴虫。另一种是生活史中既有滋养体也有包囊阶段，滋养体是致病阶段，包囊是感染阶段，如溶组织内阿米巴和蓝氏贾第鞭毛虫。

2. 循环传播型　此类型原虫完成生活史需要一种以上的脊椎动物作为终宿主和中间宿主，分别进行有性和无性生殖，并在两者之间进行传播。如刚地弓形虫以猫或猫科动物为终宿主，可在人与动物（中间宿主）之间进行传播。

3. 虫媒传播型　具有此类型生活史的原虫，需在吸血昆虫体内以无性或有性生殖方式发育至感染阶段后，再经虫媒叮咬、吸血进行传播。如疟原虫和利什曼原虫的生活史即属此型。

【生理】

医学原虫的生理包括运动、摄食、代谢和生殖等。

1. 运动　原虫的运动主要借助于运动细胞器进行，其运动方式取决于运动细胞器的类型，包括伪足运动、鞭毛运动、纤毛运动等。没有运动细胞器的原虫可以通过螺旋式运动、滑行或扭动等方式进行运动。

2. 摄食　寄生性原虫有多种摄取营养物质的方式。它们可以通过表膜渗透和多种扩散等方式，或主动转运获得小分子的养料；液体养料或固体食物颗粒可以通过胞饮（pinocytosis）或吞噬（phagocytosis）等细胞内吞作用摄入。

3. 代谢　绝大多数原虫属于兼性厌氧生物，可利用葡萄糖或其他单糖获取能量，如肠腔内寄生的溶组织内阿米巴原虫在无氧环境下生长，糖的无氧酵解是其主要代谢途径；组织内和血液中的寄生原虫有三羧酸循环的酶系，可利用氧进行有氧代谢。此外，原虫所需的蛋白质和氨基酸主要来源于宿主，例如疟原虫将 75% 以上的血红蛋白分解成氨基酸，以合成自身蛋白质。

4. 生殖　原虫的生殖方式包括无性生殖和有性生殖两种。

（1）无性生殖：①二分裂，细胞核先一分为二，然后胞质分裂，最后形成两个子代虫体，如阿米巴、阴道毛滴虫和蓝氏贾第鞭毛虫的滋养体均以二分裂方式增殖。②多分裂，胞核先分裂为多个，胞质再分裂并包绕各个细胞核，最后形成多个子代。例如，疟原虫红细胞内期的裂体增殖即属此种方式。③出芽生殖，母体细胞先经不均等细胞分裂，产生一个或多个芽体，然后与母体细胞分离，再生长发育成新的个体，此即为出芽生殖。出芽生殖可分为"外出芽"（exogenous budding）和"内出芽"（endogenous budding）两种方式。如疟原虫在蚊体内的成

孢子细胞即以外出芽法繁殖后发育成子孢子，而弓形虫的滋养体则以内出芽法进行增殖。

（2）有性生殖：包括较低级的接合生殖和较高级的配子生殖两种方式。①接合生殖（conjugation）：仅见于纤毛虫纲。首先两个虫体在胞口处暂时结合在一起，两个虫体的细胞核DNA 相互混合并复制，而随机均等地分配到两个子核中，最后分离形成两个新的虫体。②配子生殖（gametogony）：是原虫的雌、雄配子相互结合形成合子的过程。如疟原虫在蚊体内的发育。

有些原虫的生活史中存在有性生殖和无性生殖，二者交替进行，此种方式称为世代交替（alternation of generation）。如疟原虫在人体内行无性生殖，而在蚊媒体内则行有性生殖，两者交替进行。

【致病特点】

医学原虫的致病作用与原虫的致病力（包括虫种、株系、数量、寄生部位等）和宿主的抵抗力有关，其致病特点可概括为以下三个方面。

1. 增殖作用 原虫侵入人体进行大量的增殖，可导致两种后果。

（1）破坏宿主细胞：当寄生于宿主体内的原虫数量增殖到一定程度时，即可造成宿主细胞破坏，并因此出现相应的临床症状。如疟原虫在红细胞内期进行裂体增殖，当虫体增殖达到一定数目时便造成红细胞破裂，从而导致患者出现贫血、周期性发热等症状。

（2）播散致病：当虫体增殖至相当数量时，可向邻近或远方组织、器官播散与侵袭。如寄生于结肠内的溶组织内阿米巴滋养体，可从结肠壁的溃疡病灶侵入血管，随血流到达肝、肺等器官而引起病变。某些原虫（如疟原虫、弓形虫）所寄生的宿主细胞不仅成为其逃避宿主免疫攻击的有效屏障，而且还为其血源性播散提供了运载工具。

2. 毒性作用 寄生原虫的致病力与其毒性作用密切相关。原虫的分泌物、代谢产物和死亡虫体的分解物对宿主均有毒性作用。毒性物质可通过不同途径损伤宿主细胞、组织和器官。如寄生于结肠的溶组织内阿米巴原虫滋养体分泌的半乳糖/乙酰氨基半乳糖凝集素具有黏附和溶解宿主细胞作用，阿米巴穿孔素可造成宿主细胞膜的孔状破坏，半胱氨酸蛋白酶具有溶解宿主组织的作用。阿米巴原虫借助上述物质的作用侵入肠壁，造成局部组织溶解坏死，导致肠壁溃疡。再如，阴道毛滴虫分泌的 4 种具有毒性的表面蛋白对阴道黏膜上皮细胞具有黏附和杀伤作用。

3. 机会性致病 免疫功能正常的宿主感染某些原虫后并不出现临床症状，呈隐性感染状态。但当宿主免疫功能下降或不全时（例如艾滋病患者、长期接受免疫抑制剂治疗或晚期肿瘤患者），这些原虫的繁殖能力和致病力显著增强，患者可出现明显的临床症状，甚至危及生命。此类原虫被称为机会性致病原虫（opportunistic protozoa）。常见的机会性致病原虫有弓形虫、隐孢子虫、微孢子虫和蓝氏贾第鞭毛虫等。例如，艾滋病患者在感染隐孢子虫后，常可发生难以治愈的严重腹泻而死亡，感染弓形虫可发展成致命的弓形虫脑炎。

【分类】

以往，我国医学原虫的生物学分类多采用沿用已久的 Levine（1980）分类系统。为了与国际接轨，此次采用新的 Cox（2003，2007）分类系统，即与医学有关的原虫属于原生生物界（Kingdom Protista），归属于 8 个门，即阿米巴门、眼虫门、后滴门、副基体门、透色动物门、孢子虫门、纤毛门、双环门。常见医学原虫及其分类见表 9-1。

表 9-1 常见医学原虫及其分类

门	纲	目	科	种
阿米巴门 Amoebozoa	内阿米巴纲 Entamoebidea	内阿米巴目 Entamoebida	内阿米巴科 Entamoebidae	溶组织内阿米巴 *Entamoeba histolytica*
				哈门氏内阿米巴 *Entamoeba hartmani*
				结肠内阿米巴 *Entamoeba coli*
				迪斯帕内阿米巴 *Entamoeba dispar*
				茂氏内阿米巴 *Entamoeba moshkovskii*
				齿龈内阿米巴 *Entamoeba gingivalis*
				微小内蜒阿米巴 *Endolimax nana*
				布氏嗜碘阿米巴 *Iodamoeba butschlii*
	阿米巴纲 Amoebaea	棘足目 Acanthopodia	棘阿米巴科 Acanthamoebidae	棘阿米巴 *Acanthamoeba*
				巴拉姆希阿米巴 *Balamuthia mandrillaris*
眼虫门 Euglenozoa	动基体纲 kinetoplastea	椎体目 Trypanosomatida	椎体科 Trypanosomatidae	杜氏利什曼原虫 *Leishmania donovani*
				热带利什曼原虫 *Leishmania tropica*
				巴西利什曼原虫 *Leishmania braziliensis*
				硕大利氏曼原虫 *Leishmania major*
				布氏冈比亚锥虫 *Trypanosoma brucei gambiense*
				布氏罗得西亚锥虫 *Trypanosoma brucei rhodesiense*
				克氏锥虫 *Trypanosoma cruzi*
后滴门 Metamonada	双滴纲 Trepomonadea	双滴目 Diplomonadida	六鞭毛科 Hexamitidae	蓝氏贾第鞭毛虫 *Giardia lamblia*

续表

门	纲	目	科	种
副基体门 Parabasalia	毛滴纲 Trichomonadea	毛滴目 Trichomonadida	毛滴虫科 Trichomonadidae	阴道毛滴虫 *Trichomonas vaginalis*
				口腔毛滴虫 *Trichomonas tenax*
				人毛滴虫 *Trichomonas hominis*
				脆弱双核阿米巴 *Dientamoeba fragilis*
	动鞭毛纲 Zoomastigophorea	超鞭毛目 Hypermastigida	缨滴虫科 Lophomonadae	蠊缨滴虫 *Lophomomasblattarum*
透色动物门 Percolozoa	异叶足纲 Heterolobosea	裂核目 Schizopyrenida	瓦氏科 Vahlkamphidae	福氏耐格里阿米巴 *Naegleria fowleri*
孢子虫门 Sporozoa	球虫纲 Coccidea	血孢目 Haemosporida	疟原虫科 Plasmodidae	间日疟原虫 *Plasmodium vivax*
				恶性疟原虫 *Plasmodium falciparum*
				三日疟原虫 *Plasmodium malariae*
				卵形疟原虫 *Plasmodium ovale*
		艾美目 Eimeriida	艾美科 Eimeriidae	隐孢子虫 *Cryptosporidium* spp.
				刚地弓形虫 *Toxoplasma gondii*
				等孢球虫 *Isospora* sp.
				肉孢子虫 *Sarcocystis* sp.
				环孢子虫 *Cyclospora*
		梨形目 Piroplasmida	巴贝科 Babesiidae	巴贝西虫 *Babesia* sp.
纤毛门 Ciliophora	直口纲 Litostomatea	胞口目 Vestibulifera	肠袋科 Balantidiidae	结肠小袋纤毛虫 *Balantidium coli*
双环门 Bigyra	牙囊纲 Blastocystea	牙囊目 Blastocystida	牙囊科 Blastocystidae	人牙囊原虫 *Blastocystis hominis*

思 考 题

1. 医学原虫的生殖方式有几种?
2. 简述医学原虫的生活史类型以及区别。

(杜奕英)

第十章

阿 米 巴

第十章数字资源

阿米巴（amoeba）属于原生动物界（Kingdom Protozoa）、肉鞭毛下界（Sarcomastigota）、阿米巴门（Amoebozoa）。人体常见的阿米巴原虫有溶组织内阿米巴（*Entamoeba histolytica*）、迪斯帕内阿米巴（*Entamoeba dispar*）、哈门内阿米巴（*Entamoeba hartmanni*）、结肠内阿米巴（*Entamoeba coli*）、微小内蜒阿米巴（*Endolimax nana*）、布氏嗜碘阿米巴（*Iodamoeba butschlii*）及齿龈内阿米巴（*Entamoeba gingivalis*）等。除齿龈内阿米巴外，其余 6 种均寄生在人体结肠内，但只有溶组织内阿米巴具有明显的致病性。其生活史一般包括滋养体和包囊两个发育阶段，营无性繁殖。少数自生生活的阿米巴如棘阿米巴等也可偶然侵入人体，引起严重的肉芽肿性阿米巴脑膜脑炎或角膜炎等疾病。

第一节 溶组织内阿米巴

案例 10-1

女性，45 岁。因反复咳嗽、腹胀 5 个月，伴乏力，双下肢水肿半月余入院。

入院查体：慢性重症病容，消瘦，体重 40.5 kg，右下肺呼吸音减退，叩诊浊，腹略胀，肝脾未触及。双下肢凹陷性水肿。辅助检查：白细胞总数 $5.0×10^9$/L，血红蛋白 79 g/L，便常规正常、隐血试验阴性。B 超检查示：肝多发性低回声团块影，壁厚，回声紊乱。住院后患者持续发热，体温最高达 39.5 ℃，以夜间为高。在 B 超引导下行诊断性肝穿刺，获取奶酪状脓液 60 ml，病理报告为大量脓细胞、坏死组织，找到溶组织内阿米巴滋养体，血清抗溶组织内阿米巴滋养体 IgG 抗体阳性，诊断为肠外阿米巴病（阿米巴肝脓肿）。口服甲硝唑治疗后病情逐渐好转，脓肿逐渐缩小直至消失，患者出院。

问题：
1. 常见的肠外阿米巴病有哪些？是如何形成的？
2. 肠外阿米巴病诊断性穿刺应注意什么？为什么？

溶组织内阿米巴（*Entamoeba histolytica* Schaudinn，1903）又称痢疾阿米巴，属于阿米巴门，内阿米巴纲（Entamoebidea）、内阿米巴目（Entamoebida）、内阿米巴科（Entamoebidae）。主要寄生于人的结肠，引起肠阿米巴病（intestinal amoebiasis），如阿米巴痢疾（amebic dysentery）。虫体亦可侵入血管经血流到达肝、肺、脑等，导致肠外阿米巴病（extra-intestinal amoebiasis）。

对于溶组织内阿米巴和阿米巴病的研究历史悠久。我国古代医书如《黄帝内经·素问》和《伤寒论》等有"下痢""赤痢""疫痢"等有关鉴别诊断的论述；古希腊希波克拉底很早就明确阐述了痢疾的潜在传染性和并发症的危害。1875年，俄国医生Fedor Losch在腹泻患者粪便中发现该虫。1891年，Councilman和Lafleur在一例无菌性肝脓肿的脓液中发现了阿米巴原虫，并提出该虫具有致病性，称其为痢疾阿米巴。1903年，德国著名微生物学家Schaudinn将这一原虫命名为溶组织内阿米巴。随着现代分子生物学和酶学技术的发展，研究人员分别从基因、抗原表位等方面证实了致病性的溶组织内阿米巴与非致病性的迪斯帕内阿米巴是两个独立的虫种。

【形态】

溶组织内阿米巴的发育包括滋养体和包囊两个时期。

1. 滋养体 直径为12～60 μm，活虫形态多变，可借助伪足做活泼的定向运动。在铁苏木素染色标本中，高倍显微镜下可见胞质分为两层，外质（ectoplasm）透明，内质（endoplasm）呈颗粒状，内含空泡。内质中有一个球形泡状核，直径4～7 μm，核膜内缘均匀分布着一层大小一致的核周染色质粒（chromatin granules），核仁位于核中央，直径0.5 μm，以纤维细丝与核周染色质粒相连。从痢疾患者粪便中分离的虫体，胞质中可见到被吞噬的红细胞，经铁素木素染成蓝黑色，这是与其他肠道内非致病性阿米巴滋养体鉴别的重要依据（图10-1）。

2. 包囊 大小不一，直径10～15 μm。内有核1～4个，4核包囊为成熟包囊（mature cyst），1～2个核的为未成熟包囊。未成熟包囊中，有一特殊的营养储存结构，称拟染色体（chromatoid body），还可见糖原泡（glycogen vacuole）。拟染色体由核糖体颗粒组成，呈两端钝圆的棒状，其形状具有虫种鉴别意义。成熟包囊中拟染色体和糖原泡消失。碘液染色的包囊呈棕黄色，核膜与核仁均为浅棕色，拟染色体不着色，呈透明的棒状，糖原泡呈黄棕色。经铁苏木素染色后包囊呈蓝褐色，核膜与核仁清晰，核的结构特点和滋养体相似。未成熟包囊中可见棒状的、两端钝圆、蓝褐色的拟染色体，糖原泡被溶解呈空泡状（图10-1）。

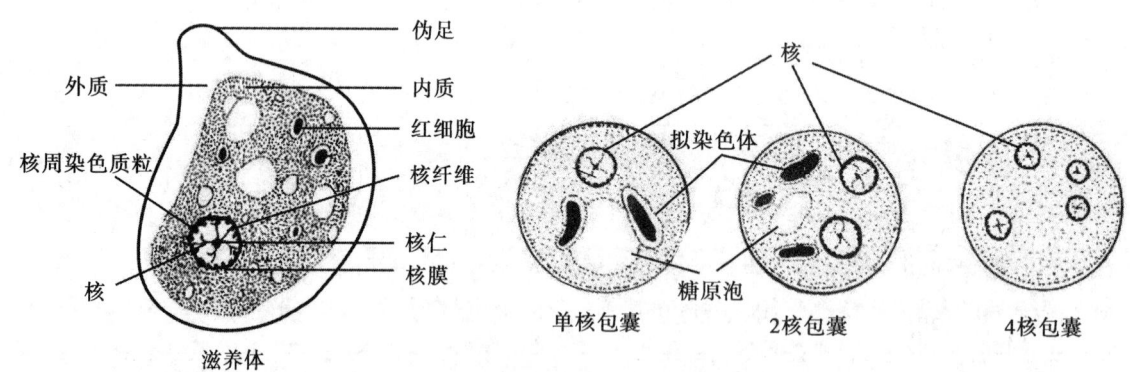

图10-1 溶组织内阿米巴滋养体和包囊

【生活史】

溶组织内阿米巴生活史简单，属于人际传播型，包括滋养体和包囊两个阶段。基本传播过程是"包囊-肠腔内滋养体-包囊"，4核包囊为感染阶段。人是溶组织内阿米巴的适宜宿主，虽然猫、狗、鼠等动物均能感染阿米巴，但动物与人之间相互传播的可能性极小，因此在流行病学上意义不大。当人误食了被成熟包囊污染的食物或水源，包囊经口进入胃和小肠，在小肠下段或结肠内的中性或碱性环境中，在肠内酶的作用下，囊壁变薄，囊内虫体脱囊而出。脱囊而出的4核虫体经过3次胞质分裂和1次核分裂发育成8个单核滋养体，定居于结肠上段的黏膜皱褶或肠陷窝内，以细菌或肠内容物为食，并以二分裂方式增殖。部分滋养体随着肠内容物向下移行，至横结肠后，由于水分被吸收、营养成分减少等环境因素刺激，滋养体排出内含物，缩小形成圆形的前包囊，随后分泌厚的囊壁形成单核包囊，再经 2 次有丝分裂后形成 4 核包囊，此过程称为成囊（encystation）。未成熟包囊及成熟包囊均可随成形粪便排出宿主体外。包囊抵抗力强，在外界潮湿的环境中可存活并保持感染性长达 1 个月之久，但在干燥的环境中极易崩解死亡。

在某些条件下，肠腔内寄生的滋养体可侵入肠黏膜，吞噬红细胞和组织细胞，并大量分裂增殖，引起组织溶解、坏死，形成溃疡，然后可随破溃的肠壁坏死组织脱落进入肠腔，通过肠蠕动随粪便排出体外。滋养体在外界很快死亡，即使被宿主吞食也会在消化道被消化液杀死，无传播作用。侵入肠壁组织的滋养体也可侵入小血管，随血流扩散到其他脏器组织如肝、肺、脑及皮肤等，导致肠外阿米巴病（图 10-2）。

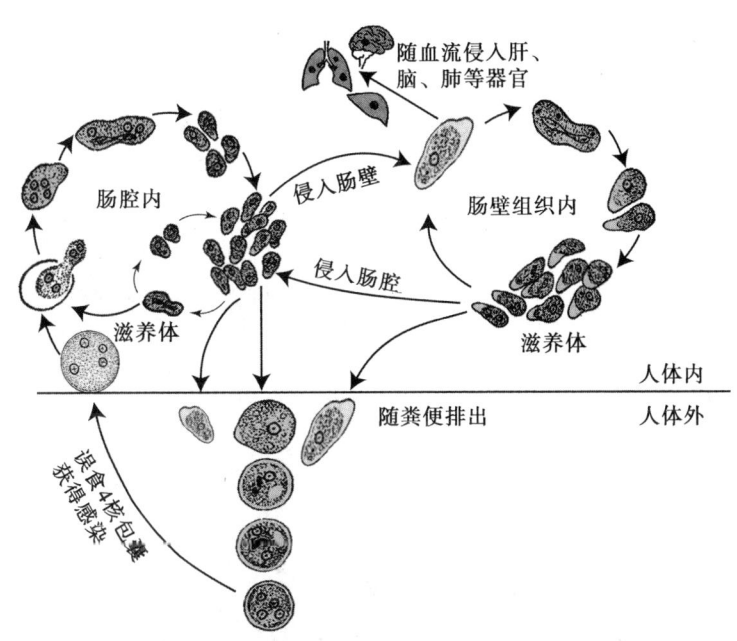

图 10-2　溶组织内阿米巴生活史

【致病】

1. 致病机制　溶组织内阿米巴的致病作用是虫体与宿主相互作用的结果。阿米巴病发生、发展过程受虫株毒力、宿主免疫状态、肠道内环境变化等多种因素影响。人体被感染后，病理和病程复杂多变，可表现为无症状带虫者、肠阿米巴病或肠外阿米巴病等多种表现。

（1）虫株毒力：溶组织内阿米巴致病性与虫株毒力有关。如热带地区虫株的毒力较寒带、温带地区者强；从阿米巴患者体内分离的虫株（H_{120} 与 C_1）毒力强于从带虫者体内分离的虫株（H_{101} 与 H_{103}）；用同工酶分析所得的几十种谱型，可将致病与非致病两型阿米巴区别开。同时，虫株毒力具有遗传特性，如同一致病株经连续的离体培养，毒力可以减弱，但如果将该虫株再接种于动物宿主，其毒力又可恢复。此外，虫株毒力也受寄生环境的影响，如宿主肠道内共生菌群作用可影响溶组织内阿米巴的致病力。

（2）侵袭力：溶组织内阿米巴滋养体对组织的侵袭力主要表现为对宿主靶细胞的接触性溶解杀伤作用。滋养体通过受体的介导对靶细胞的识别、黏附、分泌和溶解与虫体表膜特有的膜结合糖蛋白有关。目前研究最多的有 3 种因子与其侵袭力有关：① 260 kDa 半乳糖 / 乙酰氨基半乳糖凝集素（Gal/GalNAc lectin），介导滋养体黏附于宿主结肠上皮细胞、中性粒细胞和红细胞等表面。在黏附后还具有重要的溶细胞作用。此外，该二聚体凝集素还参与细胞信号转导。②阿米巴穿孔素（amoeba pores），为一组包含在滋养体胞质颗粒中的小分子蛋白质家族。滋养体在与靶细胞接触时或侵入组织时可释放穿孔素，在靶细胞膜上形成离子通道，造成宿主细胞的微孔损伤。③半胱氨酸蛋白酶（cysteine proteinase），是虫体最丰富的蛋白酶，分子量约为30 kDa，可使靶细胞溶解，或降解补体 C3 而抵抗补体介导的炎症反应。当虫体侵入组织或经血行播散时，虫体与机体的补体系统接触，可免受补体的溶解和破坏。

（3）宿主免疫状态：宿主的免疫功能状态与阿米巴的致病关系密切。免疫功能正常的人感染溶组织内阿米巴后，多为无症状带虫者。免疫功能低下或抑制者，如营养不良、长期服用皮质激素、晚期肿瘤、人类免疫缺陷病毒（human immunodeficiency virus，HIV）感染等有利于溶组织内阿米巴的侵入，患者多出现临床症状。

2. 病理变化 肠阿米巴病多发于盲肠或阑尾，也易累及乙状结肠和升结肠，偶尔累及回肠。典型的病理损伤是在肠壁形成多个口小底大的烧瓶样溃疡（图 10-3），每个溃疡之间的黏膜可以正常或轻度充血水肿。原发病灶一般局限于黏膜层，急性病例滋养体可突破黏膜肌层，造成组织液化，进而形成坏死灶。深入肌层的溃疡可与邻近的溃疡融合，导致大片黏膜脱落，如病灶穿破肠壁，可造成局限性腹腔脓肿，严重者可形成弥漫性腹膜炎。寄生于肠壁的虫体还可以引起阿米巴肿（ameboma），其病理改变主要是结肠组织肉芽肿伴慢性炎症和纤维化，需与肿瘤进行鉴别诊断。肠外阿米巴病所形成的脓肿，往往呈无菌性、液化性坏死，脓液呈酱红色，病灶周围以淋巴细胞浸润为主，滋养体多处在脓肿边缘。最常见的肠外阿米巴病主要见于肝，其次为肺、纵隔、腹腔、心包，甚至脑、脾等部位均可出现局部脓肿。腹腔局部脓肿穿孔可侵袭邻近皮肤而导致阿米巴皮肤溃疡；如累及生殖器官，则可引起阿米巴性阴道炎或前列腺炎等。

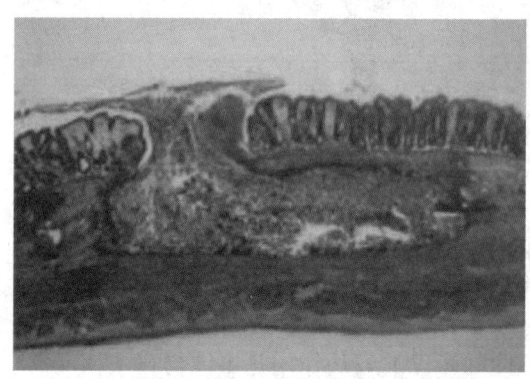

图 10-3 溶组织内阿米巴滋养体引起的烧杯样溃疡

3. 临床表现 该病潜伏期 2~26 天不等，以 2 周多见。起病突然或隐匿，可呈暴发性或迁延性。临床上可分为肠阿米巴病（intestinal amoebiasis）和肠外阿米巴病（extra-intestinal amoebiasis）两种。

（1）肠阿米巴病：多数呈无症状携带状态或阿米巴结肠炎（amebic colitis），阿米巴结肠炎可分急性和慢性临床过程。急性阿米巴病的临床表现为阿米巴痢疾（amebic dysentery），典型表现为腹泻，一日可达数十次，常伴有腹痛、里急后重，粪便性状为脓血黏液便，奇臭并呈果酱状，粪便检查可查见阿米巴滋养体，潜血试验阳性。急性暴发性阿米巴痢疾可危及生命，是儿科常见重症。患儿排大量黏液血便，伴发热、脱水、电解质平衡紊乱、低血压、弥漫性腹痛、强烈而持续的里急后重、恶心、呕吐和腹水等。约 60% 的患者可发展成肠穿孔或肠外阿米巴病，甚至死亡。由于抗生素的广泛使用，典型的阿米巴痢疾已不多见，大多数表现为亚急性或慢性迁延性肠炎，仅有间歇性腹泻，或可伴有腹胀、消瘦、贫血等症状，临床上应与细菌性痢疾相鉴别。

知识拓展

阿米巴痢疾与细菌性痢疾的区别

项目	阿米巴痢疾	细菌性痢疾
流行病学	地方性	流行性
潜伏期	长，以2周多见	短，<7天
发作	渐进性发病	急性发作
症状	多不发热、下腹痛，伴里急后重	常发热、腹痛广泛、有压痛
并发症	贫血、肠阿米巴肿、中毒性巨结肠、阿米巴腹膜炎	多发性关节炎
血象	WBC不升高或升高不明显	WBC明显升高
实验诊断	粪便镜检（滋养体）	细菌培养
首选药物	甲硝唑	抗生素

有些患者可出现阿米巴肿，多见于盲肠和升结肠，肠壁呈团块状增生性病理改变，无明显临床症状，因肠钡透视酷似肿瘤，需要和恶性肿瘤相鉴别，可通过病理活检或血清阿米巴抗体检查明确诊断。肠阿米巴病最严重的并发症是肠穿孔和继发性细菌性腹膜炎，呈急性或亚急性过程。极少数患者因接受不规范的肾上腺皮质激素治疗而并发中毒性巨结肠。

（2）肠外阿米巴病：由肠内滋养体侵入门静脉系统，随血行播散至其他脏器所引起的阿米巴病，统称为肠外阿米巴病，最常见的是阿米巴肝脓肿（amebic liver abscess），其次是肺脓肿、脑脓肿和皮肤阿米巴病等。约有10%的肠阿米巴病患者继发肝脓肿，本病成人多于儿童，男女比为9:1。起病较缓，多累及肝右叶。临床表现为右上腹疼痛并向右肩放射、长期不规则发热（38~39℃）、盗汗、厌食，少数会出现黄疸，患者呈进行性消瘦，贫血和营养不良性水肿及肝区钝痛等，部分患者有近期腹泻和痢疾病史。B超、CT和MRI检查有助于诊断。如治疗不及时，肝脓肿可破入胸腔或腹腔，少数情况下也可破入心包而导致死亡。阿米巴肺脓肿（amebic lung abscess）可因血液循环播散而致，但多数是因肝脓肿直接穿破膈肌引起。肝源性阿米巴肺脓肿常发于右肺下叶，患者主要表现为胸痛、发热、呼吸困难、咳"巧克力酱"样痰。X线检查可见渗出、实变，或脓肿形成、积脓，甚至肺支气管瘘。若脓肿破入气管可引起呼吸道堵塞。阿米巴脑脓肿（amebic brain abscess）少见，约94%的阿米巴脑脓肿合并有肝脓肿，起病急，预后差。常为大脑皮质的单个脓肿，部分患者可发展成脑膜脑炎。临床表现有头痛、呕吐、眩晕、精神异常等，如不及时治疗，死亡率较高。皮肤阿米巴病（cutaneous amoebiasis）不多见，常由直肠病灶播散到会阴部，可导致会阴皮肤阿米巴病。

【诊断】

结合临床表现并综合分析病原学、血清学和DNA诊断，以及影像学检查结果做出准确判断。

1. 病原学检查

（1）生理盐水涂片法：是确诊肠阿米巴病最有效的检查手段。如在患者的脓血便中检出滋养体即可确诊。还可在粪便内见到黏集成团的红细胞和少量白细胞及呈菱形的夏科-莱登晶

体。因滋养体离体后会迅速死亡，故应取新鲜粪便，温度保持在25～30℃并快速检测。送检的粪便标本应避免接触尿液或消毒剂等。

> **微整合**
>
> **临床应用**
>
> **阿米巴痢疾**
>
> 阿米巴痢疾是由溶组织内阿米巴感染引起的急性肠阿米巴病。粪便生理盐水涂片可以查到溶组织内阿米巴滋养体。确诊后口服甲硝唑效果理想。临床上阿米巴痢疾需要和急性肠炎或者细菌性痢疾相鉴别。

对脓肿穿刺液可采用生理盐水涂片检查法，脓肿壁的坏死组织中滋养体较多，宜在近脓肿壁取样。

（2）碘液染色法：适用于检查慢性患者和无症状带虫者成形便中的包囊。查到的包囊应与结肠阿米巴包囊鉴别。因包囊的排出具间歇性，一次粪检阴性时应在1～3周内反复检查，以提高检出率。

（3）铁苏木素染色法：染色后虫体结构清晰，标本可长期保存，并可用于虫种鉴定。

（4）体外培养法：比涂片法更为敏感，适用于虫数较少时，但不宜做常规检查。培养结果既可进行形态学观察，也可做同工酶分析和基因检测，以确认是否是溶组织内阿米巴。

（5）病灶活体组织检查：对慢性肠阿米巴病患者可行活体组织检查，采集样本前可先行用直肠镜直接观察结肠壁溃疡状况，然后取可疑病变处活体组织或刮拭物用生理盐水涂片法检查，检出率较高。

2. 免疫学诊断 在肠阿米巴病或肠外阿米巴病患者血清中均可检测出高滴度的抗体，尤其对肠外阿米巴病患者，血清抗体检测具有肯定的诊断价值。常用的方法有间接血凝试验（IHA）、酶联免疫吸附试验（ELISA）、间接荧光抗体试验（IFAT）等。ELISA是最常用的方法之一，特异性抗体的检出率可达90%以上，尤其对于肝脓肿患者的检出率更高。免疫学诊断方法在阿米巴虫种鉴别和流行病学调查中，具有较高的实用价值。

血清抗体检测结果判定注意事项

1. 抗体滴度一般与病情的严重程度无密切的关系。抗体滴度较低时不能排除阿米巴病，也有10%的患者已出现肝脓肿的症状，而血清抗体却呈阴性，在以后的几天至2周内可检出抗体。

2. 疾病恢复后抗体滴度下降缓慢，有报道表明，阿米巴肝脓肿患者痊愈后，其阳性血清抗体可持续20年之久。因此，单凭血清抗体检测结果并不能判定患者是现症感染，还是恢复期病例，也无法判断预后效果。目前，已有应用重组抗原和纯化抗原检测抗体的报道，例如阿米巴半乳糖凝集素、29 kDa表膜蛋白、重组LC3亚单位抗原等，其敏感性和特异性均在90%以上。应用抗原表位特异性单克隆抗体，用ELISA检测血清和脓肿液中的阿米巴半乳糖凝集素抗原，具有疗效考核价值（一般在治疗7天后转阴）。

3. 核酸诊断　从脓肿穿刺液、粪便培养物、肠壁活检组织、皮肤溃疡分泌物、脓血便甚至成形粪便中提取阿米巴 DNA，用聚合酶链反应（PCR）进行检测。该法具有较高的敏感性，此法还可以区别溶组织内阿米巴和其他阿米巴原虫。目前，世界上公认的引物是根据溶组织内阿米巴编码的 29/30 kDa 富半胱氨酸蛋白基因设计的。具有良好特异性和敏感性，检测此基因对阿米巴病的诊断和治疗均有意义。

4. 影像诊断　对肠外脏器的阿米巴脓肿可应用超声波、CT、MRI 等检查。可疑的肺部病变可采用 X 线检查。影像诊断作为辅助诊断手段，应结合病原学、免疫学检测或核酸检测结果以及结合病史做出正确的诊断。

【流行】

1. 流行概况　溶组织内阿米巴呈世界性分布，主要流行于热带、亚热带地区，如印度、印度尼西亚、撒哈拉沙漠、热带非洲和中南美洲等国家和地区。阿米巴病的流行与社会经济、气候、卫生和营养、人口密度等密切相关。本病在温带地区较少流行，感染者大多数为无症状带虫者。估计全球约有 10% 的人口感染溶组织内阿米巴和迪斯帕内阿米巴，其中近 5 000 万人出现临床症状，每年有 10 万人死于阿米巴病，死亡率在寄生虫病中仅次于疟疾和血吸虫病。阿米巴痢疾是我国法定的丙类传染病，据国内 1992 年的调查，溶组织内阿米巴平均感染率为 0.949%。2015—2018 年，我国共报告阿米巴痢疾病例 4366 例，均为散发病例，其总体发病率呈下降趋势。在国外，阿米巴病亦是极受关注的传染病。据血清学调查结果，埃及开罗有 57.1% 的急性腹泻是由溶组织内阿米巴引起的。美国的人群感染率为 4%，某些特殊人群（如精神病患者）血清阳性率高达 73%，20 世纪 70 年代，男性同性恋者感染率为 40%～50%。肠阿米巴病无性别差异，阿米巴肝脓肿男性较女性多，其原因有待探讨。

2. 流行环节

（1）传染源：本病的传染源为粪便中持续排出包囊的带虫者。包囊的抵抗力较强，在适宜的温度、湿度下可存活并保持感染力长达数周，在水中可活 9～30 天，通过蝇或蟑螂的消化道后仍具感染性。但包囊对干燥、高温和化学药品的抵抗力弱。阿米巴滋养体在外界极易死亡，并可被胃酸杀死，因此无传播作用。溶组织内阿米巴为人际传播型。在自然或在实验室条件下可感染犬、猫、猪、猴、猩猩等动物，但这些动物作为传染源的意义并不大。

（2）传播途径：人体感染途径主要是经口，食用含有成熟包囊污染的食物、水或使用污染的餐具为主要感染方式；食源性暴发流行则发生于不卫生的饮食习惯或食用由带虫者制备的食品。另外，在具有"口 - 肛"性行为的人群中，包囊可直接经口侵入，故阿米巴病在欧美日等地被列为性传播疾病（sexually transmitted disease，STD）。

（3）易感人群：溶组织内阿米巴感染的高危人群包括旅游者、移民、缺乏洁净饮水的流动人群、弱智人群、男性同性恋群体、儿童（尤其是新生儿）、孕妇、哺乳期妇女、免疫力低下者等。易感人群为 14 岁以下的儿童和 40 岁以上的成年人。

【防治】

查治患者、包囊携带者（包括无症状带虫者及慢性患者）。目前治疗阿米巴病的首选药物为甲硝唑，适用于急性阿米巴病患者。奥硝唑、替硝唑和塞克硝唑也有一定疗效。对于肝脓肿患者，甲硝唑为首选药，还可加用氯喹治疗。国内亦有使用诺氟沙星治疗阿米巴肝脓肿有效的报道。包囊携带者应选择肠壁不易吸收、毒副作用较轻的药物，如巴龙霉素或喹碘方、二氯尼特等。中药大蒜素、白头翁等也可用于阿米巴病治疗。

加强粪便管理，对作为肥料的粪便应进行无害化发酵处理，结合环境保护净化水源，注意饮食卫生，消灭可携带包囊的昆虫；发展社会经济、提高文化素质和树立文明的卫生行为习惯是防治阿米巴病的根本途径。

第二节　其他消化道阿米巴

寄生在人体消化道内的阿米巴中，除了溶组织内阿米巴具有致病性外，其他均为肠腔共栖型原虫，不侵入组织且不引起临床症状。这些原虫与溶组织内阿米巴的形态相同或相似，在粪便检查时常易误诊为溶组织内阿米巴。值得注意的是，当宿主重度感染或免疫功能下降时，也可出现不同程度的黏膜浅表炎症，如合并细菌感染时，还可引起肠功能紊乱或腹泻。

一、迪斯帕内阿米巴

迪斯帕内阿米巴（*Entamoeba dispar* Brumpt，1925）的包囊和滋养体形态与溶组织内阿米巴一样，而且生活史、流行病学也相同，但是二者之间的表面抗原决定簇、同工酶谱和基因不同。研究发现，溶组织内阿米巴感染后无论是否出现临床症状，均可诱导人体产生特异性抗体，而迪斯帕内阿米巴则不具有诱导感染者产生抗体的能力。因此，如果仅在粪便中查获 4 核包囊，而溶组织内阿米巴血清抗体持续阴性，表明为迪斯帕内阿米巴感染，无需药物治疗。在所有的无症状带虫者中，约 90% 为迪斯帕内阿米巴包囊携带者。目前，迪斯帕内阿米巴可通过同工酶分析、ELISA 法和 PCR 技术与溶组织内阿米巴进行鉴别。其中，采用 ELISA 法以单克隆抗体检测溶组织内阿米巴表面半乳糖／乙酰氨基半乳糖靶抗原具有良好的敏感性和特异性，而 PCR 从 DNA 水平鉴别两种阿米巴，以检测编码 29/30 kDa 半胱氨酸抗原的基因最为特异和可行。

二、结肠内阿米巴

结肠内阿米巴（*Entamoeba coli* Grassi，1879）是人体肠道内最常见的非致病性阿米巴原虫，多与溶组织内阿米巴共存。其形态与溶组织内阿米巴相似，滋养体直径通常为 15～50 μm，内外质分界不明显。胞质中可见多个食物泡，内含细菌、酵母菌和淀粉粒等，但不含红细胞。胞核内核仁大，常偏位，核周染色质粒粗大，排列不整齐，分布不均匀。滋养体以多个短小的伪足做迟缓运动。包囊直径为 10～35 μm，核的结构与滋养体相似。成熟包囊含有 8 个核，偶有超过 8 个者。未成熟包囊一般有 1 个核、2 个核或 4 个核，胞质内含糖原泡和稻束状的拟染色体（图 10-4）。

结肠内阿米巴生活史同溶组织内阿米巴，当成熟的 8 核包囊被人吞食后，在小肠内脱囊而成 8 个后包囊滋养体，移行至结肠以细菌、酵母菌等为食，形成成熟滋养体，并在黏膜皱褶内以二分裂法繁殖。该原虫在结肠寄生，不侵入组织，亦无临床症状。粪便检查发现包囊或滋养体即可诊断，但应注意与溶组织内阿米巴相鉴别。结肠内阿米巴呈世界性分布，以热带、亚热带地区多见。人因食入包囊污染的水或食物而感染。

三、哈门内阿米巴

哈门内阿米巴（*Entamoeba hartmanni* von Prowazek，1912）形态特征和生活史与溶组织内阿米巴相似，呈世界性分布。虫体较小，滋养体直径为 4～12 μm，内外质分明，内质呈微细

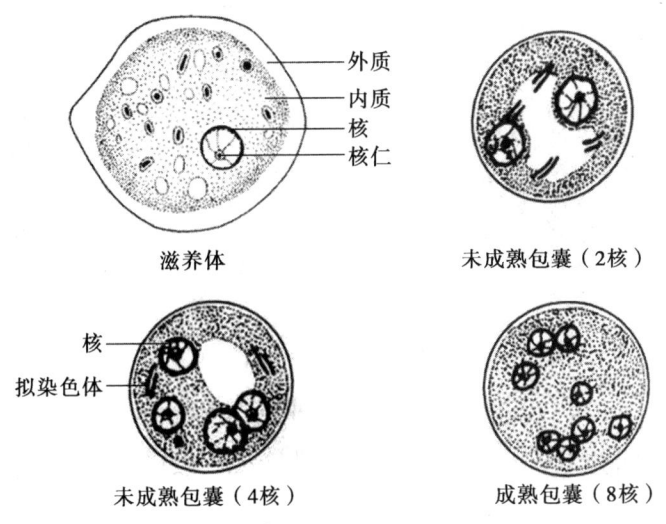

图 10-4 结肠内阿米巴

颗粒状,内含细菌但不含红细胞;包囊直径为 5～10 μm,糖原泡不明显,拟染色体细小呈棒状,成熟包囊有 4 个核(图 10-5)。在流行病学调查中,常以包囊直径小于 10 μm 为界,与溶组织内阿米巴相区别。但包囊在治疗后或营养不良的患者体内也会变小,必要时可采用血清学或 DNA 扩增分析做进一步鉴别。该虫对人无致病性,其滋养体不吞噬红细胞。人体感染多因食入或饮用了被包囊污染的食物或水。我国人群平均感染率为 1.484%,须注意与溶组织内阿米巴鉴别,以避免不必要的治疗。

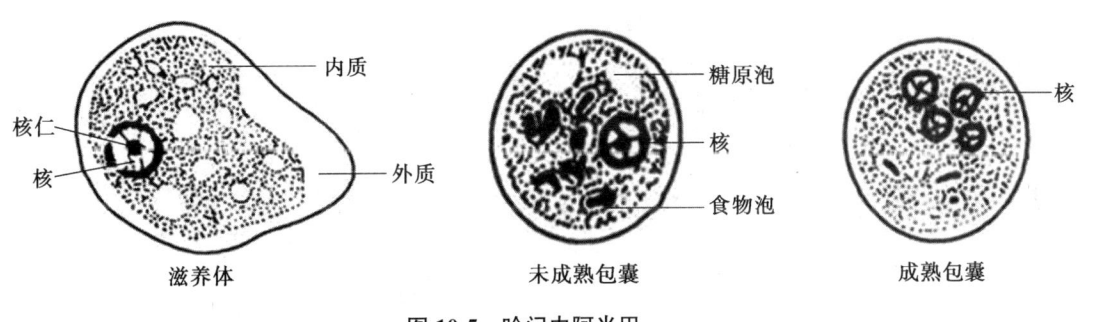

图 10-5 哈门内阿米巴

四、微小内蜒阿米巴

微小内蜒阿米巴(*Endolimax nana* Wenyon and O'Connor,1917)是寄生于人和猿、猴等动物肠腔的小型阿米巴原虫。滋养体直径为 6～15 μm,内外质不分明,内质量少呈颗粒状,有小食物泡,内含细菌。胞核内有一粗大明显的核仁偏于一侧,无核周染色质粒,核仁与核膜之间有清晰的空隙和相连的核丝。滋养体以其短小、钝性而透明的伪足做迟缓运动。包囊直径为 5～14 μm,椭圆或卵圆形,含 1～4 个泡状核,成熟包囊含 4 核。核膜纤薄而不易见到,核仁大而偏位,无拟染色体,偶见形状不一的糖原泡。微小内蜒阿米巴不致病,以细菌为食。其病原学诊断以粪检为主,但需与哈门内阿米巴和布氏嗜碘阿米巴相鉴别。该虫体积比哈门内阿米巴小,且含粗大核仁。胞核与布氏嗜碘阿米巴相似,但包囊较小(图 10-6)。

微小内蜒阿米巴呈世界性分布,感染率较结肠内阿米巴低。

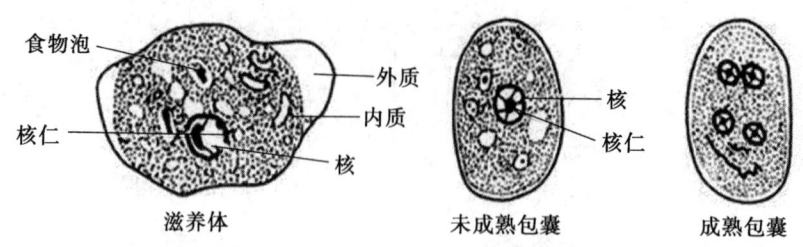

图 10-6 微小内蜒阿米巴

五、布氏嗜碘阿米巴

布氏嗜碘阿米巴(*Iodamoeba butschlii* von Prowazek,1912)滋养体直径为 8～20 μm,伪足钝圆或指状,不吞噬红细胞。细胞核较大,核仁大而偏位,外围有一层着色较淡的颗粒排成的环状体,无核周染色质粒。胞质内含粗大的颗粒和空泡。包囊直径为 5～20 μm,形状多样,呈卵圆形、圆形、三角形或不规则形,无拟染色体。包囊主要特点是胞质内含有大而呈圆形或卵圆形、边缘清晰的糖原泡,被碘染呈棕色或红棕色的团块,在铁苏木素染色中为泡状空隙。成熟包囊仅有一个核,常被糖原泡推向一边(图 10-7)。包囊特殊的糖原泡和核结构特征有助于与其他阿米巴鉴别。布氏嗜碘阿米巴为非致病阿米巴,分布广泛,但在粪便中的检出率偏低。

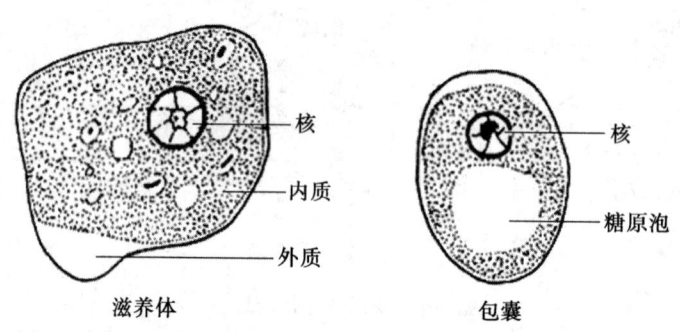

图 10-7 布氏嗜碘阿米巴

六、齿龈内阿米巴

齿龈内阿米巴(*Entamoeba gingivalis* Gros,1849)为人及许多哺乳动物如犬、猫等口腔共栖型阿米巴,见于齿龈部、牙周袋及齿垢内。该虫是第一个被报告的人体阿米巴原虫。生活史仅有滋养体期。滋养体直径为 10～20 μm,内外质分明,运动活泼,食物泡内常含有口腔上皮细胞、细菌和白细胞,偶见红细胞。胞核核仁明显,居中或略偏位,核膜内缘有排列整齐的核周染色质粒(图 10-8)。

目前认为齿龈内阿米巴为非致病性,口腔疾病患者和正常人口腔中均可检获此虫,多在牙垢、扁桃体隐窝分离到,但在牙龈炎、牙周炎、龋齿等患者的口腔中的检出率较高,可达 50% 以上,然而在病理切片中不曾发现虫体侵入组织。该虫在艾滋病患者中寄生率亦高,但与免疫缺陷的程度无关。有动物实验结果表明,齿龈内阿米巴是一种机会致病性原虫,当宿主免疫力下降时，在口腔细菌的协同作用下可致牙周病。常用治疗药物为甲硝唑。诊断的主要依据是取牙垢或化脓性齿龈病灶的脓液生理盐水直接涂片检获该虫活动的滋养体，亦可做染色检查。

齿龈内阿米巴呈世界性分布，据 1992 年调查资料，我国人群平均感染率为 47.25%。其中健康人平均感染率为 38.88%，口腔门诊患者平均感染率为 56.90%。齿龈内阿米巴经直接接触或飞沫传播。除人外，该虫还可在多种哺乳动物如犬、猫等口腔齿龈部寄生，因此，防止与犬、猫等宠物的亲昵，保持良好的口腔卫生，是防治该虫感染的有效措施。

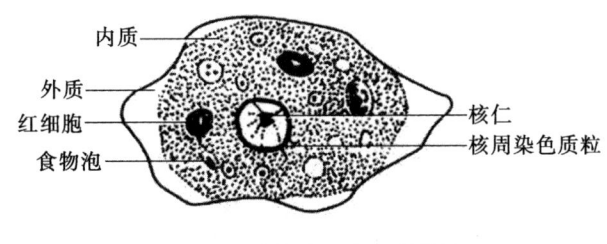

图 10-8　齿龈内阿米巴滋养体

（杜姿英）

第三节　致病性自生生活阿米巴

自生生活阿米巴（free-living amoeba）种类繁多，广泛存在于自然界的淡水和土壤中。有些虫种可营兼性寄生生活，是潜在的致病原，可侵入人体引起中枢神经系统、眼部或其他器官的损害，严重时可导致死亡。以阿米巴纲、棘足目、棘阿米巴科中的棘阿米巴属（Acanthamoeba）的某些种类多见。这些具有潜在致病性的自生生活阿米巴多存在于淤泥、池塘、温泉或游泳池中，人类通过接触受污染的水体而感染。感染所引起的阿米巴性疾病凶险，病死率高，因而受到了广泛关注。

棘阿米巴

棘阿米巴是水和土壤中最常见的阿米巴原虫。棘阿米巴属中有 13 种原虫与人类感染有关，主要致病虫种有卡氏棘阿米巴（A.castellanii），可侵入脑、眼和骨；柯氏棘阿米巴（A.culbertsoni）可侵入脑；星刺棘阿米巴（A.astronyxis）可侵入皮肤和脑；多噬棘阿米巴（A.polyphaga）可侵入脑和眼等，引起人类多种疾病，即肉芽肿性阿米巴性脑炎（granulomatous amoebic encephalitis，GAE）、棘阿米巴性角膜炎（acanthamoeba keratitis，AK）和阿米巴性皮肤损害。

【形态和生活史】

棘阿米巴生活史包括滋养体和包囊两个阶段，无鞭毛型滋养体。

滋养体为多变的长圆形，大小为 10～40 μm，除了有叶状伪足，体表还有许多小而尖细的锥刺样或棘状伪足。虫体做无定向缓慢运动。细胞质内可见食物泡及小颗粒。细胞核呈泡状，核中央有一大而致密的球状核仁，核膜与核仁之间有明显的晕圈。包囊直径为 9～27 μm，囊壁双层，外壁皱缩，内壁光滑呈多边形。不同种的棘阿米巴包囊形态和大小各异。胞质内布满细小颗粒，单个核常位于包囊中央。滋养体在外界不利条件下形成包囊，而在有利的条件下脱囊成为滋养体（图 10-9）。在入侵的组织内也可查见包囊。

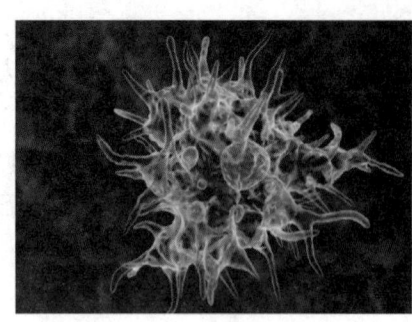
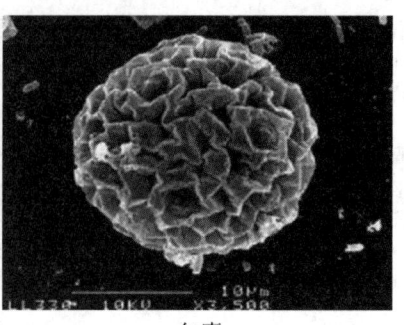

滋养体　　　　　　　　　包囊

图 10-9　棘阿米巴

【致病机制及临床表现】

1. 肉芽肿性阿米巴性脑炎　滋养体或包囊可经皮肤、黏膜的溃疡或伤口、损伤的结膜或角膜、呼吸道或泌尿生殖道侵入人体，然后行血源性传播，破坏血-脑屏障或通过嗅觉神经上皮直接侵袭进入中枢神经系统，引起肉芽肿性阿米巴性脑炎。本病为多发于颞叶、脑干和小脑的一种坏死性肉芽肿性脑炎，主要发生在免疫功能低下的人群，包括身体虚弱、营养不良、获得性免疫缺陷综合征（艾滋病）、肝病、糖尿病、器官移植、肿瘤、长期使用免疫抑制剂的患者及孕妇等，病情严重者可致死亡。疾病多呈亚急性或慢性过程，潜伏期1～2个月。临床表现以单发性或多发性的占位性病变为主。病理特征为肉芽组织和角质细胞增生，脑膜病变不重，脑实质病变多位于深部，病变组织内可见滋养体和包囊。脑脊液所含细胞以淋巴细胞为主。患者主要表现为精神障碍（86%），乏力（66%），发热、头痛和偏瘫（53%），假性脑膜炎（40%），视力障碍（26%）和共济失调（20%）。棘阿米巴引起的肉芽肿除累及中枢神经系统外，还可见于肾、肾上腺、肺和肝等器官。

2. 棘阿米巴性角膜炎　临床表现为慢性（或亚急性）进行性角膜炎症和溃疡，并有时轻时重的反复倾向。主要发生在健康人群，患者最常见的症状是剧烈眼痛，且眼痛与炎症的程度不呈正比，可伴有眼部异物感、畏光、流泪、视物模糊等。早期以基质浸润斑、上皮细胞受累的树枝状病损、无明显角膜溃疡形成为特征。晚期以角膜环状浸润为特征，角膜搔刮物或病理活检可找到阿米巴原虫。严重者可致角膜溃疡，甚至角膜穿孔。与角膜外伤、接触污水或佩戴隐形眼镜有关，常被误诊为其他感染性角膜炎。

3. 阿米巴性皮肤损害　主要发生在艾滋病患者。多呈慢性病程，包括溃疡、皮下结节或脓肿，组织活检常发现阿米巴原虫。

 知识拓展

微生物世界的战争：棘阿米巴与微生物的相互作用

在自然界，棘阿米巴与大量微生物如细菌、真菌和病毒相互作用。在相互作用中，棘阿米巴扮演着捕食者、传播媒介或孵化器的角色。棘阿米巴以微生物特别是细菌为食物，通过吞噬作用摄入细菌并经吞噬小体消化，以满足营养需求。因此，棘阿米巴在调节自然界中细菌密度方面发挥着重要作用，可消灭环境中约60%的细菌种群。此外，棘阿米巴可能类似于一个微生物孵化器的蓄水池，包含病原微生物。微生物利用阿米巴来抵抗恶劣的环境，同时在阿米巴体内扩增数量。棘阿米巴还可作为"基因熔炉"，在其体内可能会发生基因交换和微生物变异，导致微生物具有更高的致病性。

【诊断】

1. 病原学检查 取脑脊液、眼的排泄物、角膜刮取物或活检的病变角膜镜检或涂布在有大肠埃希菌的无营养琼脂平板上进行培养，3～7 天可见滋养体或包囊。对于棘阿米巴性角膜炎的患者，在临床上还可用串联扫描共聚焦显微镜直接检查患者的角膜。

2. 免疫学方法 可选间接血凝试验（IHA）、间接荧光抗体试验（IFAT）和 ELISA 等技术检查患者血清特异性抗体，但一般无法作出早期诊断。

3. 核酸诊断 应用 PCR 技术检测患者分泌物中的棘阿米巴 DNA，具有很高的灵敏度和实用性。

【流行与防治】

目前，国内外均有肉芽肿性阿米巴性脑炎和棘阿米巴性角膜炎的病例报告，并有上升趋势。棘阿米巴包囊对寒冷、干燥、自来水和抗微生物药都具有很强的抵抗力，加之虫体轻，可存在于空气的浮尘中。包囊可经空气播散而污染角膜接触镜或接触镜清洗液。近年来，随着使用隐形眼镜的人群增多，棘阿米巴性角膜炎的发病率也逐渐增高。

肉芽肿性阿米巴性脑炎患者的治疗目前尚缺乏有效药物，建议使用喷他脒（戊烷脒）结合口服磺胺类药物。棘阿米巴性角膜炎的治疗药物主要有丙烷脒、氯己定（洗必泰）、聚六甲基双胍和苯咪丙醚等。上述药物可单独使用，也可联合用药。或与抗生素（如新霉素、多黏菌素 B 等）和抗真菌药（咪康唑、酮康唑、克霉唑等）联合应用治疗。如果药物治疗无效，则需行角膜移植或角膜成形术。皮肤阿米巴病可用喷他脒治疗。

对于隐形眼镜佩戴者，须加强自我防护意识，在游泳和淋浴时摘去角膜接触镜，并严格清洗、消毒镜片，以防虫体感染。此外，对于婴幼儿和免疫力低下者，及时治疗因棘阿米巴感染引起的皮肤及眼部疾病，是预防 GAE 的有效方法。

（万巧凤）

两种阿米巴及阿米巴病学习要点

学习要点	溶组织内阿米巴	棘阿米巴
主要致病	肠内：阿米巴痢疾 肠外：阿米巴肝脓肿、阿米巴肺脓肿、皮肤阿米巴病等	肉芽肿性阿米巴性脑炎、棘阿米巴性角膜炎
人兽共患病	是	否
食源性寄生虫病	否	否
典型临床表现	阿米巴痢疾：腹泻，一日可达数十次，黏液脓血便，奇臭并呈果酱状 肝脓肿：右上腹痛并向右肩放射、发热（38～39℃）、盗汗、厌食、黄疸 肺脓肿：胸痛、发热、呼吸困难、咳"巧克力酱样"痰	脑炎：发热、意识模糊、头晕、嗜睡、头痛、癫痫、偏瘫 角膜炎：眼部疼痛、畏光、流泪、异物感、反复发作的角膜溃疡、角膜穿孔等
感染期	4 核包囊	包囊、滋养体
寄生部位	肠内：结肠黏膜皱褶或肠陷窝 肠外：肝、肺、脑、皮肤等	脑组织、角膜、皮肤、肺等
致病阶段	滋养体	滋养体或包囊

续表

学习要点	溶组织内阿米巴	棘阿米巴
感染方式	摄入成熟包囊污染的食物和水	脑炎：经皮肤、黏膜的溃疡或伤口、损伤的结膜或角膜、呼吸道或泌尿生殖道进入人体 角膜炎：经损伤的结膜或角膜侵入
病原学诊断	肠内：粪便检查滋养体或包囊 肠外：脓肿穿刺液涂片查滋养体	脑炎：脑脊液检测滋养体；培养查滋养体 角膜炎：角膜病变组织刮取物染色查滋养体
传染源	带虫者或慢性患者，动物宿主	疫水
传播途径	经口	直接接触或呼吸道
传播媒介	苍蝇、蟑螂	

（杜奕英）

思 考 题

1. 肠阿米巴病首选病原学检查方法有哪些？其对应的检查阶段是什么？
2. 简述肠阿米巴病的病理变化特点。
3. 肠外阿米巴病患者形成脓肿需要穿刺检查病原体，需要注意什么？为什么？
4. 男性，42岁，家住农村，主因腹痛、腹泻5天就诊。患者于2021年7月25日无明显诱因出现上腹疼痛，继而腹泻，腹泻次数每日20余次，伴有恶心和里急后重，曾口服诺氟沙星（氟哌酸），症状稍有减轻，但排便次数仍多，体温37.5～38.2℃。患者出现乏力，食欲缺乏，故到医院就诊。门诊检查：患者精神不佳，T 38.5℃，心率80次/分钟，双肺呼吸音正常，腹略胀，肝脾未触及，无明显压痛和反跳痛，肠鸣音亢进。白细胞总数 11.2×10^9/L，分类：中性粒细胞占72%，淋巴细胞占20%，嗜酸性粒细胞占8%，血红蛋白14 g/L，粪便有黏液，便常规查到吞噬红细胞的溶组织内阿米巴滋养体，镜检满视野红细胞。患者有饮生水习惯。初步诊断为阿米巴痢疾，医嘱予补液，口服甲硝唑进行治疗，病情逐渐好转直至痊愈。请回答：

（1）结合阿米巴生活史，说出患者可能的感染途径或感染方式、感染阶段、致病阶段。
（2）急性肠阿米巴病典型的临床表现是什么？急性期患者是否是传染源？为什么？
（3）肠外阿米巴病常见的种类有哪些？

第十一章

鞭毛虫

鞭毛虫分属于原生动物界（Kingdom Protozoa）的后滴门（Phylum Metamonada）、副基体门（Phylum Parabasalia、透色动物门（Phylum Percolozoa）和眼虫门（Phylum Euglenozoa）。虫体多以鞭毛为运动细胞器，以纵二分裂法繁殖。鞭毛虫的种类繁多，分布广泛，生活史多样，寄生于人体的鞭毛虫有10余种，主要寄生在宿主的消化道、泌尿生殖道、血液或组织器官内，对人体危害较大的有利什曼原虫、锥虫、蓝氏贾第鞭毛虫及阴道毛滴虫等。

第一节 杜氏利什曼原虫

案例 11-1

男性，45岁，在内蒙古某林区工作，因"发热、头晕、疲乏"就诊。入院后查体：体温39℃，脉搏115次/分，贫血貌，巩膜无黄染，牙龈有少量出血，两侧腋窝及腹股沟淋巴结肿大，无压痛，脾肋下12 cm，心肺功能正常。实验室检查：血红蛋白60 g/L，红细胞2.10×10^{12}/L，白细胞1.7×10^9/L，血小板55×10^9/L，A/G=28∶48。髂骨穿刺和淋巴结穿刺均检出某寄生虫。

问题：
1. 该患者最有可能感染哪种寄生虫？
2. 患者是如何感染这种寄生虫的？
3. 这种寄生虫对人体会造成哪些危害？

杜氏利什曼原虫 [*Leishmania donovani*（Laveran &Mesnil，1903）Ross，1903] 是内脏利什曼病（visceral leishmaniasis，VL）的病原体。由英国学者 Leishman（1900）与 Donovan（1903）分别在英国、印度的黑热病（kala-azar）患者体内查获该虫的无鞭毛体，Ross（1903）将其命名为杜氏利什曼原虫。虫体寄生在单核巨噬细胞内，引起以发热、肝脾大、贫血、出血为主的内脏利什曼病。在印度，患者皮肤常有深暗的色素沉着及发热，故称为"kala-azar"，即黑热病。此外，与人体关系密切的利什曼原虫还有：热带利什曼原虫 [*Leishmania tropica*（Wright，1903）Lühe，1906]，引起皮肤利什曼病（cutaneous leishmaniasis），也称为东方疖（oriental sore）或德里疖（Delhi boil），主要分布于欧洲、亚洲和北非；硕大利什曼原虫（*Leishmania major*），引起皮肤利什曼病，主要分布于亚洲和非洲；埃塞俄比亚利什曼原虫（*Leishmania aethiopica*），引起弥散性皮肤利什曼病（diffuse cutaneous leishmaniasis），主

要分布于埃塞俄比亚和肯尼亚；墨西哥利什曼原虫指名亚种（*Leishmania mexican mexicana*），引起皮肤利什曼病，也称胶工溃疡病（Chicllero's ulcer），主要分布于墨西哥、伯利兹、危地马拉等地；墨西哥利什曼原虫亚马逊亚种（*Leishmania mexican amazonensis*），引起弥散性皮肤利什曼病，主要分布于巴西的亚马逊河流域、马托格罗索州以及特立尼达岛等地；巴西利什曼原虫（*Leishmania braziliensis* Vianna，1911），引起黏膜皮肤利什曼病（mucocutaneous leishmaniasis），主要分布于南美洲和中美洲。在我国，主要的致病虫种是杜氏利什曼原虫。

【形态】

杜氏利什曼原虫有无鞭毛体（amastigote）和前鞭毛体（promastigote）两种形态。

1. 无鞭毛体 亦称利杜体（Leishmania-Donovan body，LD body），圆形或椭圆形，大小为（2.9～5.7）μm×（1.8～4.0）μm。经瑞氏或姬姆萨染色后，细胞质呈淡蓝色，细胞核圆形，紫红色。动基体（kinetoplast）细小、杆状，位于核旁。分子生物学研究结果显示，动基体内含有原虫的大部分DNA（亦称K-DNA），K-DNA微环序可用于鉴别利什曼原虫的种和株。虫体前端为基体（basal body）及由此发出的1根根丝体（rhizoplast）（图11-1左），基体与根丝体在普通光学显微镜下难以区分。透射电子显微镜观察显示，虫体由双层表膜包绕。内层为排列整齐的膜下微管。表膜前端内陷成袋状，形成鞭毛袋，内有1根短鞭毛（根丝体）。基体呈圆形。动基体为腊肠状，内含1束与长轴平行的DNA纤丝。此外，尚可见呈管状或泡状的线粒体和内质网，以及呈圆形或卵圆形的类脂体。胞内有1个卵圆形细胞核，核内有1～2个核仁（图11-2）。

2. 前鞭毛体 呈梭形或长梭形，大小为（14.3～20）μm×（1.5～1.8）μm。前端有

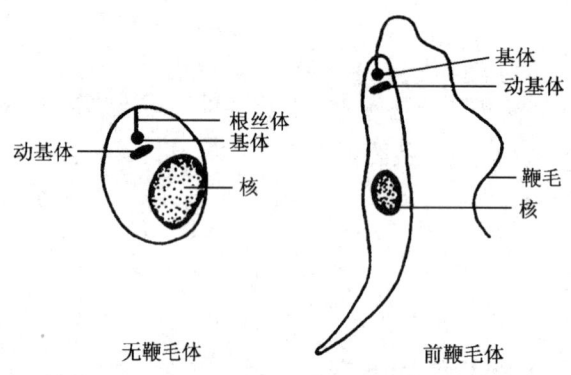

图11-1 杜氏利什曼原虫无鞭毛体（左）和前鞭毛体（右）

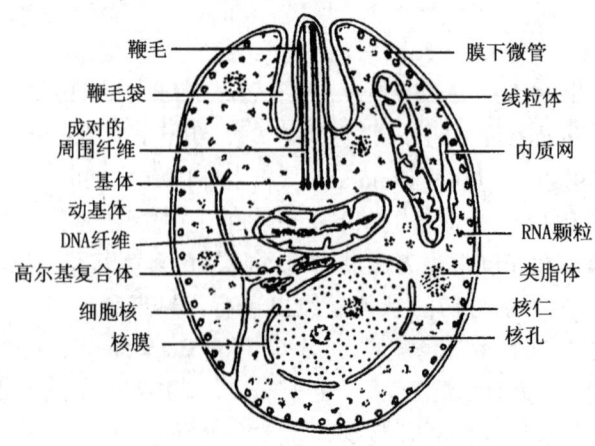

图11-2 杜氏利什曼原虫无鞭毛体超微结构模式图

1根鞭毛，伸出体外。核位于虫体中央，动基体位于体前端，基体位于动基体前方，鞭毛由此发出（图11-1右）。前鞭毛体借助鞭毛的摆动而活泼运动。在培养基内，多个前鞭毛体常以前端相聚并排列成菊花状。透射电镜观察可见位于虫体前端的鞭毛袋，内含鞭毛。鞭毛横断面上可见与基体相连的9对周围纤丝和2根中央纤丝。

【生活史】

杜氏利什曼原虫完成生活史需要两个宿主，即白蛉和人（或哺乳动物）。前鞭毛体寄生在白蛉消化道内，通过白蛉叮刺吸血感染人或哺乳动物。无鞭毛体寄生于人和其他哺乳动物的单核巨噬细胞内。另外，犬是其重要的保虫宿主。

1. 白蛉体内的发育　当雌性白蛉叮咬患者或受感染的动物时，宿主血液或皮肤内含无鞭毛体的单核巨噬细胞即被吸入白蛉胃内，24小时后发育成早期前鞭毛体，此时虫体呈卵圆形，鞭毛已伸出体外。再经48小时，虫体从卵圆形逐渐变为宽梭形或长度超过宽度3倍的梭形虫体，鞭毛也随之变长。再经3～4天发育成熟，虫体活动力明显增强，以二分裂法进行繁殖。增殖的虫体逐渐向白蛉的前胃、食管和咽部运动，1周后具感染力的前鞭毛体汇集至喙部。此时，若白蛉叮刺人或哺乳动物，前鞭毛体便随白蛉唾液进入宿主体内（图11-3）。

2. 人体内的发育　当感染前鞭毛体的白蛉叮咬人体或哺乳动物时，前鞭毛体随白蛉唾液进入宿主体内，其中一部分被多形核白细胞吞噬消灭，另一部分则被单核巨噬细胞吞噬。前鞭毛体进入巨噬细胞后，失去游离的鞭毛，虫体逐渐变圆，转化为无鞭毛体。此时，巨噬细胞内

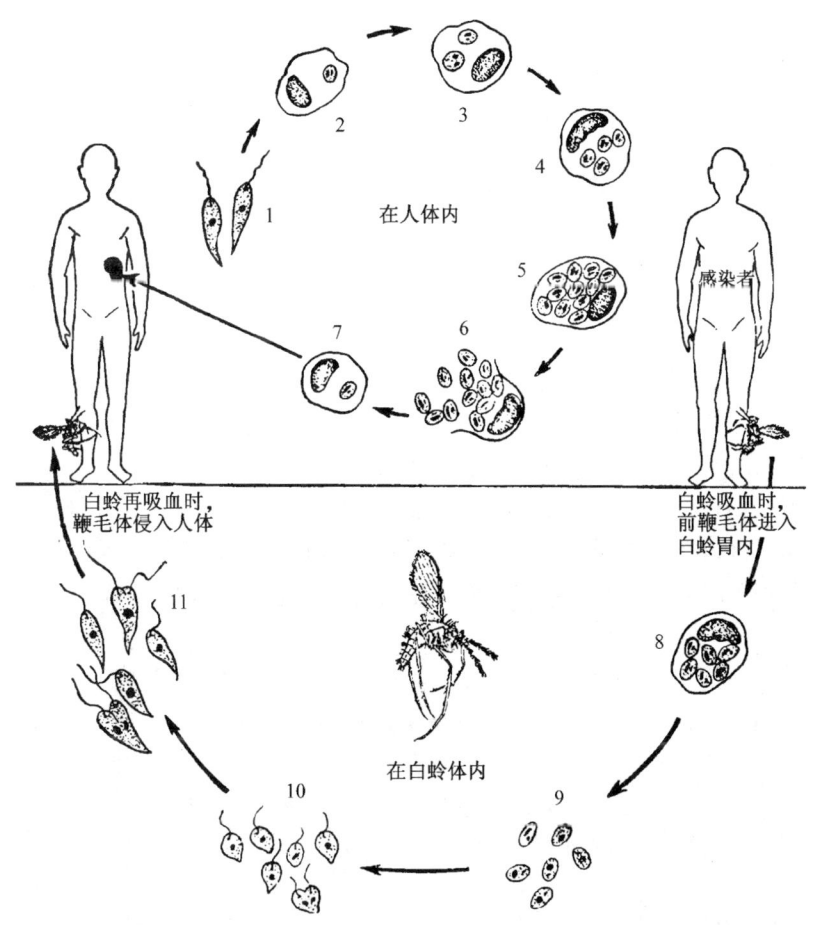

图11-3　杜氏利什曼原虫生活史（采自孙义临、张维真）

1. 侵入人体的前鞭毛体；2. 前鞭毛体转化为无鞭毛体在巨噬细胞内寄生；3～5. 无鞭毛体在巨噬细胞内分裂繁殖；6. 巨噬细胞被胀破，无鞭毛体散出；7. 散出的无鞭毛体再被其他巨噬细胞所吞噬并在其内分裂繁殖；8～9. 无鞭毛体进入白蛉胃内；10～11. 在白蛉胃内发育为前鞭毛体并分裂繁殖

形成纳虫空泡（parasitophorous vacuole），胞内的溶酶体与之融合。无鞭毛体不但可以存活在巨噬细胞的纳虫空泡内，还可进行分裂繁殖，当增殖的虫体达到一定数量时，巨噬细胞破裂，释放出的无鞭毛体又可进入新的巨噬细胞内，重复上述增殖过程（图11-3）。

【致病】

1. 致病机制 杜氏利什曼原虫对宿主造成的组织器官病理变化和临床表现与其在单核巨噬细胞寄生繁殖以及宿主的免疫病理反应密切相关。

在进入宿主体内之后，杜氏利什曼前鞭毛体则倾向并黏附于巨噬细胞。虫体对巨噬细胞的黏附方式有以下两种。①配体-受体结合途径：虫体表面抗原糖蛋白（GP63）为配体，巨噬细胞表膜C3b为受体，前鞭毛体通过GP63多肽链上的"黏性"序列Arg-Gly-Asp与巨噬细胞的C3b结合，以此介导虫体进入巨噬细胞内；②抗体调理作用：巨噬细胞表面的Fc（或C3b）受体与经抗体调理作用的前鞭毛体结合。另外，虫体原生质膜中的GP63能与巨噬细胞结合产生吸附作用。虫体与巨噬细胞黏附后被吞噬入胞内。

虫体在巨噬细胞内存活的机制：①无鞭毛体表面抗原糖蛋白能灭活或抑制巨噬细胞的溶酶体酶；②无鞭毛体表面分泌的超氧化物歧化酶和过氧化物酶可中和或清除巨噬细胞产生的氧化代谢物，特别是 O_2^- 与 H_2O_2；③无鞭毛体抑制巨噬细胞产生氧化物酶，使虫体免受杀伤；④无鞭毛体抑制巨噬细胞凋亡，使得原虫在巨噬细胞内大量繁殖。

2. 临床表现 本病潜伏期一般为4～7个月不等，长者可达9～10个月。

（1）内脏利什曼病

长期不规则发热：黑热病患者发病缓慢，早期出现不规则发热，伴有大汗。1/3病例呈双峰热型（24小时内有2次发热，清晨和午后或夜间各1次），1/3病例的热型酷似伤寒，还有一些患者为突发稽留型高热，以后转变为不规则热型或间歇热型。病程可达数月。

肝、脾和淋巴结肿大：脾大是内脏利什曼病的最主要体征，出现率高达95%。细胞增生是肝、脾及淋巴结肿大的根本原因。无鞭毛体在巨噬细胞内的增殖，使巨噬细胞大量破坏和增生，巨噬细胞的增生主要发生在脾、肝、淋巴结、骨髓等器官。

全血细胞减少性贫血：是内脏利什曼病的主要症状之一，由多种因素引起的。包括：①脾功能亢进，造成全血细胞在脾破坏加剧，数量减少（红细胞、白细胞和血小板均减少），导致全血性贫血；②骨髓内巨噬细胞浸润，阻碍了血细胞的生成；③免疫溶血，虫体抗原在红细胞膜的附着及其代谢产物与红细胞相同抗原成分的存在，使宿主产生的抗体直接与红细胞膜上的抗原结合，发生免疫反应并破坏了红细胞，引起溶血。

白蛋白、球蛋白比例倒置（A/G倒置）：肝功能受损致使白蛋白合成障碍，同时患者出现肾小球淀粉样变和肾小球内免疫复合物沉积而导致肾功能也受到损害，白蛋白从尿中的排出量增加，致使患者血浆白蛋白量减少。由于浆细胞的增生，血浆球蛋白量增加，出现白蛋白、球蛋白比例倒置（A/G倒置）现象。

并发症：严重的并发症是导致患者死亡的重要原因。全血细胞减少、免疫功能受损致使患者易并发细菌、病毒或其他病原体的感染，如肺炎、坏死性口腔炎（亦称"走马疳"，cancrum oris）和急性粒细胞缺乏症等。血小板减少可导致鼻出血、齿龈出血及皮肤瘀点等。

内脏利什曼病经过一个时期的发展，患者体重明显减轻，周身不适，疲倦和衰弱。严重感染患者的面部、四肢及躯干皮肤逐渐变黑。80%～90%有临床症状而未经治疗的患者因衰竭而死亡。

（2）黑热病后皮肤利什曼病（post kalaazar dermal leishmaniasis，PKDL）：多发生于黑热病患者用锑剂治疗过程中或治愈后数年。主要表现为面部、颈部、四肢或躯干等部位皮肤出现结节，其中以面部和颈部多见。结节为含有利什曼原虫的肉芽肿，其大小不等，外表呈暗红色斑丘疹状。有的酷似瘤型麻风，我国新疆喀什地区及甘肃省有本病的病例报道。

(3) 淋巴结型利什曼病（lymph gland visceral leishmaniasi，LGVL）：在北京、内蒙古及我国西北地区都曾发现过本病。其特点为原虫感染仅局限于淋巴结内。患者的临床表现主要为全身淋巴结肿大，少数伴发热、头疼、乏力、食欲缺乏及鼻出血。肿大的淋巴结多见于腹股沟和腋窝，其次为颈部、耳后和锁骨上等处，局部无明显压痛或红肿，在病理切片中可观察到杜氏利什曼原虫。本病多数患者可自愈。

(4) 皮肤利什曼病（cutaneous leishmaniasis，CL）：主要表现为局部皮肤的丘疹、斑块、溃疡和结节性痒疹。病程长达数月至数年。主要见于我国新疆克拉玛依地区，患者以青壮年为主。

【诊断】

利什曼病的诊断应根据病史、临床表现以及病原学检查、免疫学或分子生物学检测结果予以综合判断。

1．病原学检查 检出无鞭毛体是确诊黑热病的依据。常用的方法如下。

(1) 穿刺检查：行骨髓、淋巴结或脾穿刺，取穿刺液涂片镜检。其中以骨髓穿刺最常用，检出率可达 80%～90%。淋巴结穿刺多选腹股沟、颈部或颌下等处肿大的淋巴结，检出率为 46%～87%，也可做淋巴结活检。脾穿刺检出率可高达 90.6%～99.3%，但存在一定的危险，因此较少使用或不用。有学者建议采用超声波引导下脾穿刺或快速肋间脾穿刺，可减少并发症，提高检查率。

(2) 培养法：将上述穿刺液接种于 NNN 培养基，22～25℃培养约 1 周，若检出前鞭毛体，即可确诊。此法较涂片法更敏感，但需时较长。近年来也有改用 Scheider 培养基，3 天就可查到前鞭毛体，已取得较好效果。

(3) 动物接种法：将上述穿刺物接种于田鼠或金黄地鼠等易感动物，1～2 个月后取肝、脾做印片或涂片，检查病原体。

(4) 其他：对皮肤型黑热病患者可取皮肤穿刺物或刮取组织做涂片，染色后镜检。

2．免疫学检查 是辅助诊断的方法。

(1) 检测循环抗原：单克隆抗体-抗原斑点试验（McAb-AST）有较高的敏感性和特异性，阳性率可达 90% 以上。本法适用于现症患者诊断和疗效考核。

(2) 检测抗体：目前采用的方法有间接荧光抗体试验（IFAT）、间接血凝试验（IHA）、酶联免疫吸附试验（ELISA）、斑点-ELISA、对流免疫电泳试验（CIEA）和直接凝集试验（DAT）等。这些方法阳性率均较高，但也可能有假阳性存在，应予注意。此法不适宜疗效考核。

3．分子生物学检查 聚合酶链反应（polymerase chain reaction，PCR）有高度的特异性和敏感性。常用的方法包括单纯 PCR、巢氏 PCR、PCR-ELISA 和 PCR 杂交等。被检测的标本包括血液、脾、骨髓和淋巴结穿刺物以及皮肤病变部位刮拭物等。此外，K-DNA 探针杂交法和 dip-stick 试纸条法的效果也较好。

【流行】

本病分布于亚洲、非洲、欧洲以及中、南美洲的 88 个国家和地区。目前全球有 3.5 亿人面临着感染的威胁。在中华人民共和国成立前和成立初期，黑热病广泛流行于长江以北的 12 个省、市、自治区，经多年大规模防治，已取得显著成果。近年，本病主要散发在新疆、甘肃、内蒙古、四川、陕西和山西等地。而犬源型和野生动物源型黑热病则在其流行区不断出现，有"死灰复燃"之势。

1．传染源 患者、病犬及某些野生动物为本病的传染源。根据传染来源的不同，在流行病学上分为三个类型。

(1) 人源型：亦称平原型，患者以青少年和壮年为主。流行区犬的感染率极低，主要传染

源为患者，在人群中传播。此类型多分布于苏北、皖北、鲁南、豫东、冀北、湖北和新疆喀什等平原地区。

(2) 犬源型：亦称山丘型，犬在流行过程中起主要作用。人的感染来自病犬，患者以婴幼儿为多。此类型主要分布于西北黄土高原、华北和东北部分山丘地区。

(3) 自然疫源型：亦称荒漠型，感染主要发生于进入流行区的外来人口，其中以2岁以下婴幼儿为主。大沙鼠可能是其动物宿主。此类型多分布于新疆和内蒙古的某些荒漠地区。

2. 传播途径 白蛉叮咬吸血为主要传播途径，输血也可造成感染。确定为传播黑热病的媒介白蛉有10余种。我国主要是中华白蛉（*Phlebotomus chinensis*），如中华白蛉指名亚种（*Phlebotomus chinensis chinensis*）、中华白蛉长管亚种（*Phlebotomus chinensis longiductus*），其次有硕大白蛉吴氏亚种（*Phlebotomus major wui*）和亚历山大白蛉（*Phlebotomus alexandri*）。

3. 易感人群 人群普遍易感，人体对杜氏利什曼原虫无先天免疫力，但利什曼病被治愈后，患者可获得终身免疫，能够抵抗同种利什曼原虫的再感染。

【防治】

在流行区采取治疗患者、捕杀病犬和消灭传播媒介的综合防治措施，效果较好。

1. 治疗患者 治疗药物为葡萄糖酸锑钠（sodium stibogluconate）。我国生产的葡萄糖酸锑钠治疗效果良好，为首选药物。其他可供选择的药物有喷他脒（pentamidine）和羟脒替（hydroxystilbamidine isethionate）等，与5价锑剂配合使用效果更佳。

2. 捕杀病犬 犬为山丘疫区的主要传染源，捕杀病犬对犬源型黑热病的预防具有重要意义。

3. 消灭传播媒介 消灭传播媒介白蛉，针对白蛉的生态习性采取化学药物（如溴氰菊酯）喷洒等措施，可达到灭蛉目的。防止白蛉叮咬也是预防本病的重要环节。使用蚊帐和纱门、纱窗；户外活动注意涂抹趋避剂，对犬实施药浴等措施。

第二节 锥 虫

锥虫（*Trypanosoma*）属于组织细胞和血液鞭毛虫（hemoflagellate protozoa）。寄生于人体的锥虫依感染途径不同分为两种类型：涎源性锥虫和粪源性锥虫。二者分别引起非洲锥虫病[African trypanosomiasis，又称非洲昏睡病（African sleeping sickness）]和美洲锥虫病[American trypanosomiasis，又称恰加斯病（Chagas' disease）]。本病被世界卫生组织（WHO）列为全球重点防治的十种热带病之一。除人体外，锥虫还可寄生于鱼类、两栖类、爬虫类、鸟类和哺乳类等动物体内。

一、布氏冈比亚锥虫与布氏罗得西亚锥虫

布氏冈比亚锥虫（*Trypanosoma brucei gambiense* Dutton, 1902）与布氏罗得西亚锥虫（*Trypanosoma brucei rhodesiense* Stephens&Fanthan, 1901）属人体涎源性锥虫，是非洲锥虫病的病原体，通过舌蝇属（*Glossina*）传播。两种锥虫在形态、生活史、致病及临床表现等方面具有共同特征。

【形态】

两种布氏锥虫在人体内的寄生阶段皆为锥鞭毛体（trypomastigote），具多形性（polymorphism）特点，有细长型、中间型和粗短型。细长型长20~40 μm，宽1.5~3.5 μm，前端较尖细，有1根约6 μm的游离鞭毛，动基体位于虫体后部近末端；粗短型长15~25 μm，宽3.5 μm，

游离鞭毛短于 1 μm，或不游离；锥鞭毛体有 1 个细胞核，位于虫体中央稍偏处。动基体呈腊肠型，位于虫体近后端，内含 DNA，其一端可见细而长的线粒体。鞭毛起自基体，伸出虫体后，与虫体表膜相连。当鞭毛运动时，表膜伸展，即成波动膜。在吉姆萨或瑞氏染色的血涂片中，锥鞭毛体的胞质呈淡蓝色，核呈红色或紫红色，动基体点状，呈深红色，波动膜淡蓝色。细胞质内有深蓝色的异染色质（volutin）颗粒。

【生活史】

锥鞭毛体在病程的早期存在于患者的血液、淋巴液内，晚期可侵入脑脊液。在各型锥鞭毛体中，只有粗短型锥鞭毛体对舌蝇具感染性。雄或雌舌蝇吸入患者血液内的锥鞭毛体后，在其中肠内进行繁殖，发育为细长型锥鞭毛体，以二分裂法增殖。在感染后约 10 天，锥鞭毛体从中肠经前胃到达下咽，然后进入唾液腺，附着于细胞上，转变为上鞭毛体（epimastigote）。经过增殖最后转变为循环后期锥鞭毛体（metacyclic trypomastigotes），其外形短粗，无鞭毛，大小约 15 μm×2.5 μm，对人具感染性。当受染舌蝇刺吸人血时，循环后期锥鞭毛体随涎液进入人体皮下组织，变为细长型，经繁殖后进入血液（图 11-4）。

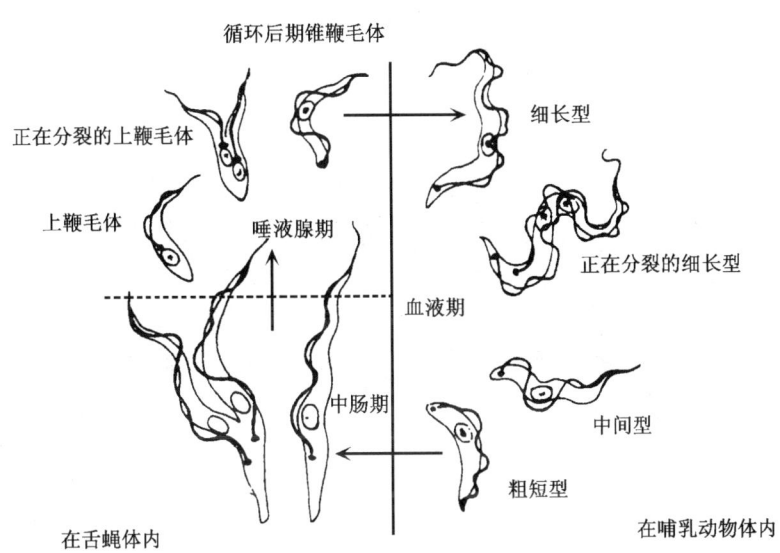

图 11-4　布氏锥虫生活史（采自 Vickenmanr）

【致病】

两种锥虫侵入人体后的基本病变过程包括：在局部增殖所引起的初发反应期，在体内散播的血淋巴期，以及侵入中枢神经系统的脑膜脑炎期。

1. 初发反应期　被舌蝇叮咬后约 1 周，锥鞭毛体在局部增殖，患者的局部皮肤肿胀，中心出现一红点，此即锥虫下疳（trypanosomal chancre）。"下疳"部位皮下组织可见淋巴细胞、组织细胞及少量嗜酸性粒细胞和巨噬细胞浸润，有时可见锥虫。局部皮肤病变自限性，初期为结节，继而肿胀，形成硬结，有痛感，约持续 3 周后即可消退。

2. 血淋巴期　锥虫进入血液和组织间淋巴液后，可长期存在于血液和淋巴系统，引起全身广泛淋巴结肿大，淋巴结中的淋巴细胞、浆细胞和巨噬细胞增生。感染后 5～12 天出现锥虫血症。锥虫血症高峰可持续 2～3 天，伴有发热、头痛、关节痛、肢体痛等症状。发热持续数日，自行消退，隔几日后体温可再次升高。此期患者可出现全身淋巴结肿大，尤以颈后、颌下、腹股沟等处明显。颈后三角部淋巴结肿大（Winterbottom 征）为冈比亚锥虫病的特征。其他体征有深部感觉过敏（Kerandel 征）和脾大等。此外，心肌炎、心外膜炎及心包积液等也时有发生。

3. 脑膜脑炎期 发病数月或数年后，锥虫可侵入中枢神经系统。常见病变为弥漫性软脑膜炎，脑皮质充血和水肿，神经元变性，胶质细胞增生。主要临床症状为个性改变，呈无欲状态。还可出现异常反射（如深部感觉过敏）、共济失调、震颤、痉挛、嗜睡、昏睡等。

两种锥虫所致病程不尽相同，布氏冈比亚锥虫病呈慢性过程，病程可持续数月至数年，其间患者可有多次发热，但症状较轻。有时并无急性症状，但可出现中枢神经系统异常；布氏罗得西亚锥虫病则呈急性过程，病程为3～9个月。患者多表现明显消瘦、高热和衰竭。有些患者在中枢神经系统未受侵犯以前即已死亡。

【诊断】

1. 病原学诊断 采用涂片检查法，取患者血液涂片染色镜检。当血中虫数多时，锥鞭毛体以细长型为主；而当血中虫数因宿主免疫反应而减少时，则以粗短型居多。此外，也可取淋巴液、脑脊液、骨髓穿刺液、淋巴结穿刺物等做涂片检查。

2. 血清学诊断 常用酶联免疫吸附试验（ELISA）、间接荧光抗体试验（IFAT）和间接血凝试验（IHA）等方法。

3. 分子生物学诊断 近年来将PCR及DNA探针技术应用于锥虫病诊断，其特异性、敏感性均较高。

此外，动物接种和体外培养也是有效的检查方法。

【流行和防治】

布氏冈比亚锥虫主要分布于西非和中非河流或森林地带，而罗得西亚锥虫分布于东非热带草原及湖岸的灌木和植丛地带。我国近年来有输入性锥虫病的报道。

布氏冈比亚锥虫病的主要传染源为患者（妇女及儿童）及带虫者。牛、猪、山羊、绵羊、犬等动物可能是保虫宿主。主要传播媒介为须舌蝇（*Glossina palpalis*），*Glossina tachinoides* 和 *Glossina fuscipes*。这类舌蝇在沿河流或森林稠密植物地带孳生。

布氏罗得西亚锥虫病的传染源为人（猎人、渔民和采集工人），非洲羚羊、牛、狮、鬣狗等动物为其保虫宿主。主要传播媒介为刺舌蝇（*Glossina morsitans*）、淡足舌蝇（*Glossina pallidipes*）。这类舌蝇孳生在东非热带草原和湖岸的森林及草丛地带，嗜吸动物血，在动物中传播锥虫，人因进入该地区而感染。

防治锥虫病的主要措施包括发现、治疗患者。治疗药物苏拉明（suramin）对各种昏睡病早期疗效良好。其他药物有喷他脒（pentamidine）、美拉肿醇（melarsoprol）或麦拉硫砷醇（arsenicalcohol and alcohol）等，疗效也佳。对已累及中枢神经系统的病例，需采用有机砷剂进行治疗。消灭舌蝇，改变媒介昆虫孳生环境，如清除灌木林、喷洒杀虫剂等是有效的防治措施。

二、克氏锥虫

克氏锥虫（*Trypanosoma cruzi* Chagas, 1909）又称枯氏锥虫，是克氏锥虫病或称恰加斯病（Chagas' disease）的病原体。传播媒介为锥蝽。人体主要通过锥蝽粪便中的后期锥鞭毛体污染被叮咬的伤口而感染，故称为粪源性锥虫。本虫主要分布于南美和中美，故又称为美洲锥虫病。

【形态】

克氏锥虫因寄生环境不同，有三种不同的形态，即无鞭毛体、上鞭毛体和锥鞭毛体。无鞭毛体（amastigote）存在于宿主细胞内，球形或卵圆形，大小为2.4～6.5 μm，具有核和动基体，有很短鞭毛或无鞭毛。上鞭毛体（epimastigote）存在于锥蝽的消化道内，纺锤形，长20～40 μm，动基体在核的前方，游离鞭毛自核的前方发出。上述两种类型均行二分裂繁殖。锥鞭毛体（trypomastigote）存在于血液或锥蝽的后肠内（循环后期锥鞭毛体），大小为（11.7～30.4）μm×（0.7～5.9）μm。游离鞭毛自核的后方发出。在血液内，外形弯曲如新月状。侵入细胞或吸血时进入锥蝽消化道，本期虫体不增殖。

【生活史】

克氏锥虫寄生于人或哺乳动物的血液或组织细胞中，传播媒介为锥蝽（Triatoma），常栖息于人房间内，多夜间吸血。雌性或雄性锥蝽的成虫、幼虫、若虫都能吸血。

当锥蝽叮刺患者或哺乳动物时，吸入含有锥鞭毛体的血液，锥鞭毛体在锥蝽肠道内发育和增殖，数小时后锥鞭毛体在前肠内失去游离鞭毛，14～20小时后转变为无鞭毛体，在细胞内以二分裂增殖。然后再转变为球鞭毛体（sphaeromastigote）进入中肠，发育为上鞭毛体。上鞭毛体以二分裂法增殖，发育为大型上鞭毛体。吸血后第3～4天，上鞭毛体出现于直肠，并附着于上皮细胞上。第5天后，上鞭毛体变圆，发育为循环后期锥鞭毛体，为感染阶段。

当受染的锥蝽叮刺健康宿主吸血时，其鞭毛体随锥蝽粪便排出并经皮肤伤口或黏膜进入宿主体内。血液内的锥鞭毛体侵入组织细胞内转变为无鞭毛体，二分裂增殖后形成假包囊。约5天后，一部分无鞭毛体经上鞭毛体转变为锥鞭毛体，可破假包囊而出进入血液，再侵入新的组织细胞。此外，宿主还可通过输血、母乳、胎盘或食入被传染性锥蝽粪便污染的食物而获得感染。

多种野生动物和家养哺乳动物为保虫宿主，如狐、松鼠、负鼠、犰狳、食蚁兽、家鼠、猪、猫、犬、鸡等。

【致病】

无鞭毛体是主要的致病阶段。本病潜伏期为1～3周，此期无鞭毛体在细胞内繁殖，所产生的锥鞭毛体在细胞之间传播，并存在于血液中。

1. 急性期 锥虫侵入部位的皮下结缔组织出现炎症反应，初起为一过性荨麻疹。感染1～2周后，受叮咬的局部出现结节，称为恰加斯肿（Chagoma）。如侵入眼结膜，则可出现一侧性眼眶周围水肿、结膜炎及耳前淋巴结炎（称Romaña征）。此二者为急性恰加斯病的典型体征，但大多数患者并无此体征。感染后2～3周出现虫血症，可持续数月；虫血症期间或以后，虫体侵入组织，引起心肌炎、脑炎与肝脾大。婴幼儿脑膜脑炎与心肌炎预后不佳。其主要临床表现为头痛、倦怠和发热、广泛性淋巴结肿大以及肝脾大。此外，还可出现呕吐、腹泻或脑膜炎症状。心脏受损的症状为心动过缓、心肌炎等。此期持续4～5周，大多数患者自急性期进入隐匿期（或称间期）。有些患者则转为慢性期。

2. 慢性期 常在感染后10～20年后出现。心脏为最常见的受累器官，主要表现为心肌炎、心脏扩大、心律失常、充血性心力衰竭和血栓性栓塞。脑栓塞最常见，肺、肾栓塞次之。食管与结肠出现肥大与扩张，巨食管（megaesophagus）和巨结肠（megacolon）亦为本病的重要临床表现。患者进食和排便均感极度困难。在慢性期，血中及组织内很难找到锥虫。

【诊断】

在急性期，血中锥鞭毛体数目多，可采用血涂片（薄、厚片）法确诊。

在隐匿期或慢性期，因血中锥虫数目少，可试用免疫学诊断法。或用血液接种鼠体或用NNN培养基培养。或试用接种诊断法，即用人工饲养的未受感染的锥蝽幼虫吸食受检者血液，10～30天后检查锥蝽肠道内有无锥虫。对于虫数极低的血液标本，采用PCR及DNA探针等技术检测，检出率很高。

【流行和防治】

恰加斯病分布于中美洲和南美洲，主要在居住条件差的农村流行，80%为儿童感染者。

克氏锥虫有多种哺乳动物宿主，如狐、松鼠、食蚁兽、犰狳、犬、猫、家鼠等。本虫经锥蝽在野生动物之间传播，然后再将锥虫从野生动物传播到家养动物和人，引起自然疫源性疾病和人兽共患寄生虫病。

传播媒介为锥蝽，主要虫种有骚扰蝽（*Triatoma infestans*）、长红锥蝽（*Rhodnius prolixus*）、大锥蝽（*Panstrongylus megistus*）、泥色锥蝽（*Triatoma sordida*）等。人睡眠时，锥虫叮咬吸血，鞭毛体随锥蝽粪便排出并经皮肤伤口或黏膜进入人体。

本病尚无特效的治疗方法，硝基呋喃（nitrofuran）类衍生物 Bayer2502（商品名 Lampit）对急性期患者有一定效果，可明显减轻症状和缩短锥虫血症持续的时间，但清除血中原虫作用很有限。硝呋替莫（nifurtimox）和苄硝唑（benznidazole）等可抑制虫血症，使临床症状减轻，减少死亡率。

改善环境卫生和居住条件，以防锥蝽在室内孳生与栖息、滞留，喷洒杀虫剂杀灭室内锥蝽，消灭动物保虫宿主，对孕妇与献血者加强锥虫感染的检查，均为预防本病的重要措施。

第三节　蓝氏贾第鞭毛虫

蓝氏贾第鞭毛虫（*Giardia lamblia* Stile，1915）亦称肠贾第鞭毛虫（*Giardia intestinalis*）或十二指肠贾第鞭毛虫（*Giardia duodenalis*），简称贾第虫。本虫属于后滴门（Phylum Metamonada）、双滴纲（Trepomonadea）、双滴目（Diplomonadida）、六鞭毛科（Hexamitidae），是一种呈全球性分布的寄生性肠道原虫，主要寄生于人和一些哺乳动物的小肠，尤其是十二指肠，可引起蓝氏贾第鞭毛虫病（giardiasis，简称贾第虫病）。1681 年，荷兰学者 van Leeuwenhoek 在自己的粪便中首次发现本虫的滋养体。20 世纪 70 年代，贾第虫曾在旅游者中感染率较高，故又将之称为旅游者腹泻。贾第虫也是一种机会性致病原虫，近年来，贾第虫合并人类免疫缺陷病毒（human immunodeficiency virus，HIV）感染的病例屡有报道。贾第虫病已被列为全世界危害人类健康的 10 种主要寄生虫病之一。

【形态】

本虫发育分为滋养体和包囊两个阶段（图 11-5）。

1. 滋养体　呈纵切为半的倒置梨形，左右对称，长 9～21 μm，宽 5～15 μm，厚 2～4 μm，前端宽钝，后端尖细，背面隆起，腹面扁平，腹面前半部向内凹陷，在凹陷处有一个分左右两叶的吸盘，借此吸附在宿主肠黏膜上。吸盘中线两侧各有一个卵圆形的泡状细胞核。在两核间靠前端处有一个基体（basal body），发出 4 对鞭毛，按其位置分别为前侧鞭毛、后侧鞭毛、腹鞭毛和尾鞭毛，各 1 对。尾鞭毛从前端基体发出，并一直延伸到虫体末端以外，将虫

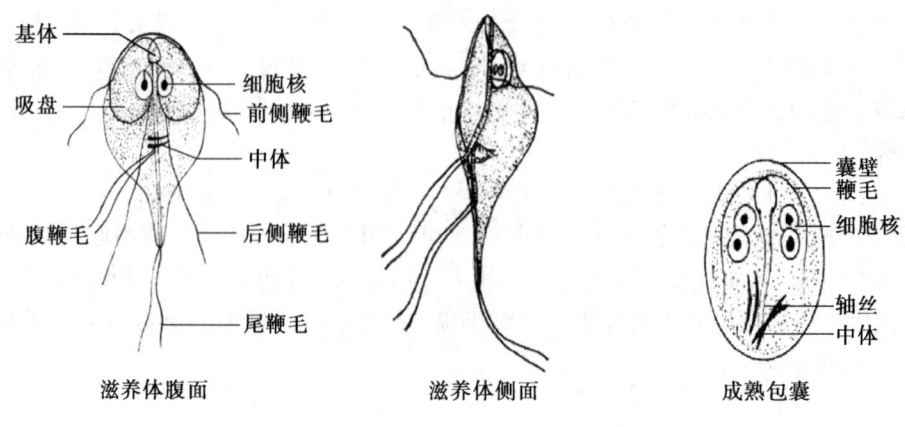

图 11-5　蓝氏贾第鞭毛虫滋养体和包囊

体分为均等的两部分。虫体依靠鞭毛的摆动，运动活泼，如落叶飘动。1 对深染、弧形的中体（median body）位于吸盘之后，是鉴别贾第虫的一个重要结构。

2. 包囊 椭圆形，长 8～14 μm，宽 7～10 μm，囊壁较厚且光滑，经碘液染色后呈黄绿色，囊壁与细胞质间有明显的间隙。未成熟包囊有 2 个细胞核，成熟包囊有 4 个细胞核，细胞核多偏于一端。囊内还可见鞭毛、中体、轴丝等结构。

【生活史】

蓝氏贾第鞭毛虫的生活史简单，包括滋养体和包囊两个发育阶段。滋养体为营养繁殖阶段，有 4 个核的成熟包囊为感染阶段。包囊随污染的饮水或食物进入人或动物体内，在十二指肠脱囊，再分裂为 2 个滋养体，滋养体主要寄生于十二指肠或上段小肠，借助吸盘吸附于小肠绒毛表面，以二分裂法进行繁殖。当肠腔内环境发生改变的时候，随肠内容物到达回肠下段或结肠腔的滋养体开始分泌囊壁形成包囊，并随粪便排出体外。包囊在外界抵抗力较强，可以在条件适宜的水体和土壤环境中存活数天至 1 个月。滋养体也可直接随稀便或软便排出体外，但在外界不能形成包囊，很快死亡（图 11-6）。

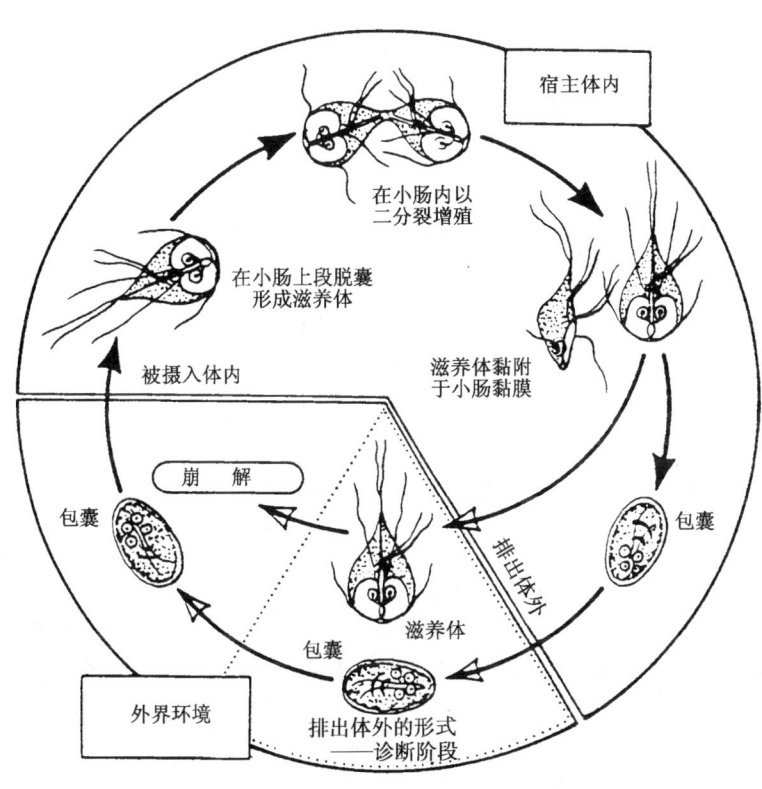

图 11-6　蓝氏贾第鞭毛虫生活史（采自 E.A.Meyer）

【致病】

1. 致病机制 蓝氏贾第鞭毛虫的致病机制目前尚未明了，可能与下列因素有关。

（1）虫株致病力：贾第虫有多种基因型或分离株，并具有不同的致病力，如 GS 株的致病力较强，而 ISR 株的致病力则较弱。有研究报告表明，10 名志愿者接受 GS 株包囊后均获得感染，其中 5 名出现了临床症状；而另 5 名志愿者接受 ISR 株后无一获得感染。这些研究结果表明，贾第虫的不同虫株致病力也不一样。

（2）宿主免疫力：免疫缺陷者、免疫功能降低者，如先天或后天丙种球蛋白缺乏者不仅容易感染贾第虫，而且感染后可出现慢性腹泻和消化不良等严重的临床症状。研究表明，IgA

缺乏者一般对贾第虫易感。人体分泌的 IgA 有清除肠道原虫的功能，但是贾第虫滋养体可分泌一种蛋白酶，这种酶可以降解宿主肠道内的 IgA 水平，使得该虫可以在小肠内寄生和繁殖，从而导致贾第虫病。

（3）二糖酶缺乏：可加重小肠黏膜病变，造成宿主腹泻。在贾第虫患者和动物模型体内均有二糖酶不同程度的缺乏。动物实验结果表明，当二糖酶水平降低时，滋养体可直接损伤小鼠的肠黏膜细胞，造成小肠微绒毛变短甚至呈扁平状，提示二糖酶水平的降低是加重小肠黏膜病变的一个直接因素，是造成宿主腹泻的一个重要原因。

（4）其他：大量虫体覆盖小肠黏膜表面时，贾第虫滋养体的吸盘可以造成肠黏膜的机械性损伤，从而影响肠黏膜的吸收功能。此外，贾第虫不仅与宿主竞争基础营养，而且其分泌物及代谢产物对肠黏膜微绒毛的化学性损伤等因素也破坏了肠黏膜的吸收功能，从而导致宿主对维生素 B_{12}、蛋白质、脂肪、乳糖等营养物质的吸收障碍。

2. 病理学改变 贾第虫感染可引起小肠黏膜出现病理性改变。当大量贾第虫滋养体寄生时，可侵入肠黏膜，则小肠黏膜呈现典型的卡他性炎症病理学变化，表现为黏膜固有层出现急性炎性细胞和慢性炎性细胞浸润，上皮细胞有丝分裂增加，上皮细胞的绒毛变粗、变短，长度与腺腔比例明显变小，上皮细胞坏死、脱落，黏膜下派伊尔小结（Peyer patches）明显增生等。这些病理改变是可逆的，治疗后即可恢复正常。

3. 临床表现 大多数感染贾第虫包囊者呈带虫状态，无明显临床症状。少数感染者会出现临床症状，主要表现为急、慢性腹泻，吸收不良综合征等。潜伏期一般为 1～2 周，最长可达 45 天。

（1）急性期：患者表现为恶心、厌食、上腹及全身不适等症状，或伴低热、寒战、突发性恶臭水样便，还伴有胃肠胀气、呃逆和上中腹部痉挛性疼痛。粪便偶见黏液，极少带血。部分患者急性期感染持续几天后可自行消退，转为无症状带囊者。幼儿患病可出现吸收不良、脂肪泻、身体虚弱和体重减轻等症状，且病程可持续数月。

（2）慢性期：部分急性期患者如未得到及时治疗，则可能转为亚急性或慢性期。亚急性期患者表现为间歇性排恶臭软便，伴腹胀、痉挛性腹痛，或有恶心、嗳气、厌食、头痛、便秘和体重减轻等症状；慢性期患者比较多见，表现为周期性稀便，反复发作，大便甚臭，病程可延续数年而不愈。严重感染且未得到及时治疗的患儿病程很长，可持续数月乃至数年，表现为营养吸收不良、贫血、发育障碍。贾第虫也可侵入胆道系统，引起胆囊炎或胆管炎，如出现上腹疼痛、食欲缺乏、肝大以及脂肪代谢障碍等症状。宿主的免疫功能正常与否也是决定贾第虫病临床症状轻重的一个重要因素。如艾滋病患者和 HIV 感染者贾第虫病的临床症状比免疫功能正常的感染者要严重些。

【免疫】

贾第虫的抗原主要包括分泌性抗原和表面抗原两种。分泌性抗原是虫体的排泄 - 分泌物；表面抗原，分子量为 94～225 kDa，富含半胱氨酸蛋白（cysteine-rich proteins，CRP），是细胞表面的蛋白质。该抗原成分具有显著变异特性，称为表面变异蛋白（variant surface protein，VSP）。表面抗原发生变异可能是虫体逃避宿主免疫攻击的一个重要因素。一些虫株的表面抗原也可以抵抗宿主蛋白水解酶的水解作用，从而逃避宿主的免疫攻击。

宿主的体液免疫和细胞免疫应答在对抗贾第虫的感染过程中起着一定的作用。血内特异性 IgG 和 IgM 抗体可通过补体（C1 和 C9）依赖的细胞毒作用来杀伤滋养体；肠道内特异性分泌性 IgA 是控制和清除贾第虫感染的重要因子；受感染的母亲乳汁中特异性 IgG 和 IgA 对婴儿具有保护作用。宿主的细胞免疫效应可能是通过 T 细胞 - 抗体依赖性免疫反应介导的。

【诊断】

1. 病原学诊断

（1）粪便检查：对于急性期患者，取新鲜粪便标本做生理盐水直接涂片检查滋养体。对于亚急性期或慢性期患者，可采用直接涂片碘液染色检查包囊，也可以用硫酸锌浮聚法或醛-醚浓集法等方法来检查包囊。由于包囊形成、排出具有间断性，故检查时隔日查1次，并连续查3次以上，以提高检出率。

（2）十二指肠液或胆汁检查：对疑似贾第虫感染，但粪便检查多次阴性者可采用此方法。将十二指肠液或胆汁引流，直接涂片或离心沉淀后检查滋养体，即可确诊。此方法检出率较高，但取材难度较大。

（3）肠检胶囊法（enteric-test capsule）：患者禁食后，让其吞下一个装有尼龙线的胶囊，系胶囊的尼龙线的游离端留在口外侧或粘在患者颈部，吞下的胶囊在胃内溶解后，可伸展至十二指肠和空肠，3～4小时后，缓慢拉出尼龙线，取线上的黏附物镜检滋养体。

（4）小肠活体组织检查：借助内镜在小肠Treitz韧带附近钳取小肠黏膜组织，先做压片，或用姬姆萨染色后镜检滋养体。本法准确可靠，但取材不易，故临床比较少用。

2. 免疫学诊断 可作为一种辅助诊断手段，也可以用于贾第虫感染的流行病学调查和研究。常见的有酶联免疫吸附试验（enzyme-linked immunosorbent assay，ELISA）、对流免疫电泳试验（counter immunoelectrophoresis，CIE）、间接荧光抗体试验（indirect fluorescent antibody test，IFAT）等，这些诊断方法都具有比较高的特异性和敏感性。

3. 分子生物学诊断 近年来发现用生物素标记的贾第虫滋养体全基因组DNA或用放射性物质标记的DNA片段制成的DNA探针，对本虫感染均具有较高的特异性和敏感性。运用聚合酶链反应（polymerase chain reaction，PCR）扩增贾第虫的某个基因片段来进行诊断，也具有较高的特异性和敏感性。但这些方法均未广泛应用于临床。

【流行】

贾第虫病呈世界性分布，好发于夏秋季节，据WHO估计，全世界感染率为1%～20%。本虫不仅流行于发展中国家，在发达国家，如俄罗斯、美国、英国、加拿大、澳大利亚等国也有流行。在我国，贾第虫感染也非常普遍，各地感染率不一样，一般为2%～10%，农村感染率高于城市，儿童感染率高于成人。近几年，HIV感染者及同性恋者合并贾第虫感染的报道不断增加。一些家畜和野生动物也常为本虫的保虫宿主，故贾第虫病也是一种人兽共患寄生虫病。

1. 传染源 贾第虫病的传染源为粪便内含有包囊的患者、带囊者和动物。保虫宿主包括家畜（如牛、羊、猪、兔等）、宠物（如猫、狗等）和野生动物（如河狸）。包囊的外排量大，患者一次粪便可排出4亿个包囊，一昼夜可排出9亿个。包囊囊壁厚，对外界抵抗力强，人及动物对其高度易感。

2. 传播途径 本病主要为水源性疾病，患者误食被4核包囊污染的食物和水导致感染。水体污染主要来自人、动物的粪便。从粪便中排出的包囊在水中可存活4天，常规浓度的氯化消毒水不能杀死自来水中的包囊。"人-人"传播途径多见于小学、幼儿园、家庭成员之间，人与人的密切接触而导致感染。粪-口传播方式在贫穷、落后、卫生条件差、人口拥挤、用水不足的地区更为普遍。同性恋者可导致包囊经间接粪-口传播。蝇和蜚蠊等媒介昆虫可携带包囊，对该病的传播也起着一定的作用。

3. 易感人群 任何年龄的人群对贾第虫均易感，尤其是儿童、年老体弱者、免疫功能缺陷者、旅游者、同性恋者等更加易感。

【防治】

积极治疗患者和无症状带虫者。改善环境卫生，加强人和动物宿主的粪便管理，保护水源，注意饮食、饮水卫生。消灭苍蝇、蜚蠊等媒介昆虫。共用的儿童玩具应定期消毒。常用治

疗药物有甲硝唑（灭滴灵）、阿苯达唑、呋喃唑酮（痢特灵）、替硝唑等。巴龙霉素多用于治疗有临床症状的贾第虫患者，尤其是感染本虫的妊娠妇女。艾滋病患者和其他免疫功能缺陷者，应加强对贾第虫感染的预防。

（郑小莉）

第四节 阴道毛滴虫

阴道毛滴虫（*Trichomonas vaginalis* Donne，1837）属毛滴纲、毛滴目、毛滴虫科、毛滴虫属。1836年，Donne首先在女性阴道和男性泌尿生殖道的分泌物中发现本虫。阴道毛滴虫是引起女性滴虫性阴道炎（*Trichomonas vaginitis*）和尿道炎的病原体，其所致疾病是一种性传播寄生虫病（sexually transmitted parasitosis，STP）。

【形态】

阴道毛滴虫的生活史中仅有滋养体，无包囊阶段。虫体大小为（7～32）μm×（5～15）μm。活体无色透明、细胞质均匀、有折光性。虫体柔软多变，活动力强，虫体借助前端4根鞭毛的摆动向前运动，以身体一侧的波动膜（undulating membrane）做旋转式运动。固定染色后，典型的滋养体呈梨形或椭圆形，虫体前端1/3处可见1个椭圆形的泡状细胞核，核前端有5颗排列成环状的基体，由基体发出4根前鞭毛和1根后鞭毛。波动膜是虫体一侧前1/2处细胞质延向外隆起形成的双层膜结构，表面光滑，外缘与后鞭毛相连。1根轴柱由前向后贯穿虫体从末端伸出。胞质内有许多深染的颗粒状物质，为本虫特有的氢化酶体（hydrogenosome）（图11-7）。

【生活史】

阴道毛滴虫生活史简单，滋养体主要寄生于女性阴道，以阴道后穹隆多见，偶可侵入尿道、膀胱、尿道旁腺、子宫等处；阴道毛滴虫也可寄生于男性泌尿生殖系统，多见于尿道、前列腺、睾丸、附睾、包皮下组织。虫体主要通过渗透方式获取营养，以纵二分裂法进行繁殖（图11-8）。

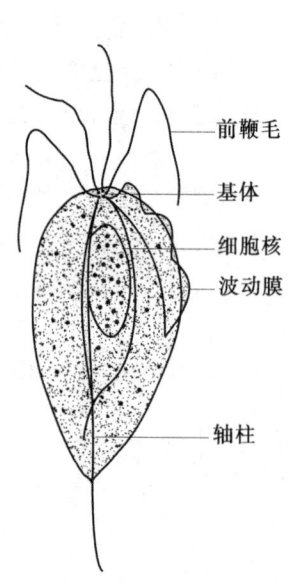

图 11-7 阴道毛滴虫滋养体形态模式图

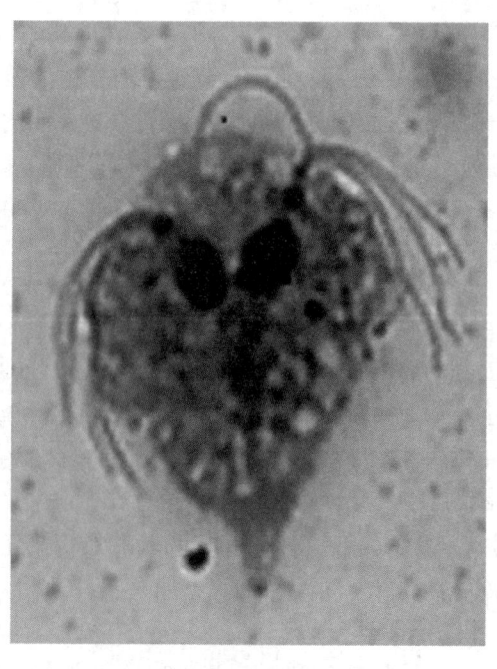

图 11-8 阴道毛滴虫纵二分裂图
（由青海大学医学部赵海龙提供）

生活史中滋养体既是感染阶段，又是致病阶段，其主要通过直接接触，如性接触传播。在卫生环境和防护意识较差的人群中可通过间接接触感染。

【致病】

1. 致病机制 阴道毛滴虫的致病力与虫株毒力、宿主的免疫力、生理状态及阴道内环境等因素有关。正常情况下，健康女性阴道内有乳酸杆菌存在，能酵解阴道上皮细胞的糖原产生大量乳酸，使阴道内呈酸性环境（pH 3.8～4.4），可抑制滴虫和其他细菌生长繁殖，此称为"阴道自净作用"。当滴虫在阴道寄生时，竞争性消耗糖原，阻碍了乳酸杆菌酵解作用，乳酸生成减少，使阴道内pH转为中性甚至碱性，从而破坏了阴道自净作用，使阴道毛滴虫或其他细菌大量繁殖，引起阴道黏膜发生炎性病变。

研究表明，阴道毛滴虫存在有5种蛋白组成的黏附因子，使虫体与阴道上皮细胞的特异性受体结合。随后虫体与靶细胞外基质中纤粘连蛋白、层粘连蛋白更牢固地相连。靶细胞上的纤粘连蛋白覆盖虫体表面，虫体逃避宿主的免疫攻击。虫体与靶细胞接触后，其细胞膜表面的信号系统（G蛋白）启动，虫体细胞骨架改变，形状从梨形变为阿米巴样。虫体通过分泌穿孔素（perforin）（又称成孔蛋白，pore-forming protein）、半胱氨酸蛋白酶、膜收缩蛋白酶、酸性水解酶、苹果酸脱氢酶破坏靶细胞，导致靶细胞破裂。虫体还可释放溶酶体降解靶细胞，或直接吞噬阴道上皮细胞。

滴虫性阴道炎的主要病理组织学变化为阴道壁黏膜充血、水肿、上皮细胞变性脱落、炎性细胞浸润等。

2. 临床表现 轻度感染者，阴道壁黏膜无异常改变，阴道上皮细胞一般完整，虫体不侵入细胞，但由于虫体在细胞间移行，细胞边缘呈腐蚀现象。

滴虫性阴道炎的主要症状为白带增多，外阴瘙痒或烧灼感，以泡沫状白带为典型症状。合并细菌感染时白带颜色会发生改变，如与化脓性细菌同时感染，白带呈脓液状伴有臭味；阴道黏膜出血引起赤色白带。阴道镜检查可见阴道及子宫颈充血红肿，严重者有出血或鲜红色点状突起特征。泌尿道有感染时，患者出现尿频、尿急、尿痛、膀胱炎等症状。妊娠期、产后或月经期，女性阴道的pH接近中性，有利于滴虫的感染和繁殖，上述症状加重。在阴道分娩过程中，婴儿可受到感染，感染部位主要见于呼吸道和眼结膜。有学者认为宫颈癌的发生可能与滴虫感染有关。

男性多为无症状带虫者，若虫体仅侵犯前尿道，常无临床表现，但可导致配偶重复感染。在感染者尿道分泌物或精液内有时可查见虫体。当感染累及高位输尿管时，出现尿道溢液、尿道刺激感、尿频、背下部疼痛等症状。阴道毛滴虫亦可寄生于前列腺导致前列腺炎，患者表现不同程度的排尿困难，或尿频、尿急、尿道灼痛、瘙痒，尿道口可间断出现少量白色或淡黄色分泌物，分泌物内常含虫体。有学者认为阴道毛滴虫可吞噬精子，或因滴虫分泌物影响精子活性和存活率，而导致男性不育症。

【诊断】

根据临床表现对疑为滴虫性阴道炎或其他部位滴虫感染的患者和带虫者进行病原学、免疫学或分子生物学检查。

1. 询问病史 是否有不安全性生活史，或性伴侣有阴道毛滴虫感染史，是否有共用卫生洁具史。

2. 病原学诊断 临床上以从阴道后穹窿及阴道壁提取的分泌物、尿液离心沉淀物、前列腺液中查到滋养体作为确诊依据。用生理盐水涂片法镜检可观察到活的滋养体。检查应注意样本保温，并及时送检，否则虫体会失去活力。也可用瑞氏或吉姆萨液对分泌物涂片染色、镜检。对疑难病例可采用培养法，将上述标本加入到肝浸液培养基或蛋黄浸液培养基中，置37℃培养箱培养48小时后镜检。

3. 免疫学诊断 虫体特定抗原的检测对提高滴虫性阴道炎的诊断有一定的帮助。常用的免疫学诊断方法有：酶联免疫吸附试验（ELISA）、间接免疫荧光抗体试验（IFAT）、间接血凝试验（IHA）、乳胶凝集试验（LAT）等。

4. 分子生物学方法 采用阴道毛滴虫 18S rRNA 基因设计的引物，用 PCR 对虫体 DNA 进行检测，敏感性和特异性可达 100%，有利于对无症状感染者的诊断。此外，DNA 原位杂交、核酸探针检测技术也可用于阴道毛滴虫的诊断。

【流行】

阴道毛滴虫呈世界性分布。全球每年有 2 亿人感染阴道毛滴虫，在 20～40 岁年龄组感染率最高。阴道毛滴虫在我国的流行也很广泛，各地区报道的感染率不同，在阴道炎患者中滴虫性阴道炎占比为 6.8%～8.5%，仅次于细菌和真菌。阴道毛滴虫感染与个人生理因素、文化背景、职业特点、行为习惯等因素有关，在性混乱者中的感染率最高。

传染源为滴虫性阴道炎患者、女性无症状带虫者和男性带虫者。传播途径有直接接触和间接接触两种方式，前者通过性活动传播，是主要的传播方式，WHO 从 20 世纪 90 年代就将滴虫性阴道炎列为性传播寄生虫病；后者主要通过共用公共浴缸、浴具、游泳池、泳衣、坐式马桶，或被阴道毛滴虫污染的衣物、器械等传播。

阴道毛滴虫在 pH 5.0～7.5 的条件最适宜生长繁殖，虫体可在 25～42℃ 中生长繁殖。阴道毛滴虫对外环境抵抗力强，脱离人体后，在自然干燥环境能存活 6 小时，在潮湿的毛巾、衣裤中能存活 12～23 小时，在 22～25℃（室温）水中存活 120～154 小时，-10℃ 水中存活 7 小时，在 46℃ 左右的浴池水中存活 20～60 分钟。而且对某些化学药品的抵抗力很强，如在普通肥皂水中可存活 45～150 分钟。在卫生环境差或人员集中的生活环境中，如不注意个人防护，可通过多种间接传播方式引起感染。

【防治】

及时治疗患者和无症状的带虫者。夫妻或性伴侣如有一方感染，双方应同时治疗才能达到治愈的目的。临床常用的口服治疗药物有甲硝唑（metronidazole）、替硝唑（tinidazole）、奥硝唑（ornidazole）、塞克硝唑（seenidazole）等硝基咪唑类药物。此外，局部治疗可用乙酰胂胺、卡巴胂等。治疗前用 1% 乳酸、0.5% 醋酸、1:5000 高锰酸钾溶液冲洗阴道。

微整合

临床应用

补充乳酸杆菌制剂有利于滴虫性阴道炎的治疗

乳酸杆菌作为阴道微环境中的益生菌，通过占据结合位点，竞争性黏附于阴道上皮，消耗阴道内营养物质并产生 H_2O_2、酸性物质、细菌素、类细菌素等方式成为阴道内的优势菌，抑制其他细菌或原虫的生长。

在体外状态下，将乳酸杆菌、阴道上皮细胞与阴道毛滴虫共同孵育，并与无乳酸杆菌组进行对照比较，发现乳酸杆菌能显著降低滴虫的自然黏附特性，抵御滴虫对阴道上皮细胞的入侵。

近年来，多项临床研究发现甲硝唑联合补充乳酸杆菌制剂治疗滴虫性阴道炎的病例中，经治疗，患者阴道内炎症状态逐渐恢复正常，相关炎症趋化因子水平回落，并且复发率降低，治疗有效率明显高于单用甲硝唑组。说明补充乳酸杆菌治疗可恢复阴道微生态平衡，有利于重建阴道微生态屏障。

开展卫生健康教育,杜绝不安全性行为是预防本病的主要措施。注意个人卫生及月经期卫生,不使用公用浴具。改进公共卫生设施,加强对公共浴池、游泳池、坐式马桶的消毒监管。

第五节　其他毛滴虫

一、人毛滴虫

人毛滴虫(*Trichomonas hominis* Daraine,1860)又称人五毛滴虫(*Pentatrichomonas hominis* Daraine,1860)。生活史中仅有滋养体阶段,无包囊阶段。滋养体形似阴道毛滴虫,呈梨形或椭圆形,活动力强。大小为(5~14)μm×(7~10)μm。虫体有4~5根前鞭毛和1根后鞭毛。后鞭毛附着于波动膜外缘,向后延伸游离于虫体尾端。波动膜的内侧借助一弯曲、薄杆状的肋与虫体相连。波动膜、肋与虫体等长。波动膜在运动中起旋转作用,前鞭毛向前运动。活的滋养体可做快速无定向运动。虫体中央有1根轴柱由前向后贯穿虫体并从尾端伸出。虫体前端有1个细胞核,靠近前鞭毛的起始处。核内染色质分布不均匀,核仁小,居中。胞质内含食物泡和细菌(图11-9)。

滋养体为感染阶段,通过被滋养体污染的食物和水经口感染,也可通过蝇类做机械性传播。寄生于人体盲肠和结肠,多见于回盲部,以二分裂法繁殖,随粪便排出。在外界有较强的抵抗力,常温下在粪便中能存活8天,在土壤中能存活7天。目前,人毛滴虫对人体有无致病作用尚

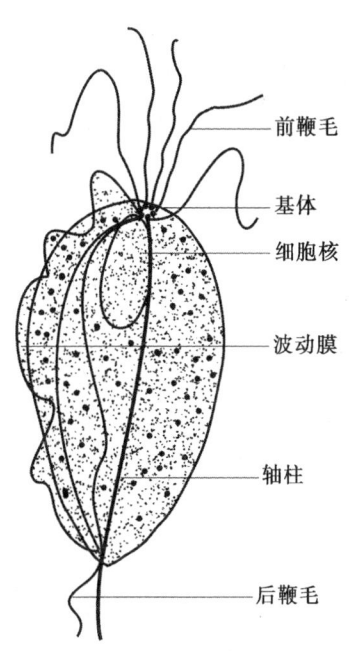

图11-9　人毛滴虫形态模式图

无定论。有调查表明,人毛滴虫在腹泻患者中的感染率是健康人群的几倍甚至十几倍,由此认为本虫可导致腹泻,尤其在婴儿和免疫功能低下者中可引起滴虫性肠炎等。但也有研究认为腹泻与人毛滴虫感染相伴,并非由本虫感染所致。

用粪便生理盐水直接涂片法或培养法可进行病原学诊断。使用Boeck和Drbohlav二氏培养基可分离培养虫体。

人毛滴虫呈世界性分布。以热带和亚热带较为常见,儿童感染率高于成人,多见于10岁以下儿童。我国人毛滴虫感染率平均为0.033%,其中青海省感染率最高,为1.132%,其次为新疆、河北、广西、福建四省(自治区)。预防人毛滴虫感染主要措施是控制传染源。常用治疗药物为甲硝唑、替硝唑、奥硝唑和中药雷丸等。注意个人卫生和饮食卫生,加强粪便管理,消灭传播媒介。

二、口腔毛滴虫

口腔毛滴虫(*Trichomonas tenax* Muller,1773)又称口腔梨形虫。寄生在口腔,尤其是齿垢、龋洞、齿龈脓溢袋、扁桃体隐窝等处,常与齿槽脓肿并存。该虫生活史仅有滋养体期,其外形与阴道毛滴虫相似,呈梨形或椭圆形,大小为(4~13)μm×(2~9)μm,4根前鞭毛

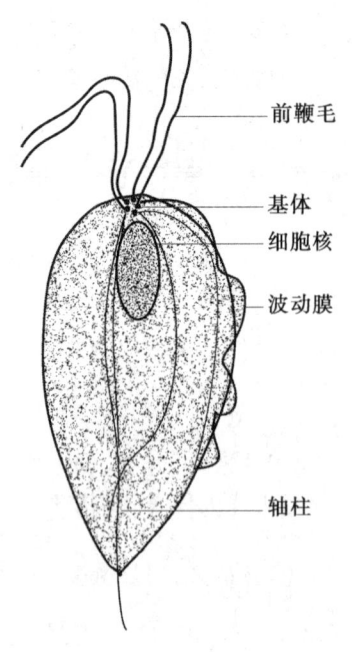

图 11-10　口腔毛滴虫形态模式图

常分为两组，每组的 2 根鞭毛几乎等长，两组间的鞭毛长度略有不同。1 根后鞭毛无游离端，波动膜约为体长的 2/3，波动膜内侧有 1 个与波动膜等长的肋。1 根纤细的轴柱，自前向后贯穿虫体伸出体外。细胞核 1 个，位于虫体前部中央，呈椭圆形或卵圆形，核内染色质粒丰富，故染色较深（图 11-10）。

口腔毛滴虫以口腔内食物残渣、脱落的上皮细胞和细菌为食，通过吞饮或吞噬获取营养。以二分裂法进行繁殖，通过滋养体传播。

本虫对人体有无致病作用，目前尚无定论。有学者认为口腔毛滴虫是口腔内的共栖性原虫，也有的学者认为口腔毛滴虫与牙龈炎、牙周炎、龋齿等口腔疾患有关，还有学者认为口腔毛滴虫可异位寄生进入呼吸道，引起肺部感染。

口腔毛滴虫可用涂片法和培养法诊断。用探针或刮匙取齿龈基部、牙垢、牙周袋、牙洞、病灶内或周围的分泌物，做生理盐水直接涂片，镜下见鞭毛和波动膜摆动呈活跃运动的滋养体即可确诊。也可采用培养法，可用洛克液（Loche's fluid）、洛克液琼脂血清（Loche-Arga-Surum）、LES（Loche-Egg-Serum）3 种培养基培养。

口腔毛滴虫呈世界性分布，在有口腔疾病患者中感染率较高。虫体在外界有较强抵抗力，室温下可存活 3～6 天。治疗口腔毛滴虫的常用药物是甲硝唑、替硝唑和奥硝唑等。本虫可通过接吻的方式直接传播，也可通过飞沫、食物、餐具间接传播。人体一旦感染即难以消除，因此保持口腔卫生是预防感染最有效的方法，同时还应注意饮食卫生和个人卫生。

三、脆弱双核阿米巴

脆弱双核阿米巴（*Dientamoeba fragilis* Jepps & Dobeel，1918）隶属于毛滴纲（Trichomonadidea）、毛滴目（Trichomonadida）、毛滴虫科（Trichomonadidae）、双核阿米巴属（*Dientamoeba*）。本虫的滋养体无鞭毛且具有阿米巴属虫体形态，但其结构和抗原性与鞭毛虫相似，故生物学分类将其归属毛滴虫科，为一种无鞭毛的阿米巴型鞭毛虫。

脆弱双核阿米巴是否存在包囊期尚未确定。滋养体为不规则形，直径为 4～20 μm。大多数虫体含有 2 个核，少数为 1 个核。伪足宽而透明，呈叶状，边缘呈锯齿状。胞质呈空泡或颗粒状，空泡内可见吞噬的食物泡和细菌。典型的细胞核结构清晰，核仁由 4～8 个相互分开且呈对称排列的染色质粒组成（图 11-11）。

脆弱双核阿米巴生活史目前尚未完全阐明。滋养体寄生于人或灵长目动物的盲肠和结肠上段的黏膜陷窝内，以淀粉颗粒、细菌和酵母等为食，进行二分裂繁殖。不吞噬红细胞，也不侵犯组织。在排出的新鲜粪便标本内，滋养体运动十分活跃，遇冷后很快变成圆形。

脆弱双核阿米巴致病机制尚不十分清楚。感染者的症状与蓝氏贾第鞭毛虫感染症状类似，尤其是儿童，主要表现为腹部的不适、胃肠胀气、腹泻、恶心、呕吐、厌食、疼痛、体重减轻等消化道症状，并伴有发热。脆弱双核阿米巴感染者多以慢性期症状为主，腹泻持续时间较久，可持续 1～2 年。

采用粪便涂片镜检是实验室诊断的直接依据。检查时采集新鲜粪便及时送检，冬季注意保

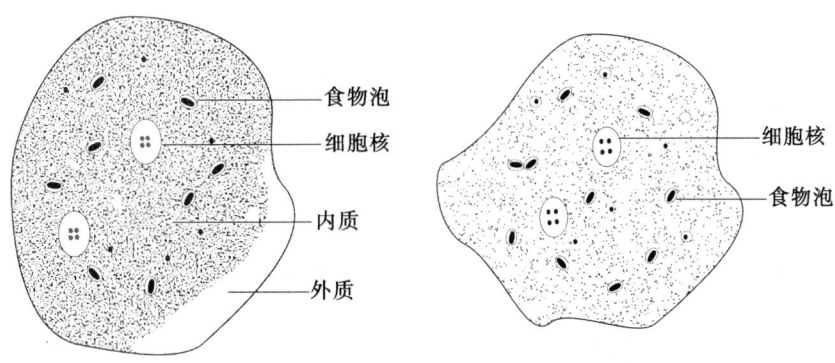

图 11-11　脆弱双核阿米巴滋养体模式图

温,以发现活的滋养体。因不易检出,应至少要连续检查 3 次。也可采用含米粉的培养基进行体外培养检查,PCR 扩增虫体特异的基因片段具有较高的敏感性和特异性。

本虫呈世界性分布。国内浙江、江苏、山东、台湾等地区有病例报道。各地报道的感染率差异较大,感染率为 0.3%～52.2%。治疗药物可选用双碘喹啉(diiodohydroxyquinoline)、巴龙霉素(paromomycin)或两者联合用药。同时,注意饮食和饮水卫生,养成良好的卫生习惯是预防脆弱双核阿米巴感染的重要措施。

(赵海龙)

第六节　致病性自生生活鞭毛虫

致病性自生生活的鞭毛虫营兼性寄生生活,既可在自然环境(水、土壤)中生存和繁殖,也可侵入人体寄生并引起中枢神经系统或其他器官的损害,严重时可导致死亡,因而是潜在的致病原。以瓦氏科中的耐格里属(Naegleria)多见,主要的致病虫种是福氏耐格里阿米巴(Naegleria fowleri Carter, 1970)。虫体可侵入人体引起原发性阿米巴性脑膜脑炎(primary amoebic meningoencephalitis, PAM),本病病症凶险,病死率高。

【形态与生活史】

福氏耐格里阿米巴生活史简单,包括滋养体和包囊两个时期。

1. 滋养体　有阿米巴型和鞭毛型两种类型。①阿米巴型滋养体(amoeboid trophozoite):寄生在人体组织中,此型滋养体呈蛞蝓状,前端宽,后端窄,直径为 7～20 μm。虫体常从一端伸出圆形或钝性的伪足,形态多变,运动活泼,另一端较细小呈指状,称伪尾区。胞质呈颗粒状,在自生生活状态下其内含食物泡和伸缩泡,侵入组织中的滋养体内可见吞噬的红细胞。滋养体核为泡状核,核仁大而居中,核仁与核膜间有明显的透明圈,又称晕圈。无核周染色质粒。滋养体以二分裂方式繁殖,可形成包囊。②鞭毛型滋养体(flagellated trophozoite):在不适宜的环境中或在蒸馏水中时,阿米巴型滋养体从一端长出 2～4 根鞭毛或多至 9 根,称为鞭毛型滋养体。虫体呈长圆形或梨形,直径为 10～15 μm,运动活跃,不摄食、不分裂,亦不直接形成包囊。两型滋养体可互变,鞭毛型滋养体往往在短时间内(一般 24 小时)恢复成阿米巴型滋养体。扫描电镜观察显示,滋养体表面有皱褶,并具有多个吸盘样结构,与虫体的毒力、吞噬力和侵袭力有关。

2. 包囊　呈圆形,直径为 7～10 μm,囊壁双层,厚而光滑有小孔。细胞核为单核,其形态与滋养体的核相似。滋养体在人体组织内不能形成包囊,仅在外界干燥环境中成囊,包囊只有经脱囊变为阿米巴型滋养体后,才具有侵袭力。

人在受福氏耐格里阿米巴污染的水中游泳、嬉戏或洗脸时，滋养体可侵入鼻腔黏膜，在鼻腔组织内和鼻窦中增殖，沿嗅神经上行经筛状板入颅内增殖引起脑组织损害，导致原发性阿米巴性脑膜脑炎（图 11-12）。

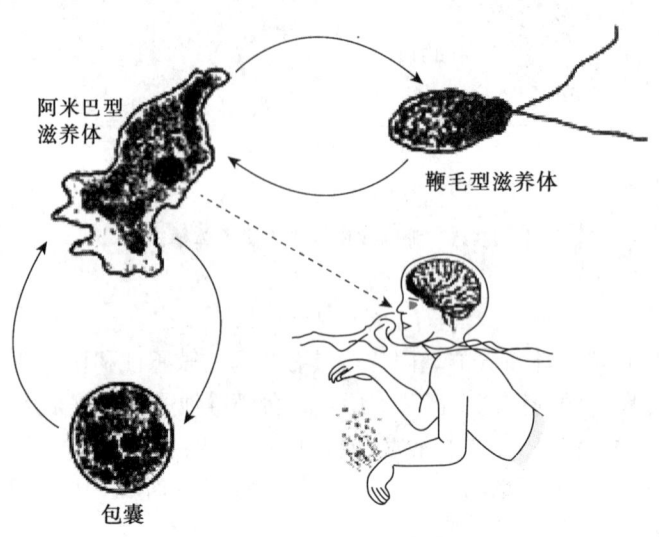

图 11-12　耐格里阿米巴生活史

【致病】

由福氏耐格里阿米巴所引起的原发性阿米巴性脑膜脑炎起病急，发展快，迅速恶化，是一种暴发型和致命性疾病，多见于健康儿童与青少年。脑部病变多位于皮质表层和基底部，包括嗅叶、前额部、颞叶和小脑区，以嗅叶受累严重。此病潜伏期为 1～7 天，患者早期会有味觉或嗅觉异常，并表现为上呼吸道症状、恶心、喷射性呕吐、高热和前额剧烈头痛。继而出现全身性或局限性癫痫发作，并有明显的脑膜刺激症状，如颈项强直、克尼格征（克氏征）及布鲁津斯基征（布氏征）阳性等。起病 1～2 天内即可出现脑水肿，随后迅速转入瘫痪、谵妄、昏迷等状态，患者常在 1 周内死亡。病理切片显示，病变以急性脑膜炎和浅层坏死性出血性脑炎为特征。滋养体周围以中性粒细胞浸润为主，少数为嗜酸性粒细胞、淋巴细胞或单核细胞，甚至形成小脓肿。宿主组织内仅见滋养体而无包囊。研究表明，耐格里属阿米巴可分泌两种类似于溶组织内阿米巴的穿孔肽，称为耐格里穿孔素（Naegleria pores），在体外同样具有溶细胞活性，可部分解释该虫致病的分子机制。

【诊断】

询问游泳及接触疫水史，结合病原学检查，并辅以其他检查方法以综合诊断。

1. 病原学检查　脑脊液中检出福氏耐格里阿米巴滋养体可作为确诊的依据。取新鲜脑脊液在室温条件下做湿涂片，立即镜检，观察有无活动的阿米巴滋养体。注意脑脊液标本检查前不宜离心和冷藏。

2. 其他检查　患者可出现颅内压增高。脑脊液穿刺检查呈血性，白细胞计数早期降低，后期升高，以中性粒细胞为主，葡萄糖水平正常或降低，蛋白质升高。脑脊液标本可能显示革兰氏染色假阳性，此时应注意与化脓性脑膜炎相鉴别，因为原发性阿米巴性脑膜脑炎通常与化脓性脑膜炎相似（脑脊液中白细胞数量均增加），其主要区别为本病患者脑脊液细菌培养阴性，而后者为阳性。

【流行与防治】

福氏耐格里阿米巴遍布世界各地，多孳生在淡水湖、池塘、河流、温泉、灌溉渠和游泳池中。其生存与水温有关，特别在炎热的夏季，湖泊和池塘水温较高，在其内游泳或潜水时较易感染，也可通过直接接触土壤或由风传播的包囊而感染。由福氏耐格里阿米巴引起的原发性阿米巴性脑膜脑炎自1961年首次报道以来，至今全世界已有病例近200例。

原发性阿米巴性脑膜脑炎的治疗尚无理想方法，预后不良。两性霉素B为首选药物，可缓解症状，但效果不佳，死亡率仍在95%以上。一般建议应同时使用磺胺嘧啶。也有报告称口服利福平有效。

本病重在预防，含有虫体的污水进入鼻腔是导致感染的关键因素。因此，应尽量避免在不流动的河水、温泉或野外池塘、河沟中游泳、嬉戏，避免鼻腔接触疫水。启用长期未用的自来水，应首先放掉水管内的积水。

几种鞭毛虫与鞭毛虫病学习要点

学习要点	杜氏利什曼原虫	非洲锥虫	美洲锥虫	蓝氏贾第鞭毛虫	阴道毛滴虫
主要致病	杜氏利什曼原虫病（黑热病）	非洲锥虫病（非洲昏睡病）	美洲锥虫病（恰加斯病）	蓝氏贾第鞭毛虫病	阴道毛滴虫病
人兽共患病	是	是	是	否	否
食源性寄生虫病	否	否	否	是	否
典型临床表现	发热、肝脾淋巴结肿大、贫血、各种并发症，如"走马疳"	锥虫下疳、淋巴结肿大、Winterbottom征和Kerandel征、发热、头痛、关节痛、昏睡	恰加斯肿（Chagoma）、Romana征、巨食管、巨结肠	腹泻（水样泻）、吸收不良综合征	女性：阴道炎、会阴部瘙痒、白带增多 男性：尿道炎、前列腺炎等
感染期	前鞭毛体	循环后期锥鞭毛体	循环后期锥鞭毛体	4核包囊	滋养体
寄生部位	单核巨噬细胞系统	血液	血液	十二指肠、小肠	泌尿生殖系统
致病阶段	无鞭毛体	锥鞭毛体	锥鞭毛体	滋养体	滋养体
感染方式	白蛉叮咬吸血	舌蝇叮咬吸血	锥蝽叮咬吸血	摄入被包囊污染的食物或水	直接接触（性交） 间接接触（污染的浴具、马桶等）
病原学诊断	1. 骨髓、淋巴结、脾穿刺液涂片检查 2. 体外培养 3. 动物接种	血液涂片、穿刺液（脑脊液、骨髓、淋巴结）涂片检查、动物接种	血液涂片、培养、动物接种	粪便生理盐水涂片、十二指肠液查滋养体 粪便碘液涂片查包囊	阴道分泌物、尿液、前列腺液涂片查滋养体；培养法查滋养体
传染源	患者、带虫者、动物保虫宿主	患者、带虫者、动物保虫宿主	患者、带虫者、动物保虫宿主	患者、带虫者	患者、带虫者
传播途径	昆虫叮咬	昆虫叮咬	昆虫叮咬	经口	接触感染
传播媒介	白蛉	舌蝇	锥蝽	无	无

思 考 题

1. 杜氏利什曼病的临床表现有哪些?
2. 杜氏利什曼病的实验诊断方法有哪些?
3. 防治锥虫病的主要措施有哪些?
4. 克氏锥虫的致病特点是什么?
5. 蓝氏贾第鞭毛虫的生活史有何特点?
6. 蓝氏贾第鞭毛虫病的诊断方法有哪些?
7. 阴道毛滴虫生活史有何特点?
8. 阴道毛滴虫的致病机制和主要临床症状是什么?
9. 女性,31岁。主述阴道分泌物量多,呈黄色泡沫状,有异味;外阴、阴道奇痒如虫爬,伴尿频、尿急、尿痛。取阴道分泌物涂片镜检,发现梨形虫体。请回答:
   (1) 患者临床症状发生的机制是什么?
   (2) 如何治疗该患者?治疗中需要注意什么事项?

(佘俊萍)

第十二章

孢子虫

第十二章数字资源

孢子虫在分类上隶属顶复门的孢子纲。寄生于人体重要的孢子虫包括疟原虫（*Plasmodium* sp.）、弓形虫（*Toxoplasma*）和隐孢子虫（*Cryptosporidium*），其他如肉孢子虫（*Sarcocystis*）和等孢球虫（*Isospora*）在人体寄生较为少见。孢子虫是人类重要的寄生虫，对人体健康危害极大。此类原虫均营寄生生活，大多数寄生于细胞内，生活史复杂，包括无性生殖（裂体增殖、孢子增殖）和有性生殖（配子生殖）两种生殖方式。

第一节 疟 原 虫

案例 12-1

男性，39岁。因高热2周入院，患病前刚从非洲务工回国，回国后7天开始出现发热、头痛和全身疼痛，体温最高达40.1℃，无咳嗽、咳痰及腹痛、腹泻等症状。查体：体温39.5℃，心率116次/分，呼吸22次/分，血压118/66 mmHg，脾肋下3 cm。血常规：红细胞$3.29×10^{12}$/L，血红蛋白78 g/L，白细胞$5.9×10^9$/L，血小板计数$404×10^9$/L；胸部CT未见明显异常。血涂片吉姆萨染色后镜检可见红细胞内有1～2个蓝染的环状体，约为红细胞直径的1/5，每个环状体有1～2个细胞核。诊断为疟疾。

问题：
1. 根据血涂片中虫体的形态学特征，请判断患者感染的疟原虫的种类。
2. 简述间日疟原虫和恶性疟原虫环状体期的形态鉴别。
3. 试述目前中国疟疾流行的现状。

疟原虫是导致疟疾（malaria）的病原体。疟原虫种类繁多，可寄生于人、哺乳动物（灵长目动物、啮齿目动物）、鸟类和爬行类动物体内。常见寄生于人体的疟原虫有4种，即间日疟原虫[*Plasmodium vivax*（Grassi and Felletti，1890）Labbe，1899]、恶性疟原虫[*Plasmodium falciparum*（Welch，1897）Schaudinn，1902]、三日疟原虫[*Plasmodium malariae*（Laveran，1881）Grassi and Felletti，1890]和卵形疟原虫（*Plasmodium ovale* Stephens，1922）。1965年，Chin等人首次报道了诺氏疟原虫（*Plasmodium knowlesi* Giuseppe Franchini，1927）经大劣按蚊传播给人体的病例。近年来，东南亚出现多起人体感染诺氏疟原虫的病例，我国也见输入性病例报道。目前，学术界已将其列为感染人体的第5种疟原虫。

间日疟原虫、恶性疟原虫和卵形疟原虫仅寄生于人体，三日疟原虫和诺氏疟原虫除感

染人体外，还可以感染猿类。近年来，还发现吼猴疟原虫（*Plasmodium simium*）、食蟹猴疟原虫（*Plasmodium cynomolgi*）、许氏疟原虫（*Plasmodium schwetzi*）、猪尾猴疟原虫（*Plasmodium inui*）和肖氏疟原虫（*Plasmodium shortti*）等猴疟原虫偶可感染人体。

疟疾是人类的一种古老的疾病，早期中外医学家一致认为此病是吸入来自沼泽和湿地的某种恶浊气体而引起的，古代中医称之为"瘴气"。意大利人正式使用malaria（疟疾）一词，也认为疟疾是不良气体（mal=bad, aria=air）所致。这一观念曾经存在了2000多年，直到19世纪末期，人类才揭开导致疟疾的病因。

1880年，法国学者 Laveran（图12-1）在疟疾患者血液中首先发现了疟疾的病原体疟原虫，因而获得1907年诺贝尔生理学奖。

图 12-1　Laveran

1882—1884年 Marchiafava 与 Celli，以及 1885—1886年 Golgi 分别在患者血液中发现疟原虫，并观察到其在红细胞内各个发育时期的形态及疟色素的存在。Golgi 同时还观察到三日疟和间日疟的形态区别。

1897年，英国人 Ronald Ross（图12-2）发现了疟原虫的传染途径，首次证明了疟疾是由蚊子所传播，并阐明疟原虫在按蚊体内的生物学发育过程，由此获得了1902年诺贝尔生理学或医学奖。意大利人 Giovanni Battista Grassi 发现蚊子是传播疟原虫的唯一虫媒。

1917年，奥地利人 Julius Wagner Jauregg（图12-3）采用疟原虫接种来治疗麻痹性痴呆，取得了非常好的效果，这使他获得了1927年诺贝尔生理学或医学奖。

图 12-2　Ronald Ross

图 12-3　Julius Wagner Jauregg

1922年，Stephens 鉴定并描述了卵形疟原虫。

1934年，意大利学者 Raffaele 等观察并描述了鸟疟原虫在红细胞外期的发育过程。

20世纪30年代，瑞士学者 Paul Hermann Miller（图12-4）发现了 DDT 具有强大的消灭昆虫效果，是有效的杀灭剂，并因此获得1948年诺贝尔生理学或医学奖。

1977年，Lysenko 等人提出了子孢子休眠学说，并阐明了疟原虫在人体内的生活史。

综上，人类对疟原虫生活周期的全部认识经过1个世纪的努力后才基本完成。

【形态】

疟原虫在人体内发育经历红细胞外期（肝细胞内）和红细胞内期两个阶段。人体常见的4种疟原虫在肝细胞和红细胞内生长发育各期形态结构基本相似，在红细胞内包括环状体、大滋养体、裂殖体和配子体4个发育时期。红细胞内期原虫各期的形态特征是疟疾病原学确诊与鉴别虫种的重要依据。

1. 红细胞内期疟原虫形态

（1）环状体（ring form）：又称早期滋养体（或小滋养体），是疟原虫侵入红细胞后在红细胞内生长、发育的早期阶段。环状体胞质少，中间出现大空泡，呈环状，胞核位于环的一侧，酷似镶宝石的戒指。

图 12-4　Paul Hermann Miller

（2）大滋养体（trophozoite）：又称晚期滋养体，是疟原虫在红细胞内继续生长、发育的阶段。胞质增多并常伸出伪足，胞质中出现疟色素（malarial pigment）颗粒。细胞核增大，尚未分裂。自大滋养体时期开始，间日疟原虫、卵形疟原虫所寄生的红细胞被刺激变大、变形，细胞质颜色变浅，常出现明显的红色薛氏点（Schüffner's dots）；恶性疟原虫所寄生的红细胞大小正常或缩小，细胞质常出现粗大紫红色的茂氏点（Maurer's dots）；三日疟原虫所寄生的红细胞大小正常或缩小，细胞质可出现淡紫色细小的齐氏点（Ziemann's dots）。

（3）裂殖体（schizont）：系疟原虫开始无性生殖的阶段，分为未成熟裂殖体（immature schizont）和成熟裂殖体（mature schizont）两个时期。大滋养体继续发育，虫体长大变圆，细胞质内空泡消失，尚未分裂，核开始分裂成2个或更多，此期虫体称为未成熟裂殖体。随后细胞核继续分裂到一定数目，胞质随之分裂，并将每个分裂的胞核包裹，形成12～24个裂殖子（merozoite），疟色素聚集成团居于细胞质中央，此期虫体称为成熟裂殖体。

临床上，从间日疟患者外周血涂片中可以检查到大滋养体和裂殖体，但在恶性疟患者外周血涂片中通常检查不到这两个时期，其可能的原因是恶性疟患者的红细胞变形能力下降，或红细胞表面出现瘤状突起，导致大量感染大滋养体和裂殖体的红细胞黏附成团，集聚或黏附在内脏和皮下脂肪的毛细血管内，在外周血液中不易查见，只有在患者出现重症危情时才偶尔见到。

当红细胞内裂殖体成熟后，大量增殖的裂殖子引起红细胞破裂，释出的裂殖子随即侵入新的正常红细胞，并重复上述分裂过程，直至疟原虫在血内达到一定数量。上述过程为无性的裂体增殖（schizogony）。

（4）配子体（gametocyte）：系疟原虫有性生殖阶段的开始。经过数次裂体增殖后，释放入血的裂殖子侵入新的红细胞后，不再进行裂体增殖，而是细胞核增大，胞质增多，虫体变为圆形、椭圆形或新月形的雌（大）配子体（female gametocyte，macrogametocyte）或雄（小）配子体（male gametocyte，microgametocyte）。雌配子体胞质较致密，核小、致密、位于虫体边缘，疟色素多、粗大杆状；而雄配子体胞质稀薄，核质疏松、较大、位于虫体中央，疟色素细小。

2. 人体感染的5种疟原虫形态和鉴别　5种人体疟原虫在外周血红细胞内经吉姆萨或瑞氏染色后，各期的形态结构、鉴别要点及所致红细胞形态学改变见表12-1和彩图。

表 12-1　5种人体疟原虫在红细胞内形态特征和红细胞变化

	间日疟原虫	恶性疟原虫	三日疟原虫	卵形疟原虫	诺氏疟原虫
环状体	环较大，大小约为红细胞直径的1/3；核1个，胞质淡蓝色；在一个红细胞内通常只寄生一个疟原虫	环细小，大小约为被寄生红细胞直径的1/5；核1~2个，在一个红细胞内常有多个疟原虫寄生	环较粗大，大小约为被寄生红细胞的1/3；核1个，胞质深蓝色	似三日疟原虫	似恶性疟原虫，环稍大且粗，环大小为被寄生红细胞直径的1/5~1/4
大滋养体	虫体长大，胞质增多，形状不规则，胞质中有空泡；疟色素呈棕黄色，点状或细杆状，分散在胞质内	虫体小，疟色素集中一团，外周血不易见到，多集中在内脏毛细血管	体小，圆形或带状，胞质致密；疟色素深褐色、颗粒状、粗大，分布于虫体边缘	虫体圆形，似三日疟原虫，但较大；疟色素似间日疟原虫，但较细小	似三日疟原虫
成熟裂殖体	裂殖子12~24个，排列不规则，虫体充满红细胞；疟色素集中成堆	外周血不易见到，多集中在内脏毛细血管	裂殖子6~12个，花瓣状排列，虫体小于正常红细胞；疟色素集中于中央	裂殖子6~12个，通常8个，排成一圆环形；疟色素集中在中央或一侧	似三日疟原虫，裂殖子多至16个
雌配子体	虫体圆形，占满红细胞，胞质蓝色；核小致密，深红色，偏一侧；疟色素分散	新月形，两端较尖，胞质蓝色；核致密，深红色，位于中央；疟色素褐色，在核周围较多	圆形，如正常红细胞大小，胞质蓝色；核致密偏于一侧；疟色素分散	似三日疟原虫，但稍大；疟色素似间日疟原虫	似间日疟原虫，疟色素为黑色颗粒状
雄配子体	虫体圆形，占满红细胞，胞质蓝而略带红色、核大、疏松，淡红色，位于中央；疟色素分散	腊肠形，两端钝圆，胞质蓝而略带红色，核疏松，淡红色，位于中央；疟色素分布核周	圆形，略小于正常红细胞，胞质蓝色；核疏松，淡红色，位于中央；疟色素多而分散	似三日疟原虫，但稍大；疟色素似间日疟原虫	似间日疟原虫，疟色素为黑色颗粒状
被寄生的红细胞变化	除环状体外，其余各期均胀大、颜色变浅，并出现鲜红色的薛氏点	正常或略小，常见稀疏粗大的紫红色的茂氏点，电镜下红细胞表面出现许多皱缩或瘤状突起	大小正常，偶见少量、淡紫色微小的齐氏点	略胀大，色淡，部分红细胞变长形，边缘呈锯齿状；薛氏点较间日疟的粗大，环状体期即出现	似三日疟原虫

间日疟原虫从大滋养体时期，红细胞质中开始出现薛氏点，用电子显微镜观察，发现是由红细胞膜上的凹窝和一些围绕其周围的小泡所组成，称为凹窝-小泡复合体（caveola-vesicle complex）。被恶性疟原虫寄生的红细胞内出现的茂氏点，性质与薛氏点相同。

3. 裂殖子的超微结构　裂殖子是由表膜、胞质和细胞核三部分结构组成。裂殖子顶端是一圆锥形突起，称为顶突（apical prominence），含3个极环。在此区可见两个电子致密的棒状体和数个微线体。

（1）表膜：在电镜下观察，是由外膜、内膜和微管组成的复合膜；在裂殖子的外膜表面还有1层细胞被（或称表被），为蛋白质或糖蛋白，具有抗原性；内膜和微管的作用可能是支持虫体，保持虫体具有一定的形态（图12-5）。

(2) 细胞质：在细胞质内充满了细胞器，在所有细胞器中，顶端复合体的结构比较复杂，由类锥体、极环、棒状体和微线体组成；类锥体在裂殖子的最前端，其基部以极环为界；棒状体位于极环之后；微线体分布在棒状体的周围；棒状体和微线体可分泌一些物质，有助于裂殖子侵入红细胞。

(3) 细胞核：1个，较大且圆，位于虫体中部，核膜两层，上有微孔，为核与胞质的通道。

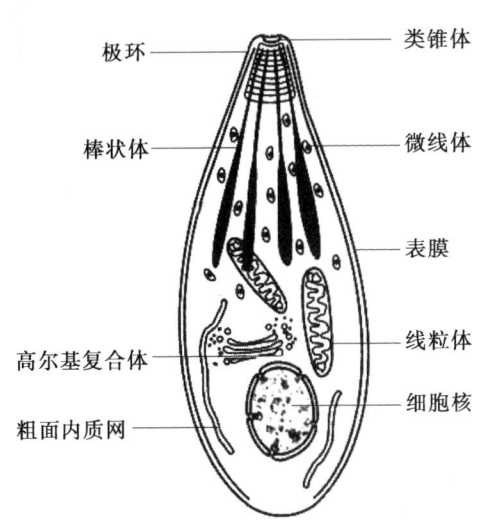

图 12-5　裂殖子超微结构模式图（引自 Burton J.Bogitsh 等，1998）

【生活史】

人体常见感染的4种疟原虫生活史基本相同，都需要人和雌性按蚊两个宿主。在人体内进行裂体增殖和早期的配子生殖；在蚊体内完成配子生殖和孢子增殖。以间日疟为例简介如下（图 12-6）。

1. 在人体内的发育　疟原虫先后在肝细胞和红细胞内发育增殖。在肝细胞内的增殖称为红细胞外期（exoerythrocytic stage）；在红细胞内的发育分为红细胞内期（erythrocytic stage）和配子体形成两个阶段。

(1) 红细胞外期：含有疟原虫子孢子（sporozoite）的雌性按蚊刺吸人血时，子孢子随蚊唾液侵入人体，随血流 30～40 分钟后进入肝细胞。子孢子表面环子孢子蛋白（circumsporozoite protein，CSP）能识别肝细胞表面受体并与其结合，然后释放由棒状体储存的分泌物，作用于所接触的肝细胞膜而侵入细胞内。在肝细胞内，子孢子发育为圆形的滋养体，并进行无性的裂体增殖，形成红外期裂殖体。成熟的红外期裂殖体直径大小为 45～60 μm，内含 1 万～3 万个或更多个裂殖子。大量裂殖子胀破肝细胞后被释出，一部分裂殖子被吞噬细胞吞噬消灭，其余部分侵入红细胞，开始红细胞内期的发育。间日疟原虫完成红外期发育所需要的时间为 7～8 天，恶性疟原虫为 5.5～6 天，三日疟原虫为 11～12 天，卵形疟原虫为 9 天。

1988 年，Krotoski 等人发现间日疟原虫和卵形疟原虫具有两种不同遗传类型的子孢子，即速发型子孢子（tachysporozoites，TS）和迟发型子孢子（bradysporozoites，BS）。这两种类型的子孢子进入肝细胞后，速发型子孢子很快进行红外期裂体增殖，而迟发型子孢子则视虫种及虫株的不同，在肝细胞内经长短不一的休眠期后，才能完成红外期裂体增殖。休眠期的子孢子称之为休眠子（hypnozoite），与复发有关。恶性疟原虫、三日疟原虫和诺氏疟原虫无休眠子。

裂殖子入侵红细胞是通过识别吸附、定向、侵入和封口等几个连续过程（图 12-7）。识别吸附是裂殖子入侵红细胞的第一步。研究表明，间日疟原虫是通过红细胞表面 Duffy 受体入

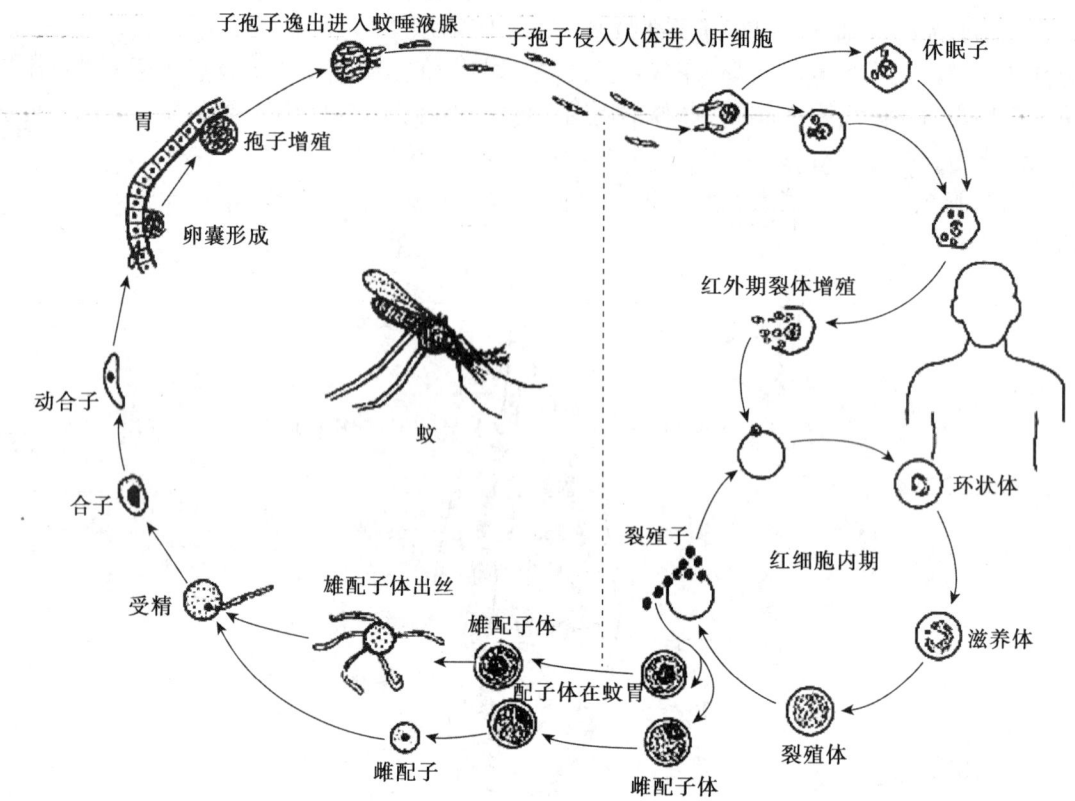

图 12-6　间日疟原虫生活史（仿詹希美，2010）

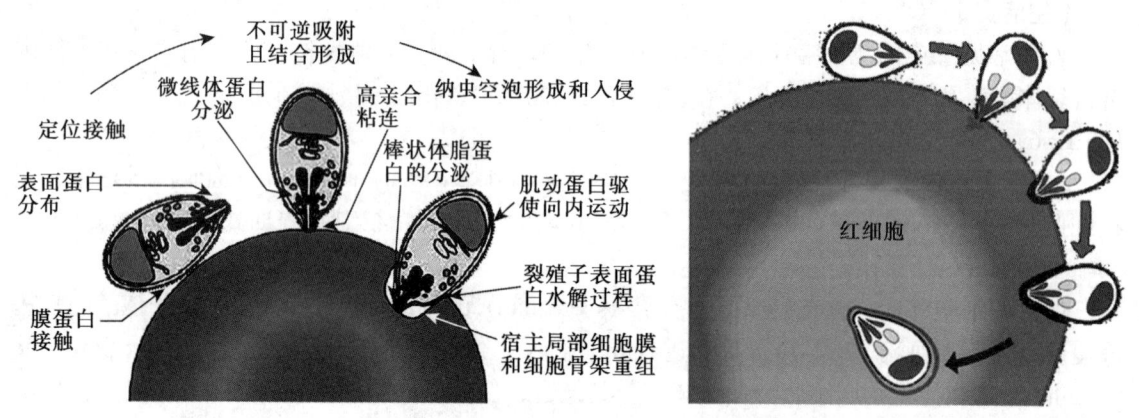

图 12-7　裂殖子入侵红细胞的过程

侵，而血型糖蛋白 A 是恶性疟原虫侵入红细胞的受体之一。定向是裂殖子前端类锥体与红细胞表面接触，棒状体及微线体释放蛋白作用于红细胞接触点，使裂殖子与红细胞膜黏附在一起。随着红细胞变形，处于紧密连接的裂殖子在自身肌动蛋白作用下，侵入细胞内，形成纳虫空泡，最后红细胞膜封闭，完成裂殖子入侵红细胞的过程。

（2）红细胞内期：由肝细胞释放出的裂殖子侵入红细胞，进行红细胞内期的裂体增殖，包括滋养体生长发育和裂殖体增殖的两个过程。经瑞氏或吉姆萨染液染色后，可见红细胞内的疟原虫胞核呈紫红色，胞质为蓝色，疟色素为棕黄色。被寄生的红细胞形态也会发生相应的变化。

裂殖子侵入红细胞后，首先发育成环状体，亦称小滋养体，虫体以血红蛋白为营养，生长发育，经大滋养体、早期裂殖体，最后发育为成熟裂殖体。间日疟原虫成熟裂殖体内含

12～24个裂殖子。裂殖体成熟后，红细胞破裂，裂殖子散出，部分释出的裂殖子被吞噬消灭，另一部分裂殖子侵入其他正常红细胞，重复红细胞内期裂体增殖过程。疟原虫从裂殖体释放出来后约20秒就可以侵入新的红细胞内。完成一代红细胞内期裂体增殖周期，间日疟原虫所需时间约48小时，恶性疟原虫为36～48小时，三日疟原虫约需72小时，卵形疟原虫约需48小时，诺氏疟原虫为24小时。

(3) 配子体形成：疟原虫经过几代红细胞内期裂体增殖后，部分裂殖子侵入红细胞后，不再进行裂体增殖，而分别发育为雌、雄配子体。间日疟原虫配子体约需2天时间发育成熟并出现于外周血液中；恶性疟原虫配子体在内脏和组织内的小血管中发育，主要出现于心脏、脾和横纹肌等毛细血管中，经过8～10天成熟后出现于外周血液中。通常恶性疟原虫仅环状体和配子体见于外周血中，但重症恶性疟患者由于血管扩张，外周血中也可以检查到大滋养体。间日疟原虫配子体在外周血中存活约3天时间；恶性疟原虫存活1～2个月。成熟的配子体如被雌性按蚊吸入，开始在蚊体内的发育，否则被宿主吞噬细胞所吞噬。

2．在蚊体内的发育　疟原虫在蚊体内的发育包括在蚊胃内进行有性的配子生殖和在蚊胃壁进行无性的孢子增殖两个阶段。

当雌性按蚊叮咬疟疾患者或带虫者时，红内期疟原虫随血液被吸入蚊胃，但只有雌、雄配子体可以在此继续发育。雌配子体在蚊胃内，细胞核经减数分裂，形成圆形不活动的雌配子（female gamete）。雄配子体在蚊胃中，虫体缩小，细胞核经3次有丝分裂，形成4～8条细小丝状运动活跃的雄配子（male gamete），称为出丝现象。雄配子在蚊胃中游动，钻进雌配子体内，受精形成合子（zygote），合子呈圆形或椭圆形，经发育变长，成为能活动的动合子（ookinete）。动合子穿过胃壁，在胃壁弹性纤维膜下形成球形的卵囊（oocyst）或称囊合子。卵囊逐渐长大，并进行孢子增殖，至卵囊成熟，卵囊内含数千乃至上万分化的子孢子（图12-8）。子孢子呈梭形，大小为（10～15）μm×1 μm。当卵囊成熟后，子孢子可单个主动从囊壁孔钻出或从卵囊破裂口逸出并进入蚊血腔。子孢子进入蚊体腔后，随蚊的血淋巴进入到蚊体各组织中，只有到达唾液腺内的子孢子发育成熟并具有感染性。此时，当按蚊再叮吸人血时，子孢子随涎液而侵入人体，又开始在人体内的发育过程。

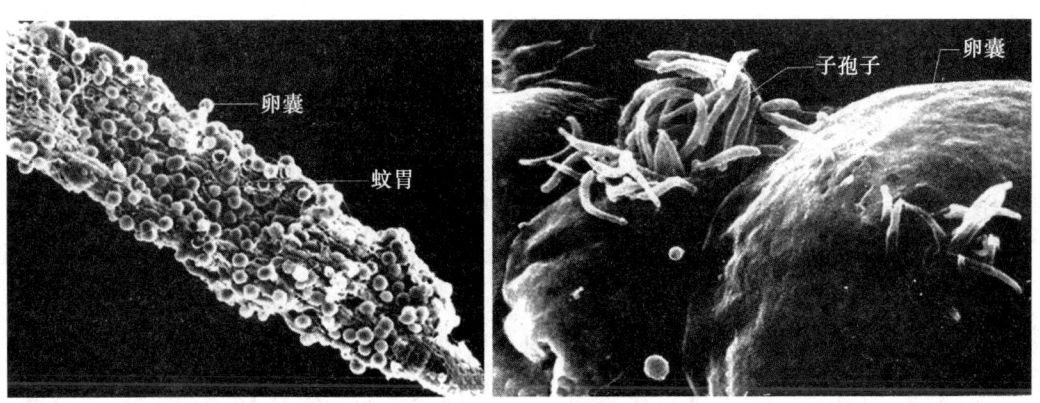

图 12-8　卵囊与逸出的子孢子（引自陈佩惠）

疟原虫在蚊体内发育一方面受疟原虫和蚊媒自身生物学因素的影响；另一方面受周围生态环境因素的影响。疟原虫在蚊体内发育的主要影响因素包括以下几个方面：①疟原虫配子体数量和活性影响对蚊媒的感染力，间日疟原虫感染蚊媒的血中最少配子体数量为10个/μl，恶性疟原虫配子体数量为42个/μl，三日疟原虫为27个/μl。②疟原虫侵入蚊体后，可激活蚊媒的免疫系统，杀伤蚊体内的疟原虫。实验证明，按蚊先天性免疫防御反应物质包括：免疫活性肽与其前体物质、蛋白酶及其酶原等。疟原虫进入蚊体后，可诱导后者产生抗菌肽和蛋白类物质，影响疟原虫在蚊体内的发育过程。③蚊体内pH等生理生化因素。外界温度变化对疟原虫蚊期发育过程也有影响，一般情况下，间日疟原虫在蚊体内发育最适宜温度为25℃、恶性疟原虫为30℃、三日疟原虫为22℃、诺氏疟原虫为25℃。

在最适宜条件下，疟原虫在按蚊体内发育成熟所需时间：间日疟原虫为9~10天，恶性疟原虫为10~12天，三日疟原虫为25~28天，卵形疟原虫约为16天，诺氏疟原虫为9~10天（表12-2）。

表12-2 5种人体常见疟原虫生活史的比较

	间日疟原虫	恶性疟原虫	三日疟原虫	卵形疟原虫	诺氏疟原虫
蚊体内发育时间（天）	9~10	10~12	25~28	16	9~10
潜伏期（天）	13~25或180~365或更长	7~27	18~35	16~18	7~14
红外期发育时间（天）	7~8（速发型）或数月至年余（迟发型）	5.5~6	11~12	9	
红外期裂殖子数量	12 000	40 000	15 000	15 400	13 686~24 202
裂体增殖周期（小时）	48	36~48	72	48	24
原虫数/μl血（平均值）	20 000	20 000~500 000	6000	9000	35 000
发作阈值/μl血	10~500个	500~1300个	140个	1280~25 440个	
复发	+	−	−	+	
寄生的红细胞	网织红细胞	各期红细胞	衰老红细胞	网织红细胞	

【致病】

疟原虫对人体致病的主要阶段是红细胞内期。疟原虫在红细胞内进行裂体增殖，使感染的红细胞黏附并阻塞脑内毛细血管，引发患者出现周期性发作、贫血、脾大及重症疟疾等临床症状。疟疾发病的严重程度与侵入的虫种、虫数和人体免疫功能有着密切的关系，间日疟原虫、三日疟原虫、卵形疟原虫和诺氏疟原虫通常致病能力较弱，而恶性疟原虫由于其裂体增殖速度快，血中虫体数量多，受侵害的组织器官广泛，因而对人体危害严重。红外期的疟原虫对人体肝细胞损害轻微，其原因是虫体和其代谢产物被限于肝细胞膜和纳虫空泡内，对机体不会产生明显的损害作用。另外，在肝细胞内的疟原虫只进行1次裂体增殖，对肝细胞损害程度轻，故患者临床病症表现不明显。

1. 潜伏期　即疟原虫子孢子侵入人体到出现临床症状前的一段时间。潜伏期长短取决于红细胞外期裂殖体发育成熟的时间及红细胞内期原虫经几代裂体增殖达到发作阈值（threshold）所需的时间。实验表明：间日疟短潜伏期为13~25天，长潜伏期为6~12个月或更长，恶性疟潜伏期为7~27天，三日疟为18~35天，卵形疟为16~18天。红细胞外期疟原虫并不引起明显的疾病，只有当红细胞外期裂殖子侵入红细胞，经过多次红细胞内期裂体增殖后，血液中原虫数量呈几何级数增加并达到一定数量时（即发作阈值），才能引起疟疾

发作。间日疟原虫发作阈值为每微升血含虫数 10～500 个，恶性疟原虫为 500～1300 个，三日疟原虫约为 140 个。一般认为疟疾潜伏期长短主要由原虫的遗传性状所决定，同时，也受宿主和自然生态环境等因素的影响，如临床上通过输血将红细胞内期疟原虫输入人体，此时原虫无需红细胞外期肝细胞内的发育，直接在红细胞内裂体增殖达到发作阈值，即可导致疟疾发作，潜伏期较短，一般为 10～14 天，个别长达 1 个月以上。服用抗疟疾药可明显延长潜伏期时间。

2. 疟疾发作 即红细胞内期裂殖体发育成熟后致红细胞破裂，大量裂殖子、原虫的代谢产物、变性的血红蛋白及红细胞碎片等进入血流，其中一部分被巨噬细胞和中性粒细胞吞噬，刺激这些细胞产生内源性致热原（endogenous pyrogen，EP），与疟原虫的代谢产物一起作用于下丘脑的体温调节中枢引起发热，称为疟疾发作（malarial paroxysm）。

微整合

临床应用

发热

发热（fever）通常是由发热激活物作用于机体，激活产内源性致热原细胞使之产生和释放内源性致热原（EP），再经一些后续环节引起体温升高。发热激活物又称 EP 诱导物，包括外源性致热原（exogenous pyrogen）和某些体内产物。来自体外的致热物质称为外源性致热原，包括细菌、病毒、真菌、螺旋体及疟原虫。产内源性致热原细胞在发热激活物的作用下，产生和释放的能引起体温升高的物质，称之为内源性致热原。

体温的中枢调节主要以"调定点（set point，SP）"学说来解释，发热是指由于致热原的作用使体温调定点上移而引起调节性体温升高。发热不是独立的疾病，但在整个病程中体温变化往往可反映病情的进程。了解发热的特点，对判断病情、评价疗效和估计预后，均有重要参考意义。

典型的疟疾发作临床表现：寒战、高热和出汗热退三个连续过程。发作初期，患者突然发冷以至寒战，面色苍白，口唇青紫，皮肤呈鸡皮样，为寒战期。经 1～2 小时后体温迅速上升，可达 39～40℃，患者口渴，自觉热不可耐，面色变红，皮肤灼热，持续 4～6 小时。当患者血中致热原和原虫代谢产物被清除后，进入多汗期，大汗淋漓，体温急剧下降至正常。以后每隔一定时间又开始下一周期的发作。由于反复的疟疾发作，患者出现机体内环境代谢紊乱、组织缺氧、梗死和全身组织器官功能衰竭等一系列的免疫病理损害，严重时导致患者死亡。疟疾发作次数主要取决于临床上是否给予患者及时有效的治疗和宿主免疫应答能力的强弱，随着机体对疟原虫免疫清除能力的增强，大量虫体被消灭，患者的发作会逐渐停止。

发作的周期与红细胞内期疟原虫裂体增殖周期相一致，间日疟和卵形疟为 48 小时，恶性疟为 36～48 小时，三日疟为 72 小时（表 12-2）。由于疟疾流行区患者反复感染导致裂体增殖时间不同步，或由于不同虫种的混合感染，每种疟原虫按其各自周期进行裂体增殖，使得患者疟疾发作失去周期性。同时，宿主免疫力的不同、抗疟疾治疗不规范和红细胞外期疟原虫裂体增殖不同步等原因也可以使发作周期无规律。

有关疟疾发作机制研究的报告很多，目前认为疟原虫代谢产物及虫体成分是影响疟疾发作的重要因素之一，这些致病物质包括糖基磷脂酰肌醇（glycophosphatidylinositol，GPI）、前列腺素（prostaglandin，PG）和疟色素等。这些物质刺激患者产生高表达的肿瘤坏死因子

(TNF-α)、γ干扰素（IFN-γ）、白细胞介素-1（IL-1）和一氧化氮（NO）等细胞因子，抑制宿主的免疫功能，引发免疫病理损伤，结果导致患者体温升高、嗜睡和炎症损害，以及由于刺激内皮细胞产生介导虫体黏附的受体，造成一些部位组织器官阻塞性病变等。

3. 再燃（recrudescence）与复发（relapse） 疟疾患者经过多次的发作后，由于药物治疗或机体免疫力的作用，红细胞内期大部分原虫被消灭，不再出现临床发作，但在血中仍残存极少量的疟原虫，在疟疾初发停止后的一段时期内，这些残存的红细胞内期疟原虫在某些因素作用之下，重新大量增殖并再次引起临床发作症状，这一过程被称为再燃。再燃通常发生在患者首次发作被控制的2个月内，临床表现症状与初发相似，但病情较轻，且患者发作次数少。患者的免疫力下降和疟原虫的抗原变异是再燃发生的主要原因。疟疾复发指红细胞内期疟原虫已被完全消灭后，在未经蚊媒传播再感染的情况下，经6~12个月或更长的时间，又出现疟疾发作。复发的症状与初发相似，但由于患者具有一定的免疫力，症状较轻且发作次数较少。复发与红细胞外期休眠子复苏有着密切的关系。恶性疟原虫、三日疟原虫和诺氏疟原虫只有再燃，没有复发；间日疟和卵形疟既有再燃，又有复发。

4. 脾大、肝大 患者出现脾大的原因是疟原虫及其代谢产物的刺激，使脾充血和单核巨噬细胞大量增生所致。在疟疾发病急性期，患者脾大为轻度或中度，重量为正常脾的3~5倍大小，但随着病程迁延不愈反复发作，脾会逐渐增大至1000g或更大，并且由于巨噬细胞吞噬大量疟色素，脾颜色加深。若反复发作，脾变大且因纤维化而使其质地变硬，即使给予患者适宜的药物治疗，也难以恢复正常。患者肝也因病程迁延不愈，会因充血、巨噬细胞增生和吞噬功增强而肿大。肝、脾大是疟疾流行区患者的重要体征，其中以恶性疟患者出现的脾大最为显著。在非洲和大洋洲一些地区，部分患者出现持续性脾大，血清中IgM、疟疾特异性抗体和免疫复合物异常增多，以及全血细胞减少，这种现象被称为热带巨脾综合征（tropical splenomegaly syndrome）。其产生的原因可能与宿主免疫应答异常有关。

5. 贫血 是疟疾患者常见的临床症状，并且贫血程度随发作次数增多、病程延长而加重。贫血严重程度与疟原虫虫株、毒力、病程长短及患者年龄等因素有关，其中以恶性疟患者和儿童疟疾患者最为严重。疟疾患者出现贫血的原因，除疟原虫直接破坏红细胞外，还与下列因素有关：①脾功能亢进，巨噬细胞的数量增加并且吞噬能力增强，破坏正常的红细胞。②骨髓红细胞的生成受到抑制。其原因一方面是原虫感染刺激，激活T淋巴细胞产生大量的TNF-α，后者抑制IL-10与红细胞生成素（EPO）协同促使骨髓红细胞生成的作用；另一方面是疟原虫代谢产物对骨髓的直接抑制作用。③自身免疫性病理损害，系宿主感染疟原虫后，产生特异抗体与附着于红细胞表面的抗原结合，形成抗原-抗体复合物，并激活补体，引起红细胞溶解或被巨噬细胞吞噬；此外，疟原虫寄生红细胞后，使隐蔽的红细胞抗原暴露，刺激机体产生抗红细胞的自身抗体（血凝素），可破坏红细胞。④发热和炎症导致红细胞寿命缩短。⑤其他，如患者年龄、营养状态和药物等因素影响，也是引发贫血的重要因素。疟疾患者固有免疫和红细胞遗传多态性对于贫血发生有一定影响。

寄生于人体常见的4种疟原虫对所寄生的红细胞有一定的选择性：间日疟原虫和卵形疟原虫常侵犯网织红细胞；三日疟原虫多侵犯衰老红细胞；而恶性疟原虫侵犯各龄期的红细胞，其红细胞感染率可高达30%。此外，恶性疟原虫裂体增殖时间短，对骨髓造血抑制更明显，故其所致贫血较其他种类疟原虫更为严重（表12-2）。

6. 重症疟疾 根据世界卫生组织的定义：凡是患者出现有昏迷、严重贫血、肾衰竭、肺水肿或急性呼吸窘迫综合征、低血糖症、循环衰竭或休克、自发出血、反复惊厥、重度酸中毒和肉眼血红蛋白尿等症状中的一项或多项，且血中查见恶性疟原虫，可诊断为重症疟疾。重症疟疾主要由恶性疟原虫引起，多见于幼儿和无免疫力的成人。本病临床特点：病情来势凶猛，患者表现剧烈头痛、昏迷、谵妄、抽搐、惊厥高热等。此型患者可在疟疾发作1~2次后病情

突然加重，病症发展快且死亡率高，常在几天内死亡。昏迷及并发感染是此类患者死亡的主要原因。依据患者临床表现不同将重症疟疾分为脑型疟（cerebral malaria，CM）、超高热型疟和胃肠型疟三型，以脑型疟最为多见。

（1）脑型疟：常见于5岁以下儿童。患者可出现剧烈头痛、高热、谵妄、间隙性抽搐、痉挛、昏睡和昏迷等症状，随着病情发展可出现脑水肿、多器官功能衰竭等并发症，即使经积极抢救仍可有15%～25%的病死率。造成此症状的直接原因是脑部大面积水肿。病理组织学检查发现患者脑部毛细血管内聚集大量的感染红细胞，电镜下证明受染的红细胞表面小瘤与脑血管内皮细胞紧密粘连，有时形成血栓造成局部血流受阻，组织缺氧、营养耗竭和炎症坏死；另外，病理观察发现皮质下被阻塞的血管周围有环状出血，并且在脑血管周围还能见到少量感染的红细胞外渗现象。在大量感染的红细胞和疟色素沉积部位，可以发现许多白细胞、巨噬细胞和浆细胞等炎性细胞浸润。

关于脑型疟发病机制目前尚不清楚，可能与阻塞性学说和细胞因子学说等有着密切的关系。近年来，随着国内外学者对脑型疟分子生物学等方面研究的深入，绝大多数人倾向于细胞黏附和毛细血管阻塞学说。学者研究发现，感染有恶性疟原虫红细胞的表面存在许多瘤状突起，后者内含有一种称为恶性疟原虫红细胞表面蛋白1（PfEMP1）的成分。PfEMP1的生物学特性：①能与毛细血管内皮细胞等多种宿主细胞受体结合；②与正常红细胞结合，使感染红细胞与正常红细胞产生玫瑰花环反应。当感染红细胞进入脑部毛细血管时，PfEMP1分子与血管内皮上的受体结合，并黏附在局部毛细血管壁上。另外，感染红细胞同样通过PfEMP1分子与正常红细胞结合，这样使大量感染和正常红细胞在局部滞留，形成血栓阻塞局部血液循环。目前已发现能与PfEMP1结合的受体细胞分布于脑、肺、肾、心、骨髓及子宫等器官，结合后可造成这些组织器官受损。由于大量虫体的集聚，使宿主产生对虫体的免疫应答，TNF-α、IFN-γ等细胞因子分泌增加，在病灶处炎症反应加剧，血管通透性增加，造成脑组织水肿。此外，疟原虫的感染激活了免疫细胞产生过量的NO，可扩散到脑神经元周围，干扰神经传导，引发昏迷等一系列中枢神经症状；NO还能舒张血管平滑肌，增加颅内压，与脑型疟所致颅内高压有关。

（2）超高热型疟：患者起病急，体温常迅速升高至40～41℃以上，持续不退，出现气促、烦躁、谵妄和皮肤灼热等症状，常发展至深昏迷并在数小时内死亡。

（3）胃肠型疟：除有畏寒、发热外，患者常表现有明显的呕吐、腹痛、腹泻和里急后重，多数预后较好。如出现严重呕吐、腹泻和脱水，患者可因休克和肾衰竭而死亡。

7．疟疾肾病 本病系Ⅲ型超敏反应所致患者免疫病理性损伤。由于疟原虫抗原与抗体形成免疫复合物沉积于肾小球毛细血管基底膜上，通过激活补体和产生致病因子，导致患者肾小球肾炎或肾病综合征。本病主要临床表现为全身性水肿、腹水、蛋白尿和高血压，最后导致肾衰竭。临床上，以三日疟患者较为常见。

8．妊娠疟疾（placental malaria） 多见于初次妊娠的妇女，因孕妇免疫力降低，大量感染的红细胞聚集、黏附在子宫毛细血管内所致，其发病率为非妊娠妇女的4～12倍，而且病情较重。患者除表现为重症疟疾外，还出现流产、早产、新生儿严重发育不良，甚至死胎。部分妊娠妇女由于严重的贫血和脾大造成难产。妊娠疟疾发生的原因可能是孕妇体内疟原虫表达一种特殊的PfEMP1抗原变异体分子，该分子可与孕妇子宫滋养层上皮细胞上的受体结合，从而使感染的红细胞聚集在子宫毛细血管内。反复妊娠者不易发生妊娠疟疾，主要是机体对该独特的抗原分子产生了免疫力。妊娠疟疾主要见于恶性疟患者。

【免疫】

疟疾免疫包括固有免疫和适应性免疫两种类型。

1．固有免疫 这种抵抗力与宿主的疟疾感染史无关，主要与宿主红细胞的遗传特性有关。

目前实验证明，血红蛋白β链结构异常、一些重要酶的缺失或合成不足、红细胞膜蛋白及骨架改变和缺失等遗传特性均能直接影响到红细胞内期裂殖子的入侵和发育。例如，非洲人对间日疟原虫具有天然的抵抗力，因为 90% 以上的西非黑人为 Duffy 抗原阴性血型，即这些人的红细胞缺乏 Duffy 血型决定簇 Fy^a 和 Fy^b。而间日疟原虫裂殖子在红细胞膜上的受体是 Duffy 血型抗原，裂殖子入侵红细胞需要 Duffy 血型物质作为受体，Duffy 血型阴性者红细胞膜上无此受体，间日疟原虫不能入侵这些非洲人的红细胞，因此先天不感染间日疟原虫；诺氏疟原虫在非洲很少流行，这可能与西非人群中的 Duffy 血型阻断了该疟原虫的入侵有关。此外，由于遗传因素的影响，镰状细胞贫血者血红蛋白发生变异，在 β 链上的谷氨酸被缬氨酸所取代，先天对恶性疟原虫不易感染，能抵抗恶性疟原虫所致的重症疟疾的发生，其抵抗效力可达 90%。在非洲、美洲和亚洲少数人群中，存在葡萄糖 -6- 磷酸脱氢酶（G6PD）缺乏者，对疟原虫具有先天的抵抗力，这些人重症疟疾的发生率可降低 46%～58%。

2. 适应性免疫 人体在感染疟疾后，多数个体产生了免疫力，这种免疫力也能抵抗同种疟原虫的再感染，并控制着虫荷，即使不予治疗，随着疟疾发作次数增多，患者的临床症状也会逐渐减轻甚至消失。当机体内原虫被药物清除后，这种免疫力随之消失，这种免疫现象称为带虫免疫（premunition）。带虫免疫能抑制疟原虫在红细胞内的发育，使虫数明显减少，维持低水平的原虫血症。疟原虫能够逃避宿主的免疫攻击，在具有免疫力的宿主体内生存，这种现象被称为免疫逃逸（immune evasion）。产生这种现象的原因可能为：①一部分原虫发生了抗原变异，这种变异的原虫能逃避宿主的免疫杀伤而获得生存，如恶性疟原虫通过表达 PfEMP1，能逃避宿主吞噬细胞的吞噬作用；②在疟疾流行区，机体免疫力仅对初次感染疟原虫有明显杀伤作用，但由于患者反复感染，裂殖子表膜上形成的可溶性抗原和免疫复合物，干扰机体免疫效应，使巨噬细胞吞噬功能降低，不能很好地清除再感染的疟原虫；③疟原虫感染人体后，由于原虫的刺激，宿主产生大量抗体，但大多数抗体对机体没有保护作用，这些无效抗体干预了有效抗体的保护作用；④虫体在细胞内寄生，有利于逃避宿主的免疫效应。此外，疟原虫抗原多态性（polymorphism）可能与宿主某些抗原具有同源性，主动调控宿主的免疫应答，导致机体不能产生足够高的保护性免疫力以清除疟原虫的感染。

（1）红细胞内期原虫的体液免疫：这些抗体的作用机制可能包括以下几方面。①阻断裂殖子与宿主细胞的结合；②阻断裂殖子的入侵过程；③使疟原虫形成串珠状聚合物或玫瑰花环反应产物，这些产物能被单核 - 吞噬细胞系统清除；④介导抗体依赖的吞噬作用和抗体依赖的细胞介导的细胞毒作用（ADCC）。此外，保护性抗体还可能通过与巨噬细胞结合，激活免疫细胞并释放细胞因子（如 TNF-α）杀灭胞内原虫。

（2）红细胞内期原虫的细胞免疫：通过激活免疫效应细胞产生，如 NO、活性氧的中间产物、TNF-α 等炎性因子对疟原虫产生抑杀作用。此外，活化的 T 细胞也能辅助 B 细胞产生抗体，后者能直接杀灭疟原虫或通过抗体介导的细胞免疫清除感染的红细胞。

（3）红细胞外期原虫的免疫力：由于肝细胞具有 MHC 分子，并且感染虫体的肝细胞能够诱导宿主产生免疫应答，受到细胞毒性 T 淋巴细胞（CTL）的作用。近年来，红细胞外期已成为国内外研究疟疾保护性免疫靶点的热点问题。当子孢子进入肝细胞后，疟原虫表达的抗原被运输到内质网加工处理，与 MHC Ⅰ 类分子结合。这种抗原多肽 - MHC Ⅰ 复合物通过高尔基体被转运到肝细胞表面，并呈递给 $CD8^+$ T 细胞。宿主针对感染肝细胞产生的免疫应答包括：① $CD8^+$ CTL 识别感染肝细胞表面的相应抗原 - MHC Ⅰ 复合物，杀灭感染的肝细胞；② $CD4^+$ T 细胞释放 IFN-γ 等细胞因子，作用于肝细胞产生 NO，直接杀灭肝细胞内的原虫；③抗体及 γδT 细胞对感染肝细胞也有明显的杀伤作用。

尽管子孢子在血流中停留时间很短，但仍能诱导机体产生大量抗体，后者能有效地抑制子孢子的入侵，从而实现预防疟疾感染的目的。

(4) 细胞因子的作用：疟原虫感染宿主后能激活 Th 细胞产生 Th1 和 Th2 型两类细胞因子。IFN-γ 对红细胞内期原虫的作用是激活巨噬细胞，清除感染的红细胞；粒细胞 - 巨噬细胞集落刺激因子（granulocyte-macrophage colony stimulating factor，GM-CSF）能介导对红细胞内期原虫的吞噬和杀伤作用；IL-4 对清除原虫血症具有重要的作用，然而，它可以通过抑制巨噬细胞抗疟活性而有利于原虫的生存；IL-8 和 IL-10 在疟疾发病期维持较高水平，IL-10 在治疗期恢复至正常水平。

3．蚊媒对疟原虫的免疫　学者们发现进入蚊体内的配子体，只有 5%～10% 能发育成动合子；当动合子穿过蚊胃上皮细胞后，只有少数发育成卵囊；卵囊释放出大量的子孢子也仅有少数能到达唾液腺并发育至感染期。其原因是按蚊的免疫系统能抑制疟原虫的发育。按蚊对原虫的杀灭作用主要是通过黑化包被反应，后者是由前酚氧化酶级联反应介导引起的一种体液性黑化反应（humoral melanization）。此外，受染按蚊产生的 iNO 和抗菌肽也对疟原虫在蚊体内的发育具有一定的抑制作用。

【诊断】

依据我国《疟疾诊断标准》（WS 259—2015），通过询问病史，对来自疟疾流行区或到过疟疾流行区旅游，出现发热或脾大伴有周期性发热者；或输血后 1～2 周发热者，应高度怀疑感染疟疾的可能性。患者出现周期性发冷、发热、出汗是临床诊断疟疾的有力依据，确诊需根据实验室病原学检查，而免疫学检测和分子生物学检测可以作为临床辅助诊断或流行病学调查依据。

1．病原学检查　从患者外周血液中检获虫体为疟疾确诊的依据。一般从受检者的耳垂或手指尖采血做薄血膜和厚血膜涂片，用吉姆萨或瑞氏染液染色，镜检发现疟原虫即可做出诊断。该方法被认为是目前"疟疾诊断的金标准"。在间日疟患者外周血中，于发作后数小时至 10 小时内采血，可以查见环状体、大滋养体、裂殖体和配子体 4 个时期。在恶性疟患者外周血液中，一般只见到原虫的环状体和配子体，除重症疟疾外，虫体多寄居于内脏血管中。因此，对恶性疟患者尤其是初发病患者应选择发作开始时采血，可以在血片中查见环状体，在看见环状体 10 天后采血可以在血片中查见配子体。其他三种疟原虫血检不受时间的限制。

通常薄血膜涂片经染色后，原虫形态结构完整、清晰，可辨认原虫的种类和各发育阶段的形态特征，适用于临床诊断，但由于取血量少，容易漏检。厚血膜涂片取血量可达 10～20 μl，由于原虫集中，易检获，其检出率是薄血膜的 15～25 倍，但制片过程中红细胞溶解，原虫形态有所改变，影响对虫种的鉴别。在临床和实验室诊断中，最好使用一张玻片同时制作厚、薄血膜两种，经吉姆萨或瑞氏染剂染色后镜检查找疟原虫，以提高诊断和鉴别诊断率。

在疟疾初发时，由于患者血中疟原虫密度较低，一次血检阴性时应在 48～72 小时补充采血检查，以核实诊断，避免出现临床漏诊情况。

疟原虫的病原学检测方法还有吖啶橙染色法和定量血沉棕黄层检查法（quantitative buffy coat，QBC）两种方法。吖啶橙染色法血涂片制片过程与血膜薄涂片相同，而染色改用吖啶橙染色液，需荧光显微镜在暗室中观察，原虫细胞质 RNA 呈橙红色，细胞核 DNA 呈亮绿色，从而检出虫体。QBC 原理是利用感染疟原虫的红细胞比正常红细胞轻，而比白细胞略重，离心分层后，集中分布于正常红细胞层的上部，在加入吖啶橙染剂后，用荧光显微镜观察结果。该法虫体阳性检出率高，比厚薄血涂片法灵敏，但鉴别诊断仍需薄血涂片法，并且受限于特殊仪器。

2．免疫学检测　临床上疟疾免疫学检测包括检测抗体和检测抗原两种方法。检测抗体主要用于评估疟疾的传播强度、流行区流行病学调查和监测。由于抗体在疟疾患者血中原虫被清除后一段时间依然存在，单纯进行抗体检测并不能确认现症患者，故对疟原虫循环抗原的检测是确诊疟疾的适宜方法之一。目前，我国临床或广大流行区多采用已商业化的快速诊断试剂

盒，对疟疾感染者进行筛选、流行病学调查和防治效果评估等。

（1）检测特异性抗体：当疟疾患者出现原虫血症后，即可在血清中测出相应抗体。通常患者抗体水平在 2～4 周达高峰，随着原虫消失 3～6 个月后血内抗体逐渐减少。当患者出现复发或重复感染时，抗体水平可很快升高，并达到较高的水平。临床上常用的血清学诊断方法包括：ELISA、IFAT 和 IHA 等。这些方法操作简便，具有较高的特异性和敏感性，更多用于流行病学调查。

（2）检测血清循环抗原：本法通常在疟疾临床诊断、疗效考核和流行病学调查时采用。常用的方法有放射免疫试验、抑制法酶联免疫吸附试验、夹心法酶联免疫吸附试验等。近年来，TDR 推出一种由单抗等制备的免疫浸条，用于检测疟原虫感染患者血浆中的特异抗原，简便易行。其中，Para Sight TM（Becton Dickinson）等诊断试剂盒在国外已小规模现场应用。以上试剂盒使用的靶抗原主要是 HRP-2、pLDH 和 pGDH 等。利用免疫层析技术，根据待测血样通过检测线时的颜色反应来判断是否有疟原虫感染。该方法无需贵重仪器，操作简便、易学，可直接读取结果，使快速诊断成为可能。

3. 分子生物学检测　PCR 技术和核酸探针已应用于疟疾的临床诊断，可以检测疟疾患者血清中疟原虫 DNA，显示出很好的敏感性和特异性，但现场应用较少。

（1）PCR 方法：常根据疟原虫的 SSU rRNA、CSP 基因序列设计特异性的引物，进行扩增。该技术敏感性和特异性较高，并且可用于虫种和虫株的鉴定。巢式 PCR、环介导等温扩增（LAMP）和 real-time PCR 等技术的发展也优化了疟原虫的检测条件。这些方法在检测混合感染和低原虫血症患者血样时，明显优于传统病原学镜检。

（2）DNA 探针技术：根据疟原虫种类设计相应的特异性探针。该技术敏感性和特异性均优于传统病原学和免疫学诊断技术，然而，该技术因操作繁琐、同位素污染等缺点受限于临床应用和流行病学调查。

【流行】

1. 流行概况　在 2023 年的《世界疟疾报告》，2022 年全球疟疾病例主要流行于 85 个国家，约有 2.49 亿例病例，死亡病例约 60.8 万例。世界卫生组织非洲区域在全球的疟疾负担最重，94% 的疟疾病例（约 2.33 亿例）和 95% 的疟疾死亡病例（约 58 万例）均发生于该地区。5 岁以下儿童疟疾死亡人数约占该区域所有疟疾死亡人数的 80%。此外，最近有研究表明，在非洲乌干达北部出现了恶性疟原虫青蒿素耐药基因 *Kelch13* 突变虫株，提示在非洲地区也出现了青蒿素耐药性和局部传播。

在我国，疟疾已有几千年的历史，是危害我国人民健康的五种重要寄生虫病之一。新中国成立以来，经过积极的防治，疟疾的流行得到有效控制。2010 年，中国启动消除疟疾计划，2017 年以后未再出现本土病例，2020 年 11 月向 WHO 申请国家消除疟疾认证，2021 年获得 WHO 无疟疾认证，成为 WHO 西太平洋区域 30 多年来第一个获得无疟疾认证的国家，这在中国公共卫生史和全球消除疟疾史上具有里程碑意义。能做到这一点，是中国特色社会主义制度优越性和中国智慧的体现。中国政府成立 13 个部委的合作机制和公共卫生专家因地制宜制订防控策略是疟疾消除的关键。尤其是我国确定的以"1-3-7"方案为核心的消除疟疾技术规范，得到了 WHO 的肯定，并称之为"中国模式"，向广大非洲的防疟地区进行推广，这是中国对世界疟疾防治作出的重大贡献。"1-3-7"方案指的是：病例在 1 天之内上报国家传染病信息报告系统；3 天之内完成个案调查与核实，以判定病例的来源；7 天之内对疟疾疫点完成调查和处置，如包括媒介控制等综合性预防和控制措施。

尽管中国实现了消除疟疾目标，但也要清醒认识到输入性疟疾导致的再传播风险。目前，我国每年仍然有 2000 余例的境外输入性疟疾，2017—2019 年，我国输入性疟疾流行病学资料显示，非洲和东南亚地区为我国输入性病例两大来源地，尤其是非洲，占 87.81%，且以恶性

疟为主,其次为间日疟。

2. 流行环节 疟疾的传播必须具备传染源、传播媒介和易感人群 3 个环节。温度、湿度、雨量和地形等自然因素对疟疾的传播也有一定的作用。社会经济水平、居民受教育水平、生活习惯、卫生条件、人口流动以及医疗保健等因素对疟疾流行和控制均产生影响。

(1) 传染源:外周血内含有配子体的现症患者或带虫者为疟疾的传染源。

(2) 传播媒介:自然条件下疟原虫必须经按蚊传播。目前已知按蚊共有 400 多种,其中约有 30 种是疟疾病媒。所有这些主要病媒物种均在黄昏至拂晓期间叮咬。我国传播疟疾的按蚊有 8 种,其中分布广泛的是中华按蚊、嗜人按蚊、微小按蚊和大劣按蚊等。病媒控制是预防和减少疟疾传播的主要途径。如果能采取的病媒控制措施覆盖率高,整个社区将会获得一定程度的保护。

(3) 易感人群:对疟疾无免疫力和免疫力低的人群称为易感人群,主要是儿童。

目前,全球疟疾防控遇到的困难因素很多,主要原因表现以下几个方面:①疫区蚊媒对杀虫剂逐渐产生了抗药性,使传播途径无法被控制;②由于长期使用氯喹类药物,疟原虫尤其是恶性疟原虫中发生了耐药基因突变,并且耐药性的恶性疟原虫和间日疟原虫的虫株迅速在疫区扩散传播,使疟疾的治疗效果大打折扣;③流行区所处的热带和亚热带地区各国面临的经济和社会等方面的问题,影响疟疾防控措施的实行。

【防治】

1. 预防 世界卫生组织高度重视全球疟疾防控工作。2007 年,第 60 届世界卫生大会通过决定,从 2008 年起将每年的 4 月 25 日定为"世界疟疾日"。我国卫生防疫部门高度重视与世界卫生组织的合作,结合我国实际情况,我国决定将每年的 4 月 26 日定为"全国疟疾日",提高全民防治疟疾的意识。2015 年 5 月,世界卫生大会通过的世卫组织《2016—2030 年全球疟疾技术战略》,为全球所有疟疾流行国提供了一个技术框架,用于指导和支持区域和国家规划,以控制和消除疟疾。这项战略确定了全球可行的宏伟目标,其中包括:①到 2030 年将全球疟疾病例发病率至少降低 90%;②到 2030 年将全球疟疾死亡率至少降低 90%;③到 2030 年至少在 35 个国家中消除疟疾;④所有已无疟疾传播国家中防止再次出现疟疾。

WHO 数据显示,从 2000 年到 2020 年,抗疟工作使全球 1060 万人的生命得到挽救,预防了 17 亿疟疾病例。在全球消灭疟疾进程中,中国、萨尔瓦多等 12 个国家被 WHO 认证为无疟疾国家。40 个国家在 2015—2020 年将疟疾死亡人数减少约 40%,特别是东南亚地区成功将疟疾病例和死亡病例数减少了 40%。

对疟疾患者应进行早期诊断和治疗,以减少其发作次数,避免死亡。同时,这也有助于减少疟疾的传播。现有的最佳治疗方法,特别是对恶性疟,是以青蒿素为基础的联合疗法(artemisinin-based combination therapies,ACTs)。青蒿素的发现和研制,是人类防治疟疾史上的一件大事,是我国中医药为世界人民做出的重大贡献。20 世纪 70 年代,我国科学家屠呦呦成功地从黄蒿中提取了青蒿素,证明其高效的杀灭疟原虫作用。据世界卫生组织不完全统计,青蒿素在全球特别是发展中国家已挽救数百万人的生命,每年治疗患者上亿人,成功解决了氯喹抗药性的问题。因此,屠呦呦于 2011 年获美国拉斯克奖临床研究奖,并于 2015 年获诺贝尔生理学或医学奖(图 12-9),表彰她在青蒿素的发现及其应用于治疗疟疾方面所做的杰出贡献。

疟疾的有效预防主要包括控制传染源、消灭传播媒介和保护健康人群。

(1) 控制传染源:对现症患者、复发者和带虫者进行治疗。治疗药物有氯喹、奎宁和青蒿素及其衍生物等。

(2) 消灭传播媒介:结合农业生产的结构调整和环境卫生综合治理,采取多种措施灭蚊。在以中华按蚊为主要传播媒介的地区,采取治疗传染源为主,减少蚊幼虫孳生地为辅的综合措

图 12-9 屠呦呦获诺贝尔生理学或医学奖

施；在以微小按蚊、嗜人按蚊和大劣按蚊为主要媒介地区，则采取防制媒介结合治疗传染源的综合措施。

（3）保护健康人群：采取预防服药，涂擦防护剂，使用蚊帐或纱窗、纱门等，防止健康人感染疟疾。

2. 治疗药物 目前，临床上所用的各种抗疟药中，尚没有一种抗疟药对各种疟原虫各不同虫株都有同样的效果。同一种株原虫在不同地区或处在不同免疫状态的人群中，对药物的疗效亦不一样。要发挥抗疟药的最大效果就要在医生的指导下全程有规律治疗。做好根治和预防服药，不仅可以解除患者的疾苦，亦是为了防止传播。同时还要注意联合用药的原则，延缓青蒿素及其他抗疟药耐药性的产生。

（1）控制症状的抗疟药：氯喹（又称氯喹啉，chloroquine，该药作用于疟原虫的红细胞内期，是用于治疗疟疾急性发作和控制疟疾症状的首选药物）、奎宁（quinine）、甲氟喹（mefloquine）、青蒿素（artemisinin）、蒿甲醚（artemether）和复方蒿甲醚（coartem）。

（2）控制复发和传播的药物：伯氨喹（又称伯喹 primaquine）为 8- 氨基喹啉类衍生物，对红细胞外期与配子体有较强的杀灭作用，可有效控制疟疾复发和传播。

（3）预防用抗疟药：乙胺嘧啶（pyrimethamine，能抑制细胞核的分裂，抑制疟原虫繁殖）、磺胺类与砜类等药物，或者几种抗疟药联合应用。

3. 疫苗 疟原虫抗药性的产生和扩散使传统的药物手段面临新的困难，寻找有效的疟疾预防措施已成为当务之急。疟原虫基因组计划完成为鉴定更多保护性抗原提供可能。同时，提高现有抗原的免疫原性是疫苗研究的一个重要内容。提高疫苗的免疫原性应包括研制和使用新的强效佐剂、新的疫苗传递系统，制备融合抗原等。

近年来，国内外学者从以下几个方面致力于疟疾疫苗的研究：抗红细胞外期原虫疫苗、抗红细胞内期原虫疫苗和传播阻断的疫苗。由于疟原虫生活史复杂，且其抗原具有种、期特异性，因此每种疫苗应有其特定的靶点及相应的候选抗原。

疟疾疫苗研制主要面临以下几方面困难：①缺乏保护作用强的候选抗原；②缺乏对疟疾保护性免疫机制的了解；③缺乏有效的动物模型；④疟原虫存在抗原变异及多途径入侵机制；⑤缺乏持久的免疫力和难以产生足够高浓度的抗体。

目前疫苗研制的主要发展趋势是：①新候选抗原的鉴定；②多期多价疫苗；③提高疫苗的免疫原性。

目前获得世界卫生组织推荐使用的疫苗只有两种：RTS，S 和 R21。RTS，S/AS01（又称 Mosquirix ™）为全球首个疟疾疫苗，是一种对幼儿带来疟疾部分保护的注射用疫苗。2015 年 7 月，该疫苗得到了欧洲药品管理局的积极评价，世界卫生组织于当年 10 月建议在一些非洲国家试用。2016 年 11 月，世卫组织宣布将在撒哈拉以南非洲 3 个国家使用该疫苗；2019 年，该疫苗在中、重度疟疾流行区（加纳、肯尼亚和马拉维）继续开展大规模的试点接种试验。2021 年 10 月，经过为期两年的现场试验效果评估，数据显示该疫苗具有良好的安全性。但是该疫苗的保护率并没有达到疟疾疫苗的 WHO 官方标准（保护率＞ 50%，保护时间＞ 1 年），而且随着时间的推移，该疫苗对疟疾患者的临床发病率和死亡率的保护效果呈明显的下降趋势。作为第一个进入实际应用的疟疾疫苗，实现该领域零的突破，是具有里程碑意义的，期待以此疫苗为起点，可以研制出更多高效安全的疟疾疫苗并投入使用，为全球消除疟疾提供新方法、新工具。

（秦元华）

第二节 刚地弓形虫

刚地弓形虫（*Toxoplasma gondii* Nicolle&Manceaux，1908）简称弓形虫，是一种专性细胞内寄生的原虫，呈世界性分布。弓形虫可感染包括人在内的所有温血动物，引起弓形虫病（toxoplasmosis）。该病为人兽共患寄生虫病，对人类健康和畜牧业造成严重危害。该虫最早于1908年由法国学者Nicolle和Manceaux从北非突尼斯的刚地梳趾鼠（*Ctenodactylus gundi*）肝脾单核细胞内发现。"刚地弓形虫"的命名系结合虫体形状和宿主名称而得。据统计，全世界至少有1/3的人口感染弓形虫，感染者大多呈隐性感染状态，但在宿主免疫功能低下或缺陷时，可致严重后果。因此，弓形虫亦是重要的机会性致病原虫（opportunistic protozoa）。若妇女妊娠期间感染弓形虫，可影响胚胎发育，导致流产、死胎或者先天性弓形虫病，严重影响优生优育。

【形态】

弓形虫的发育包括滋养体（trophozoite）、包囊（cyst）、裂殖体、配子体和卵囊共五个时期，其中滋养体、包囊、卵囊与致病及传播密切相关（图12-10）。

1. 滋养体 包括速殖子（tachyzoite）和缓殖子（bradyzoite）。速殖子呈新月形、香蕉形或弓形，一端稍尖，另一端钝圆，一侧较平，另一侧较膨隆。长4～7 μm，宽2～4 μm，平均大小为2 μm×5 μm。运动方式多变，以滑动或螺旋式等方式运动。经吉姆萨或瑞氏染液染色后，细胞质呈蓝色，核呈紫红色，位于虫体中央稍偏后，核与尖端之间有浅红色的颗粒，称副核体。

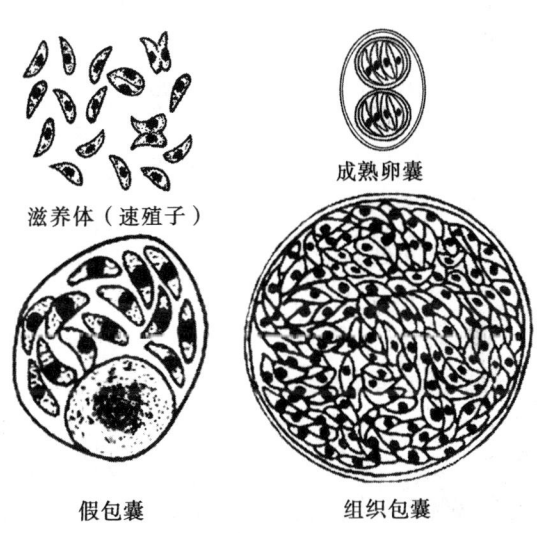

图12-10 弓形虫形态

速殖子常见于感染宿主急性发病期的组织细胞的纳虫空泡内，常因细胞破裂而游离于细胞外，虫体散布于血液、脑脊液和炎性渗出液中，单个或成对排列。细胞内寄生的虫体呈纺锤形，主要以内二芽殖方式增殖，虫体数量为数个至数十个。被宿主细胞膜包裹的速殖子集合体，因无真正的囊壁而称其为假包囊（pseudocyst）。

在电子显微镜下观察，虫体表面由外膜、内膜和微管构成。外膜是典型单位膜结构，包绕整个虫体，在侧缘向内凹陷而成胞口样微孔。内膜较外膜厚，膜下有微管22根。虫体的前端有类锥体（conoid）和极环（polar ring）。类锥体由一组或几组向上旋屈而中空的弓形线组成。棒状体（rhoptry）有8～10条，呈棒球状，为腺体样结构，是类锥体向后延伸的部分。核位于虫体后部，核仁位置不定。高尔基复合体常位于核的前沿凹陷处，呈膜囊样结构。胞内还有粗面内质网、线粒体、溶酶体和核糖体等细胞器（图12-11）。

2. 包囊 圆形或椭圆形，直径为5～100 μm，具有虫体分泌的一层富有弹性的坚韧囊壁，囊内虫体称缓殖子，有数个至数百个，其形态与速殖子相似，但增殖缓慢，个体较小。在一定条件下，包囊破裂释出缓殖子，再侵入新的细胞形成新的包囊。包囊常见于宿主的慢性感染或隐性感染阶段，可长期在宿主组织内生存，多见于脑、骨骼肌、视网膜及其他组织器官。

3. 裂殖体（schizont） 在猫肠上皮细胞内发育增殖，成熟的裂殖体为长椭圆形，胞质着色较淡，几乎无颗粒，内含4～29个或更多裂殖子，以10～15个居多，呈扇状排列。裂殖

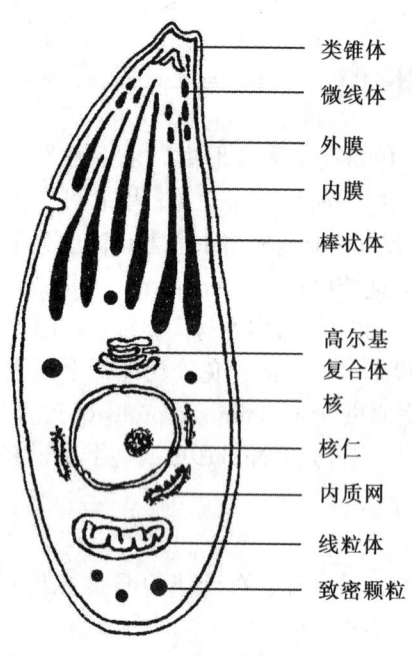

图 12-11 弓形虫速殖子电镜模式图

子呈新月状，前尖后钝，平均大小为 4 μm×1 μm，较滋养体为小。

4. **配子体**（gametocyte） 有些游离的裂殖子侵入猫肠上皮细胞发育形成配子母细胞，进而发育为配子体。雄配子体呈卵圆形，直径为 10～20 μm，发育成熟后形成 12～32 个雄配子。雄配子为新月形，两端尖细，长约 3 μm，前端有 2 根鞭毛。雌配子体呈圆形，直径为 15～20 μm，成熟后发育为雌配子。雌雄配子受精结合发育为合子（zygote），进一步发育成卵囊。

5. **卵囊**（oocyst） 从猫粪排出的卵囊是未孢子化卵囊，呈圆形或椭圆形，直径为 10～12 μm，稍带绿色，具两层光滑透明囊壁，囊内充满均匀小颗粒。在外界适宜条件下，卵囊迅速发育，数小时开始孢子化，成熟的卵囊含 2 个孢子囊，每个孢子囊内含 4 个新月形的子孢子。成熟卵囊是弓形虫经猫粪向外界传播的感染阶段。

【生活史】

弓形虫生活史包括有性生殖和无性生殖两个世代的交替。有性生殖仅在猫或猫科动物的肠上皮细胞内进行，故猫或猫科动物是弓形虫唯一的终宿主。另外，弓形虫在猫肠上皮细胞及其肠外组织细胞内进行无性生殖，因此猫又是中间宿主。弓形虫对中间宿主的选择极不严格，从爬行类、鸟类至哺乳类和人都可作为其中间宿主。弓形虫在中间宿主的组织细胞内只进行无性生殖。此外，弓形虫对寄生的组织细胞也无选择性，除红细胞外，任何有核细胞都可寄生（图 12-12）。

1. **在终宿主体内的发育** 当猫或猫科动物吞食卵囊、包囊或假包囊后，其内的子孢子、缓殖子或速殖子在小肠内逸出，侵入小肠上皮细胞，经 3～7 天发育形成裂殖体，成熟后释出裂殖子，再侵入新的肠上皮细胞发育增殖。经数代裂体增殖后，部分裂殖子侵入小肠上皮细胞发育为雌、雄配子体，经减数分裂发育为雌、雄配子，两者受精为合子，继续发育为卵囊。卵囊穿破肠上皮细胞进入肠腔，随粪便排出体外。在 25℃和适宜湿度环境条件下，经 2～4 天发育为成熟卵囊并具感染性。

猫吞食不同发育期的弓形虫，排出卵囊的时间各异。通常在吞食包囊后 3～10 天，吞食卵囊或假包囊后约 18 天或以上排出卵囊。被感染的猫，平均每天排出卵囊 1000 万个，排囊时间可持续 10～20 天，此时为弓形虫传播的重要阶段。

2. **在中间宿主体内的发育** 当猫或猫科动物粪便内的卵囊或动物肉类中的包囊、假包囊被中间宿主如人、猪、牛、羊、鼠、鸟等吞食后，子孢子、缓殖子或速殖子在小肠逸出，随即侵入肠壁，经血液或淋巴进入单核巨噬细胞内寄生，并扩散到脑、眼、淋巴结、心、肝、肺、肌肉等全身各组织器官，在细胞内分裂增殖，形成假包囊。假包囊内的速殖子不断增殖，直至细胞破裂，释出的速殖子再侵入新的宿主细胞。

在免疫功能正常的机体，部分速殖子侵入宿主细胞后，特别是在脑、眼、骨骼肌内的虫体繁殖速度减慢，转化为缓殖子并分泌成囊物质形成包囊。包囊在宿主体内可存在数月、数年，甚至终身。当机体免疫功能低下或缺陷时，组织内的包囊可破裂，释出的缓殖子进入血流，并侵入新的有核细胞，形成包囊或假包囊。假包囊和包囊是中间宿主之间，或中间宿主与终宿主之间互相传播的主要感染阶段。

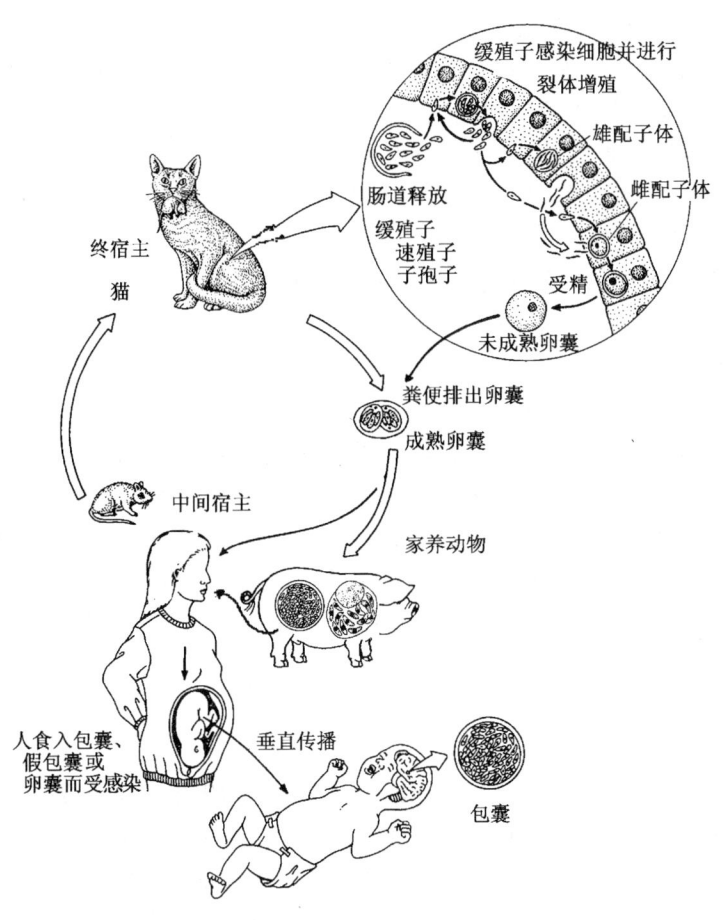

图 12-12　刚地弓形虫生活史（仿 William Ober & Claire Garrison）

弓形虫入侵宿主细胞是一个主动过程，包括对宿主细胞的黏附、侵入、纳虫空泡形成与修饰等。首先，微线体经类锥体向外分泌蛋白质，使虫体黏附于宿主细胞。随后棒状体和致密颗粒分泌相应蛋白质，共同参与纳虫空泡形成。最后虫体完成对纳虫空泡的修饰，以抵抗宿主溶酶体的裂解和酸化过程，并与宿主的内吞噬系统隔离，防止被宿主细胞清除，从而引起宿主急性或慢性感染。

【致病】

1. 致病机制　弓形虫的致病作用与虫株的毒力、数量以及宿主的免疫状态密切相关。根据致病力的不同，弓形虫可分为强毒株和弱毒株。目前，国际上公认的 RH 株是标准强毒株，引起患者急性感染和死亡；Beverley 株则是弱毒株代表，引起患者隐性感染或慢性感染。

（1）速殖子是宿主急性感染的主要致病阶段。弓形虫侵入机体后，形成弓形虫血症。在感染初期，机体尚未建立对弓形虫的特异性免疫，速殖子很快侵入各组织器官，在细胞内迅速增殖，直至细胞破裂，逸出速殖子，再侵入邻近的细胞。如此反复，形成局部组织坏死病灶，同时伴以单核细胞浸润为主的急性炎症反应，这是弓形虫病的基本病理组织学变化。病变严重程度取决于虫体增殖的速度和宿主的免疫状态。

（2）包囊内的缓殖子是导致宿主慢性感染的主要形式。随着机体对弓形虫特异性免疫的形成，速殖子在细胞内的增殖速度逐渐减慢，最终形成包囊，后者多见于脑、眼、骨骼肌和心肌等组织器官，且可长期存在。包囊因缓殖子增殖而体积增大，挤压组织器官而致功能障碍。当包囊增大到一定程度，可破裂释出缓殖子，多数缓殖子被宿主免疫系统清除，而有些缓殖子可侵入新的细胞形成包囊或假包囊。死亡的缓殖子激发宿主强烈的迟发型超敏反应，形成肉芽肿病变，造成各种组织的广泛炎症，如慢性脑炎、视网膜脉络膜炎等。

（3）免疫功能正常的人感染弓形虫多数无明显症状，而且用常规方法很难查到病原体，故称之为隐性感染。但在机体免疫功能受损（如 HIV 感染）或受到抑制（如因器官移植长期使用免疫抑制剂，或因恶性肿瘤接受放疗或化疗）时，诱发包囊活化、复苏，缓殖子转化为速殖子。速殖子大量增殖，毒力增强，可引起患者中枢神经系统损害和全身播散性感染，后果严重。

2. 临床表现　弓形虫病分为先天性和获得性两种类型。

（1）先天性弓形虫病（congenital toxoplasmosis）：是指妇女在妊娠期间感染弓形虫，虫体经胎盘血流引起胎儿的感染。妊娠前感染弓形虫，一般不会传染给胎儿。但在妊娠早期 3 个月内受染，畸胎发生率最高，后果较严重，可致流产、早产、死产，胎儿有脑积水、小脑畸形、小眼畸形等。此期感染弓形虫还会增加妊娠并发症的机会。受染而存活的婴儿常因脑部先天性损害而致智力发育不全或癫痫，有的成年后才出现视网膜脉络膜炎。妊娠中、晚期感染弓形虫，受染胎儿多为隐性感染，但有些在出生后数月或数年甚至成年才出现症状。

先天性弓形虫病患儿的中枢神经系统最易受损，主要表现为脑积水、无脑儿、小头畸形、脊柱裂、精神障碍和智能迟钝等。其次为眼弓形虫病，以视网膜脉络膜炎、视神经炎和视力障碍等最为常见。此外，还可伴有发热、皮疹、呕吐、腹泻、黄疸、肝脾大、贫血、心肌炎、癫痫等。在临床上，脑积水或小脑畸形、大脑钙化、视网膜脉络膜炎和精神运动障碍等病症称为先天性弓形虫病四联症，具有诊断价值。

（2）获得性弓形虫病（acquired toxoplasmosis）：是指出生后从外界获得的弓形虫感染。弓形虫可侵犯人体任何器官，包括脑、眼、淋巴结、心、肝、脾、肺、肾、肾上腺、胰、骨骼肌等组织器官。因虫体侵袭部位和个体差异，患者临床表现复杂多样，无特异性，应与其他疾病相鉴别。

淋巴结肿大是获得性弓形虫病患者最常见的临床表现，多见于颌下和颈后淋巴结，伴有长时间的低热、疲倦、头痛、肌肉不适、肝脾大或全身中毒症状。其次，虫体常累及脑和眼，具体表现为弓形虫脑炎和视网膜脉络膜炎，前者可出现癫痫和精神异常等症状，后者若病情严重可导致失明。

绝大多数弓形虫感染为隐性感染，但在机体免疫功能低下，如患恶性肿瘤、行器官移植、长期接受放射治疗、应用免疫抑制剂以及细胞毒剂等，或先天性、后天性免疫缺陷者如 AIDS 患者，都可使隐性感染状态转为急性或亚急性发病。弓形虫可侵犯人体各个器官并引起严重疾患，如弓形虫脑病、弓形虫眼病、弓形虫肝病、弓形虫心肌心包炎、弓形虫肺炎等。典型的弓形虫脑病患者以亚急性方式发病，表现为头痛、偏瘫、癫痫发作、视力障碍、神志不清和昏迷等，常并发弓形虫脑炎或肺炎而死亡。美国疾病控制中心曾报告，在 14 510 例艾滋病患者中并发弓形虫脑炎者有 508 例，多在感染后 2～8 个月内死亡。

【诊断】

1. 病原学诊断　由于弓形虫寄生于细胞内，对组织选择无特异性，而且感染者多不表现临床症状，因此病原学诊断较困难。但病原体的检出是诊断弓形虫病最可靠的方法和指标，具有确诊意义。

（1）直接涂片或组织切片法：取病理标本如胸腔积液、腹水、脑脊液、羊水、眼房水等做涂片或抹片，或取实质器官标本如肝、脾、肺、淋巴结、胎盘、脑组织等做组织切片，经吉姆萨或瑞氏染液染色，用显微镜检查发现虫体即可确诊。此法简便，但检出率低，易漏检。

（2）动物接种分离或细胞培养法：取可疑标本接种于健康小鼠腹腔内，1～2 周后取其腹腔渗出液，镜检滋养体。若首次检查阴性，至少需阴性盲目传代 3 次。也可将标本接种于离体培养的单层有核细胞中，镜检假包囊或游离的虫体。动物接种和细胞培养阳性率较高，但耗时

长，临床较少应用。

2. 血清学诊断 是目前弓形虫病临床诊断重要的参考依据和流行病学调查最常用的方法。

（1）Sabin-Feldman 染色试验（dye test，DT）：是经典的弓形虫病血清学诊断方法，具有良好的特异性、敏感性和重复性，可做早期诊断，但需用活虫体，不易操作，并存在生物安全性问题，目前几乎不使用。

（2）间接血凝试验（IHA）：简便快速，有较好的特异性和敏感性，广泛应用于流行病学调查。

（3）间接免疫荧光抗体试验（IFAT）：采用荧光标记第二抗体，以整虫为抗原，检测待检血清中的 IgM 或 IgG 抗体，其中 IgM 具有早期诊断价值。

（4）酶联免疫吸附试验（ELISA）：是目前最常用的方法之一，用于检测宿主的特异性抗体或循环抗原，已有多种改良 ELISA 广泛用于弓形虫早期急性感染和先天性弓形虫病的诊断。

目前临床上对弓形虫病血清学的诊断，至少以 2 项试验的综合分析结果为准，并同时检测 IgM 或 IgG 动态变化，以此作为诊断现症感染的依据。对免疫功能低下的患者，除检测弓形虫抗体外，还应检测循环抗原和 PCR 进行辅助诊断。

3. 分子生物学诊断 近年来，PCR 及 DNA 探针技术以其灵敏、特异和早期诊断等优点而用于临床诊断。在弓形虫 PCR 检测中，使用较多的靶基因序列是 $B1$ 基因和 $529\ bp$ 重复序列。

弓形虫病的临床表现多种多样，缺乏特有的临床指征，易与很多疾病相混淆。先天性弓形虫感染应与巨细胞病毒感染、疱疹病毒感染、风疹病毒感染等疾病进行鉴别。获得性弓形虫感染应与传染性单核细胞增多症、淋巴结结核、视网膜脉络膜炎等疾病进行鉴别。

另外，在妇女妊娠期间，需进行 B 超、羊水或胎血检查，了解弓形虫血清学变化和胎儿宫内感染情况，以便采取相应措施，预防或减少不良后果的发生。

【流行】

1. 流行情况 弓形虫分布广泛。弓形虫只有一个种一个血清型，但其基因型非常丰富，目前已发现 200 多个。根据弓形虫对小鼠的致病力强弱，将其基因型分为经典型和非典型两大类。其中，经典型包括Ⅰ型、Ⅱ型和Ⅲ型。各型 DNA 序列仅有 1%～2% 的差别，但毒力差异明显。Ⅰ型对小鼠的致病力强，Ⅱ型、Ⅲ型致病力弱。人感染Ⅰ型和Ⅲ型弓形虫主要见于南美和中美地区，Ⅱ型是欧洲、北美洲和多数亚洲人感染弓形虫的常见基因型，Ⅲ型在动物体内出现的频率高于人类。此外，非典型虫株在妇女妊娠的晚期可对胎儿造成严重危害。

弓形虫病是一种人兽共患寄生虫病，呈世界性分布，人群感染相当普遍。血清学调查资料表明，全球人群弓形虫血清抗体阳性率为 25%～50%，个别地区高达 90%。我国人群弓形虫血清抗体阳性率明显低于世界平均水平，但呈现逐年上升趋势。最近一次（2001—2004 年）全国范围内的弓形虫血清流行病学调查显示，我国人群弓形虫血清抗体平均阳性率为 7.88%。在全球范围内，孕妇的弓形虫初次感染概率为 0.1%～1%，有的地区可高达 3%～9%。弓形虫还可以感染畜禽，如猪、牛、羊、马、骆驼、兔、鸡、鸭等。国内家畜弓形虫感染率为 10%～50%，其中以猪的感染率最高，死亡率高达 60%，给养猪业造成巨大经济损失。

家畜肉组织中的包囊是人类感染弓形虫的重要来源。猫科动物是弓形虫的终宿主，其弓形虫抗体阳性率高达 78%。弓形虫感染与气候、地理等自然条件关系不大，但常与生活习惯、生活条件、接触猫科动物及其来源产品等因素有关。动物饲养员、屠宰工、猎人、剥兽皮工人、弓形虫实验室工作人员、兽医及宠物猫爱好者，因接触弓形虫的机会较多而容易受染。

造成弓形虫感染如此普遍的原因，可能包括以下几方面：①感染阶段多，卵囊、包囊、假包囊和速殖子等多个生活史期都具感染性；②中间宿主广泛，包括哺乳类、鸟类、鱼类和爬行类等动物 350 余种；③循环传播方式多样，弓形虫在终宿主之间、中间宿主之间、终宿主与中

间宿主之间均可交叉传播；④终宿主排放卵囊量大，持续时间长；⑤在宿主体内生存时间长；⑥抵抗力强，如卵囊在自然界常温常湿条件下生存长达 18 个月，在猫粪内可存活 1 年，对酸、碱、消毒剂等有很强的抵抗力；猪肉中的包囊在冰冻状态可存活 35 天；速殖子在浓缩的血液里，于 –8～–2℃可存活 56 天。

2. 流行环节

（1）传染源：受染动物均可作为弓形虫病的传染源。其粪便中含有弓形虫卵囊的猫科动物是最重要的传染源，其次为感染弓形虫的其他哺乳动物、鸟类等温血动物。弓形虫可通过胎盘感染胎儿，故受感染的母亲是胎儿的传染源。

（2）传播途径：包括垂直传播和水平传播。前者指胎儿经胎盘血感染，为先天性感染；后者为出生后个体从外界获得的感染，为获得性感染。水平传播途径多样，包括经口食入被猫粪中卵囊污染的食物和水，或食入未经彻底加热烹制含有弓形虫包囊或假包囊的肉类、乳类和蛋品等。实验室人员或肉类加工者接触含有包囊的肉类也可经损伤的皮肤或黏膜而感染。经输血或器官移植也是另一种传播途径。此外，节肢动物如蝇、蜚蠊等携带卵囊也有一定的传播意义。

（3）易感人群：人类对弓形虫普遍易感，无性别差异。胎儿、婴幼儿以及免疫功能缺陷或低下者尤为易感。肉类加工人员、屠宰场工人、动物饲养员、猎人、兽医、弓形虫实验研究工作者以及宠物猫爱好者容易受染。

【防治】

1. 治疗 至今尚无理想的抗弓形虫药。传统药物如乙胺嘧啶、磺胺类制剂等存在复发率高、根治率低、疗程长、有一定毒副作用等缺点。对急性期患者应及时治疗，以乙胺嘧啶与磺胺嘧啶联合用药为主。螺旋霉素（spiramycin）与磺胺嘧啶，或青蒿素（artemisinin）类与磺胺嘧啶也可联合应用。上述药物对增殖期弓形虫有抑制作用，联合用药效果优于单独用药。阿奇霉素（azithromycin）对体内、外弓形虫均具杀灭作用，对包囊亦有一定作用，适用于弓形虫脑病的治疗。孕妇感染应首选螺旋霉素，若胎儿弓形虫感染确诊，则立即改为乙胺嘧啶、磺胺嘧啶与螺旋霉素交替应用。疗程中适当配伍免疫增强剂或细胞因子（如干扰素）可提高疗效。成人弓形虫感染多呈无症状带虫状态，一般不需要治疗，但需密切观察感染进展状况，如有相关临床表现，宜及时就医。

2. 预防 弓形虫病的预防极为重要。依据弓形虫生活史的特点与传播途径，可采取以下措施：①加强卫生宣传教育，认识弓形虫的危害及了解其传播途径；②改变不良的饮食习惯，不食生肉或未熟的肉，不食用生的蛋或奶制品；③加强对家畜、家禽和疑似感染动物的监测和管理，严格肉类及其制品的卫生检疫制度；④提倡养猫要喂饲市售猫粮，加强对猫粪的管理，强调育龄妇女和孕妇不养猫，不接触猫和猫粪；⑤孕妇应定期做弓形虫血清学检查，以防止先天性弓形虫病的发生；⑥加快抗弓形虫疫苗的研制。

第三节 隐孢子虫

案例 12-2

男性，2岁。因腹泻、发热3天入院，解水样便，粪便无脓血。查体：体温38.7℃，精神欠佳，呼吸平稳，心肺听诊无异常，腹软，肝脾肋下未触及，全腹无压痛、反跳痛，肠鸣音亢进。实验室检查：血中白细胞$12.6×10^9$/L，中性粒细胞$0.36×10^{12}$/L，淋巴细胞$0.67×10^{12}$/L；红细胞$5.2×10^{12}$/L，Hb 136 g/L。粪便培养无致病菌生长。粪便常规白细胞少许。入院后经补液治疗，脱水症状缓解，但仍排水样便，2~3次/天。粪便涂片用改良抗酸染色法油镜观察发现视野下1~2个玫瑰红色、圆形卵囊，内含4个子孢子及一团暗黑色残留体，确诊为隐孢子虫感染。

问题：
1. 隐孢子虫造成水样腹泻的原因是什么？
2. 幼儿易感染隐孢子虫的原因是什么？
3. 幼儿可能通过什么途径造成隐孢子虫感染？

隐孢子虫（*Cryptosporidium* Tyzzer，1907）是一类广泛寄生于人及哺乳类、禽类、爬行类和鱼类等脊椎动物体内的原虫，可引起以持续性水样腹泻为主要临床表现的人兽共患隐孢子虫病（cryptosporidiosis）。该病呈世界性分布，被世界卫生组织（WHO）列为世界六大腹泻疾病之一，在寄生虫所致的腹泻中占首位。隐孢子虫于1907年由Tyzzer首次在实验小鼠胃肠中发现。目前已知隐孢子虫属（*Cryptosporidium*）有30个验证的种，其中14种可以感染人，最常见的是微小隐孢子虫（*Cryptosporidium parvum*）和人隐孢子虫（*Cryptosporidium hominis*）。隐孢子虫在免疫功能正常的宿主中呈自限性感染，但在宿主免疫功能低下或缺陷时则呈慢性致死性感染，易出现水样腹泻进而导致严重脱水，危及生命。

【形态】

隐孢子虫的发育包括滋养体、裂殖体、配子体、合子和卵囊等阶段，其中卵囊（oocyst）是唯一的感染阶段。

卵囊呈圆形或椭圆形，直径为4~6 μm，囊壁光滑，透明。成熟卵囊含有4个裸露的子孢子（sporozoite）和一团残留体（residual body）。子孢子呈月牙形，大小为1.5 μm×0.8 μm，排列不规则、呈多态性。残留体由颗粒状物和一空泡组成（图12-13）。卵囊若不染色，难以辨认。经改良抗酸染色后，卵囊呈玫瑰红色，背景为蓝绿色，显微镜下观察二者对比性很强。残留体呈暗黑色或棕色的颗粒状。卵囊有薄壁和厚壁两种类型。薄壁卵囊约占20%，只有1层单位膜；厚壁卵囊约占80%。

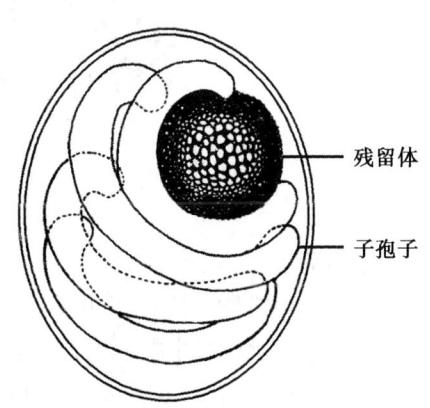

图12-13 隐孢子虫卵囊

【生活史】

隐孢子虫的生活史简单，只需一个宿主，无需转换宿主，即整个发育过程在同一宿主体内完成。各期发育均在宿主小肠上皮细胞膜与胞质间形成的纳虫空泡内进行，一般不进入上皮细胞的胞质内或侵犯上皮细胞深层。繁殖方式包括无性生殖（裂体增殖与孢子增殖）和有性生殖（配子生殖）两种方式。

人或易感动物因食入被成熟卵囊污染的食物或水而感染。在小肠酶和胆盐的作用下，卵囊脱囊释放出4个子孢子。子孢子黏附并侵入肠上皮细胞的微绒毛区（刷状缘层内），形成纳虫空泡，虫体在纳虫空泡内进行裂体增殖，先发育为滋养体，经3次核分裂发育为Ⅰ型裂殖体。成熟的Ⅰ型裂殖体内含8个裂殖子。裂殖子被释出后侵入其他肠上皮细胞，发育为第2代滋养体，经2次核分裂发育为Ⅱ型裂殖体。成熟的Ⅱ型裂殖体内含4个裂殖子。经数次无性增殖后，有些裂殖子侵入新的肠上皮细胞，发育为雌、雄配子体，开始有性生殖阶段。雌配子体进一步发育为雌配子，雄配子体产生16个雄配子，雌、雄配子结合形成合子，合子发育成为卵囊，进入孢子生殖阶段。20%为薄壁卵囊，其内的子孢子逸出后直接侵入宿主肠上皮细胞，继续裂体增殖，导致宿主自体内重复感染。80%为厚壁卵囊，其在宿主细胞内或肠腔内经孢子化后，随宿主粪便排出体外，即为成熟卵囊，对人和其他动物具感染性。隐孢子虫完成整个生活史一般需5～11天（图12-14）。

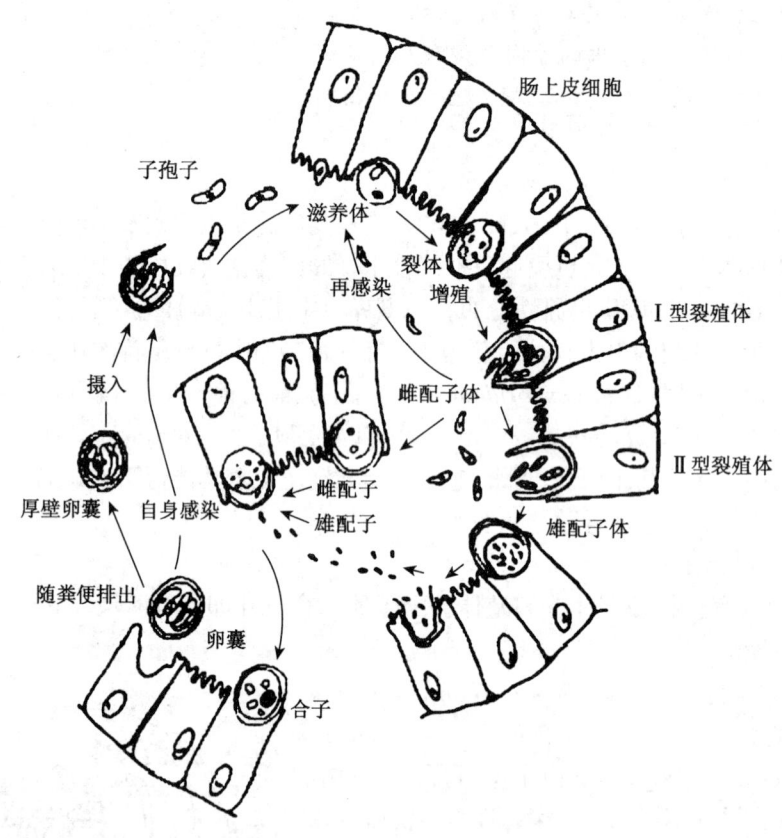

图12-14　隐孢子虫生活史

【致病】

1. 致病机制　隐孢子虫的致病机制尚不完全清楚，可能与多种因素有关。轻度感染者，肠黏膜病理变化不明显；严重感染者，虫体使黏膜表面出现凹陷，绒毛萎缩、变短变粗，或融合、移位和脱落。固有层多形核白细胞、淋巴细胞和浆细胞浸润。肠黏膜广泛受损，使黏膜表面积减小，破坏了小肠的正常生理功能，特别是脂肪和糖类的吸收功能障碍，导致患者持久腹泻。

2. 临床表现　隐孢子虫病的潜伏期为2～28天，平均潜伏期为1周。约有80%的感染者发病,其余则为隐性感染。临床症状和严重程度取决于宿主的免疫功能与营养状况。

(1) 免疫功能正常者隐孢子虫病:症状较轻,常表现为自限性腹泻,水样便,一般无脓血,日排便 2～20 次,常伴腹痛、腹胀、恶心、呕吐、厌食、发热和全身不适等症状。发病 1～2 周后,症状逐渐消失,但患者粪便中仍有卵囊排出达数周。

(2) 免疫功能缺陷者隐孢子虫病:症状明显且病情重,常表现为持续性霍乱样水泻,每日数次至数十次,水泻量每日可达数升至数十升。腹痛、腹胀、恶心、呕吐、食欲缺乏或厌食、口渴和发热亦较常见。严重者可出现重度脱水、电解质紊乱和酸中毒,甚至因全身衰竭而死亡。另外,虫体可扩散至肠道外组织器官,并发胆道、胰管或呼吸道等肠外器官隐孢子虫病,表现为胆囊炎、胆管炎、胰腺炎和肺炎等,病情更为严重复杂。

对于年幼、年老体弱和免疫功能受损的水样腹泻患者,经抗生素治疗无效,并排除蓝氏贾第鞭毛虫感染,应考虑有隐孢子虫感染的可能。值得关注的是,隐孢子虫是艾滋病患者合并肠道感染常见的机会性病原体,感染后常因严重腹泻而危及生命。目前国外已将隐孢子虫列为艾滋病患者的常规体检项目。

【诊断】

1. 病原学诊断 采用直接涂片法,从粪便、呕吐物或痰中检出卵囊即可确诊。由于未染色的卵囊无色透明,易与标本中的非特异性颗粒相混淆,故需采用染色方法进行确诊。

(1) 金胺 - 酚染色法:染色后的标本须在荧光显微镜下观察,高倍镜下卵囊呈圆形,发出乳白色略带黄绿色的荧光,中央淡染,似环状。本法简单、敏感,适用于批量标本的过筛检查。

(2) 改良抗酸染色法:灵敏度高,比其他染色法更简便实用,易于推广。染色标本的背景呈蓝绿色,卵囊为玫瑰红色,其内有 1～4 个月牙形子孢子,有时可见棕色块状的残留体。本法缺点为染色标本中存在的非特异性红色抗酸颗粒,大小不等,染色均匀一致,不发亮,无结构,易与卵囊相混淆。

(3) 金胺酚 - 改良抗酸染色法:是目前最佳的诊断方法。先用金胺酚染色后,再用改良抗酸染色法复染。用光学显微镜观察,卵囊同抗酸染色所见,但非特异性颗粒被染成蓝黑色,两者颜色截然不同,极易鉴别,检出率和准确性明显提高。

2. 免疫学诊断 采用荧光标记单克隆抗体法和 ELISA,已有市售试剂盒,特异性和敏感性均较高。

3. 分子生物学诊断 主要有普通 PCR、巢式 PCR、反转录 PCR 和实时 PCR、基因芯片技术等方法,既可用于临床及环境样本的隐孢子虫卵囊检测,也可用于虫株基因型分析。

本病应与以腹泻为主要临床症状的其他疾病,如阿米巴痢疾、贾第虫病、微孢子虫病、环孢子虫病、等孢球虫病、细菌性痢疾、霍乱和轮状病毒腹泻等疾病进行鉴别,并注意与灵芝孢子、花粉等区别。

【流行】

1. 流行概况 隐孢子虫呈世界性分布,遍及除南极洲外的 90 多个国家,300 多个地区。各地感染率高低不一,发展中国家高于发达国家。在腹泻患者中,欧洲、北美洲隐孢子虫检出率为 0.6%～20%,亚洲、大洋洲、非洲和南美洲为 3%～32%。艾滋病患者和儿童感染率为 3%～50%。1998 年,世界卫生组织将隐孢子虫病列为艾滋病怀疑指标之一。2004 年,世界卫生组织和美国疾病控制中心将其列入新发传染病。

1987 年,韩范等首次报道我国 2 例人隐孢子虫感染病例,此后至少已有 19 个省(市、区)陆续有病例报道。我国隐孢子虫人群感染率为 0.31%～15.21%,婴儿腹泻粪便隐孢子虫卵囊阳性率为 3% 左右。感染和发病率,农村高于城市,沿海港口高于内地,经济落后、卫生状况差的地区高于发达地区,畜牧区高于非牧区。

隐孢子虫能感染人和其他260多种动物。本病流行常见于与患者或病牛接触后的人群，或发生于幼儿园和托儿所等儿童聚集的场所。无明显性别差异。各年龄组均可发病，一般年龄越小，感染率和发病率越高，且症状越严重，死亡率也越高。通常全年都有发病，温暖潮湿季节发病率较高。

2. 流行环节

（1）传染源：隐孢子虫病患者和带虫者均可随粪便排出大量具有感染力的卵囊，二者是主要的传染源。牛、羊、猫、犬和兔等保虫宿主排出的卵囊均可感染人。新生小牛和小山羊最易受染，为重要的传染源。

（2）传播途径：本病经水和食物等途径传播，粪-口途径是主要的传播方式。隐孢子虫易突破集体供水系统的过滤和消毒，所以水源污染是造成隐孢子虫病在人群中暴发流行的主要原因。宿主间的传播包括人-人传播、动物-人传播、动物-动物传播等。人主要因摄入被隐孢子虫卵囊污染的饮用水、食物和娱乐用水（如游泳池水、喷泉等），或与宠物（如犬、猫、鸟类等）、家畜（如猪、牛、羊）等动物，尤其是幼畜和野生动物等密切接触而感染。医务人员、实验室工作者及与牲畜密切接触的人员或兽医均有较多的感染机会。同性恋者之间的性接触也可导致本虫的传播。

饮用水标准

我国于2006年颁布了《生活饮用水卫生标准》，在微生物指标中增加了大肠埃希菌、耐热大肠菌群、贾第鞭毛虫和隐孢子虫，并于2008年7月1日开始执行。我国卫生行业标准《隐孢子虫病的诊断》于2016年5月20日发布，为我国人体隐孢子虫感染调查和隐孢子虫病的临床诊断提供了技术支持。

（3）易感人群：人对隐孢子虫普遍易感。婴幼儿、接受免疫抑制剂治疗的患者、接受抗肿瘤药物治疗者，以及先天或后天免疫功能低下者尤易感染。大量服用多种抗生素者、水痘和麻疹患者，以及经常感冒者更为易感。

【防治】

加强人畜粪便管理，防止患者和病畜粪便污染水源和食物，注意个人和饮食卫生是防止本病流行的基本措施。对于免疫功能低下的人群，尤其是AIDS患者要加强保护，避免与患者、病畜接触。凡接触患者、病畜者，应及时洗手消毒。患者用过的便盆等用具必须用3%漂白粉液浸泡30分钟后再行清洗。提倡喝开水（加热至65～70℃，30分钟可杀死卵囊）是防止感染的一项重要措施。饮用的牛奶也要彻底消毒。

目前，治疗隐孢子虫病尚无理想的药物，也缺乏预防本虫感染的疫苗。一般认为对免疫功能正常的隐孢子虫病患者，采用对症和支持疗法，纠正水、电解质紊乱，即可治愈。对免疫功能缺陷的隐孢子虫病患者，首要措施是恢复其免疫功能，及时停用免疫抑制剂药物，否则治疗大多无效。

硝唑沙奈（硝唑尼特，nitazoxanide）是美国食品药品监督管理局批准的唯一用于治疗隐孢子虫病的药物，该药可影响隐孢子虫的代谢过程，对本病患儿腹泻有治疗效果，但不适用于免疫缺陷者隐孢子虫感染的治疗。此外，大蒜素、巴龙霉素、螺旋霉素、阿奇霉素和高效价免疫牛初乳似有一定疗效。

第四节 其他孢子虫

一、肉孢子虫

肉孢子虫（*Sarcocystis* spp.）属孢子虫门（Sporozoa）、球虫纲（Coccidea）、艾美目（Eimeriida）、艾美科（Eimeriidae）。肉孢子虫于1843年首次由Miescher在小鼠体内发现，目前已发现的种类较多，呈世界性分布。目前已知以人为终宿主的肉孢子虫有两种，分别是猪人肉孢子虫（*S. suihominis* Taelros et Laarman, 1976）和人肉孢子虫（*S. hominis* Railleita et Lucet, 1891），中间宿主分别为猪和牛。这两种肉孢子虫均寄生于人的小肠，统称人肠道肉孢子虫。以人为中间宿主、在人肌肉中寄生的肉孢子虫统称林氏肉孢子虫（*S. lindemanni*），可能有多个种。肉孢子虫感染人体可引起人类肉孢子虫病（sarcocystosis）。

【形态】

1. 肉孢子囊（sarcocyst） 寄生于中间宿主的肌肉中，呈圆柱形或纺锤形，大小差别很大，长径1～5 cm，横径0.1～1 cm。肉孢子囊内含有大量缓殖子，缓殖子呈新月形，长12～16 μm，宽4～9 μm。虫囊外有一层光滑的囊壁，囊内有许多隔膜将缓殖子分隔成簇（图12-15）。

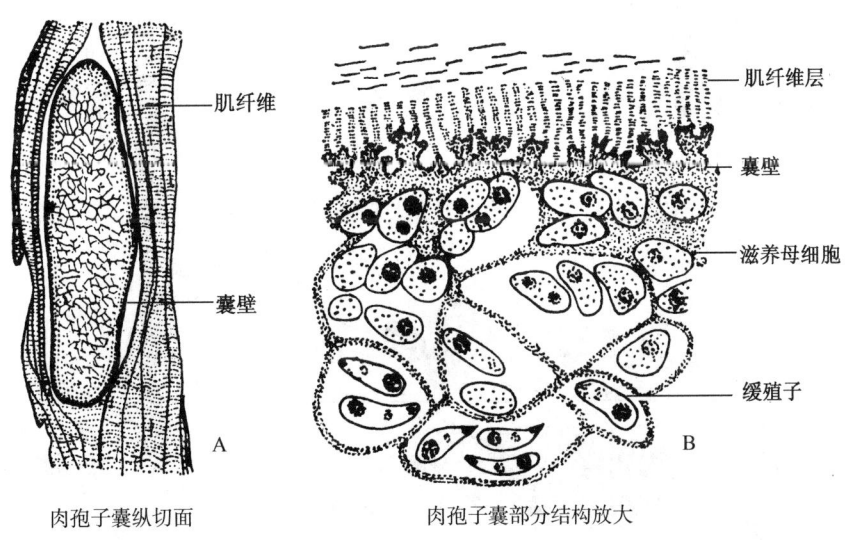

图 12-15 肌肉内肉孢子囊

2. 成熟卵囊 呈长椭圆形，大小为9～16 μm，囊壁较薄，内含2个孢子囊（sporocyst）。卵囊壁薄而脆弱，常在肠内自行破裂，因此粪便中更易检获孢子囊（图12-16）。卵囊可感染中间宿主，但不会感染终宿主。

3. 孢子囊 呈椭圆形，囊壁双层，无色透明，每个孢子囊内含4个子孢子。大小为（13.6～16.4）μm×（8.3～10.6）μm，人肉孢子虫的孢子囊较猪人肉孢子虫的孢子囊稍大（图12-16）。

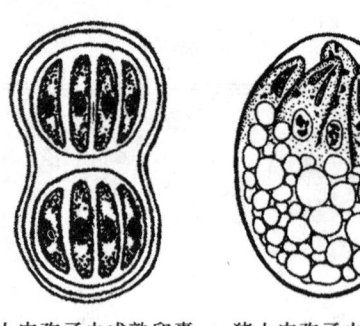

人肉孢子虫成熟卵囊　　猪人肉孢子虫孢子囊

图 12-16　人肠道内肉孢子虫

【生活史】

肉孢子虫完成其生活史需要两个宿主，中间宿主为食草类动物，终宿主为食肉类动物。终宿主粪便中的孢子囊或卵囊被中间宿主食入后，在小肠内子孢子脱囊而出，穿过肠壁侵入血流，在多数脏器的血管内皮细胞中进行裂体增殖，经过几代裂体增殖后，裂殖子向肌细胞内移行，发育成为肉孢子囊，囊内滋养母细胞经增殖生成缓殖子。肉孢子囊多见于横纹肌及心肌，偶见于大脑和脊髓中。一旦中间宿主肌肉中的肉孢子囊被终宿主摄入后，囊壁被消化，囊内的缓殖子释出并侵入终宿主小肠固有层。缓殖子无需经过裂体增殖就直接发育成雌、雄配子，雄配子钻入雌配子后形成合子，最终形成卵囊，卵囊在小肠固有层中发育为成熟卵囊。成熟卵囊或孢子囊随粪便排出体外，一般在感染后 7~14 天即可在粪便中发现卵囊或孢子囊（图 12-17）。蝇可作为孢子囊的携带者。

人可以作为林氏肉孢子虫的中间宿主，并在肌组织内形成肉孢子囊。除了人以外，猴、猩猩等动物也可成为人肠道肉孢子虫的终宿主。

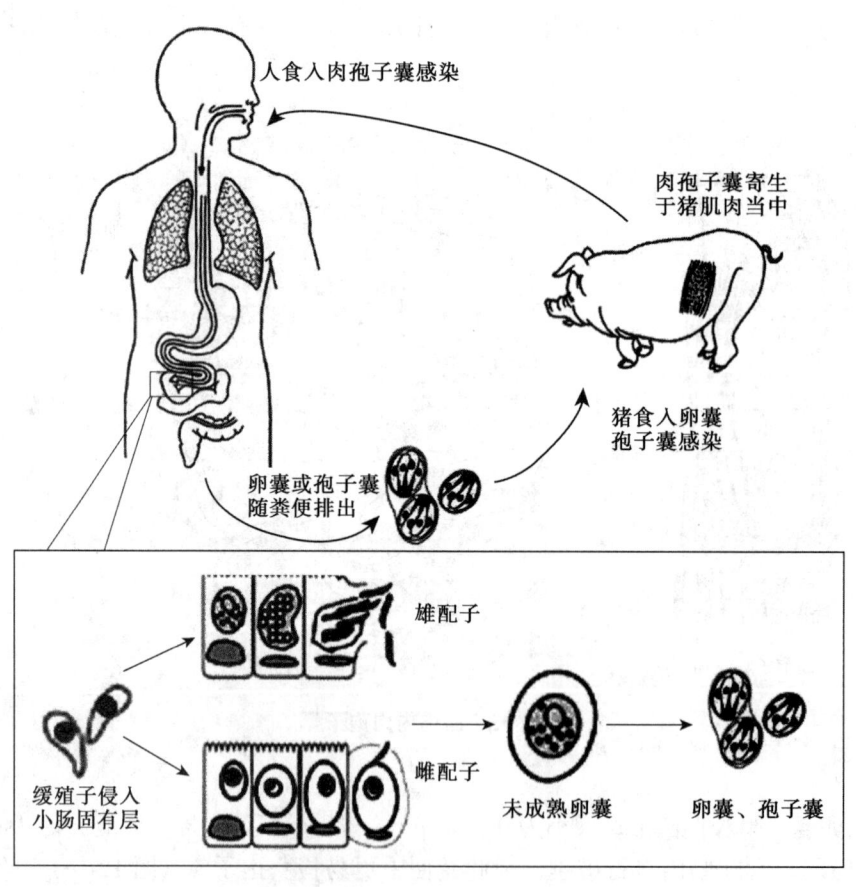

图 12-17　猪人肉孢子虫生活史示意图

【致病】

1. **人肠道肉孢子虫病**　人因生食或误食含肉孢子囊的牛肉、猪肉等而感染，囊内的缓殖子侵入肠壁细胞而致病。一般免疫功能正常的人群无明显症状，但是免疫功能低下或受损者可出现严重症状。患者可出现一些非特异性消化道症状，如食欲缺乏、腹痛、腹胀、恶心、呕吐、腹泻等。严重感染时可出现贫血、坏死性肠炎等。

2. 人肌肉肉孢子虫病 患者的临床表现与肉孢子囊的寄生部位有关。常表现为肌肉疼痛，可伴发热、皮疹、皮下肿块等症状。病理改变有肌肉组织变性，局部嗜酸性粒细胞增多，间质纤维化、横纹肌出血、皮下肿胀等。寄生于喉头肌的人肌肉肉孢子虫可引起患者支气管痉挛和声音嘶哑，寄生于心肌可引起心肌炎。此外，肉孢子囊可以损伤其所侵犯的肌细胞，并造成邻近细胞的压迫性萎缩，患者肌肉因水肿而出现疼痛。若囊壁破裂，释放出的肉孢子毒素（sarcocystin）可作用于脑、心、肾上腺、肝和小肠等器官，严重时可致患者死亡。

【诊断】

主要依靠患者临床症状，并结合病史做出诊断。确诊人肠道肉孢子虫病可采用直接涂片法、蔗糖浮聚法或硫酸锌浮聚法，从粪便中检出卵囊或孢子囊。确诊人肌肉肉孢子虫病可采用肌肉组织活检，但由于取材受限，肉孢子囊检出率低。从肌肉组织提取DNA，采用PCR方法检测，可提高检出率。

【流行】

肉孢子虫病是一种食源性人兽共患病，自然感染多见于动物，对畜牧业危害较严重。人肠道肉孢子虫病主要发生在欧洲和亚洲，亚洲的东南亚地区尤为普遍。我国人肠道肉孢子虫病主要分布于云南、广西和西藏等省份，感染与当地居民生食和半生食猪肉、牛肉的习惯有关。全球人肌肉肉孢子虫病病例报告较少，其中多数病例发生在亚洲。我国目前已报道6例，其中甘肃1例，山东2例，西藏3例。

【防治】

对肉孢子虫病的预防应加强猪、牛、羊等动物的管理，防止其粪便污染食物和水源；加强肉类检验检疫，不食未熟肉类；切生、熟肉类的砧板要分开。人肠道肉孢子虫病患者可试用磺胺嘧啶、复方磺胺甲噁唑（复方新诺明）、吡喹酮或乙酰螺旋霉素等药物治疗。人肌肉肉孢子虫病目前尚无特效药，有报道称阿苯达唑治疗有一定效果。

二、贝氏等孢球虫

等孢球虫（*Isospora*）属于孢子虫门、球虫纲、艾美目、艾美科，广泛寄生于人类及哺乳类、鸟类和爬行类动物的肠道内。感染人体的等孢球虫除贝氏等孢球虫（*Isospora belli* Wenyon, 1923）外，还有纳塔尔等孢球虫（*I. Natalensis* Elson-Dew, 1953），前者是主要病原体，引起等孢球虫病（isosporiasis）。

【形态与生活史】

贝氏等孢球虫的卵囊呈长椭圆形，大小为(20~33) μm×(10~19) μm，未成熟卵囊内含有一个大而圆的细胞，成熟卵囊内含有2个椭圆形孢子囊，每个孢子囊含有4个半月形的子孢子和一个残留体，无囊塞（图12-18）。

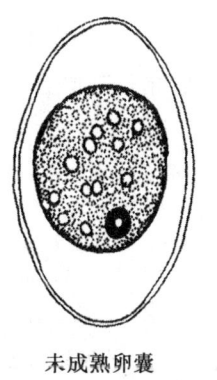
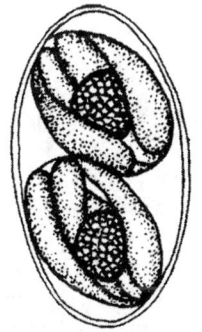

未成熟卵囊　　成熟卵囊

图12-18　贝氏等孢球虫卵囊

人由于食入成熟卵囊污染的食物或水而感染。卵囊内子孢子在小肠逸出并侵入肠上皮细胞发育为滋养体，经裂体增殖发育为裂殖体。裂殖体成熟后释放的裂殖子逸出，可侵入附近的上皮细胞继续进行裂体增殖或形成雌、雄配子体。雌、雄配子结合形成合子，并发育为卵囊，后者落入肠腔并随粪便排出体外。完成生活史不需要中间宿主，成熟卵囊的孢子形成可在宿主体内或外界进行。

【致病与诊断】

贝氏等孢球虫感染者常无症状或具自限性，但也可出现症状，如慢性腹泻、腹痛、厌食等。严重的感染者可表现为发热、持续性水样或脂肪性腹泻、体重减轻等，甚至引起死亡。

粪便中发现卵囊即可确诊。因卵囊微小，常规粪检不易发现，故漏诊的机会较大。采用抗酸染色法或改良抗酸染色法可较清晰地检出卵囊。必要时可做十二指肠组织活检或内镜检查滋养体，以提高检出率。

【流行与防治】

等孢球虫病主要在中南美洲、非洲和东南亚等热带国家的感染率较高。免疫受累及艾滋病患者感染较常见。在美国的艾滋病患者中，其发病率为15%。人因摄入成熟卵囊污染的水或食物而感染，也可通过粪-口途径直接感染。卵囊对外界的抵抗力很强，居住在热带地区的人群贝氏等孢球虫感染率比温带地区人群要高。

预防本病应注意饮食卫生，阻断粪-口途径。治疗可选用乙胺嘧啶和磺胺嘧啶等药物。

几种孢子虫与孢子虫病学习要点

学习要点	间日疟原虫	刚地弓形虫	隐孢子虫	肉孢子虫	贝氏等孢球虫
主要致病	间日疟	弓形虫病	隐孢子虫病	肉孢子虫病	贝氏等孢球虫病
人兽共患病	否	是	是	是	是
食源性寄生虫病	否	是	是	是	是
典型临床表现	周期性发作（寒战、高热、出汗退热）、贫血、肝脾大等	①先天性弓形虫病：流产、早产及先天畸形；②获得性弓形虫病：脑炎、视网膜炎、淋巴结炎	①免疫功能正常者自限性腹泻；②免疫功能缺陷者呈霍乱样水泻	①人肠道肉孢子虫病：食欲缺乏、腹痛、腹泻、恶心、呕吐等；②人肌肉肉孢子虫病：肌肉疼痛，可伴发热、皮疹、皮下肿块等	无症状或自限性腹泻、厌食等
感染期	子孢子	卵囊、包囊、假包囊、滋养体	卵囊	肉孢子囊、卵囊、孢子囊	成熟卵囊
寄生部位	肝细胞、红细胞	有核细胞内	肠上皮细胞内	①人肠道肉孢子虫：小肠细胞；②人肌肉肉孢子虫：组织细胞	小肠
致病阶段	红细胞内期原虫	速殖子	滋养体、裂殖体	肉孢子囊	滋养体
感染方式	经皮肤（按蚊叮咬吸血）、输血	经口，摄入被卵囊、包囊或假包囊污染的食物或水	经口，摄入被卵囊污染的食物或水	经口。人肠道肉孢子虫：摄入生的或未熟的含有肉孢子囊的肉类。人肌肉肉孢子虫：食入被卵囊或孢子囊污染的食物或水	经口，摄入被成熟卵囊污染的食物或水

续表

学习要点	间日疟原虫	刚地弓形虫	隐孢子虫	肉孢子虫	贝氏等孢球虫
病原学诊断	外周血涂片查间日疟原虫红细胞内期各期	取脑脊液等体液或淋巴结等穿刺物涂片镜检查滋养体，或动物接种查滋养体或假包囊	粪便或呕吐物直接涂片查卵囊	粪检卵囊或孢子囊，组织活检肉孢子囊	粪检卵囊，活检肠壁滋养体
传染源	携带配子体的患者和带虫者	主要是猫，其次为猪、牛、羊等	患者、带虫者及保虫宿主	患者、病畜	患者、病畜
传播途径	经媒介昆虫	经食物、饮用水	经食物、饮用水	经食物、饮用水	经食物、饮用水
传播媒介	按蚊	无	无	无	无

（周怀瑜）

思 考 题

1. 简述间日疟原虫再燃与复发的机制。
2. 试述疟疾贫血的发生机制，并说明恶性疟原虫所致贫血较其他三种疟原虫严重的原因。
3. 试述疟疾病原学诊断方法及其优缺点。
4. 人感染刚地弓形虫的方式和途径有哪些？
5. 为什么刚地弓形虫感染多为隐性感染？在哪些情况下隐性感染可转为急性弓形虫病？
6. 试设计某地区防控隐孢子虫病流行的方案。
7. 比较肉孢子虫和贝氏等孢球虫的生活史要点。
8. 女性，65岁，农民，因持续不规则发热、咳嗽咳痰、胸闷气促半个月入院。既往无结核病史、无发热盗汗、无原发性高血压和心脏病史。体格检查：体温37.8℃，脉搏85次/分，呼吸23次/分，血压109/68 mmHg。颈部淋巴结、双侧甲状腺均无肿大。两肺呼吸音粗糙，可闻及湿啰音，心脏各瓣膜听诊区未闻及杂音。肝、脾肋下未触及。实验室检查：白细胞$14.2×10^9$/L，中性粒细胞52%，嗜酸性粒细胞8%，淋巴细胞30%，单核细胞10%。痰、尿及便常规检查未发现结核分枝杆菌、衣原体、支原体和肺吸虫等。胸部X线摄片见两肺纹理增强，肋膈角变钝，双侧少量积液。经抗炎、抗结核药治疗半个月，未见疗效。追问病史，患者家庭饲养猪、牛、鸡、鸭等畜禽，有长期与猫、狗密切接触史。40年前不明原因自然流产2次。遂采血检测弓形虫抗体，结果显示IgM、IgG均为阳性，PCR检测Toxo-DNA亦为阳性。3日后于B超定位下行胸腔穿刺，抽取胸腔积液30 ml，呈淡黄色，涂片吉姆萨染色查见新月形小体，一端稍尖，另端钝圆，中央有一紫红色染色质核。据此诊断为慢性获得性弓形虫肺炎。给予抗弓形虫治疗，联合应用乙胺嘧啶（第一天75 mg，以后25 mg/d）和复方磺胺甲唑（1 g，2次/天），10天为1疗程。治疗后5天，体温即恢复正常，3个疗程后临床症状与体征消失，抽血复查弓形虫抗体转阴，PCR检测Toxo-DNA阴性，痊愈出院。随诊6个月无复发。请回答：

（1）本例患者被误诊、漏诊而延误治疗的原因是什么？应采取何种检查方法对该病例进行

确诊?其确诊依据是什么?

(2) 患者与动物密切接触会感染哪些寄生虫病?其中哪些寄生虫感染患者会引起发热和肺部症状?

(3) 患者40年前不明原因自然流产2次,是否与弓形虫感染有关?如果孕妇感染弓形虫,对胎儿有什么影响?如何预防感染?

第十三章 人芽囊原虫

第十三章数字资源

人芽囊原虫首次报道见于20世纪初,当时认为这是一种寄生于人体的无害酵母菌。1967年,Zierdt根据超微结构特点将其确定为原虫。随着分子生物学的发展,1996年,Silberman等通过测定人芽囊原虫SSU rRNA的全基因序列,证明人芽囊原虫属于不等鞭藻类(Stramenopiles),故分类上属于藻界(Chromista)、双环门(Bigyra)、蛙片总纲(Opalinata)、芽囊原虫科(Blastocystidae)、芽囊原虫属(Blastocystis)。这一分类使芽囊原虫成为第一个寄生于人体的杂色藻。

人芽囊原虫(*Blastocystis hominis* Brumpt,1912)可寄生于人和多种动物肠道内,是导致人类腹泻的重要机会性致病原虫。

【形态与生活史】

1. 形态 人芽囊原虫形态多样,可有空泡型、颗粒型、阿米巴型和包囊型等(图13-1)。

(1) 空泡型(vacuolar form):虫体呈圆形或卵圆形,直径多为4~15 μm,中央有一透亮的空泡,占虫体的约90%,胞质内含1~4个呈月牙形或块状的核。

(2) 颗粒型(granular form):由空泡型发育而来,很少出现在粪便中,体外培养血清含量高时可见该型,虫体直径为6.5~80 μm,中央空泡或细胞质中充满圆形颗粒状物质。

(3) 阿米巴型(amoeboid form):形似溶组织内阿米巴滋养体,形态多变,有伪足突起,直径为2.6~7.8 μm,内含一个或多个细胞核及其他细胞器,该型少见,偶可见于急性腹泻患者的水样便中。

(4) 包囊型(cyst form):多为卵圆形或球形,直径为3~10 μm,包囊内无中央空泡,内含1~4个细胞核、多个小泡以及糖原或脂质沉淀。囊壁较厚,为5~100 nm,故对外界

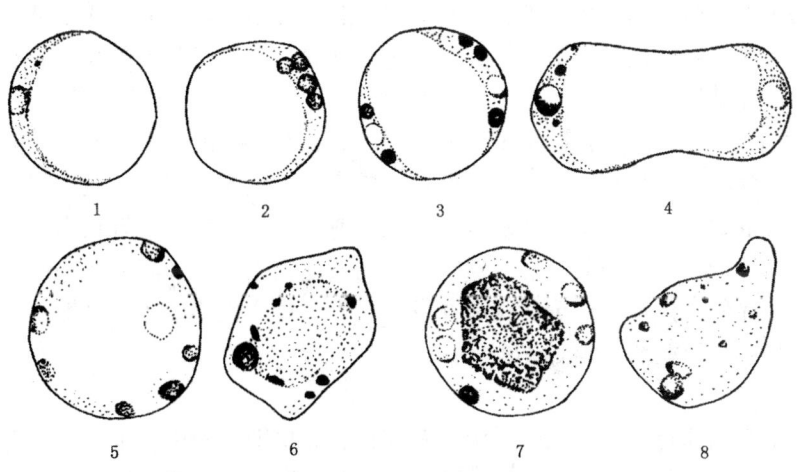

图13-1 人粪便中人芽囊原虫各种形态
1~5为空泡型;6和7为颗粒型;8为阿米巴型

有较强的抵抗力。

2. 生活史 人芽囊原虫主要寄生于人体回盲部，以肠腔内容物为营养，其生活史详细过程尚未明了，培养基中和粪便标本中可见的各种形态是否对应生活史的各个阶段也尚未可知。一般认为包囊型是感染期，粪便中常见的形态是空泡型，大小不等，常以二分裂法增殖（图13-2）。包囊可随粪便排出，通过粪-口途径造成宿主感染。颗粒型和阿米巴型的生物学作用仍需进一步证实。

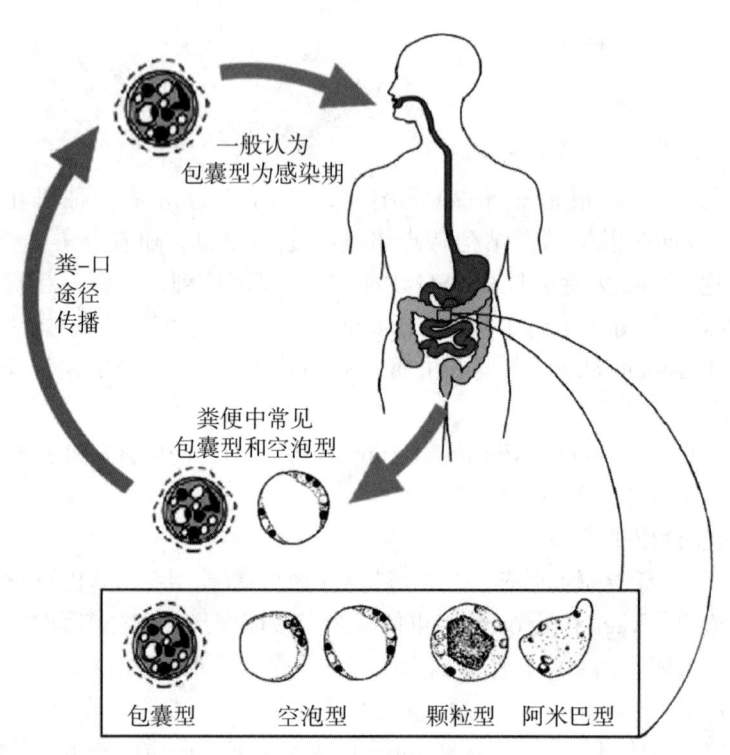

图 13-2 人芽囊原虫的生活史

【致病】

1. 致病机制 人芽囊原虫感染者多数为无症状带虫状态，该虫致病力较弱，感染后是否发病与侵入体内的虫体数量、机体的免疫状态有关。其致病机制尚不明确，可能是虫体寄生的屏障作用和肠上皮细胞受损，导致消化吸收障碍及肠功能紊乱，进而造成肠蠕动亢进与抑制失调的恶性循环结果。经内镜和活组织检查发现，人芽囊原虫可引起肠黏膜水肿和炎症，但并不破坏结肠黏膜的完整性。

2. 临床症状 人感染人芽囊原虫后，腹泻为最主要的症状，临床表现轻重不一。免疫功能正常者大多无症状或症状较轻，呈自限性，主要表现为腹泻、腹部不适、腹痛、呕吐等。一般情况下，上述症状会反复出现，持续数天至数月或更长。急性感染者较少见，往往呈慢性迁延病程。免疫功能低下人群如艾滋病、器官移植、长期应用免疫抑制剂及恶性肿瘤患者感染后可致严重腹泻、血便及休克等严重症状和并发症。人芽囊原虫感染还与过敏性皮肤病，如皮肤瘙痒症、荨麻疹，甚至关节炎等有关。

【诊断】

诊断主要依靠病原学检查，从粪便中检获人芽囊原虫即可确诊。常用方法有生理盐水直接涂片、碘液染色法、三色酸染色法或培养法。应注意与溶组织内阿米巴、哈门内阿米巴、微小内蜒阿米巴的包囊、隐孢子虫卵囊以及真菌等相鉴别。

【流行与防治】

人芽囊原虫呈世界性分布，人群普遍易感，主要分布于热带和亚热带地区，在发展中国家多见。根据我国人芽囊原虫感染调查数据，我国各类人群感染率为 1.9%～32.1%，腹泻患者人芽囊原虫的感染率比正常人群高。2014—2016 年第三次全国人体重要寄生虫病现状调查发现，芽囊原虫全国加权平均感染率为 0.001%，贵州省最高（5.69%），其次为广西省（4.52%）。人芽囊原虫是一种机会性致病原虫，对我国 HIV 高流行区人群的调查结果表明，人芽囊原虫的感染率可高达 21.39%。该虫也可以寄生于猴、猩猩、狗、猫、猪、鼠等多种脊椎动物体内。凡粪便中排出人芽囊原虫的患者、带虫者或保虫宿主均为传染源。粪便管理不当可使人芽囊原虫通过污染水源、食物及用具而传播。蝇和蜚蠊等昆虫可能是重要的传播媒介。

预防措施包括加强卫生宣传教育，注意个人卫生和饮食卫生；粪便无害化处理，保护水源；消灭蝇和蜚蠊。对该虫的治疗最常用的药物是甲硝唑，对甲硝唑无效的患者用复方磺胺甲噁唑（复方新诺明）、巴龙霉素、硝唑沙奈（硝唑尼特，nitazoxanide）等药物亦有较好疗效。

思 考 题

1. 简述人芽囊原虫的致病特点及诊断依据。
2. 简述人芽囊原虫病的防治措施。
3. 男性，45 岁，因"反复腹泻 3 个月，脓血便 1 个月"入院。患者自诉 3 个月前开始出现间断腹泻，1 个月前无明显诱因出现暗红色脓血便，2～5 次/天，每次量不多，病程中无发热，除腹痛外无其他不适。患者确诊 HIV 感染 5 年，一直规律用药。实验室检查：白细胞计数为 10.58×10^9/L，红细胞计数为 3.89×10^{12}/L，血红蛋白为 115 g/L，血小板计数为 58×10^9/L。粪便生理盐水涂片法显示：光镜下可见大量红细胞，白细胞为 3～5 个/高倍镜视野，另检出蓝氏贾第鞭毛虫滋养体和人芽囊原虫，偶见蓝氏贾第鞭毛虫包囊。诊断为蓝氏贾第鞭毛虫感染、人芽囊原虫感染、HIV 感染。予以甲硝唑 500 mg，3 次/天，口服。7 天后复查粪便常规及粪便寄生虫，结果正常，未见蓝氏贾第鞭毛虫滋养体、包囊及人芽囊原虫。请回答：

(1) 人芽囊原虫的形态特征如何？
(2) 如何看待 HIV 感染与人芽囊原虫感染的关系？

（秦元华）

第十四章

纤毛虫

第十四章数字资源

纤毛虫（ciliate）隶属纤毛门（Phylum Ciliophora）、动基裂纲（Kinetofragminohporea），其滋养体外表被覆纤毛（cilium），体内有大核和小核。多数纤毛虫营自生生活，少数为寄生生活。在人体内寄生的只有结肠小袋纤毛虫。

结肠小袋纤毛虫

结肠小袋纤毛虫 [*Balantidium coli*（Malmsten，1857）Stein，1862] 属小袋纤毛虫科（Balantidiidae）、小袋纤毛虫属（*Balantidium*）。1857 年，Malmsten 在痢疾患者粪便中第一次发现了该虫，定名为结肠草履虫（*Paramecium coli*）。1861 年，Leukart 在猪肠道中发现与结肠草履虫相似的一种纤毛虫。1862 年，Stein 对上述两种纤毛虫比较后确认为同一种原虫，更名为结肠小袋纤毛虫。该虫是一种动物源性寄生虫，可寄生于动物与人体盲肠及结肠内，侵犯肠壁黏膜及黏膜下组织引起结肠小袋纤毛虫病（balantidiosis coli）。

【形态】

结肠小袋纤毛虫生活史有滋养体和包囊两个阶段（图 14-1）。

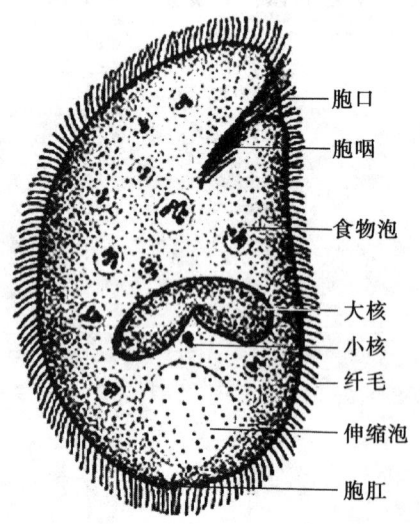 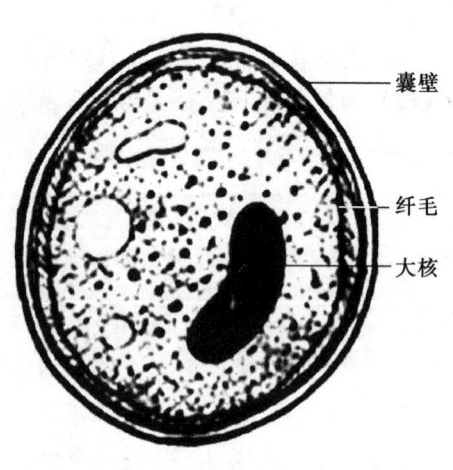

图 14-1 结肠小袋纤毛虫滋养体（左）和包囊（右）模式图

1. 滋养体 椭圆形或卵圆形，长 30～150 μm、宽 25～120 μm，是寄生于人体最大的原虫。虫体无色透明或淡灰略带绿色，外层被有表膜，下为透明的外质；表膜覆有斜纵行纤毛，借其摆动做螺旋式快速旋转运动。滋养体易变形，前端有一凹陷状胞口（cytostome），下接漏斗状胞咽（cytopharynx）。摄取的颗粒状食物（如淀粉粒、细胞、细菌等）在胞咽底部形成食物泡（food vacuole），消化后的残留物经胞肛（cytopyge）排出体外。胞质内有两个伸缩泡（contractile vacuole），位于虫体中部和后部，其大小可变化，具有调节渗透压的功能。滋养体被苏木素染色后，细胞质中可见一个肾形大核和一个圆形小核，后者位于前者的凹陷处，有时不易观察到。

2．包囊 圆形或卵圆形，直径 40～60 μm，淡黄或淡绿色。囊壁两层，厚而透明，染色后可见明显肾形大核。包囊形成初期囊内滋养体纤毛明显，经过一定时间后纤毛消失。

【生活史】

结肠小袋纤毛虫包囊随宿主粪便排出，污染周围环境中的水或食物，被人或猪等误食，在小肠内受消化液作用滋养体脱囊而出。滋养体主要寄生在结肠内，以淀粉颗粒、细菌、肠壁脱落细胞等为食物，以横二分裂或接合生殖（conjugation）进行繁殖。在培养基中滋养体主要以横二分裂繁殖，在环境不适时可出现接合生殖。接合生殖时两虫体靠近，在胞口附近连接，交换部分核质后分开，然后各自行二分裂生殖。滋养体常可侵入肠黏膜及黏膜下组织。

滋养体随肠壁蠕动下行至结肠下段时，由于肠内理化环境改变，部分滋养体开始皱缩变圆，分泌囊壁物质形成包囊，随粪便排出体外。排出的滋养体在外界也可以形成包囊。人体寄生的滋养体较少形成包囊，而在猪体内的滋养体可形成大量包囊。包囊内虫体在外界不再分裂，可存活数周。

【致病】

结肠小袋纤毛虫的致病与宿主免疫力和周围环境等因素密切相关。该虫一般情况下从宿主肠道获取食物，不侵犯肠壁组织，无明显致病性。当宿主免疫力下降或受损、营养不良或有肠道致病菌协同作用时，滋养体增殖、分泌透明质酸酶并借助机械运动侵犯肠黏膜及黏膜下组织，形成口小底大烧瓶样且边缘不整的溃疡。病变部位有大量的嗜酸性粒细胞、淋巴细胞浸润，以盲肠和直肠多见，也可侵犯阑尾或整个结肠，重度感染者可引发肠壁穿孔。此外，滋养体偶可经血管或淋巴管侵入肠外组织，引起肝、肺、阑尾、盆腔及泌尿生殖系统病变。

结肠小袋纤毛虫病临床上分无症状型、慢性型、急性型三类。无症状型是重要的传染源，有包囊排出，在流行病学上具有重要意义。慢性型表现为周期性腹泻或腹泻与便秘交替出现，粪便呈粥样或水样，常带黏液，但无脓血。急性型亦称痢疾型，表现为发病急，可有腹痛、腹泻和黏液血便，里急后重明显；部分患者出现脱水、营养不良及显著消瘦，严重时可致死亡。

【诊断】

1．粪便涂片 查滋养体和包囊。因结肠小袋纤毛虫在人体内较少形成包囊，故以查滋养体为主。因虫体排出呈间歇性，且检查对象为活虫，送检粪便标本必须新鲜，且需多次送检以提高检出率。对虫体鉴定有疑问时可行苏木素染色。

2．组织活检 采用乙状结肠镜取病变组织，切片镜检；或刮取结肠壁上的分泌物，涂片镜检。

3．体外培养 用阿米巴培养基进行培养后镜检。

【流行】

结肠小袋纤毛虫呈世界性分布，多见于热带和亚热带地区。我国云南、广西、广东、福建、四川、湖北、河南、河北、山东、山西、陕西、吉林、辽宁、台湾等地均有病例报道。现已知有 30 多种动物能感染该虫，其中以猪的感染率最高（14.2%～72.2%）。人体感染病例较少，呈散在发生。我国已报道的结肠小袋纤毛虫病例大多数患者与猪有密切接触史，一般认为猪是结肠小袋纤毛虫病的主要传染源。家蝇、蜚蠊等昆虫也可机械携带本虫传播。

人体主要是由于误食被包囊污染的食物或水而感染。包囊的抵抗力较强，在潮湿或干燥环境中能存活 1～2 周，长者可达 2 个月。滋养体对外界环境具有一定的抵抗力，但不具感染性。

【防治】

加强人畜粪便（特别是猪粪）和水源管理，进行卫生宣传教育，注意个人卫生和饮食卫生，避免虫体污染食物和水源。临床治疗可选用甲硝唑（metronidazole）或小檗碱等。

思 考 题

1. 简述结肠小袋纤毛虫生活史和致病特点。
2. 可引起腹泻的医学原虫有哪些？如何诊断？

（蔡国斌）

第三篇

医学蠕虫学

　　蠕虫（helminth）是一类借助肌肉伸缩做蠕形运动的多细胞无脊椎动物。蠕虫虫体柔软，左右对称，呈叶片状、长带状、线状或圆柱状，大小因种而异。体壁由上皮层和肌肉层组成，体内有分化的器官，无体腔或仅有假体腔。蠕虫分布广泛，多数营自生生活。寄生于人体组织、器官，并能导致病理改变的蠕虫称为医学蠕虫（medical helminth）。与人体健康有关常见的蠕虫归属于扁形动物门（Phylum Platyhelminthes）、线形动物门（Phylum Nemathelminthes）和棘颚门（Phylum Acanthognatha）。由蠕虫引起的疾病称为蠕虫病（helminthiasis）。依据生活史发育中是否需要中间宿主，可将蠕虫分为两大类。

　　1．不需要中间宿主型（直接型）　此类蠕虫在发育过程中不需要中间宿主，其虫卵或幼虫在外界直接发育为感染阶段，人因食入被污染的食物或水而感染，故又称土源性蠕虫（geohelminthes），如大部分线虫。

　　2．需要中间宿主型（间接型）　此类蠕虫在发育过程中需要中间宿主，其虫卵或幼虫必须在中间宿主体内发育为感染阶段，人因食入含有其感染阶段的中间宿主而感染，故又称生物源性蠕虫（biohelminthes），如大部分吸虫和绦虫。

第十五章

吸 虫

第一节 概 论

吸虫（trematode）属扁形动物门（Phylum Platyhelminthes）的复殖纲（Digenea）（又称吸虫纲，Trematoda）。该纲下分 3 个目，即鸮形目（Strigeida）、棘口目（Echinostomatida）和斜睾目（Plagiorchiida）。

【形态】

吸虫成虫体软，背腹扁平，两侧对称。大多数呈叶状或舌状。虫体大小因种而异。虫体表面为光滑的或具有小棘的皮层所覆盖。吸盘为附着器官，通常有两个，前端的一个包围着口孔，称口吸盘（oral sucker），另一个多位于虫体中部的腹面，称腹吸盘（acetabulum sucker）。生殖孔常靠近腹吸盘的前缘或后缘处，排泄孔位于虫体的末后端（图 15-1）。

1. **体壁** 吸虫无体腔，其体壁由皮层（tegument）和皮层下的细胞体构成，系合胞体（syncytium）结构，覆盖于虫体的体表。皮层和细胞体之间有胞质小管相通。皮层从外向内由外质膜（external plasma membrane）、基质（matrix）和基质膜（basal plasma membrane）三层结构所组成。感觉器位于基质中，一端有纤毛伸出体外，另一端有神经突（nerve process）与神经系统相连。基质膜之下为基层（basement layer）和肌肉层。肌肉层由外环肌

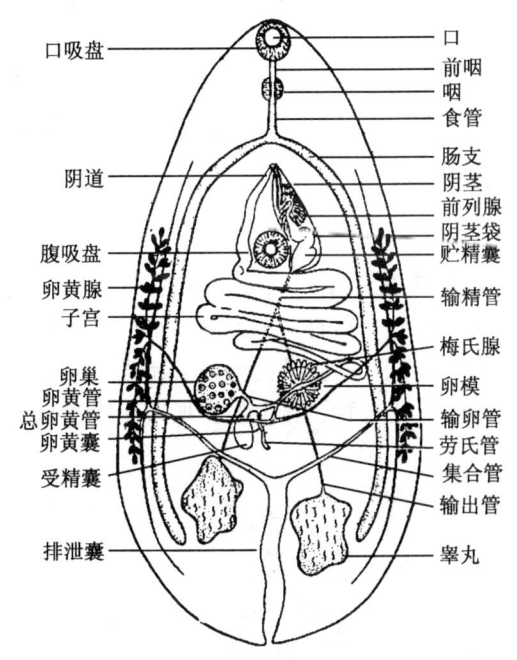

图 15-1 斜睾目吸虫成虫形态（仿陈心陶等）

和内纵肌组成。皮层细胞（tegumentary cell）很大，位于肌层下，内含胞核、内质网、核糖体（ribosome）、吞噬体（phagosome）、线粒体、高尔基体和各种小泡。有许多胞质通道与基质相通，有的甚至通到实质细胞（parenchymal cell）。胞质内及胞质通道中均有许多分泌小体，其形状、大小都与基质中所见略同。吸虫的体壁具有保护、吸收营养和感觉等功能（图 15-2）。

2. **消化系统** 消化道不完整，由口、前咽（prepharynx）、咽（pharynx）、食管及肠管组成。口位于虫体的前端或腹面，由口吸盘围绕。咽呈球状，为肌质构造。食管细长，位于咽和肠管之间。肠管分左右两支向虫体后端延伸，绝大多数虫种的两条肠管在虫体后端形成封闭的

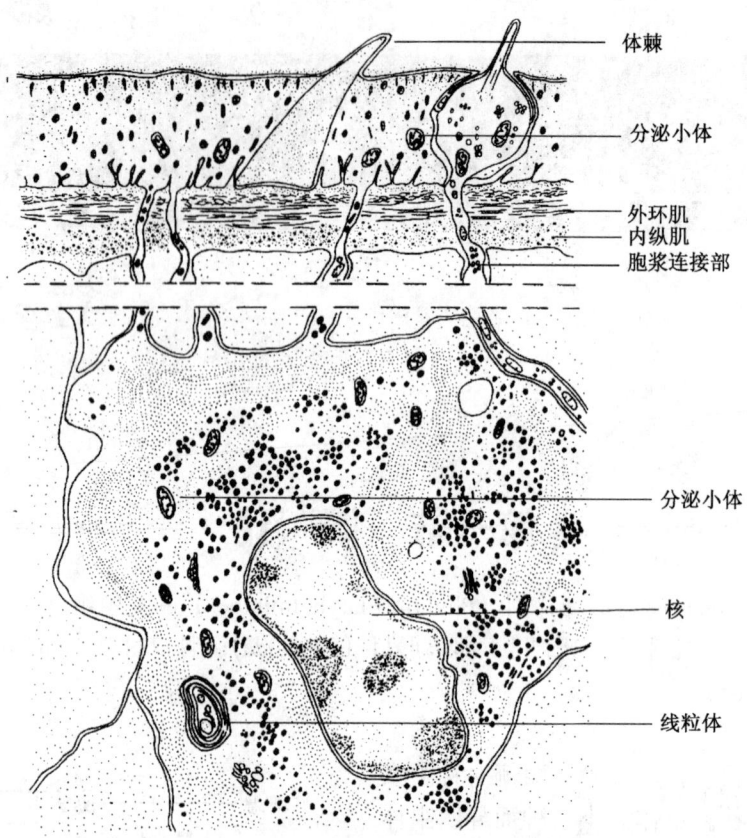

图 15-2　斜睾目吸虫成虫体壁结构示意图（采自徐秉锟）

盲端，少数（如裂体科）在体后部联合成单一的盲管。吸虫无肛门，消化吸收后的废物经口排出体外。

3. 排泄系统　由焰细胞（flame cell）、毛细管、集合管、排泄囊和排泄孔组成。焰细胞为多突起细胞，具有一个大的细胞核，胞质内含一束纤毛，摆动时似跳跃的火焰，焰细胞即由此而得名。纤毛的摆动使排泄液流动，并形成较高的过滤压，促使氨、尿素和尿酸等代谢产物经毛细管、集合管、排泄囊，最后从排泄孔排出体外。斜睾目吸虫的排泄孔只有一个，位于虫体的后端（图 15-3、图 15-4）。

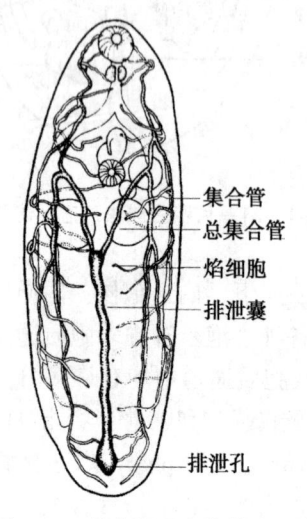

图 15-3　斜睾目吸虫的排泄系统
（采自徐秉锟）

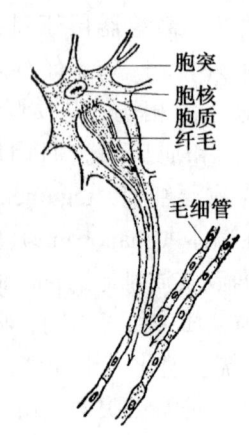

图 15-4　焰细胞（采自陈心陶）

4. 神经系统 斜睾目吸虫的神经系统不发达。在咽的两侧各有一个神经节，相当于神经中枢。神经节彼此间由背索相连。两个神经节各发出前后3条神经干，分布于背面、腹面及侧面。向后伸展的神经干，在几个不同的水平上皆有横索相连。感觉末梢由前后神经干发出到达口吸盘、咽、腹吸盘等器官，以及体壁外层中的许多感觉器（图15-5）。

5. 生殖系统 多数吸虫为雌雄同体（除外裂体科吸虫），可自体或异体受精。雄性生殖系统包括睾丸、输出管、输精管、贮精囊、射精管、阴茎袋或阴茎。雌性生殖器官包括卵巢、输卵管、梅氏腺（Mehlis' gland）、卵模（ootype）、卵黄腺（vitelline gland）及子宫等。另外，还有劳氏管（Laurer's canal），其一端接受精囊或输卵管，另一端向背面开口或成为盲管（图15-6）。雌雄生殖孔均开口于生殖窦（genital sinus）。

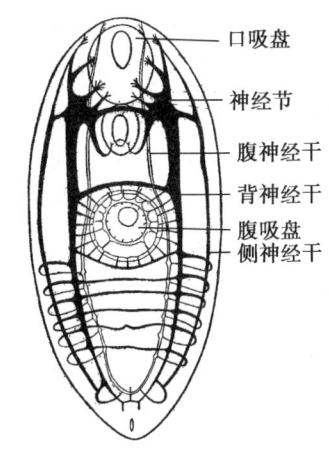

图15-5 斜睾目吸虫的神经系统（仿Faust）

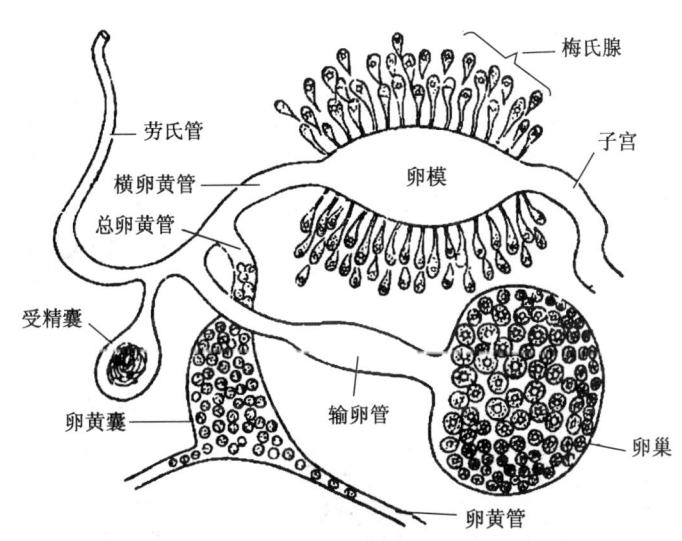

图15-6 斜睾目吸虫雌性生殖系统（采自陈心陶）

【生理】

斜睾目吸虫的营养代谢是以糖作为重要的能源，蛋白质与脂肪酸不甚重要。吸虫从有氧代谢和无氧代谢获取能量。大多数寄生吸虫的成虫主要依靠糖的无氧酵解获得能量，但在某些吸虫的幼虫期，还需要从有氧代谢中获得能量，以满足快速生长的需要。吸虫通过皮层吸收葡萄糖，以糖原形式存储于实质中。实验证明，酵解酶类普遍存在于吸虫体内，因此，无氧糖酵解是吸虫获取能量的主要途径。氨基酸不是成虫能量的主要来源，但胞蚴能分解利用较多的氨基酸。吸虫寄居部位的含氧量差别较大，不同种吸虫利用氧的途径、需氧的程度各异。即使同一种吸虫的不同发育阶段，对氧的需求也不同。因此，由于长期对氧环境的适应，使得吸虫具有良好的调节氧消耗的能力，即使在氧分压低时也能更有效地利用氧。氧主要通过溶解于吸虫皮层或经肠支进入体内，然后被游离的血红蛋白携带向其他组织器官扩散。吸虫具有加氧酶（oxygenase）和氧化酶（oxidase）等酶类，其中，黄素蛋白氧化酶（flavoprotein oxidase）能催化底物使其直接氧化。研究已证明，吸虫含有细胞色素体系，某些吸虫的呼吸链（电子传递系统）与哺乳动物的相似，以细胞色素 a_3 为终末氧化酶。但有些细胞色素链与典型哺乳动物的不同，例如为适应低氧条件下的生活，常以细胞色素 C 为终末氧化酶，即 C 型细胞色素系统，以此兼性厌氧地将电子传递给延胡索酸或氧离子。

不同种吸虫的最终排泄产物不尽相同，即使同一种吸虫，其成虫和幼虫排出的或在有氧和厌氧条件下的也不完全相同。寄生吸虫主要的排泄产物是氨、少量尿素、尿酸和氨基酸。吸虫缺少脂类代谢，其组织脂类的更新方式只能靠排泄，因此吸虫的排泄物中含有脂类。

【生活史】

斜睾目吸虫的生活史复杂，需要经历有性世代（sexual generation）和无性世代（asexual generation）的交替。有性世代多寄生于脊椎动物和人（终宿主）。无性世代寄生于软体动物（中间宿主），第一中间宿主为淡水螺类或软体动物，第二中间宿主则包括范围广泛的生物体，依虫种不同可为鱼类、甲壳类或节肢动物等。斜睾目吸虫完成生活史离不开水环境。

吸虫的生活史中有许多发育阶段（图 15-7），如卵（ovum）、毛蚴（miracidium）、胞蚴（sporocyst）、雷蚴（redia）、尾蚴（cercaria）、囊蚴（encysted metacercaria）、后尾蚴（metacercaria）、童虫（schistosomulum）和成虫（adult）。成虫阶段行有性生殖，幼虫阶段行无性生殖或称蚴体增殖。吸虫卵的形状因种而异，常有卵盖（operculum）。有的卵自宿主体内排出时只含卵细胞和卵黄细胞，需要在水中发育至含毛蚴阶段。有的卵在排出时即含毛蚴。毛蚴在水中或在螺体内孵出，其周身被有纤毛，可在水中游动，当进入螺体即发育为胞蚴，胞蚴呈袋状，其体内的胚细胞可发育为第二代胞蚴或多个雷蚴。胞蚴或雷蚴中的胚细胞进一步发育成尾蚴。绝大多数虫种的尾蚴具有体部和尾部，但形态结构各异。尾蚴成熟后即从母体逸出，在水中游动，并可侵入第二中间宿主，在其体内发育成囊蚴，有的也可在某些动物体表形成囊蚴。含有囊蚴的第二中间宿主被终宿主捕食后，后尾蚴即脱囊而出，再发育为童虫而移行至适宜的寄生部位发育为成虫。裂体科的吸虫（如日本裂体吸虫）无囊蚴期，其尾蚴可直接侵入终宿主体内发育为成虫。

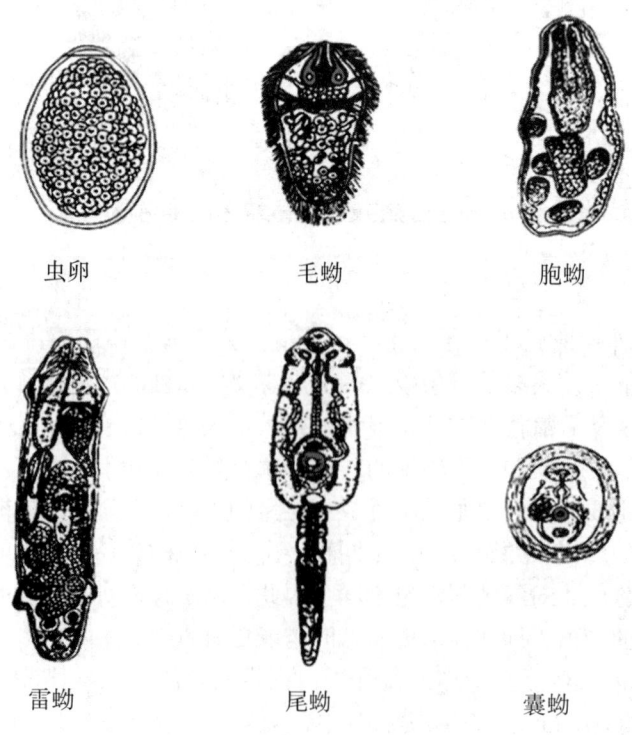

图 15-7 斜睾目吸虫各期幼虫

【分类】

我国常见的人体吸虫分类及寄生部位见表 15-1。

表 15-1　我国常见的人体吸虫分类及寄生部位

目	科	属	种
斜睾目 Plagiorchiida	后睾科 Opisthorchiidae	支睾属 Clonorchis	华支睾吸虫 C.sinensis
	并殖科 Paragonimidae	并殖属 Paragonimus	卫氏并殖吸虫 P. westermani
			斯氏并殖吸虫 P. skrjabini
	异形科 Heterophyidae	异形属 Heterophyes	异形异形吸虫 H.heterophyes
鸮形目 Strigeida	裂体科 Schistosomatidae	裂体属 Schistosoma	日本裂体吸虫 S. japonicum
棘口目 Echinostomatida	片形科 Fasciolidae	姜片属 Fasciolopsis	布氏姜片吸虫 F.buski
		片形属 Fasciola	肝片形吸虫 F. hepatica
	棘口科 Echinostomatidae	棘隙属 Echinochasmus	日本棘隙吸虫 E. japonicus

第二节　华支睾吸虫

案例 15-1

男性，36 岁，主因"间断发热，发现肝占位、嗜酸粒细胞增多 1 月余"入院。有轻度食欲缺乏、消化不良、腹胀、腹痛、上腹不适、腹泻等症状。查体：体温 36.1℃，神清、状态尚可，心肺听诊无异常，全身浅表淋巴结未触及肿大，肝、脾肋下未触及。实验室检查：血中白细胞总数 26.22×10^9/L，嗜酸性粒细胞比例 67.7%（0.5%～5%），中性粒细胞比例 60.4%（50%～70%）。腹部磁共振影像示：肝体积增大，肝内多发斑片状异常信号，轻度脾大。肝病灶 B 超引导下穿刺病理显示肝组织水肿，汇管区炎细胞浸润，小胆管增生，肝组织内可见坏死，纤维组织增生，可见淋巴细胞及较多嗜酸细胞浸润。流行病学史：患者发病前 2 月余于广西南宁旅游时曾多次食用生淡水鱼片。

问题：
1. 为明确诊断，应进一步完善哪些检查？
2. 根据目前检查指标，考虑为哪种寄生虫感染？诊断依据有哪些？
3. 根据你的诊断，请给出治疗方案。

华支睾吸虫全名为中华分支睾吸虫 [*Clonorchis sinensis*（Cobbold，1875）Looss，1907]，因成虫寄生于终宿主肝胆管内，故而亦称肝吸虫（liver fluke）。该虫引起华支睾吸虫病（亦称肝吸虫病，clonorchiasis）。该虫于1874年首次发现于印度加尔各答市一华侨胆管内。1975年湖北省江陵县西汉古尸及战国楚墓古尸发掘的研究结果表明，华支睾吸虫病在我国的流行至少已有2300多年的历史。

【形态】

1. 成虫 虫体狭长，背腹扁平，前端较窄，后端钝圆，形似葵花籽，雌雄同体，大小为（10～25）mm×（3～5）mm。口吸盘位于虫体前端，略大于腹吸盘，后者位于虫体前1/5处。消化道简单，口位于口吸盘中央，其后有咽及短的食道，肠管分左右两支伸至虫体后端，二者不汇合，各自末端为盲端。雄性生殖器官有2个分支状睾丸，前后排列于虫体后1/3处。从睾丸各发出一条输出管，在虫体中部汇合为输精管，向前渐膨大成储精囊，再接射精管，开口于生殖腔。卵巢边缘分叶，位于睾丸之前。卵巢和睾丸之间有椭圆形的受精囊与输卵管相通，旁有劳氏管。劳氏管细长、弯曲，开口于虫体背面。虫体两侧分布有滤泡状卵黄腺，从腹吸盘水平处向下延至受精囊水平。输卵管远端为卵模，周围有梅氏腺。管状子宫从卵模开始盘绕向上，开口于腹吸盘前缘的生殖腔。排泄孔开口于虫体末端（图15-8）。

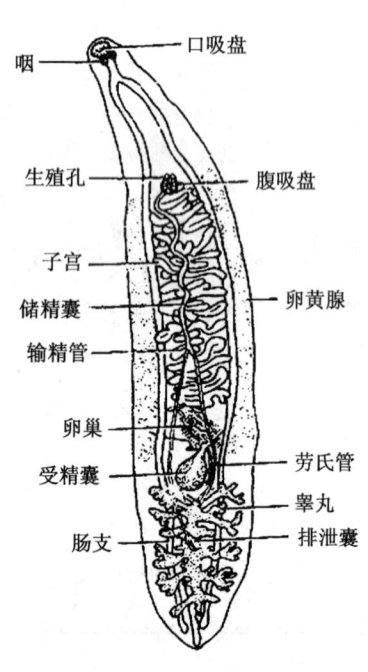

图15-8 华支睾吸虫成虫

2. 虫卵 形似芝麻粒，前端较窄，后端钝圆；黄褐色，平均大小为29 μm×17 μm，是寄生人体吸虫虫卵最小者。虫卵前端有一微凸的卵盖，卵盖周围的卵壳增厚形成肩峰。虫卵末端有小疣状突起。卵内含一成熟毛蚴（图15-9）。

【生活史】

华支睾吸虫生活史包括成虫、虫卵、毛蚴、胞蚴、雷蚴、尾蚴、囊蚴及后尾蚴（童虫）等发育阶段。终宿主为人及肉食哺乳动物（猫、狗等）。第一中间宿主为淡水螺类，如豆螺、沼螺、涵螺等，第二中间宿主为淡水鱼和虾。

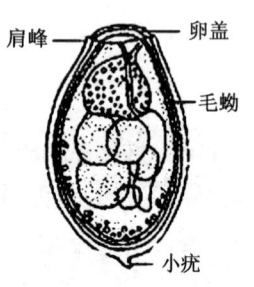

图15-9 华支睾吸虫虫卵

成虫寄生于终宿主肝胆管内，产出的虫卵随宿主胆汁进入肠道，然后随粪便排出体外。虫卵入水后被第一中间宿主淡水螺吞食，在螺的消化道内孵出毛蚴。毛蚴穿过肠壁发育为胞蚴，胞蚴再经无性增殖，发育为许多雷蚴和尾蚴。成熟的尾蚴从螺体逸出，遇到适宜的第二中间宿主淡水鱼、虾，则侵入其肌肉等组织，经20～35天发育为囊蚴。终宿主因生食或半生食含活囊蚴的淡水鱼、虾而感染。在宿主消化液的作用下，囊蚴在十二指肠内脱囊。脱囊的后尾蚴循胆汁逆流移行，到达肝胆管，也可经血管或穿过肠壁经腹腔进入肝胆管内。囊蚴感染终宿主后1个月左右发育为成虫（图15-10）。人体感染成虫的数量差别较大，曾有人体感染超过2万条华支睾吸虫的报道。成虫寿命为20～30年。

【致病】

1. 致病机制 华支睾吸虫造成的危害主要发生于肝的次级胆管，其病变程度因感染轻重

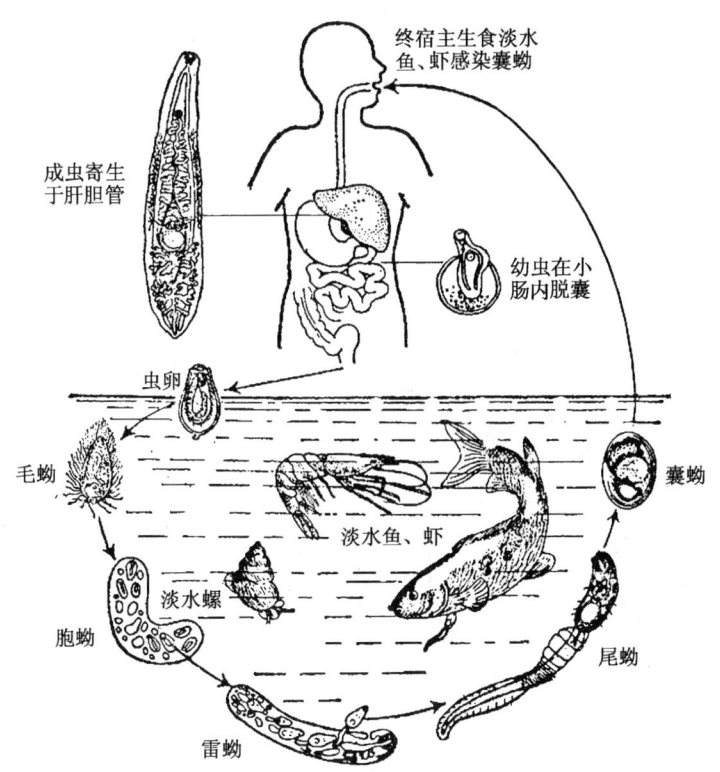

图 15-10　华支睾吸虫生活史

而异。成虫在肝胆管内破坏胆管上皮及黏膜下血管，并以血液为主要营养来源。虫体的机械性阻塞以及代谢产物和分泌物的刺激作用使胆管出现局限性扩张，管壁增厚，胆汁淤积以及胆管周围炎性反应。如合并细菌感染，可引起胆管炎、胆囊炎，甚至继发肝脓肿。若病变转为慢性，胆管内壁上皮细胞脱落和增生，管壁因结缔组织增生而变厚，邻近肝细胞出现脂肪性变、萎缩和坏死现象，甚至导致肝硬化。华支睾吸虫感染还可引起营养不良和代谢紊乱，严重者可致脑垂体功能受损，若此现象发生于儿童，可导致患儿生长发育障碍。

胆汁中的可溶性葡糖醛酸胆红素在细菌性 β-葡糖醛酸苷酶的作用下，形成难以溶解的胆红素钙，这些物质与虫卵、死亡的虫体碎片、脱落的胆管组织和炎症渗出物等均可能作为胆石核心，引起肝胆石症。临床手术结果发现有相当高比例的华支睾吸虫感染者患有胆囊炎和（或）胆石症。成虫还偶见于胰腺管内，引起胰管炎和胰腺炎。

此外，华支睾吸虫感染还可引起胆管癌（主要为胆管腺癌）。2009 年 2 月，世界卫生组织（WHO）在生物致癌因素审定工作会议上认定"华支睾吸虫致人类胆管癌证据充分"。华支睾吸虫感染引发原发性胆管癌的发病机制迄今尚未完全阐明，一般认为与以下因素的综合作用有关：虫体感染所致胆管呈腺瘤样增生，宿主炎性细胞因子与虫体分泌代谢产物激活和促进胆管上皮细胞的分裂增殖，以及食物中的硝酸盐或亚硝基化合物等外源性致癌物质作用等。同时，胆管癌的发生还可能与患者自身的营养状态、免疫功能和遗传特性等因素有关。

2．临床表现　本病潜伏期为 1～2 个月，临床表现与寄生的虫体数目以及患者的机体状态有关。

轻度感染者无明显症状，多在粪检时查到虫卵而被发现。一般可有轻度食欲缺乏、消化不良、腹胀、腹痛、上腹不适、腹泻及头晕等症状。常见体征有轻度水肿、肝大等。重度感染者胃肠道症状明显，以腹泻为主，并可有倦怠、消瘦、心动过速、眩晕、失眠、精神抑郁等。少数患者可有黄疸、肝硬化。晚期患者可出现门脉高压、脾大、腹水和水肿，患者可因恶病质、并发感染、肝性脑病、胃肠出血或由于长期腹泻导致脱水和电解质平衡紊乱而死亡。

儿童和青少年感染华支睾吸虫后，临床表现往往较重，死亡率较高。除消化道症状外，常有营养不良、贫血、低蛋白血症、水肿、肝大和发育障碍等症状，极少数患者可因此而致侏儒症。

【诊断】

华支睾吸虫病具有地区性，与饮食习惯有关。因此，对疑有本虫感染者应详细询问其是否来自或去过流行区，有无生食或半生食淡水鱼、虾史。应注意与急性胆管炎、胆管结石、胆囊结石等相鉴别。

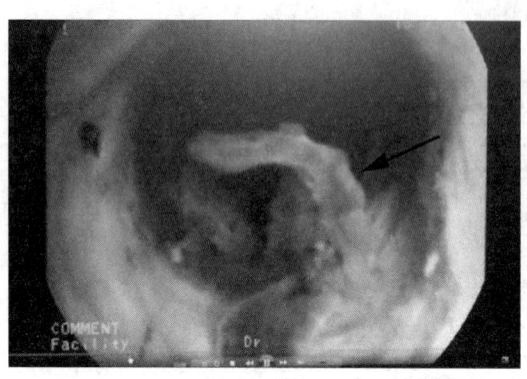

图 15-11 胆汁引流查获的华支睾吸虫成虫
箭头所示为虫体
（由中山大学附属第五医院李坚提供）

1. 病原学检查 粪便、十二指肠液或胆汁中查获华支睾吸虫卵，或胆汁引流检获成虫是确诊本病的依据。

（1）粪便直接涂片法：此法操作简单，但轻度感染者易漏检。

（2）集卵法：此法检出率较粪便直接涂片法高。如水洗离心沉淀法、乙醚沉淀法。

（3）十二指肠引流胆汁检查：引流胆汁进行离心沉淀检查虫卵，可使虫卵检出率大为提高，引流液中有时还可检获成虫（图 15-11），本法适用于住院患者。

微整合

临床应用

内镜诊断华支睾吸虫病

内镜技术诊断华支睾吸虫病的灵敏性和特异性高，已得到较广泛的应用。它不仅可以直接抽取十二指肠液或胆汁查找虫卵，还能全面了解肝内外胆管的形态及有无变异，从而极大提升诊断华支睾吸虫病的准确率。该技术主要包括三种：胃镜下十二指肠胆汁引流术、经内镜逆行胰胆管造影（endoscopic retrograde cholangiopancreatography，ERCP）和内镜下鼻胆管引流术（endoscopic nasobiliary drainage，ENBD）。临床上可在行 ERCP 时用注射器抽吸获得胆汁标本，也可通过 ENBD 留置的鼻胆管获得。当粪便检查呈阴性时，可通过胆汁查虫卵提高检出率，该方法对诊断华支睾吸虫病更有价值。ENBD 不仅可在胆汁中查虫卵，还可以观察鼻胆管中是否引流出虫体，这有利于进一步提高华支睾吸虫病的确诊率。

2. 免疫学诊断 免疫学方法适用于临床辅助诊断和流行病学调查，常用的方法有皮内试验（IDT）、间接血凝试验（IHA）、间接荧光抗体试验（IFAT）、酶联免疫吸附试验（ELISA）、胶体金免疫层析法（CGIA）等。近年来，酶标记、同位素标记和胶体金标记等标记技术和新方法的发展和应用，大大提高了检测血清抗体或抗原的敏感性和特异性，使华支睾吸虫病的检出率大为提高。

3. 影像学检查 B 型超声波检查可见多种异常波形，如肝内光点粗密欠均，可见斑点状、团块状或雪片状阴影。尽管声像图特异性不强，但与流行病学、临床表现及实验室检查对比分析，可为诊断提供参考。CT 检查对肝吸虫病的诊断也有较大价值。

【流行】

华支睾吸虫病主要分布在亚洲，如中国、日本、朝鲜、越南和东南亚国家，俄罗斯也有分布。我国除青海、宁夏、内蒙古、西藏等地尚无报道外，已有27个省、市、自治区有不同程度流行，较严重的有广东、广西的部分地区及东北朝鲜族居民聚居地，广东省个别村庄村民感染率可高达80%以上，其次是香港、台湾以及黑龙江、吉林和辽宁。另外，湖南、湖北、安徽等省由于江、湖水网纵横，气温适宜华支睾吸虫的中间宿主以及保虫宿主生存等因素利于人群感染；中原地区的河南省，由于人们喜食半生不熟的鱼，所以也有中、轻度感染。据2015年第三次全国人体重要寄生虫病现状调查报告，全国华支睾吸虫加权感染率为0.47%，推算感染人数约为598万人。加权感染率最高的是广西，为6.68%，其次是广东（1.91%）和黑龙江（1.62%），城镇高于农村的趋势明显。因该病属人兽共患病，估计动物感染的范围更广。

造成华支睾吸虫病流行的原因，除含虫卵的粪便入水，水中有适宜的第一、第二中间宿主，以及保虫宿主的存在外，还与当地居民的饮食习惯等诸多因素密切相关。

1. 传染源 患者、带虫者和保虫宿主均为本病的传染源。主要保虫宿主为猫和犬，其次为鼠类、野猫、狐狸、貂、兔、水牛、水獭及獾等30多种动物，其感染率与感染度均高于人体，对人群具有潜在的威胁性。

2. 传播途径 生食或半生食含有囊蚴的淡水鱼、虾是感染华支睾吸虫的关键因素。如广东珠江三角洲、香港等地居民喜食生鱼片、生鱼粥。辽宁朝鲜族地区人群有以生鱼佐酒等饮食习惯。此外，食入"醉虾"、未熟透的烧烤小鱼等均可感染本虫。切生鱼和切熟食的砧板不分，或用未经彻底消毒的盛过生鱼的器皿再盛熟食等都可增加感染机会。

华支睾吸虫病的传播与虫卵入水，水中存在第一、第二中间宿主，以及当地人群有生食或半生食淡水鱼、虾的习惯密切相关。研究表明，我国华支睾吸虫的第一中间宿主淡水螺类有4科6属12种。最常见的有3种：纹沼螺、长角涵螺和赤豆螺（傅氏豆螺）。这些螺均为坑塘、沟渠中小型螺类，环境适应能力强，一般温暖季节为感染华支睾吸虫的高峰期。华支睾吸虫对第二中间宿主的选择性不严格，大多数淡水鱼、虾均可作为其第二中间宿主。资料表明，我国作为华支睾吸虫第二中间宿主的淡水鱼有12科39属68种，其中绝大多数为鲤科淡水鱼，如草鱼、青鱼、鲤鱼、鳊鱼、鳙鱼及鲫鱼等。麦穗鱼、克氏鰟鱼等野生小鱼的感染率和感染度很高，常引起儿童华支睾吸虫病。华支睾吸虫囊蚴几乎遍布鱼体全身，尤以肌肉最为多见，其次为鱼皮。据报道，细足米虾、巨掌沼虾等淡水虾也可有囊蚴寄生。

3. 易感人群 所有人群对华支睾吸虫普遍易感，无性别、年龄和种族之分。不同地区、不同人群感染率的高低与饮食习惯密切相关。

【防治】

1. 控制传染源 积极治疗患者和带虫者，凡粪便检查虫卵阳性者均应给予治疗。治疗药物首选吡喹酮（praziquantel）。阿苯达唑（albendazole）也有较好的疗效。要加强对猫、犬等保虫宿主的管理，不用生鱼喂猫、犬等动物是减少传染源的有效措施。

2. 切断传播途径 加强粪便管理，避免粪便入水是切断传播途径的重要措施。注意饮食卫生，不生食或半生食含有囊蚴的淡水鱼、虾。

3. 保护易感人群 做好卫生宣传教育工作，提高人群对华支睾吸虫病传播途径的认识是预防本病的关键。实验证明，90℃的热水可使厚约1 mm的鱼片内的囊蚴在1 s内死亡，75℃热水3 s内死亡，但在烧、烤、烫或蒸全鱼时，常因温度不够、时间不足或鱼肉过厚等原因而未能杀死全部囊蚴，因此改变烹调方法和饮食习惯是预防本病的重要途径。随着淡水养殖业迅速发展，加强鱼类等食品的卫生检疫工作尤为重要。

第三节　布氏姜片吸虫

布氏姜片吸虫 [*Fasciolopsis buski* (Lankester, 1857) Odhner, 1902] 简称姜片虫，是寄生于人体小肠内的大型吸虫，引起姜片虫病（fasciolopsiasis）。姜片虫病主要流行于亚洲，我国早在 1600 多年前东晋时期就有对本虫的记述。

【形态】

姜片虫是寄生人体最大的吸虫。成虫呈肉红色，长 20～75 mm，宽 8～20 mm，厚 0.5～3 mm。虫体肥厚，椭圆形，腹背扁平，前端稍尖，后端钝圆，形似姜片。口、腹吸盘相距较近，前后排列于虫体前端。腹吸盘呈漏斗状，比口吸盘大 4～5 倍。消化道包括口、咽、食道，及波浪状向后延伸的左、右 2 支肠支。两个呈珊瑚状分支的睾丸前后排列于虫体后半部。分支状卵巢位于睾丸之前，子宫盘曲于腹吸盘与卵巢之间（图 15-12）。

虫卵椭圆形，大小为（130～140）μm×（80～85）μm，淡黄色，是寄生人体中最大的蠕虫卵。卵壳较薄而光滑，卵盖不明显。内含 1 个卵细胞和 20～40 个卵黄细胞（图 15-13）。

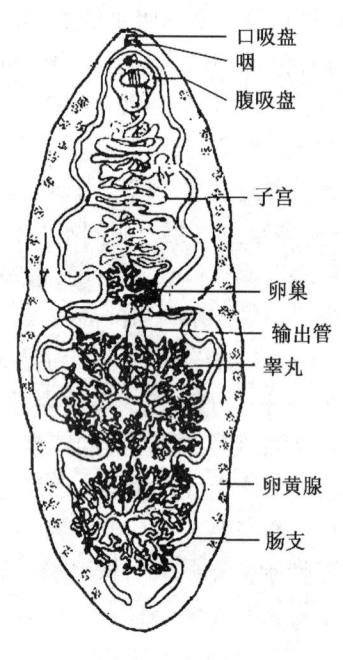

图 15-12　布氏姜片吸虫成虫

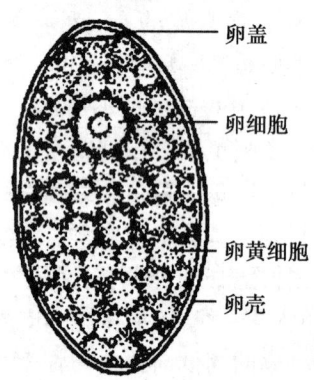

图 15-13　布氏姜片吸虫虫卵

【生活史】

姜片虫终末宿主为人和猪（或野猪），中间宿主是扁卷螺。菱角、荸荠、茭白、水浮莲、浮萍等水生植物为其传播媒介。生活史包括成虫、虫卵、毛蚴、胞蚴、母雷蚴、子雷蚴、尾蚴、囊蚴和后尾蚴等时期（图 15-14）。成虫寄生于终宿主小肠。虫卵随宿主粪便排出，入水后，在适宜的温度（27～32℃）下经 3 周左右发育为毛蚴。毛蚴在夏季水中可存活 7～34 小时，较冷季节能活 1～3 小时。在水中游动的毛蚴遇到中间宿主扁卷螺，即从螺头部钻入，经胞蚴、母雷蚴、子雷蚴等阶段后发育成尾蚴，尾蚴成熟后自螺体逸出。一般毛蚴侵入螺体至尾蚴逸出需 45 天左右。逸出的尾蚴附着于水生植物表面形成囊蚴。尾蚴形成囊蚴过程中对附着物无严格的选择，甚至在水面也可形成囊蚴。囊蚴被人或猪吞食后，其囊壁在小肠液或胆汁的作用下破裂，后尾蚴逸出，吸附于宿主小肠黏膜，吸收营养物质，经 1～3 个月发育为成虫。

成虫的寿命为 7 个月至 4.5 年不等。

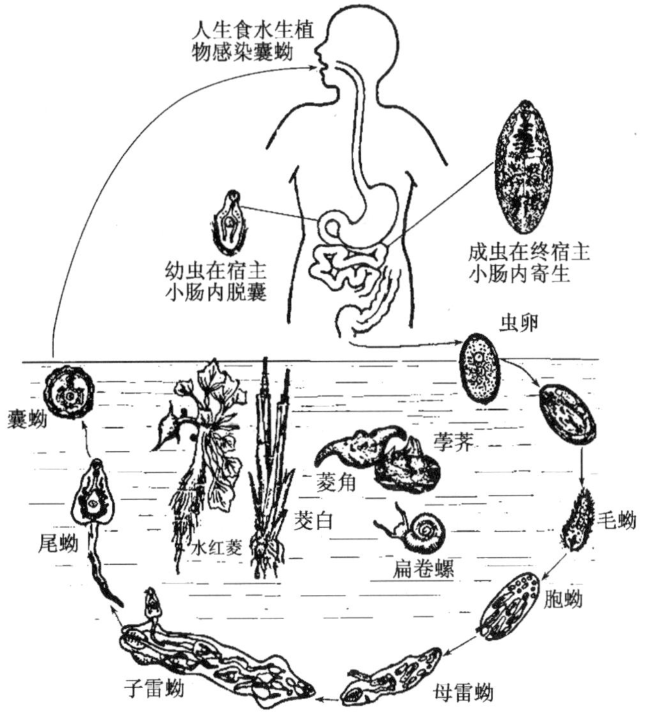

图 15-14　布氏姜片吸虫生活史

【致病】

1. 致病机制　姜片虫对宿主的致病作用，包括机械损伤和代谢产物、分泌物引起变态反应两方面。机械损伤主要表现为成虫以其发达的吸盘吸附于肠黏膜，导致肠黏膜及其附近组织发生炎症、出血、水肿，甚至坏死脱落、溃疡或脓肿。另外，虫体吸附于肠黏膜，不仅摄取肠道内营养物质，而且还遮盖肠黏膜表面，阻碍营养物质的消化和吸收。当感染虫数较多时，可造成消化功能紊乱、消化不良及各种维生素缺乏。大量虫体堆积成团可阻塞肠道，引起肠梗阻。虫体的代谢产物和分泌物可引起宿主嗜酸性粒细胞增多及变态反应。

2. 临床表现　本病的潜伏期为 1～3 个月。临床表现与患者感染虫数的多寡、健康状况及对感染的反应程度等因素有关。轻度感染者，可无明显临床表现，间或出现食欲下降，轻微腹痛，粪便无明显异常；中度感染者可有腹痛、腹泻、消化不良、水肿和多种维生素缺乏等表现，个别病例可发生肠梗阻；儿童患者可伴不同程度的智力减退；重症感染者症状加重，出现消瘦、贫血、腹水以及发育障碍，甚至死亡。

【诊断】

1. 病原学诊断　从粪便查出虫卵是确诊依据。常用的粪检方法有直接涂片法和沉淀法。因姜片虫卵大，容易识别，一般一次粪检 3 张涂片多可检出。但轻度感染的病例往往漏检。采用沉淀法可大大提高检出率。用改良加藤法可对虫卵进行计数，以确定感染程度。虫卵应与粪便中其他吸虫卵，如肝片形吸虫及棘口类吸虫卵进行鉴别。少数患者有自然排虫或呕吐虫体的现象，可经虫体鉴定予以确诊。

2. 免疫学诊断　可采用纯化的姜片虫成虫抗原，或排泄分泌物抗原进行皮内试验（ID）、酶联免疫吸附试验（ELISA）或间接荧光抗体试验（IFAT）等，此等方法在感染早期或大面积普查时具有辅助诊断价值。

【流行】

姜片虫病是人、猪共患寄生虫病，主要流行于亚洲的温带及亚热带地区。在我国，除东北三省和内蒙古、新疆、西藏、青海、宁夏等省、自治区外，其他有18个省、市和自治区均有姜片虫流行。

人群对姜片虫普遍易感，感染后无保护性免疫。本病流行与当地是否有传染源、中间宿主、水生媒介，以及人群有无生食水生植物的习惯有关。在流行区，人常因生食水红菱、荸荠、茭白或荷藕等水生植物，尤其在收摘菱角时，边采边食而感染；猪多因喂饲含有囊蚴的青饲料（如水浮莲、水萍莲、蕹菜、菱叶、浮萍等）而自然感染。猪是姜片虫的重要保虫宿主。此外，野猪和猕猴也曾有自然感染的报道。

人、猪粪便污染水源是造成本病流行的重要因素。将人厕或猪舍建在种植水生植物的塘边、河旁，或用新鲜粪便施肥，都可造成虫卵入水。姜片虫的中间宿主扁卷螺类种类多，分布广，孳生于水田、沼泽、池塘、沟渠等处。同一水域中的水红菱、荸荠、茭白或荷藕等水生植物，其表面常有囊蚴附着。实验证明尾蚴也可在水面上（尤以自然水体）成囊，因此饮用生水也可能感染。

姜片虫囊蚴对外界环境具有一定抵抗力。实验证明，28～30℃时，囊蚴在湿纸上可活10天以上，5℃可活1年。囊蚴不耐高温，在沸水中1分钟或阳光下暴晒1天即可死亡。囊蚴对干燥的抵抗力较弱，故在离种植地较远的人群中一般感染率低或无感染者。

【防治】

积极开展卫生宣传，提倡不生食水生植物，不饮生水；保护水源，防止人、猪粪便入水，或进行无害化处理；开展生物灭螺或药物灭螺，以消灭中间宿主；普查普治患者和带虫者，目前最有效的药物是吡喹酮，槟榔亦有驱姜片虫的功效；提倡家猪圈养，不用被囊蚴污染的生水和青饲料喂饲。

（孙希萌）

第四节 肝片形吸虫

肝片形吸虫（Fasciola hepatica Linn，1758）与姜片吸虫同属片形科（Fasciolidae），是一种主要寄生于牛、羊等反刍类动物肝胆管内的吸虫，偶尔可寄生于人体，引起肝片形吸虫病（fascioliasis hepatica）。

【形态】

肝片形吸虫成虫呈叶片状，虫体大小为(20～50) mm×(8～13) mm，活体呈深红褐色。头端呈圆锥状突起，称头锥，其后虫体骤宽。口吸盘较小，位于头锥前端，腹吸盘位于头锥基部，略大于口吸盘。消化道由口、咽、食道及呈树枝状的肠支组成，但肠支有较多侧分支。睾丸2个，高度分支，前后排列于虫体中部。卵巢较小，分支细，位于睾丸之前。管状子宫盘绕而上，开口于生殖腔（图15-15）。虫卵似姜片吸虫卵，椭圆形，黄褐色，大小为(130～150) μm×(60～90) μm。卵壳较薄，一端有卵盖，卵盖较大。卵内含有一个卵细胞和多个卵黄细胞。

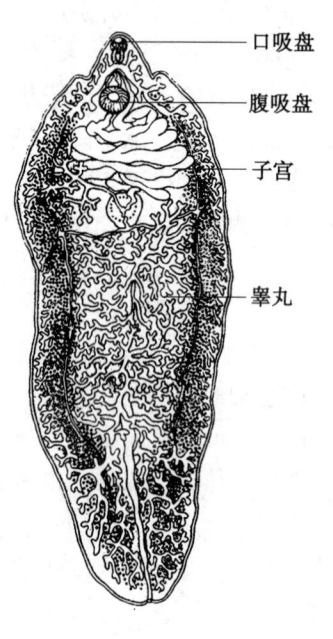

图15-15　肝片形吸虫成虫

【生活史】

肝片形吸虫成虫寄生在终宿主肝胆管内,产出的虫卵随胆汁进入肠道,混在粪便中排出体外。虫卵入水后,在适宜的温度下发育为毛蚴。毛蚴钻入中间宿主椎实螺科的淡水螺体内。经胞蚴、母雷蚴、子雷蚴无性增殖最后形成大量尾蚴。尾蚴逸出螺体后,在水草等水生植物表面结囊形成囊蚴。若囊蚴被牛、羊或人等终宿主食入,在十二指肠消化液的作用下童虫脱囊而出,主动穿过肠壁,进入腹腔,钻破肝被膜侵入肝,最终进入胆管寄生并发育为成虫。在移行过程中,部分童虫可停留在其他处,如肺、脑、眼眶、皮下等异位寄生。宿主自感染囊蚴后,最短10~11周即可在粪便中发现虫卵,整个生活史完成约需5个月。每条成虫每天可产卵约20 000个。成虫在人体内可存活长达12~13年。

【致病】

肝片形吸虫的后尾蚴（或称童虫）和成虫均可致病。后尾蚴在穿过肠壁、进入腹腔的过程中,破坏肠壁组织引起出血、炎症和腹膜炎。童虫移行至肝可造成肝实质损伤性肝炎。成虫进入肝胆管后,由于机械性和化学性刺激,引起胆管炎症、胆管上皮细胞增生以及慢性肝炎等。

感染肝片形吸虫后,少数为无症状带虫者。本病潜伏期为数日至2~3个月。临床表现分为急性期、潜隐期、慢性期。

1. 急性期（侵袭期） 主要由童虫在腹腔及肝内移行所引起。一般表现为高热、胃肠道症状,如恶心、呕吐、腹胀、腹痛、腹泻和便秘等,以及肝大、贫血和血中嗜酸性粒细胞增多,有时也可出现肺部和皮肤变态反应。上述症状可持续约4个月,随着虫体进入胆管,病程进入慢性期。

2. 慢性期（阻塞期） 以成虫引起的胆管炎症和增生为主的临床表现。主要表现为乏力、右上腹疼痛或胆绞痛、恶心、厌食、贫血、黄疸和肝大等症状。

3. 潜隐期 通常在感染后4个月左右,此时虫体已进入胆管,患者出现症状减退或消失,长达数月至数年可无明显不适,但病变在进展之中,严重者可致肝纤维化。

若童虫在移行过程中进入血管,可随血流到达皮下、眼、脑、支气管、肺和膀胱等组织器官,造成异位寄生,亦称肝外肝片形吸虫病。此外,在有生食牛、羊的肝肠习惯的人群,虫体可侵入咽部,引起咽部肝片形吸虫病。

【诊断】

1. 病原学诊断 从粪便或十二指肠引流液中检出虫卵为确诊依据。虫卵与姜片虫卵及棘口吸虫卵形态相似,需注意鉴别。经外科剖腹探查或胆管手术等发现虫体也可确诊。

2. 免疫学诊断 免疫学检查可作为本病（尤其是急性期或异位寄生病例）的辅助诊断方法,包括酶联免疫吸附试验（ELISA）、间接血凝试验（IHA）和间接免疫荧光抗体试验（IFAT）等。

【流行与防治】

肝片形吸虫呈世界性分布,以动物感染为主,牛、羊感染率在20%~60%。国外个别地区有人群局部流行的报道。法国、葡萄牙、西班牙、英国、阿尔及利亚、古巴等国家是本病的主要流行区。在我国,肝片形吸虫病散发于15个省市,估计全国感染人数为12万,其中以甘肃省人群感染率为最高。

肝片形吸虫寄生的宿主甚为广泛,除牛、羊等反刍类哺乳类动物外,多种杂食性动物,包括偶蹄类、啮齿类、食肉类和灵长类等动物也较易感染。中间宿主为椎实螺科的淡水螺类,在我国主要是截口土蜗（*Galba truncatula*）。在低洼潮湿的沼泽地带,牛、羊粪便污染环境,加之椎实螺的存在,可使牛、羊吃草时受到感染。人因生食带囊蚴的水生植物、喝含囊蚴的生水,或生食、半生食含童虫的牛、羊肝而感染。

肝片形吸虫病预防的关键是做好卫生宣传和注意饮食卫生,勿生食水生植物及牛、羊等动物的内脏。治疗药物首选为硫氯酚（bithionol sulfoxide，别丁），其他可选药物有吡喹酮和阿苯达唑等。

第五节　并殖吸虫

并殖吸虫（*Paragonimus*）隶属于并殖科（Paragonimidae）。该虫于1877年由Westerman在印度虎的肺组织中发现。1879年，林格（Ringer）在中国台湾一名水手尸体的肺组织中检出成虫。1880年，英国热带病研究者Manson博士在厦门一个福州籍患者痰中查见并殖吸虫卵，但直到1930年应元岳在浙江绍兴兰亭发现两例并殖吸虫患者，才最终确定肺吸虫病也存在于中国。迄今全世界报道的并殖吸虫有50余种（包括同种异名、亚种、变种、不确定虫种以及误定虫种），其中，中国已报道32种。并殖吸虫成虫主要寄生于终宿主的肺，故又称肺吸虫（lung fluke）。由本虫感染引起的并殖吸虫病（paragonimiasis，paragonimosis），又称为肺吸虫病（lung fluke disease），是我国分布较广、危害较重的一种人兽共患寄生虫病。在我国，对人体有致病性的并殖吸虫主要有卫氏并殖吸虫（*Paragonimus westermani*）、斯氏并殖吸虫（*Paragonimus skrjabini*）和异盘并殖吸虫（*Paragonimus heterotremus*）。

一、卫氏并殖吸虫

卫氏并殖吸虫 [*Paragonimus westermani*（Kerbert，1878）Braun，1899] 分布于世界各地，以东南亚为主，是人体并殖吸虫病的主要病原体，也是最早被发现的并殖吸虫之一。卫氏并殖吸虫是人体并殖吸虫病的主要病原体，成虫主要寄生在人和多种肉食类哺乳动物的肺内，导致卫氏并殖吸虫病。

【形态】

1. 成虫　虫体肥厚，椭圆形，背面隆起，腹面扁平。活虫伸缩时体形变化很大，大小为（7～15）mm×（4～6）mm×（3.5～5）mm，长宽之比为（1.3～2.3）:1。活体呈暗红色，半透明，固定后，呈灰白色，在光镜下可见体表密布细小的体棘。口、腹吸盘大小相近，口吸盘位于虫体前端，腹吸盘位于虫体中横线之前。消化道由口、咽、食道和肠管组成，口位于口吸盘中央，其后是球形的咽部和短小的食道，食道之后分为2个肠支，沿虫体两侧向后呈波浪状弯曲至虫体末端，以盲端终止。生殖系统为雌雄同体，卵巢分5～6叶，形如指状，与盘曲庞大的子宫并列于腹吸盘之后。睾丸2个，细小，分支状，左右并列于虫体后1/3处。卵黄腺由许多密集的卵黄滤泡组成，分布在虫体两侧。雌雄生殖器官左右并列，为本虫的显著形态特点，故称为并殖吸虫（图15-16）。成虫外部形态、口腹吸盘比例、卵巢分叶、睾丸分支等特征是并殖吸虫形态鉴别的重要依据。

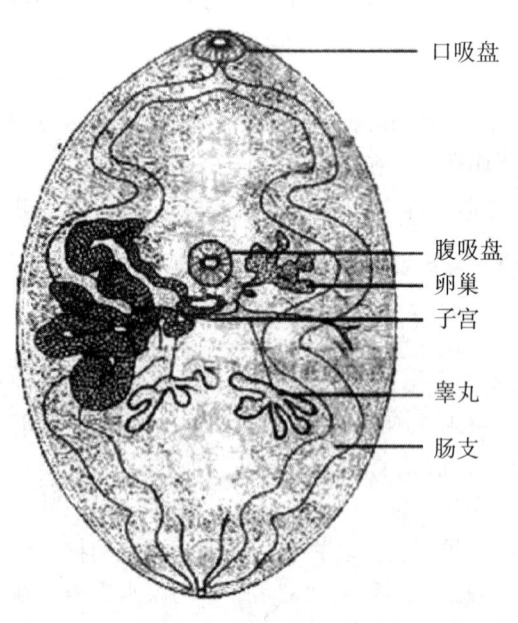

图 15-16　卫氏并殖吸虫成虫

2. 虫卵 金黄色，椭圆形，多数不对称，一端较宽、一端较窄，大小为（80～118）μm×（48～60）μm。卵壳厚薄不均匀，较宽的一端有一大而明显的卵盖，略倾斜或缺失，较窄一端卵壳明显增厚。卵内含有 1 个卵细胞和 10～20 个卵黄细胞（图 15-17）。

3. 囊蚴 乳白色，球形，较大，肉眼可见，直径为 300～400 μm。囊壁较厚，低倍镜下可见囊壁分内、外两层，后尾蚴卷曲于其内，后尾蚴的两侧有显著折叠的肠管迂曲后行，至末端为盲端，两肠管之间充满黑色的排泄囊。

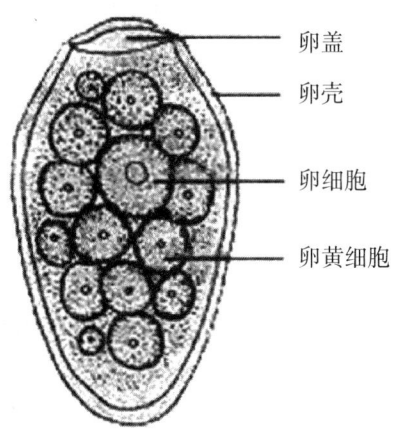

图 15-17　卫氏并殖吸虫虫卵

【生活史】

卫氏并殖吸虫终宿主为人和多种肉食性哺乳动物（虎、豹、犬、猫、鼠等 20 余种）。第一中间宿主为淡水螺类，常见的有蜷科（Thiaridae）和黑贝科（Pleuroceridae）中的某些螺类（如川卷螺）。第二中间宿主为甲壳纲的淡水蟹和蝲蛄。

成虫主要寄生在终宿主的肺，以坏死组织和血液为食，并在肺内形成虫囊，虫囊内一般有 2 条成虫。成虫产出的虫卵通过与虫囊相通的支气管随痰液吐出，或痰液被宿主吞咽后虫卵随粪便排出。若虫卵入水，在适宜的温度（25～30℃）下，约经 3 周发育孵出毛蚴，毛蚴在水中活跃游动，遇到适宜的第一中间宿主淡水螺类（川卷螺）即主动侵入，约经 2 个月的无性繁殖，经胞蚴、母雷蚴及子雷蚴阶段而产生许多尾蚴，成熟的尾蚴具有短小球状的尾部。尾蚴自螺体逸出后，主动侵入或被吞入第二中间宿主淡水蟹或蝲蛄体内，发育成囊蚴。终宿主因生食或半生食含有活囊蚴的淡水蟹或蝲蛄而感染。囊蚴经口到达终宿主小肠后，在胆汁和消化液的作用下，后尾蚴自囊中脱出成为童虫。童虫具有很强的穿透能力，能穿过肠壁进入腹腔，游走于腹腔脏器之间或侵入邻近组织或腹壁，经 1～3 周的移行发育后，童虫越过肝表面或经肝实质穿行或直接从腹腔穿过膈肌经胸腔进入肺，在肺组织中发育为成虫（图 15-18）。从感染囊蚴至成虫产卵需 2～3 个月。成虫在人体内一般可存活 5～6 年，个别可达 20 年。虫体在组织内的移行贯穿能力很强，除寄生在终宿主的肺部外，还可异位寄生在终宿主皮下、肝、脑、脊髓、肾等几乎所有器官内。

【致病】

1. 致病机制 卫氏并殖吸虫的致病作用主要是虫体在组织器官内移行及寄居造成的机械性损伤，以及排泄、分泌等代谢产物引起的免疫病理组织学反应。根据病程的发展可分急性期和慢性期。

（1）急性期：主要由童虫移行、窜扰所致。童虫穿过肠壁引起出血性、纤维素性炎症或脓性窦道；虫体进入腹腔可引起炎性渗出，内含大量嗜酸性粒细胞；侵入腹壁可致出血性或化脓腹膜肌炎；在肝表面移行，经过处可有纤维蛋白附着，肝表面可呈"虫蚀样"病变；若虫体钻入肝组织，在肝实质内移行后穿出，则可见肝表面呈针点状小孔，肝组织局部出血、坏死、硬变；虫体穿过的横膈、胸膜处，可形成点状出血及炎性病理学改变。急性期症状多在食入囊蚴后数天至 1 个月左右出现，也有在食入囊蚴第 2 天出现者。急性期临床表现轻重不一，轻者仅有乏力、食欲缺乏、腹痛和腹泻等非特异性消化道症状；重者可有全身过敏反应、咳嗽、气促和胸痛等症状。胸部 X 线摄片可见片状阴影，易被误诊为"肺结核""肺炎""结核性胸膜炎"等疾病。

（2）慢性期：大多数患者的早期症状不明显，主要是由虫体进入肺部发育及寄生引起的病变，其病理变化过程可分为 3 期。

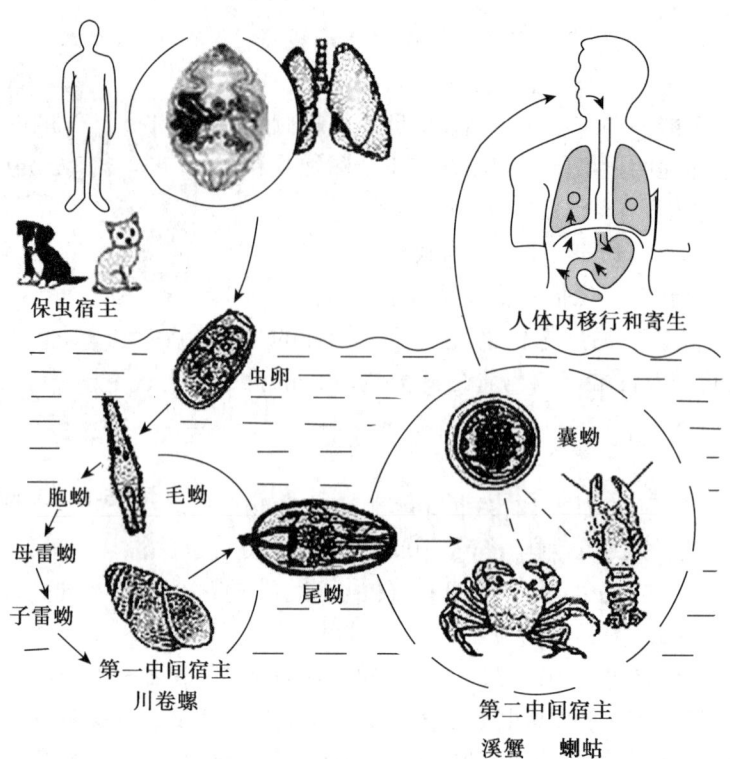

图 15-18　卫氏并殖吸虫生活史

脓肿期：主要是虫体移行引起组织破坏、出血及继发感染，继而出现以中性粒细胞和嗜酸性粒细胞为主的炎性渗出，最后形成脓肿。随着病程发展，病灶周围形成以肉芽组织增生为主的薄膜状脓肿壁。X线显示边缘模糊、界限不清的浸润性阴影。

囊肿期：由于炎性渗出，脓肿内大量浸润的细胞变性、坏死、液化，被机体逐渐吸收后变成赤褐色黏稠液体，内含大量虫卵和夏科-莱登结晶。肉芽组织继续增生而使囊壁变厚，形成边界清楚的结节状囊肿。X线显示边缘清楚的囊状阴影。

纤维瘢痕期：若虫体死亡或转移，囊内容物逐渐被吸收或通过支气管排出，囊腔被肉芽组织填充并纤维化形成瘢痕。X线显示结节状或条索状阴影。由于虫体在肺组织内的寄居部位随虫体的移行而不断变化，因此新旧病变常可同时并存。

2. 临床表现　本病的潜伏期不易确定，感染后可在一段时间内无症状，但多在感染后6个月左右发病，重症感染者经感染后数日，甚至第2天即出现症状。卫氏并殖吸虫病临床表现复杂多样，与感染虫数的多少、虫体寄生部位以及宿主的免疫力密切相关。一般以缓慢发病、慢性临床经过为特点；以肺部形成囊肿为主要病变；以出现胸痛、咳嗽、咳烂桃样血痰为典型临床表现。根据病情及累及部位的不同，可分为隐性感染、急性肺吸虫病和慢性肺吸虫病。

（1）隐性感染：或称亚临床型。这类感染者无明显的临床症状和体征，但感染者有食生蟹史，多种免疫学试验阳性，外周血嗜酸性粒细胞增多，有时伴有肝功能损害。此类患者在流行区较为常见，造成隐性感染的原因可能是感染较轻，也可能是感染早期。

（2）急性肺吸虫病：常在食入囊蚴后数天至1个月发病，重症感染者第2天即可出现症状。轻者仅表现为低热、食欲缺乏、乏力、腹痛、腹泻等症状；重者起病急骤，在感染2～10天后出现症状，表现为腹痛、腹泻、黏液血便，伴有食欲缺乏。继而在感染10～30天后出现全身反应和呼吸道症状，主要表现为畏寒、发热、胸痛、胸闷、咳嗽、咯烂桃样痰、肝大、腹水及荨麻疹等。血常规检查可发现嗜酸性粒细胞明显增多，一般为20%～40%，高者可达80%以上。本病常见于新进入疫区感染者。

（3）慢性肺吸虫病：多数患者早期并无明显症状和体征，而在确诊时已呈慢性病变。根据虫体寄居部位和患者临床症状分为以下几型。

胸肺型：最常见，约占病例总数的50%，虫体主要寄生在肺部并造成肺部的损害，患者临床表现为咳嗽、胸闷、胸痛、咳烂桃样血痰等。痰中可见大量虫卵及夏科-莱登结晶。常伴发胸膜炎、胸膜增厚、胸膜粘连、胸腔积液等。虫体侵入心包可引起心包炎、心包积液等。X线显示肺部炎症明显，易被误诊为肺结核或肺炎。

腹型：约占病例总数的30%。虫体主要在腹腔脏器内移行和寄生，患者表现为腹痛、腹泻，有时粪便带血。腹痛多为全腹或右下腹隐痛，疼痛剧烈时易被误诊为急性阑尾炎。严重者可因腹腔内炎症而发生腹腔脏器粘连、肠梗阻等。

肝型：多见于儿童患者，约占儿童病例总数的50%。虫体在肝内移行和寄生，患者主要表现为肝区疼痛、肝大及肝功能异常。血清γ球蛋白升高，白蛋白/球蛋白比例倒置，易被误诊为肝炎。

脑脊髓型：占病例总数的10%~20%，多见于儿童和青少年。虫体侵入颅内寄生，导致脑组织损伤。患者临床表现复杂多样，常见的症状有阵发性剧烈头痛、癫痫发作、偏瘫和颅内占位性病变症状和体征等。有些患者出现视力障碍、脑膜炎、蛛网膜下腔出血等症状。偶见因虫体侵入脊髓，致下肢感觉和运动障碍，二便失禁和截瘫等。

皮下包块型：约占病例总数的10%。虫体在皮下肌肉内移行和寄生，患者出现皮下游走性包块，如一处包块消失后，间隔一些时日又在附近或其他部位出现。常见部位为腹壁、胸壁、头颈处，也可出现于腹股沟、腰背部、大腿内侧、眼眶和阴囊等处。皮下包块大小不一，直径多为1~3cm，患处表面皮肤色泽正常，触之可推动，常为单个散发，偶可多个成串。在病变部位活检组织内有时可查到童虫、成虫或虫卵。

其他类型：虫体组织贯穿能力很强，除可侵犯上述临床常见寄生部位外，还可累及人体其他组织器官，并引起相应的病变。如阴囊肿块型（占1%~26%）、心包型、肾型等。

亚临床型：患者症状不明显，皮试及血清免疫学检测阳性。这类患者可能为轻度感染者，也可能是感染早期或虫体已消失的感染者。

【诊断】

卫氏并殖吸虫病的确诊以病原学诊断为主，但对于亚临床型患者和各种肺外型患者，难以查到虫体或虫卵，有的需要通过一些敏感性强、特异性高的免疫学方法或影像学技术进行辅助诊断。

1. 病原学检查 查获虫体或虫卵是确诊卫氏并殖吸虫的主要依据。可取患者的痰液、粪便或病理组织作为标本。

（1）痰液或粪便检查：痰液可采用生理盐水直接涂片法检查。多次检查如未查到虫卵但有夏科-莱登结晶者，可选用浓集法，收集患者24小时痰液，加等量10%氢氧化钠溶液，将痰液消化至完全溶解后离心，取沉淀镜检。粪检方法可采用直接涂片法或浓集法。

（2）活组织检查：手术摘取皮下包块或手术获得病理组织，若检获童虫、成虫或虫卵即可确诊。

2. 免疫学检查 用特异性抗体或抗原检测患者血清中相应抗原或抗体，此方法对肺外寄生的虫体有辅助诊断价值。皮内试验常用于流行病学普查或初筛，但假阳性和假阴性率均较高，应予注意。酶联免疫吸附试验（ELISA）敏感性高，特异性强，是目前普遍使用的方法。此外，用抗肺吸虫成虫的多克隆抗体和单克隆抗体，采用夹心ELISA或Dot-ELISA法检测患者血清中循环抗原，可进行早期诊断，并用于疗效考核。

3. 影像学检查 胸肺型、脑脊髓型、肝型肺吸虫病可采用X线、CT、B超等影像学技术检查，检查结果具有一定辅助诊断价值。鉴于卫氏并殖吸虫病临床表现复杂多变，常易被误诊为其他疾病，为提高诊断的准确性，常需要结合流行病学进行综合分析。

【流行】

1. 地理分布 卫氏并殖吸虫呈世界性分布，以东南亚为主，人体感染主要见于日本、韩国、泰国、中国、马来西亚、印度和菲律宾等国家。我国主要分布在黑龙江、吉林、辽宁、安徽、浙江、四川、湖北、云南、福建和台湾等25个省、市、自治区。第三次全国人体重要寄生虫病现状调查结果显示，我国居民并殖吸虫感染率约为1.70/10万。

2. 传染源 凡能排出虫卵的患者、带虫者和保虫宿主都是本病的传染源。保虫宿主种类繁多，主要有犬、猫、虎、豹、狼等20余种哺乳类动物。受染野生动物是自然疫源区的主要传染源。

3. 转续宿主 由于很多保虫宿主并不捕食或很少捕食淡水蟹和蝲蛄，故转续宿主对肺吸虫在野生动物间的传播起重要作用。常见的转续宿主有猪、鼠、兔、羊、蛙、鸟和鸡等，因此卫氏并殖吸虫的感染期除囊蚴外，还有转续宿主体内的童虫。转续宿主的种类多、分布广、数量大，是流行病学上不可忽略的重要因素。

4. 中间宿主 第一中间宿主是淡水螺类，亚洲有2科4属16种，主要为腹足纲的黑贝科和蜷科的淡水螺。第二中间宿主是淡水蟹、蝲蛄，约隶属4科8属28种。在中国北方为蝲蛄，如东北蝲蛄（Cambaroides similis）、朝鲜蝲蛄（Cambaroides sinensis）等；在南方为溪蟹，如隶属于华溪蟹科（Sinopotamidae）、溪蟹科（Potamonidae）、石蟹科（Isolapotamidae）、方蟹科（Grapeidae）的淡水蟹。第一、第二中间宿主共同栖息于水流清澈、卵石较多的山溪或小河，故本病多流行于山区和丘陵地带。根据第二中间宿主的地理分布，国内将流行区分为溪蟹型流行区和仅存在于东北三省的蝲蛄型流行区。溪蟹型流行区囊蚴在蟹体内的分布很广，多见于蟹肉中，从螯肢、步肢肌肉、胸肌均可检出囊蚴，感染率4%～30%；蝲蛄型流行区与当地居民喜欢吃蝲蛄及其制品有关，经过多年努力，尽管患者数量明显减少，但在某些地区仍是常见病。

5. 感染途径与方式 本病为食源性寄生虫病。人感染卫氏并殖吸虫主要是经口食入含有活囊蚴的淡水蟹或蝲蛄。疫区居民喜食溪蟹或蝲蛄，如腌蟹、醉蟹、蝲蛄酱、蝲蛄豆腐等，这些生食或半生食溪蟹和蝲蛄的方式，很容易将食物内含有的活囊蚴食入。此外，活囊蚴可污染炊具；或溪蟹、蝲蛄死后，囊蚴落入水中，若生饮含活囊蚴的水也可导致感染。据报道，生食或半生食含有童虫之转续宿主的肉类也可感染，猪、兔、鼠、蛙、鸡、鸟等多种动物已被证实可作为卫氏并殖吸虫的转续宿主。

6. 易感人群 人群对并殖吸虫普遍易感，儿童较成人多见。丘陵、山区等地带的人群患病率高于城镇居民。近年来，随着饮食习惯的改变，城乡交往频繁，旅游业兴盛，户外活动增多，城市居民中不断有并殖吸虫病例的出现，值得注意。

【防治】

预防本病的关键措施是不生食或半生食溪蟹、蝲蛄、转续宿主的肉类及其制品，不饮生水。普及健康教育，积极治疗患者和带虫者。捕杀或治疗保虫宿主，以减少传染源。同时加强粪便和水源管理，防止虫卵污染水源。治疗本病的首选药物为吡喹酮（praziquantel），该药具有疗效高、毒性低、疗程短等优点。但对于脑型或较严重的肺吸虫病患者，则需要延长疗程。局限病灶或脑、脊髓有局限压迫症状者，可采用手术治疗，摘除囊肿或结节。

加强宣传教育是控制本病最重要的措施，特别是要加强对儿童的教育。破除所谓食生蟹可"强身壮骨""清凉败火"等不科学的说法。防止在加工食品过程中肺吸虫囊蚴污染砧板、菜刀、碗等食具，以及污染手、水等。在基建及开发山区时，要做到宣教先行，预防感染。

二、斯氏并殖吸虫

斯氏并殖吸虫（*Paragonimus skrjabini* Chen，1959）隶属于复殖纲（Digenea）、斜睾目

（Plagiorchiida）、并殖科（Paragonimidae）。本虫由我国学者陈心陶于 1935 年在果子狸的肺中发现，1963 年将其划归为狸殖属（*Pagumogonimus*），命名为斯氏狸殖吸虫 [*Pagumogonimus skrjabini* (Chen, 1959) Chen, 1963]。1999 年，Blair 应用线粒体细胞色素 C 氧化酶亚单位 1 (CO1) 部分基因和核糖体 DNA 第二间隔区（ITS2）基因序列对狸殖属、正并殖属与并殖属的虫种进行了研究，发现在种系发生树中狸殖属不是一个自然的分类单元，认为斯氏狸殖吸虫应为斯氏并殖吸虫。因此，重新使用斯氏并殖吸虫的名称。

人是斯氏并殖吸虫的非适宜宿主，斯氏并殖吸虫在人体内一般不能发育为成虫，主要引起幼虫移行症。此虫主要流行于我国，国外除印度外，其他国家并未见报道。

【形态】

成虫肥硕，狭长，前宽后窄，最宽处在体前 1/3 处或更前，两端较尖，呈梭形。长径为 11.0～18.5 mm，横径为 3.5～6.0 mm。腹吸盘位于虫体前 1/3 处，略大于口吸盘。卵巢形如珊瑚状，其大小和分支情况与虫龄密切相关，虫龄高者分支数也多。子宫盘曲庞大，可掩盖部分卵巢。卵巢与子宫并列于腹吸盘后。两个长形分支状的睾丸并列于虫体中 1/3 和后 1/3 的中间部位（图 15-19）。

虫卵与卫氏并殖吸虫卵相似，椭圆形，其外形不对称、卵壳厚薄不均等特征不如卫氏并殖吸虫卵明显，卵内含卵细胞和 9～12 个卵黄细胞。其大小因地区、宿主不同有较大差异，平均为 79.2 μm×45.6 μm。

【生活史】

斯氏并殖吸虫终宿主为果子狸、猫、犬、狐狸、貂等哺乳动物。第一中间宿主为淡水螺类，隶属于 2 科 5 属 21 种，如圆口螺科（Pomatiopsidae）的圆口螺亚科

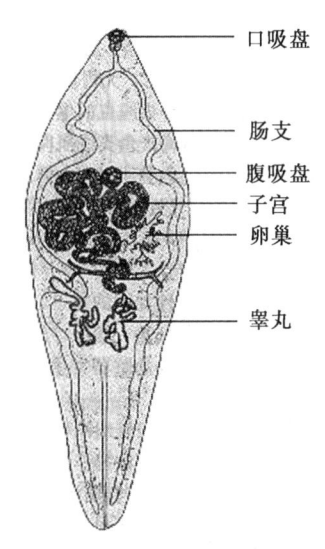

图 15-19　斯氏并殖吸虫成虫

（Pomatiopsinae）、拟钉螺亚科（Triculinae）和苔守螺科（Amnicolidae）的小型及微型螺类，这些螺多栖息于流速较缓的山沟小溪中。第二中间宿主是淡水蟹类，隶属于 2 科 4 属 16 种，如锯齿华溪蟹、福建马来溪蟹，以及红娘华（*Laccotrephes japonensis*）等。蛙、鼠、兔、野猪、鸭、鸡、鸟等可作为转续宿主。人是其非适宜宿主。终宿主吞食了含囊蚴的淡水蟹，或含童虫的转续宿主而感染。后尾蚴在十二指肠逸出发育为童虫。童虫穿过肠壁进入腹腔，在各脏器间游走、发育，约 28 天后开始进入胸腔，侵入肺组织，形成虫囊，发育为成虫并产卵，引起与卫氏并殖吸虫相似的病变。虫卵随终宿主粪便排出。若虫卵入水，在适宜的温度下，16 天左右孵化出毛蚴。毛蚴钻入第一中间宿主体内后，经胞蚴、母雷蚴、子雷蚴等阶段的无性增殖发育，逸出大量尾蚴。尾蚴侵入第二中间宿主体内发育成囊蚴。人不是本虫的适宜宿主，人若生食或半生食含活囊蚴的淡水蟹，绝大多数虫体在人体内不能发育成熟，处于童虫阶段，在人体各组织器官间徘徊，难以定居，仅有极少数在肺中发育成熟并产卵。

【致病】

本虫是人兽共患、以兽为主的致病虫种。在动物体内，虫体在肺形成虫囊，发育成熟产卵，引起类似卫氏并殖吸虫病的一系列典型病变。人是本虫的非正常宿主，在人体内，侵入的虫体大多停留在童虫状态，到处游窜，难以定居，造成局部或全身病变，引起幼虫移行症（larva migrans），表现为局部或全身性损害。根据幼虫侵犯部位的不同，由其引起的幼虫移行症可分为两种类型：皮肤型与内脏型。

1. 皮肤型　最常见，占病例的 50%～80%。表现为皮下游走性包块或结节，直径一般为 1～3 cm，多为单个，偶为多个或成串，常见于腹部、胸背部，也可见于头颈部、四肢、腹股

沟、阴囊及腋窝等处。包块边界不清，多紧靠皮下，皮肤表面无明显红肿，活检可见隧道样虫穴，有时能查见童虫，镜下可见嗜酸性粒细胞肉芽肿、坏死渗出物及夏科-莱登结晶等。

2. 内脏型 临床表现因侵犯器官不同而异。侵犯胸、肺可引起渗出性胸膜炎、胸腔积液、胸膜增厚粘连，患者可出现呼吸困难、胸痛、咳嗽、咳痰等症状，但痰量少，偶带血丝，痰中一般无虫卵；侵犯腹部以腹痛、腹泻、便血、腹内肿块为主；侵犯肝可出现肝区疼痛、肝大及转氨酶升高等表现，肝组织损伤较重；侵犯脑可出现头痛、呕吐、癫痫、偏瘫等症状；侵入心包可致心包炎、心包积液，出现心悸、气促等；侵犯眼眶可导致眼球突出。在出现局部症状的同时，常伴有低热、乏力、食欲缺乏等全身症状。血常规检查嗜酸性粒细胞明显增多，可达80%。因本病损害器官不定，且同时有多个器官受损，多浆膜腔积液，临床表现复杂，临床上误诊率相当高，应特别注意与肺结核、结核性胸膜炎、肺炎、肝炎、皮下脂肪瘤、脑肿瘤、肝癌等鉴别。

【诊断】

由于斯氏并殖吸虫在人体内一般不能发育为成虫，故患者的痰液或粪便中几乎查不到虫卵。皮肤型患者，取皮下包块做活组织检查是最可靠的诊断方法，可见嗜酸性肉芽肿，有时可见夏科-莱登结晶或童虫。另外，免疫学检查是最常用的辅助诊断方法，对内脏型患者或皮肤型患者均适用。

【流行与防治】

斯氏并殖吸虫主要分布于我国，印度也有病例报道。我国主要见于甘肃、陕西、山西、云南、广西、贵州、四川、重庆、湖北、湖南、河南、广东、福建、浙江、江西15个省、市、自治区。本病的传染源是家猫、犬、豹猫、果子狸、狐等哺乳动物。大鼠、小鼠、蛙、鸡、鸟等动物可作为本虫的转续宿主。人因生食或半生食含有活囊蚴的淡水蟹或含有童虫的转续宿主而感染。

流行因素和防治措施与卫氏并殖吸虫基本相同。治疗药物首选吡喹酮（praziquantel），三氯苯达唑（triclabendazole）也有一定疗效。

（张　静）

第六节　血　吸　虫

案例 15-2

王某，女性，20岁，就读于安徽省芜湖市某高校。2004年6至7月期间多次到芜湖市南陵县弋江镇同学家游玩，并到户外下河游泳。2004年8月1日出现发热、乏力、腹泻等症状，在当地诊所治疗，症状没有改善。8月5日到县人民医院住院治疗，其粪便检查中发现多个椭圆形虫卵引起医生的注意。医生再仔细询问病史，患者回忆每次游泳后都会出现皮肤瘙痒，起小红疹，过几天皮疹就好了。于是医生推断患者有可能是感染了这种寄生虫才出现了发热、腹泻等症状。

问题：

1. 患者粪便中的虫卵可能是哪种寄生虫的虫卵？其形态特点是什么？
2. 该寄生虫是如何引起上述症状的？除了患者已有的症状，这种寄生虫还能引起哪些临床表现？
3. 患者是如何感染的？如何预防？

裂体吸虫（schistosome）亦称血吸虫或住血吸虫，隶属于复殖纲（Digenea）[又称吸虫纲（trematoda）]、鸮形目（Strigeida）、裂体科（Schistosomatidae）、裂体属（Schistosoma），成虫寄生于人或哺乳动物的静脉血管内，引起血吸虫病（schistosomiasis）。

寄生于人体的血吸虫主要有6种，即日本血吸虫（*Schistosoma japonicum* Katsurada，1904）、曼氏血吸虫（*S. mansoni* Sambon，1907）、埃及血吸虫 [*S. haematobium*（Bilharz，1852）Weinland，1858]、间插血吸虫（*S. intercalatum* Fisher，1934）、湄公血吸虫（*S. mekongi* Voge，Brueckner& Bruce，1978）和马来血吸虫（*S. malayensis* Greer et al.，1988）。其中以日本血吸虫、埃及血吸虫和曼氏血吸虫引起的血吸虫病流行范围最广，危害最大。

血吸虫病主要分布于亚洲、非洲和拉丁美洲，我国仅有日本血吸虫病的流行。20世纪70年代，在湖南省长沙市马王堆西汉古墓女尸（B. C 186年）和湖北省江陵县西汉古墓男尸（B. C 163年）体内发现有典型的日本血吸虫卵，表明远在2190多年前我国已有日本血吸虫病流行。

【形态】

1. 日本血吸虫的形态

（1）成虫：圆柱形，形似线虫，雌雄异体。虫体前端有发达的口吸盘与腹吸盘。雄虫粗短，乳白色，长10～20 mm，宽0.5～0.55 mm，背腹扁平，自腹吸盘以下虫体两侧向腹面卷曲形成抱雌沟（gynecophoric canal），雌虫常居于其中，与雄虫呈雌雄合抱状态。雌虫细长，黑褐色，长12～28 mm，宽0.1～0.3 mm。口、腹吸盘等大，均不及雄虫的明显（图15-20）。

消化系统：有口、食管、肠管，无咽。肠管在腹吸盘后缘水平分为左、右两支，延伸至虫体后1/3处汇合成单一的盲管。成虫以宿主血液为食。

生殖系统：雄虫由睾丸、输出管、输精管和贮精囊、生殖孔组成。睾丸圆形，多为7个，呈串珠状排列，每个睾丸发出一输出管，汇于输精管，向前通于贮精囊，生殖孔开口于腹吸盘后方。雌虫生殖系统包括卵巢1个，位于虫体中部，呈长椭圆形，由卵巢下部发出一输卵管，绕过卵巢向前，与来自虫体后部的卵黄管在卵巢前汇合成卵模，卵模外被梅氏腺并与子宫相接。子宫开口于腹吸盘下方的生殖孔。

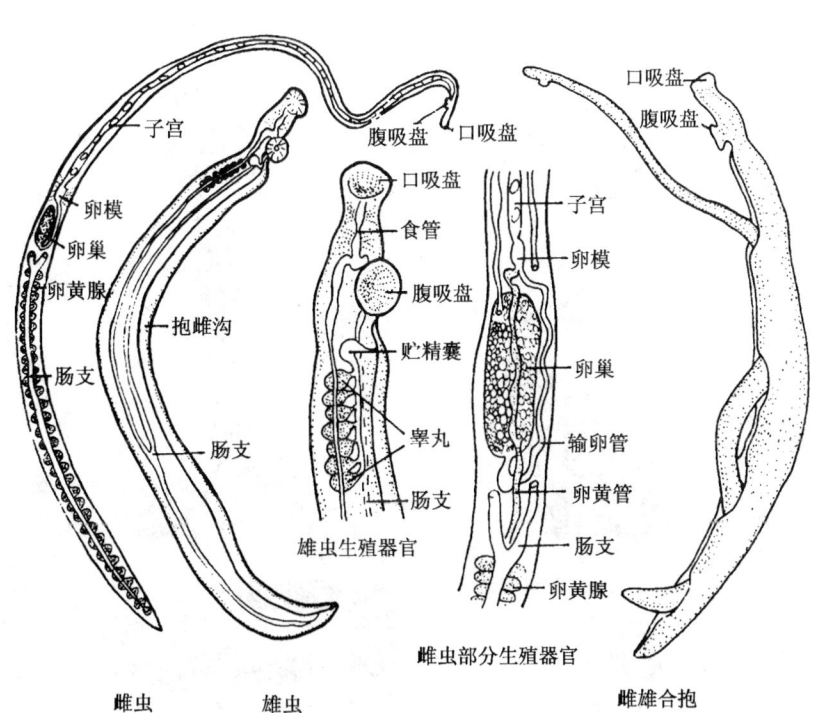

图 15-20 日本血吸虫成虫形态

排泄系统：由焰细胞、毛细管、集合管、排泄管及排泄孔组成。排泄液经焰细胞进入毛细管，再通过集合管到达排泄管，由排泄孔排出体外。

神经系统：由中枢神经节、两侧纵神经干及延伸至口、腹吸盘和肌层的许多神经分支组成。

(2) 虫卵：椭圆形或近圆形，大小平均为 89 μm×67 μm，淡黄色，卵壳薄，无卵盖，在卵壳一侧有指状侧棘（lateral spine），卵壳外常附坏死组织及粪渣。卵内含有毛蚴和油滴状毛蚴分泌物。超微电镜下可见卵壳有微孔与外界相通，毛蚴分泌物可由微孔渗出，为引起宿主免疫反应的主要物质。

(3) 毛蚴：长椭圆形，乳白色，平均大小为 99 μm×35 μm，周身被有纤毛，多分布在近水面处，呈直线匀速运动。前端有锥形的顶突（亦称钻孔腺），顶腺两侧稍后各有一个长梨形的侧腺，开口于顶腺开口的两旁。毛蚴的腺体分泌物中含有中性黏多糖、蛋白质和酶等物质，是可溶性虫卵抗原（soluble egg antigen，SEA）的主要成分。

(4) 尾蚴：由体部和尾部组成，尾部分尾干和尾叉（图 15-21）。长 280～360 μm，属叉尾型，多分布于水的表面。尾蚴外被一层多糖膜，称糖萼（glycocalyx）。体部前端为特化的头器（cephalic organ），头器中央有单细胞头腺。口孔位于虫体前端正腹面，下连食管；腹吸盘位于体部后 1/3 处，由发达的肌肉组成，具有较强的吸附能力。腹吸盘两侧有 5 对单细胞腺体，称钻腺（penetration gland）。位于腹吸盘前的 2 对称前钻腺，呈嗜酸性，内含粗颗粒，成分是钙及碱性蛋白酶，后者具有软化宿主皮肤角蛋白的功能，并能降解宿主表皮细胞间质、基膜和真皮的基质等；腹吸盘后的 3 对称后钻腺，呈嗜碱性，内含细颗粒，富含糖蛋白，遇水膨胀后变成黏稠的胶状物黏着于皮肤表面，有利于前钻腺分泌的酶定向流动并避免丢失。钻腺的每个腺细胞各有一腺管分左右两束向前伸入头器，开口于头器顶端。在全身肌肉运动的作用下，依靠头器、头腺和钻腺的分泌物，尾蚴很快侵入人体和哺乳动物皮肤。

(5) 童虫：尾蚴钻入宿主皮肤时脱去尾部，进入血流，在体内移行直至到达寄生部位，在发育为成虫之前均被称为童虫（schistosomulum）。在体内移行过程中，其形态和结构会发生一

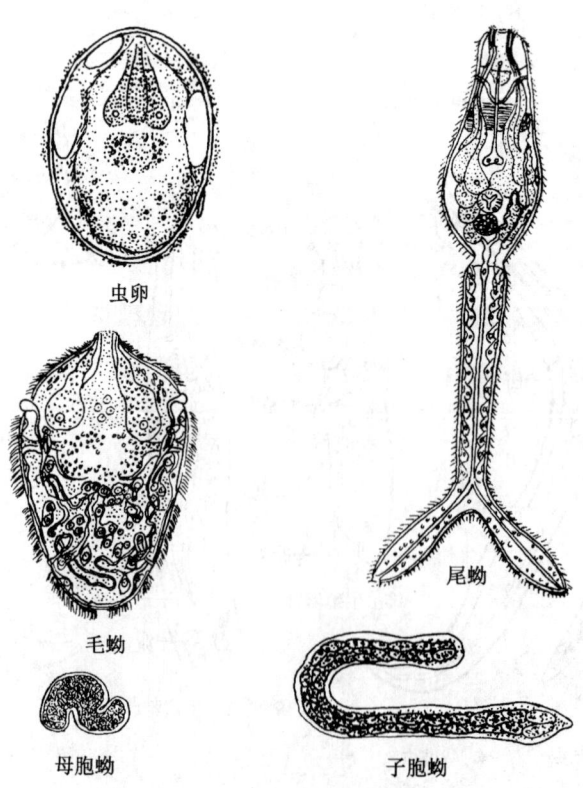

图 15-21　日本血吸虫虫卵及各期幼虫形态

系列变化,分别称为皮肤型童虫、肺型童虫及肝门型童虫。

2. 其他种人体血吸虫的形态 6 种人体血吸虫成虫、虫卵的形态区别见表 15-2。3 种主要人体血吸虫形态见图 15-22。

表 15-2 6 种人体血吸虫成虫和虫卵形态的比较

		日本血吸虫	曼氏血吸虫	埃及血吸虫	间插血吸虫	湄公血吸虫	马来血吸虫
大小 (mm)	(♂)	(10~20)× (0.5~0.55)	(6~14)× (0.8~1.1)	(10~15)× (0.75~1.0)	(11~14)× (0.3~0.5)	(15~17.8)× (0.2~0.41)	(4.9~9.2)× (0.24~0.43)
	(♀)	(12~28)× 0.3	(7~17)× 0.25	(20~26)× 0.25	(11~26)× 0.25	(6.48~11.3) ×0.28	(6.5~11.3) ×0.21
表皮	(♂)	无结节,有细尖体棘	结节明显,上有束状细毛	结节细小	有结节和体棘	有细体棘	无结节,有细体棘
	(♀)	小体棘	小结节	末端有小结节	光滑	小体棘	小体棘
肠支		体后半部汇合,盲管短	体前半部汇合,盲管长	体中部后汇合,盲管短	体后半部汇合,盲管短	体后半部汇合,盲管短	体中部后汇合,盲管短
睾丸(个)		6~8	2~14	4~5	4~6	3~6	6~8
卵巢位置		体中部	体中线之前	体中线之后	体中线之后	体中部	体中线
虫卵		卵圆形或圆形,侧棘短小	长卵圆形,侧棘长大	纺锤形,一端有小棘	纺锤形,端棘长、细尖	卵圆形,侧棘短小	卵圆形,侧棘短小

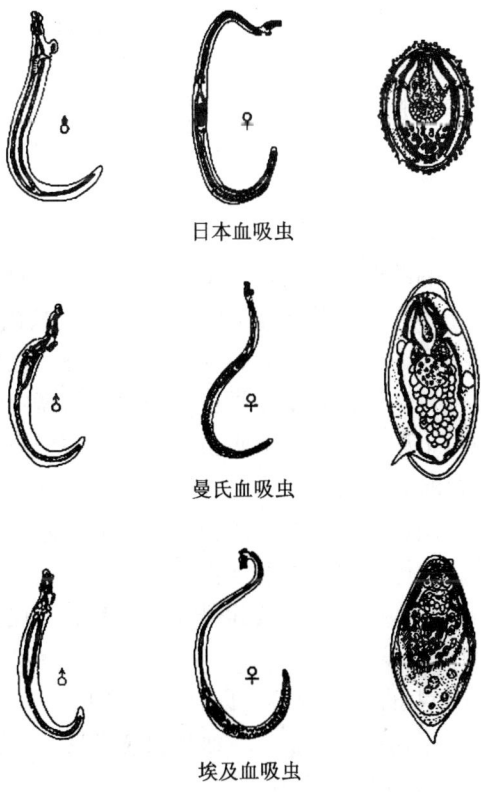

图 15-22 3 种主要人体血吸虫形态

【生活史】

血吸虫的生活史具有世代交替现象，包括虫卵、毛蚴、母胞蚴、子胞蚴、尾蚴、童虫和成虫 7 个阶段。6 种人体血吸虫的生活史大致相同，终宿主为人或其他多种哺乳类动物，中间宿主为钉螺。现以日本血吸虫为例，阐明血吸虫的生活史（图 15-23）。

成虫寄生于人和多种哺乳动物（牛、羊、鼠）的门脉 - 肠系膜静脉系统，借助吸盘吸附于血管壁，以血液为食。雌虫产卵于肠黏膜下层的静脉末梢内。一部分虫卵循门静脉系统流至肝门静脉并沉积在肝组织内，另一部分沉积在结肠肠壁小血管中。由于虫卵自虫体成簇排出，因而在宿主肝、肠血管内呈念珠状沉积。沉积于组织内的虫卵约经 11 天发育成熟，其内含毛蚴。成熟虫卵在 10～11 天后，毛蚴死亡，故虫卵在组织内的寿命为 21～22 天。成熟卵内毛蚴的分泌物可透过卵壳微孔进入虫卵周围组织，造成血管壁及周围组织发炎坏死，在血流压力、肠蠕动和腹内压增加的情况下，虫卵即随破溃的组织落入肠腔，并随宿主粪便排出体外。没能排出的虫卵，沉积在肝、肠等局部组织中逐渐死亡、钙化。据报道，在感染日本血吸虫大陆株的小鼠体内，22.5% 的虫卵沉积在肝，69.1% 的虫卵沉积在肠壁，0.7% 的虫卵沉积在其他组织，仅 7.7% 的虫卵随粪便排出。

成熟虫卵在血液、肠内容物或尿中不能孵化，必须随粪便排出体外入水才能孵出毛蚴。毛蚴的孵出与渗透压、温度和光照等条件有关，其中渗透压被认为是孵化的主要条件。在清水中，毛蚴的孵化率为 100%，盐浓度达 1.2% 时孵化完全被抑制。温度和光照对孵化过程起促进作用。水温在 25～30℃时最适宜毛蚴的孵化，水温低于 10℃或高于 37℃时，孵化被抑制；光照可加速毛蚴的孵化，黑暗环境则可抑制其孵化。

毛蚴孵出后，借助其体表的纤毛在水中做直线游动，在水中一般能存活 1～3 天，孵出的时间越久，感染钉螺的能力越低。温度越高，毛蚴活动越剧烈，死亡也越快，37℃时，毛蚴在 20 分钟内活动已大为减少，2 小时后毛蚴几乎不再活动而死亡。不同种血吸虫毛蚴的趋向性不尽相同，日本血吸虫毛蚴具有向光性、向清性和向上性，因此多分布于水体的表层。当毛蚴遇到中间宿主钉螺时，利用其头腺分泌物的溶组织作用及纤毛的摆动和虫体的伸缩而钻入钉螺体内，体表纤毛脱落，胚细胞分裂，在钉螺头足部及内脏等处形成母胞蚴，继而增殖形成许多长袋状的子胞蚴。子胞蚴内的胚细胞陆续增殖，分批产生许多尾蚴。一个毛蚴钻入螺体后通过无性繁殖可产生成千上万条尾蚴（最多可达 10 万条）。

尾蚴在钉螺体内分批成熟，陆续逸出。尾蚴从螺体内逸出的首要条件是水，钉螺在即使只有点滴露水的草地或潮湿的泥土地上也能逸出尾蚴。其次，尾蚴逸出还受水温、光照和 pH 等条件的影响。尾蚴逸出的最适温度为 20～25℃，在全黑暗条件下无尾蚴逸出，随着光照度的增加，尾蚴逸出数量也增多。在自然界，日本血吸虫尾蚴逸出的高峰时间为上午 8 时—12 时。

自钉螺逸出的尾蚴在水中自主游动，日本血吸虫尾蚴多集中于水面，曼氏血吸虫尾蚴则混悬于水体中。尾蚴在水中的生存时间及其感染力受环境温度、水的性质和自钉螺逸出后时间长短影响。环境温度愈高，寿命愈短；逸出的时间愈长，侵袭力愈差。尾蚴在水中利用其吸盘黏附于终宿主皮肤表面，然后借助腺体分泌物的酶促作用、体部的强烈伸缩活动和尾部的摆动而钻穿宿主皮肤。尾蚴钻皮过程非常迅速。动物实验研究结果表明，在 20～25℃，日本血吸虫尾蚴经 10 秒即可侵入小鼠和家兔皮肤。

尾蚴钻入皮肤时，尾部和体表的糖萼脱落，即转变为童虫。童虫在宿主皮下组织短暂停留后，进入血管或淋巴管，随血流到达右心，日本血吸虫感染后 3 天移行至肺部，而曼氏血吸虫、埃及血吸虫和间插血吸虫至少在感染后 6 天才到达肺部，再由左心进入体循环。到达肠系膜上、下动脉的童虫可穿过毛细血管进入肝门静脉分支。此时的童虫开始摄食红细胞，待发育到性器官初步分化后，形成雌、雄合抱并继续发育，再移行到肠系膜静脉及直肠静脉寄居、交配、产卵。自尾蚴侵入到虫体发育成熟并产卵，日本血吸虫约需 24 天，曼氏血吸虫需

30～35 天，埃及血吸虫需 60～63 天。

不同种的血吸虫在人体内的寿命长短不一，日本血吸虫的平均寿命为 4.5 年，曼氏血吸虫为 3.5 年，埃及血吸虫为 3.8 年。曾有报道血吸虫病患者离开流行区到非流行区定居后，在很长时间内还能在其肠壁活组织检查中发现虫卵，最长年限为埃及血吸虫 27 年，曼氏血吸虫 32.5 年，日本血吸虫 46 年，但并无虫卵孵化阳性的报告，故血吸虫在人体内的寿命尚不明确。

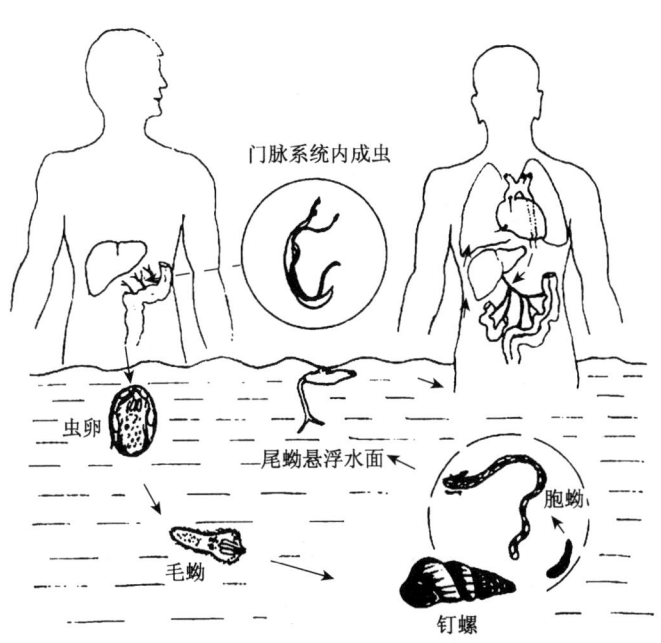

图 15-23　日本血吸虫生活史

6 种人体血吸虫生活史的区别见表 15-3。

表 15-3　6 种人体血吸虫生活史的区别

	日本血吸虫	曼氏血吸虫	埃及血吸虫	间插血吸虫	湄公血吸虫	马来血吸虫
成虫寄生部位	门静脉系统，肠系膜下静脉	肠系膜小静脉，痔静脉丛，偶可寄生在肠系膜上静脉、膀胱静脉丛及肝内门脉	膀胱静脉丛，骨盆静脉丛，直肠小静脉，偶可寄生在肠系膜门脉系统	肠系膜静脉，门脉系统	肠系膜上静脉，门脉系统	肠系膜静脉，门脉系统
虫卵在人体分布	肠壁，肝	肠壁，肝	膀胱及生殖器官	肠壁，肝	肠壁，肝	肝，肠壁
虫卵排出途径	经粪便	经粪便，偶尔经尿液	经尿液，偶尔经粪便	经粪便	经粪便	经粪便
保虫宿主	牛、猪、田鼠、犬、羊、猫、野兔	猴、狒狒、啮齿类等	猴、狒狒、猩猩、猪	羊、灵长类、啮齿类	牛、猪、羊、犬、田鼠	啮齿类
中间宿主	湖北钉螺	双脐螺	水泡螺	水泡螺	开放拟钉螺	小罗伯特螺
地理分布	中国、菲律宾、印度尼西亚、日本	非洲、拉丁美洲、亚洲	亚洲、非洲、葡萄牙	喀麦隆、加蓬、乍得、扎伊尔	柬埔寨、老挝、泰国	马来西亚

【摄食、消化和营养】

血吸虫生长、发育所需要的营养物质来源于宿主。血吸虫体壁和肠道是吸收营养的主要场所，且二者对所吸收的物质具有选择性。体壁主要摄取单糖和若干种氨基酸，如半胱氨酸和脯氨酸。血吸虫通过口部吞食宿主的红细胞，肠道则主要吸收红细胞的降解物质，肠道中的蛋白分解酶可将红细胞降解为血红蛋白，其中的珠蛋白进一步被降解成多肽和游离氨基酸，供虫体所利用。另外，由红细胞中核苷酸而来的核苷，也被虫体肠道上皮细胞所吸收。血吸虫肠道内的棕黑色物质即是红细胞消化后的残存物。研究证实，血吸虫体内还具有能将血红素进一步降解的血红素加氧酶和胆绿素还原酶。

【致病】

日本血吸虫在宿主内发育的各阶段均可诱发一系列免疫应答，出现免疫病理变化。因此，日本血吸虫病也是一种免疫性疾病。其尾蚴、童虫、成虫、虫卵都有致病作用，其中以虫卵的致病作用最为严重。

1. 尾蚴所致的损害 尾蚴钻入宿主皮肤引起的尾蚴性皮炎，表现为局部瘙痒并出现小丘疹。初次感染者皮疹的反应不明显，反复感染者，反应逐渐加重，严重者可伴有全身水肿及多形红斑。病理变化为局部毛细血管扩张充血，伴有出血、水肿和中性粒细胞及单核细胞浸润。尾蚴性皮炎发生机制中既有速发型（Ⅰ型）超敏反应，也有迟发型（Ⅳ型）超敏反应。

2. 童虫所致的损害 童虫在宿主体内移行可造成所经脏器的病变，包括一过性的血管炎、毛细血管栓塞、破裂、局部细胞浸润和点状出血。其中以肺部病变最为明显。患者可有潮热、背痛、咳嗽、食欲缺乏，甚至腹泻、白细胞特别是嗜酸性粒细胞增多等症状。出现这些症状的原因可能与童虫机械性损害及其代谢产物引起的超敏反应有关。

3. 成虫所致的损害 成虫寄生于静脉血管内，对血管有轻微的损伤，可引起血管内膜及其周围的炎性反应。成虫的代谢产物、分泌、排泄物和更新脱落的表膜，均为可溶性抗原，其与抗体结合形成的免疫复合物可引起免疫复合物型（Ⅲ型）超敏反应，对宿主造成严重损害。

4. 虫卵所致的损害 虫卵是血吸虫病的主要致病虫期。在宿主的肝和结肠肠壁组织中沉积的虫卵发育成熟后，卵内毛蚴释放的可溶性虫卵抗原透过卵壳微孔释放到周围组织，被巨噬细胞吞噬、处理，将抗原呈递给辅助性T细胞（helper T cell, Th），使其分化、增殖为致敏的T细胞，促使其释放多种淋巴因子，如促进T细胞各亚群增生的IL-2、增进巨噬细胞吞噬功能的IFN-γ、嗜酸性粒细胞刺激素（ESP）、巨噬细胞移动抑制因子（MIF）、成纤维细胞刺激因子（FSF）以及中性粒细胞趋化因子（NCF）等。在这些淋巴因子的作用下，大量淋巴细胞、巨噬细胞、嗜酸性粒细胞及浆细胞等聚集于虫卵周围，形成虫卵肉芽肿（Ⅳ型超敏反应），俗称虫卵结节，是血吸虫病的主要病变。但在肝中形成的虫卵肉芽肿，隔离了虫卵可溶性抗原中的肝毒抗原，防止其向外扩散继续对邻近肝细胞进行免疫损害，以免局部或全身免疫性疾病的发生或加剧。与此同时，沉积在肝、肠组织中的虫卵肉芽肿又可不断破坏肝、肠的组织结构，引起慢性血吸虫病。虫卵致病过程一般经过4个阶段：急性期肉芽肿、过渡期肉芽肿、慢性期肉芽肿和瘢痕期肉芽肿。日本血吸虫虫卵肉芽肿的特点包括以下几方面。

（1）产卵量大，虫卵多成簇沉积于肝和肠壁等组织，故肉芽肿的体积较大。

（2）肉芽肿的细胞成分中含有大量的嗜酸性粒细胞、浆细胞等，肉芽肿常出现中心坏死而液化，状似脓肿，故称之为嗜酸性脓肿。

（3）在虫卵周围常出现抗原-抗体复合物反应，在HE染色的肝切片上，虫卵周围有红色放射状嗜酸性物质，称何博礼现象（Hoeppli phenomenon）。

（4）随着病程进一步发展，新生肉芽组织向虫卵肉芽肿内部生长，并出现类上皮细胞层；同时，肉芽肿内的细胞成分开始发生变化，嗜酸性粒细胞和浆细胞减少，而组织细胞、淋巴细胞和中性粒细胞相对增多。当虫卵内毛蚴死亡后，逐渐停止释放抗原，其毒素作用逐渐消失，

坏死物质被吸收，肉芽肿直径开始缩小，虫卵逐渐消失，类上皮细胞变为成纤维细胞，并产生胶原纤维，发生纤维化，逐渐形成瘢痕组织。

在肝内，虫卵沿门静脉分支（窦前静脉）分布，故纤维组织可沿小叶周围伸展而形成干线型结构，称为干线型肝纤维化。虫卵肉芽肿多位于门脉分支的终端，重度感染时门脉周围出现广泛的纤维化，阻塞窦前静脉，导致门脉高压，进而造成肝大、脾大，腹壁、食管及胃底静脉曲张，上消化道出血及腹水等临床表现，此为肝脾型血吸虫病。有人认为肝脾型血吸虫病的发生与人类白细胞抗原（HLA）的不同表型有关。晚期血吸虫病患者与 HLA-A1 有显著关联，而与 HLA-B5 关联不显著，晚期血吸虫病肝硬化、巨脾腹水型者的 HLA-A1 和 HLA-B13 出现频率显著增高。

【临床表现】

日本血吸虫病临床表现与患者的感染程度、初次还是再次感染、免疫状态、虫卵沉积部位等相关。根据临床表现和病理变化，可分为急性、慢性、晚期和异位血吸虫病。

1. 急性血吸虫病　多见于初次感染者，或再次大量感染尾蚴的慢性患者，多发生于春夏、夏秋之交，以 6—10 月份常见。潜伏期长短不一，大多为 30～60 天，平均为 40 天。患者大多于感染后 5～8 周出现临床症状，此时成虫大量产卵，卵内毛蚴释放大量抗原进入宿主血循环中，引起体内特异性抗体水平急剧升高，形成抗原-抗体复合物，进而导致血清病样综合征。少数病例潜伏期短于 25 天，最短者为 14 天，此时出现的临床症状可能由童虫的代谢产物引起。患者初期有畏寒、发热，体温多在 38～40℃，多汗、淋巴结及肝大，并常伴有肝区压痛。肝大左叶较右叶明显，质地较软、表面光滑。脾大常见于重症感染。继而有食欲缺乏、恶心、呕吐、腹痛、腹泻、黏液血便或脓血便等消化道症状；呼吸道症状多在发病后月余出现，一般持续 2～3 个月后消失，症状多表现为干咳，偶可痰中带血丝，有气促、胸痛，X 线检查可见点状、云雾状或雪花状浸润性阴影。重症患者可有神志迟钝、黄疸、腹水、高度贫血、消瘦等症状。患者除有皮疹外，还可能出现荨麻疹、神经血管性水肿、出血性紫癜、支气管哮喘等过敏反应。

2. 慢性血吸虫病　急性期症状消失而未经抗病原治疗者，或经反复轻度感染而获得免疫力的患者，常出现隐匿型间质性肝炎或慢性血吸虫性结肠炎。慢性病患者，在临床上可分为无症状（隐匿型）和有症状两类。多数为隐匿型患者，一般无症状，少数有轻度的肝大或脾大，但肝功能正常；有症状患者主要表现为慢性腹泻或慢性痢疾，症状呈间歇性出现，90% 的患者可在肠黏膜检获虫卵。肝大较为常见，表面光滑，质稍硬，无压痛。肝功能试验除丙种球蛋白增高外，其余均在正常范围之内。脾大多呈轻度。

3. 晚期血吸虫病　晚期血吸虫病是指出现肝纤维化门脉高压综合征、严重生长发育障碍或结肠显著肉芽肿增生。由于反复或大量感染，虫卵肉芽肿严重损害肝组织，出现干线型肝纤维化，临床表现为肝大、脾大、门脉高压和其他综合征。根据主要临床表现，我国将晚期血吸虫病分为巨脾型、腹水型、结肠增殖型和侏儒型。巨脾型指脾大超过脐水平线或横径超过腹中线，脾肿大达 II 级，但伴有脾功能亢进、门脉高压或上消化道出血者亦属此型；腹水型是晚期血吸虫病门脉高压与肝功能代偿失调的结果，常在呕血、感染、过度劳累后诱发，高度腹水者可出现食后上腹部胀满不适、呼吸困难、脐疝、股疝、下肢水肿、胸腔积液和腹壁静脉曲张，此型容易出现黄疸；结肠增殖型是一种以结肠病变为突出表现的临床类型，表现为腹痛、腹泻、便秘或便秘与腹泻交替出现，严重者可出现不完全性肠梗阻，本型可能并发结肠癌；侏儒型系为患者在儿童时期反复感染血吸虫，而引致的慢性或晚期血吸虫病。患者内分泌功能失调，其中以脑下垂体前叶和性腺功能不全最为明显。患者表现为身材矮小、面容苍老、无第二性征等临床征象，但智力接近正常。此型患者现已罕见。

晚期血吸虫病的主要并发症有上消化道出血和肝性脑病。50% 以上的晚期患者死于上消

化道出血，出血部位多位于食管下段或胃底静脉。肝性脑病占晚期患者总数的 1.6% ~ 5.4%，以腹水型为最多。晚期患者若并发肝性脑病，死亡率达 70% 以上。

在我国，血吸虫病患者并发乙型肝炎的比率较高。以往，对 298 例晚期血吸虫病患者的肝细胞活检结果显示，62.4% 的病例 HbsAg 阳性，这可能与晚期患者免疫功能明显下降，导致感染乙型肝炎病毒的机会增多有关。当血吸虫病合并乙型肝炎时，常可促进肝硬化的发生与发展，或加重已有肝硬化的程度。

4. 异位血吸虫病 当肝纤维化引起门脉高压导致门-腔静脉吻合支增多时，肠系膜静脉内的日本血吸虫虫卵也可能被血流带到肺、脑或其他组织，引起虫卵肉芽肿反应，造成异位损害（ectopic lesion）或异位血吸虫病。重度感染时，童虫也可在门脉系统以外寄生并发育为成虫，此为异位寄生（ectopic parasitism）。异位寄生的成虫产出的虫卵沉积于门脉系统以外的器官或组织，也可引起异位损害。人体常见的日本血吸虫异位损害部位是肺和脑，其次为皮肤、甲状腺、心包、肾、肾上腺皮质、腰肌、疝囊、生殖器官及脊髓等组织或器官。

【血吸虫感染的免疫】

1. 抗原 血吸虫是一种多细胞生物，生活史复杂，发育过程包括多个时期，每个发育时期所处的环境不同，因此其体内生理、生化和相应的组织结构也不断地进行调整，新陈代谢产物也随之变化。它们的分泌物、排泄物和裂解产物均为抗原物质。有些抗原在不同发育时期普遍存在，但有些具有种、株，甚至虫期的特异性。这些特点决定了血吸虫抗原在不同种之间，甚至在不同发育阶段之间，既具有共同抗原又具有各自的特异性抗原。因此，特异性抗原在血吸虫病的免疫诊断、免疫病理或诱导宿主的保护性免疫等方面均具有重要作用。

按照抗原的来源可将血吸虫抗原分为排泄/分泌抗原和虫体抗原，这些抗原可直接接触或致敏宿主的免疫细胞，是血吸虫诱导机体产生、维持和调控免疫应答的重要因素。排泄/分泌抗原常具有酶的性质，进入血流成为循环抗原。循环抗原可诱发宿主的保护性免疫，但也可形成抗原-抗体复合物，引起免疫病理反应。另外，循环抗原也是免疫诊断检测的对象，具有考核治疗效果的价值。血吸虫虫体抗原包括表面抗原和内部抗原。表面抗原常是免疫效应攻击的靶抗原，具有良好的免疫原性。血吸虫虫体内部抗原是指内部结构中的某些成分，如副肌球蛋白也可诱发宿主的保护性免疫。

2. 免疫应答 血吸虫尾蚴、童虫、成虫和虫卵产生的抗原物质，均可使宿主免疫系统致敏并引起免疫应答。宿主对血吸虫感染的免疫应答包括固有免疫和获得性免疫应答。固有免疫是宿主抵抗血吸虫感染的第一道屏障，反应迅速，但特异性较差，包括皮肤黏膜的屏障作用，抗原提呈细胞的抗原提呈和吞噬作用等。宿主的获得性免疫应答是指其免疫活性细胞，即 T 细胞和 B 细胞受到血吸虫抗原刺激后进行分化、增殖并释放淋巴因子和（或）分泌抗体的过程。

血吸虫感染早期产生针对血吸虫特异性抗原的获得性免疫应答，与宿主抵抗再感染的免疫保护力相关，主要表现为对再次入侵的童虫具有一定的杀伤作用，而对原发感染的成虫不起杀伤作用。这种原发感染继续存在，而对再感染具有一定免疫力的现象称为伴随免疫（concomitant immunity）。我国的流行病学现场研究表明，反复感染是日本血吸虫病流行区人群获得保护性免疫力的前提，但日本血吸虫感染所诱导的抵抗力持续时间短，发展慢。频繁的重复刺激可获得时间较长的免疫力。血吸虫感染的适应性免疫具有年龄依赖性，即再感染率和再感染强度随年龄增大而降低。

3. 获得性免疫的杀虫机制 人体对进入其体内的血吸虫童虫杀伤的主要免疫效应机制是抗体依赖性细胞介导的细胞毒作用（antibody-dependent cell-mediated cytotoxicity，ADCC）。参与免疫效应的成分有抗体 IgG、IgE 和补体，效应细胞包括嗜酸性粒细胞、巨噬细胞、中性粒细胞、肥大细胞和血小板。再感染时，ADCC 主要发挥对虫体的杀伤作用，清除皮肤和肺部寄

生的幼龄童虫。

4．免疫调节 与大多数蠕虫病类似，血吸虫感染主要引起显著的 Th2 型免疫应答，从而造成宿主免疫下调，使感染趋于慢性化。值得注意的是，在感染的前 5 周，血吸虫首先诱导的初始免疫应答主要是 Th1 型，在此期间，尾蚴发育为童虫，并移行至门脉-肠系膜静脉内发育为成虫。然而当成虫交配，虫卵开始产生之后，Th2 型免疫应答开始逐渐增强，同时 Th1 型免疫应答逐渐减弱。因此，Th1 和 Th2 型免疫应答的平衡问题，与血吸虫的生长发育阶段密切相关。最新研究表明，Th9、Th17、Treg、Tfh 细胞亚群也参与了血吸虫感染后的宿主的免疫应答和免疫调节。机体的免疫调节能保证血吸虫能在宿主体内存活而不被免疫系统所清除，又能控制血吸虫对宿主造成病理损害的程度。

5．血吸虫的免疫逃逸 血吸虫能在免疫力正常的宿主体内长期生存，表明血吸虫具有逃避宿主免疫攻击的能力，此种能力是在血吸虫与宿主长期共进化过程中形成的。血吸虫逃避宿主免疫攻击的机制尚不十分清楚，可能包括诱导封闭抗体、抗原伪装和抗原模拟、表面受体和表膜改变、干扰补体作用、直接裂解抗体、虫源性分子的免疫调节作用等。

【实验诊断】

1．病原学诊断 是确诊血吸虫病的依据，但对轻度感染者、晚期患者及经过有效防治的疫区感染人群，病原学检查常会发生漏检。

（1）粪便直接涂片法：此法简单，但虫卵检出率低，仅适用于重度感染患者和急性感染者，并应一粪多检或多次送检提高检出率。

（2）尼龙袋集卵法：将粪便调成匀浆后，先后用 40 目/英寸与 260 目/英寸的两种尼龙袋水洗、过滤，由于血吸虫卵不能通过 260 目/英寸的尼龙袋，取 260 目尼龙袋中的沉渣镜检虫卵，从而达到集卵的目的。此法适用于大规模普查，但应防止因尼龙袋处理不当而造成的交叉污染。

（3）毛蚴孵化法：此法利用虫卵可在适宜条件下孵出毛蚴，以及毛蚴在水中运动的特点而设计。由于孵化法可采用整份粪便沉渣，因此发现虫卵的机会较直接涂片法为大，但用时较长。

（4）定量透明法：此法是利用甘油的透明作用使粪便涂片薄膜透明，以易于发现虫卵的一种方法。常用的有加藤法（Kato-Katz）、改良加藤法和定量透明集卵法。此类方法可用作虫卵计数，故可用于测定人群的感染度和考核防治效果。

（5）直肠镜活组织检查：对于慢性，特别是晚期血吸虫病患者，粪便检查阴性时，乙状结肠镜或直肠镜活组织检查有助于发现沉积于肠黏膜内的虫卵。需要注意的是，直肠镜活组织检查发现虫卵，只能证明受检者曾经感染过血吸虫，至于体内是否有活虫存在，须根据虫卵的活性进行判断。

2．免疫学诊断

（1）检测抗体：常用的方法有环卵沉淀试验、凝集试验、酶联免疫吸附试验、间接荧光抗体试验和对流免疫电泳试验等。

1）环卵沉淀试验（circum oval precipitating test，COPT）：是沉淀试验中的一种。由于虫卵内成熟毛蚴的分泌和排泄物能透过卵壳上的微孔渗出，当与待检血清共同孵育一段时间后，若虫卵周围出现泡状或指状沉淀物，即为阳性反应，反之为阴性反应。COPT 的敏感性高（94.1%～100%），假阳性率较低（2.5%～5.6%），且具有操作简单、经济等优点。

2）间接血凝试验（indirect hemagglutination assay，IHA）：将附有血吸虫抗原的绵羊红细胞或"O"型血的人红细胞作为载体，与受检血清共孵育，若受检血清中具有相应的抗体，则红细胞可因抗原-抗体反应而发生凝集。IHA 的敏感性达 92.1%～98.7%，假阳性率为 2.5%。动物试验结果表明，IHA 具有早期诊断价值，家兔在接种 50～1500 条尾蚴后，15～30 天内即可出现阳性反应，早于在粪便中查见虫卵者，因而也是一种常用的血清学诊断方法。

3）酶联免疫吸附试验（ELISA）：通常用成虫或虫卵抗原包被聚苯乙烯反应板，根据底物在酶的催化作用下产生的颜色，用比色计或目测法判断结果。血吸虫成虫和虫卵抗原的ELISA结果相近，前者的阳性率和假阳性率分别为96%和2.2%，后者的阳性率和假阳性率分别为95%和1.3%。为方便现场应用，可用硝酸纤维膜代替聚苯乙烯反应板作载体，用目测法判断结果（dot-ELISA）。此法的阳性率为89%～97%，但与肺吸虫病和华支睾吸虫病有一定的交叉反应。

此外，间接荧光抗体试验（indirect fluorescent antibody test，IFAT）、乳胶凝集试验（latex agglutination test，LA）、免疫酶染色试验（immunoenzyme staining test，IEST）等在检测特异性抗体方面也各具优点。

（2）检测循环抗原：宿主体液中的循环抗原是由活虫产生的，感染一旦终止，抗原便会很快消失。因此，检测循环抗原具有诊断和考核疗效双重意义。但循环抗原在体液中的含量通常很低，用一般抗体难以检出。选用单克隆抗体可以弥补这一缺点，具体方法是应用酶联免疫吸附试验，用单克隆抗体包被反应板，检测待检样本。本法的初步评估结果显示，对慢性轻度感染者的敏感性为60%～81%，治疗1年后90%患者循环抗原转阴。

【流行】

1. 地理分布和流行概况　日本血吸虫、曼氏血吸虫和埃及血吸虫广泛分布于热带和亚热带的76个国家和地区，其中日本血吸虫病流行于亚洲的中国、日本、菲律宾及印度尼西亚。日本血吸虫病曾在我国长江流域及以南的湖南、湖北、江西、安徽、江苏、云南、四川、浙江、广东、广西、上海、福建共12个省、直辖市、自治区的381个县市流行，累计感染者达1160万人，钉螺面积为143亿平方米，受威胁人口达1亿以上。经过近70年的努力，截至2021年底，全国12个血吸虫病流行省（直辖市、自治区）中，上海、浙江、福建、广东、广西5个省（直辖市、自治区）达到血吸虫病消除标准，四川、江苏达到传播阻断标准，云南、湖北、安徽、江西及湖南5个省已达到传播控制标准。全国共有451个血吸虫病流行县（市、区），其中339个（占75.17%）达到血吸虫病消除标准；100个（占22.17%）达到传播阻断标准；12个（占2.66%）仍处于传播控制阶段。据推算，2021年，全国累计报告晚期血吸虫病患者29037例，共有钉螺面积36亿平方米。疫情数据显示，我国血吸虫病疫情已降至历史最低，但仍需加大血吸虫病防治与监测工作力度，为2030年全国实现血吸虫病消除目标奠定坚实基础。

2. 流行环节

（1）传染源：血吸虫病属人兽共患寄生虫病，终宿主包括人和多种家畜及野生动物。粪便中含有活虫卵的血吸虫病患者和感染动物均可作为传染源。其中，患者和病牛是最重要的传染源。

（2）传播途径：血吸虫病的传播途径包括终宿主含有虫卵的粪便入水，毛蚴孵出并侵入钉螺发育为尾蚴，尾蚴从螺体逸出，经皮肤侵入终宿主，童虫在宿主体内发育为成虫并产卵。在上述各个环节中，含有血吸虫卵的粪便污染水体、水体中钉螺的存在和人群接触疫水是造成传播的3个重要环节。

湖北钉螺（*Oncomelania hupensis*）属两栖淡水螺类，是日本血吸虫的唯一中间宿主。钉螺雌雄异体，螺壳小呈圆锥形，长10 mm左右，宽3～4 mm，壳口呈卵圆形，外缘背侧有一粗的隆起称唇嵴，有6～8个右旋的螺层。平原地区的钉螺螺壳表面有纵肋，称肋壳钉螺；山丘地区钉螺表面光滑，称光壳钉螺。

钉螺在自然界生存的基本条件是适宜的温度、水、土壤和植物，食物包括腐败植物、藻类、苔藓等，寿命一般为1～2年。肋壳钉螺孳生于平原水网型地区的潮湿、有草、腐殖质多的泥岸，河道水线上下各约33 cm内的岸上和水中。在水流缓慢、杂草丛生的小沟渠里钉螺密

度较高。另外，与这种小沟渠相通的稻田、水塘中也有钉螺孳生；光壳钉螺孳生在山丘型地区的小溪、山涧、水田、河道及草滩等处。在流行区，钉螺的分布具有聚集性。钉螺主要在春季产卵，螺卵分布在近水线的潮湿泥面上，并在水中或潮湿的泥面上孵化。在自然界，幼螺出现的高峰时间多在温暖多雨的 4～6 月。

（3）易感者：不同种族和性别的人对日本血吸虫均易感，但在流行区，人群对血吸虫再感染的感染度随年龄的增加而降低。

3. 流行因素 影响血吸虫病流行的因素包括自然因素和社会因素。自然因素主要是指与中间宿主钉螺孳生有关的地理、气温、雨量、水质、土壤、植被等；社会因素涉及社会制度、农田水利建设、人口流动、生活水平、文化素质、生产方式和生活习惯等。在控制血吸虫病流行过程中，社会因素起主导作用。

4. 流行区类型 根据流行病学特点和钉螺孳生地的地理环境，我国的血吸虫病流行区可划分为三个类型，即水网型、湖沼型和山丘型。

（1）水网型：又称平原水网型，主要指长江与钱塘江之间的长江三角洲的广大平原地区。这类地区气候温和，雨量充沛，河道纵横如蛛网，钉螺随网状水系而分布。2021 年，这类地区钉螺面积为 350 余万平方米，占全国钉螺总面积的 0.10%，人群主要因生产或生活接触疫水而感染。

（2）湖沼型：亦称江湖洲滩型，主要指于长江中、下游的湘、鄂、赣、皖、苏 5 省的沿江洲滩及与长江相通的大小湖泊沿岸。该地区水位有明显的季节性涨落，洲滩有"冬陆夏水"的特点。2021 年，这类地区钉螺面积为 35 亿平方米，约占我国钉螺总面积的 94.71%，为当前我国血吸虫病流行的主要地区。

（3）山丘型：又称山区丘陵型，该型的地理环境复杂，包括平坝、丘陵和高山。钉螺一般沿山区水系分布，水系以山峰为界，因此螺的分布单元性强。2021 年，这类钉螺面积为近 2 亿平方米，约占我国钉螺总面积的 5.19%，面积虽不很大，但由于地形复杂、交通不便和当地经济水平的限制，血吸虫病的防治难度较大。

【防治】

目前，我国防治血吸虫病的指导思想是：综合治理、科学防治、因地制宜、分类指导，进一步健全政府主导、部门合作、社会参与的工作机制，依法、科学防治血吸虫病。要求目标可及，措施可行，效果可评。具体措施如下。

1. 控制传染源 治疗患者和病畜，二者同步治疗是控制传染源的有效途径。吡喹酮是当前治疗人兽血吸虫病的首选药物，该药具有安全有效、使用方便的特点。在疾病难以控制的湖沼地区和大山区，利用吡喹酮开展群体治疗已作为我国血吸虫病防治策略的一个重要组成部分。

2. 切断传播途径

（1）灭螺：是切断血吸虫病传播的关键，主要措施是结合农田水利建设和生态环境改造，改变钉螺孳生地的环境以及局部地区配合使用杀螺药。目前世界卫生组织推荐使用的化学灭螺药为氯硝柳胺。在短期内不易消灭钉螺的湖沼洲滩地区，采用建立"安全带"的方法，即在人畜常到的地带反复灭螺，以达到预防和减少感染的目的。

（2）粪便管理：感染血吸虫的人和动物的粪便污染水体是血吸虫病传播的重要环节。因此，管理好人、畜粪便对控制血吸虫病传播至关重要。由于人尿和尿素分解后产生的氨能杀灭虫卵，因此采用粪、尿混合贮存的方法杀灭粪便中的虫卵，有助于控制血吸虫病的传播。

（3）安全供水：结合农村卫生建设规划，因地制宜地建设安全供水设施，可避免水体污染和减少流行区居民直接接触疫水的机会。尾蚴不耐热，在 60 ℃ 的水中会立即死亡，因此家庭用水可采用加温的方法杀灭尾蚴。此外，漂白粉、碘酊及氯硝柳胺等对尾蚴也有杀灭作用。

3. 保护易感者 人类感染血吸虫主要是人的行为所致。加强健康教育，引导人们改变自己的行为和生产、生活方式，加强个人防护，对预防血吸虫感染具有十分重要的作用。对难以避免接触疫水者，可使用防护药、具，如穿长筒胶靴、经氯硝柳胺浸渍过的防护衣或在身体裸露部位涂擦苯二甲酸二丁酯油膏等防护药物。由我国学者自行研制的青蒿素衍生物蒿甲醚和青蒿琥酯对童虫有很好的杀伤作用，对已接触过疫水者，在接触疫水后第 7~10 天服用青蒿琥酯，成人每次服 300 mg，儿童按 6 mg/kg 体重计算，以后每周服用 1 次，离开疫水后再加服 1 次，可达到早期治疗的目的。

血吸虫病的防治是一个复杂的过程，单一的防治措施很难奏效。"十四五"时期是巩固我国血吸虫病防治成果的重要时期，也是为实现消除血吸虫病最终目标奠定基础的关键时期。根据《"十四五"国民健康规划》要求，我国在血吸虫病流行区将继续坚持以传染源控制为主的综合防治策略，使血吸虫病危害持续得到控制，直至消除。

【附】尾蚴性皮炎

裂体科下分 10 个属，其中只有裂体属的虫种能在人体寄生，其他属的虫种寄生于鸟类或哺乳动物，其中某些禽类或兽类血吸虫尾蚴可钻入人体皮肤，引起超敏反应，即尾蚴性皮炎（cercarial dermatitis）。尾蚴性皮炎在不少国家都有流行或病例报道，我国的吉林、辽宁、江苏、上海、福建、广东、湖南、四川等省、直辖市也有流行。人群主要在种植水稻、养鸭或捕鱼等活动中被感染。在我国的稻田区，尾蚴性皮炎又称稻田性皮炎。在国外，人体多因游泳而感染，故称游泳者痒（swimmer's itch）。

在我国引起尾蚴性皮炎的主要是寄生于鸭的多种毛毕吸虫（*Trichobilharzia*）和寄生于牛的东毕吸虫（*Orientobilharzia*）。其中间宿主为椎实螺，分布于稻田、水沟和池塘，人因接触疫水感染而发生皮炎。

尾蚴性皮炎属 I 型和 IV 型超敏反应。在尾蚴侵入皮肤后 1 小时至 2 天，入侵部位出现刺痒，继之出现点状红斑和丘疹，反复感染者丘疹数量多且可融合成风疹块，如搔破皮肤，可出现继发性感染。反应一般在 3~4 天达高峰，1 周左右消散。

尾蚴性皮炎属自限性疾病，若无继发感染，一般几天后即可自愈。治疗主要是止痒，局部涂抹 1%~5% 的樟脑酒精、鱼黄软膏或复方炉甘石洗剂具有止痒效果。此外，五倍子和蛇床子等中药的煎剂也有止痒作用。症状严重者可用抗过敏药。

（战廷正）

第七节 其他人体寄生吸虫

一、异形吸虫

异形吸虫（*Heterophyid trematodes*）属异形科（Heterophyidae）的一类小型吸虫。成虫主要寄生于鸟类，其次是哺乳动物，偶可寄生于人体。我国常见的异形类吸虫有十多种，其中已有人体感染报道的有 13 种，即异形异形吸虫（*Heterophyes heterophyes* V. Siebold, 1852）、横川后殖吸虫（*Metagonimus yokogawai* Katsurada, 1912）、微小后殖吸虫（*Metagonimus minutus* Katsuta, 1932）、钩棘单睾吸虫（*Haplorchis pumilio* Looss, 1899）、多棘单睾吸虫（*Haplorchis yokogawai* Katsuta, 1932）、扇棘单睾吸虫（*Haplorchis taichui* Katsuta, 1932）、尖端棘带吸虫（*Centrocestus cuspidatus* Looss, 1896）、犬棘带吸虫（*Centrocestus caninus* Leiper, 1912）、长

棘带吸虫（*Centrocestus longus* Onji& Nishio，1916）、台湾棘带吸虫（*Centrocestus formosanus* Nishigori，1924）、镰刀星隙吸虫（*Stellantchasmus falcatus* Onji& Nishio，1924）、哥氏原角囊吸虫（*Procerovum calderoni* Africa&Garcia，1935）及施氏原角囊吸虫（*Procerovum sisoni* Africa，1938）。

【形态】

成虫虫体微小，体长一般为 0.3～0.5 mm，大者也不超过 2～3 mm，呈椭圆形，前半略扁，后半较肥大，体表具有鳞棘，雌雄同体。除口、腹吸盘外，有的种类还有生殖吸盘，位于腹吸盘右下方。生殖吸盘可单独存在或与腹吸盘相连，构成腹殖吸盘复合器（ventro-genital sucker complex）。前咽明显，食管细长，肠支长短不一。睾丸 1～2 个，卵巢位于睾丸之前，受精囊和贮精囊明显（图 15-24、图 15-25）。虫卵小，呈芝麻粒状，各种异形吸虫的卵形态相似。除台湾棘带吸虫的卵壳表面有格子状花纹外，其他异形吸虫卵与华支睾吸虫卵在形态上难以鉴别。

图 15-24 异形吸虫成虫

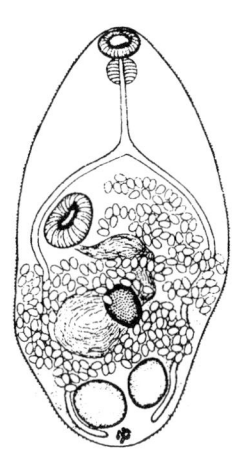
图 15-25 横川后殖吸虫成虫

【生活史】

各种异形吸虫的生活史基本相同，包括成虫、虫卵、毛蚴、胞蚴、雷蚴、尾蚴、囊蚴 7 种发育阶段。成虫寄生于鸟类、哺乳动物及人的肠道，虫卵经宿主排出后入水。虫卵被第一中间宿主淡水螺类，如瘤拟黑螺吞食，并在螺体内发育为毛蚴，经胞蚴、雷蚴（1～2 代）和尾蚴阶段后，尾蚴从螺体逸出，侵入第二中间宿主包括淡水鱼和蛙体内发育成囊蚴。终宿主吞食含有囊蚴的鱼或蛙体后，囊蚴在终宿主消化道内脱囊，在小肠发育为成虫。

【致病与诊断】

因成虫体小，在小肠寄生时一般只引起轻度炎症反应。若虫体侵入肠壁可在寄生部位引起机械性损伤和肠壁炎症，造成组织脱落，导致腹泻或其他消化功能紊乱，重度感染者可出现消化道症状和消瘦。侵入肠黏膜下层的成虫还可在寄生部位产出虫卵，虫卵可进入肠壁血管，并随血流经体循环到达脑、脊髓、肝、脾、肺、心肌等组织或器官，引起急性或慢性损害，造成严重后果或可致死。

常规的病原学检查方法是粪便直接涂片法或制备粪便沉渣镜检虫卵，但因各种异形吸虫的卵形态相似，且与华支睾吸虫卵及灵芝孢子难以鉴别。因此，了解当地吸虫的流行情况，特别是该地区有无异形吸虫存在，将有助于诊断。异形吸虫可寄生在肠壁内，不及华支睾吸虫对驱虫药敏感，若能获得异形吸虫成虫，可根据成虫形态进行判断。

【流行与防治】

异形吸虫病呈世界性分布，我国 13 个省（自治区、直辖市）有病例报道。异形吸虫囊蚴在酱油、醋和 5% 的盐水中可分别存活 13 小时、24 小时和 4 天。囊蚴在 50 ℃ 水中 7 分钟、80 ℃ 水中 3 分钟，沸水中 20 秒，即可被杀死。因此，注意饮食卫生，不吃未经烹饪熟透的鱼肉和蛙肉是避免异形吸虫感染的有效措施。治疗可选用吡喹酮。

二、棘口吸虫

棘口吸虫（*Echinostomes*）属棘口科（Echinostomatidae），种类繁多，全世界已报道的有 600 多种。宿主主要是鸟禽类，其次是哺乳类、爬行类，少数寄生于鱼类，也可寄生于人类引起棘口吸虫病（echinostomiasis）。有的棘口吸虫可在多种动物宿主体内寄生。

寄生于人体的棘口吸虫主要分布于亚洲，尤其是东南亚地区，多为散发病例。我国报道的人体寄生棘口吸虫有 30 余种，主要有：卷棘口吸虫 [*Echinostoma revolutum* （Frohlich, 1802）Dietz, 1909]、接睾棘口吸虫（*Echinostoma paraulum* Dietz, 1909）、马来棘口吸虫（*Echinostoma malayanum* Leiper, 1911）、埃及棘口吸虫（*Echinostoma aegyptica* Khalil, 1924）、圆圃棘口吸虫（*Echinostoma hortense* Asada, 1926）、宫川棘口吸虫（*Echinostoma miyagawai* Vkurisa, 1932）、狭睾棘口吸虫（*Echinostoma angustitestis* Wang, 1977）、曲领棘缘吸虫（*Echinoparyphium rgcurvatum* Linstow, 1973）、藐小棘隙吸虫（*Echinochasmus liliputanus* Looss, 1896）、叶形棘隙吸虫 [*Echinochasmus perfoliatus* （V.Ratz, 1908）Dietz, 1910]、日本棘隙吸虫（*Echinochasmus japonicus* Tanabe, 1926）、九佛棘隙吸虫（*Echinochasmus jiufoensis* Liang, 1988）和福建棘隙吸虫（*Echinochasmus fujianensis* Chen et al., 1992）。其中，日本棘隙吸虫在福建和广东局部地区有流行；福建棘隙吸虫、狭睾棘口吸虫和埃及棘口吸虫在福建有人体感染报道；卷棘口吸虫在云南、广东和台湾有分布；藐小棘隙吸虫在安徽局部地区的人群感染率达 13.71%。

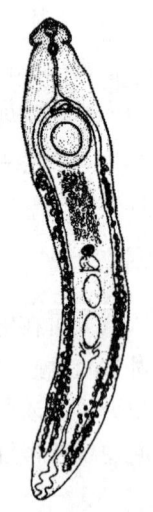

图 15-26　卷棘口吸虫成虫

【形态与生活史】

成虫体型较小，呈长形，前端稍窄，略似瓶状，雌雄同体。体表有棘，口吸盘位于体前端，周围有环口圈或头冠，环口圈或头冠之上有 1 或 2 圈头棘。腹吸盘较发达，位于体前部或中部腹面。睾丸 2 个，前后排列在虫体的后半部。卵巢位于睾丸之前（图 15-26）。虫卵较大，椭圆形，壳薄，有卵盖，内含 1 个卵细胞和多个卵黄细胞。

成虫寄生于肠道，偶尔也可侵入胆管，产出的虫卵随粪便排出体外后，在水中孵出毛蚴。第一中间宿主为淡水螺类（瘤拟黑螺），毛蚴侵入螺体后经胞蚴和 2 代雷蚴阶段后发育成尾蚴。第二中间宿主包括淡水鱼、蛙、蝌蚪或软体动物等，尾蚴侵入其体内发育为囊蚴。但棘口吸虫对第二中间宿主的要求并不严格，尾蚴也可在子雷蚴体内结囊，或逸出后在原来的螺体内结囊，或侵入其他螺蛳或双壳贝类体内结囊，有的还可在植物上结囊。人或动物因食入含囊蚴的中间宿主而感染，囊蚴在小肠脱囊，发育为成虫。

【致病】

成虫多寄生于小肠上段，以头部插入肠黏膜，引起局部炎症。轻度感染者常无明显症状，或者仅出现腹部不适、腹痛、腹泻或其他胃肠道症状，常被忽视。严重感染者可有厌食、下肢水肿、贫血、消瘦和发育不良，甚至死亡。

【诊断】

常用的粪便检查方法，如直接涂片法、沉淀法等都可采用，但由于多种棘口吸虫的卵在形态上都很相似，因此不易区分，若能获得成虫，则有助于定种。如做粪便检查发现形似布氏姜片吸虫卵，但个头较小时，应进行虫卵鉴别和驱虫鉴定。

【防治】

人多因食入含有囊蚴的淡水鱼、蛙及淡水螺类等而感染，我国曾报道因误信"活吞泥鳅治黄疸"的民间偏方，吞下2条完整活泥鳅而感染圆圃棘口吸虫的病例。因此，改变不良的饮食习惯是预防本病的关键。治疗药物可用硫氯酚或吡喹酮。

几种吸虫与吸虫病学习要点

学习要点	华支睾吸虫	布氏姜片吸虫	卫氏并殖吸虫	日本裂体吸虫
主要致病	肝吸虫病	肠吸虫病	肺吸虫病	血吸虫病
人兽共患病	是	是	是	是
食源性寄生虫病	是	是	是	否
典型临床表现	①急性：发热、肝大等 ②慢性：胆囊炎、胆结石、肝硬化等	腹痛、腹泻、消化功能紊乱、营养不良等	①胸肺型：胸痛、咳嗽、血痰等 ②腹型：腹痛、腹泻 ③肝型：肝区疼痛、肝大、肝功能异常 ④脑脊髓型：头痛、癫痫、偏瘫等 ⑤皮下包块型，游走性包块	①急性：畏寒、发热、腹痛、腹泻、血便 ②慢性：慢性腹泻、肝大、脾大等 ③晚期：门静脉综合征、生长发育障碍
感染期	囊蚴	囊蚴	囊蚴	尾蚴
寄生部位	肝胆管	小肠	肺、脑等	门静脉-肠系膜下静脉系统
主要致病阶段	成虫	成虫	成虫	虫卵
感染方式	生食或半生食含囊蚴的淡水鱼虾	生食或半生食含囊蚴的荸荠、菱角、茭白等	生食或半生食含囊蚴的溪蟹、蝲蛄	接触含尾蚴的疫水，经皮肤感染
病原学诊断	粪便直接涂片法、集卵法或十二指肠引流胆汁法查虫卵	粪便检查虫卵	痰液或粪便直接涂片查虫卵；皮肤结节活检或脑脊液检查童虫	粪便直接涂片法检查虫卵；毛蚴孵化法；乙状结肠镜或直肠镜活检查虫卵
传染源	患者、带虫者、保虫宿主	患者、带虫者、保虫宿主	患者、带虫者、保虫宿主、转续宿主	患者、带虫者、保虫宿主
传播途径	经口	经口	经口	经皮肤
传播媒介	无	水生植物	无	无

（宫梓琳）

思考题

1. 请描述人体寄生吸虫的经典生活史过程。
2. 试述华支睾吸虫病的致病机制。
3. 简述卫氏并殖吸虫对人的致病机制。
4. 从社会制度和寄生虫病防治两个方面谈谈我国血吸虫病防控工作取得伟大成就的原因，以及为什么说防治血吸虫病是一场人民战争？
5. 吃淡水生鱼片有可能感染哪些吸虫？
6. 女性，49岁，教师，湖北省荆州市人。因反复腹泻、血便，进行性消瘦半年入院。患者于6个月前出现乏力，食欲缺乏，腹痛、腹泻，黏液血便，住院并诊断为慢性细菌性痢疾，服用喹诺酮类抗生素治疗2周余，症状时好时坏，疑为结肠肿瘤。X线钡餐检查结果显示"胃肠正常，未见狭窄及块状阴影"。纤维结肠镜检查显示"直肠、乙状结肠与降结肠黏膜充血、水肿，未见狭窄及肿块"。

体格检查：体消瘦，贫血貌，皮肤巩膜无黄染，全身淋巴结未触及。体重42 kg，心肺听诊正常。腹较软，肝大，肋下2 cm，肝区压痛，腹水征阳性。

实验室检查：血常规示 Hb 80 g/L，WBC $3×10^9$/L，EOS 8%。粪便常规检查正常。粪便毛蚴孵化法"三送三检"均为阴性。环卵沉淀试验（COPT）阴性。直肠黏膜活组织检查：肠黏膜小结节内可见大量血吸虫卵。诊断为慢性血吸虫病，给予吡喹酮每次10 mg/kg，3次/日，连服6天，痊愈出院。

既往无胃肠病史，有接触湖塘和河水史。

请回答：

(1) 根据病例资料，考虑患者是如何感染该寄生虫的？其感染阶段、致病阶段各是什么？
(2) 根据该寄生虫的致病机制，试述患者反复出现腹痛、腹泻、黏液血便等症状的原因。
(3) 如患者得不到及时治疗，病情发展可能的结果是什么？患者可能将会出现什么症状和体征？
(4) 为什么要选用直肠黏膜活组织检查进行确诊？
(5) 导致患者肠黏膜小结节形成的机制是什么？
(6) 应如何对患者进行预防该虫再次感染的教育？

第十六章 绦 虫

第一节 概 论

绦虫（cestode）属于扁形动物门的绦虫纲（Cestoidea），均营寄生生活。寄生于人体的绦虫有 30 余种，隶属于多节绦虫亚纲的圆叶目（Cyclophyllidea）和假叶目（Pseudophyllidea）。绦虫成虫寄生于宿主的消化道内，幼虫则寄生于各种组织器官内，幼虫对宿主的危害远比成虫严重。绦虫生活史复杂，多数需要 1~2 个中间宿主。

【形态】

1. 成虫 扁平、带状，体分节，白色或乳白色。体长因虫种而异，从数毫米至数米不等。虫体自前向后依次为头节（scolex）、颈部（neck）和链体（strobila）（图 16-1）。

（1）头节：细小，位于虫体前端，其上有固着器（holdfast）。圆叶目绦虫的头节呈球形或方形，固着器为 4 个圆形吸盘（sucker），分列于头节四周；某些虫种的头节在吸盘中央有可伸缩的圆形突起，称顶突（rostellum），顶突周围有 1~2 圈棘状或矛状的小钩。假叶目绦虫的头节呈梭形或指状，固着器为其背腹面各向内凹陷形成的纵行沟槽，称吸槽（bothrium）。绦虫靠头节上的固着器吸附在宿主肠壁上。

（2）颈部：位于头节之后，短而纤细，不分节，内含生发细胞（germinal cell），具有生发功能，颈部向后不断生出新的节片（proglottid）形成链体。

（3）链体：是由颈部生出的前后相连的节片构成。组成链体的节片数因虫种而异，可从几个至数千个。根据节片内生殖器官的发育程度将链体的节片分为幼节、成节和孕节。幼节

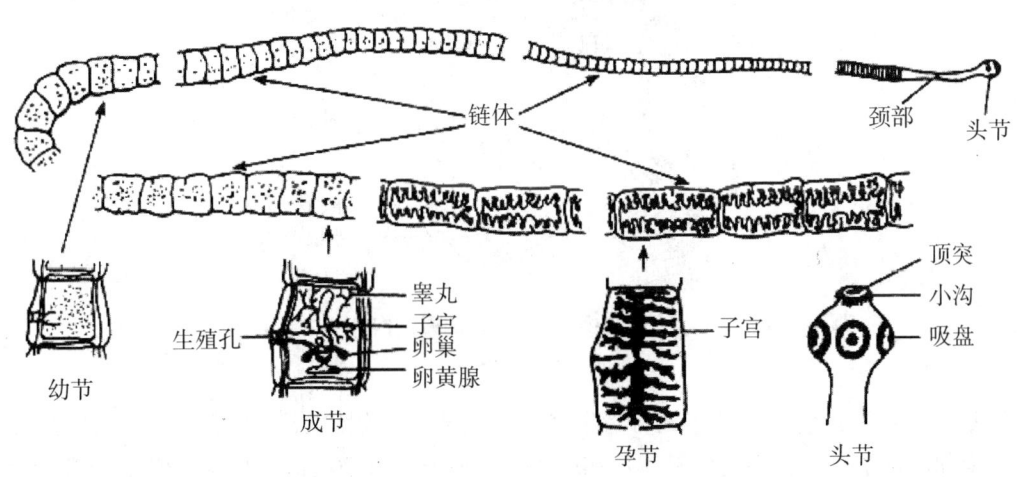

图 16-1 绦虫成虫

是靠近虫体颈部的细小节片，其内的生殖器官刚开始分化，尚未发育成熟，又称未成熟节片（immature proglottid）；成节是位于幼节之后的节片，稍大，其内的生殖器官已发育成熟，又称成熟节片（mature proglottid）；孕节是虫体后部的节片，体积最大，子宫中充满虫卵，又称妊娠节片（gravid proglottid）。圆叶目绦虫的孕节中除了充满虫卵的子宫外，其他生殖器官均已萎缩、退化，而假叶目绦虫孕节结构与其成节相似。链体末端的孕节可逐节或数节成串地自链体脱落，新的节片又不断从颈部长出，使虫体始终保持一定的长度。

（4）体壁结构：绦虫的体壁分两层，即皮层（tegument）和皮下层（hypodermis）。皮层是具有高度代谢活性的细胞层，电镜下，可见其表面密布许多微小的指状胞质突起，称微毛（microthrix）。微毛顶端呈尖棘状伸入肠绒毛之间，起到固着作用，并可擦伤宿主肠上皮细胞，使营养物质外渗，有利于绦虫吸收营养物质。微毛下面为胞质区或称基质区，胞质区的下界有明显的基膜，与皮下层分开，基膜上方的胞质区内线粒体密集。整个皮层部分均无细胞核。皮下层主要由表层肌（superficial muscle）组成，包括环肌、纵肌和少量斜肌，均为平滑肌。表层肌中的纵肌较发达，它包绕着虫体的实质和各器官，并贯穿整个链体。节片成熟后，节片间的肌纤维逐渐退化、断裂，导致孕节自链体脱落。表层肌下为实质组织，内有大量的电子致密细胞称为核周体（perikaryon）。核周体借助一些连接小管穿过表层肌和基膜与皮层连通进行物质代谢（图 16-2）。

绦虫无体腔，体壁与内部器官间由实质组织填充，神经、生殖和排泄系统包埋在实质组织中。绦虫的实质组织中散布着许多钙和镁的碳酸盐微粒，外面被以包膜，呈椭圆形，称为石灰小体（calcareous body），可能具有缓冲平衡酸碱度、调节渗透压的作用，或可作为离子和二氧化碳的补给库。

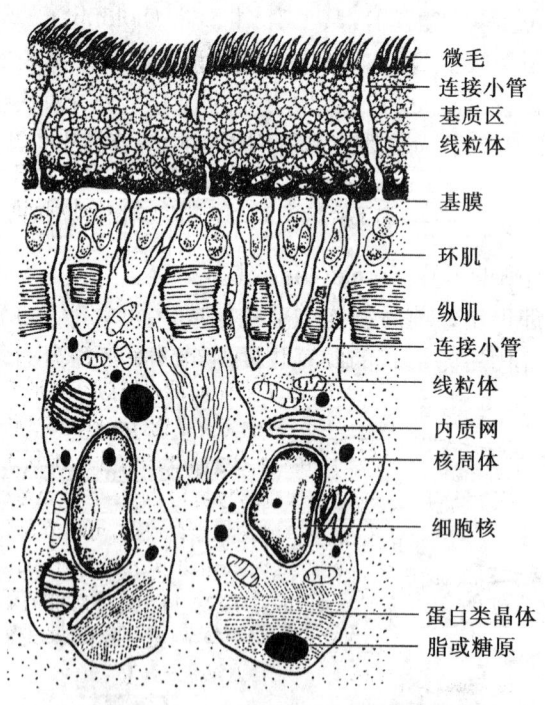

图 16-2　绦虫体壁超微结构

（5）神经系统：包括头节中的神经节和由其发出的 6 根纵行的神经干，即左、右侧各有一根主干和两根辅干，贯穿整个链体；在每个节片后方还有横向的连接支。感觉末梢分布于皮层，与触觉感受器和化学感受器相连。

(6) 生殖系统：雌雄同体，链体的每一成节内均有雌、雄生殖器官各一套。雄性生殖系统有数个至数百个呈圆形滤泡状的睾丸，位于节片上、中部的实质中。每个睾丸发出一根输出管，汇合成输精管，延伸入阴茎囊，在阴茎囊内或囊外，输精管膨大形成储精囊；输精管在阴茎囊中与前列腺汇合后延伸为射精管，射精管的末端为阴茎，其上具有小刺或小钩，并能从阴茎囊伸出，为交合器官。

雌性生殖系统有 1 个卵巢，多分为左右两叶，位于节片腹面的中后部。卵黄腺呈滤泡状，分散于节片中或聚集成团块，位于卵巢的后方。阴道多与输卵管平行，其远端开口于生殖腔。由卵黄腺发出的卵黄小管汇集成总卵黄管，输卵管自卵巢发出后，依次与阴道、总卵黄管连接，膨大形成卵模，再与子宫相通。子宫呈囊状或管状，位于节片中部。圆叶目绦虫的子宫呈囊状，无子宫孔，随着其内虫卵的增多和发育而膨大，并向两侧分支，几乎占满整个节片。假叶目绦虫的子宫呈管状，螺旋形盘叠于节片中部，开口于腹面的子宫口。

(7) 排泄系统：由若干焰细胞、毛细管、集合管及与其相连的 4 根纵行的排泄管组成。排泄管贯穿链体，每侧 2 根，在每一节片后部，纵行排泄管间有横支相通，虫体最后一个节片的排泄管与外界相通。排泄系统既可排出代谢产物，也可调节体液平衡。

2. 中绦期（metacestode） 绦虫在中间宿主体内发育的阶段称为中绦期，各种绦虫的中绦期形态结构各不相同，常见以下几种类型（图 16-3）。

(1) 囊尾蚴（cysticercus）：链状带绦虫或肥胖带绦虫的幼虫，俗称囊虫（bladder worm），为乳白色、半透明、椭圆形的囊状体，囊内充满液体，囊壁上有一向内翻转卷曲的头节悬于囊液中。

(2) 似囊尾蚴（cysticercoid）：膜壳绦虫的幼虫，体型较小，前端有一较小的囊腔和相对较大、内缩的头节，后端为实心的带有小钩的尾状结构。

(3) 棘球蚴（hydatid cyst, echinococcus）：细粒棘球绦虫的幼虫，又称包虫。为圆球形囊状体，直径从不足 1 cm 至数十厘米不等，囊内充满液体。囊壁上可长出无数原头蚴（protoscolex）和许多小的生发囊（brood capsule）。原头蚴和生发囊可附着于囊壁上，也可脱落、悬浮于囊液中。

(4) 泡状棘球蚴（alveolar hydatid）：多房棘球绦虫的幼虫，又称多房棘球蚴（multilocular hydatid），为囊泡状团块，囊较小，但可不断向囊内和囊外生出若干个小囊而使体积不断增大。囊内充满胶状物，其中原头蚴较少。

(5) 多头蚴（coenurus）：多头绦虫的幼虫，为椭圆形囊状体，囊壁为透明的膜，膜内生

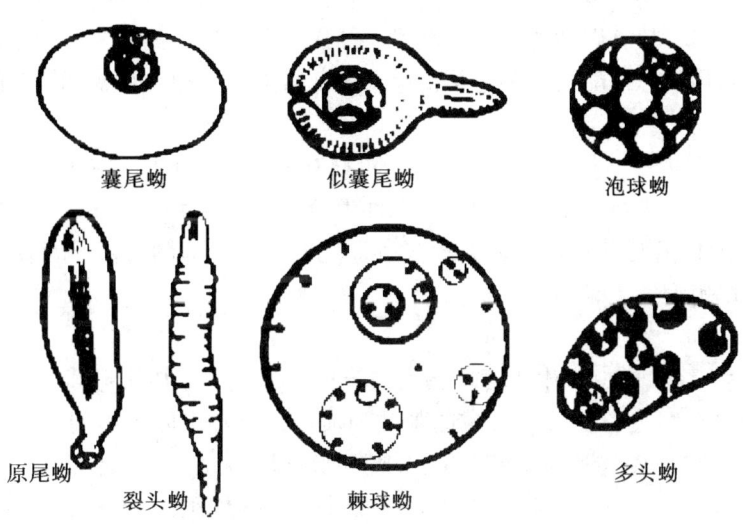

图 16-3　绦虫幼虫

发层长出许多头节，囊内充满液体。

（6）原尾蚴（procercoid）：假叶目绦虫在第一中间宿主体内发育的幼虫，为一实体，无头节的分化。前端略凹，后端有圆形或椭圆形小尾球，其内有6个小钩。

（7）裂头蚴（plerocercoid）：原尾蚴被假叶目绦虫的第二中间宿主吞食后发育而成。裂头蚴已失去小尾及小钩，并开始形成附着器，分化出头节。初步具有成虫外形，白色，带状，体不分节，但有不规则横皱褶。

3. 虫卵 圆叶目和假叶目绦虫卵的形态有明显区别。前者多呈圆球形，卵壳很薄，易脱落，内有一较厚的胚膜，卵内含已发育的幼虫，具有3对小钩，称六钩蚴（oncosphere）。后者与吸虫卵相似，椭圆形，卵壳较薄，一端有小盖，卵内含1个卵细胞和若干个卵黄细胞。

【生活史】

绦虫的生活史复杂，多数在其生长发育过程中需要1～2个中间宿主。成虫寄生于脊椎动物终宿主的小肠，虫卵自子宫口排出或随孕节脱落而排出体外，在以后的发育过程中圆叶目绦虫和假叶目绦虫有明显的差异。

圆叶目绦虫的生活史仅需1个中间宿主，个别种类甚至不需中间宿主。圆叶目绦虫无子宫孔，脱落的孕节随终宿主粪便排出，由于孕节被挤压，虫卵散出。虫卵被中间宿主吞食后，卵内已发育成熟的六钩蚴在宿主消化道内孵出，然后钻入肠壁，随血液和淋巴循环到达组织内，发育为各种中绦期幼虫，如：囊尾蚴、似囊尾蚴、棘球蚴及泡状棘球蚴等。中绦期幼虫若被终宿主吞食后，在其小肠内胆汁的作用下头节翻出，逐渐发育为成虫。

假叶目绦虫的生活史需要有水的环境和2个中间宿主。虫卵自子宫口排出并随终宿主粪便排出体外，必须进入水中才能继续发育。孵出的幼虫称钩球蚴（coracidium），具有3对小钩，体外被有一层纤毛，能在水中游动。钩球蚴若被第一中间宿主甲壳纲的桡足类节肢动物（如剑水蚤）吞食，在其体内发育为原尾蚴。第二中间宿主鱼、蛙等脊椎动物吞食了含有原尾蚴的第一中间宿主后，原尾蚴进入其体腔或肌肉内，发育为裂头蚴。裂头蚴若有机会进入终宿主肠道内即可发育为成虫。

【生理】

绦虫成虫无消化道，靠体壁吸收营养物质。虫体借助皮层表面带有尖棘的微毛，刺伤宿主肠黏膜，使营养物质渗透到虫体周围，便于其吸收，皮层表面的大量微毛，极大地增加了吸收面积。皮层可通过简单扩散、易化扩散或主动运输等方式吸收各种营养物质，同时也具有分泌功能和抵抗宿主消化液对虫体的破坏作用。有的绦虫还可将头节置于宿主小肠绒毛之间，使顶突刺入肠腺，经胞饮作用摄取营养物质。绦虫从宿主肠内吸收的营养物质有氨基酸、糖类、脂肪酸、甘油、维生素、核苷以及嘌呤和嘧啶等。绦虫主要通过糖代谢获得能量，成虫主要通过糖酵解，幼虫也可通过三羧酸循环和电子传递系统获得能量，如细粒棘球绦虫的原头蚴就具有完全的三羧酸循环功能。

绦虫成虫营有性生殖，其交配及受精过程可以在同一节片或同一虫体的不同节片间完成，也可在两条不同虫体间进行。中绦期幼虫营无性生殖，如芽生生殖，细粒棘球蚴可从囊壁生发层长出许多原头蚴和生发囊；曼氏裂头蚴在宿主免疫功能受抑制时，可能发生异常的芽生增殖，引起严重的增殖型裂头蚴病。

【致病】

1. 成虫致病 绦虫成虫寄生于宿主肠道内，掠夺大量营养物质；其头节上的吸盘、吸槽或小钩及体表微毛对宿主肠黏膜的机械性刺激和损伤，以及虫体释出的代谢产物的刺激可引起肠黏膜充血、水肿，甚至溃疡，患者可出现腹部不适、腹痛、消化不良、腹泻或腹泻与便秘交替出现等症状。个别虫种，如阔节裂头绦虫因大量吸收宿主的维生素 B_{12}，可导致宿主恶性贫血。

2. 幼虫致病 绦虫幼虫寄生于人体组织器官，造成的危害远大于成虫，严重程度因虫体数量及寄生部位而异。如：囊尾蚴和裂头蚴可在皮下和肌肉内形成皮下结节或游走性包块；若侵入眼、脑等重要器官可导致严重后果。棘球蚴可引起肝、肺的严重损害，其囊液一旦进入血液循环可致患者过敏性休克，甚至死亡。

【分类】

常见寄生于人体的绦虫属扁形动物门，绦虫纲，其分类见表 16-1。

表 16-1 常见寄生于人体绦虫分类

目	科	属	种
假叶目 Pseudophyllidea	裂头科 Diphyllobothriidae	迭宫属 Spirometra	曼氏迭宫绦虫 S.mansoni
		裂头属 Diphyllobothrium	阔节裂头绦虫 D.latum
圆叶目 Cyclophyllidea	带科 Taeniidae	带属 Taenia	链状带绦虫 T.solium
			肥胖带绦虫 T.saginata
			亚洲带绦虫 T.asiatica
		棘球属 Echinococcus	细粒棘球绦虫 E.granulosus
			多房棘球绦虫 E.multilocularis
	膜壳科 Hymenolepididae	膜壳属 Hymenolepis	微小膜壳绦虫 H.nana
			缩小膜壳绦虫 H. diminuta
		假裸头属 Pseudanoplocephala	克氏假裸头绦虫 P.crawfordi
	囊宫科 Dipylidiidae	复孔属 Dipylidium	犬复孔绦虫 D.caninum
	中殖孔科 Mesocestoididae	中殖孔属 Mesocestoides	线中殖孔绦虫 M.lineatus
	裸头科 Anoplocephalidae	伯特属 Bertiella	司氏伯特绦虫 B.studeri
	代凡科 Davaineidae	瑞列属 Raillietina	西里伯瑞列绦虫 R.celebensis
			德墨拉瑞列绦虫 R.demerariensis

（张唯哲）

第二节 链状带绦虫

案例 16-1

男性，28岁，职员。因粪便中发现可蠕动、白色、"宽面条"样的片状虫体前来就诊。询问病史，1年前，患者在云南大理旅游时，吃过"剁生"。近半年来，时有上腹部隐痛、消化不良等症状。查体：一般状态好，体温36.7 ℃，血压110/70 mmHg。粪便检查：虫卵阴性。检查节片状虫体，呈乳白色、半透明，内含分支状的子宫。将片状虫体夹在两张载玻片之间观察，发现每侧子宫分支数为11支，排列不整齐。

问题：
1. 该患者的诊断是什么？
2. 诊断依据是什么？
3. 患者的感染途径（方式）是什么？

链状带绦虫（*Taenia solium* Linnaeus，1758）又称猪带绦虫、猪肉绦虫或有钩绦虫，隶属于扁形动物门、绦虫纲、圆叶目、带科（Taeniidae）、带属（*Taenia*）。早在公元217年，《金匮要略》中即有白虫的记载。公元610年，《诸病源候论》中将其描述为"长一寸而色白，形小扁"，人因炙食肉类而感染。《神农本草经》《本草纲目》中均有驱白虫的草药记载。猪带绦虫成虫寄生于人体小肠，引起猪带绦虫病（taeniasis suis）；幼虫为猪囊尾蚴（cysticercus cellulosae），俗称猪囊虫或囊虫，主要寄生于猪的各种组织器官，也可寄生于人的皮下、肌肉、脑、眼等组织，引起囊尾蚴病（cysticercosis），也称囊虫病。囊尾蚴病比猪带绦虫病危害更严重。

【形态】

1. 成虫 乳白色，较薄，略透明；背腹扁平，呈带状，长2～4 m。虫体由头节、颈部和链体三部分组成。头节近似球形，直径0.6～1 mm，具有4个吸盘；顶端具有伸缩的顶突，其上有小钩25～50个，交错排列成两圈，内圈的钩较大，外圈的稍小。颈部纤细、不分节，直径约为头节的一半，由胚细胞组成，具有很强的生发功能，由此长出链体。链体由700～1000个节片组成，近颈部的幼节宽大于长，其内的生殖器官尚未发育成熟。成节近方形，长宽相等，内有雌雄生殖器官各一套。睾丸150～200个，呈滤泡状，分布于节片背面两侧，输精管向一侧横行，经阴茎囊开口于虫体侧面的生殖腔。卵巢位于节片后1/3的中央，分3叶，左右侧叶较大，中央叶较小，位于子宫和阴道之间；阴道在输精管下方进入生殖腔；卵黄腺位于卵巢后；生殖孔略突出，不规则地分布于链体两侧。子宫呈长袋状，纵行于节片中央。末端的孕节长大于宽，仅见充满虫卵的子宫，其他生殖器官均已退化，子宫主干向两侧分支，每侧7～13支，每支末端再分支呈树枝状，每个孕节含3万～5万个虫卵（图16-4）。

2. 虫卵 卵壳薄而脆，易破碎。虫卵自孕节散出后，多为卵壳破裂的不完整虫卵，光镜下呈球形或近似球形，直径31～43 μm，棕黄色，胚膜较厚，其上具有放射状条纹，胚膜内为球形的六钩蚴，直径14～20 μm，具有3对小钩（图16-4）。

3. 猪囊尾蚴 为乳白色半透明的椭圆形囊状体，似黄豆粒，大小为（8～10）mm×5 mm。囊壁薄，囊内充满囊液，内含一米粒大小的白点，为翻卷收缩在内的头节，其形态结构和成虫头节相同，受胆汁刺激后头节可翻出。

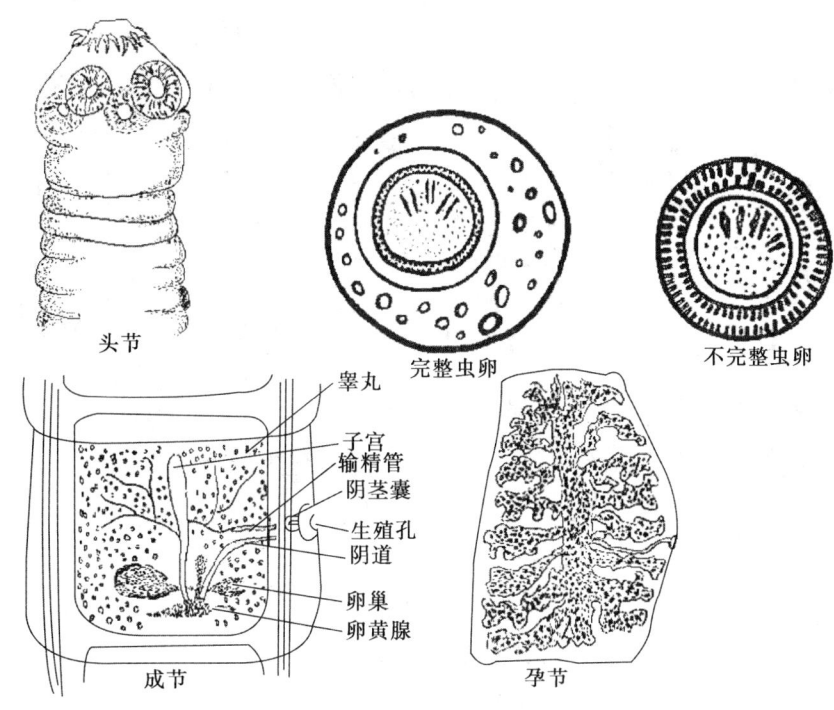

图 16-4　链状带绦虫头节、成节、孕节和虫卵

【生活史】

人是猪带绦虫的唯一终宿主，同时也可作为中间宿主；猪和野猪是主要的中间宿主。曾有学者以猪囊尾蚴实验感染长臂猿和大猩猩获得成功。

成虫寄生于人的小肠上段，以头节上的吸盘和小钩固着于肠壁。虫体末端的孕节可单节或 5～6 节自链体脱落。脱离虫体的孕节仍有一定活动力，节片因受挤压破裂，释放出虫卵。随粪便排出体外的虫卵或孕节被中间宿主猪吞食后，虫卵在其小肠内消化液的作用下，经 24～72 小时，胚膜破裂，六钩蚴逸出，借其小钩和分泌物的作用，钻入肠壁，随血循环或淋巴循环，到达猪的全身组织器官。六钩蚴逐渐长大，中间的细胞溶解形成空腔，充满液体，约经 10 周发育为成熟的囊尾蚴。囊尾蚴在猪体内的主要寄生部位为运动较多的肌肉，以股内侧肌多见，其次为深腰肌、肩胛肌、咬肌、腹内斜肌、膈肌、心肌、舌肌等，还可寄生于脑、眼等处。猪囊尾蚴在猪体内可存活数年，甚至 10 余年。

囊尾蚴寄生的猪肉俗称"米猪肉"或"豆猪肉"。人因生食或半生食含囊尾蚴的猪肉而感染，囊尾蚴在人的小肠上段受胆汁刺激而翻出头节，附着在肠壁，由颈部不断地长出链体，经 2～3 个月发育为成虫，并排出孕节或虫卵。成虫在人体内寿命可达 25 年以上。虫卵在外界污染蔬菜和水，被人食入后，在小肠内孵出六钩蚴，钻入肠壁，随血循环至人全身各处发育为囊尾蚴，引起囊尾蚴病，但寄生人体的囊尾蚴不能继续发育为成虫。人感染虫卵的方式有 3 种：①自体内感染（internal autoinfection），即患者体内有成虫寄生，当反胃、呕吐时，肠道的逆蠕动将脱落的孕节、虫卵送入十二指肠或胃，在消化液作用下，六钩蚴孵出，并钻入肠壁，进入血流，至各组织发育为囊尾蚴；②自体外感染（external autoinfection），猪带绦虫病患者误食自己排出的虫卵或孕节而引起囊尾蚴病；③异体感染（heteroinfection），摄入被他人排出的虫卵污染的食物或水而感染（图 16-5）。

【致病】

1. 成虫致病　猪带绦虫的成虫寄生于人体小肠，引起猪带绦虫病。人体感染猪带绦虫多为 1 条，国内也有感染 19 条成虫的病例报道。成虫致病主要是由于头节上的吸盘、小钩和虫体体壁微毛的机械性刺激和虫体代谢产物的化学性刺激，引起肠黏膜损伤及炎症反应。多数感

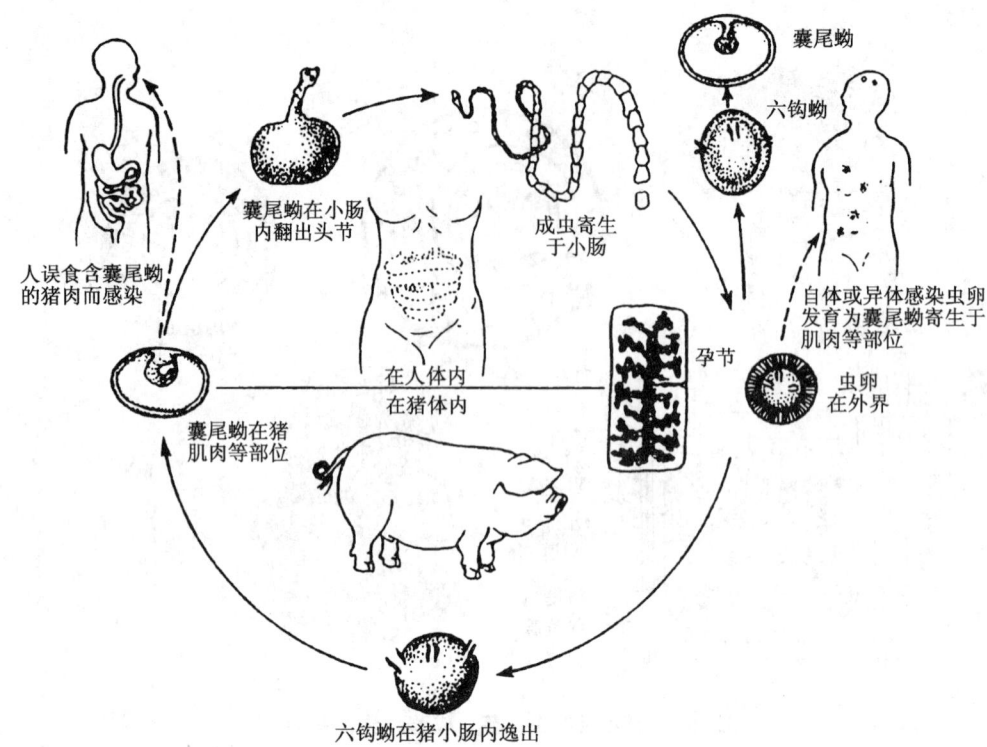

图 16-5 链状带绦虫生活史

染者无症状或症状较轻；少数有上腹或全腹隐痛、消化不良、腹泻、便秘、恶心、呕吐等消化道症状，也可出现体重减轻或儿童生长发育迟缓。因头节固着肠壁而致局部严重损伤时，可致肠穿孔，偶可引起肠梗阻。粪便中发现节片是患者就诊的主要原因。

2. 幼虫致病 猪囊尾蚴寄生人体引起囊尾蚴病，其危害远较成虫大。囊尾蚴致病主要是由于虫体的机械性压迫、堵塞（占位性病变）及虫体毒素作用所致，其危害程度取决于囊尾蚴寄生部位、数量、存活状态和人体局部组织反应。囊尾蚴在人体常见的寄生部位有骨骼肌、皮下组织、脑和眼，其次为心、舌、肝、肺、腹膜、骨等。寄生数量由 1 个至上千个不等。依其寄生部位，囊尾蚴病主要分为以下 3 种类型。

(1) 皮下及肌肉囊尾蚴病：囊尾蚴在皮下、黏膜下或肌肉内形成结节，以躯干和头部较多见，四肢较少，数目可从 1～2 个至数百、上千个不等。结节呈圆形或椭圆形，直径 0.5～1.5 cm，硬度似软骨，无压痛，活动度好，常分批出现，并可逐渐自行消失。轻度感染可无症状，寄生数量多时，可发生肌炎、肌肉营养不良，患者自觉肌肉酸痛、无力、发胀、麻木，或因肌肉间质组织增生，炎性细胞浸润而造成假性肌肥大症等。

(2) 脑囊尾蚴病：又称脑囊虫病，因囊尾蚴在脑内寄生部位与感染程度不同，临床表现复杂多样。根据临床症状，可将脑囊尾蚴病分为癫痫型、高颅压型、精神障碍型、脑膜脑炎型和脑室型。轻者无症状，重者可出现颅内压增高，甚至猝死（图16-6）。

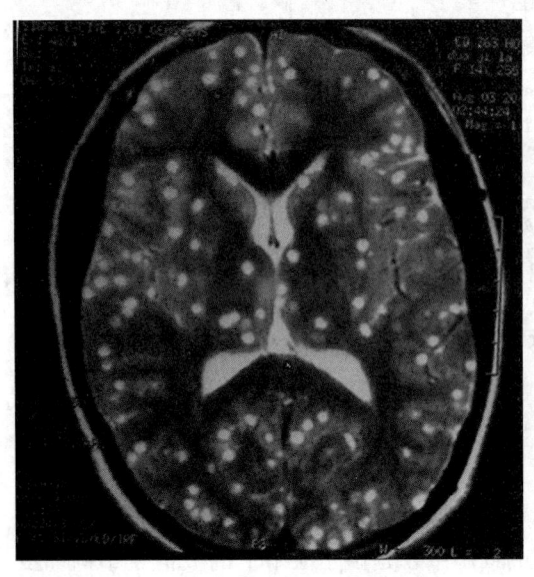

图 16-6 脑囊尾蚴病患者头部 CT 片

癫痫发作、颅内压增高和精神症状是脑囊尾蚴病的三大主要症状，以癫痫发作最多见。若囊尾蚴寄生在大脑皮质运动区，常在一过性意识丧失后，出现癫痫发作。发作频率较低，多在3个月左右，甚至1年发作1次。可为大发作、小发作或精神运动性发作，但以大发作为首发症状者多见。发作强度和持续时间不定，严重者可致瘫痪和失语。若囊尾蚴寄生在脑实质、蛛网膜下腔和脑室，均可引起颅内压增高。患者表现为头痛、呕吐、视力下降、视神经盘水肿等。引起颅内压增高的原因有：①脑实质内囊尾蚴使脑容积增加；②脑室内囊尾蚴使脑脊液循环受阻；③颅底囊尾蚴引起蛛网膜粘连，妨碍脑脊液循环；④脑膜脑炎致脑脊液分泌量增加；⑤脑内超敏反应引起脑水肿。若囊尾蚴在中枢神经系统寄生还可导致精神障碍，表现为神经衰弱、精神分裂、抑郁、语言不清、失语、类狂躁或痴呆等。此外，约有10%患者的临床表现类似急性或亚急性脑膜炎。脑囊尾蚴病的病程多缓慢，3~6年甚至数十年；临床症状复杂，常易误诊。

（3）眼囊尾蚴病：囊尾蚴可寄生在眼的任何部位，主要在眼球深部，以玻璃体及视网膜下多见。通常累及单眼，双眼同时寄生者少见。轻者表现为视力障碍，自觉有黑影在视野内飘动，眼底镜检查可见虫体蠕动。眼内囊尾蚴存活时，患者一般尚能忍受。囊尾蚴一旦死亡，虫体的分解产物可产生强烈刺激，造成眼内组织变性，导致玻璃体混浊、视网膜炎、脉络膜炎，甚至视网膜脱落、视神经萎缩，并发白内障、青光眼等，最终导致眼球萎缩而失明。

此外，囊尾蚴还可寄生在心脏、口腔、脊髓等部位，引起相应部位的囊尾蚴病。

微整合

临床应用

猪带绦虫病和囊尾蚴病

猪带绦虫病是由猪带绦虫成虫寄生于人体小肠所致，人因进食含有活囊尾蚴的猪肉而感染。患者可无症状，或有上腹部隐痛、腹泻、恶心等消化道症状，患者常有排节片史。囊尾蚴病是由猪带绦虫幼虫猪囊尾蚴寄生于人体组织器官所致，远比猪带绦虫病危害严重。依寄生部位，主要分为皮下及肌肉囊尾蚴病、脑囊尾蚴病和眼囊尾蚴病3种类型，分别表现为皮下结节；头晕、头痛、癫痫等；视力障碍、玻璃体混浊，甚至失明等。皮下结节活组织检查；头颅CT或MRI扫描；眼底镜检查为主要诊断方法。猪带绦虫病易并发囊尾蚴病。囊尾蚴病需与脑肿瘤等相鉴别。

猪带绦虫病和囊尾蚴病，可单独发生，也可同时存在。据报道，16%~25%的猪带绦虫病患者伴有囊尾蚴病，约有55.6%的囊尾蚴病患者伴有猪带绦虫成虫寄生。

【诊断】

1. 猪带绦虫病诊断 询问有无生食或半生食猪肉史及排节片史对诊断具有重要价值。检获孕节，观察子宫分支数可明确诊断；粪检虫卵有助于诊断，但不能确定虫种，常用生理盐水直接涂片法，也可用沉淀法、饱和盐水浮聚法、改良加藤法等。必要时可采用槟榔、南瓜子试验性驱虫，驱虫后淘洗检查头节和孕节，以头节上的吸盘和顶突小钩或孕节子宫侧支数可确定虫种。

2. 囊尾蚴病诊断 检查方法因寄生部位而异。皮下或浅表部位囊尾蚴结节可采用手术摘除做活检。眼部囊尾蚴用眼底镜检查。脑和深部组织囊尾蚴可采用CT、MRI等，并结合癫痫、颅内压增高和精神症状等做出诊断。

免疫学试验具有辅助诊断价值，尤其对无明显临床症状的脑囊尾蚴病患者更具有参考意义。方法有 ELISA、Dot-ELISA、IHA 等，主要检测血清和脑脊液中的抗体或循环抗原，ELISA 是脑囊尾蚴病的主要辅助诊断方法。

【流行】

1. 分布　猪带绦虫病分布广泛，除因宗教原因而禁食猪肉的国家和民族没有或少有本病外，世界各地均有本病发生，以中非、南非、拉丁美洲、东亚及南亚的发展中国家为甚。在我国分布广泛，散发于云南、黑龙江、吉林、山东、河北、河南、陕西、山西、湖北、福建、海南、青海、江苏、宁夏等 30 个省、自治区、直辖市。2015 年进行的全国人体重要寄生虫病现状调查结果显示，人群带绦虫感染率为 0.06%。

2. 流行因素　本病的流行主要与猪的饲养方式不当及居民的不良饮食习惯有关。流行区有些居民不习惯使用厕所，或有随地排便的不良行为，或人厕直接建在猪圈之上或与猪圈相通（连茅圈），猪容易食到患者粪便中的虫卵或孕节，增加了猪的感染机会。虫卵在外界存活时间较长，在 4 ℃和 –30 ℃环境中分别能存活 1 年和 3～4 个月。

流行区居民有生食或半生食猪肉的习惯，如云南白族的"生皮"、傣族的"刹生"、哈尼族的"噢嚅"，均系生猪肉制作。西南地区的"生片火锅"、云南的"过桥米线"、福建的"沙茶面"等，都是将生肉片在热汤中稍烫后，蘸佐料、拌米粉或面条食用，这些肉类制作方法并不能完全杀死肉中的囊尾蚴，使人易受感染。此外，在肉类制作过程中，生、熟砧板不分也可造成感染。

人体猪囊尾蚴病主要是因误食猪带绦虫卵所致，此外，自体内和自体外感染也可导致人体猪囊尾蚴病。

【防治】

目前对猪带绦虫病／囊虫病依然是采取"驱、管、检、改"的综合防治措施。

1. 治疗患者　肠道有成虫寄生可致囊尾蚴病，故应尽早驱虫治疗。槟榔-南瓜子合剂驱虫效果良好，多数患者服药后 5～6 小时内排出完整虫体，温水坐浴可促进虫体排出，切勿用力拉扯，以防包括头节的虫体前段断留肠内。用过的水和用具应进行适当的处理以免虫卵污染环境。虫体排出后，用水淘洗，查找头节；若未查获头节，应加强随访，3～4 个月内未再发现排出节片或虫卵则可视为治愈。吡喹酮、阿苯达唑也有较好驱虫效果。

皮下及肌肉囊尾蚴病，虫数少时可手术摘除囊尾蚴。眼囊尾蚴病唯一有效方法是手术取出虫体，因为若虫体死亡，可引起剧烈的炎症反应，最后不得不摘除整个眼球。脑囊尾蚴病应住院治疗，因虫体死亡可导致脑水肿、颅内压增高等症状，严重者危及生命。吡喹酮、阿苯达唑可使囊尾蚴变性和坏死，是目前治疗囊尾蚴病的有效药物，具有疗效高、药量小、给药方便等优点，但也有不同程度的头痛、呕吐、发热、头晕、皮疹等不良反应。

2. 管理厕所、猪圈　教育群众管好厕所、管好粪便，改进猪的饲养方法，建圈养猪，防止人、猪相互感染。

3. 加强肉类检疫　加强生猪的"定点屠宰、集中检疫"，加强对农贸市场个体商贩出售肉类的检验，严禁出售"米猪肉"。

4. 加强卫生宣传教育　改变不良卫生习惯和饮食习惯，注意个人卫生，饭前便后洗手，以防误食虫卵；不食生的或未熟的猪肉，烹调时务必将肉煮熟，肉中囊尾蚴在 54 ℃经 5 分钟即可被杀死。切生、熟肉的刀、砧板要分开，防止误食囊尾蚴。

> **知识拓展**
>
> 囊尾蚴病的免疫预防
>
> 　　囊尾蚴病是危害严重的人兽共患寄生虫病，疫苗接种是预防囊尾蚴病的重要措施。抗囊尾蚴疫苗包括天然蛋白疫苗、重组蛋白疫苗、合成肽疫苗、核酸疫苗等，特别是以双歧杆菌、减毒的结核分枝杆菌（卡介苗）、乳球菌等为载体的基因工程重组活疫苗，是目前抗囊尾蚴疫苗研究的热点，但目前仍处于动物实验研究阶段。

（周必英）

第三节　肥胖带绦虫

　　肥胖带绦虫（*Taenia saginata* Goeze，1782）又称牛带绦虫、牛肉绦虫或无钩绦虫，与链状带绦虫同属带科、带属。在我国古籍中，肥胖带绦虫与链状带绦虫一起被称作"寸白虫"或"白虫"。成虫寄生于人体小肠，引起牛带绦虫病（taeniasis bovis）。

【形态】

1. 成虫　外形与链状带绦虫相似。乳白色，带状，节片较肥厚，不透明，长 4～8 m 或更长，由 1000～2000 个节片组成。头节略呈方形，直径为 1.5～2.0 mm，有 4 个吸盘，无顶突及小钩。成节内睾丸 300～400 个，卵巢分左右两叶。孕节内子宫分支较整齐，每侧 15～30 支。每一孕节内含 8 万～10 万个虫卵（图 16-7）。肥胖带绦虫与链状带绦虫的形态区别见表 16-2。

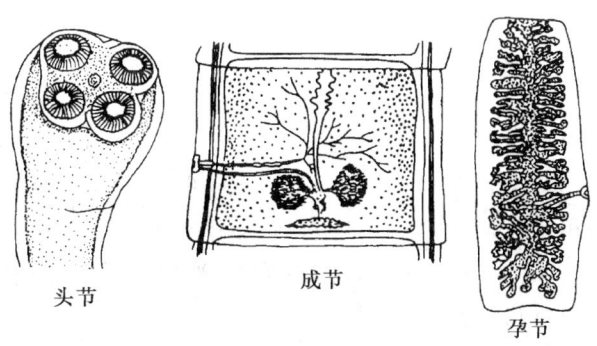

图 16-7　肥胖带绦虫头节、成节和孕节

2. 虫卵　与链状带绦虫卵极相似，光镜下难以区别，统称为带绦虫卵。

3. 牛囊尾蚴（cysticercus bovis）　略小于猪囊尾蚴，其内的头节与成虫头节相似，无顶突及小钩。

表 16-2　链状带绦虫与肥胖带绦虫的形态区别

区别点	链状带绦虫	肥胖带绦虫
体长	2～4 m	4～8 m
节片	700～1000 节，较薄，略透明	1000～2000 节，较厚，不透明
头节	呈球形，直径约 1 mm，具有顶突和小钩	略呈方形，直径 1.5～2.0 mm，无顶突及小钩
成节	睾丸 150～200 个 卵巢分左右两叶及中央小叶	睾丸 300～400 个 卵巢仅有左右两叶
孕节	子宫分支不整齐，每侧 7～13 支	子宫分支较整齐，每侧 15～30 支

【生活史】

人是牛带绦虫的唯一终宿主。成虫寄生于人体小肠上段，以头节上的吸盘固着于肠壁，孕节多单节或数节相连地自链体脱落，随宿主粪便排出或主动从肛门逸出。通常每天排节片 6～12 节，最多达 40 节。自链体脱落的孕节仍具有较强的活动力，虫卵可因孕节蠕动从子宫排出，或因孕节破裂而散出，污染环境，如草地及水源等。当中间宿主牛科动物，如黄牛、水牛、牦牛等吞食到孕节或虫卵后，虫卵在其小肠消化液的作用下，胚膜破裂，释出六钩蚴，钻入肠壁，随血液循环到达牛的周身各处，以运动较多的股、肩、心、舌和颈部肌肉等处为多，经 60～70 天发育为牛囊尾蚴。除了牛科动物之外，山羊、鹿、野猪、美洲驼、羚羊及长颈鹿等也可作为其中间宿主。牛囊尾蚴寿命可达 3 年。

人因生食或半生食含牛囊尾蚴的牛肉而感染。牛囊尾蚴在小肠消化液的作用下，头节翻出，以其吸盘吸附于肠壁，经 8～10 周发育为成虫。成虫寿命可达 20～30 年，甚至更长。

【致病】

牛带绦虫成虫致病与猪带绦虫相似。成虫寄生于人体小肠，可夺取营养物质；成虫头节上的吸盘及体壁微毛对肠黏膜的机械性损伤、虫体代谢物和分泌物的毒性作用，可引起肠壁的炎症反应。

人体感染多为 1 条，但在流行区，如贵州省的从江县，感染多条者也不少见，感染最多者为 31 条。轻度感染者多无明显症状，重度感染者可有腹部不适、饥饿痛、消化不良、腹泻、体重减轻等症状。由于牛带绦虫孕节活动力较强，常主动从肛门逸出，故多数患者都能自己发现排出的节片，并有肛门瘙痒的症状。脱落的孕节在回盲瓣处移动受阻时，蠕动加强，可引起回盲部剧痛。此外，偶可引起阑尾炎、肠梗阻及肠穿孔等并发症。偶有节片在胆总管、子宫腔等部位异位寄生的报道。牛带绦虫对人的危害不及猪带绦虫严重，主要原因是人对牛带绦虫六钩蚴具有固有免疫力，人体几乎没有牛囊尾蚴寄生。

微整合

临床应用

牛带绦虫病

牛带绦虫病是由牛带绦虫成虫寄生于人体小肠所致。人因食入含活牛囊尾蚴的牛肉而感染。牛带绦虫的致病原因主要为成虫头节上的吸盘及体壁微毛对肠黏膜的机械性刺激、虫体代谢物和分泌物毒性作用，引起肠壁炎症反应。患者一般无明显症状，有的患者时有上腹部不适、消化不良、腹泻等。多数患者能自己发现排出的节片，并有肛门瘙痒的症状。偶可并发阑尾炎、肠梗阻等。需与猪带绦虫病、阔节裂头绦虫病等相鉴别。

【诊断】

询问病史，了解患者是否来自或曾去过流行区、有无生食或半生食生牛肉及排节片的病史对牛带绦虫病的诊断具有重要意义。牛带绦虫孕节活动力较强，常主动从肛门逸出，故患者常会自带排出的节片前来就诊。检查孕节的方法与猪带绦虫相同，根据子宫分支的数目和特征进行鉴别。若节片已干硬，可用生理盐水浸软，或用乳酸酚浸泡透明后再观察。粪便检查也可查到虫卵或孕节，采用肛门拭子法、透明胶纸法可提高检出率，但仅依据虫卵的形态不能确定虫种。

【流行】

1. 分布 呈世界性，尤其在牧区或以牛肉为主要肉食的民族和地区流行更为广泛。在我国以新疆、内蒙古、西藏、云南、宁夏、四川（藏族）、广西（苗族）、贵州（苗族和侗族）及台湾（雅美族和泰雅族）等20多个省、自治区的少数民族聚居区发病率较高。患者多为青壮年，男性多于女性。

2. 流行因素 本病的流行与患者及带虫者的粪便污染环境和居民食用牛肉的方法不当有关。流行区农牧民常在牧场及野外排便，造成牧场、地面和水源的污染。牛带绦虫卵抵抗力强，在外界环境中能存活8周或更久，故牛很容易食到虫卵或孕节而感染。在广西和贵州的少数民族地区，人、畜共居一楼，人住楼上，牛圈在楼下，人粪便直接从楼上排入牛圈内，牛因吞食人粪便中的虫卵而感染牛囊尾蚴病，当地牛的囊尾蚴感染率可高达40%。流行区少数民族居民有生食或半生食牛肉的习惯，如苗族、侗族人喜食"红肉""腌肉"，傣族人喜食"剁生"等，都是将生牛肉切碎后，稍加佐料即食；藏族人常将生牛肉稍风干后即食或在篝火上烤食大块牛肉，这些食肉习惯都易造成人的感染。非流行区居民无生食或半生食牛肉的习惯，多因大块牛肉未煮熟或用切过生牛肉的刀、砧板再切熟食时沾染了牛囊尾蚴而引起感染。

【防治】

积极治疗患者和带虫者，驱虫方法同猪带绦虫。加强粪便管理，避免人粪便污染牧草、水源，防止牛的感染。加强肉类检疫，严禁出售含囊尾蚴的牛肉。加强卫生宣传教育，改变不良饮食习惯，不生食或半生食牛肉，切生肉、熟食的刀、砧板分开使用。

第四节 亚洲带绦虫

亚洲带绦虫（*Taenia asiatica*）又称亚洲肥胖带绦虫（*Taenia saginata asiatica*），是20世纪70—80年代在东亚和东南亚一些国家和地区新发现的第三种可以寄生于人体的带绦虫，属带科、带属。亚洲带绦虫成虫和牛带绦虫相似，成虫寄生于人体小肠，引起亚洲带绦虫病（Asia taeniasis）。本病主要与生食或半生食猪肝及其他动物内脏有关。

【形态】

1. 成虫 外形与牛带绦虫相似。乳白色，带状，体长4～8 m，或更长。由头节、颈部和链体三部分组成，链体节片数260～1016个。头节近方形，直径为1.4～1.7 mm，有4个吸盘，1个尖的顶突，无小钩。颈部明显膨大。链体分为幼节、成节和孕节。成节中睾丸呈滤泡状，354～1197个，散布在节片背面；卵巢分两叶，大小不一。孕节内的子宫主干有侧支，每侧11～32支，侧支上有更多的分支（图16-8）。

2. 虫卵 与带绦虫卵相似，光镜下难以区别。椭圆形，棕黄色，直径为21～45 μm。卵壳薄，易碎。卵内有一个六钩蚴（图16-8）。

3. 囊尾蚴 呈椭圆形或近圆形，乳白色，半透明，大小为1290 μm×1160 μm，明显小于牛囊尾蚴，囊内可见凹入的头节，头节上有两圈发育不良的小钩。囊壁表面有小的疣状物（图16-8）。

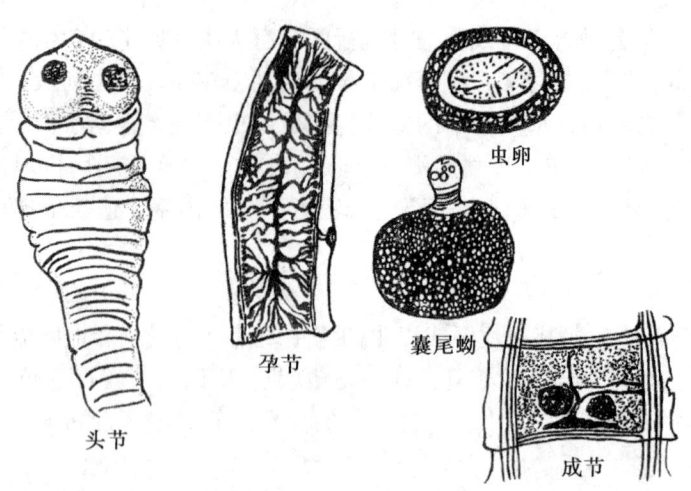

图 16-8 亚洲带绦虫头节、成节、孕节、虫卵和囊尾蚴

【生活史】

人是亚洲带绦虫的唯一终宿主。成虫寄生于人的小肠,孕节或虫卵随粪便排出。中间宿主猪、牛、羊、野猪、鹿等吞食了孕节或虫卵后,在其小肠上段,六钩蚴孵出,然后钻入肠壁,进入血液循环,经4周左右,在内脏组织中发育为囊尾蚴。囊尾蚴主要寄生于中间宿主的肝,尤其在肝实质较多见,其次是网膜、浆膜和肺等。人因食入含囊尾蚴的动物内脏而感染,头节翻出,以其吸盘吸附于小肠黏膜,约4个月发育为成虫。

【致病】

寄生人体的亚洲带绦虫一般为1~2条,最多者达24条。亚洲带绦虫的致病机制与牛带绦虫相似。部分患者可无症状,多数患者有排节片史、肛门瘙痒,并伴有消化系统和神经系统的症状,如恶心、呕吐、腹痛、食欲亢进或食欲缺乏及头晕、头痛等。至今尚未见亚洲带绦虫引起人体囊尾蚴病的病例报道。

【诊断】

询问病史,了解患者是否来自或曾去过流行区、有无生食或半生食猪肝或其他动物内脏及排节片的病史对亚洲带绦虫病的诊断具有重要意义。粪便检查可查到虫卵,但不能确定虫种,通过观察排出的节片或试验性驱虫后获得的虫体特征可确定虫种。还可结合分子生物学方法对虫体节片进行基因分析,鉴定亚洲带绦虫和牛带绦虫。

【流行】

1. 分布　亚洲带绦虫主要分布在东亚和东南亚地区,如韩国、日本、新加坡、泰国、缅甸、印度尼西亚、马来西亚、菲律宾及越南等国,国内在台湾、广西、云南、贵州、四川等地有区域性流行。范秉真(1982—1992)的调查显示,亚洲带绦虫病遍布我国台湾11个县的山区,感染者约27 000例,感染率为7%~37%。

2. 流行因素　本病的流行与患者及带虫者的粪便污染环境及居民喜食生猪肝或其他动物内脏的习俗有关。曾有儿童因食生猪肝治疗贫血和其他疾病而造成感染的报道。

【防治】

彻底治疗患者,控制传染源,驱虫药物以吡喹酮疗效最好,槟榔-南瓜子合剂也有较好疗效。家畜圈养,防止人粪污染。加强动物内脏检疫。加强卫生宣传教育,养成良好的饮食习惯,不生食猪肝等家畜和野生动物的内脏,是预防的重要措施。

第五节 细粒棘球绦虫

案例 16-2

男性，46岁，内蒙古人，牧民。近半年来腹胀、右上腹摸到包块，前来就诊。问病史，患者平时喜食"蘸酱菜"，放牧时经常喝生水，家里养狗。查体：体温36.7 ℃，心肺听诊正常，皮肤及巩膜无黄染。右上腹触及一质地中等硬度的包块，有压痛。腹部B超显示：肝右叶有一边界清楚的近圆形囊实性团块（8 cm×10 cm），囊壁较厚，内部有中强团块回声，中央较大范围为液性暗区。肝包虫皮内试验阳性，血清IgG抗体阳性。初步诊断为肝包虫病。住院行外科手术治疗，将术中取出的组织做病理学检查，查见细粒棘球绦虫原头蚴，最终确诊为肝包虫病。患者一周后痊愈出院。

问题：
1. 根据该病例资料，分析患者患病原因。
2. 棘球蚴除了引起肝病变，还可对哪些组织器官造成损害？
3. 手术中应注意什么？

细粒棘球绦虫（*Echinococcus granulosus* Batsch，1786）隶属于圆叶目、带科、棘球属，又称包生绦虫。成虫寄生于犬科食肉类动物的小肠；幼虫称棘球蚴（hydatid cyst, echinococcus），寄生于人或多种食草类动物的肝、肺等组织器官，引起囊型棘球蚴病（cystic hydatidosis）或称囊型包虫病（cystic echinococcosis）。囊型棘球蚴病是一种人兽共患寄生虫病，严重危害人类健康和畜牧业的发展，已成为全球性的公共卫生问题，也是我国重点防治的寄生虫病之一。

【形态】

1. 成虫 为小型绦虫，体长2～7 mm，平均3.6 mm。由头节、颈部及链体组成。头节略呈梨形，具有顶突和4个吸盘；顶突上有两圈大小相间呈放射状排列的小钩，共28～48个；顶突的顶端有一群梭形细胞组成的顶突腺（rostellar gland），其分泌物具有抗原性。链体由幼节、成节和孕节各1节构成，偶或多1节，所有节片均长大于宽。成节内含雌雄生殖器官各一套，生殖孔位于节片一侧的中部偏后；睾丸45～65个，分布于生殖孔水平线的前后方；卵巢1个，分左右两叶，位于节片中纵轴的腹面。孕节较长，约占虫体全长的1/2，孕节内子宫向两侧突出形成不规则的侧囊，内含200～800个虫卵（图16-9）。

2. 虫卵 与链状带绦虫和肥胖带绦虫的虫卵相似，光镜下难以区别。

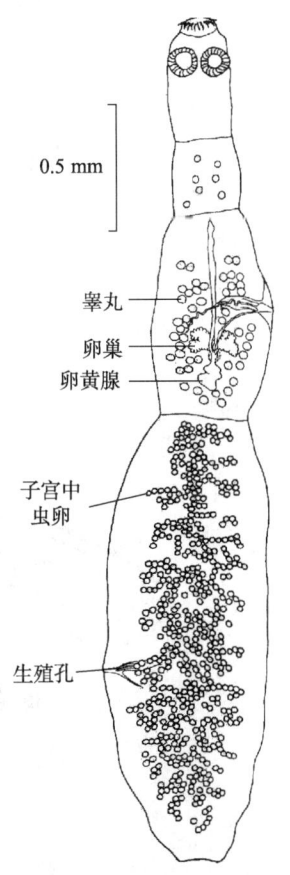

图16-9 细粒棘球绦虫成虫

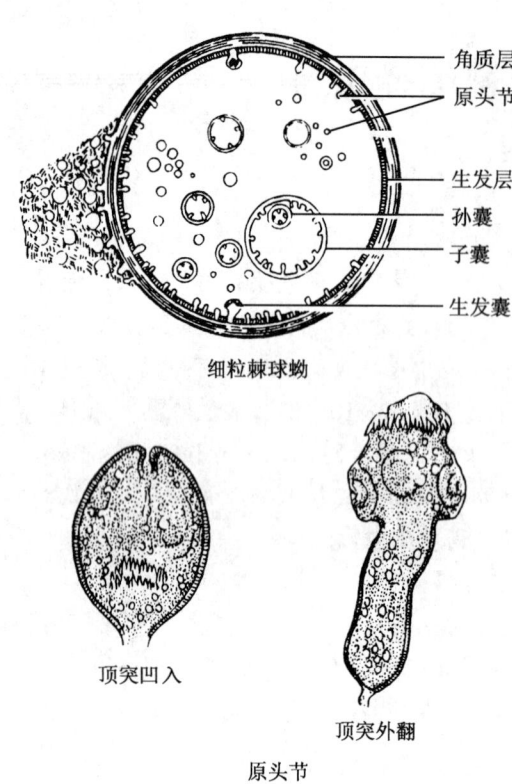

图 16-10　细粒棘球绦虫棘球蚴及原头蚴

3. 幼虫　称棘球蚴或称包虫，为圆形囊状体，直径从不足 1 cm 至数十厘米不等，大小与其寄生时间长短、寄生部位及宿主种类有关。虫体由囊壁和囊内容物（原头蚴、生发囊、子囊、孙囊和囊液等）组成，囊壁外有宿主的纤维组织包绕。囊壁分两层，外层为角质层（laminated layer），亦称角皮层，厚约 1 mm，乳白色，半透明，似粉皮状，较脆，易破裂。光镜下观察，角质层无细胞结构而呈多层纹理状，具有渗透性，参与虫体与宿主之间的物质交换。内层为生发层（germinal layer），亦称胚层，较薄，约 20 μm，由单层细胞构成，该层向囊内长出原头蚴（protoscolex）、生发囊（brood capsule）和子囊（daughter cyst）（图 16-10）。

原头蚴呈圆形或椭圆形，大小为 170 μm × 122 μm，为向内翻卷收缩的头节，其顶突和吸盘内陷，保护着数十个小钩。原头蚴与成虫头节的区别在于其体积小和缺少顶突腺（图 16-10）。

生发囊也称育囊，由生发层的有核细胞发育而成。直径约 1 mm，为仅有一层生发层的小囊，借小蒂与生发层相连，在生发囊内壁上可长出 5～40 个原头蚴。原头蚴除向生发囊内生长外，也可向囊外生长，为外生性原头蚴，由于可不断扩展，其危害性较内生的棘球蚴更大（图 16-10、图 16-11）。

子囊可由母囊（棘球蚴囊）的生发层直接长出，也可由原头蚴或生发囊进一步发育而成。子囊结构与母囊相似，其生发层也可向囊内长出原头蚴、生发囊以及与子囊结构相似的小囊，称为孙囊（granddaughter cyst）。有的棘球蚴囊内无原头蚴和生发囊等，称为不育囊（infertile cyst）。

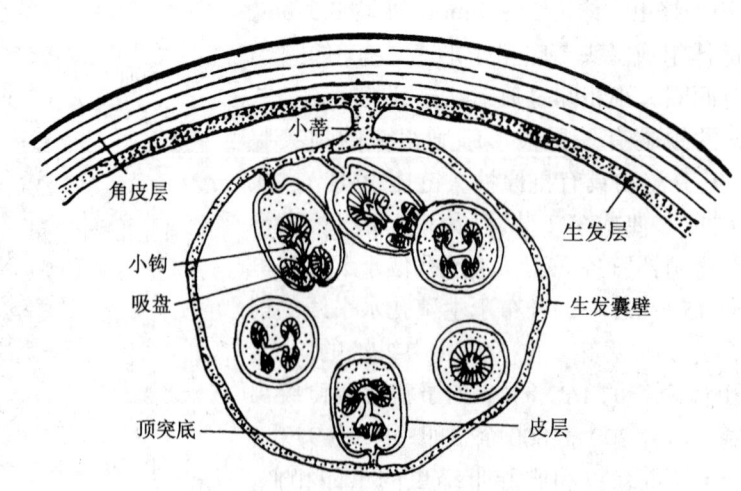

图 16-11　细粒棘球绦虫棘球蚴生发囊

棘球蚴液（hydatid fluid）是囊腔内的液体，无色透明或略带黄色，比重为 1.01～1.02，pH 值为 6.7～7.8，内含多种蛋白质、肌醇、卵磷脂、尿素及少量糖、无机盐和酶等成分，具有很强的抗原性。棘球蚴生发层向囊内长出的原头蚴、生发囊和小的子囊可从胚层上脱落，悬浮在囊液中，统称为棘球蚴砂（hydatid sand）或称囊砂。

【生活史】

细粒棘球绦虫的终宿主是犬、狼和豺等犬科食肉类动物；中间宿主是羊、牛、马等食草类动物和人，也可见于猪等家畜动物、啮齿类及灵长类。

成虫寄生于终宿主小肠上段，以顶突上的小钩和吸盘固着在肠绒毛基部隐窝内，脱落的孕节或虫卵随宿主粪便排出。孕节有较强的活动能力，可沿草地或植物蠕动爬行，其破裂后虫卵释出，污染牧场、畜舍、土壤、蔬菜、水源及动物皮毛等。当人或羊、牛、马等中间宿主吞食了孕节或虫卵后，虫卵在其小肠内经消化液作用孵出六钩蚴。六钩蚴钻入肠壁血管，经血液循环至肝、肺等组织器官，经 3～5 个月，发育成直径为 1～3 cm 的棘球蚴。棘球蚴生长缓慢，每年增长 1～5 cm，数年后可达 30～40 cm。囊内原头蚴可有数千至数万个，甚至达数百万个。棘球蚴在人体内可存活 40 年，甚至更久。

当终宿主吞食含有棘球蚴的羊、牛、马等动物的内脏后，囊内原头蚴在小肠消化液的作用下，顶突翻出，其小钩附着于小肠壁，逐渐发育为成虫。由于棘球蚴中含有大量的原头蚴，每个原头蚴都可发育为一条成虫，故犬、狼等终宿主小肠内寄生的成虫可达数千至上万条。从终宿主感染至虫体发育成熟并开始排虫卵或孕节约需 2 个月。成虫寿命为 5～6 个月（图 16-12）。

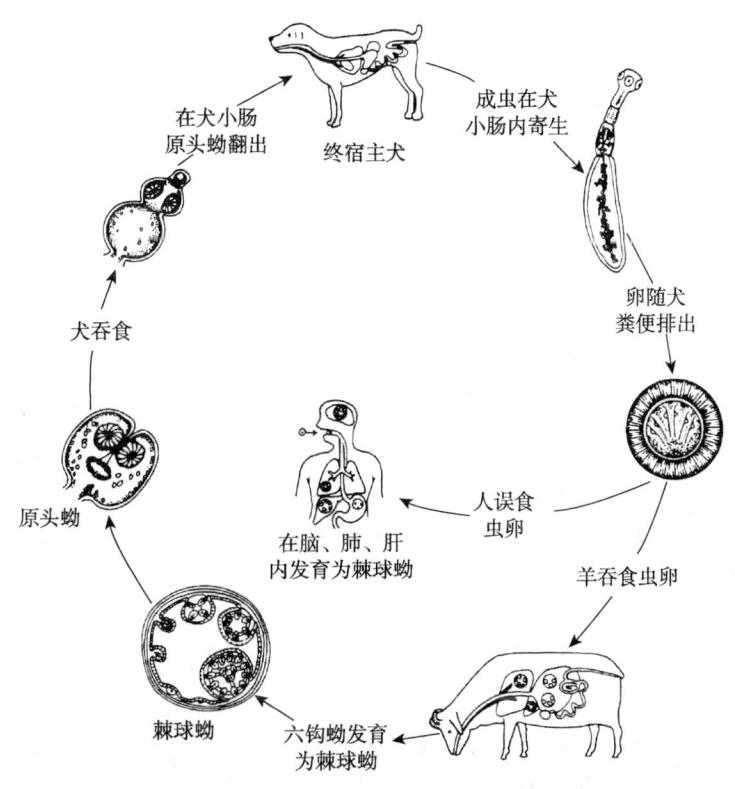

图 16-12　细粒棘球绦虫生活史

【致病】

囊型棘球蚴病也称囊型包虫病，对人体的危害以机械性损害为主，严重程度取决于棘球蚴的大小、数量、寄生时间和部位及有无并发症。

棘球蚴可寄生于人体的多个组织或器官，最常见的寄生部位是肝，约占 70%，多在肝右叶，其次是肺，约占20%，腹腔约占4.0%，其他部位有脾、盆腔、脑、肾、胸腔和骨等，心脏、胆囊、子宫、眼、卵巢、膀胱、乳房及甲状腺等处偶可见虫体。棘球蚴在肺和腹腔内生长较快，偶见巨大的棘球蚴囊占满整个腹腔；在骨组织内则生长缓慢。原发性棘球蚴感染多为单个，占患者的80%以上；棘球蚴破裂后引起的继发性感染常为多发，可同时累及多个器官。囊型棘球蚴病的临床表现复杂多样，主要表现如下。

1. 局部压迫和刺激症状 棘球蚴不断生长，压迫周围组织、器官，引起组织细胞萎缩、坏死。肝棘球蚴病可引起肝大、肝区隐痛、上腹饱胀感、消化不良等；若压迫肝门静脉可致腹水，甚至脾大；压迫胆管可致梗阻性黄疸、胆囊炎等。肺棘球蚴病可引起胸痛、咳嗽、咯血及呼吸急促等症状，严重者可出现呼吸困难。脑棘球蚴病可引起与脑瘤相似的中枢神经系统症状，如头痛、恶心、呕吐及癫痫等。骨棘球蚴病常发生于血管丰富的不规则骨，如骨盆和长骨干骺端，可破坏骨质，易造成病理性骨折。

2. 毒性和超敏反应 棘球蚴液少量溢出可引起超敏反应，常见症状有荨麻疹、哮喘、血管神经性水肿等。如大量囊液进入血液循环，囊液中的蛋白质和酶等成分具有很强的抗原性，可引起过敏性休克，甚至死亡。此外，还可出现食欲缺乏、消瘦及儿童发育障碍等毒性症状。

3. 继发性感染和继发性棘球蚴病 由于外伤或穿刺使棘球蚴破裂，大量原头蚴逸出，除引起毒性作用和程度不同的超敏反应外，还可引起继发性感染和继发性棘球蚴病。肝棘球蚴破入腹腔可引起急性弥漫性腹膜炎或继发性腹腔棘球蚴病；破入胆道可引起胆道梗阻，可出现胆绞痛、寒战、高热和黄疸等症状。肺棘球蚴破入支气管，可出现剧烈的咳嗽，咳出大量囊液、小的生发囊、子囊或角皮碎片等。

微整合

临床应用

囊型包虫病

囊型包虫病是由细粒棘球绦虫幼虫（棘球蚴）寄生于人体肝、肺等组织器官所致。人因摄入被细粒棘球绦虫卵污染的食物或水而感染。囊型包虫病对人体的危害以机械性损害为主，严重程度取决于棘球蚴的大小、数量、寄生时间和部位及有无并发症。临床表现复杂，肝棘球蚴病可引起肝区隐痛、肝大、腹水、阻塞性黄疸等；肺棘球蚴病可引起胸痛、咳嗽、咯血等。棘球蚴液少量溢出可引起毒性和超敏反应，常见症状有荨麻疹、哮喘、血管神经性水肿；如大量囊液进入血液循环，可引起过敏性休克，甚至死亡。由于外伤或穿刺使棘球蚴破裂，还可引起继发性感染和继发性棘球蚴病。鉴别诊断包括泡型包虫病、肝脓肿和肝癌等。

【诊断】

询问病史，了解患者是否来自或曾经去过流行区，以及有无与犬、羊等动物或其皮毛接触史，对诊断具有一定参考价值。

1. 病原学检查 从手术取出物、痰液、胸腔积液、腹水中检获棘球蚴碎片或原头蚴可确诊。诊断性穿刺检查一直为本病的禁忌，但近年来的研究和临床实践表明，在B超引导下准确定位，行穿刺检查可用于囊型棘球蚴病的诊断和治疗。操作时严防囊液外溢，以免造成继发性棘球蚴病和过敏性休克。

2. 影像学检查 囊型棘球蚴病早期可无任何症状，往往在影像学检查中发现。影像学检查包括X线、B超、CT及MRI等，对囊型棘球蚴病的诊断和定位有帮助，但要注意与非寄生虫性囊肿的鉴别。

3. 免疫学检查 是常用的辅助诊断方法，包括包虫皮内试验（Casoni test）、ELISA、亲和素-生物素-酶复合物酶联免疫吸附试验（ABC-ELISA）、斑点酶联免疫吸附试验（Dot-ELISA）和间接荧光抗体试验（IFAT）等。同时采用2~3项血清学方法，可提高诊断的准确率。

【流行】

1. 分布 细粒棘球绦虫几乎遍布世界各地，包括极地、温带、亚热带和热带地区。本虫对宿主有广泛的适应性，在一定的自然环境中，终宿主与中间宿主之间常形成比较固定的动物间循环。依据这种关系，可将流行区大致分为两型：①森林型（北极型），主要分布于北极地区，以犬、狼和鹿科动物的野生动物循环为主；②畜牧型，遍及世界各大洲的牧区，以犬和偶蹄类家畜（主要包括羊、牛和猪）的家养动物循环为主，在我国以犬和绵羊的循环为主。

囊型棘球蚴病主要流行于畜牧业发达的国家或地区，我国是世界上人、畜囊型棘球蚴病流行最严重的国家之一，自1905年青岛首例病例报道以来，至今已有30个省、自治区、直辖市有本病的病例报道，主要分布于西北、华北、东北以及西南的广大农牧区，以新疆、青海、甘肃、宁夏、四川、西藏和内蒙古7个省、自治区最为严重。流行区人群通过B超筛查患病率为0.5%~10.0%。全国受囊型棘球蚴病威胁的人口5000余万人，每年因囊型棘球蚴病手术病例约2000例。在我国，多种偶蹄家畜中有不同程度的棘球蚴感染，主要中间宿主羊、牛和猪的患病率最高，分别为65.5%（甘肃）、72.0%（青海）和25.5%（宁夏），占患病总数的80%以上。主要终宿主犬的感染率高达39.1%。2017年，我国人群囊型棘球蚴病患病率为0.41%。

2. 流行因素

（1）虫卵污染环境：犬粪便中含有大量虫卵，虫卵可随动物活动及尘土、风、水的播散污染环境，如牧场、畜舍、蔬菜、水源和土壤等。犬及羊、牛等动物体表也可沾有虫卵。虫卵对外界环境的抵抗力较强，在2℃水中能活2.5年，在冰中可活4个月，在-14~-12℃环境中仍具感染力，在干燥环境中能生存11~12天，一般化学消毒剂不能杀死虫卵。

（2）人和家畜的感染：流行区牧民多养犬以协助放牧，当地农牧民、儿童喜与家犬亲昵而易受感染；成人因从事剪羊毛、挤奶、加工皮毛等生产活动与畜群或皮毛接触而致感染；人也可因摄入被虫卵污染的食物和水而感染。羊、牛等家畜可因摄入被虫卵污染的牧草、水而感染。

（3）终宿主的感染：流行区居民常用病畜内脏喂犬或将病死的家畜抛尸野外，病畜脏器内的棘球蚴被犬、狼吞食后，棘球蚴内的原头蚴在犬、狼的小肠发育为成虫，造成犬、狼等肉食动物的成虫感染率增高，从而加重了人及羊、牛等食草动物的感染。

【防治】

1. 加强卫生宣传教育 普及囊型棘球蚴病知识，养成良好的个人卫生和饮食卫生习惯，不食生菜，不饮生水；牧民和儿童避免与犬密切接触。

2. 控制传染源 定期为家犬、牧犬驱虫，捕杀牧场周围的野生动物，以控制传染源。

3. 加强家畜屠宰管理 对有病变的家畜及其内脏进行无害化处理，严禁乱抛或喂犬，提倡深埋或焚烧。

4. 查治患者 对流行区居民开展普查普治。外科手术是治疗囊型棘球蚴病的首选方法。行内囊摘除术和新的残腔处理方法使手术治愈率明显提高，并发症减少。术中应注意将虫囊取尽并避免囊液外溢造成过敏性休克或继发性棘球蚴病。早期较小的棘球蚴或不宜手术者可用阿苯达唑、吡喹酮等药物治疗。近年来，对囊型棘球蚴病采用经B超引导下囊肿穿刺术，抽尽囊液，注入95%乙醇溶液杀死虫体，并配合药物治疗，已取得满意疗效。

第六节 多房棘球绦虫

多房棘球绦虫（*Echinococcus multilocularis* Leuckart, 1863）是棘球属的另一重要绦虫。成虫主要寄生于狐的小肠，幼虫称泡球蚴（alveolar hydatid cyst）或称多房棘球蚴（multilocular hydatid cyst），主要寄生于啮齿类或食虫类动物，也可寄生于人体，引起泡球蚴病（alveococcosis），又称泡型包虫病（alveolar echinococcosis）、泡型棘球蚴病（alveolar hydatid disease）或多房性包虫病（multilocular echinococcosis）。

【形态】

1. 成虫　与细粒棘球绦虫成虫相似，但虫体较小，体长 1.2～3.7 mm，常有 4～5 个节片。头节有 4 个吸盘，顶突上有 13～34 个小钩。成节生殖孔位于节片中线偏前；睾丸数较少，为 26～36 个，分布在生殖孔后方。孕节子宫呈囊状，无侧囊，内含 187～404 个虫卵（图 16-13）。

2. 虫卵　与细粒棘球绦虫卵相似，光镜下难以区别。

3. 幼虫　称泡球蚴，为淡黄色或白色的囊泡状团块，由许多圆形或椭圆形的囊泡相互连接、聚集而成。每个囊的大小基本相同，直径为 0.1～5 mm，内含透明囊液和许多原头蚴。人体内的泡球蚴只含胶状物而很少有原头蚴。囊壁具有角质层和生发层，角质层薄且不完整，生发层多以外生性出芽生殖不断产生新囊泡，向周围组织蔓延；少数也可向内芽生，形成隔膜而分离出新囊泡，形成葡萄状的囊泡群。泡球蚴与周围组织间无完整的纤维组织被膜分隔。一般经 1～2 年，葡萄状的囊泡可全部占据所寄生的器官。蜂窝状的小囊还可向器官表面蔓延至体腔内，犹如恶性肿瘤（图 16-14）。

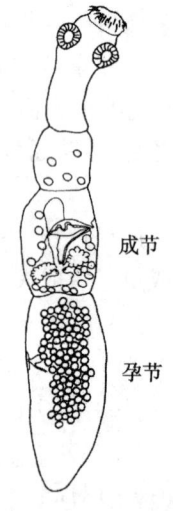

图 16-13　多房棘球绦虫成虫

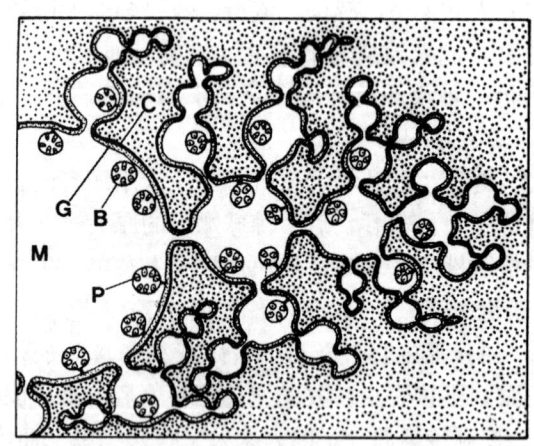

图 16-14　多房棘球蚴生长示意图

【生活史】

多房棘球绦虫的终宿主主要是狐，其次是犬、狼、獾和猫等。在有多房棘球绦虫寄生的终宿主体内可同时有细粒棘球绦虫寄生。中间宿主为野生啮齿类动物，如田鼠、麝鼠、旅鼠、仓鼠、大沙鼠、黄鼠、长爪沙鼠、褐家鼠等，以及牦牛、绵羊等动物和人。

当终宿主吞食感染泡球蚴的鼠类或其他动物脏器后，囊内的原头蚴在其小肠内逸出，约经 45 天发育为成虫。孕节和虫卵随粪便排出体外。中间宿主鼠类因觅食终宿主粪便而感染；地甲虫因喜食狐粪，在其消化道和体表携带有虫卵，故起转运虫卵的作用，鼠类也可因捕食地甲虫而感染；人因误食被虫卵污染的食物和水而感染。虫卵在中间宿主体内逐渐发育为泡球蚴（图 16-15）。

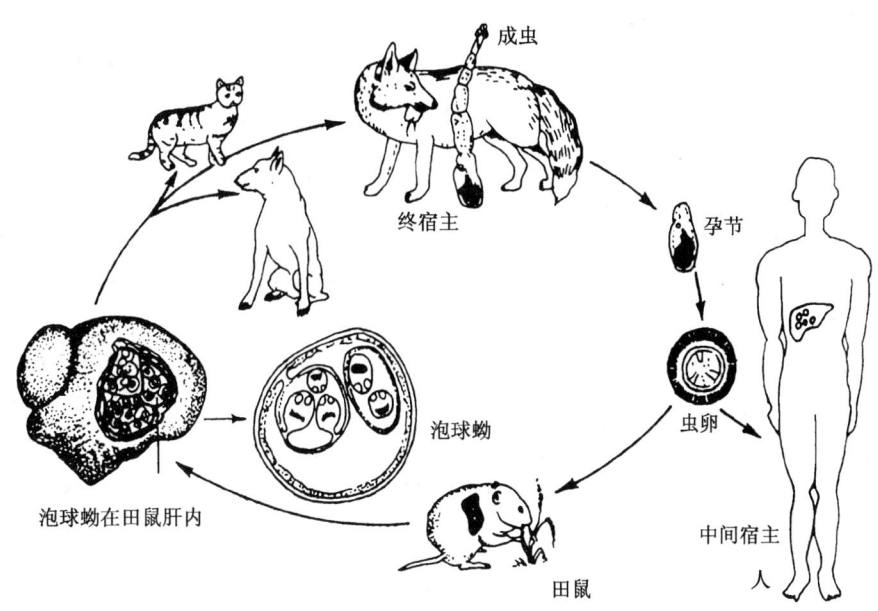

图 16-15　多房棘球绦虫生活史

【致病】

多房棘球绦虫的致病阶段是其幼虫泡球蚴。人体泡球蚴病比囊型棘球蚴病更严重，病死率高，有"虫癌"之称。泡球蚴病原发病灶几乎 100% 在肝，可为单个的巨块型、弥漫结节型或二者混合型。

泡球蚴病的致病机制主要是泡球蚴直接侵蚀、机械压迫和毒性损害。由于泡球蚴在肝实质内呈弥漫性浸润生长，可逐渐波及整个肝，严重破坏肝组织，其中心部位常发生缺血性坏死、崩解液化，从而形成蜂窝状空腔或钙化。泡球蚴压迫周围肝组织而使肝组织萎缩、变性，甚至坏死。囊泡生发层产生的毒素又进一步损害肝实质，引起肝功能严重受损而致肝性脑病，或诱发肝硬化而致门静脉高压，并发上消化道大出血而死亡。肝内、外胆管受压和侵蚀，可引起阻塞性黄疸。泡球蚴若侵入肝门静脉分支，可沿血流在肝内广泛播散；若侵入肝静脉则可随血循环转移到肺、脑等脏器，引起相应的呼吸系统和神经系统症状，如胸痛、咳嗽、咯血、气胸及头痛、癫痫、偏瘫等，常被误诊为转移性肺癌或脑肿瘤。

泡球蚴生长缓慢，感染后潜伏期较长，患者多为 20～40 岁青壮年，临床表现主要为右上腹部缓慢增大的肿块或肝大，触诊时肿块质地较坚硬，有结节性感，还可出现食欲缺乏、消化不良等消化道症状。肝区疼痛伴压迫感或坠胀感与囊型棘球蚴病相似。晚期患者可有恶病质表现，易误诊为肝癌，但病程较长，可达 1～5 年或更长。

【诊断】

询问病史，了解患者是否来自或曾到过流行区，是否有与狐、犬或其皮毛接触史等对本病诊断有一定的参考价值。对触诊时发现肝区肿块、质地坚硬且有结节感的患者更应高度警惕。病原学检查困难。影像学检查，如 X 线、B 超、CT 及 MRI 等均适用于泡球蚴病的诊断，应注意与肝癌、囊型包虫病、肝硬化及肝脓肿等相鉴别。由于泡球蚴周围缺少纤维组织被膜，虫体抗原很容易进入血液，故免疫学检测方法，如 ELISA、ABC-ELISA、Dot-ELISA 及 IFAT 等对本病有重要辅助诊断价值。

【流行】

1. 分布 多房棘球绦虫分布地区较细粒棘球绦虫局限，主要流行于北半球的高纬度地区，从加拿大北部、美国阿拉斯加，直至日本北海道和俄罗斯西伯利亚。在我国，泡球蚴病主要分布在宁夏、青海、新疆、甘肃、四川、西藏、黑龙江、北京、陕西、内蒙古10个省、自治区、直辖市。自1958年首例病例报道以来，全国各地累计报道病例已超过700例。我国有2个明显的地理流行区：①中西部流行区，起于宁夏西北部，横穿甘肃东部至四川西北部及青海、西藏，多分布于海拔2000～2800米的高寒山区，患者多为农民，主要因猎狐、养狐和剥制狐皮而感染；②西部流行区，呈点状分布于新疆的23个县和青海的17个县，患者分布与野生红狐的分布区一致，患者多为牧民，主要因猎狐，或通过饮水等间接方式而感染，这些地区常同时有囊型棘球蚴病的流行。此外，在东北部地区，有5例病例分布在黑龙江的3个市（县）、2例病例分布在内蒙古的一个市。

2. 流行因素 多房棘球绦虫属动物源性寄生虫，终宿主、中间宿主广泛，可在野生动物之间传播，形成自然疫源地，人进入该地区，误食虫卵污染的食物和水源而感染。多房棘球绦虫卵的抗寒能力极强，在冻土、冰雪中仍具有感染性，在犬粪中可耐 –40 ℃严寒。流行区居民因生产和生活方式与动物皮毛接触，如农牧民在猎狐、养狐、加工和贩运毛皮制品时误食虫卵是感染的另一重要原因。

【防治】

1. 加强卫生宣传教育 对流行区人群普及泡球蚴病知识，搞好个人卫生和饮食卫生，在猎狐、养狐、加工狐皮和市场交易时要注意个人防护，减少被感染的机会。

2. 控制传染源 在流行区杀灭狐、狼，对家犬进行定期驱虫都是减少传染源的重要措施。此外，应广泛开展灭鼠工作。

3. 加强卫生检疫 病死的牦牛、绵羊等动物尸体严禁喂犬或乱抛，应进行彻底深埋或焚烧处理。

4. 查治患者 泡球蚴病的治疗以手术为主，将泡球蚴连同被损害的周围组织一并切除。早期诊断、早期手术是治疗成功的关键。药物治疗可用阿苯达唑、吡喹酮等。

第七节　微小膜壳绦虫

微小膜壳绦虫 [*Hymenolepis nana*（V.Siebold，1852）Blanchard，1891] 又称短膜壳绦虫，隶属于膜壳科、膜壳属。成虫寄生于鼠类或人的小肠，引起微小膜壳绦虫病（hymenolepiasis nana）。1845年，Dujardin首次在啮齿动物肠道内发现本虫；1851年，Bilharz报告首例人体感染病例。

【形态】

1. 成虫 为小型绦虫，体长5～80 mm，平均20 mm。头节呈球形，直径为0.13～0.4 mm，具有4个吸盘和1个可伸缩的顶突，顶突上有20～30个小钩，单圈排列。颈部细长。链体由100～200个节片组成，最多者可达2250节，所有节片均宽大于长，且由前向后逐渐增大。成节内有3个较大的圆球形睾丸，横列在节片中部；卵巢呈分叶状，位于节片中央，其后方有球形的卵黄腺。孕节的子宫呈袋状，其内充满虫卵（图16-16）。

2. 虫卵 呈圆形或椭圆形，大小为（48～60）μm×（36～48）μm，无色透明。外有很薄的卵壳，内有一层胚膜，胚膜两端稍隆起，由此各发出4～8根丝状物，也称极丝，弯曲地延伸于胚膜和卵壳之间。胚膜内有一个六钩蚴（图16-16）。

【生活史】

微小膜壳绦虫既可以不经过中间宿主，也可以经过中间宿主而完成生活史。

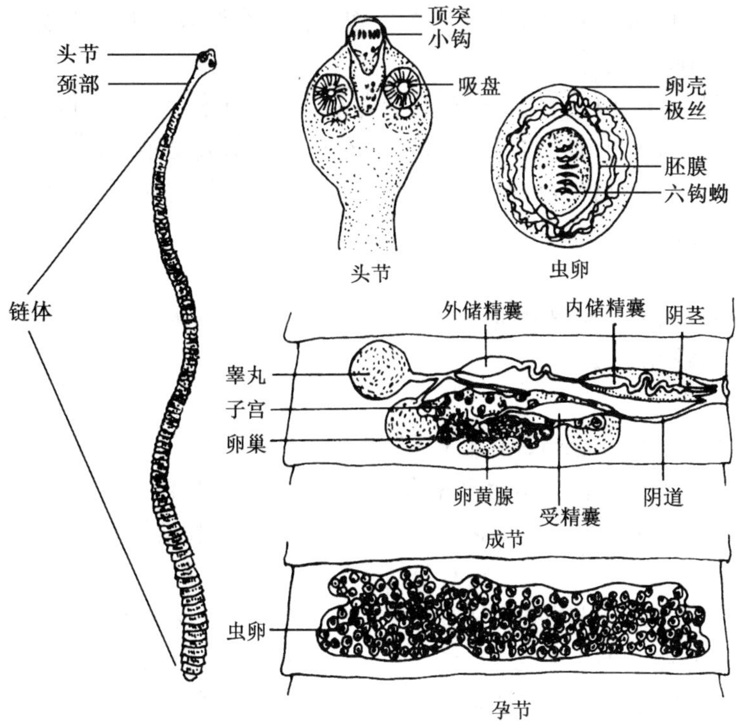

图 16-16　微小膜壳绦虫

1. 直接感染和发育　成虫寄生于鼠类或人的小肠，脱落的孕节或散出的虫卵随宿主粪便排至体外，若被另一宿主吞食，虫卵内的六钩蚴在其小肠孵出，然后主动钻入肠绒毛，经 3～4 天发育为似囊尾蚴。在感染后 6～7 天，似囊尾蚴又破肠绒毛返回肠腔，以头节上的小钩和吸盘固着在肠壁上，逐渐发育为成虫。自虫卵被吞食至发育为成虫并产卵，需 2～4 周，成虫寿命为 4～6 周。

若孕节在宿主肠道内停留时间较长，可直接在肠道内被消化而释出虫卵，孵出六钩蚴，然后六钩蚴钻入肠绒毛发育为似囊尾蚴，似囊尾蚴再回到肠腔发育为成虫，即在同一宿主肠道内完成其整个生活史，且可在该宿主肠道内不断增殖，造成自体内重复感染。我国曾报道一患者经连续 3 次驱虫共排出 37 982 条完整成虫，这显然是自体内重复感染所致。

2. 经中间宿主发育　虫卵若被中间宿主吞食，卵内六钩蚴可在其血腔内发育为似囊尾蚴，鼠类或人若吞食了含似囊尾蚴的中间宿主可被感染，但此感染方式不常见。已被证明印鼠客蚤（*Xenopsylla cheopis*）、犬栉首蚤（*Ctenocephalides canis*）、致痒蚤（*Pulex irritans*）和猫蚤（*Ctenocephalides felis*）等多种蚤类幼虫，以及面粉甲虫（*Tenebrio* sp.）和拟谷盗（*Tribolium* sp.）等均可作为微小膜壳绦虫的中间宿主。

微小膜壳绦虫成虫除寄生于鼠和人外，还可感染其他啮齿类动物，如旱獭、松鼠等。也有报道在犬粪便中发现微小膜壳绦虫卵。

【致病】

微小膜壳绦虫的致病作用主要是由于成虫头节上的小钩、吸盘和体表的微毛对宿主肠壁的机械性损伤以及虫体代谢物、分泌物的毒性所致。在虫体附着部位，肠黏膜发生充血、水肿，甚至坏死，有的可形成深达肌层的溃疡，并伴有淋巴细胞和中性粒细胞浸润。

人体感染虫数少时，一般无明显症状；感染严重者，尤其是儿童，可有恶心、呕吐、食欲缺乏、腹痛、腹泻等消化系统症状，以及头晕、头痛、烦躁、失眠，甚至惊厥和癫痫等神经系统症状。少数患者还可出现皮肤瘙痒、荨麻疹等过敏症状。也有个别感染很重的患者却无任何临床表现。此外，成虫也可侵犯其他组织，曾有报道在肝表面的纤维囊中检获成虫，长达15.4 cm；在胸部的肿块中也曾检获成虫。

近年的研究发现，宿主的免疫状态对微小膜壳绦虫的感染和发育过程影响较大。由于使用类固醇激素治疗其他疾病时造成的免疫抑制，可引起体内似囊尾蚴的异常增生和播散，使病情加重。大多数重度感染者都曾有过使用免疫抑制剂的病史，故在临床进行免疫抑制治疗前应先进行驱虫治疗，防止该虫的大量增殖。

【诊断】

从患者粪便中查到虫卵或孕节即可确诊。常用生理盐水直接涂片法，采用水洗沉淀法或饱和盐水浮聚法可提高检出率。

【流行】

微小膜壳绦虫呈世界性分布，在温带和热带地区较多见。国内分布广泛，至少19个省、自治区、直辖市有本虫分布，各地感染率多低于1%。各年龄组人群均可感染，以10岁以下儿童的感染率较高。2015年全国人体重点寄生虫病现状调查结果显示，农村人群感染率为0.0058%。

微小膜壳绦虫的生活史可以不需要中间宿主，虫卵可直接感染人体，因此，本病的流行主要与个人卫生习惯有关。虫卵自孕节散出后即具有感染性，在粪便、尿液中存活时间较长，但对干燥抵抗力较弱，在外界环境中很快即失去感染性，故虫卵主要是通过直接接触粪便或通过厕所、便盆的污染再经手到口的方式进入人体而传播，尤其在儿童聚集的场所更易互相传播。偶然误食了含有似囊尾蚴的昆虫是感染的另一原因。

人误食鼠粪中的虫卵也能造成感染，因此，鼠类可作为本虫的保虫宿主，在流行病学上具有重要意义。

【防治】

彻底治疗患者，防止传播和自体内重复感染。驱虫治疗可用吡喹酮或阿苯达唑，也可用槟榔-南瓜子合剂等。注意环境卫生，灭鼠，以减少传染源。加强卫生宣传教育，养成良好的个人卫生习惯，饭前便后洗手。加强营养，提高机体抵抗力。

（张唯哲）

第八节 缩小膜壳绦虫

缩小膜壳绦虫 [*Hymenolepis diminuta*（Rudolphi，1819）Blanchard，1891]又称长膜壳绦虫，属于膜壳科、膜壳属。该虫为鼠类常见的寄生虫，偶然寄生于人体，引起缩小膜壳绦虫病（hymenolepiasis diminuta）。

【形态】

1. 成虫 属于中型绦虫，形态与微小膜壳绦虫相似，但虫体较大，体长20～60 cm。头节呈球形，直径0.2～0.6 mm，具有4个吸盘；顶突发育不良，藏于顶部的凹窝中，不易伸出，其上无小钩。颈部细长，链体由800～1000个节片组成，所有节片均宽大于长。成节有3个睾丸，偶多至4～5个。孕节内子宫呈袋状，边缘不整齐，向内凹陷呈瓣状，占满整个节片，其内充满虫卵（图16-17）。

2. 虫卵 圆形或椭圆形，大小为（60～79）μm×（72～86）μm，黄褐色，卵壳较厚，胚膜两端稍厚，无极丝，卵壳和胚膜之间充满无色透明的胶状物，胚膜内含一个六钩蚴（图16-17）。

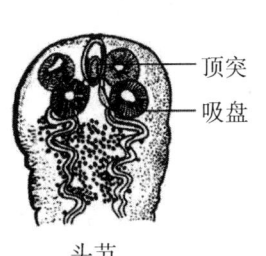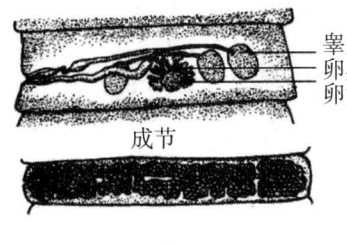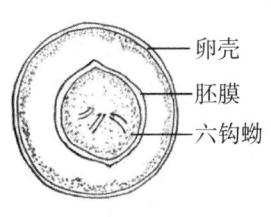

图 16-17 缩小膜壳绦虫

【生活史】

与微小膜壳绦虫的生活史相似，但发育过程必须经过中间宿主。中间宿主包括蚤类、甲虫、蜚蠊、倍足类和鳞翅目昆虫等 20 余种节肢动物，其中以大黄粉虫（Tenebrio molitor）、谷蛾（Tinia granella）、具带病蚤（Nosopsyllus fasciatus）和印鼠客蚤（Xenopsylla cheopis）多见。成虫寄生于鼠类或人的小肠，脱落的孕节或散落的虫卵随终宿主粪便排出体外，被中间宿主吞食后，六钩蚴在其肠道内孵出，穿过肠壁进入血腔，经 7~10 天发育为似囊尾蚴。鼠类或人若吞食了含有似囊尾蚴的节肢动物后，似囊尾蚴在其肠腔内经 12~13 天发育为成虫。

【致病】

缩小膜壳绦虫对人体的危害较微小膜壳绦虫轻，无体内重复感染的情况。寄生的虫数一般较少，故患者多无明显症状，或仅有轻微的消化系统和神经系统症状，如恶心、腹胀、腹痛及头晕、头痛、失眠、磨牙等。严重者可出现眩晕、精神呆滞、贫血或恶病质。

【诊断】

从患者粪便中查到虫卵或孕节即可确诊，采用水洗沉淀法或饱和盐水浮聚法可提高检出率，检查时注意和微小膜壳绦虫卵相区别。

【流行】

缩小膜壳绦虫分布于亚洲、欧洲、美洲、非洲和大洋洲等地。鼠类感染极为普遍，人体感染比较少见。国内人体病例报道有百余例，分布于江苏、河南、湖北、广西、浙江、云南、四川、山东、台湾等 25 个省、自治区、直辖市，各年龄组均可感染，多见于儿童。

人体感染主要是因误食含有似囊尾蚴的中间宿主。缩小膜壳绦虫的中间宿主种类多、分布广，适宜的中间宿主如大黄粉虫和谷蛾等都是常见的粮食害虫，储存粮食的仓库多有鼠类栖息活动，造成鼠类感染。人主要因误食了混杂在粮食中的昆虫而感染。

【防治】

加强卫生宣传教育，注意环境卫生、个人卫生和饮食卫生。积极消灭鼠类和中间宿主粮仓害虫是预防本病的有效措施。治疗药物同微小膜壳绦虫。

第九节 曼氏迭宫绦虫

曼氏迭宫绦虫 [Spirometra mansoni（Joyeum and Houdemer，1928）] 又称孟氏裂头绦虫，属于假叶目、裂头科、迭宫属。成虫主要寄生于猫科和犬科动物小肠，偶可寄生于人体小肠，引起曼氏迭宫绦虫病。其幼虫裂头蚴可寄生于人体，引起曼氏裂头蚴病（sparganosis mansoni）。

【形态】

1. 成虫 乳白色，带状，长 60~100 cm，宽 0.5~0.6 cm。头节细小，呈指状，其背、腹面各有一条纵行的吸槽。颈部细长。链体有节片约1000个,节片一般宽度大于长度,但远端的节片长宽几近相等。成节和孕节的结构基本相似,每节均具有发育成熟的雌、雄生殖器官各一套。肉眼观察即可见节片中部凸起的子宫。睾丸呈小圆球形,320～540个,散布于整个节片深层实质组织中,由睾丸发出的输出管在节片中央汇合成输精管,然后弯曲向前并膨大成储精囊和阴茎,再通入节片腹面中央靠上方的圆形雄性生殖孔。卵巢分两叶,位于节片后部,从卵巢中央发出短的输卵管,其末端膨大为卵模后与子宫相连,卵模外有梅氏腺包绕。阴道为纵行的小管,其一端膨大为受精囊与输卵管连接,另一端开口于节片腹面雄性生殖孔下方,开口呈月牙形,即雌性生殖孔;子宫位于节片中部,螺旋状紧密盘曲,基部宽而顶端窄,略呈发髻状,孕节子宫内充满虫卵,子宫开口于雌性生殖孔下方,即子宫孔。卵黄腺小滤泡状,散布在节片实质组织的表层(图16-18)。

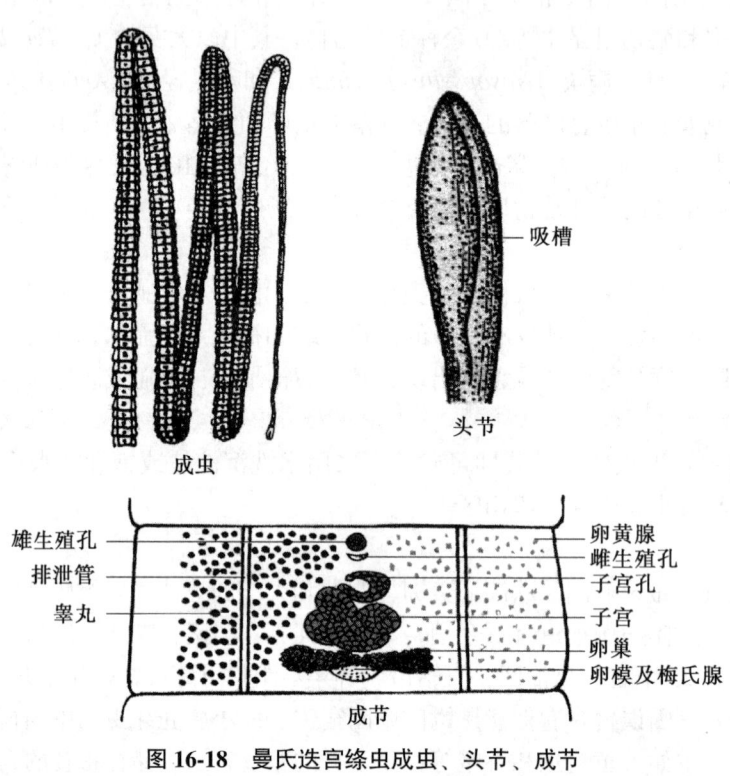

图 16-18　曼氏迭宫绦虫成虫、头节、成节

2. 虫卵　椭圆形,两端稍尖,大小为(52～76)μm×(31～44)μm,浅灰褐色。卵壳较薄,一端有卵盖,内含1个卵细胞和若干个卵黄细胞(图16-19)。

3. 裂头蚴　长带形,白色,大小为(0.5～30)cm×(0.3～1.0)cm。头端稍膨大,中央有一明显凹陷,与成虫的头节相似。体不分节,但具有不规则横皱褶,末端钝圆。虫体活动时伸缩能力很强(图16-19)。

【生活史】

曼氏迭宫绦虫完成生活史需要一个终宿主和两个中间宿主,终宿主主要是猫和犬,此外还有虎、豹和狐等食肉类动物。剑水蚤为第一中间宿主,蛙是主要的第二中间宿主。蛇、鸟类和猪等多种脊椎动物可作为其转续宿主。

成虫寄生于终宿主的小肠,虫卵自子宫孔产出后随宿主粪便排出体外,虫卵入水,在适宜的温度(25～28℃)下,经2～5周的发育,孵出钩球蚴。钩球蚴呈圆形或椭圆形,直径80～90μm,可借助周身纤毛在水中作无定向螺旋式游动,当其碰击到第一中间宿主剑水蚤

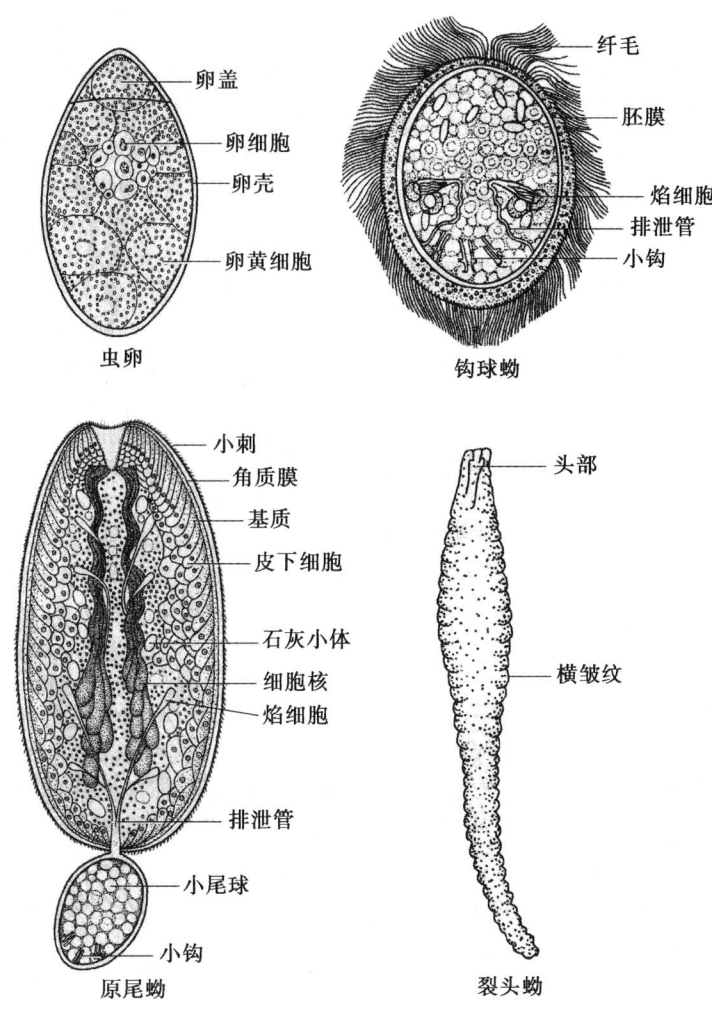

图 16-19 曼氏迭宫绦虫虫卵和幼虫

时即被后者吞食，随后脱去纤毛，穿过肠壁进入血腔，经 3～11 天发育为原尾蚴。一个剑水蚤血腔内的原尾蚴数量可多达 20～25 个。原尾蚴呈长椭圆形，大小为 260 μm×（44～100）μm，前端凹陷，后端有小尾球，内含 6 个小钩。带有原尾蚴的剑水蚤被第二中间宿主蝌蚪吞食后，原尾蚴失去小尾球，随着蝌蚪发育成蛙，其内原尾蚴发育为裂头蚴。裂头蚴具有较强的收缩和移动能力，常迁移至蛙的肌肉，尤其在大腿和小腿的肌肉中。虫体多卷曲在肌肉间隙的小囊内，或游离于皮下。当感染有裂头蚴的蛙被蛇、鸟类和猪等非适宜宿主吞食后，裂头蚴不能在其肠内发育为成虫，而是穿过肠壁，移居至腹腔、肌肉或皮下等处继续生存，蛇、鸟类和猪等即成为其转续宿主。当猫、犬等终宿主吞食了含有裂头蚴的第二中间宿主或转续宿主后，裂头蚴在其小肠内发育为成虫。一般在感染后约 3 周，终宿主粪便中开始出现虫卵。成虫在猫体内寿命约 3.5 年。

当人误食含原尾蚴的剑水蚤，含有裂头蚴的蛙肉、蛇肉、猪肉，或者原尾蚴、裂头蚴通过皮肤或黏膜侵入人体，裂头蚴可在人体各种组织中游移寄生引起裂头蚴病。少数裂头蚴还可在人肠道中发育为成虫。

【致病】

曼氏迭宫绦虫的成虫较少寄生于人体，对人的致病力较弱。感染者一般无明显症状，可因虫体的机械性刺激及其代谢产物的化学性刺激引起肠壁组织损伤，继而出现腹部不适、腹痛、恶心、呕吐等轻微症状。

　　裂头蚴对人体的危害远大于成虫，裂头蚴进入人体后保持幼虫状态并在人体内移行，侵犯多种组织器官，引起裂头蚴病。其临床表现因裂头蚴移行、寄居部位不同而异。常见寄居部位主要有躯体皮下、眼部、口腔颌面部、脑脊髓和内脏。裂头蚴在寄生部位逐渐形成嗜酸性肉芽肿囊包，直径 1～6 cm，囊内裂头蚴数量从 1 条至 10 余条不等。根据临床资料，裂头蚴病可分为以下 5 型。

　　1. 皮下裂头蚴病　最常见，病变常累及躯干表浅部位，如胸壁、乳房、腹壁，也可见于四肢皮下、外生殖器等。表现为游走性皮下结节，结节呈圆形、柱形或不规则条索状，大小不一，直径 0.5～5.0 cm。患者局部可有瘙痒、虫爬感，并发炎症时可出现间歇性或持续性疼痛或触痛，有时可出现荨麻疹。

　　2. 眼裂头蚴病　常见，病变多累及单侧眼睑或眼球，表现为眼睑红肿、结膜充血、畏光、流泪、微痛、奇痒或有虫爬感等；有时伴恶心、呕吐及发热等症状。在红肿的眼睑或充血的结膜下，有游走性、硬度不等的肿块或条索状物，长约 1 cm。若眼部肿物破溃，裂头蚴自行逸出可自愈。若裂头蚴侵入眼球内，可发生眼球突出、眼球运动障碍，严重者出现角膜溃疡、玻璃体混浊、继发性白内障，甚至失明。眼裂头蚴病在临床上易误诊为睑腺炎（麦粒肿）、急性葡萄膜炎、眼眶蜂窝织炎及肿瘤等。

　　3. 口腔颌面部裂头蚴病　较常见，常在颊部皮下或口腔黏膜出现硬结或条索状物，直径 0.5～3 cm，患处红肿、瘙痒或有虫爬感，可有"小白虫"（裂头蚴）逸出史。

　　4. 脑脊髓裂头蚴病　较少见，侵犯脑部以额叶、顶叶多见，临床表现酷似脑肿瘤，极易误诊。其临床症状依裂头蚴寄生脑内部位而异，主要症状为癫痫样发作，常有阵发性头痛、头晕等，严重时可出现昏迷、喷射状呕吐、视力模糊、抽搐、感觉异常，甚至瘫痪、死亡。裂头蚴也可侵入椎管内或侵犯脊髓，表现为肢体进行性麻木、感觉异常、偏瘫等。

　　5. 内脏裂头蚴病　罕见，根据裂头蚴移行和定居的位置不同，产生不同的临床表现，如裂头蚴经消化道侵入腹膜，可引起炎症反应；侵入肺，引发呼吸道症状，甚至咳出裂头蚴；也有侵入膀胱、尿道等处的病例报道。

　知识拓展

增殖型裂头蚴病

　　增殖型裂头蚴病（proliferative type sparganosis）罕见，但危害严重。有学者认为可能由于患者免疫功能低下或并发病毒感染后，裂头蚴分化不全而引起。虫体较小，且不规则，最长不超过 2 mm，可广泛侵入人体各组织，在组织中以芽生方式进行增殖。自 1905 年日本报道 1 例以来，至今仅有 10 余例报道。还有一种增殖裂头蚴病，认为由另一种较少见的增殖裂头蚴引起，大小约 10 mm×1 mm，最长 24 mm，呈多态形，具有不规则的芽和分支，也可侵入人体各组织，芽生增殖，预后较差。这两种裂头蚴病的发病机制还有待于进一步研究。

【诊断】

　　1. 病原学检查　曼氏迭宫绦虫成虫感染可进行粪便检查，检出虫卵或孕节即可确诊。曼氏裂头蚴病则主要依据从病灶处检获裂头蚴确诊。询问病史，了解有无敷贴蛙肉、蛇肉及生食或半生食蛙、蛇、鸟、猪等各种动物肉类史，以及有无湖塘游泳经历，有一定参考价值。

2. 免疫学检查 用裂头蚴抗原进行免疫学试验，检测患者血清、脑脊液中特异性抗体，具有敏感性高、特异性强、简便、快捷的特点，尤其对曼氏裂头蚴病感染早期、轻度感染或深部组织寄生的病例是一种较好的辅助诊断方法。

3. 影像学检查 采用 CT 和 MRI 等影像学检查可提高脑脊髓裂头蚴病的诊断率，连续多次 CT 扫描可见病灶结节增大和位置或形状的改变。

【流行】

曼氏迭宫绦虫分布广泛，但成虫寄生于人体的病例并不多见。国外仅见于日本、韩国及俄罗斯等少数国家。在我国，至今报道 20 余例，分布于上海、广东、福建、四川、江西和台湾等省、直辖市。患者最小年龄为 3 岁，最大者 58 岁。

曼氏裂头蚴病多见于东亚和东南亚各国，欧洲、非洲、美洲及大洋洲也有病例报道。在我国，该病多见于南方地区，已有 1000 多例病例报道，分布在广东、湖南、福建、吉林、浙江、海南、四川、广西、湖北、上海、重庆、江西、贵州、河南等 27 个省、自治区、直辖市。感染者年龄从未满 1 岁到 85 岁，以 10～30 岁者最多，男女比例约为 2∶1，各民族均有感染病例。

人体感染裂头蚴的方式主要有以下 3 种。

1. 经皮肤或黏膜感染 为主要感染方式，占患者半数以上。在我国某些地区，民间传说蛙、蛇有清凉解毒作用，故常用生蛙肉、蛙皮、蛇肉或蛇皮敷贴眼、口颊及外阴等部位的伤口或脓肿，治疗外伤或疮疖。若蛙肉、蛇肉中或蛙皮、蛇皮下有裂头蚴，即可经伤口或正常皮肤、黏膜侵入人体。

2. 食源性感染 民间有生食蝌蚪"败火"、生食活蛙治疗疮疖和疼痛的陋习，或因误食生的或未煮熟的含有活裂头蚴的蛙、蛇、鸟、猪等肉类，吞食的裂头蚴穿过肠壁进入腹腔，然后移行至全身其他部位。近年来，由于生饮蛇血、生食蛇胆所致感染有上升趋势。

3. 水源性感染 生饮或游泳时误吞河、湖、塘水，使感染有原尾蚴的剑水蚤有机会进入人体，在组织中发育为裂头蚴。据报道，原尾蚴也可直接经皮肤或眼结膜侵入人体。

【防治】

加强卫生宣传教育，移风易俗，不用蛙或蛇的皮、肉敷贴伤口或脓肿。改变不良饮食习惯，不生食或半生食动物肉类、不饮生水。

成虫感染可用吡喹酮、阿苯哒唑或槟榔 - 南瓜子合剂等驱虫治疗。裂头蚴病主要采用手术治疗，术中应注意将虫体（尤其是头部）完整取出，防止复发。也可用 40% 乙醇溶液和 2% 普鲁卡因溶液 2～4 ml 局部注射杀死虫体。

（闫 艳）

第十节 阔节裂头绦虫

阔节裂头绦虫（*Diphyllobothrium latum* Linnaeus, 1758）又称阔节绦虫或鱼绦虫，成虫主要寄生于犬科食肉类动物，也可寄生于人体小肠，引起阔节裂头绦虫病（diphyllobothriasis latum）。

【形态】

1. 成虫 呈带状，乳白色，外形和结构均与曼氏迭宫绦虫相似，但虫体较长，可长达 10 m，具有 3000～4000 个节片，为绦虫中最大的一种。头节细小，呈匙形，长 2～3 mm，其背、腹侧各有一条较窄而深凹的吸槽。颈部细长。成节的宽度显著大于长度，呈宽扁的矩形。睾丸数较多，有 750～800 个，呈腺泡状；卵巢分两叶，位于节片后 1/3 处；子宫盘曲呈

玫瑰花状，位于节片中央。孕节的结构与成节基本相同（图16-20）。

2. 虫卵 近卵圆形，大小为（55～76）μm×（41～56）μm，呈浅灰褐色。卵壳较厚，一端有明显的卵盖，另一端有一小棘。卵内含一个卵细胞和若干个卵黄细胞。虫卵排出时，卵内胚胎已开始发育（图16-20）。

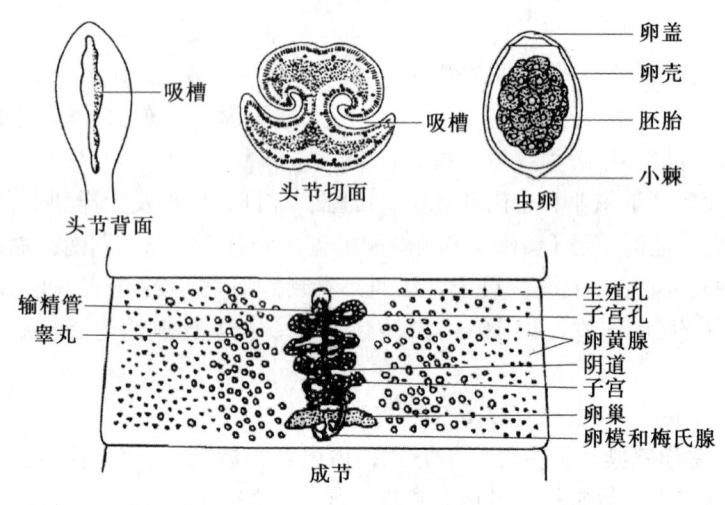

图16-20　阔节裂头绦虫

【生活史】

与曼氏迭宫绦虫的生活史相似，不同点在于其第二中间宿主为鱼类，如梭鱼、鲑鱼及鲈鱼等，人为主要终宿主。

成虫寄生于人以及犬、猫、熊、狐和猪等食肉类动物的小肠，虫卵随宿主粪便排出体外，在15～25℃的水中，经7～15天的发育，孵出钩球蚴。钩球蚴在水中被第一中间宿主剑水蚤吞食后，即钻入其肠壁而达血腔，经2～3周发育为原尾蚴。感染原尾蚴的剑水蚤若被小鱼吞食后，原尾蚴即可在鱼的肌肉、性腺、卵及肝等处经1～4周发育为裂头蚴，裂头蚴可随鱼卵排出。当大的肉食鱼类吞食小鱼或鱼卵后，裂头蚴可侵入大鱼的肌肉和组织内继续生存。当终宿主吞食含裂头蚴的鱼时，裂头蚴则在其肠内经5～6周发育为成虫。成虫在终宿主体内可存活5～13年，或更长。

【致病与诊断】

由于成虫在人体小肠内寄生时通常不引起严重的病理变化，故多数感染者无明显症状，少数患者有疲倦、乏力、四肢麻木、腹痛、腹泻、饥饿感等症状。因虫体较长，偶可扭结成团，导致肠道或胆道阻塞，甚至肠穿孔。约有2%的阔节裂头绦虫病患者并发恶性贫血，这可能是由于与造血功能有关的维生素B_{12}被绦虫大量吸收，或绦虫的代谢产物损害了宿主的造血功能所致。患者除有一般恶性贫血的表现外，还可出现感觉异常、运动失调及深部感觉缺失等神经紊乱现象，严重者甚至失去工作能力，一旦驱虫后贫血会很快好转。此外，也有阔节裂头蚴在人体肺部或腹膜外寄生的病例报道。

粪便检查发现虫卵或孕节即可确诊。

【流行与防治】

阔节裂头绦虫主要分布于亚寒带和温带地区，特别是欧洲、美洲和亚洲。人群中感染率最高的是北加拿大的爱斯基摩人（83%），其次是俄罗斯人（27%）和芬兰人（20%～25%）。迄今，国内共有十余例病例报道，分布在黑龙江、北京、吉林、广东、上海、福建及台湾等地。人体感染是由于生食或半生食含裂头蚴的鱼所致。不同国家和民族食鱼习惯和方式不同，有的喜食生鱼、腌鱼、熏鱼肉或鱼卵,这些烹调方法均不能杀死裂头蚴。流行区人或动物的粪便污染河、湖等水源,水中有适宜的中间宿主,是造成本病流行的主要因素。

防治本病的关键措施在于加强卫生宣传教育,改变不良的食鱼习惯,不生食或半生食鱼肉及其制品。积极治疗患者、病犬、病猫以控制传染源;加强粪便管理,避免人、畜粪便污染水源。驱虫方法同其他绦虫,对并发恶性贫血者,应补充维生素 B_{12} 予以治疗。

第十一节 其他人体寄生绦虫

一、克氏假裸头绦虫

克氏假裸头绦虫(*Pseudanoplocephala crawfordi* Baylis,1927)属膜壳科、假裸头属。成虫寄生于终宿主猪和野猪的小肠,也可寄生于褐家鼠;幼虫寄生于中间宿主赤拟谷盗等昆虫,人因偶然误食含有该绦虫幼虫的赤拟谷盗等中间宿主而感染。

【形态与生活史】

成虫呈乳白色,外形与缩小膜壳绦虫相似,但虫体较长,长 90~167 cm 或更长,宽 0.31~1.01 cm,有 2000 多个节片,节片宽度均大于长度,生殖孔大多开口于节片的同一侧。头节近圆形,有 4 个吸盘,顶突不发达,无小钩。成节内睾丸呈圆形、椭圆形,21~43 个,不均匀地分布在卵巢和卵黄腺的两侧,靠近生殖孔的一侧数目较少;卵巢呈菜花形,位于成节中央,其后方是形状不规则的卵黄腺。孕节内子宫呈袋状,充满虫卵,每一孕节内含卵 2000~5000 个(图 16-21)。虫卵近圆形,棕黄色,与缩小膜壳绦虫卵相似,但较大,直径 84~108 μm。卵壳较厚而脆弱,表面有颗粒状突起,易破裂,内层为胚膜,胚膜与卵壳间充满胶质体,胚膜内含一个六钩蚴,六钩蚴与胚膜间有明显的空隙。

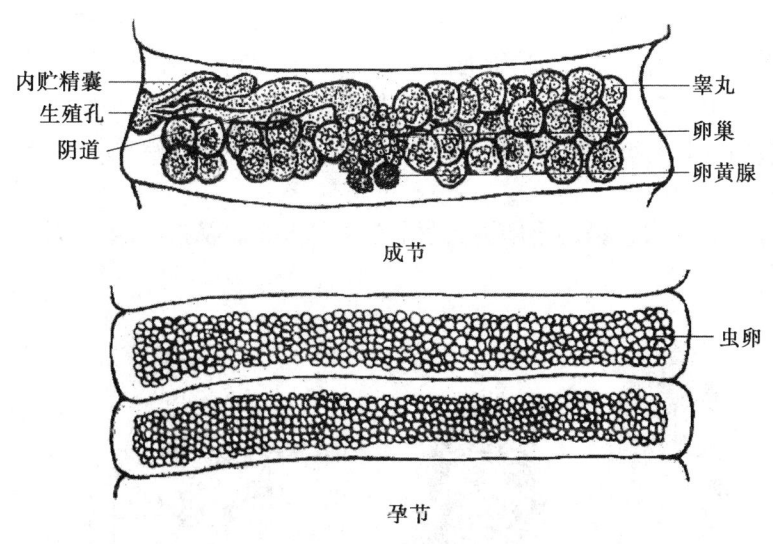

图 16-21 克氏假裸头绦虫

成虫主要寄生于终宿主猪、野猪或褐家鼠的小肠内,虫卵或孕节随宿主粪便排出体外,被中间宿主赤拟谷盗等昆虫吞食后,在其血腔内经 27~31 天发育为似囊尾蚴,但必须在感染

50 天后才具有感染性。当猪、褐家鼠等食入含有似囊尾蚴的中间宿主后，经 10 天即可在小肠内发育为成虫，30 天后成虫子宫中的虫卵开始成熟。食入虫卵的赤拟谷盗可能窜入粮仓、住室和厨房，污染食物、餐具等，人因偶然误食含有似囊尾蚴的赤拟谷盗等昆虫而感染。

【致病与诊断】

轻度感染者多无明显症状。感染虫数较多时，患者可出现腹痛、腹泻、恶心、呕吐、食欲缺乏、消瘦、乏力和失眠等症状。腹痛多为阵发性隐痛，以脐周较为明显。腹泻一般每天 3～4 次，粪便中可见黏液。

诊断主要依靠从粪便中检获孕节或虫卵。应注意与缩小膜壳绦虫的孕节和虫卵相鉴别。

【流行与防治】

克氏假裸头绦虫分布于日本、印度、斯里兰卡和中国。我国在上海、陕西、甘肃、福建、广东、山东等省、直辖市的猪和野猪中均发现感染。我国已报道人体感染病例 20 余例，见于辽宁、河南等地。

防治措施包括加强卫生宣传教育，注意个人卫生和饮食卫生；消灭鼠类和粮仓、厨房害虫；及时治疗患者和病猪。驱虫治疗可用巴龙霉素、氯硝柳胺或甲苯咪唑等。

二、犬复孔绦虫

犬复孔绦虫 [*Dipylidium caninum* (Linnaeus, 1758) Railliet, 1892] 属囊宫科、复孔属。成虫寄生于终宿主犬和猫的小肠内，中间宿主是蚤类。成虫偶可感染人体，引起犬复孔绦虫病 (dipyliasis caninum)。

【形态与生活史】

成虫为乳白色，长 10～15 cm，宽 0.3～0.4 cm，有 200 个节片。头节近似菱形，横径为 0.3～0.4 mm，有 4 个吸盘和 1 个可伸缩的顶突，其上有 30～150 个（平均 60 个）刺状小钩，常排成 4 圈（1～7 圈）。颈部细而短。幼节短而宽。成节和孕节为长方形，每个节片均有雌、雄生殖器官各两套，每侧各有一生殖孔，对称地分列于节片近中部的侧缘。成节有睾丸 100～200 个，各经输出管、输精管通向左、右 2 个储精囊，开口于生殖腔；卵巢 2 个，位于排泄管附近，每个卵巢后方各有一个呈分叶状的卵黄腺。孕节子宫呈网状，内含若干个储卵囊，每个储卵囊内含 2～40 个虫卵（图 16-22）。虫卵呈圆球形，直径 35～50 μm，具两层薄的卵壳，内含一个六钩蚴。

成虫寄生于终宿主犬、猫的小肠内。孕节自链体脱落，从肛门逸出或随宿主粪便排出体

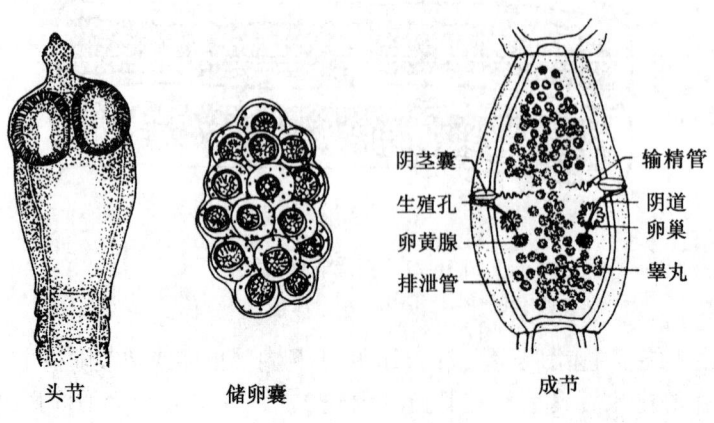

图 16-22 犬复孔绦虫

外，虫卵散出，被中间宿主蚤类的幼虫食入，六钩蚴在其肠内孵出并钻过肠壁，进入血腔内发育。约经 30 天，发育为似囊尾蚴，此时蚤类幼虫已经蛹羽化为成虫。被感染的蚤活动迟缓，当犬、猫舔毛时将其食入而受感染。似囊尾蚴进入犬、猫小肠后，以头节附着于肠黏膜上，经 2～3 周后发育为成虫。人的感染常因与猫、犬接触时误食病蚤所致。

【致病与诊断】

一般可无明显症状，有的可表现为食欲缺乏或食欲亢进、消化不良、腹痛、腹泻等，若有孕节自动从肛门逸出可引起肛门瘙痒、烦躁不安等症状。

询问有无与犬、猫接触史有助于诊断。粪便检查发现虫卵或孕节即可确诊。

【流行与防治】

犬复孔绦虫分布于世界各地。犬、猫的感染率很高，狼、狐等也可感染。人体感染比较少见，我国北京、辽宁、广西、四川、山西、山东、广东、福建和湖南等省、自治区、直辖市已有 20 余例病例报道，患者多为婴幼儿。

防治措施同膜壳绦虫。加强卫生宣传教育，注意个人卫生和饮食卫生。对家庭饲养的犬、猫应定期灭蚤和驱虫，以防人体受感染。

三、西里伯瑞列绦虫

西里伯瑞列绦虫（*Raillietina celebensis* Janicki，1902）属代凡科、瑞列属绦虫。成虫寄生于终宿主鸟类和哺乳类动物，蚂蚁是其中间宿主和传播媒介。1960 年，我国学者唐仲璋等首次阐明了该虫生活史。成虫偶可寄生于人体小肠，引起西里伯瑞列绦虫病（raillietiniasis celebensis）。

【形态和生活史】

成虫长 32 cm，宽 2 mm，节片 180 余个。头节钝圆，直径为 0.46 mm，顶突缩在四周微凸的浅窝内，其上有两排长短相间的斧形小钩，约 72 个。吸盘 4 个，其上缀有小刺。成节略呈方形，生殖孔均开口于节片同侧。睾丸 48～67 个，输精管长而弯曲，卵巢分两叶，呈蝶翅状，位于节片中央，卵黄腺位于卵巢后方，略呈三角形。孕节近椭圆形，各节连接呈念珠状，内含 300～400 个圆形或椭圆形储卵囊，每个储卵囊中含虫卵 1～4 个。虫卵呈橄榄形，约 45 μm×27 μm，具有内膜和外膜，内含一个圆形六钩蚴（图 16-23）。

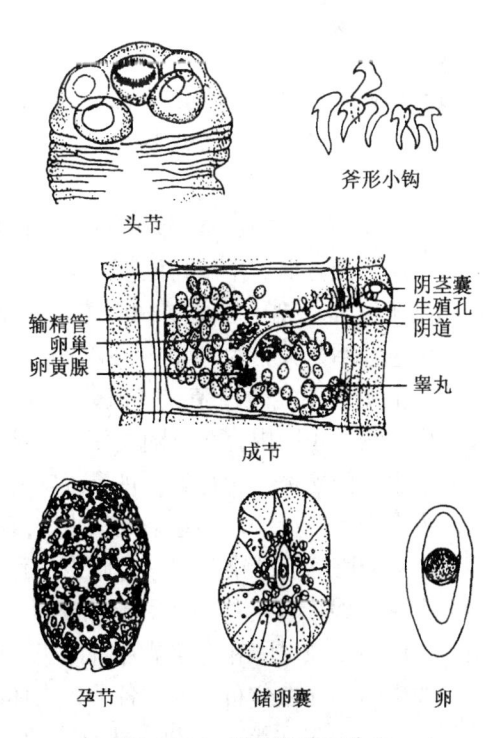

图 16-23　西里伯瑞列绦虫

成虫主要寄生于鼠类的小肠，孕节脱落后随宿主粪便排出体外。实验证明虫卵能在蚂蚁体内发育为似囊尾蚴，鼠因吞食含似囊尾蚴的蚂蚁而感染。人的感染是由于误食感染的蚂蚁所致。

【致病与诊断】

感染者一般无明显临床症状，有的表现为腹痛、腹泻、肛门瘙痒以及流涎、夜间磨牙、食欲缺乏和消瘦等，部分患者可出现贫血、白细胞增多，嗜酸性粒细胞可达 10%～18%。患者粪便中常有白色、能伸缩活动的米粒状孕节排出。

粪便中检出孕片或虫卵即可确诊。

【流行与防治】

西里伯瑞列绦虫分布于热带和亚热带地区，主要终宿主是鼠类。人体感染病例见于泰国、缅甸、越南、菲律宾、日本、澳大利亚和马达加斯加等地。我国台湾、福建、广东、江苏、浙江、广西等地已有80余例病例报道，患者多为1～7岁的儿童。心结蚁属蚂蚁在热带地区很普遍，在我国南方沿海省份也常见。它们常在厨房或居室内营巢，与家鼠接触的机会较多，而幼儿又常在地上玩耍，易误食蚂蚁导致感染。

防治措施同膜壳绦虫。

四、德墨拉瑞列绦虫

德墨拉瑞列绦虫 [*Raillietina demerariensis* (Daniels，1895) Joyeux and Baer，1929] 属代凡科、瑞列属绦虫。成虫寄生于人、猴和野生啮齿类动物，可引起人兽共患的德墨拉瑞列绦虫病（raillietiniasis demerariensis）。

成虫长10～20 cm，宽3 cm，有5000个节片。头节顶突具有两圈小钩，4个卵圆形的吸盘，每个吸盘上有8～10排小钩。成节有睾丸26～46个；卵巢呈椭圆形，位于节片中央，分为10～15瓣。孕节长稍大于宽，每节含200～250个圆形储卵囊，每个储卵囊内含2～12个卵。虫卵类圆形，直径25～30 μm，内含六钩蚴，小钩较大。

本虫分布于南美北部、西印度群岛、圭亚那、厄瓜多尔、古巴和巴西等地。我国尚未发现有该虫。

五、线中殖孔绦虫

线中殖孔绦虫（*Mesocestoides lineatus* Goeze，1782）属中殖孔科、中殖孔属绦虫。成虫主要寄生于鸟类和食肉类动物，偶可寄生于人体小肠，引起线中殖孔绦虫病（mesocestoidiasis lineatus）。

成虫长30～250 cm。头节较大，顶端平而略凹陷，有4个吸盘，无顶突和小钩。颈部细而短。成节近方形，生殖孔位于腹面正中是其显著特点。孕节长大于宽，略呈桶状，其内有子宫和副子宫器，副子宫器呈椭圆形，位于节片后部，其内充满虫卵（图16-24）。虫卵呈椭圆形，无色透明，大小为（40～60）μm×（35～43）μm。卵壳较薄，无卵盖，内含六钩蚴。

生活史尚不完全清楚。一般认为完成整个生活史需要3个宿主。成虫寄生于猫、狐、犬和野生动物的小肠内，孕节随粪便排出体外。第一中间宿主可能是粪食性昆虫或甲螨类，第二中间宿主如两栖类、爬行类、鸟类或哺乳类动物食入被此绦虫幼虫感染的第一中间宿主后，在其体内发育为四盘蚴，即感染期幼虫。终宿主（犬、狐等）或人食入含四盘蚴的动物（蛙、蛇等）的肉或脏器而感染，在其小肠内发育为成虫。

人感染线中殖孔绦虫后，轻者无明显症状，主要表现为消化不良、轻微腹胀等消化道症状。粪便中发现虫卵和各期节片有助于诊断。

线中殖孔绦虫分布于世界各地，人体感染病例报道不多，主要见于北美、欧洲、非洲和亚洲等地。我国仅在黑龙江和吉林有4例人体感染病例报道。人体感染多因生食或半生食含有四盘蚴的第二中间宿主，如蛙、蛇、鸟及各种野生动物的肉或内脏，生饮蛇血或其他动物血所致。

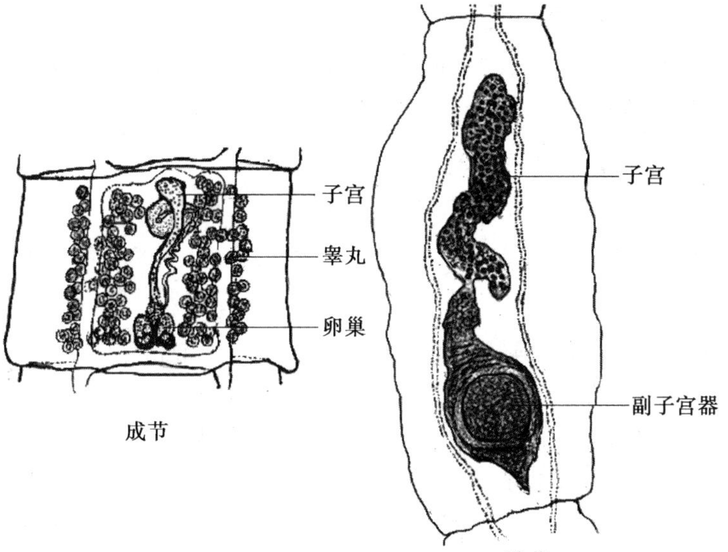

图 16-24 线中殖孔绦虫

治疗可采用吡喹酮或传统中药槟榔 - 南瓜子合剂等。

六、司氏伯特绦虫

司氏伯特绦虫 [*Bertiella studeri* (Blanchard, 1891) Stiles and Hassall, 1902] 属裸头科、伯特属，是猴和其他灵长类常见的寄生虫。人体感染少见。

成虫长 15～45 cm，个别可长达 70 cm。头节略扁，顶突退化，无小钩，有 4 个卵圆形吸盘。颈节长 0.5 mm。成节宽大于长，每节有雌、雄生殖器官各一套。孕节的子宫内充满虫卵。虫卵为不规则的卵圆形，大小为 (49～50) μm ×（45～46）μm，卵壳透明，其内有一层蛋白膜包绕的梨形结构，此结构一端具有双角的突起，突起的尖端可达卵壳，内含一个六钩蚴（图 16-25）。

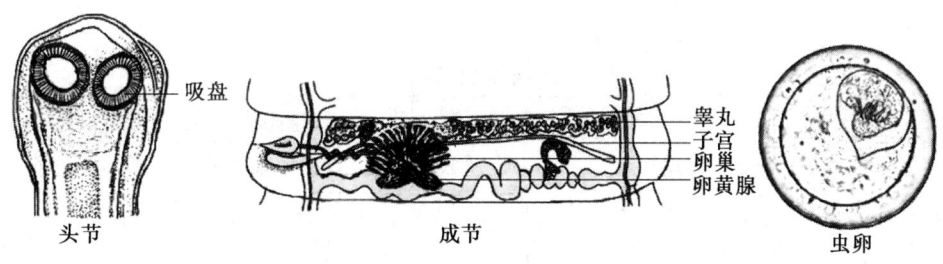

图 16-25 司氏伯特绦虫

成虫主要寄生于终宿主灵长类动物，如猴、猩猩等的小肠内，偶可寄生人体小肠，孕节随粪便排出体外。虫卵被中间宿主螨类吞食后，在其体内孵出六钩蚴，继而发育为似囊尾蚴。终宿主食入含有似囊尾蚴的螨类而感染。

成虫在小肠内寄生时一般无明显症状，有的可出现腹痛、间歇性腹泻、便秘、消化不良、疲乏、消瘦等症状。患者多为儿童，且大都有与灵长类动物接触史。多因粪便中发现可蠕动的白色节片而就诊。

粪便检查发现孕节或虫卵即可确诊。

人体感染少见，仅见于毛里求斯、菲律宾、东非、印度尼西亚、印度、新加坡、加蓬、沙特阿拉伯和泰国等地。我国至今仅有1例人体感染病例报道。

治疗可用吡喹酮或甲苯咪唑。

七、水泡带绦虫

水泡带绦虫（Taenia hydatigena Pallas, 1766）属带科、带属绦虫。成虫寄生于终宿主犬、狼和狐的小肠内，其幼虫细颈囊尾蚴（cysticercus tenuicollis）主要寄生于中间宿主猪、牛、羊、骆驼和鹿等动物体内，偶可寄生于人体引起细颈囊尾蚴病（cysticercosis tenuicollis）。

水泡带绦虫是一种较大型的绦虫，体长75～500 cm，白色或微带黄色。链体有250～300个节片。头节的顶突上有30～40个小钩，排成两圈。成节有睾丸600～700个。孕节被子宫和虫卵充满，子宫每侧有5～10个粗大分支，每支又有小的分支。虫卵呈椭圆形，大小约38 μm×34 μm，内含一个六钩蚴，似猪、牛带绦虫卵。

成虫寄生于终宿主犬、狼、猫和狐等食肉类动物小肠内，孕节随终宿主的粪便排出，虫卵污染草原、饲料及水源后，被中间宿主家畜和野生动物吞食，在其小肠内孵出六钩蚴，然后钻入肠壁血管，随血流入肝，再经肝表面进入腹腔、肠系膜及多种脏器内寄生，发育成细颈囊尾蚴。食肉类动物吞食含有细颈囊尾蚴的脏器后，即可在小肠内发育为成虫。人因误食虫卵而受感染。

细颈囊尾蚴病是一种人兽共患寄生虫病。人体感染后可出现不同的症状和体征，如食欲缺乏、恶心、呕吐、腹痛和消瘦等。目前尚无有效诊断方法，对疑似病例，可根据症状和体征，辅以B超或CT等影像学检查，如发现可疑病灶，应通过手术检获虫体进行鉴定方可确诊。

本虫呈世界性分布。我国仅在贵州省和安徽省有3例人体感染病例报道。

手术是治疗本病的唯一有效方法。预防措施包括加强卫生宣传，注意个人卫生，禁止将猪、羊内脏乱抛或用未经处理的内脏喂犬，定期给犬、猫驱虫等。

（张晓丽）

几种绦虫与绦虫病学习要点

学习要点	链状带绦虫	肥胖带绦虫	细粒棘球绦虫	微小膜壳绦虫
主要致病	猪带绦虫病	囊尾蚴病	牛带绦虫病	囊型棘球蚴病	微小膜壳绦虫病
人兽共患病	是	是	是	是	是
食源性寄生虫病	是	是	是	是	是
典型临床表现	患者一般无明显症状，有时可有消化道症状	皮下及肌肉囊尾蚴病、脑囊尾蚴病、眼囊尾蚴病	患者一般无明显症状，有时可有消化道症状	局部压迫和刺激症状；毒性和超敏反应；继发性感染和继发性棘球蚴病	人体感染虫数少时，一般无明显症状；感染严重者，可有消化系统与神经系统症状
感染期	猪囊尾蚴	虫卵	牛囊尾蚴	虫卵	虫卵、似囊尾蚴

续表

学习要点	链状带绦虫	肥胖带绦虫	细粒棘球绦虫	微小膜壳绦虫
寄生部位	小肠	皮下、脑、眼	小肠	肝、肺、脑等	小肠
致病阶段	成虫	猪囊尾蚴	成虫	棘球蚴	成虫
感染方式	生食或半生食含猪囊尾蚴的猪肉	摄入被虫卵污染的食物或水	生食或半生食含牛囊尾蚴的牛肉	摄入被虫卵污染的食物或水	摄入被虫卵污染的食物或水；或误食含有似囊尾蚴的中间宿主
病原学诊断	粪便检查虫卵或孕节	皮下结节活检猪囊尾蚴	粪便检查虫卵或孕节	痰液、胸腔积液、腹水中检获棘球蚴碎片或原头蚴	粪便检查虫卵或孕节
传染源	患者、带虫者	患者、带虫者	患者、带虫者	犬科食肉动物	患者、带虫者及鼠类
传播途径	经口	经口	经口	经口	经口
传播媒介	无	无	无	无	无

（张唯哲）

思 考 题

1．人感染猪带绦虫卵的方式有哪几种？
2．猪带绦虫病和囊虫病，哪个对人体危害更严重？为什么？
3．细粒棘球绦虫生活史中需要哪些宿主？诊断囊型棘球蚴病可以从人粪便中查虫卵吗？
4．简述微小膜壳绦虫的生活史特点及对人体的危害。
5．曼氏裂头蚴侵入人体的途径有哪几种？
6．男性，39岁，农民。于2个月前发现前胸部有皮下结节，且经常头晕、头痛，偶有癫痫发作而就诊入院。问病史，有排节片史。查体：体温36.5 ℃，血压120/80 mmHg，患者前胸及背部可触及多个黄豆粒至花生米大小的皮下结节，本皮色，硬度似软骨，无压痛，可移动。头颅CT显示额叶有多个低密度灶，个别低密度灶内可见点状高密度影。囊尾蚴皮内试验及血清抗体检测均阳性。入院后手术切除一皮下结节做病理检查，报告为猪囊尾蚴，临床诊断为：猪带绦虫病合并皮肌型囊尾蚴病和脑囊尾蚴病。给予脱水、杀虫及抗癫痫治疗后，症状缓解出院。请回答：

（1）结合猪带绦虫生活史，解释患者为什么会出现皮下结节及头晕、头痛、癫痫发作？
（2）在驱虫治疗猪带绦虫病过程中应注意什么？脑囊尾蚴病患者如何治疗？

第十七章

猪巨吻棘头虫

第十七章数字资源

猪巨吻棘头虫 [*Macracanthorhynchus hirudinaceus* (Pallas, 1781) Travassos, 1916] 属于棘头动物门、原棘头虫纲、寡棘吻目、寡棘吻科、巨吻棘头虫属。成虫主要寄生于猪的小肠内，偶尔可寄生人体，引起人体巨吻棘头虫病（macracanthorhynchosis）。本病属人兽共患寄生虫病。我国自1964年首次报道人体感染病例以来，各地相继出现此类病例报道。

【形态】

1. 成虫　乳白色或淡红色，活体时背、腹面略扁平，固定后为圆柱形，体表有明显的横皱纹，尤以体前部为甚。虫体由吻突、颈部和体部三部分组成：吻突呈类球形，可伸缩入鞘内，其周围有 5～6 排尖锐透明的吻钩，每排 6 个，呈螺旋状排列；颈部短，呈圆柱形，与吻鞘相连；颈部之后为体部，前段较粗，中段向后渐细，尾端钝圆。口及消化道缺如，营养物质自体表吸收。雌虫大小为 (20～65) cm×(0.4～1.0) cm，尾端钝圆。随虫体的发育，卵巢逐渐分解为卵巢球，其内卵细胞受精后，进入子宫，最后经阴道、生殖孔排出。雄虫大小为 (5～10) cm×(0.3～0.5) cm，尾端有钟状交合伞；睾丸 2 个，长圆形，前后排列于虫体中部，输精管末端有 8 个椭圆形黏液腺（图 17-1）。

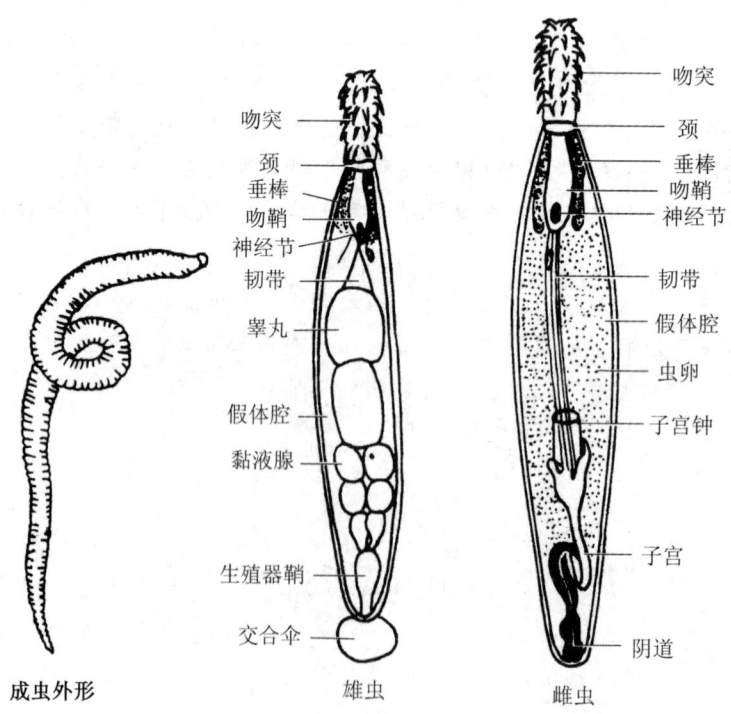

图 17-1　猪巨吻棘头虫成虫（采自 Watson）

2. 虫卵 椭圆形，深褐色，大小为 (67～110) μm×(40～65) μm。卵壳厚，透明状，一端闭合不全。成熟虫卵内含1个具有小钩的幼虫，称棘头蚴。

【生活史】

猪巨吻棘头虫的主要终宿主是猪和野猪，偶尔在人、犬和猫体内寄生。中间宿主为鞘翅目昆虫（甲虫）。发育过程包括虫卵、棘头蚴（acanthor）、棘头体（acanthella）、感染性棘头体（cystacanth）和成虫阶段。成虫寄生在终宿主小肠内，虫卵随终宿主粪便排出体外，由于对干旱和寒冷抵抗力强，在土壤中可存活数月至数年。当虫卵被甲虫的幼虫吞食后，受肠液作用，卵壳破裂，棘头蚴逸出，穿破甲虫肠壁进入血腔，在血腔中经过棘头体阶段，最后发育形成感染性棘头体，此过程需3～5个月。感染性棘头体长期存活于甲虫的各个变态过程（包括幼虫、蛹或成虫）中，并保持对终宿主的感染力。当猪等动物吞食含有感染性棘头体的甲虫后，在其小肠内经1～3个月发育为成虫。人因误食含有活的感染性棘头体的甲虫而受感染，但由于人不是猪巨吻棘头虫的适宜宿主，故在人体内棘头虫大多不能发育成熟和产卵。

【致病】

猪巨吻棘头虫多寄生于人回肠的中部或下部，一般为1～2条，最多21条。虫体以吻钩固着于肠黏膜，造成肠黏膜机械性损伤，同时由于吻腺所分泌的毒素作用，造成局部肠黏膜组织充血、出血、坏死并形成溃疡，伴有中性粒细胞和嗜酸性粒细胞浸润。继而出现结缔组织增生，局部形成直径约1.0 cm大小的棘头虫结节，质硬并突出浆膜面，常与大网膜粘连形成包块。若累及肠壁深层，可造成肠穿孔，引起局限性腹膜炎及腹腔脓肿。少数患者由于肠粘连导致肠梗阻。由于虫体常更换固着部位，使多处肠壁组织发生病变。患者早期症状不明显，偶有食欲缺乏、乏力等；感染后1～3个月，随着虫体毒性代谢产物的吸收，患者可出现腹泻、阵发性腹痛、恶心、呕吐、消瘦、贫血、失眠和夜惊等症状。本病对人体的主要危害是引起并发症，如肠穿孔、腹膜炎、腹腔脓肿、肠梗阻等。

【诊断】

主要依据流行病学史及临床表现诊断本病。个别患者因服驱虫药排出虫体或因急腹症手术发现虫体也是确诊依据。由于人不是本虫的适宜宿主，故在患者粪便中极少能检出虫卵。免疫诊断中，采用虫卵抗原做皮试，对诊断本病有一定价值。

【流行与防治】

我国辽宁、山东、河北、河南、广东、湖北、江苏、四川、北京、吉林、安徽、云南、西藏、海南和内蒙古共15个省、自治区和直辖市均有人体巨吻棘头虫病病例报道，其中以辽宁省发现的病例最多。

猪是本病的主要传染源。因本虫在人体内极少能发育成熟，故人作为本病传染源意义不大。鞘翅目的某些昆虫既是棘头虫的中间宿主，又是其传播媒介。能传播本病的鞘翅目昆虫在我国有42种，其中以大牙锯天牛（*Dorysthenes paradoxus*）、曲牙锯天牛（*D. hydropicus*）和棕色金龟子（*Holotrichia titanus*）的感染率最高。本病的流行有明显的季节性，与各地区传播媒介的季节消长有关。辽宁的病例多在9月中、下旬出现，而山东则在6～8月病例数较多。

人感染棘头虫主要与生食或半生食甲虫的习惯有密切关系。在流行区，儿童常捕捉天牛和金龟子生吃或烤吃，故患者以学龄儿童和青少年为多。

预防本病首先要加强卫生知识的宣传，教育儿童不要捕食甲虫，加强对猪的饲养管理，提倡圈养，对猪粪便进行无害化处理后再用于施肥。对感染者要尽早治疗，阿苯达唑和甲苯咪唑有一定疗效。出现并发症者，应及时手术治疗。

思 考 题

1. 猪巨吻棘头虫对人体有什么危害？
2. 如何防治巨吻棘头虫病？

（郑　斌）

第十八章 线虫

第十八章数字资源

第一节 概　论

线虫（nematode）是无脊椎动物中一大群体，属线形动物门。在自然界中线虫分布广，种类多，已知全球有一万余种。多数线虫营自生生活，仅少数营寄生生活。常见寄生于人体的线虫分属有腺纲和分肠纲，其中危害较大的仅十余种，包括钩虫（十二指肠钩口线虫和美洲板口线虫）、似蚓蛔线虫、毛首鞭形线虫、蠕形住肠线虫、旋毛形线虫和丝虫（班氏吴策线虫和马来布鲁线虫）等虫种。

【形态】

1. 成虫　一般呈线形或圆柱形，两侧对称，不分节。大小从不足 1 cm 到长达 1 m。雌雄异体，雄虫较雌虫小，尾端向腹面卷曲或膨大。消化道呈长管形。在体壁与消化道之间有腔隙，因缺体腔膜，称为原体腔（protocoelom）。腔内充满原体腔液，其富含蛋白质和葡萄糖，以及钾、钠、氯、锌、铁等多种元素，内部器官浸渍其中，成为组织器官间交换营养物质、氧和代谢产物的介质。

(1) 体壁：自外向内由角质层、皮下层和纵肌层组成（图 18-1）。

角质层：无细胞结构，由皮下层分泌物形成，含蛋白质、糖类及少量类脂等化学成分。角质层光滑、质坚、具弹性，覆盖于体表及口孔、肛孔、排泄孔、阴道等部位。角质层可形成一些特殊结构，如唇瓣、乳突、翼、嵴及雄虫的交合伞、交合刺等，这些结构分别与虫体的感觉、运动、附着、交配等生理活动有关，也是鉴定虫种的重要依据。

皮下层：无细胞界限，由合胞体组成，含丰富的糖原颗粒、线粒体、内质网及酯酶、磷酸

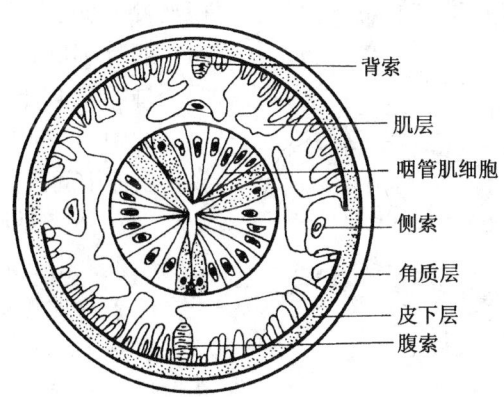

图 18-1　线虫横切面模式图（示体壁结构）

酶等。此层沿虫体背、腹及两侧面的中央向原体腔内增厚、突出，形成4条纵索，分别称为背索、腹索和侧索。背索和腹索较小，其内有纵行的神经干；两条侧索明显粗大，其内有排泄管道通过。两索之间称为索间区。

纵肌层：位于皮下层之内，由单一纵行排列的肌细胞组成。根据不同虫种肌细胞的大小、数量及排列方式，可将线虫分为3种肌型（图18-2），即少肌型（meromyarian type）、多肌型（polymyarian type）和细肌型（holomyarian type）。

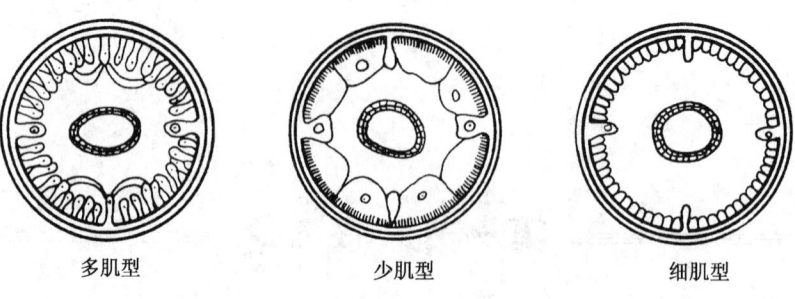

图18-2 线虫的肌型（仿 Ichiro Miyasaki）

（2）消化系统：大多数线虫具有完整的消化系统，包括消化管和腺体。消化管由口孔、口腔、咽管、中肠、直肠和肛门组成，是完整的消化道（图18-3）。口孔位于头部顶端，常有唇瓣环绕；有的虫体无唇瓣。有的虫种口腔的角质层很厚，形成口囊（buccal capsule）。咽管呈圆柱形，下段常有膨大部分，其形状是重要的分类依据。咽管与中肠相接处常有三叶活瓣，以控制食物的流向。大多数线虫的咽管壁肌肉中有3个咽管腺，腺体分泌物中含有帮助消化食物或具有抗原性的多种酶，如蛋白酶、淀粉酶、壳质酶、纤维素酶和乙酰胆碱酯酶等。肠管为非肌性结构，肠壁由单层柱状上皮细胞构成，细胞内含有丰富的线粒体、糖原颗粒、内质网及核蛋白体等，具有吸收和输送营养物质的功能。雌虫的肛门通常位于虫体末端的腹面，而雄虫的直肠则通入泄殖腔，经肛门通至体外。

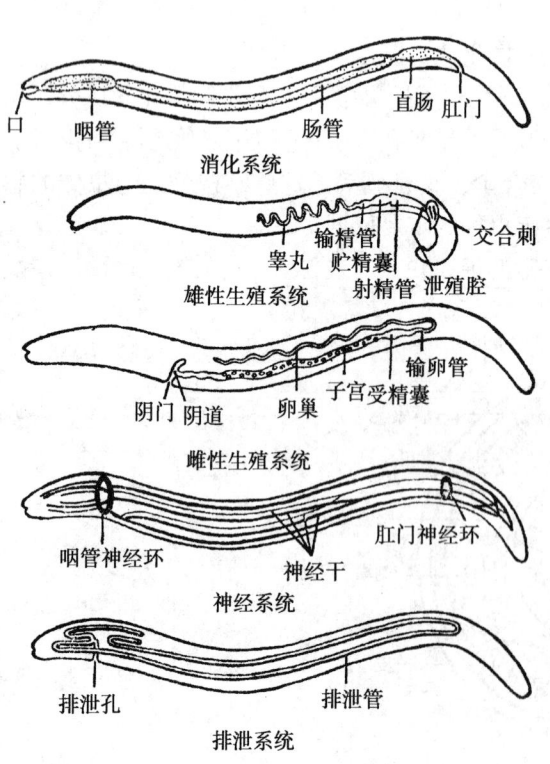

图18-3 线虫内部结构示意图

（3）生殖系统：雄性的生殖系统通常为单管型，由睾丸、输精管、贮精囊、射精管及交配附器组成。射精管开口于泄殖腔；雄虫尾端具有1个或1对角质交合刺；有些雄虫的末端有尾伞或交合伞。雌性生殖系统大多为双管型，一般包括卵巢、输卵管、子宫、排卵管、阴道和阴门等部分。多数虫种在输卵管近端有一受精囊，远端与子宫相连，卵母细胞在受精囊内与精子结合受精；两个排卵管汇合通入一个阴道，开口于虫体腹面的阴门；阴门的位置依虫种而异，但大多在虫体中间附近（图18-3）。

（4）神经系统：咽部神经环是神经系统的中枢，由此向前、向后发出纵行的神经干，位于背索和腹索中，控制虫体的运动和感觉（图18-3）。各神经干之间尚有神经连合。线虫的感觉器官主要分布在头部和尾部的乳突、头感器和尾感器。乳突具有触觉功能；头感器和尾感器除具有使虫体对机械或化学刺激作出反应的功能外，还能调节腺体的分泌作用。有些虫种缺乏尾感器。

(5) 排泄系统：线虫的排泄系统有管型和腺型两种。分肠纲的虫种为管型结构，有腺纲的虫种为腺型。管型排泄系统的基本结构为两条长排泄管位于侧索中，两管近前端由一短横管相连，在横管中央腹面有一小管，经排泄孔通向体外。有些虫种尚有一对排泄腺与横管相通。腺型排泄系统仅由一个具有大细胞核的排泄细胞构成，位于肠管前端，开口于咽部神经环附近的腹面（图 18-3）。

2. 虫卵 一般为卵圆形，卵壳多为黄色、棕黄色或无色。卵壳由 3 层组成。外层较薄，来源于受精卵母细胞的卵膜，称为卵黄膜或受精膜，由脂蛋白构成，有加固虫卵的作用；中层较厚，称为壳质层（chitinous layer），含壳质及蛋白质，能抵抗外界的机械压力，是卵壳的主要组成部分；内层薄，称为脂层或蛔苷层，含脂蛋白和蛔苷，具有调节渗透作用的重要功能，既可防止水溶性物质从外界渗入卵内，也可使卵内物质不致外漏。有些虫种的虫卵，如似蚓蛔线虫虫卵，卵壳外还附有一层由子宫壁分泌的蛋白质膜，具有保持水分，防止虫卵干燥的功能。

虫卵排出体外时，有的只含一个尚未分裂的卵细胞，如受精似蚓蛔线虫卵；有的卵细胞正在分裂，如钩虫卵；有的已发育为蝌蚪期胚，如蠕形住肠线虫卵。有的虫种为卵胎生，产出幼虫，如丝虫。

【生活史】

1. 线虫的生长发育 线虫的基本发育过程分为虫卵、幼虫和成虫三个阶段。

某些线虫的虫卵在适宜的条件下，在外界环境中发育成熟，并孵出幼虫，再进一步发育为感染期蚴，而具感染力，如钩虫虫卵；有些虫种的虫卵在外界只能发育至感染期卵（内含幼虫），当其侵入人体后，在肠道特殊环境条件的刺激下，才能孵化出幼虫，如似蚓蛔线虫虫卵；一些直接产幼虫的虫种，其幼虫需在中间宿主体内发育为感染期蚴后，通过中间宿主感染人体，如丝虫。

蜕皮（ecdysis，molt）是线虫幼虫发育过程中最显著的特征。幼虫的发育一般分为 4 期，共蜕皮 4 次，幼虫经第 4 次蜕皮后进入成虫期，并逐渐发育成熟。

外界环境中的各种理化因素对线虫虫卵和幼虫的发育、活动和生存均有影响，其中以温度、湿度和氧更为重要。卵和幼虫在外界发育一般需要适宜的温度，一定范围内的温度升高，可使虫体活动增强，但温度过高，将加速虫体的能量耗竭，以致死亡；一定程度的低温可使代谢减慢，活动减少，生存时间延长，但过低温度也会导致死亡。湿度的影响也很大，当土壤湿度较低时，易引起虫体失水，代谢降低；湿度过大，会使土壤中氧含量降低，也不利于虫体的生存。不同虫种、同一虫种的各个发育阶段以及虫体的活动状况，对氧的需求也不完全相同，只有在适宜的氧环境中才能很好地生存和发育。成虫一般能适应宿主内的环境，但当因其他因素（疾病、饥饿等）引起宿主体内生理状况发生变化时，便会因此导致虫体的排出或死亡。

2. 生活史类型 根据生活史中有无中间宿主，一般将线虫分为两种类型。

(1) 简单型（直接发育型）：这类线虫完成生活史无需中间宿主，其发育过程较简单，因其在外界的发育过程主要在土壤中完成，也称为土源性线虫。寄生于肠道的线虫多属此型，如似蚓蛔线虫、钩虫等。

(2) 复杂型（间接发育型）：这类线虫发育过程较复杂，完成生活史需要中间宿主，也称为生物源性线虫。寄生于组织内的线虫多属此型，如丝虫。

另外，有些线虫的生活史既包括自生世代又包括寄生世代，其过程更为复杂，如粪类圆线虫。

【生理】

1. 营养与代谢　线虫的营养物、取食方式因寄生部位不同而异。寄生在肠腔中的线虫,多以肠内容物为食,如似蚓蛔线虫;有些虫种以口囊附着于肠黏膜,以血液或黏膜等为食,如钩虫;寄生在组织、器官内的线虫,常以体液或组织液为食,如丝虫、旋毛虫等。各种线虫成虫的寄生部位、营养来源虽有不同,但获取能量的途径主要都是通过糖类代谢。多种线虫体内都具有完成三羧酸循环所需的酶类,在氧充分时,由这种代谢方式获取足够的能量;某些线虫(如似蚓蛔线虫),长期在肠腔的低氧环境中生活,通过糖酵解及其替代途径获得能量。氨基酸及蛋白质代谢在线虫的生长、产卵等过程中广泛存在,其代谢产物主要是氨,它能改变细胞的pH,影响通透性。游离氨的排出主要是通过体表扩散,铵离子则是通过肠壁由肠道排出,而不是通过排泄系统。多数线虫的幼虫期多以活跃的脂代谢获取能量。

2. 呼吸与渗透　线虫无呼吸系统和循环系统,氧大多是通过其体壁吸收并扩散到体内各组织中;有的虫种,氧是经由食物摄入消化道的。在线虫的吸收与排泄过程中,水的渗透作用极其重要,体表及其他一些部位均能进行水的交换。体表的类脂成分则易于某些亲脂分子渗入体内。

【致病】

线虫对人体的危害程度与种类、数量、发育阶段、寄生部位、虫体的机械性和化学性刺激,以及宿主的免疫状态等因素有关。

感染期为幼虫的寄生线虫,在幼虫侵入皮肤时,常可引起皮炎,当其在宿主体内移行或寄生于组织时,可引起局部炎症或全身反应。成虫致病多与寄生部位有关,一般均可导致组织损伤、出血、炎症、坏死、细胞增生等病变。根据病程长短及病变程度,患者可表现出不同的临床症状。某些虫种,可因人体自身免疫功能受累或长期不正确使用激素等,而导致严重感染,造成多组织、多器官损害。

幼虫移行或成虫异位寄生时,也会引起人体产生各种临床症状。通常组织内寄生线虫要比肠道内线虫对人体的危害严重。

【分类】

我国常见寄生于人体的线虫属线形动物门,其分类见表 18-1。

表 18-1　我国重要医学线虫的分类

纲	目	科	属	种
分肠纲 Secernentea	杆形目 Rhabditida	粪圆科 Strongyloididae	粪圆线虫属 *Strongyloides*	粪类圆线虫 *S.stercoralis*
	圆线目 Strongylida	钩口科 Ancylostomatidae	钩口线虫属 *Ancylostoma*	十二指肠钩口线虫 *A.duodenale*
			板口线虫属 *Necator*	美洲板口线虫 *N.americanus*
		毛圆科 Trichostrongylidae	毛圆线虫属 *Trichostrongylus*	东方毛圆线虫 *T.orientalis*
		管圆科 Angiostrongylidae	管圆线虫属 *Angiostrongylus*	广州管圆线虫 *A.cantonensis*
	蛔目 Ascaridida	蛔科 Ascaridae	蛔线虫属 *Ascaris*	似蚓蛔线虫 *A.lumbricoides*
	尖尾目 Oxyurida	尖尾科 Oxyuridae	住肠线虫属 *Enterobius*	蠕形住肠线虫 *E.vermicularis*

续表

纲	目	科	属	种
	旋尾目 Spirurida	颚口科 Gnathostomatidae	颚口线虫属 Gnathostoma	棘颚口线虫 G.spinigerum
		筒线科 Gongylonematidae	筒线虫属 Gongylonema	美丽筒线虫 G.pulchrum
		吸吮科 Thelaziidae	吸吮线虫属 Thelazia	结膜吸吮线虫 T.callipaeda
		龙线科 Dracunculidae	龙线属 Dracunculus	麦地那龙线虫 D.medinensis
		盘尾科 Onchocercidae	吴策线虫属 Wuchereria	班氏吴策线虫 W.bancrofti
			布鲁线虫属 Brugia	马来布鲁线虫 B.malayi
			罗阿线虫属 Loa	罗阿罗阿线虫 L.loa
			盘尾线虫属 Onchocerca	旋盘尾线虫 O.volvulus
有腺纲 Adenophorea	嘴刺目 Enoplida	毛形科 Trichinellidae	毛形线虫属 Trichinella	旋毛形线虫 T.spiralis
		鞭形科 Trichuridae	鞭虫属 Trichuris	毛首鞭形线虫 T.trichiura

第二节 似蚓蛔线虫

似蚓蛔线虫（*Ascaris lumbricoides* Linnaeus，1758）简称蛔虫或人蛔虫，是人体消化道内常见的寄生虫之一。成虫寄生于人体的小肠，引起蛔虫病（ascariasis）。人体感染后一般可无明显症状，或仅有一过性呼吸系统炎症及肠道功能障碍，也可侵入胆道、肝、胰腺、阑尾等器官引起严重的并发症。蛔虫为全球性分布，以热带和亚热带地区为主。

【形态】

1. 成虫 为寄生于人体肠道线虫中体型较大的线虫。虫体形似蚯蚓，长圆柱形，头端和尾端均较细。表面有细环纹，两侧有明显的侧线。活体呈淡红色或微黄色，死后呈灰白色。口孔位于虫体顶端，其周有3个呈"品"字形排列的唇瓣；背唇瓣1个，较大，亚腹唇瓣2个，略小。唇瓣内缘具细齿一列，外缘各有乳突1对。雌雄异体。雌虫较大，长20～35 cm，最宽处直径为3～6 mm，尾端直而钝圆；生殖器官为双管型，盘绕在虫体后2/3的原体腔内，阴门位于虫体前、中1/3交界处的腹面。雄虫较小，长15～31 cm，最宽处直径为2～4 mm，尾端向腹面卷曲；生殖器官为单管型，盘绕在虫体后半部，具有一对交合刺（图18-4）。

2. 虫卵 自人体内排出的蛔虫卵，包括受精卵和未受精卵两种。受精卵呈宽椭圆形，大小为（45～75）μm×（35～50）μm；卵壳无色透明，较厚，从外到内包括受精膜、壳质层和蛔贰层；壳质层较厚，另两层极薄，在普通显微镜下难以分清。卵壳外包绕一层凹凸不平的蛋白质膜，被胆汁染成棕黄色；新排出的虫卵内含1个尚未分裂的卵细胞，卵细胞与卵壳两端之间常见新月形空隙。未受精蛔虫卵多呈长椭圆形，大小为（88～94）μm×

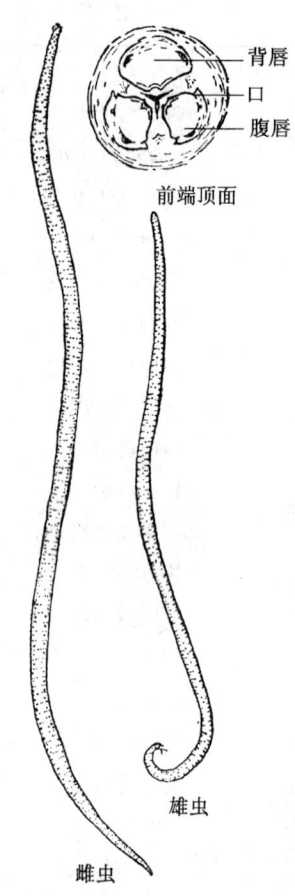

图 18-4 似蚓蛔线虫成虫及唇瓣

（39～44）μm；壳质层与蛋白质膜均较受精蛔虫卵薄，无蛔甙层；虫卵内不含卵细胞，而是折光性强的卵黄颗粒（图 18-5）。两种蛔虫卵的蛋白质膜均可脱落，脱掉蛋白质膜的蛔虫卵，其卵壳无色透明，应注意与其他线虫卵相鉴别。

【生活史】

蛔虫的生活史为直接发育型，无中间宿主，受精卵从人体排出后仅需在外界土壤中发育为感染期卵，即可感染人体，属于土源性线虫。

成虫寄生在人体小肠，以空肠为主，回肠次之。虫体在肠腔中以消化和半消化食物为营养来源。雌、雄虫成熟交配后，雌虫产出虫卵，随粪便排出体外。只有受精卵在外界能进一步发育，未受精卵不能发育。

受精卵在温暖、潮湿、荫蔽、氧气充分的土壤中，约经 2 周，卵内细胞发育为幼虫，再经 1 周，幼虫第 1 次蜕皮，成为第 2 期幼虫，即发育为感染期卵。人若经口误食感染期卵，在小肠内，卵内幼虫释出含脂酶、壳质酶和蛋白酶的孵化液消化卵壳，幼虫即从卵内孵出。幼虫孵出后钻入肠黏膜和黏膜下层，进入静脉或淋巴管，随血流或淋巴循环经右心到达肺部；幼虫穿过毛细血管进入肺泡，并在肺泡中进行第 2 次及第 3 次蜕皮，然后沿支气管、气管逆行至咽。随着人的吞咽动作，幼虫进入消化道，在小肠内经第 4 次蜕皮后发育为成虫。据估计，一条雌虫每天可以产 134 000～360 000 个卵，成虫在人体内一般能存活 1～2 年。从误食感染期卵到成虫产卵需要 2 个月到 2 个半月的时间（图 18-6）。

【致病】

蛔虫的幼虫和成虫对宿主均有致病作用。

1. 幼虫的致病作用 幼虫在人体组织器官内移行过程中不仅引起组织的机械性损伤，而且幼虫生长、发育包括蜕皮过程中产生的代谢产物等可以引起全身和局部的超敏反应，血中 IgE 水平升高和嗜酸性粒细胞增多。在肝、肺组织内幼虫周围可出现以嗜酸性粒细胞和中性粒细胞为主的细胞浸润，进而转变为由组织细胞、上皮样细胞与巨噬细胞构成的肉芽肿。肺组织病变最为明显，出现局部水肿、出血、支气管扩张及黏液分泌增多等；肺泡内渗出增多或有出血，并有嗜酸性粒细胞及脱落的上皮细胞。患者可有咳嗽、咳痰、咯血、哮喘、发热、荨麻疹

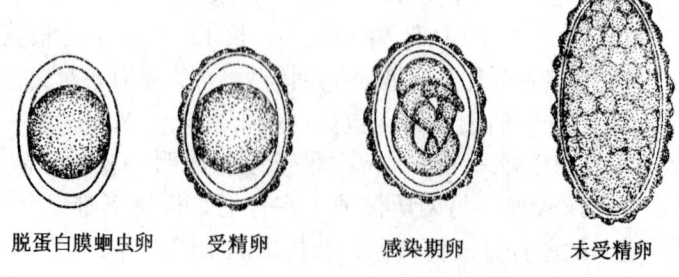

图 18-5 似蚓蛔线虫卵

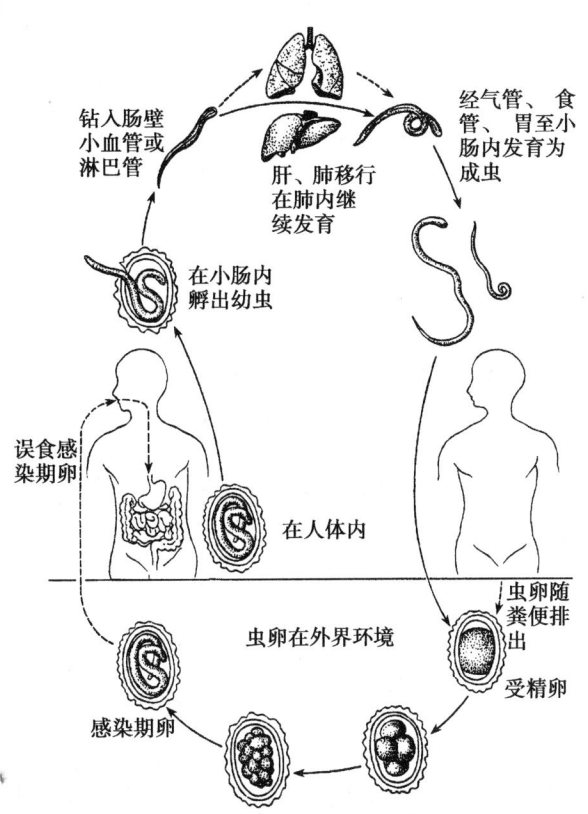

图 18-6　似蚓蛔线虫生活史

等肺部及全身症状；有些患者的痰中可以检到蛔蚴；嗜酸性粒细胞增多达 15%～65%；X 线检查，可见典型的浸润性病变，病灶常有游走现象。这种单纯的肺部炎性细胞浸润及血中嗜酸性粒细胞增多的表现，称肺蛔虫症，亦称 Loeffler 综合征，病情多在 2～3 周内自行缓解。重度感染时，幼虫可通过肺毛细血管经左心进入体循环，异位寄生于脑、淋巴结、眼、肝、脾和肾等组织和器官，引起相应的病理损害和临床表现。

2. 成虫的致病作用

(1) 引起营养不良：成虫在小肠内以消化或半消化的食物为食，从人体获取大量营养物质，使患者出现营养不良。成虫损伤肠黏膜，导致肠道消化和吸收功能障碍，影响蛋白质、脂肪、糖类和维生素等营养物质的吸收，加重了营养不良。重度感染的儿童可影响发育。

(2) 损伤肠黏膜：蛔虫的唇瓣和细齿等结构可损伤肠黏膜并引起局部炎症。患者常出现间歇性脐周疼痛、腹泻或便秘、恶心、呕吐、食欲缺乏、消化不良等消化道症状。少数患者有腹部绞痛。

(3) 超敏反应：蛔虫的分泌物、代谢产物及死亡虫体的分解产物均可诱发 I 型超敏反应，表现为荨麻疹、发热、皮肤瘙痒、哮喘、结膜炎、血管神经性水肿、腹胀、腹痛、腹泻等症状。儿童感染者还常伴有惊厥、失眠、夜间磨牙等症状。

(4) 并发症：蛔虫成虫有钻孔习性，寄生环境的变化（如发热、食入刺激性食物和驱虫不当等）可使虫体钻入开口于肠道的胆道、胰管、阑尾等，引起胆道蛔虫症、蛔虫性胰腺炎、蛔虫性阑尾炎等严重疾病；多条蛔虫寄生时还可扭结成团阻塞肠腔，引起肠梗阻；有时虫体可经肠管手术缝合处或其他肠壁病变部位的薄弱处钻入腹腔，造成肠穿孔和腹膜炎。临床上常见的并发症有肠梗阻、胆道蛔虫症、胆石症、胰腺蛔虫症、肝蛔虫症、蛔虫性阑尾炎、肠穿孔和腹膜炎等。

【诊断】

1. 病原学诊断方法 自患者粪便中检出虫卵，痰中检出幼虫，检获排、吐的成虫均可确诊。

(1) 粪便检查虫卵：常采用粪便直接涂片法，3张涂片检出率可达95%。水洗沉淀法和饱和盐水浮聚法的检出率更高，可用于直接涂片法阴性者。改良加藤法（定量透明法），既可定性又可定量，检出率高，常用于寄生虫普查。

(2) 痰液检查幼虫：对怀疑肺蛔虫症或蛔虫幼虫引起的过敏性肺炎患者，从痰液中检出蛔蚴即可确诊。

(3) 发现成虫：有的患者就医时带来排出的虫体，可以通过形态鉴别进行诊断。对怀疑有蛔虫感染，但多次粪检虫卵阴性者，应考虑可能仅有雄虫寄生（占感染者的3.4%～5%），可通过试验性驱虫确诊。

2. 免疫学诊断方法 一些免疫学诊断方法可作为蛔虫病的辅助诊断方法，如酶联免疫吸附试验（ELISA）、间接血凝试验（IHA）等。

【流行】

蛔虫是一种人体常见的肠道寄生虫，呈世界性分布，尤其在温暖、潮湿和卫生条件差的地区，人群感染较普遍，一般农村高于城市，儿童高于成人。在我国，经过多年的积极防治，人群蛔虫感染率明显下降。第三次全国人体重点寄生虫病现状调查（2014—2016年）结果表明，人群蛔虫平均感染率为1.36%，比第二次全国寄生虫现状调查明显下降（12.72%）。

粪便排出受精蛔虫卵的患者和带虫者为该病的传染源。蛔虫生活史简单，无需中间宿主，虫卵在外界环境中可直接发育感染期卵。蛔虫产卵量大，每条雌蛔虫日产卵约20万个。虫卵对外界环境抵抗力很强，对一些化学药品也有较强的抵抗力。使用未经无害化处理的人粪施肥或随地排便，是造成蛔虫卵污染土壤、蔬菜或地面的主要原因。鸡、犬、蝇类的机械性携带，也对蛔虫卵播散起一定作用。人因接触被虫卵污染的泥土、蔬菜，而误食附在手指上的感染期卵；或因摄入被虫卵污染的蔬菜和瓜果，或生水等而感染。感染蛔虫的季节与当地气候、生产活动等因素有关，一般认为，感染季节主要为春、夏两季。

【防治】

蛔虫病的防治应采取综合措施，从控制流行的三个基本环节入手，即筛查并治疗患者和带虫者、加强粪便管理以切断传播途径、建立良好的卫生习惯等以预防感染。

1. 普查普治 发现患者和带虫者及时驱虫治疗，是控制传染源的重要措施。目前常用的驱虫药物是阿苯达唑（albendazole）、甲苯咪唑（mebendazole）和噻嘧啶（pyrantel）。此外，中药使君子和苦楝皮也有一定驱蛔效果。对有并发症的患者，应及时送医院治疗，以免耽误病情。

2. 加强粪便管理 因时因地制宜，采用不同方法无害化处理粪便，防止粪便污染土壤。

3. 开展卫生宣传教育 广泛宣传蛔虫病的危害性及防治知识。注意个人卫生和饮食卫生，做到饭前、便后洗手，不生食未洗净的蔬菜、瓜果，不喝生水，灭蝇等，以减少感染机会。

（胡立志）

第三节　毛首鞭形线虫

毛首鞭形线虫（*Trichuris trichiura* Linnaeus，1771）简称鞭虫（whipworm），是人体肠道中常见的寄生线虫之一。成虫寄生于人体盲肠，引起鞭虫病（trichuriasis）。

【形态】

1. 成虫　外形似马鞭,虫体前端3/5细长,后端2/5较粗,似鞭柄。口腔极小,有一尖刀状口矛,活动时可从口腔伸出。细长的咽管外包有杆状体,后者由单行杆细胞组成。虫体后端粗大部呈管状或棒状,内含肠管及生殖器官等。雌虫长35～50 mm,尾端钝圆,阴门位于虫体粗大部前端。雄虫长30～45 mm,尾端向腹面呈环状卷曲,有交合刺1根,可自鞘内伸出,鞘表面有小刺。两性成虫的生殖系统均为单管型(图18-7)。

2. 虫卵　黄褐色,纺锤形或腰鼓状,大小为(50～54)μm×(22～23)μm。卵壳较厚,两端各具一个透明的盖塞(opercular plug)。虫卵自人体排出时,卵内细胞尚未分裂(图18-7)。

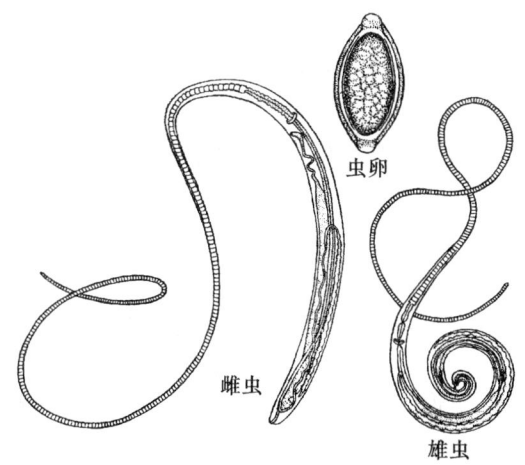

图18-7　毛首鞭形线虫

【生活史】

鞭虫为土源性线虫,其生活史简单,不需要中间宿主。成虫寄生于人体盲肠,重度感染时,也可见于结肠、直肠,甚至回肠下段。雌虫每日产卵3 000～20 000个,虫卵随粪便排出体外。在适宜条件下,虫卵在外界土壤中经2～5周发育为含幼虫的感染期卵。感染期卵可通过污染的食物或饮水经口进入人体。在小肠内,卵内幼虫活动加剧,分泌壳质酶等酶类使盖塞裂解,幼虫经盖塞处逸出,侵入肠黏膜,摄取营养。经10天左右的发育,幼虫返回肠腔,移行至盲肠,细长的虫体前端钻入肠黏膜至黏膜下层发育为成虫。鞭虫以溶解的组织和血液为食。自误食感染期卵至成虫发育成熟并产卵,为1～3个月。成虫寿命为3～5年。

【致病】

鞭虫成虫为其主要致病阶段。成虫以其细长的前端钻入肠黏膜或黏膜下层,甚至可深达肌层。由于虫体对肠壁组织的机械性损伤及分泌物的化学性刺激,导致肠黏膜水肿、充血及点状出血等慢性炎症反应。少数患者出现由细胞增生所致的肠壁组织增厚或肉芽肿病变。重度感染者可致慢性贫血。

轻度感染者一般无明显症状,仅在粪检时才发现有鞭虫寄生。重症感染者可出现腹痛、腹泻、恶心、呕吐、消瘦、便中带血、直肠脱垂、嗜酸性粒细胞增多、头晕、荨麻疹等消化道症状及全身症状。有的患者由于鞭虫侵入阑尾导致急性阑尾炎。血性腹泻与重度感染有关,可能由机械性刺激和黏膜糜烂所致。鞭虫病导致慢性痢疾和直肠黏膜脱垂并非少见。

【诊断】

粪便中检获典型的两端带有盖塞的纺锤形鞭虫卵为诊断鞭虫病的依据,可采用粪便生理盐水直接涂片法、沉淀集卵法、饱和盐水浮聚法和改良加藤法。

临床上进行乙状结肠镜或直肠镜检查时发现寄生的成虫及损伤的肠黏膜,也可作为诊断依据。

【流行】

鞭虫的分布与蛔虫一致,主要分布在温暖、潮湿的热带、亚热带及温带地区。在我国遍及全国各地。由于鞭虫卵对低温、干燥的抵抗力不如蛔虫卵强,因此,其感染率低于蛔虫,我国北方地区感染率也明显低于南方地区。根据第三次全国人体寄生虫病现状调查结果,我国人群鞭虫感染率为1.02%,感染率较高的有四川、海南和贵州。

鞭虫病的传染源是患者和带虫者,人对鞭虫感染无天然抵抗力。感染期卵在温暖、潮湿、荫蔽和富有氧气的环境中可保持感染力达数月至数年之久。流行因素还包括不良的个人卫生习惯以及粪便管理不当导致虫卵污染土壤、水源、蔬菜等。儿童由于卫生习惯较差，其感染率及感染度均比成人高。

【防治】

防治原则基本与蛔虫相同。预防措施包括加强粪便管理、注意环境卫生、保护水源、注意个人卫生及饮食卫生等。对患者和带虫者应重视驱虫治疗，常用药物有阿苯达唑和甲苯咪唑，对鞭虫病有较好的治疗效果。

第四节 蠕形住肠线虫

蠕形住肠线虫（*Enterobius vermicularis* Linnaeus，1758）简称蛲虫（pinworm）。成虫寄生于人体回盲部和结肠，引起蛲虫病（enterobiasis）。蛲虫呈世界性分布，一般儿童的感染率高于成人，尤其是集体生活的幼儿园儿童。

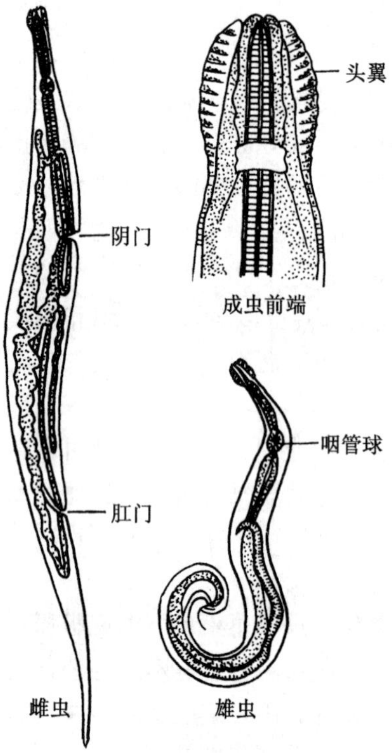

【形态】

1. 成虫 体型较小，乳白色。因形似线头，俗称"线头虫"。虫体角皮具有横纹，头端角皮膨隆形成头翼（cephalic alae）；体两侧角皮突出如嵴，称侧翼。口孔周围有三片唇瓣，口囊不明显。咽管末端膨大呈球形，称咽管球（pharyngeal bulb）。雌虫大小为（8～13）mm×（0.3～0.5）mm，虫体中部膨大，尾端长直而尖细；生殖系统为双管型，阴门位于体前、中 1/3 交界处腹面正中线上；肛门位于体中、后 1/3 交界处腹面。雄虫较雌虫小，大小为（2～5）mm×（0.1～0.3）mm，尾端向腹面卷曲；生殖系统为单管型，泄殖腔开口于虫体尾端，有 1 根交合刺（图 18-8）。

2. 虫卵 卵壳较厚，无色透明，大小为（50～60）μm×（20～30）μm；虫卵两侧不对称，一侧较平，一侧略凸出。卵壳分 3 层，最内为脂层，中间为壳质层，壳质层外有一光滑的蛋白质膜。虫卵从子宫排出时，内含一个蝌蚪期胚（图 18-9）。

图 18-8 蠕形住肠线虫成虫

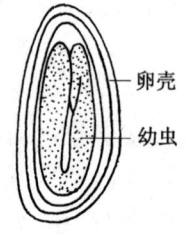

图 18-9 蠕形住肠线虫虫卵

【生活史】

蛲虫生活史简单，不需要中间宿主，虫卵排出后 6 小时即具有感染性。成虫通常寄生于人体的盲肠、结肠及回肠下段；重度感染时，也可见于小肠上段，甚至胃及食管等处。虫体游离于肠腔或借助头翼、唇瓣附着在肠黏膜上，以肠内容物、组织或血液为食。雌、雄虫交配后，雄虫很快死亡，随粪便排出；妊娠的雌虫脱离肠壁，向肠腔下端移行。当宿主睡眠时，肛门括约肌松弛，部分雌虫从肛门爬出，由于外界条件的改变（如温度、湿度、空气氧分压），促使其在肛门周围及会阴部皮肤皱褶处大量产卵。每条雌虫子宫内有 5000～17 000 个虫卵。大部分雌虫产卵后随即死亡，但也有少数虫体返回肠腔，也可钻入阴道、子宫、尿道等部位引起异位寄生。

黏附于肛门周围皮肤上的虫卵，在适宜条件下（温度34～36℃，相对湿度90%～100%，氧气充足），卵内幼虫蜕皮1次，6小时后发育为感染期卵。感染期卵污染了手、物品及食物或漂浮在空气中，被人食入或吸入。虫卵在十二指肠内孵出幼虫，幼虫沿小肠下行途中蜕皮2次，至结肠内再蜕皮1次后发育为成虫（图18-10）。从感染期卵进入人体到虫体发育成熟并产卵，需要2～6周。雌虫寿命为2～4周，最长可达101天。

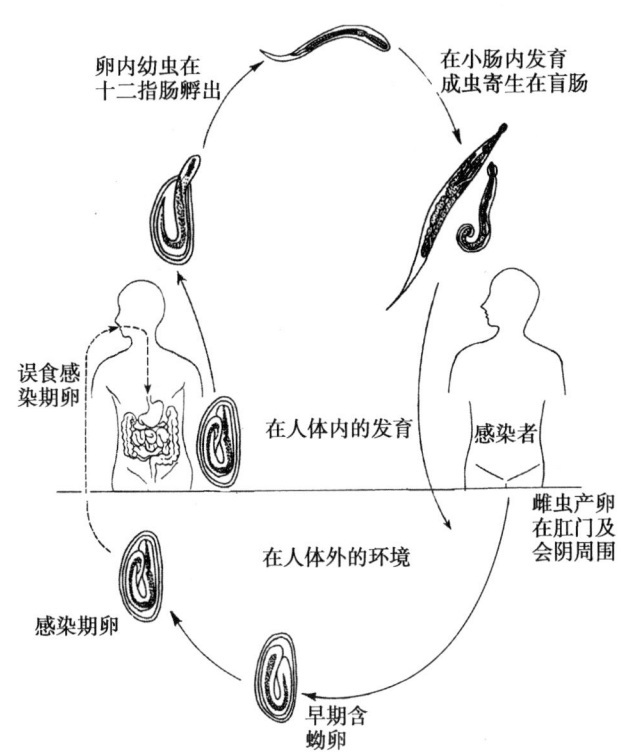

图18-10　蠕形住肠线虫生活史

【致病】

蛲虫成虫附着于肠壁，损伤肠黏膜，可引起消化功能紊乱。雌虫产卵时的分泌物及蠕动引起的机械和化学刺激引起肛周和会阴部皮肤瘙痒，抓破后可继发细菌等微生物感染。局部瘙痒和继发性炎症是蛲虫病的主要症状。患儿由于睡眠受到影响，常出现烦躁、失眠、夜惊、食欲缺乏等症状；长期反复感染，会影响儿童的健康成长。

如果雌虫产卵后误入阴道、尿道，可引起异位寄生，导致泌尿生殖系统及盆腔炎症等严重后果，如阴道炎、子宫内膜炎、输卵管炎、尿道炎。蛲虫钻入阑尾会引起阑尾炎。此外，在肺、肝、肾等处也曾有异位损害的报道。

【诊断】

检出蛲虫卵或成虫均可确诊。

蛲虫主要产卵于肛门周围皮肤，所以粪便检查虫卵的检出率很低。常用方法有透明胶纸法和肛门棉拭子法，检查宜于清晨排便前或清洗会阴和肛周前检查。若首次检查虫卵为阴性，应连续检查2～3天。

此外，在粪便中或夜间在肛门周围检获成虫也可确诊。

【流行】

患者和带虫者是蛲虫病的传染源。主要传播途径与方式有四种。①"肛门-手-口"途径：是自体感染的主要方式。蛲虫卵很快发育为感染期卵、患儿夜间不自觉地抓挠瘙痒的肛门处皮肤及不良的卫生习惯是导致患儿反复感染蛲虫病的重要原因。②间接感染：虫卵污染了玩具、食物、床单、被褥等可引起间接感染。③吸入感染：虫卵漂浮在空气中，吸入后再吞咽到消化道也可引起感染。④逆行感染：虫卵可在肛门外孵出幼虫，幼虫经肛门返回肠腔发育为成虫，即逆行感染，但此种观点有待进一步证实。

人类对蛲虫病普遍易感，蛲虫感染呈全球性分布。在我国蛲虫感染可见于各个年龄段。由于儿童还没有养成良好的卫生习惯，尤其是在幼儿园、托儿所等集体生活的儿童，感染率高于成人及散居的儿童。第三次全国人体重要寄生虫病现状调查显示，3～6岁儿童感染率为3.43%，高感染地区主要集中在华南和西南地区，其中感染率最高的为海南（17.69%），其次为江西（14.76%）和广东（13.95%）。

【防治】

根据本病的传播和流行特点，在积极治疗患者的同时，应采取以预防为主的综合性防治措施，以防止相互感染和自身重复感染。

1．治疗患者 蛲虫成虫寿命短，对阿苯达唑、甲苯咪唑或复方甲苯达唑等驱虫药物比较敏感，因此治疗效果明显。近年来报道，应用甲苯咪唑药盐、药糖治疗幼儿园儿童蛲虫病，已取得良好效果。

2．切断传播途径 在治疗的同时，应对桌椅、玩具、衣服、被褥等进行定期清洗、消毒。据报道，用0.5%碘液处理5分钟或0.05%碘液处理1小时后，可将玩具、皮肤及其他用具上的虫卵杀死。

3．加强卫生宣传教育 普及防治蛲虫病的知识，注意环境及个人卫生，尤其要培养儿童养成良好的卫生习惯。

（鱼艳荣）

第五节 十二指肠钩口线虫和美洲板口线虫

案例 18-1

王某，男性，45岁，外来务工人员，因"腹痛、黑便伴乏力8天"而就医。病前1个月在家中秋收曾赤脚下玉米地里劳动，其后，足趾间、足背奇痒，有红疹、具烧灼感，次日呈水疱、脓疱，下肢红肿，伴咳嗽、发热，数天后红肿消退。12天后因剧咳曾到医院就诊，服止咳药等而痊愈。近8天来腹痛，反复黑便，每日1~2次；头晕、乏力，但无呕血，疑为上消化道出血而入院。体格检查：体温37.4℃，贫血貌，其他无明显阳性体征。血常规：血红蛋白58 g/L，红细胞2.70×10^{12}/L，MCV（平均红细胞体积）：64.5 fl（参考值80～100 fl）。肝功检查正常。粪检：潜血+++。腹软有明显压痛，肝胆未及。胃镜检查见十二指肠球部有许多出血点。

问题：

1. 根据病例资料，该患者可能是感染何种寄生虫？
2. 如何对该病例进行确诊？
3. 如何加强本病的防治？

钩虫（hookworm）是钩口科线虫的统称，以发达的口囊为其形态学特征，至少包括17属，约100种，其中属于人兽共患的有9种。寄生于人体的钩虫主要有两种：十二指肠钩口线虫（*Ancylostoma duodenale* Dubini，1843），简称十二指肠钩虫；美洲板口线虫（*Necator americanus* Stiles，1902），简称美洲钩虫。偶尔可寄生于人体的其他钩虫有锡兰钩口线虫（*Ancylostoma ceylanicum* Loose，1911）、犬钩口线虫（*Ancylostoma caninum* Ercolani，1859）和马来钩口线虫（*Ancylostoma malayanum* Alessandrini，1905）等。巴西钩口线虫（*Ancylostoma braziliense* Gomez de Faria，1910）的幼虫也可感染人体，但一般不能发育为成虫，仅引起皮肤幼虫移行症。钩虫的成虫寄生在小肠，引起钩虫病（hookworm disease），是我国严重危害人体健康的寄生虫病之一。

【形态】

1. 成虫 虫体细长，长1 cm左右；活体为肉红色，死后呈灰白色；虫体前端较细，向背面仰曲，形成颈弯。雌虫较雄虫略微粗长，尾端尖细；雄虫较细小，尾端角皮扩张形成交合伞（图18-11）。

虫体顶端有一发达的口囊，由坚韧的角质构成。口囊的上缘为腹面，下缘为背面。十二指肠钩虫的口囊呈扁卵圆形，其腹侧前缘有2对钩齿，外齿一般较内齿略大；美洲钩虫口囊近圆形，其腹侧前缘有1对板齿（图18-12、图18-13）。咽管长度约为体长的1/6，其后端略膨大，咽管壁肌肉发达，肌细胞交替收缩与松弛，有利于吸取血液并挤入肠道。

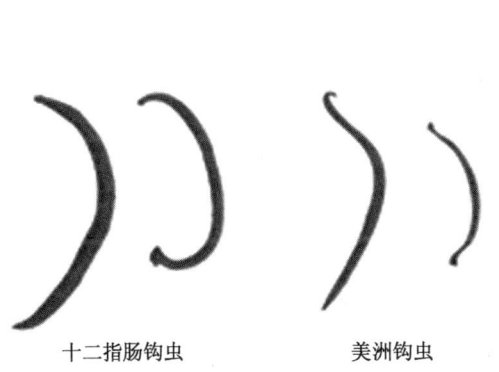

十二指肠钩虫　　　　美洲钩虫

图18-11　两种钩虫成虫体态

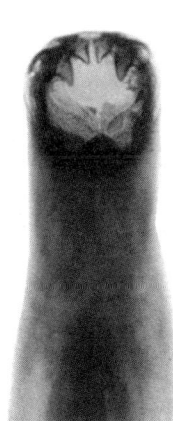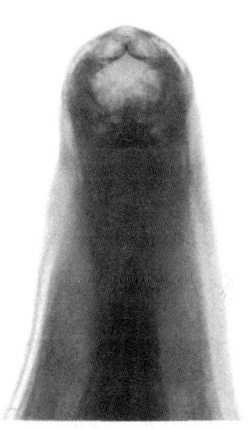

十二指肠钩虫　　　　美洲钩虫

图18-12　两种钩虫口囊（光学显微镜）

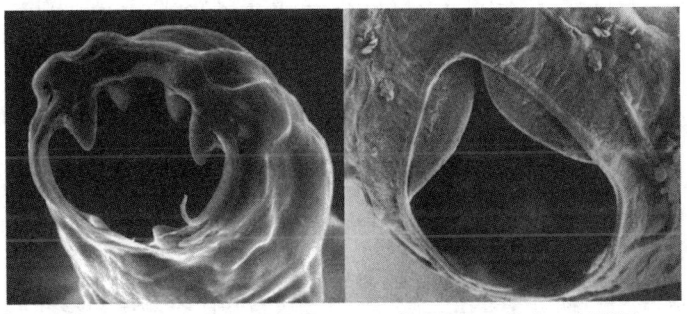

十二指肠钩虫口囊（两对钩齿）　　美洲钩虫口囊（一对板齿）

图18-13　两种钩虫口囊（扫描电镜）

虫体内有三种单细胞腺体：①头腺1对，位于虫体两侧，开口于口囊两侧的头感器孔，能合成并分泌抗凝素及乙酰胆碱酯酶，抗凝素可阻止宿主肠壁伤口血液凝固；②咽腺3个，位于咽管壁内，其主要分泌物为乙酰胆碱酯酶、蛋白酶及胶原酶，乙酰胆碱酯酶可破坏乙酰胆碱，从而影响神经介质的传递作用，降低宿主肠蠕动的速度，有利于虫体附着；③排泄腺1对，呈囊状，游离于原体腔的亚腹侧，长可达虫体中、后1/3交界处，腺体与排泄横管相连，开口于虫体前端腹侧的排泄孔，分泌物主要为蛋白酶，能抑制宿主血液凝固。

雄虫生殖系统为单管型，由睾丸、贮精囊和射精管组成；雄虫末端角皮膨大，延伸形成膜质交合伞，交合伞由2个侧叶和1个背叶组成，其内有若干肌性指状辐肋，依其部位分别称为背辐肋、侧辐肋和腹辐肋，背辐肋的分支特点是鉴定虫种的重要依据之一；交合伞内还有2根从泄殖腔伸出的细长可收缩的交合刺（图18-14）。雌虫末端呈圆锥形，有的虫种末端具有尾刺；生殖系统为双管型，阴门开口于虫体腹面，其位置亦可作为鉴别虫种的依据。十二指肠钩虫与美洲钩虫成虫的形态鉴别要点见表18-2。

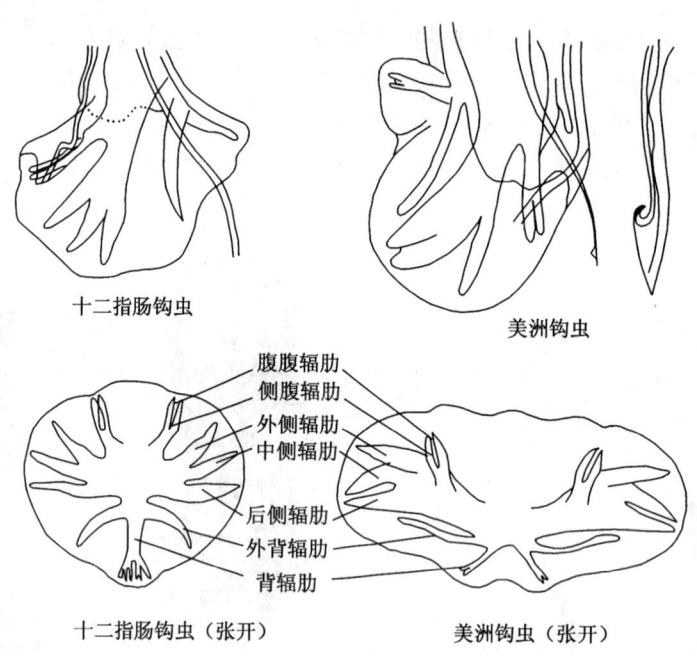

图18-14 两种钩虫交合伞

表18-2 寄生于人体的两种钩虫成虫的鉴别要点

	十二指肠钩口线虫	美洲板口线虫
大小（mm）	雌虫（10~13）×0.6 雄虫（8~11）×（0.4~0.5）	雌虫（9~11）×0.4 雄虫（7~9）×0.3
体形	头端与尾端均向背面弯曲，呈"C"形	头端向背面弯曲，尾端向腹面弯曲，呈"S"形
口囊	腹侧前缘有2对钩齿	腹侧前缘有1对板齿
交合伞形状	撑开时略呈圆形	撑开时呈扁圆形
背辐肋分支	远端分2支，每支再分3小支	基部分2支，每支再分2小支
交合刺	两刺呈长鬃状，末端分开	一刺末端呈钩状，被包裹于另一刺的凹槽中
阴门	体中部略后	体中部略前
尾刺	有	无

2. 幼虫　亦称钩蚴（hookworm larva），分为杆状蚴（rhabditiform larva）和丝状蚴（filariform larva）。杆状蚴有两期，自卵内刚孵出的幼虫称第一期杆状蚴，为自由生活期幼虫；大小约为 0.23 mm×0.017 mm；体壁透明，前端钝圆，后端尖细；口腔细长，有口孔，咽管前段较粗，中段狭长，后段膨大呈球状。第一期杆状蚴经蜕皮后发育为第二期杆状蚴，形态与第一期杆状蚴相似，大小约为 0.4 mm×0.029 mm，再进行一次蜕皮即发育为丝状蚴。丝状蚴体表覆有鞘膜，为第二期杆状蚴蜕皮时残留的旧角皮，对虫体有保护作用；大小为（0.5～0.7）mm×0.025 mm；口腔封闭，在与咽管连接处的腔壁背面和腹面各有 1 个角质矛状结构，称为口矛或咽管矛，口矛有助于虫体的穿刺作用，其形态也有助于丝状蚴虫种的鉴定；丝状蚴的咽管细长，约为虫体的 1/5；丝状蚴具有感染能力，故又称为感染期蚴，当它侵入人体皮肤时，鞘膜即脱落。由于两种钩虫的分布、致病力及对驱虫药物的敏感程度均有差异，因此鉴别钩蚴在钩虫流行病学、生态学及防治方面都有实际意义。两种钩虫丝状蚴的鉴别要点见表 18-3。

表 18-3　寄生于人体的两种钩虫丝状蚴鉴别要点

	十二指肠钩口线虫丝状蚴	美洲板口线虫丝状蚴
外形	细长，圆柱状，头端略扁平，尾端较钝	较粗短，纺锤形，头端略圆，尾端较尖
鞘膜横纹	不明显	明显
口矛	透明如丝状，背矛粗，二矛间距宽	黑色杆状，前端分叉，二矛粗细相等、间距窄
肠管	管腔较窄，肠宽为体宽的 1/2	管腔较宽，肠宽为体宽的 3/5

3. 虫卵　两种钩虫卵极相似，不易区别。椭圆形，大小为（56～76）μm×（36～40）μm；卵壳极薄，无色透明；卵内含卵细胞，卵细胞分裂快，新鲜粪便中的卵内细胞数多为 2～4 个，卵壳与细胞间有明显的空隙（图 18-15）。患者便秘或粪便放置过久，卵内细胞可分裂为桑葚期或发育为幼虫。

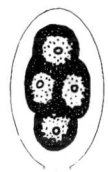

图 18-15　钩虫卵

【生活史】

两种钩虫生活史基本相似（图 18-16）。成虫寄生于人体小肠上段，用口囊内的钩齿或板齿咬附肠黏膜，并以宿主血液、组织液及脱落的肠上皮细胞等为食。雌、雄交配后，雌虫产卵，卵随粪便排出体外。虫卵在潮湿（相对湿度 60%～80%）、温暖（25～30℃）、荫蔽、氧气充分、肥沃的土壤中，卵内细胞很快分裂，24 小时内孵出第一期杆状蚴，此期幼虫以土壤中的细菌及有机物为食，生长很快，在 48 小时内第 1 次蜕皮，发育为第二期杆状蚴。虫体继续增长，并可将摄取的食物贮存于肠细胞内，再经 5～6 天，虫体口腔封闭，停止摄食，咽管变长，进行第 2 次蜕皮，发育为丝状蚴。丝状蚴主要生存于 1～6 cm 深的表层土壤内，只有当其被土粒上的薄层水膜围绕时方可生存，并常呈聚集性分布，有时可在一小块泥土中检获上千条幼虫，因而增加了宿主严重感染的机会。借助覆盖体表水膜的表面张力，丝状蚴可沿地面植物向上移行，最高可达 22 cm。在适宜的土壤中，丝状蚴可存活 15 周左右，在土壤中存活的时间与环境条件有关，其中与温度关系尤为密切，十二指肠钩虫丝状蚴的适宜温度为 22～26℃，美洲钩虫丝状蚴为 31～34.5℃。温度过高，幼虫活动增强，营养消耗多，并由于丝状蚴口孔封闭不能进食，随着体内营养大量消耗，其感染能力逐渐下降，甚至死亡；但温度过低，幼虫呈僵直状态，存活时间也很难长久。45℃时，只能存活 50 分钟，-12～-10℃时，不超过 4 小时。干燥和直射的阳光也不利于幼虫的生存：在干燥土壤中，美洲钩虫丝状蚴只能存活 9 天，十二指肠钩虫丝状蚴只能存活 20 天；在阳光暴晒下仅 2 个小时

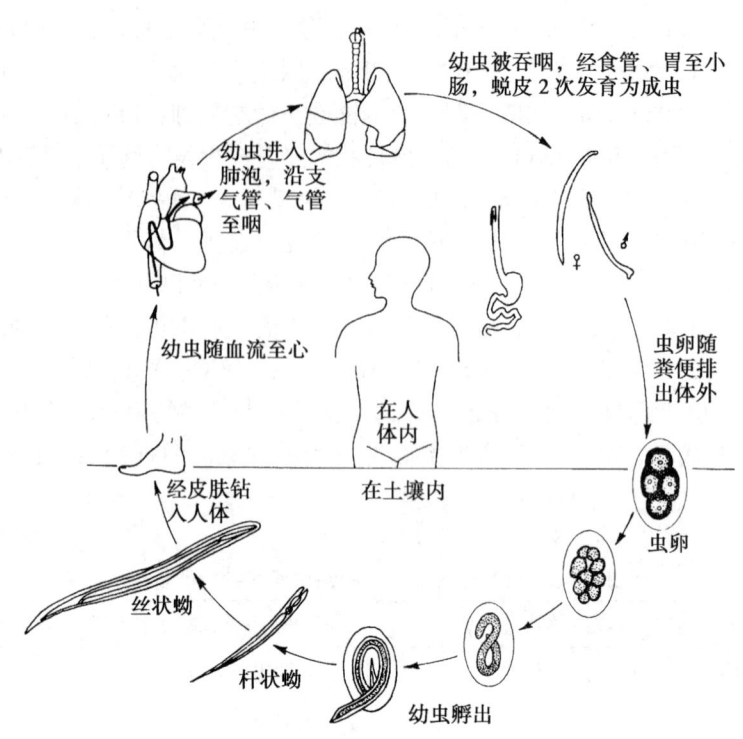

图 18-16 钩虫生活史

即死亡。

丝状蚴具有向湿性与向温性。当人与土壤接触时，虫体向皮肤所接触的温暖地面移行，当接触到人的皮肤并受到体温的刺激，活动力增强，依靠机械性穿刺和咽腺分泌的胶原酶的作用，从皮肤薄嫩处，经毛囊、汗腺口或破损皮肤侵入人体，时间需 30 分钟至 1 小时。丝状蚴侵入皮肤后，在局部停留约 24 小时，然后进入小静脉或淋巴管，随血流经右心到肺，穿过肺毛细血管进入肺泡，再随支气管、气管上皮细胞的纤毛摆动，向上移行至咽，随吞咽动作被咽下，经食管、胃到达小肠。幼虫在小肠内迅速发育，在感染 3～4 天后经第 3 次蜕皮，形成口囊，吸附肠壁，摄取营养，再经 10 天左右，进行第 4 次蜕皮后逐渐发育为成虫。自丝状蚴经皮肤感染至成虫产卵，一般需 5～7 周。十二指肠钩虫日产卵量为 10 000～30 000 个，美洲钩虫为 5000～10 000 个。成虫寿命一般为 3 年左右。也有十二指肠钩虫存活 7 年，美洲钩虫存活 15 年的报道。

钩虫丝状蚴主要经皮肤感染，但十二指肠钩虫也可经口感染，感染期蚴如被人吞食，少数未被胃酸杀死的幼虫也可直接在肠腔内发育成熟。而自口腔和食管黏膜侵入血管的幼虫，仍循经皮肤感染的途径，再到达肠腔发育为成虫。此外，国内有 25 例出生 26 天以内新生儿发病的报道，包括出生后即发病 1 例，患婴就诊时粪便均查到钩虫卵，再加上患婴母亲在妊娠期有钩虫感染史，故可认为患婴为先天性感染，即经胎盘感染。还有在产妇乳汁中查见活动的美洲钩虫丝状蚴的报道，因此母乳传播也有可能。

侵入人体的十二指肠钩虫幼虫在进入小肠前，可滞留于某些组织中长达 253 天，此期间暂停发育，当受到某些刺激后，虫体才陆续进入小肠发育为成虫，这种现象称幼虫的迁延移行（persisting migrans），出现迁延移行现象的原因目前尚不清楚。

除人体外，十二指肠钩虫偶可寄生于猪、狮、虎、犬、灵猫及猴等动物，美洲钩虫亦可寄生于猩猩、猴及犀牛等动物，这些动物可作为钩虫的转续宿主。有报道用十二指肠钩虫丝状蚴感染小牛、小羊、猪、兔后在肌肉中均能查到活的幼虫。人若生食这些转续宿主的肉类，也可能导致钩虫感染。

【致病】

人体感染钩虫后，是否出现临床症状，除与侵入的钩蚴及寄生的成虫数量有关外，也与人体的营养状况和免疫力有密切关系。两种钩虫的致病作用相似，幼虫侵入、移行及成虫在小肠定居均可对人体造成损害，但以成虫在小肠内寄生对人体的危害最严重。与美洲钩虫相比，十二指肠钩蚴引起皮炎者较多，成虫导致的贫血亦较严重，同时还是引起婴幼儿钩虫病的主要虫种，因此，十二指肠钩虫对人的危害比美洲钩虫更大。

1. 幼虫致病 主要是丝状蚴侵入皮肤和幼虫在体内移行对宿主造成的损害。

(1) 钩蚴性皮炎：丝状蚴钻入皮肤后数分钟至 1 小时内，即可在宿主接触泥土部位（如手指、足趾间以及手背、足背、踝部、手腕等处）出现针刺、烧灼和发痒感，继而出现充血斑点或丘疹；1~2 天内出现红肿、水疱，奇痒难忍；抓破后可流出黄色液体，易继发细菌感染形成脓疱，最后结痂、脱皮自愈。其致病机制为 I 型超敏反应。此种皮炎在钩虫流行区称为"粪毒"或"着土痒"等，在国外称为"地痒疹"(ground itch)。本病常见于春夏之交，病程 2~3 周，继发感染时病程可达 1~2 个月。

(2) 呼吸系统病变：钩蚴移行至肺时，穿破毛细血管进入肺泡，引起局部出血及炎症病变。患者出现咳嗽、血痰，常伴畏寒、发热等全身症状，严重者可出现持续干咳、哮喘及一过性肺炎。此外，还可出现外周血嗜酸性粒细胞明显增多。症状常在钩蚴感染后 3~5 天出现，一般持续数日至 10 余日，长者可达 1~2 个月。

2. 成虫致病 成虫寄生于小肠，引起以消化道症状和贫血为主要临床表现的钩虫病，高发区有"黄胖病"之称。

(1) 消化道症状：钩虫以钩齿或板齿咬附肠黏膜，可造成散在性出血及小溃疡（大小为 3~5 mm），有时可形成片状出血性瘀斑，其病变可至黏膜下层甚至肌层，病变部位有嗜酸性粒细胞及淋巴细胞浸润。患者早期表现为上腹部不适及隐痛，食欲亢进但觉乏力，进而可出现消化道功能紊乱，如恶心、呕吐、腹泻等。后期常因贫血、胃酸减少而致食欲缺乏、便秘、体重减轻等。钩虫病引起的腹泻呈黏液样或水样便，腹痛特点是持续性、弥漫性，多位于上腹部及脐周，每日常伴有 2~3 次痉挛性加剧。

重度感染者可引起消化道出血或偶尔大出血，粪便隐血可呈阳性，甚至可见黑便或柏油样便、血便和血水便，出血迁延不断而导致严重贫血。钩虫病所致消化道出血常被误诊为消化道溃疡、痢疾、食管-胃底静脉曲张破裂等，应引起高度重视。

(2) 贫血：是钩虫病引起的主要危害。钩虫以其钩齿或板齿及口囊咬附肠壁，摄取血液，使患者长期处于慢性失血状态，铁和蛋白质不断耗损，并由于患者营养不良，铁和蛋白质不能得到有效补充，而造成血红蛋白的合成速度较红细胞新生速度慢，使红细胞体积变小、色泽变浅，故而呈小细胞低色素性贫血。轻度患者表现为头晕、乏力、心悸等；中度患者表现为皮肤黏膜苍白，下肢轻度水肿，明显气促、心悸、四肢乏力、耳鸣、视物模糊、头晕、心律增快等；重度患者上述症状加重，并可出现贫血性心脏病症状、劳动能力丧失等，此类患者目前已较少见。妇女则可引起停经、流产等。

钩虫造成患者慢性失血的原因包括：①虫体吸血后血液迅速经消化道排出，形成"唧筒"样作用；②钩虫吸血时不断分泌抗凝素，使伤口不易凝血而有利吸血，并致咬附部位黏膜伤口渗血，其渗血量与虫体吸血量大致相当；③虫体有更换咬附部位的习性，致使伤口增加，原伤口在凝血前仍可继续渗出少量血液；④虫体以其钩齿或板齿咬附肠壁，损伤小血管，也可引起血液的流失。应用放射性同位素 ^{51}Cr 等标记红细胞或蛋白质，测得每条钩虫每天所致的失血量，美洲钩虫为 0.02~0.10 ml；十二指肠钩虫可能因虫体较大、口齿的结构等，其所致失血量是美洲钩虫的 6~7 倍。此外，钩虫对肠黏膜的损伤，可影响营养物质吸收，从而加重贫血程度。

(3) 异嗜症（allotriophagy）：少数患者表现为喜食生米、生豆，甚至食泥土、碎纸、破布等异常嗜好，此种现象称为"异嗜症"。有报道称，260例钩虫感染者中有症状的136人，其中有异嗜症者3人，占2.2%（3/136）。异嗜症发生的原因不明，似与铁的耗损有关，给患者补充铁剂后，症状常会自行消失。

(4) 婴幼儿钩虫病：多由十二指肠钩虫引起。患儿临床表现为急性血性腹泻，粪便呈黑色或柏油样；面色苍白，消化功能紊乱，发热，精神萎靡；肺偶可闻及啰音，心尖区有明显收缩期杂音，肝大、脾大等。其临床特征为：①贫血严重，80%病例的红细胞在2×10^{12}/L以下，血红蛋白低于50 g/L，嗜酸性粒细胞明显增高；②患儿发育缓慢，并发症多，预后不良，可并发支气管肺炎、肠出血、心功能不全等；③病死率高达3.6%～6.0%，甚至可达12%。与婴儿的血量少、肠黏膜柔嫩有关。

(5) 嗜酸性粒细胞增多症（eosinophilia）：急性钩虫病患者周围血中嗜酸性粒细胞常高达15%以上，最高可达86%，白细胞总数也增高。非急性钩虫病嗜酸性粒细胞常轻度至中度增多，白细胞总数大多正常。而重度贫血钩虫病患者的嗜酸性粒细胞往往在正常范围。

微整合

临床应用

钩虫感染数量与临床症状

一般情况下，美洲钩虫感染数量少于25条时，感染者不会出现临床症状；感染25～100条，可导致轻微症状；感染100～500条，能产生明显的损伤和中度的症状；感染500～1000条，能引严重的损伤并出现明显的临床症状；感染数量多于1000条时，不但会出现十分严重的临床症状，甚至可发生致命性的后果。对于十二指肠钩虫来说，因为十二指肠钩虫的吸血量远多于美洲钩虫，较少的虫体寄生可能就会引起更严重的损伤，感染100条即可导致严重的症状。

【诊断】

1. 病原学检查 粪便中检出虫卵，或经钩蚴培养检出幼虫是确诊钩虫病的依据。常用的方法如下。

(1) 生理盐水直接涂片法：简便易行，适用于感染率较高的地区，但对于轻度感染易漏诊，反复检查可提高阳性率。

(2) 饱和盐水浮聚法：操作简单，是诊断钩虫感染最常用的方法，检出率较生理盐水直接涂片法提高5～6倍。其原理是因为钩虫卵比重（1.045～1.060）较饱和盐水比重（1.20）低，虫卵易浮聚于饱和盐水表面。在大规模普查时，可用15%或20%盐水，其检查效果与饱和盐水法相同。

(3) 改良加藤法：采用定量板-甘油孔雀绿玻璃纸透明计数虫卵的方法，简单易行，能定量检测感染度，也可用于药物疗效考核及流行病学调查。值得注意的是，因为钩虫卵的卵壳极薄，容易因透明过度而漏检，故需在制片后0.5～1小时内即行检查。此法是目前世界卫生组织推荐应用于蠕虫卵检查和虫卵计数的方法。钩虫感染度分为3级。①轻度感染：每克粪便内虫卵数（EPG）1～2000；②中度感染：EPG 2001～4000；③重度感染：EPG＞4000。

(4) 钩蚴培养法：检出率与饱和盐水浮聚法相似，此法在光镜下可观察幼虫形态并鉴别虫种，但需培养5～6天才有结果，可用于流行病学调查。

在钩虫流行区，患者如有咳嗽、哮喘等症状，可做痰液检查，如查出钩蚴也可作为确诊依据。

2. 免疫学检查　多用于钩虫产卵前，结合病史进行早期诊断。常用的方法有皮内试验（ID）、间接荧光抗体试验（IFAT）、酶联免疫吸附试验（ELISA）等。

【流行】

钩虫病是世界上分布极为广泛的寄生虫病，在欧洲、美洲、非洲、亚洲和大洋洲均有流行。其分布与经济发展水平、人们的生产和生活习惯及自然因素密切相关，多见于热带和亚热带地区。在我国钩虫病分布十分广泛，但总体趋势是东北、西北和华北地区的感染率较低，黄河以南的广大地区感染率较高。南方感染多于北方，南方以美洲钩虫为主，北方则十二指肠钩虫占优势，大部分地区为两种钩虫混合感染。据 2014—2016 年第三次全国人体重点寄生虫病现状调查结果，我国钩虫感染率为 1.12%，位居土源性线虫感染率第一位，取代 1988—1992 年第一次全国寄生虫病现状调查和 2001—2004 年第二次全国寄生虫病现状调查结果中蛔虫感染率第一位的位置。据 2000 年全国 31 个省（直辖市、自治区）的 408 个人体土源性线虫病国家监测点的数据统计，钩虫感染率为 0.51%。随着社会经济的发展和防治工作的进展，21 世纪初以来总的感染率显著下降，感染度亦明显降低，轻度感染者居多。

患者和带虫者是钩虫病的传染源，虫卵随粪便排出体外，通过施肥、随地排便等方式污染土壤。人们通过与疫土接触而感染，如在施过新鲜粪便的蔬菜、红薯、玉米、棉花地及桑田间作套种，特别在雨后初晴或久晴初雨之后，手、足有较多的机会直接接触土壤中的钩蚴，极易受到感染。在矿井下的特殊环境，由于温度高、湿度大、空气流通不畅、阳光不能射入以及卫生条件差等原因，亦有利于钩虫的传播。婴儿钩虫病除经胎盘感染和经母乳传播外，母亲在田间劳动时，将婴儿放在染有钩蚴的土壤上，或尿布晾在被钩蚴污染的地面上，且未经晾干即使用，也可使婴儿受染。在我国北方农村，婴儿常可通过用沙袋代替尿布或睡沙袋、麦秸而受感染。

钩虫卵及钩蚴在外界的发育需要适宜的温度、湿度及土壤条件，因而感染季节在各地也有所不同。在我国南部，如广东省，气候温暖、雨量充足，故感染季节较长，几乎全年均有感染机会。国内大部分地区以 5～8 月为感染高峰，9 月下降。

【防治】

要达到控制和阻断钩虫病的传播，需采取综合性防治措施，主要包括治疗患者和带虫者，加强粪便管理及无害化处理，加强个人防护等措施。不随地排便，不用新鲜粪便施肥；提倡用沼气池、三坑式沉淀密封粪池或堆肥法处理粪便，杀死虫卵后使用。个人防护包括改良耕作方法，尽量减少手、足直接与泥土接触，不赤足下地作业等。在手、足等皮肤暴露处涂抹 1.5% 左旋咪唑硼酸乙醇溶液或 15% 噻苯达唑软膏等，可显著减少感染机会。

在流行区进行普查普治，是预防钩虫病的重要环节。常用的驱虫药物有阿苯达唑和甲苯咪唑。此外，三苯双脒（tribendimidine）、噻嘧啶（pyrantel）及伊维菌素（ivermectin，IVM）也均具有较好的驱虫效果，但噻嘧啶对美洲钩虫的效果较差。两种药物并服疗法常有提高疗效的作用，如用赛特斯片剂（每片含阿苯达唑 67 mg、双羟萘酸噻嘧啶 250 mg）治疗钩虫患者，具有排虫快、副作用少而轻微的特点，不需处理可自行缓解。贫血严重的患者需服用铁剂以纠正贫血，补充蛋白质和维生素 C 等使其恢复劳动力。

钩蚴钻入皮肤后 24 小时内，大部分停留在局部皮下，此时可采用皮肤透热疗法（用 53 ℃ 热水间歇浸泡患处，每次 2 秒，间歇 8 秒，持续 25 分钟，或用热毛巾敷于皮炎部位，持续 10 分钟）杀灭皮下幼虫，在皮炎处涂抹左旋咪唑涂剂或 15% 噻苯达唑软膏，连用 2 天，能快速止痒消肿。

> **知识拓展**
>
> **我国学者颜福庆**
>
> 颜福庆（1882—1970年），中国近代著名医学教育家、公共卫生学家、中华医学会创始人之一。先后创办了湖南湘雅医学专门学校、国立第四中山大学医学院、中山医院、澄衷肺病疗养院等。在洛克菲勒基金会协助下对萍乡煤矿开展了钩虫感染的流行病学调查和防治研究，首次发现我国矿工在矿井下作业可感染钩虫，分别于1918年、1920年在《中华医学杂志》英文版上发表题为"Report on Hookworm Infection, Pinghsiang Colliery, Hunan""The Control of Hookworm Disease at the Pinghsiang Colliery, Ngan Yuen, Kiangsi"的学术论文，为我国工业卫生史上的两篇开创性重要论文，标志我国学者在寄生虫领域的崛起。

（李士根）

第六节 丝 虫

丝虫（filaria）是由吸血节肢动物传播的一类寄生性线虫，因虫体细长如丝线而得名。成虫寄生于人体及其他脊椎动物（包括哺乳动物、禽类、爬行类、两栖类等）的淋巴系统、皮下组织及体腔等处。雌虫以卵胎生方式产出带鞘或不带鞘的幼虫。寄生于人体的丝虫有5属8种，即班氏吴策线虫 [*Wuchereria bancrofti*（Cobbold, 1877）Seurat, 1921]（班氏丝虫）、马来布鲁线虫 [*Brugia malayi*（Brug, 1927）Buckley, 1958]（马来丝虫）、帝汶布鲁线虫 [*Brugia timori*（Davie et edeson, 1964）Partono et al., 1977]（帝汶丝虫）、罗阿罗阿线虫 [*Loa loa*（Cobbold, 1864）Castellani and Chalniers, 1913]（罗阿丝虫）、旋盘尾线虫 [*Onchocerca volvulus*（Leukart, 1893）Railliet & Henry, 1910]（盘尾丝虫）、链尾唇棘线虫 [*Dipetalonema streptocerca*（Macfie & Corson, 1922）Peeland Chardone, 1946]（链尾丝虫）、常现唇棘线虫 [*Dipetalonema perstans*（Manson, 1891）Orihel & Eberhard, 1982]（常现丝虫）和欧氏曼森线虫 [*Mansonella ozzardi*（Manson, 1892）Faust, 1929]（欧氏丝虫）。它们的寄生部位、传播媒介、致病性、地理分布及微丝蚴形态特征见表18-4。

按成虫寄生部位可将上述5属8种人体丝虫归为3类：①寄生于淋巴系统的班氏丝虫、马来丝虫和帝汶丝虫；②寄生于皮下组织的盘尾丝虫、罗阿丝虫和链尾丝虫；③寄生于体腔的常现丝虫和欧氏丝虫。由班氏丝虫、马来丝虫和帝汶丝虫所致的丝虫病统称淋巴丝虫病（lymphatic filariasis），据WHO 2000年统计，全球81个国家和地区有淋巴丝虫病流行，超过1.2亿人被感染，约4000万人因淋巴丝虫病永久或长期致残，因此淋巴丝虫病被WHO列为第二大致残病因。2018年公布的流行病学调查资料显示，这种被忽视的淋巴丝虫病，影响着全世界1.2亿多人。同时，有73个国家，包括亚洲、非洲、西太平洋和美洲的热带和亚热带地区的约11亿人面临感染的风险。盘尾丝虫所致的河盲症（river blindness）是非洲等盘尾丝虫流行区居民最主要的致盲因素，为世界公认的亟待解决的公共卫生问题。我国仅有班氏丝虫与马来丝虫流行。近年来，国内有输入性罗阿丝虫、盘尾丝虫及常现丝虫病例报道。

表 18-4　人体寄生丝虫的传播媒介、寄生部位、致病性、地理分布及其微丝蚴形态特征

虫种	传播媒介	寄生部位	致病性	地理分布	微丝蚴形态特征
班氏吴策线虫	蚊	淋巴系统	淋巴结炎、淋巴管炎、鞘膜积液、乳糜尿、象皮肿	全球性	具鞘膜,头间隙长宽相等,体核分布均匀,无尾核
马来布鲁线虫	蚊	淋巴系统	淋巴结炎、淋巴管炎、象皮肿	亚洲东部及东南部	具鞘膜,头间隙长度为宽度的2倍,体核不均,有尾核
帝汶布鲁线虫	蚊	淋巴系统	淋巴结炎、淋巴管炎、象皮肿	帝汶岛和小巽他群岛	具鞘膜,头间隙长度为宽度的3倍,无尾核
旋盘尾线虫	蚋	皮下组织	皮下结节、失明	非洲、中美和南美洲	无鞘膜,头间隙长宽相等,尾部无核处长 10 ~ 15 μm
罗阿罗阿线虫	斑虻	皮下组织	皮下肿块为主,也可致脏器损害	西非、中非	具鞘膜,头间隙长宽相等,体核分布至尾尖部
链尾唇棘线虫	库蠓	皮下组织	常无致病性	西非、中非	无鞘膜,头间隙长,体核较少,尾部弯曲,有尾核
常现唇棘线虫	库蠓	胸、腹腔	无明显致病性	非洲、中美和南美洲	无鞘膜,头间隙长宽相等,体核分布至尾端,尾钝圆
欧氏曼森线虫	库蠓	腹腔	无明显致病性,偶可致阴囊水肿	中美和南美洲	无鞘膜,头间隙长,体纤细,体核少,尾端钝圆,有尾核

一、班氏吴策线虫与马来布鲁线虫

丝虫病是我国古老的寄生虫病之一,隋代医书中就有关于沰病(淋巴管炎)、莲病(象皮肿)、膏淋、热淋(乳糜尿)以及"小便如米汁""癞疝重坠,囊大如斗"等的描述。

【形态】

1. 成虫　两种丝虫成虫形态与结构基本相似。虫体乳白色,细长如丝线状,体表光滑,雌虫大于雄虫。班氏丝虫成虫比马来丝虫成虫稍大。班氏丝虫雌虫大小为(58.5 ~ 105)mm ×(0.2 ~ 0.3)mm,雄虫为(28.2 ~ 42)mm ×(0.1 ~ 0.15)mm;马来丝虫雌虫大小为(40 ~ 69.1)mm ×(0.12 ~ 0.22)mm,雄虫为(13.5 ~ 28.1)mm ×(0.07 ~ 0.11)mm。虫体头端略膨大,近似圆形,顶部有口,外周有两圈乳突。雄虫尾端向腹面呈螺旋状卷曲,常为2圈,泄殖孔位于卷曲起始部的腹面,有长、短交合刺各1根。雌虫尾端钝圆,微向腹面弯曲,生殖器官为双管型,子宫膨大,近卵巢段含有大量虫卵,随子宫的延伸,虫卵逐渐发育成壳薄透明,内含卷曲胚蚴的卵,虫卵在向阴门移动的过程中,幼虫伸直,卵壳随之延展成壳鞘(sheath)被于幼虫体表,此幼虫称为微丝蚴(microfilaria)。阴门开口于虫体头端稍后的腹面。

2. 微丝蚴　虫体细长,无色透明,体外被有鞘膜。头端钝圆,尾端尖细,活时做蛇形运动。经染色的虫体弯曲,体内有许多圆形或椭圆形的细胞核,称体核。头端无体核区,称头间隙。虫体前1/5的无核区为神经环。虫体尾端的细胞核称为尾核。微丝蚴的尾端有无尾核、头端间隙长宽比例、体核密度与分布情况等是鉴别不同种微丝蚴的要点。班氏吴策线虫微丝蚴与马来布鲁线虫微丝蚴形态区别见图 18-17 和表 18-5。

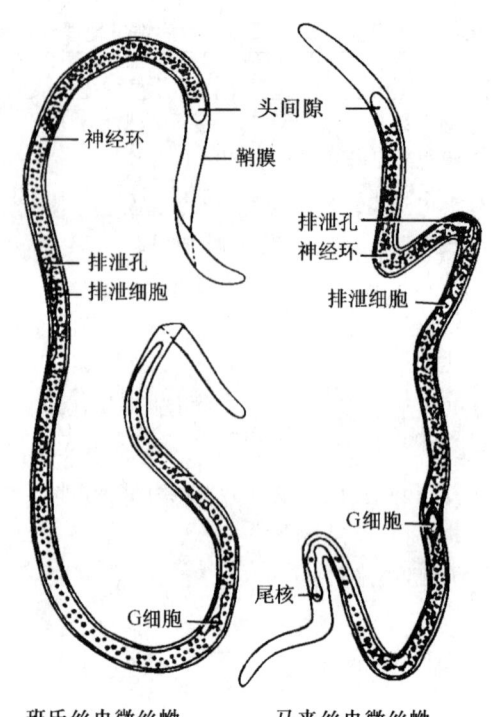

图 18-17　班氏吴策线虫与马来布鲁线虫微丝蚴

表 18-5　班氏吴策线虫与马来布鲁线虫微丝蚴形态鉴别要点

鉴别要点	班氏吴策线虫微丝蚴	马来布鲁线虫微丝蚴
大小（μm）	(244～296)×(5.3～7.0)	(177～230)×(5～6)
体态	柔和，弯曲较大	硬直，大弯上有小弯
头间隙 长：宽	较短 1:1 或 1:2	较长 2:1
体核	圆形，大小均匀，排列疏松，相互分离，清晰可数	卵圆形，排列紧密，常相互重叠，不易分清
尾部及尾核	后 1/3 较尖细，无尾核	有两个尾核，前后排列，尾核处略膨大

【生活史】

班氏丝虫与马来丝虫的生活史基本相似，包括幼虫在中间宿主蚊体内发育和成虫在终宿主人体内发育两个过程（图 18-18）。

1. 蚊体内的发育　当蚊虫叮咬血内有微丝蚴的感染者时，微丝蚴即随血液进入蚊胃，经 1～7 小时，脱去鞘膜，穿过胃壁，经血腔侵入胸肌。在胸肌内虫体活动减弱，2～4 天内缩短变粗，形似腊肠，称腊肠期幼虫，即第 1 期幼虫。幼虫发育至 5～7 天后，内部组织器官开始分化，并进行第 1 次蜕皮，形成第 2 期幼虫。第 10～14 天后第 2 次蜕皮，虫体逐渐变细长，发育为第 3 期幼虫丝状蚴，即感染期幼虫。感染期幼虫活动力强，离开胸肌，进入蚊血腔，移行至蚊的下唇，当蚊再次叮人吸血时，丝状蚴从蚊下唇逸出，经伤口或正常皮肤钻入人体。

幼虫在蚊体内只发育不增殖。一般认为微丝蚴在人体血液中的密度达到 15 条/20 微升以上，蚊才能受染，但多于 100 条/20 微升时，常导致蚊虫死亡。在适宜的温度（20～30℃）

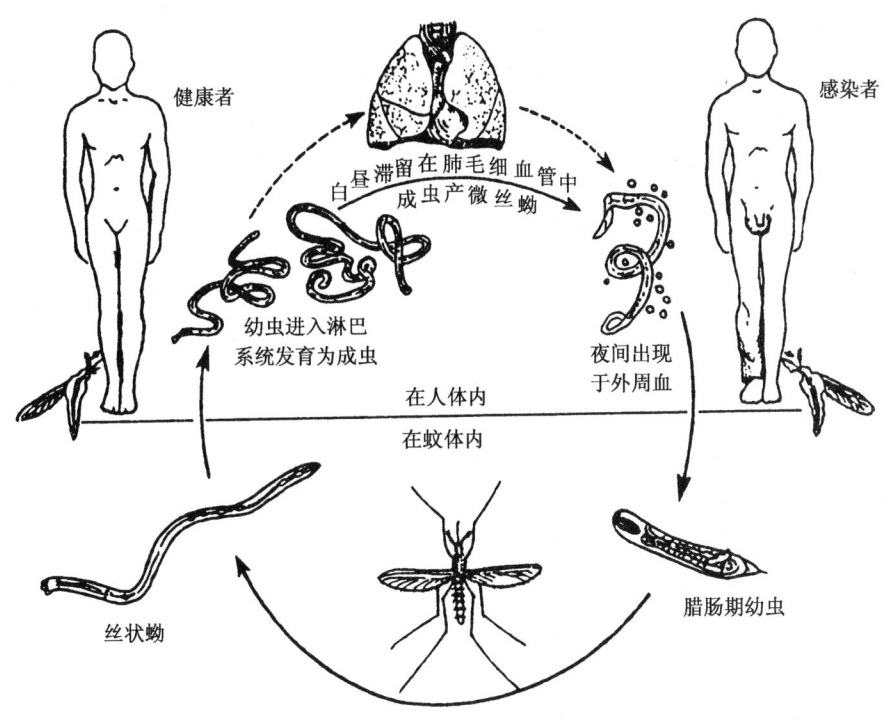

图 18-18 丝虫生活史

及湿度（相对湿度为 75%～90%）条件下，班氏丝虫微丝蚴在易感蚊体内，需 10～14 天发育至感染期蚴，马来丝虫需 6～6.5 天。温度高于 35℃或低于 10℃则不利于丝虫幼虫在蚊体内的发育。感染期丝状蚴侵入人体时，也需较高的温、湿度。

2. 人体内的发育 一般认为，丝状蚴进入人体后，可迅速侵入附近的淋巴管，再移行至大淋巴管及淋巴结，在此期间经过两次蜕皮发育为成虫。雌、雄成虫常相互缠绕在一起，以淋巴液为食。交配后，雌虫产出微丝蚴，微丝蚴可停留在淋巴系统内，但大多数随淋巴液进入血液循环。自感染期幼虫侵入淋巴组织至发育为成虫需 3 个月到 1 年。两种丝虫成虫的寿命一般为 4～10 年，长者可达数十年。微丝蚴的寿命一般为 2～3 个月，长者可达 2 年以上。

两种丝虫成虫寄生于人体淋巴系统的部位不同。班氏丝虫除可寄生于浅部淋巴系统外，多寄生于深部淋巴系统中，主要见于下肢、阴囊、精索、腹股沟、腹腔、肾盂等处。马来丝虫则多寄生于上、下肢浅部淋巴系统，以下肢多见。此外，两种丝虫均可有异位寄生，如眼前房、乳房、肺、脾、心包等处，以班氏丝虫多见。

人是班氏丝虫的唯一终宿主，迄今尚未发现保虫宿主。马来丝虫除可寄生于人外，还能在多种脊椎动物体内发育成熟。能自然感染亚周期型马来丝虫的动物有长尾猴、黑叶猴、群叶猴和叶猴，以及家猫、豹猫、野猫、狸猫、麝猫、穿山甲等，其中叶猴感染率可达 70%。在印度尼西亚、马来西亚、菲律宾和泰国，由马来丝虫引起的森林动物丝虫病，已成为重要的动物源性疾病，并因此不断发生动物与人，以及人与人之间的传播。我国存在的马来丝虫属夜现周期型，虽实验感染猕猴、家猫和长爪沙鼠获得成功，但尚无动物自然感染的报道。

根据微丝蚴在外周血液中出现的时间，可将其分为夜现周期型（nocturnal periodicity）、昼现周期型（diurnal periodicity）、亚周期型（sub-periodicity）和无周期型四种类型。一般呈全球性流行的丝虫大多有明显的周期性。我国流行的两种丝虫均具有夜现周期性，微丝蚴白天滞留在肺毛细血管中，夜晚出现在外周血液中。这种微丝蚴在外周血中出现的夜多昼少的现象称为夜现周期性。但两者夜现周期的时间略有不同，马来丝虫微丝蚴为晚上 8 时至次晨 4 时，班氏丝虫微丝蚴为晚上 10 时至次晨 2 时。

关于夜现周期性的机制至今尚未完全阐明。有学者认为与宿主的中枢神经系统,特别是迷走神经的兴奋、抑制有关。另有学者认为微丝蚴的夜现周期性与宿主肺血氧含量有关。国外有学者发现夜现周期性与微丝蚴体内的自发荧光有关。总之,微丝蚴的周期性与宿主因素及微丝蚴自身生物学特点关系密切。此外,外周血液中微丝蚴还具有季节周期性,夏季、秋季密度高,这与蚊媒活动季节相吻合。

【致病】

寄生于淋巴系统的成虫尤其是雌虫为主要致病因素。一般认为在血液中的微丝蚴并不致病,但寄居于肺部毛细血管的微丝蚴可引起超敏反应。淋巴丝虫病的发病机制与多种因素有关,如宿主的免疫力、侵入丝虫的种类、感染度、重复感染的次数、虫体寄生部位以及有无继发感染等。丝虫病的潜伏期多为 4~5 个月,也有 1 年或更长者,病程可达数年至数十年。临床表现大致可分为以下四种类型。

1. 微丝蚴血症(microfilaremia) 潜伏期后血中出现微丝蚴,达到一定密度后趋于相对稳定,成为无临床症状的带虫者。如不治疗,此种状况可持续 10 年以上。

2. 急性超敏反应和炎症反应 成虫的分泌物、代谢产物、死虫及其分解产物和雌虫子宫排泄物等均可刺激机体产生全身超敏反应和局部淋巴系统的炎症反应。成虫在淋巴管内活动和刺激可引起淋巴管扩张,内皮细胞增生,管壁及周围组织水肿。此期患者常见表现如下。

(1)淋巴结炎、淋巴管炎和丹毒样皮炎:淋巴结炎常与淋巴管炎同时发生,通常淋巴结炎出现在前,淋巴管炎发生在后。淋巴结炎好发部位主要是腹股沟和股部淋巴结,腋下和肘部淋巴结受侵较少。发作时局部淋巴结肿大、疼痛并有触痛。淋巴管炎在上、下肢均可发生,但以下肢多见,病变部位可见自上而下发展的逆行性(离心性)红线,俗称"流火"或"红线"。炎症波及皮肤浅表微细淋巴管时,局部皮肤红肿,界限不清,有压痛及烧灼感,即为丹毒样皮炎,多见于小腿内侧及内踝的上部。

(2)精索炎、附睾炎和睾丸炎:为班氏丝虫病急性期的主要临床表现,由寄生于精索、附睾和睾丸附近的淋巴管内成虫所引起。发作时单侧或双侧腹股沟或阴囊持续性疼痛,精索粗厚、附睾和睾丸肿大,精索上可触及一个或多个结节。

(3)丝虫热(filarial fever):班氏丝虫患者腹部、盆腔等深部淋巴结炎和淋巴管炎可表现为反复发热、寒战、头痛、关节酸痛等全身症状,而局部无明显症状,称"丝虫热",常误诊。

急性症状有周期性反复发作的特点。一般在受凉、疲劳、气候炎热等机体抵抗力降低时发生。

3. 慢性期阻塞性病变 淋巴系统阻塞是引起丝虫病慢性体征的重要因素。急性期病变反复发作和成虫刺激,使淋巴管扩张,瓣膜关闭不全,淋巴液回流不畅、淤积,出现凹陷性淋巴液肿。形成以死亡虫体和嗜酸性粒细胞为中心的肉芽肿,其周围有纤维组织包绕,还有大量浆细胞、巨噬细胞和淋巴细胞浸润,最终导致淋巴管栓塞,以致远端淋巴管曲张、破裂,淋巴液流入周围组织。因阻塞部位不同,临床表现各异。慢性期常见的临床表现如下。

(1)象皮肿(elephantiasis):是由于淋巴液淤积于皮下组织,其中的高蛋白质成分刺激纤维组织增生,使皮肤增厚,弹性消失,变粗变硬,外观似大象皮肤。局部血液循环障碍,易并发感染,局部出现急性炎症或慢性溃疡,是丝虫病晚期多见的体征。多见于下肢和阴囊,也可发生在上肢、阴茎、阴唇、阴蒂和乳房等处。生殖系统的象皮肿仅见于班氏丝虫病。一般在象皮肿患者的血液中查不到微丝蚴。

(2)睾丸鞘膜积液(hydrocele of testis):系因精索、睾丸的淋巴管阻塞,导致淋巴液流入鞘膜腔内所致。少数患者为急性炎症反应的结果,在炎症消退后即可恢复。睾丸鞘膜积液于班氏丝虫病患者较常见,在部分患者的积液中可查到微丝蚴。

(3)乳糜尿(chyluria):见于班氏丝虫病,阻塞部位在主动脉前淋巴结或肠干淋巴结,造

成腰干淋巴管内压力增加,小肠吸收的乳糜液回流受阻,经侧支流入肾淋巴管,致使肾乳头黏膜薄弱处破裂,乳糜液流入肾盂,混入尿中排出。乳糜尿常间歇性发作,尿乳白色,似米汤,可伴有血尿,乳糜尿中可查到微丝蚴。

此外,丝虫还偶可引起眼部丝虫病,脾、胸、背、颈、臀等部位的丝虫性肉芽肿,丝虫性心包炎、乳糜胸腔积液。

4. 隐性丝虫病(occult filariasis) 也称热带性肺嗜酸性粒细胞浸润症(tropical pulmonary eosinophilia,TPE)。患者表现为夜间阵发性咳嗽、哮喘、持续性嗜酸性粒细胞增多和IgE水平升高,胸部X线片可见中下肺弥漫性粟粒样阴影。外周血中查不到微丝蚴,可在肺活检中查到。其机制主要为宿主对微丝蚴产生的Ⅰ型超敏反应。

【诊断】

1. 病原学诊断 从患者的外周血液、乳糜尿、体液中查微丝蚴及淋巴结活检成虫,是诊断本病的依据。

(1)血液中微丝蚴检查:是诊断丝虫病的最可靠方法。由于微丝蚴有夜现周期性,采血时间以晚9时至次日晨2时为宜。常用方法如下。

厚血膜法:取末梢血3大滴(约60 μl)涂成厚血膜,自然干燥后溶血、染色镜检,以鉴定虫种。染色可采用瑞氏染色、吉姆萨染色和苏木精染色法,此法检出率高,是最常用的方法。

新鲜血滴法:取1大滴末梢血于载玻片上的生理盐水中,加盖片后直接镜检,观察活动的微丝蚴,此法不能鉴别虫种。

浓集法:取静脉血1~2 ml,经溶血后离心沉淀,取沉渣涂片,染色后镜检,此法可提高检出率。

乙胺嗪(海群生)白天诱出法:白天给被检者口服乙胺嗪2~6 mg/kg,30~90分钟间采血检查。此法可用于夜间取血不方便者,但对低度感染者易漏诊。

此外,改良Knotts试验法和薄膜过滤浓集法,因其检出率高,也被广泛采用。

(2)体液和尿液查微丝蚴:鞘膜积液、淋巴、乳糜尿、乳糜腹水、乳糜胸腔积液及心包积液中可见微丝蚴,故可取上述体液或尿液离心沉淀做直接涂片、染色镜检,或用薄膜过滤法检查,但检出率常较低。

(3)组织内活检成虫:对有淋巴结肿大患者,可通过抽取内容物,或手术摘取淋巴结做病理切片检查成虫或微丝蚴。

2. 免疫学方法 对感染早期,轻度感染及晚期阻塞性丝虫病患者,血液及体液中不易查到微丝蚴,可用免疫学方法行辅助诊断。

免疫层析法(immunochromatography)因其简便、快速等优点,成为最常采用的方法。有研究证实,抗丝虫IgG4抗体是一种淋巴丝虫感染检测的特异性指标,丝虫病患者经药物治疗后,IgG4水平亦随之下降。

【流行】

淋巴丝虫流行范围广,呈世界性分布。丝虫病为全球致残的第二大病因,是全世界重点控制的十大热带病之一。班氏丝虫病广泛分布于亚洲、非洲、中南美洲、东地中海和大洋洲及太平洋岛屿约70个国家和地区。马来丝虫病流行限于亚洲,主要在东南亚、东亚和南亚的10余个国家。

我国曾经是淋巴丝虫病流行严重的国家之一,有班氏丝虫病和马来丝虫病。广泛分布于我国中部和南部的山东、河南、湖北、安徽、江苏、浙江、江西、福建、广东、海南、上海、湖南、贵州、四川、重庆、广西及台湾等省、自治区、直辖市。

丝虫病的传染源为外周血内有微丝蚴的患者和带虫者。我国传播丝虫病的蚊媒有10多种。班氏丝虫病的传播媒介主要是淡色库蚊(*Culex pipiens pallens*)和致倦库蚊(*Culex pipiens*

quinquefasciatus），其次是中华按蚊（Anopheles sinensis）。马来丝虫病的传播媒介为中华按蚊及嗜人按蚊（Anopheles anthropophagus）。在我国东南沿海地带及岛屿，东乡伊蚊（Aedes togoi）是两种丝虫病的传播媒介之一。影响丝虫病流行的自然因素主要为气温、湿度、雨量、地理环境等。这些因素影响蚊的孳生、繁殖和吸血活动，也影响丝虫幼虫在蚊体内的发育，气温高于35℃或低于10℃微丝蚴在蚊体内不能发育。

【防治】

目前，在我国原丝虫病流行地区仍然有10万余名慢性丝虫病患者，防治工作重点转入监测管理和慢性患者或晚期患者的救治。近年，有的省份纵向监测点资料显示，班氏丝虫微丝蚴血症持续时间可长达15年左右。另有报告，个别高密度微丝蚴血症者可在当地引起丝虫新感染。因此，为了巩固我国消除丝虫病的成果，要建立以主动监测，纵、横向结合的丝虫病监测系统，对流动人员加强管理，及时发现、治疗新感染者和微丝蚴血症人群，以及遗留下来的乳糜尿和象皮肿患者以控制传染源；同时进行虫媒监测，采取综合措施防蚊、灭蚊，以避免感染。

以唐仲璋院士和唐崇惕院士"父女双院士"为代表的科学家，为我国丝虫病的防治做出了突出贡献。另外，在全球尚未消除淋巴丝虫病及人口大规模流动的形势下，我国要警惕输入传染源而导致丝虫病再度流行的危险。

治疗丝虫病的药物以枸橼酸乙胺嗪（diethylcarbamazine citrate，又名海群生 hetrazan）为主，对成虫及微丝蚴均有杀灭作用。此外，呋喃嘧酮（furapyrimidone）和伊维菌素（ivermectin）也有较好效果。对象皮肿患者除给予乙胺嗪杀虫外，可结合中医中药及绑扎法等物理疗法治疗。对鞘膜积液患者多用手术治疗。乳糜尿患者经适当休息及限制脂肪和蛋白质摄入，可有助于恢复。

二、旋盘尾线虫

旋盘尾线虫 [Onchocerca volvulus（Leuckart，1893）Railliet and Henry，1910] 简称盘尾丝虫，寄生于人体皮肤，是盘尾丝虫病（onchocerciasis）的病原体。本病主要流行于有蚋孳生的河流附近地区，严重危害是导致失明，故又称瞎眼丝虫病或河盲症，在拉丁美洲称 Robles 症。盘尾丝虫病是世界卫生组织列为重点防治的热带病之一。本病最早病例于18世纪发源于非洲，广泛流行于非洲、拉丁美洲和西亚的南、北也门和苏丹等35个国家。近年来，已有部分国家发现有国外移民在该国发病的病例报道，中国赴非洲的工作人员中亦有感染此虫的病例。

盘尾丝虫成虫呈丝线状，乳白色，半透明，两端渐细而钝圆，其特征为角质层具明显横纹，外有螺旋状增厚部分使横纹更为明显。微丝蚴在雌虫子宫内具鞘，但产出时已脱鞘，有大小两种，大的长285~368 μm，宽6~9 μm；小的长150~287 μm，宽5~7 μm。头间隙长宽相等，尾端尖细无尾核，无核处长10~16 μm。

雌、雄成虫成对或数条扭结成团寄生于人体皮下组织的纤维结节内，寿命一般为15~18年，可产微丝蚴9~11年，估计每条雌虫一生可产微丝蚴数百万条。微丝蚴主要出现在成虫结节附近的结缔组织和皮肤的淋巴管内，也可在眼组织或尿内发现，无明显周期性。微丝蚴在人体各部位皮肤内的分布因地理株的不同而异，其寿命为1~2年。

本虫的中间宿主为蚋（Simulium），当雌蚋叮人吸血时，微丝蚴即随组织液进入蚋的体内，通过中肠，经血腔达到胸肌，经2次蜕皮发育为感染期幼虫并移至下唇。当蚋再叮咬人体时，感染期幼虫自蚋下唇逸出并侵入皮肤而感染，幼虫在皮下组织蜕皮发育为成虫。感染期幼虫发育至成虫需3~15个月。自感染期幼虫经皮肤感染到皮肤内查到微丝蚴需7~34个月，通常为12~15个月。

成虫除寄生人体外，自然感染动物仅见蛛猴和大猩猩。

盘尾丝虫的成虫和微丝蚴对人均有致病作用，但以后者为主。微丝蚴可进入宿主身体各部位的皮肤以及皮下淋巴管及淋巴结，引起各种类型的皮肤损害及淋巴组织病变，微丝蚴进入眼球可起眼部损害。

成虫与微丝蚴都可引起皮肤病变。成虫寄生于皮下组织中的淋巴管汇合处，局部炎症反应引起纤维组织增生形成包围虫体的纤维结节。皮下结节多为 3～6 个，亦有上百个者，直径为 2～25 mm，不痛，质较硬，可见于身体任何部位。微丝蚴所致皮肤病变多表现为皮疹，病变类型因地而异，初期症状为皮肤严重而广泛剧痒，此后出现大小不等的色素沉着或色素消失的异常区、多发性鳞屑样病变、丘疹性苔藓样皮疹等。继之，皮肤出现增厚、变色、裂口、失去弹性、皱缩等病变。非洲患者的病变多见于躯干及四肢，拉丁美洲患者常发于头面部。在非洲某些地区，有的患者出现"悬垂性腹股沟"（hanging groin），这是皮肤失去弹性引起腹股沟下垂而形成悬垂的囊，内含增大的纤维化淋巴结。皮肤病变是因死亡的微丝蚴引起的炎症反应，及其释放的抗原或溶胶原蛋白酶对皮肤内血管和结缔组织的刺激产生的损伤所致。

淋巴结肿大、质地坚实、不痛，内含大量微丝蚴，为盘尾丝虫病的典型特征。此外，尚可引起阴囊鞘膜积液、外生殖器象皮肿或疝气（特别是股疝）等。

眼部损伤是盘尾丝虫病最严重危害。在非洲某地区，眼部受损者比例高达 30%～50%，成人患"河盲症"比例达 5%～20%，由此出现"一串盲人扶肩走"的悲惨景象。眼部损害发展较慢，早期仅有眼内异物感，大多数患者出现症状时年龄已超过 40 岁。微丝蚴从皮肤经结膜进入角膜，也可经血流或睫状体血管和神经鞘进入眼的后部，在其死亡后引起较强的炎症反应，导致角膜、虹膜、视网膜及视神经损伤，影响视力，甚至失明。在眼部病变中免疫病理损伤具有重要作用。实验证实，微丝蚴死亡后，其体内一种共生菌沃尔巴克体（*Wolbachia*）大量释放入血引发免疫病理反应。

从皮肤、眼部、尿液和痰液以及淋巴结等处查见微丝蚴或成虫是本病的诊断依据。免疫学的方法亦可作为本病的辅助诊断手段。

伊维菌素是目前治疗盘尾丝虫病的首选药物，具有安全性高、人体耐受性强及药效较好等优点。该药对盘尾丝虫的微丝蚴有显著杀灭效果，并能阻断幼虫胚胎发育和微丝蚴的释出。此外，苏拉明（suramin）为杀成虫药物，但副作用大。多西环素（四环素类抗生素）可将 *Wolbachia*（沃尔巴克体）从雌性成虫的内皮和子宫内清除。

三、罗阿罗阿线虫

罗阿罗阿线虫 [*Loa loa*（Cobbold，1864）Castellani and Chalmers，1913] 简称罗阿丝虫，成虫寄生在人体的皮下组织，常周期性地在眼结膜下爬动，也称"非洲眼虫"，引起罗阿丝虫病（loiasis），亦称为游走性肿块或卡拉巴丝虫肿块（Calabar swelling）。本病的流行主要局限在非洲热带雨林地区。近年来，由于国际交往频繁，世界各地均出现本病病例，我国赴非洲工作人员、旅游者以及留学生中曾有多次病例报道。

罗阿丝虫成虫为白色线状，雌虫大小为 45～55 mm，雄虫为 25～35 mm。头端略细，口周围具 1 对侧乳突和 2 对亚中线乳突，均小而无蒂。体中部角质层具有小圆顶状的突起，尤以雄虫为多。雄虫具狭长尾翼。微丝蚴具鞘，大小为（250～300）μm ×（6～8.5）μm，头间隙长宽相等，体核分布至尾端，在尾尖处有一较大的尾核。

成虫寄生在人体背、胸、腋、腹股沟、阴茎、头皮及眼等处的皮下组织，常周期性地在眼结膜下爬动。雌虫在移行过程中间歇性地产出微丝蚴，微丝蚴在外周血中呈昼现周期性。当

被中间宿主白昼吸血的斑虻（Chrysops）吸入，微丝蚴在虻中肠脱鞘后，大部分移行至虻腹部脂肪体，少部分到达胸部或头部脂肪体，经2次蜕皮，发育为感染期幼虫移行至头部。当虻再次吸血时，感染期幼虫自其口器逸出经皮肤创口侵入人体。感染期幼虫在人体约需1年发育成熟，成虫寿命可达17年以上。

罗阿丝虫的致病阶段主要是成虫。虫体在人体内常以1 cm/min的速度游走在皮下结缔组织及眼球结膜下。虫体移行于皮下结缔组织引起炎症反应，可伴有剧痛的游走性皮下肿块或肿胀，以腕部和踝部最常见，虫体离去，肿块随之消失。虫体释放的代谢产物可引起患者全身皮肤瘙痒、刺痛、荨麻疹和蚁爬感。成虫也可侵犯眼前房，并在结膜下移行或横过鼻梁，引起严重的眼结膜炎，致眼部奇痒、眼痛、结膜充血、流泪和畏光。眼部症状和病理表现为丝虫直接阻塞眼部的淋巴管或毒素引起超敏反应导致球结膜肉芽肿，眼睑水肿及眼球突出则是由丝虫阻塞睑淋巴管所致。患者常伴有高度嗜酸性粒细胞增多症。成虫可从皮下爬出体外，也可侵入胃、肾、膀胱等器官，患者可出现蛋白尿和肾病综合征。偶有丝虫性心脏病、肾病、脑膜脑炎、视网膜出血、中枢或周围神经损害。

从眼部、皮下包块活检查获虫体，或在白昼血液中检出微丝蚴为确诊本病的依据。此外，流行病史、眼部奇痒、球结膜下或皮下游走性肿块伴皮肤瘙痒等症状和体征，以及外周血嗜酸性粒细胞增高等均有助于本病的诊断。

治疗药物和方法基本同班氏丝虫病。枸橼酸乙胺嗪和呋喃嘧酮能有效地杀死罗阿丝虫微丝蚴，杀灭成虫常需加大剂量和增加疗程。伊维菌素和甲苯咪唑均可清除血中微丝蚴，但对成虫无效。在皮肤上涂抹驱避剂可防媒介斑虻叮刺，以预防感染。本病预后大多良好，但累及中枢神经系统时可导致严重后果或留有后遗症。

（杨 彪）

第七节　旋毛形线虫

案例 18-2

男性，31岁。因不规则发热30余天，全身肌痛、心悸、乏力10天入院。病初有间断性腹痛腹泻，患者体温波动在37.5～38.5℃，近10天全身肌痛明显，以双下肢为重，并有胸闷、心悸等症状。在当地医院就诊，彩色多普勒超声示心脏中度扩大伴少量心包积液；血肌酸磷酸激酶及其同工酶均增高。诊断为"病毒性心肌炎"，进行抗病毒及心肌营养等治疗，无明显好转来院就诊。入院血常规：红细胞 3.29×10^{12}/L，白细胞 12.5×10^9/L（嗜酸性粒细胞22%）；血清旋毛虫IgG抗体阳性；腓肠肌活检查获旋毛虫囊包幼虫。追问病史，病前曾食大量烤肉串，以猪肉为多。诊断为旋毛虫病。

问题：
1. 试述该患者诊断为旋毛虫病的诊断依据。
2. 旋毛虫病的主要临床表现有哪些？

旋毛形线虫 [*Trichinella spiralis* (Owen, 1835) Railliet, 1895]，属于刺嘴纲（Enoplea）、毛形线虫目（Trichinellida）、毛形线虫科（Trichinellidae）的旋毛形线虫属（*Trichinella*），简称旋毛虫。其成虫和幼虫寄生于多种哺乳动物和人体小肠和肌细胞内，导致旋毛虫病（trichinelliasis），该病为一种常见的人兽共患寄生虫病，也是主要的食源性寄生虫病之一。

1828年，Peacock首次在人体肌肉中发现旋毛虫。1835年，Owen详细描述了该虫的形态，并正式命名为旋毛形线虫（*Trichinella spiralis*）。本病分布很广，除澳大利亚及某些少数岛屿外，几乎遍及世界各地，尤以北美洲发病率最高。中国是旋毛虫感染较严重的国家之一。1881年，Manson在中国厦门首次从猪肉中发现本虫。1964年，在西藏自治区发现第1例人体旋毛虫病。

【形态】

1. 成虫 细小线状，乳白色，表皮光滑，前端较细，后端较粗。消化道包括口、咽、肠管和肛门，咽管占体长1/3～1/2。后部咽管背侧有1列由圆盘状杆细胞组成的杆状体，杆状体可产生一些具有消化功能和抗原性的分泌物，后者可诱导宿主产生保护性免疫。肛门位于虫体尾端。雄虫大小为（1.4～1.6）mm×（0.04～0.05）mm，尾端具一对钟状的交配附器，无交合刺。雌虫大小为（3～4）mm×（0.05～0.06）mm，卵巢位于虫体后部，子宫较长，阴门开口于虫体前端1/5处。成熟幼虫自阴门排出。雌、雄生殖器官均为单管型（图18-19）。

2. 囊包幼虫 寄生于宿主横纹肌营养细胞内的幼虫，其体长约1 mm，卷曲于囊包内，故称囊包幼虫。在形成囊包后，囊包大小为0.23～0.42 mm，呈纺锤形或柠檬形，其纵轴与肌纤维平行（图18-19）。囊壁较厚，分内、外两层，由幼虫寄生的宿主肌细胞膨大及结缔组织增生而形成。一个囊内通常含有1～2条卷曲的幼虫，个别可达6～7条。幼虫的咽管结构与成虫相似。

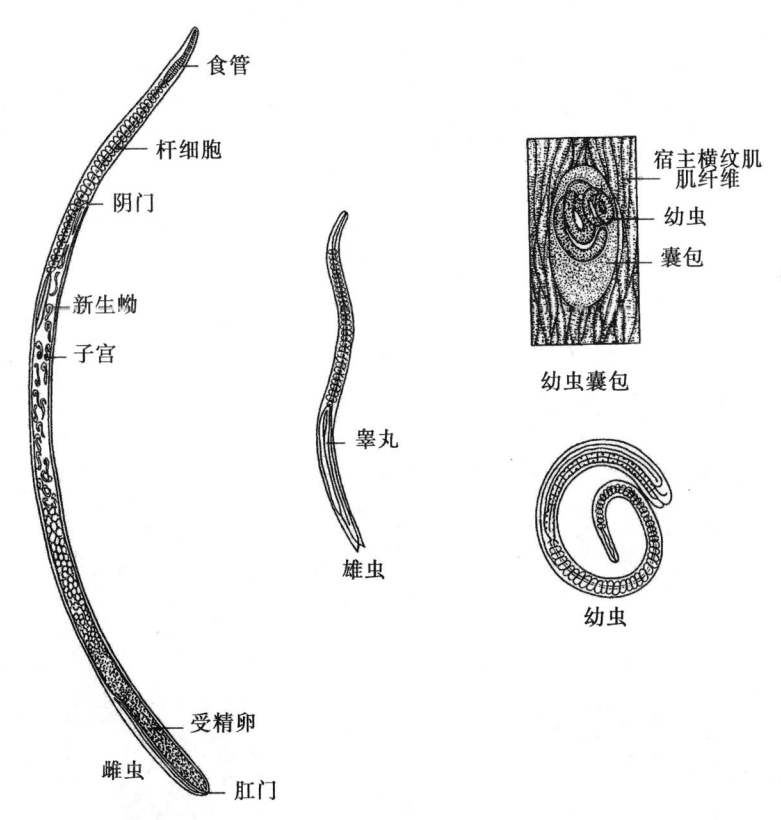

图18-19 旋毛形线虫形态示意图

【生活史】

包括成虫和幼虫两个发育阶段。旋毛虫成虫和幼虫寄生在同一宿主体内，不需要在外界发育，但完成生活史则必须更换宿主。成虫寄生于宿主小肠，主要在十二指肠和空肠上段；幼虫则寄生在同一宿主的横纹肌细胞内。除人以外，其他如猪、鼠、猫、犬、熊、狼、狐、野猪和黄鼠狼等多种哺乳动物，均可作为该虫的保虫宿主。

成熟旋毛虫囊包是感染期，当人或动物吞食了含有旋毛虫活囊包的肉类或肉类制品后，数小时内，囊包在胃肠道消化液作用下，幼虫逸出并钻入十二指肠与空肠上段的肠黏膜内发育，24小时后返回肠腔。幼虫在感染后的48小时内，经4次蜕皮发育为成虫。雌、雄虫交配后，绝大多数雄虫随即死亡，并由肠道排出；而雌虫重新钻入肠黏膜继续发育，有些还可在腹腔或肠系膜淋巴结处寄生。受精后的雌虫，其子宫内的虫卵逐渐发育为幼虫，并向阴道移动，于感染后的第5～7天雌虫开始产出幼虫（卵胎生）。排幼虫期可持续4～16周或更长。一条雌虫一生可产幼虫1500～2000条，最多可达10000条左右，成虫通常可存活1～2个月，少数可达3～4个月（图18-20）。

产于宿主肠黏膜表面的少数新生蚴，可自肠腔自行排出或随黏膜脱落而排出体外。绝大多数幼虫在肠黏膜内很快侵入局部淋巴管或小静脉中，随淋巴和血液循环，经右心、肺部而进入动脉系统，最终到达宿主全身各器官组织中。但只有到达横纹肌的幼虫才能继续发育。幼虫多侵入血液供应丰富的肌群，如膈肌、舌肌、咬肌、咽喉肌、胸肌、肋间肌、腰大肌、肱二头肌及腓肠肌等。

幼虫穿破微血管，侵入肌细胞内，使肌细胞受损，出现炎性细胞浸润及纤维结缔组织增生。同时，受累的肌细胞出现结构和功能上的变化，转变为营养细胞（抚育细胞，nurse cell），不仅为幼虫的生长发育提供营养，还可防御宿主的免疫攻击。营养细胞被一层宿主胶原覆盖，胶原囊周围由毛细血管网包裹，从而形成营养细胞-感染期幼虫复合体（图18-21），即旋毛虫囊包。在感染后1个月左右（最早在第19天），幼虫周围营养肌细胞形成梭形囊包。囊包内的幼虫需再感染新的宿主才能完成生活史。如无转换新宿主的机会，半年后囊包两端开始钙化，其中幼虫随之死亡，最后整个囊体钙化。但有时钙化后，囊包内的一部分幼虫仍可存活很久，最长可达31年。

【致病】

旋毛虫雌虫寄生于小肠黏膜下层，引起局部充血、水肿以及嗜酸性粒细胞浸润等，临床上出现消化道功能紊乱表现。旋毛虫对人体的主要致病阶段是囊包幼虫，其致病程度与侵入宿主的幼虫数量及其活力、寄居部位和宿主免疫状态等因素有着密切关系。轻者可无明显症状，重者临床表现复杂多样，如未及时诊治，患者可在发病后3～7周死亡。旋毛虫的致病过程可分

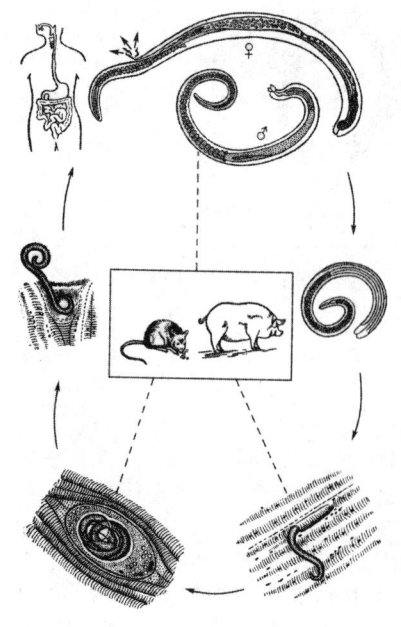

图18-20 旋毛形线虫生活史示意图

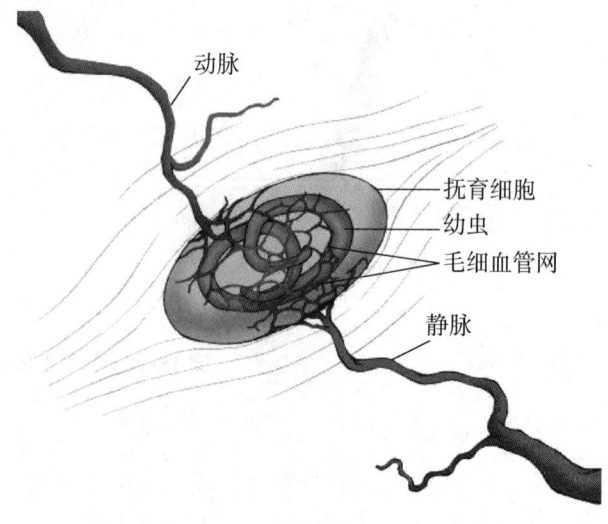

图18-21 营养细胞-感染期幼虫复合体示意图
（仿Despommier，1993）

为以下 3 个阶段。

1. 侵入期 也称肠道期,为幼虫在小肠内自囊包逸出并发育为成虫的阶段。由于幼虫和成虫钻入肠黏膜后,引发小肠肠壁组织广泛性炎症损伤,局部肠黏膜组织充血、水肿和出血,甚至出现浅表性溃疡等病理变化。患者可有恶心、呕吐、腹痛、腹泻、便秘、厌食等胃肠道症状。同时伴有乏力、畏寒及低热等全身症状。此期病程约 1 周。

2. 幼虫移行与寄生期 亦称急性期、肌外期或肌肉期,为新生幼虫随淋巴、血液循环移行至全身各器官组织及侵入横纹肌内发育至囊包前的阶段。因主要病变发生在肌肉,故此期亦称肌型期。新生幼虫在移行过程中,幼虫穿破各脏器的毛细血管引起炎症和出血,以及其毒性代谢产物引起全身免疫病理反应。

当幼虫大量侵入横纹肌后,引起肌细胞变性、肿胀、横纹消失及坏死、崩解,表现为肌间质水肿及炎性细胞浸润等肌炎改变。旋毛虫幼虫虽可侵犯任何横纹肌,但以舌肌、咽肌、膈肌、颈肌、胸大肌及肋间肌等受累最为严重,可能与这些肌肉活动较频繁,血液供应丰富等因素有关。

此期临床症状从第 2 周开始出现,表现如下。①发热:多为高热,体温可达 38～40 ℃,多呈弛张热,亦可为不规则热或稽留热,热程长短不一(2 周至 2 个月不等)。少数患者伴头痛、出汗和荨麻疹等。②水肿:为本病重要表现,常见于眼睑及面部,重者可波及全身,四肢及躯干亦出现水肿,甚至可出现腹水或胸腔积液,水肿一般持续 2～4 周。③全身肌肉酸痛:是最突出的症状,肌肉肿胀有硬结感,压痛及触痛明显,尤以腓肠肌最为显著,疼痛难忍常呈强迫屈位,甚至出现瘫痪状态。部分重症患者有咀嚼、吞咽、呼吸和语言障碍等症状。④其他:严重感染者可因心肌炎、心力衰竭、败血症,或并发肺炎、脑炎而死亡,其中心肌炎是急性旋毛虫病最常见的致死原因。部分患者还可有呼吸道症状,如阵发性刺激性咳嗽及胸痛等,还可有肝、肾功能损害的表现。

3. 囊包形成期 亦称恢复期,是囊包形成及受损肌细胞修复的过程。随幼虫的长大、卷曲,幼虫寄生的肌细胞逐渐膨大呈纺锤状,形成长梭形肌腔包围虫体。周围结缔组织增生形成囊壁。随着囊包的形成,肌肉组织急性炎症逐渐消失,患者全身症状减轻,但肌痛症状仍可持续数月。部分患者由于重症感染而出现严重的肺炎、心肌炎和脑炎等,若延误诊治或治疗不当,可导致死亡。本病死亡率国内约为 3%,国外为 6%～30%。

旋毛虫感染可使宿主产生较强的免疫力,表现为宿主对再感染具有一定的抵抗力,致使幼虫发育障碍,成虫生殖受抑制和加速虫体排除等抑杀虫体现象。

微整合

临床应用

心肌炎

心肌炎(myocarditis)是心肌的炎症性疾病,最常见病因为病毒感染。细菌、真菌、螺旋体、立克次体以及寄生虫等感染也可引起心肌炎,但相对少见。非感染性心肌炎的病因包括药物、毒物、放射、结缔组织病、血管炎、结节病等。临床症状与病变的广泛程度和累及部位相关,轻者可没有任何症状,重者可出现心源性休克及猝死。常见的早期临床表现可有发热、全身倦怠、乏力、肌肉酸痛,并可出现恶心、呕吐等消化道症状。随着病程进展可出现心悸、胸闷、胸痛、呼吸困难,甚至晕厥、猝死。诊断主要依据病史、临床症状及体征、心电图、心肌酶学检查或超声心动图、CMR 显示的心肌损伤证据。治疗上除了针对病因治疗外,主要是一些支持疗法,包括避免劳累、适当休息,酌情使用利尿剂、血管扩张剂、血管紧张素转化酶抑制剂(ACEI)等,还可应用促进心肌代谢的药物如腺苷三磷酸、辅酶 A、环腺苷酸等。

【诊断】

旋毛虫病因患者表现无特异性症状和体征，故临床诊断比较困难，极易造成误诊，从而贻误病情。依据我国《旋毛虫病的诊断》（WS/T 369—2012）标准，通过询问病史，有无生食或半生食动物肉类（猪肉、野猪肉、狗肉、羊肉等）及其制品，结合临床表现及实验室检查结果等进行诊断。

1. 病原学检查 首选活组织检查法。一般于发病10天后，从患者的腓肠肌或肱二头肌等处采取米粒大小的肌肉组织样品，经组织压片或制成组织切片镜检幼虫。但10天以内的早期感染或轻度感染一般难以检获虫体。也可取患者吃剩的肉用同法检查以资佐证，或用人工消化分离法检查可提高检出率。患者脑脊液等体液中检查时发现旋毛虫幼虫也可作为确诊依据。

2. 免疫学检查 旋毛虫的免疫原性较强，因此免疫诊断具有重要意义。

（1）皮内反应：此法简便易行，敏感性高，感染后第2周阳性率可达90%。但病后5年或更长时间，部分患者仍可呈现阳性反应，并与其他蠕虫有交叉反应。

（2）血清学方法：检测患者血清中特异性抗体是辅助诊断旋毛虫病的重要手段。通过免疫印迹试验可将旋毛虫抗原分为9组，即8组肌幼虫抗原（TSL-1至TSL-8）和1组成虫抗原（TSA-1）。但是一般人们习惯根据抗原的来源进行分类，即表面抗原（SA抗原）、排泄-分泌抗原（ES抗原）、虫体抗原、杆细胞颗粒相关抗原4种。一般多采用幼虫抗原来检测抗体。方法包括酶联免疫吸附试验（ELISA）、间接荧光抗体试验（IFAT）、免疫印迹技术（WB）等。其中以肌幼虫ES抗原进行ELISA法进行检测，是国际旋毛虫病委员会推荐的方法，具有敏感性高、特异性强的优点，已成为目前检测旋毛虫感染最常用的方法。对急性期患者的诊断效果较佳，并广泛用于畜牧饲养业监测、感染动物的筛选和流行病学的调查等方面。

3. 血常规检查 血常规结果显示外周血嗜酸性粒细胞增高是辅助诊断旋毛虫病的重要线索，通常在感染后7天嗜酸性粒细胞开始升高，在16天左右达到高峰，占白细胞总数的10%左右或更高，随后逐渐降低。

【流行】

旋毛虫病广泛流行于世界各地，但以欧美的发病率为高。此外，大洋洲、非洲及亚洲的印度、印度尼西亚、老挝、朝鲜、日本等国也有流行。我国也是旋毛虫病流行最为严重的国家之一。1964—2011年，我国云南、四川、河南、广西、北京等15个省（直辖市、自治区）先后发生旋毛虫病，暴发疫情600余起，累计发病人数38797例、死亡336例。目前，旋毛虫病主要流行于我国西南、中原和东北地区，且以西南地区流行最为严重，而云南省在西南地区发病率最高。近几年均为一些散在病例报道，如2014年湖北十堰市报道了1例旋毛虫病感染且合并脑型肺型血吸虫感染。2015年西藏拉萨市4人集体进食半风干猪肉导致旋毛虫感染。2019年辽宁沈阳市报道1例旋毛虫感染引发肝占位性病变报告。

旋毛虫病是人兽共患寄生虫病。目前调查发现已有猪、犬、猫和鼠等150多种哺乳动物可以自然感染旋毛虫，并成为本病的传染源。这些动物主要是通过相互残杀、摄食或食入含有活幼虫的动物尸体而感染，使得本病在家养动物生物链和野生动物生物链中周而复始的循环和相互传播。据试验，蝇蛆和步行虫等昆虫，可吞咽动物尸体内的囊包幼虫，并能保持其感染力达6～8天，有可能成为易感动物的传染源。囊包幼虫的抵抗力较强，能耐低温，猪肉中囊包幼虫在-15℃以下可存活近20天，在-20℃可保持活力57天，在腐肉中也能存活2～3个月。熏烤、腌制及曝晒等常不易将其彻底杀死，但在70℃条件下可很快死亡。因此，生食或半生食受染的猪肉或猎获的野生动物及其制品是人类感染的主要方式。暴发流行常与食肉习惯有密切关系，例如，云南少数民族喜生食或半生食猪肉，如"电烤猪"或"火烤猪"，造成该地几乎每年都有旋毛虫病暴发。另外，切生肉的刀或砧板如污染了旋毛虫幼虫，也可能成为传播的因素。

人类对该病普遍易感，年龄，性别、季节与发病率无明显关系，感染后可产生显著的免疫力，再感染者病情远较初次感染者为轻。

【防治】

1．广泛加强卫生宣教，加强肉类检查，牲畜检疫，改善饮食习惯，严禁生食或半生食猪肉、狗肉或猎获物，涮食肉类时延长涮烫时间等，可减少感染机会。

2．改善猪的饲养条件，实行圈养，保持猪舍清洁及使用熟饲料，以防猪感染。

3．捕杀鼠类、野犬等保虫宿主以减少传染源。

4．阿苯达唑是治疗本病的首选药物，不仅能驱除肠内早期幼虫，还能杀死成虫、移行幼虫和肌肉中的幼虫。为防止或减轻因死亡虫体引起的过敏反应，对重症患者可同时使用肾上腺皮质激素等药物。

第八节　粪类圆线虫

粪类圆线虫 [*Strongyloides stercoralis*（Bavay，1876）Stiles and Hassall，1902] 最先是由 Normand 于1876年在一名腹泻的法国士兵的粪便中发现。该虫为兼性寄生虫，生活史包括自生生活（自生世代）和寄生生活（寄生世代）。在寄生世代中，成虫主要寄生在宿主（人或犬、猫等动物）的小肠，幼虫可侵入肺、脑、肝、肾等组织器官，引起粪类圆线虫病（strongyloidiasis stercoralis）。粪类圆线虫是一种机会致病性寄生虫，如宿主免疫功能受累时感染此虫，可引起全身播散性感染，导致病情加重，甚至死亡。

【形态】

1．**自生世代**　雄虫大小为（0.7～1.0）mm×（0.04～0.05）mm，尾端向腹面卷曲，具2根交合刺和1根引带。雌虫大小为（1.0～1.7）mm×（0.05～0.075）mm，尾端尖细，生殖系统为双管型，成熟雌虫子宫内有呈单行排列的各发育期虫卵。虫卵椭圆形，大小为70 μm×40 μm，形态与钩虫卵相似，但较狭长。杆状蚴长0.2～0.45 mm，尾端尖细。丝状蚴细长，长0.6～0.7 mm，咽管呈柱状，尾端微分义。

2．**寄生世代**　粪类圆线虫在宿主体内的生活史阶段包括成虫、虫卵、杆状蚴和丝状蚴4个发育阶段。人体内是否存在寄生性雄虫目前尚存争议，但在动物体内发现有寄生世代雄虫的存在。雌虫长约2.2 mm，宽0.03～0.075 mm，虫体半透明，体表具细横纹，尾尖细，末端略呈锥形；口腔短，咽管细长，为体长的1/3～2/5；生殖器官为双管型，子宫短，前后排列，各含虫卵8～12个，单行排列；阴门位于体后1/3处的腹面。虫卵形似钩虫卵，卵壳薄，无色透明，大小为（50～58）μm×（30～34）μm，部分卵内含1条胚蚴。杆状蚴头端钝圆，尾部尖细，长0.2～0.4 mm，口腔短，食道前后膨大呈双球型。丝状蚴即感染期幼虫，虫体细长，长0.4～0.7 mm，食道细长约为体长的1/2，尾端尖细，呈分叉状。粪类圆线虫的丝状蚴与钩虫和东方毛圆线虫的幼虫极为相似，应注意鉴别。

【生活史】

粪类圆线虫的生活史复杂，有两种生活形式，包括在土壤中完成的自生世代和在宿主体内完成的寄生世代（图18-22）。

1．**自生世代**　外界自生生活的成虫在温暖、潮湿的土壤中产卵，数小时内虫卵孵出杆状蚴，经4次蜕皮后发育为自生世代的成虫。在适宜的外界环境条件下，自生世代可持续重复多次，此过程称为间接发育。经多次循环后，雄虫逐渐减少，最终消失，雌虫进行孤雌生殖，但不能长久，虫体最终死亡。当外界环境不利于虫体发育时，杆状蚴蜕皮2次，发育为丝状蚴。此期幼虫对宿主具有感染性，可经皮肤或黏膜侵入人体，开始寄生世代，此过程称为直接发育。

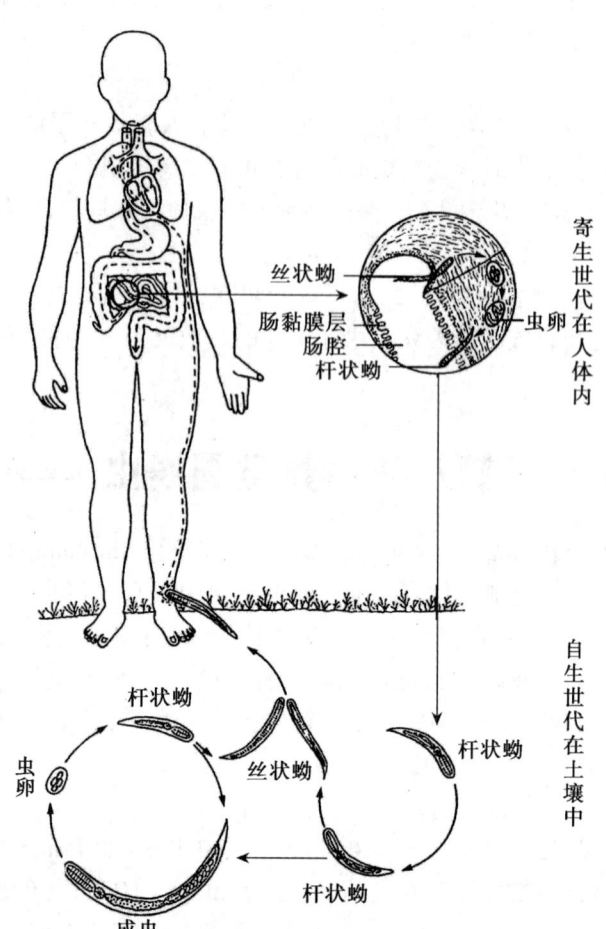

图 18-22 粪类圆线虫生活史示意图

2. 寄生世代 丝状蚴侵入人体皮肤后,约经 24 小时,通过小血管或淋巴管进入血循环,经右心至肺毛细血管,穿过肺毛细血管壁进入肺泡,大部分幼虫沿支气管、气管上行至咽部,随宿主的吞咽动作进入消化道,钻入小肠黏膜,经 2 次蜕皮后,发育为成虫。少部分幼虫在肺部和支气管可直接发育成熟。雌虫寄生在小肠,前端多埋于肠黏膜内,并在此产卵。虫卵发育很快,几小时后即孵出杆状蚴,并从黏膜内脱出,进入肠腔,随粪便排到体外。虫卵偶见于粪便中。自丝状蚴感染人体至杆状蚴排出,整个过程最少需要 17 天。被排出的杆状蚴,既可经 2 次蜕皮直接发育为丝状蚴感染人体,也可在外界进行间接发育为自生世代的成虫。有的虫体可寄生在肺或泌尿生殖系统,随痰排出的多为丝状蚴,随尿排出的多为杆状蚴。少数虫体亦可偶见于胆管和胰管。

当宿主免疫力低下或发生便秘时,常有自身感染的现象,感染方式包括 3 种类型。①直接体内自身感染:杆状蚴孵出后,不钻出肠黏膜即侵入血循环继续发育;②间接体内自身感染:杆状蚴自肠黏膜钻出,在肠腔内迅速发育为丝状蚴,经小肠下段或结肠黏膜侵入而感染;③体外自身感染:随粪便排出丝状蚴附着在肛门周围,自肛周皮肤侵入而感染。

【致病】

粪类圆线虫的致病作用与其感染程度、侵袭部位及机体免疫功能强弱密切相关。在流行区,人体感染粪类圆线虫后可有 3 种不同的临床表现:①感染者具有有效的免疫应答,轻度感染可被机体有效清除,无临床症状;②慢性自身感染持续存在,可长达数十年,间歇性出现胃肠症状；③播散性超度感染（disseminated hyperinfection），见于长期使用免疫抑制剂或免疫力低下人群（如艾滋病患者），由于自身免疫受到抑制或缺陷，可引发播散性超度感染，幼虫侵入脑、肝、肺、肾等器官，导致弥漫性的组织损伤。患者可出现腹泻、肺炎、出血、脑膜炎及败血症等症状，往往因多器官功能衰竭而死亡。目前认为粪类圆线虫是一种机会性致病性寄生虫。粪类圆线虫的临床表现主要有以下几个方面。

1. 皮肤损伤 丝状蚴侵入皮肤后，可引起小出血点、斑丘疹，伴有刺痛和瘙痒，搔破后致继发性感染。有时，还可出现移行性线状荨麻疹。由于自身体外感染的缘故，病变可反复出现在肛周、腹股沟、臀部等处皮肤。因幼虫在皮肤内移行速度快，引起的荨麻疹蔓延速度也很快，每小时可达 10 cm 以上。荨麻疹出现的部位及快速蔓延的特点，是粪类圆线虫幼虫在皮肤移行的重要诊断依据。

2. 肺部病变及症状 丝状蚴在肺部移行时，可穿破肺毛细血管，引起肺泡出血、细支气管炎性细胞浸润，轻者可有过敏性肺炎或哮喘表现，重度感染者可有咳嗽、多痰、持续性哮喘、呼吸困难、嗜酸性粒细胞增多等临床表现。此时，如果误诊为哮喘而使用激素治疗，则可引起重度自身感染，导致严重后果。幼虫有时可因黏液阻塞在支气管内，发育为成虫，并在支气管内寄生繁殖，则使肺部症状更为严重，病程更长。肺部广泛感染的患者，可表现为高热、肺衰竭，甚至死亡，尸检可见肺内有大量幼虫，肺泡大量出血。胸部 X 线摄片表现为粟粒状或网状结节样阴影，有时可见肺空洞和胸膜液渗出。支气管肺泡灌洗液或痰液中可检出幼虫。

3. 消化道病变 雌虫在小肠黏膜内寄生产卵，并迅速孵出幼虫，其机械性刺激和毒性作用可引起组织损伤。病变可分为轻、中、重度三型，轻度的患者表现为以黏膜充血为主的卡他性肠炎，肠腺窝中可见虫体；中度患者表现为水肿性肠炎，肠壁增厚，黏膜萎缩，肠壁各层均可见虫体；重症患者以水肿性肠炎或溃疡性肠炎表现更明显，甚至引起肠壁糜烂，导致肠穿孔、腹膜炎，有时也能累及胃和结肠，整个肠壁内都可发现虫体。患者可出现恶心、呕吐、腹痛、腹泻、黏液血便、麻痹性肠梗阻等症状，并伴有发热、贫血和全身不适等。国内曾报道多例重症粪类圆线虫感染并发消化道大出血和死于以慢性肠梗阻为主要表现的粪类圆线虫感染病例。

4. 弥漫性粪类圆线虫病 是肠道粪类圆线虫病导致的一种罕见且严重的并发症。丝状蚴在自身超度感染患者体内，可移行至其他器官组织，如心、脑、肺、胰、卵巢、肾、淋巴结、甲状腺等，引起弥漫的组织损伤，形成肉芽肿性病变，导致弥漫性粪类圆线虫病发生。这种病例常出现在长期使用免疫抑制剂、细胞毒药物或患各种消耗性疾病（如恶性肿瘤、白血病、结核病等）以及先天性免疫缺陷和艾滋病患者中。组织学研究证实，重度感染病例淋巴结和脾的胸腺依赖区均缺乏淋巴细胞，宿主对幼虫感染缺少炎症反应和免疫应答。由于大量幼虫在体内移行，可将肠道细菌带入血流，引起败血症，造成各种器官的严重损害；有些患者可出现强烈的超敏反应，如过敏性肺炎、过敏性关节炎等。到目前为止，已报道百余例由重度粪类圆线虫自身感染致死的病例。国外曾报道 1 例死于粪类圆线虫并发化脓性脑膜炎的患者，尸检时发现结肠、肝、肺、心内膜及脑膜等处均有幼虫，同时伴有化脓性脑膜炎病变，并在蛛网膜下腔的炎症细胞群中发现了数条丝状蚴。在国内也有相同报道，1 例确诊为粪类圆线虫重度感染的患者，检查发现每克粪便含幼虫 8126 条，痰涂片见活幼虫 2～5 条/低倍视野，该患者曾用大量可的松类药物。在免疫力低下的人群中，或长期使用激素、免疫抑制剂等患者中，粪类圆线虫病致死率高达 60%～85%。

5. 其他表现 粪类圆线虫还可引起神经精神症状和中毒症状，如发热、烦躁、抑郁、失眠、贫血、嗜酸性粒细胞增多等。

【诊断】

由于粪类圆线虫病缺乏特有的临床表现，故常致临床误诊。一般而言，凡生活在流行区或

与土壤有接触史，同时出现消化道和呼吸道症状的病例，应考虑粪类圆线虫感染的可能性，并做进一步相关检查，以明确诊断。粪类圆线虫幼虫阶段与钩虫幼虫较为相似，应注意鉴别，避免误诊为钩虫病。

1. 病原学诊断 从粪便、痰、胃肠液、尿液或脑脊液中检出幼虫或培养出丝状蚴，在急性腹泻患者的粪便中检出虫卵，从胃肠黏膜组织病理切片中查出虫体均可确诊。由于患者有间歇性排虫现象，故应反复多次进行病原检查。观察虫体时，滴加卢戈（lugol）碘液，可使幼虫呈棕黄色，且虫体的结构特征清晰，便于鉴别。对疑似肺粪类圆线虫病、痰检阴性者，应采用支气管镜刷检及支气管冲洗液细胞学检查，可提高检出率。对胃肠粪类圆线虫病，采用胃和十二指肠液引流查病原体，检出率高于粪检。常用的病原学诊断检查方法如下。

（1）生理盐水直接涂片法：简单、易行，但检出率低，仅60%左右，不适用于轻度感染的病例。

（2）离心沉淀法：用4% NaOH液消化后离心沉淀效果较好，检出率可达75%。

（3）贝氏分离法：检出率可高达98%。

（4）粪便直接培养法：检出率高于贝氏分离法。

如在24小时内的新鲜粪便中能同时查到杆状蚴和丝状蚴，则提示该患者存在自体感染。注意收集粪便时勿与土壤接触，以避免自生生活的线虫污染标本而混淆诊断。

2. 免疫学检测 皮试法简便易行，但敏感性和特异性较差。以鼠粪类圆线虫脱脂抗原做ELISA，检测患者血清中特异性抗体，阳性率可达94%以上。对轻、中度感染者，具有较好的辅助诊断价值。

3. 其他检查 血常规显示急性期白细胞和嗜酸性粒细胞百分比在轻、中度感染病例中增高，早期粪类圆线虫感染者，嗜酸性粒细胞可达50%。但在重度感染病例中不升高甚至降低。

【流行与防治】

粪类圆线虫病流行较为广泛，呈世界性分布，主要分布于热带和亚热带地区，温带和寒带地区则多为散发感染。我国26个省（直辖市、自治区）查到粪类圆线虫感染者，平均感染率为0.122%，主要流行于南部地区，其中广西、海南、广东病例报道较多，可达11%~14%。近年来该病有增多的趋势，全国已有多例因重度感染致死的病例报道。

本病的流行因素和防治原则与钩虫病相似。预防本病应加强粪便与水源管理，做好个人防护，避免接触被污染的土壤。更应注意避免自体感染的发生，在免疫功能低下的人群、肿瘤化疗以及长期使用激素类药物和免疫抑制剂的患者中，应做粪类圆线虫常规检查，以便早期发现并及时治疗。

对于确诊病例，应立即驱虫治疗，并保持排便通畅，注意肛门周围皮肤清洁，以防自体感染。治疗药物可采用噻苯达唑、阿苯达唑、伊维菌素，均有较好的治疗效果。

（秦元华）

第九节 广州管圆线虫

案例 18-3

女性,34 岁,出现左侧前额部闷痛,偶伴有低热,体温 37.2 ℃,曾分别在县医院和中医院就诊,按中暑给予对症处理和中药治疗,但效果不明显,头痛仍呈进行性加重,并出现颈项强直。后因左侧前额部剧痛,呼吸急促,伴四肢末梢麻木,收入某市医院神经内科。

入院检查:脑脊液检查,压力 210 mmH$_2$O,细胞总数 750×10^6/L,潘迪试验(+),蛋白定量 1.0 g/L,糖 2.04 mmol/L,氯化物 116 mmol/L。外周血白细胞计数 7.30×10^9/L。嗜酸性粒细胞百分比 18.0%,绝对值 1.31×10^9/L。X 光胸片示右肺下叶局限片絮状阴影。

患者自述于发病前几天先后 2 次食用炒田螺,5 天后即出现不适。鉴于患者嗜酸性粒细胞较高,考虑寄生虫感染。进一步送脑脊液和血样到省疾病预防控制中心检测,脑脊液和血清检测广州管圆线虫抗体均为阳性,临床诊断为广州管圆线虫病。

问题:
1. 广州管圆线虫病的主要临床表现有哪些?
2. 广州管圆线虫的感染方式有哪些?根据病史,该患者是如何感染该寄生虫的?
3. 人是广州管圆线虫的什么宿主?该虫的致病阶段是什么?
4. 广州管圆线虫病的诊断方法有哪些?该患者诊断为广州管圆线虫病的依据有哪些?
5. 如何防治广州管圆线虫病?治疗过程中应注意什么?
6. 鉴于患者嗜酸性粒细胞较高,在排除结核、真菌和隐球菌感染后,医生为何考虑寄生虫感染?

广州管圆线虫 [*Angiostrongylus cantonensis* (Chen,1935) Dougherty,1946] 属分肠纲(Secernentea)、圆线目(Order Strongylida)、管圆科(Family Angiostrongylidae)、管圆线虫属(*Genus Angiostrongylus*)。成虫寄生于鼠类肺部血管,幼虫偶可寄生人体引起嗜酸性粒细胞增多性脑膜脑炎或脑膜炎。本虫最早由陈心陶(1933,1935)在广州捕获的家鼠及褐家鼠体内发现,命名为广州肺线虫(*Pulmonema cantonensis* Chen,1935),后由 Matsumoto(1937)在台湾报道,1946 年由 Dougherty 订正为本名。人体首例广州管圆线虫病是由 Nomura 和 Lin 于 1944 年在台湾省发现。

【形态】

成虫线状,角皮透明、光滑,具微细环状横纹。头端钝圆,头顶中央有一小圆口,缺口囊。雄虫大小为(11~26)mm×(0.21~0.53)mm;交合伞对称,呈肾型。雌虫大小为(17~45)mm×(0.3~0.66)mm,尾端呈斜锥形;子宫白色、双管形,与充满血液的肠管缠绕成红(或黑褐)、白相间的螺旋纹,十分醒目;阴门开口于肛孔之前。幼虫可分为 5 期,第 3 期幼虫为感染期,外形呈细杆状,大小为(0.462~0.525)mm×(0.022~0.027)mm,虫体无色透明,体表具两层鞘膜;头端较圆,尾顶端尖细,食道比虫体长度 1/2 略短,可见排泄孔、肛孔及生殖原基(图 18-23)。

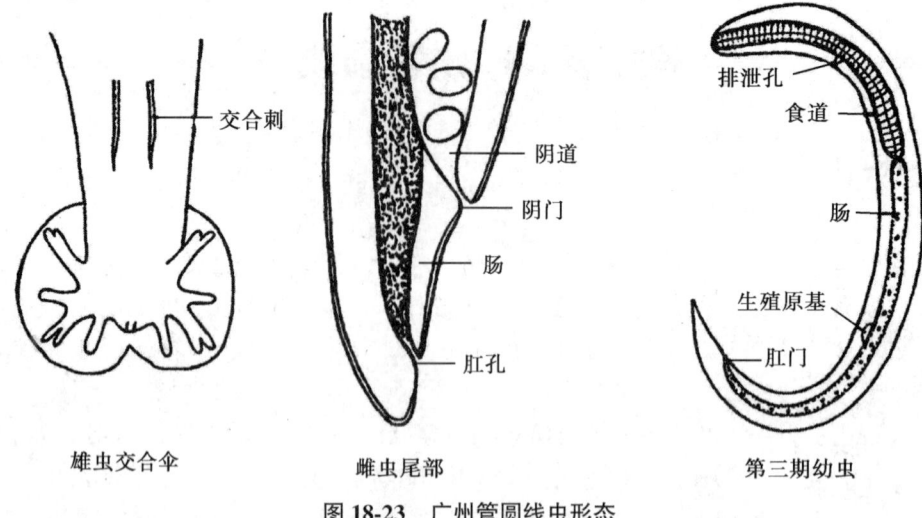

图18-23 广州管圆线虫形态

【生活史】

广州管圆线虫的生活史包括成虫、卵、幼虫3个发育阶段。成虫寄生于多种鼠类的肺动脉内，亦可见于右心，在鼠的肺动脉内发育成熟、交配，雌虫产卵，虫卵随血流到达肺毛细血管内继续发育，孵出第1期幼虫，幼虫穿破肺毛细血管进入肺泡，沿支气管上行至咽喉部，再吞入消化道，最后随宿主粪便排出体外。排出体外的幼虫被吞入或主动侵入中间宿主（螺类及蛞蝓）体内后，在其肌肉、肺或其他内脏处经2次蜕皮过程，经第2期幼虫发育为第3期幼虫（即感染期幼虫）。鼠类吞食含有感染期幼虫的中间宿主、转续宿主（蛙、淡水虾、鱼、蟹等）或被感染期幼虫污染的食物后，幼虫在其胃内脱鞘后进入肠壁小血管，随血流到达身体各处，但多数虫体到达脑部，在脑组织内经过2次蜕皮，经第4期幼虫发育为第5期幼虫，后从脑静脉系统通过右心到肺动脉定居，发育为成虫。从感染期幼虫感染终宿主至其粪便中出现幼虫需6~7周。

广州管圆线虫感染人体的方式及在人体内的移行和发育过程大致与在鼠类体内相同。人因生食或半生食含感染期幼虫的中间宿主和转续宿主而感染，生吃被感染期幼虫污染的蔬菜、瓜果或饮生水也可感染。由于人是本虫的非适宜宿主，故在人体内幼虫通常滞留在中枢神经系统，也可出现在眼前房、后房或视网膜等处，虫体停留在第4期幼虫或性未成熟的成虫早期阶段，幼虫通常不能进入肺血管内发育为成虫。但有报道在2岁以下婴幼儿死亡病例尸体解剖时发现肺部有成虫（图18-24）。

【致病】

人体广州管圆线虫病（angiostrongyliasis cantonensis）主要是由于该虫幼虫在人体内移行过程中的机械性损伤及其分泌物、代谢物引起的毒性作用所致，幼虫是其主要的致病阶段。虫体主要侵犯中枢神经系统，引起嗜酸性粒细胞增多性脑膜脑炎或脑膜炎；此病以脑脊液中嗜酸性粒细胞显著升高为特征。主要病理改变为充血、出血、脑组织损伤及肉芽肿性炎症反应，除大脑和脑膜外，病变还可波及小脑、脑干和脊髓。患者有神经系统受损的表现，最明显的症状为急性剧烈头痛，头痛一般为胀裂性乃至不能忍受，镇痛药仅对45%病例有短时间缓解，头痛起初为间歇性，以后发作渐频或发作期延长；头痛部位多为枕部和双颞部。此外，患者尚可表现为颈项强直、出现肌痛、颈部运动疼痛、皮肤刺痛等，也可出现恶心、呕吐、发热、精神异常、下肢肌无力、尿潴留、排便障碍。部分患者伴有神经系统异常表现、视觉损害、眼部异常、缓慢进行性感觉中枢损害、面瘫等体征。严重者可出现嗜睡、意识障碍、昏迷、肢体瘫痪，甚至死亡。本虫偶尔可累及其他部位，如鼻部、眼部或肺部、腹部等。

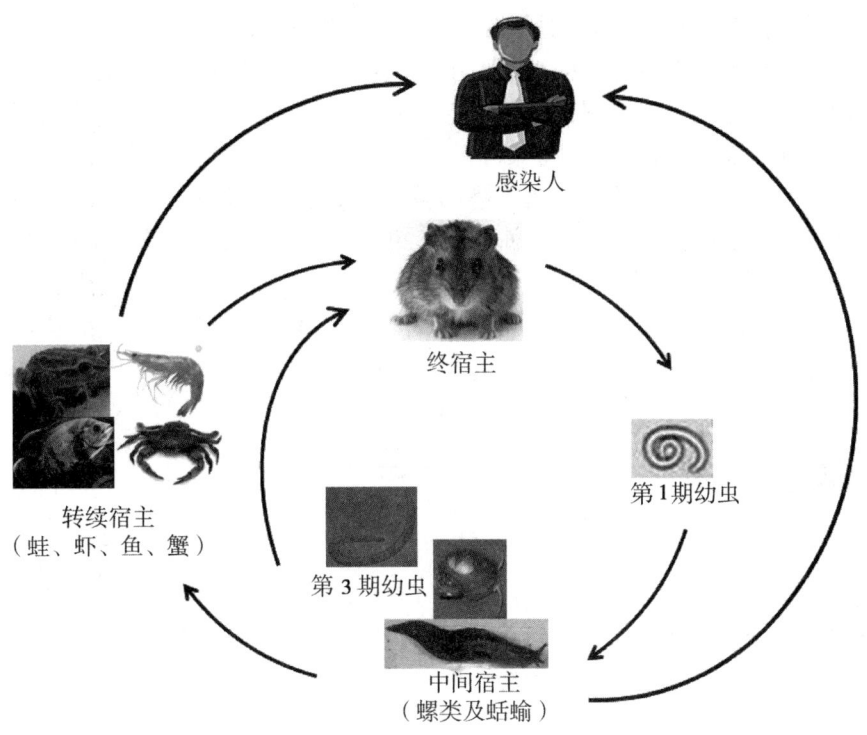

图 18-24　广州管圆线虫生活史

【诊断】

询问病史是诊断本病的主要依据，患者有吞食或接触含本虫的中间宿主或转续宿主史；有典型的临床表现；脑脊液压力升高，白细胞总数明显增多，其中嗜酸性粒细胞数超过 10%，有助于诊断本病。

1. 病原学检查　从脑脊液、眼或其他部位检获幼虫或发育期成虫可确诊，但一般检出率不高。也可用所食的螺肉、蛙肉、鱼肉等检查幼虫。

2. 免疫学检查　用酶联免疫吸附试验（ELISA）检测患者血清中特异性抗体是目前诊断本病的最常用方法。间接荧光抗体试验（IFAT）、酶联免疫印迹试验等也用于检测患者血液及脑脊液中特异性抗体或循环抗原。

3. 常规实验室检查　血液检查可见嗜酸性粒细胞显著增多，一般在 8%～37%；白细胞总数一般无异常。脑脊液检查可见外观清亮或浑浊，压力升高，蛋白质、糖、氯化物可轻度增高或正常；嗜酸性粒细胞计数常高于周围血液，多数在 20%～70%，在发病后 2～5 周最高，且其水平及变化情况常与病情、病期有关，病情较重者嗜酸性粒细胞在脑脊液中持续时间延长，有时周围血液嗜酸性粒细胞已转正常而脑脊液中仍高，可将脑脊液中嗜酸性粒细胞计数视为恢复与否的标志。

【流行】

广州管圆线虫病分布于热带和亚热带地区，主要流行于东南亚地区、太平洋岛屿、日本和美国，我国主要在台湾、香港、广东、浙江、福建、海南、天津、黑龙江、辽宁、上海、湖南、北京和云南等地区。目前，全世界累计有 3000 多例病例报道，多呈散在分布，但也有群体暴发流行的报道。1997—2008 年，在我国浙江、福建、云南、北京及广东等地出现因食用福寿螺肉而集体感染的 9 起严重公共卫生事件。其中，2006 年 6—9 月在北京发生的广州管圆线虫病暴发性流行事件，确诊患者达 160 例。到 2008 年底，我国共计报告病例 380 多例，其中近 90% 病例发生于群体感染。我国广州管圆线虫病自然疫源地主要分布在长江以南的浙江、福建、江西、湖南、广东、广西、海南及台湾地区。但由于淡水螺类等产品流通便利，病例的发生不仅仅局限于自然疫源地,如上述发生的北京福寿螺事件,就是因为食用来自南方的福寿螺肉而感染。此病已成为威胁我国人民健康的重要食源性寄生虫病。

广州管圆线虫病是人兽共患病,成虫可寄生于几十种哺乳动物体内,包括啮齿类、犬类、猫类和食虫类,其中鼠类是最主要的传染源,而人是其非正常宿主。广州管圆线虫的中间宿主主要为一些软体动物,如一些螺类(福寿螺、褐云玛瑙螺等)和蛞蝓,其中,褐云玛瑙螺和福寿螺的广州管圆线虫幼虫的自然感染率分别为 29.76% 和 69.5%;转续宿主比较多,有蟾蜍、蛙、淡水鱼、淡水虾、蟹、陆栖蜗牛等。这些中间宿主和转续宿主多与人类生活密切相关。人类的感染主要是由不良饮食习惯引起,如生吃或半生吃一些螺类、鱼、虾、蟹及其制品等,这些都与本病的传播有关。

知识拓展

福寿螺

福寿螺原产地为南美洲亚马逊河流域,1981 年作为食用螺引入中国,因其适应性强,成为危害巨大的外来入侵物种。它们不仅危害生物多样性和农业生产,也成为疾病和寄生虫的载体,严重威胁人类的健康。

【防治】

积极做好灭鼠工作对预防本病有重要意义。要加强食品卫生和环境卫生的监测和管理,大力开展卫生宣教工作,增加自我保护意识,改变不良饮食习惯,不生吃或半生吃中间宿主(螺类)及转续宿主的肉,不吃未洗净的生菜、不喝生水。因幼虫可经皮肤侵入机体,故应预防在加工螺类的过程中受感染。

治疗本病尚无特效药,目前主要是对症治疗。缓解头痛可服用阿司匹林,也可腰椎穿刺适量排放脑脊液,以减轻颅内压。左旋咪唑、阿苯达唑有较好的杀虫效果,治疗时应注意虫体在脑和脊髓内死亡引起的不良反应,可配合地塞米松及甘露醇等对症治疗。眼部广州管圆线虫病治疗首先为外科手术摘除或激光治疗。

第十节 其他人体寄生线虫

一、结膜吸吮线虫

结膜吸吮线虫(*Thelazia callipaeda* Railliat & Henry,1910)隶属旋尾目、吸吮科、吸吮线虫属。该虫主要寄生于犬、猫等动物的眼部结膜囊及泪管内,亦可寄生于人结膜囊内,引起结膜吸吮线虫病(thelaziasis)。因本虫多在亚洲地区流行,故又称东方眼虫(oriental eyeworm),由其引起的疾病又称东方眼虫病。人体病例首先发现于我国北京(Stuckey,1917)和福建(Trimble,1917),故又曾称华裔吸吮线虫。迄今我国已有 300 多例该病的报道。

成虫细长,在眼部结膜囊内为淡红色,半透明,离开人体后为乳白色;虫体体表除头尾两端光滑外,其余部分均有微细的环状横纹,横纹边缘锐利,呈锯齿状。头端钝圆,有大而圆的角质性口囊,无唇,口囊外周具有两圈乳突,内圈 6 个,外圈 10 个。雌虫大小为

（6.2～20.0）mm×（0.30～0.85）mm，生殖器官双管型，阴门位于虫体前端食道与肠支连接处之前；肛门距尾端很近。雄虫大小为（4.5～15.0）mm×（0.30～0.75）mm，尾端向腹面弯曲，由泄殖腔伸出长短、形态各异的交合刺2根。雌、雄虫尾端肛门周围均有数对乳突。虫卵椭圆形，壳薄而透明，在子宫内的虫卵大小为（54～60）μm×（34～37）μm，在近阴门的卵内已含有幼虫。卵在产出之前卵壳逐渐变薄，形成包裹幼虫的鞘膜。产出的幼虫（卵胎生）大小为（350～414）μm×（13～19）μm（图18-25）。

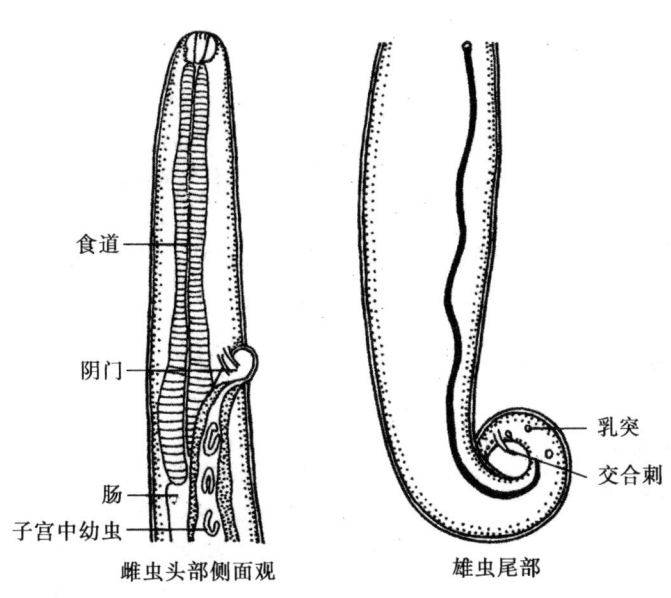

图18-25　结膜吸吮线虫形态

成虫寄生于终宿主犬、猫等动物的眼部结膜囊及泪小管内，偶可寄生于人的眼部，亦有兔、鼠、马、猴、貉、银狐和野狐等动物感染本虫的报道。雌虫在终宿主眼部结膜囊内产出幼虫，随眼的分泌物排出。当中间宿主蝇类在终宿主眼部舐食时，幼虫随眼分泌物进入蝇的消化道，经中肠进入血腔，经2～4周完成2次蜕皮，发育成感染期幼虫，并移至蝇头部的喙内。当蝇再次舐食其他宿主的眼分泌物时，感染期幼虫自蝇喙逸出，进入终宿主的眼部，在宿主眼部结膜囊内发育成熟，雌、雄成虫交配。实验结果表明，感染期幼虫在适宜温度（24～30℃）下经1～2个月发育为成虫，雌雄交配后雌虫开始产幼虫。成虫寿命2年以上。

成虫寄生在人结膜囊内，以上穹窿部外眦侧多见，其次为眼前房、泪小管，也可寄生于泪腺、结膜下等，以口囊吸附在眼部结膜上，并能自由移动。虫体体表的锐利横纹对患者眼部造成机械性损伤，同时虫体的分泌物和排泄物可造成化学性刺激，引起结膜炎和继发性感染。临床上患者可有眼部异物感、痒感、流泪、畏光、分泌物增多、眼痛和结膜充血、水肿等症状，但视力一般不受影响，取出虫体后症状便可消失。重者可伴有结膜充血、角膜溃疡、瘢痕形成，造成角膜混浊、视力下降等损害，也可引起继发性青光眼、眼睑外翻等并发症。如寄生于眼前房，可见丝状物浮动感、睫状体充血、房水混浊、眼压增高、瞳孔扩大。泪小管受损，可导致泪点外翻。以单侧眼部感染多见，双眼感染者少见。

本病诊断可根据自患者眼部取出的虫体，镜检后确定虫种而确诊。

结膜吸吮线虫病分布于亚洲地区。我国除青海、西藏、宁夏、甘肃、海南和台湾以外的26个省、自治区、直辖市均有分布，以湖北、山东、江苏、河南、安徽、云南和河北的病例较多。该虫主要的中间宿主和传播媒介为实冈田绕眼果蝇（*Amiota okadai* Maca，1977），该病的流行与蝇类繁殖活动季节有关，多发生在6—9月。本病属人兽共患病，犬、猫等动物为本病的重要传染源。人体感染与性别、年龄无关，主要取决于感染机会。该病多见于农村，特别是婴幼儿，这可能与农村养犬、猫较多，夏秋季果蝇类孳生，感染机会较多有关。

预防本病的关键是注意个人眼部卫生，特别是婴幼儿。蝇类是本虫的中间宿主和传播媒介，防蝇灭蝇是预防本病传播的重要措施。加强犬、猫的管理，以防人体感染。

治疗可用1%～2%可卡因（cocaine）液或1%普鲁卡因（procaine）液滴眼，虫体受刺激从眼角爬出，用眼科镊将虫取出，或用消毒棉签取出，并点滴抗生素眼液，以防止继发感染。

二、东方毛圆线虫

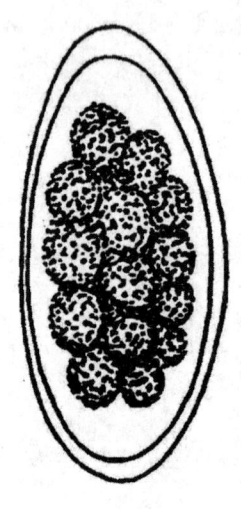

图18-26　东方毛圆线虫卵

东方毛圆线虫（*Trichostrongylus orientalis* Jimbo，1914）是一种寄生于绵羊、骆驼、马、牛及驴等动物的胃和小肠内的寄生虫，也可寄生于人体小肠内，引起毛圆线虫病（trichostrongylosis）。

成虫纤细，无色透明；体表具有不明显的横纹；口囊不显著，咽管呈圆柱形，为体长的1/7～1/6。雄虫大小为（4.3～5.5）mm×（0.072～0.079）mm，尾端交合伞明显，有1对交合刺，末端有小钩。雌虫大小为（5.5～6.5）mm×0.07 mm，尾端呈锥形；阴门位于体后1/6处，子宫内含虫卵5～16个，产卵能力不强。虫卵呈长椭圆形，一端较圆，一端稍尖，无色透明，大小为（80～100）μm×（40～47）μm，似钩虫卵而略长，壳薄，卵膜与卵壳间空隙在两端较明显。新鲜粪便中的虫卵内含10～20个胚细胞（图18-26）。

成虫寄生于绵羊、马、牛等食草动物或人的胃和小肠内。体外发育过程与钩虫相似，卵随宿主粪便排出体外，在适宜环境中孵出杆状蚴，经2次蜕皮发育为感染期幼虫，即丝状蚴。人常因生食或含吮被感染期幼虫污染的蔬菜、草叶而感染，也有因饮用含感染期幼虫的生水而感染者。感染期幼虫在肠腔内完成第3次蜕皮，侵入小肠黏膜，约经数日返回肠腔，经第4次蜕皮发育为成虫。从丝状蚴经口侵入人体到雌虫成熟产卵需16～36天，若经皮肤感染则需26～36天。

本虫所引起的病理改变不甚明显。东方毛圆线虫可引起患者腹痛、腹泻、腹胀等消化系统症状，一般腹痛症状较钩虫感染者略重。重度感染患者可有贫血以及由虫体代谢产物所引起的毒性反应。因本虫导致的临床症状与钩虫相似，又常与钩虫混合感染，故临床上与钩虫感染难以区分。

诊断本病以粪便中查见虫卵为确诊依据，粪检方法常用饱和盐水浮聚法，亦可用培养法查丝状蚴。检查时应注意与钩虫和粪类圆线虫的丝状蚴相区别。

东方毛圆线虫呈世界性分布，农村较城市多见，具有一定的地方性，如四川个别地区（潼南县）感染率高达50%。据全国人体肠道寄生虫感染调查显示，我国18个省、自治区、直辖市有本虫感染的报道，其中海南省感染率最高（0.729%），全国平均感染率为0.026%，全国感染人数可达27万。人体感染主要是因为误食被感染期幼虫污染的蔬菜等食物，或接触了被感染期幼虫污染的土壤。

防治原则与钩虫相同。

三、美丽筒线虫

美丽筒线虫（*Gongylonema pulchrum* Molin，1857）主要寄生于哺乳动物（特别是反刍动物）口腔、食管黏膜和黏膜下组织，偶尔也可寄生于人体，引起美丽筒线虫病（gongylonemiasis）。人体感染的病例最早由 Leidy（1850）在美国及 Pane（1864）在意大利先后发现，此后世界各地陆续有散在病例报道。在我国，从 1955 年在河南发现第一例后，迄今已报道病例百余例，分布于 20 个省、自治区、直辖市，其中山东病例最多，其次是山西。

成虫细长如线状，乳白色；寄生于反刍动物体内的雄虫大小为（21.5～62）mm×（0.1～0.36）mm，雌虫大小为（70～145）mm×（0.2～0.53）mm；寄生于人体内的虫体较小，雌虫大小为（32～68.8）mm×（0.2～0.37）mm，雄虫大小为（21～30.68）mm×（0.16～0.23）mm。虫体体表有明显横纹，前端正中有口，较小，呈漏斗状，周围有分叶状唇，上有 8 个小乳突。体前部表皮有成行排列的许多大小不等、形状各异、数目不同的花缘状表皮突，背面及腹面各 4 行。近前端两侧各有 1 个颈乳突，其后为 1 对呈波浪状的侧翼。雄虫尾部有明显的膜状尾翼，左右不对称；尾部末端有 4 对乳突和交合刺 1 对，交合刺大小不等，形状各异。雌虫尾端不对称，呈钝锥状，略向腹面弯曲；阴门位于肛门稍前方（图 18-27）。虫卵椭圆形，大小平均为 48 μm×27 μm；无色透明，壳厚，表面光滑；内含幼虫。

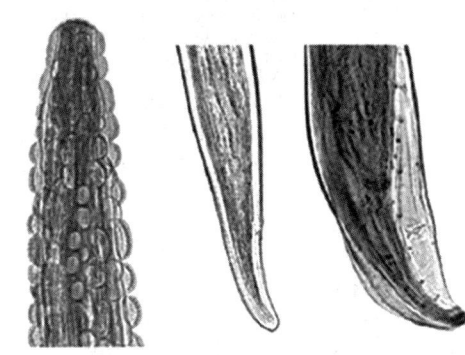

图 18-27 美丽筒线虫形态

美丽筒线虫生活史包括在终宿主（羊、牛、猪、熊、猴等动物及人）和中间宿主（蜣螂、蜚蠊等）体内发育和繁殖的过程。成虫寄生于终宿主的口腔、咽、食管的黏膜和黏膜下层，人为偶然宿主。雌虫产出的虫卵自黏膜破溃处进入消化道，随宿主的粪便排出体外，被蜣螂（dung beetle）、蜚蠊（cockroach）、螳螂（mantis）、蝗虫（grasshopper）、天牛（longhorn beetle）等中间宿主吞食后，卵内幼虫在其食道内孵出，穿过消化道进入体腔，经 2 次蜕皮，发育为囊状感染期幼虫，终宿主误食此感染期幼虫后，幼虫破囊而出，侵入胃或十二指肠黏膜内，再向上移行至食管、咽或口腔等处黏膜内寄生，约经 2 个月发育为成虫。成虫在人体内可寄生 1.5 年左右，个别可长达 5 年以上。

成虫在人体主要寄生于口腔（如上唇、下唇、舌、颊、颚、齿龈等）、咽喉或食管等的黏膜及黏膜下层。虫体在黏膜和黏膜下层自由移动，速度较快，对局部造成机械性刺激及代谢物、分泌物等的化学性刺激，在寄生的局部黏膜可出现水疱、血疱及乳白色的线形弯曲隆起。临床上患者出现虫样蠕动感、局部痒感、异物感、刺痛感、麻木感及肿胀、疼痛、黏膜粗糙、涎液增多等。重者可出现舌和颊麻木僵硬、声音嘶哑、吞咽困难等。寄生于食管黏膜下层时可造成黏膜浅表溃疡，引起吐血。有的患者还可出现精神不安、失眠、恐惧等精神症状。血中嗜酸性粒细胞增多，可高达白细胞总数的 20%。

根据患者的口腔症状（黏膜上有异物爬行感）和病史可做初步诊断。通过用消毒针挑破患处隆起黏膜，取出虫体镜检即可确诊。人体感染与饮食、饮水卫生和生活习惯有关，如山西和山东等地有烤吃蝗虫、螳螂、甲虫及烧吃蜣螂的习惯；感染期幼虫污染水源、蔬菜等，人因误食也可感染。

主要预防措施是加强宣传教育，注意饮食卫生，不饮生水，禁食甲虫、蝗虫、蜚蠊等昆虫。治疗方法主要是在局部麻醉下挑破患处黏膜取出虫体，也可在患处涂以普鲁卡因溶液，使虫体易从黏膜内移出。

四、麦地那龙线虫

麦地那龙线虫 [*Dracunculus medinensis*（Linnaeus, 1758）Gallandant, 1773] 成虫寄生于人和多种哺乳动物组织内，引起麦地那龙线虫病（dracunculiasis）。

成虫形似一根粗白线，前端钝圆，体表光滑，有细环纹。雌虫长 60~120 cm，宽 0.9~2.0 mm，成熟雌虫体腔被子宫充满，子宫双管型，内含大量第 1 期幼虫；雄虫长 12~40 mm，宽 0.4 mm，末端向腹面卷曲 1 圈或数圈，尾端有交合刺 2 根。幼虫大小约为 636 μm×8.9 μm，体表有明显的细环纹，尾部细长，约占虫体的 1/3（图 18-28）。

成虫寄生于终宿主（人或哺乳动物）组织内，雌雄交配后，成熟的雌虫自寄生部位移行至四肢、背部的皮下组织，头端伸向皮肤表面，此时子宫内已有成千上万条第 1 期幼虫，由于内外压力使子宫破裂，极为活跃的第 1 期幼虫被大量释出。这些幼虫可引起宿主强烈的免疫反应，使皮肤表面形成水疱，水疱最后溃破。当溃破部位与冷水接触时，成虫受到刺激，虫体前端与其子宫伸出伤口，间歇地产幼虫于水中，雌虫产完幼虫后缩回到组织内，虫体死亡后被组织吸

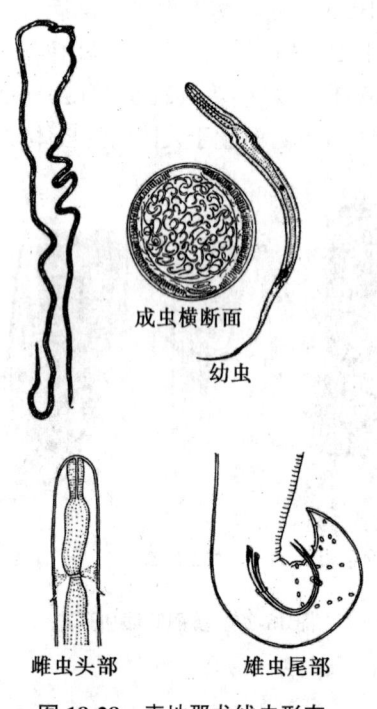

图 18-28　麦地那龙线虫形态

收，伤口很快愈合。

幼虫进入水中，若被中间宿主剑水蚤吞食，在适宜温度下约经 2 周，在其体内发育为感染期幼虫。当人或哺乳动物误食含感染期幼虫的剑水蚤后，幼虫在十二指肠处从剑水蚤体内逸出，钻入肠壁，经肠系膜、体腔、胸腹肌移行至皮下结缔组织，并穿过皮下结缔组织到达腋窝和腹股沟区。虫体约经 3 个月发育为雌、雄成虫，雄虫在感染后 3~7 个月内死亡，雌虫受精后移行到终宿主皮下，产出第 1 期幼虫。

感染期幼虫在体内移行及发育时，虫体经过处或所在部位常无明显病变。本虫的致病作用主要有雌虫移行至皮肤过程中引起的机械性损害，患者皮肤出现条索状硬结和肿块，释放的幼虫可引起局部疼痛、水疱、脓疱、蜂窝组织炎、溃疡等症状。此外，雌虫释放的代谢产物可引起荨麻疹、血管性水肿和其他全身症状，如发热、头晕、恶心、呕吐、腹泻，血中嗜酸性粒细胞增高。虫体还可侵犯中枢神经系统，引起瘫痪，也可引起眼部、心脏及其他器官的病变。当雌虫产完幼虫将破溃虫体缩回组织内，可造成继发细菌感染。我国报告的 1 例病例为 12 岁男童，其病变部位为左侧腹壁皮下，手术从肿块内取出一条麦地那龙线虫雌虫的片段。

诊断本病的方法包括病史和皮肤上典型水疱。皮肤水疱溃破后，在伤口处滴少许水，片刻后取伤口表面的液体至载玻片上，镜检有无运动活跃的幼虫。最可靠的确诊依据是查到自伤口伸出的雌虫，但须与皮下寄生的裂头蚴相鉴别。X 线检查有助于宿主体内虫体钙化的诊断。皮内试验、IFAT 或 ELISA 等免疫学方法可作为辅助诊断。

本病是一种人兽共患寄生虫病，呈世界性分布，特别是印度、巴基斯坦、西南亚以及非洲一些国家流行较为严重。日本、朝鲜和我国人体感染仅见个例报告。本病的流行主要有两个

环节；饮用含剑水蚤的生水及患者与水接触，亦可因生食泥鳅（loach）引起。本病感染的年龄多在 14～40 岁，发病季节以 5—9 月为最高。本病在 20 世纪曾是严重危害人类特别是青少年健康的寄生虫病，据世界卫生组织（1990）报道，全球每年有 500 万～1000 万人感染本虫，约有 1.2 亿人受该病威胁。经过多年的大力防治，到 2012 年 6 月，非洲仅有南苏丹报告 142 例，埃塞俄比亚报告 1 例。在我国，家畜感染的报告较多，而人体病例仅有王增贤（1995）报告 1 例。

预防本病主要是注意饮水卫生，不饮生水（特别是自然界中的生水）。治疗本病可用适量冷水置于暴露在伤口外的虫体上，使雌虫伸出产幼虫，然后用一根小棒卷上虫体，慢慢卷出长约 5 cm 的虫体，以后每天卷 1 次，大约 3 周即可将全虫取出。化学治疗药物可用甲硝唑（metronidazole）和噻苯达唑（thiabendazole）。

五、棘颚口线虫

棘颚口线虫（*Gnathostoma spinigerum* Owen，1836）主要寄生于犬、猫、虎、豹等食肉动物的体内，第 3 期幼虫偶尔可寄生于人体，引起人体颚口线虫病（gnathostomiasis）。

成虫粗壮，活时鲜红色，略透明，两端略向腹面弯曲。头部球形，周围有 8 圈小钩，口位于顶部中央，口周有 1 对肥厚而明显的肉质唇。颈部狭窄，体前半部和近尾端处被有许多叶状体棘，体棘的形状和大小有明显差异，具有分类学意义。雄虫长 11～25 mm，末端膨大形成假交合伞，有 4 对有柄乳突，1 对长短不一的交合刺。雌虫长 25～54 mm，阴门位于体中后部。虫卵椭圆形，大小为（62～79）μm×（36～42）μm，黄棕色；卵壳表面呈颗粒状，一端有帽状透明塞，内含 1～2 个卵细胞（图 18-29）。

成虫寄生于终宿主犬、猫等食肉动物的胃壁瘤块中，多数终宿主体内只有单个瘤块，瘤块破溃后虫卵经破溃处落入消化道，随粪便排出。在 27 ℃水中，经 7 天孵出第 1 期幼虫，幼虫被第一中间宿主剑水蚤吞食后，经 7～10 天发育为第 2 期幼虫。当含第 2 期幼虫的剑水蚤被

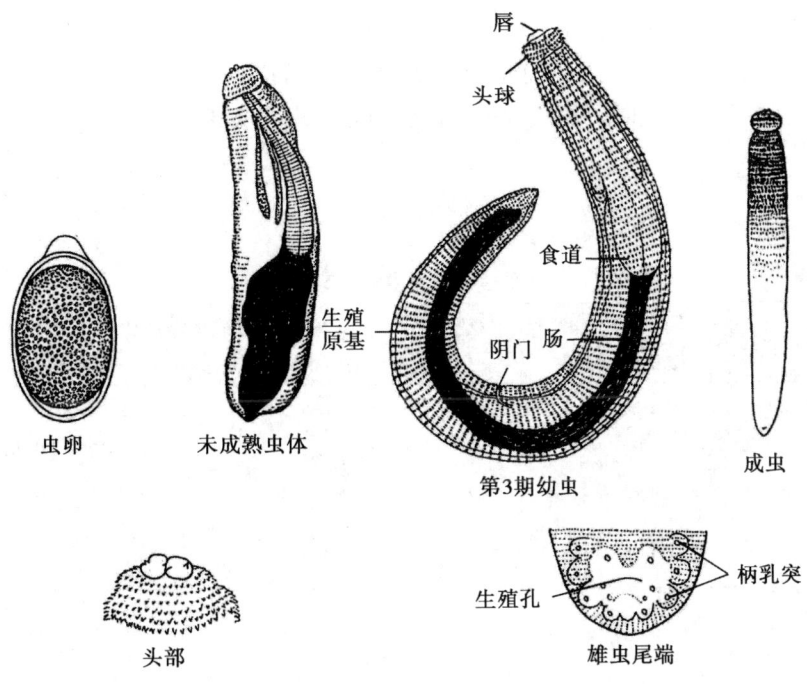

图 18-29　棘颚口线虫形态

第二中间宿主（淡水鱼、蛙等）吞食后，大部分移行至肌肉，1个月后发育为第3期幼虫。终宿主（犬、猫等动物）食入感染有棘颚口线虫幼虫的第二中间宿主（淡水鱼、蛙、乌鳢、泥鳅、黄鳝等）后，第3期幼虫在其胃内脱囊，穿过胃肠壁移行至肝、肌肉或结缔组织等处发育，在近成熟时，返回宿主胃壁，在黏膜下形成特殊的瘤块，逐渐发育为成虫。第3期幼虫也可经皮肤、胎盘或口腔黏膜感染终宿主。感染后100~150天即可在终宿主的粪便中检出虫卵。一个瘤块中常有1至数条虫体寄生。成虫寿命可达10年以上。

蛇、鸡、猪、鸭等动物食入含有第3期幼虫的鱼或蛙后，幼虫在其体内不能进一步发育，故为转续宿主。人不是本虫的适宜宿主，感染后在人体组织内寄生的虫体停滞在第3期幼虫或性未成熟的成虫早期阶段。

本虫的致病作用主要是幼虫在人体皮肤或内脏内移行造成机械性损害及虫体的代谢产物和分泌物（如类乙酰胆碱、含透明质酸酶的扩散因子、蛋白水解酶等）刺激引起的超敏反应。病变部位广泛，一般分为皮肤幼虫移行症和内脏幼虫移行症两种类型。皮肤幼虫移行症可在全身各部位出现匐行疹或间歇性大小不等的皮下游走性包块；局部皮肤表面发红，可有灼热感、痒感，疼痛不明显。内脏型幼虫移行症在各脏器均可出现，临床表现随寄生部位的不同而异；幼虫进入脑组织，可引起嗜酸性粒细胞增多性脑脊髓炎，患者表现为严重的神经根痛、四肢麻痹、嗜睡、昏迷，严重者可致患者死亡；如在消化、呼吸、泌尿系统中移行或寄居，可引起相应的症状。

皮肤型颚口线虫病可经外科手术从病变组织中取出虫体行镜检确诊。对内脏型颚口线虫病的诊断，可依据患者有生食或半生食淡水鱼或转续宿主史，血中嗜酸性粒细胞增多（占白细胞总数的10%~96%），并辅以免疫学方法诊断。

本虫主要分布于亚洲，其中以日本和泰国最为严重，可能与当地人喜食生鱼有关。颚口线虫病在我国分布广泛，散在分布于浙江、江苏、安徽、湖南、湖北、山东、河南、江西、广东、海南、台湾、陕西、福建、上海、黑龙江共15个省、直辖市。人的感染大多是由于生食或半生食鱼、鸡、鸭和猪等肉类而引起，也有经皮肤感染的报道。颚口线虫病是人兽共患寄生虫病，猫的感染率可高达40%。棘颚口线虫第二中间宿主和转续宿主的种类繁多，全球有100余种，包括鱼类、两栖类、爬行类、鸟类和哺乳类等。治疗皮肤型颚口线虫病主要靠外科手术取虫，噻苯达唑有一定的杀虫作用，可用于内脏型颚口线虫病的治疗。加强宣传教育，注意饮食卫生，不食生的或半生的鱼类、禽鸟类、两栖类、爬行类和哺乳类等肉类，不喝生水。此外，在处理含有本虫的肉类时，应佩戴手套，以防止幼虫经皮肤感染。

（刘光英）

几种线虫与线虫病学习要点

学习要点	似蚓蛔线虫	毛首鞭形线虫	蠕形住肠线虫	十二指肠钩口线虫和美洲板口线虫	班氏吴策线虫和马来布鲁线虫	旋毛形线虫
主要致病	蛔虫病	鞭虫病	蛲虫病	钩虫病	淋巴丝虫病	旋毛虫病
人兽共患病	否	否	否	否	马来布鲁线虫是	是
食源性寄生虫病	是	是	是	否	否	是

续表

学习要点	似蚓蛔线虫	毛首鞭形线虫	蠕形住肠线虫	十二指肠钩口线虫和美洲板口线虫	班氏吴策线虫和马来布鲁线虫	旋毛形线虫
典型临床表现	咳嗽、哮喘、嗜酸性粒细胞增多、腹痛、肠梗阻、胆绞痛等	发热、嗜酸性粒细胞增多、腹痛、腹泻、便血、脱肛、水肿等	肛周和会阴部瘙痒、烦躁失眠、磨牙、食欲缺乏、夜惊	皮肤奇痒、烧灼感、发热、咳嗽、咯血、腹痛、腹泻、便血、气促、乏力、贫血、吃生米、生豆等	"流火"、淋巴结肿大、丹毒样皮炎、下肢和阴囊象皮肿、乳糜尿、哮喘、嗜酸性粒细胞增多	恶心、呕吐、腹痛、腹泻、肺炎、心肌炎、脑膜脑炎、颅内高压
感染期	感染期虫卵	感染期虫卵	感染期虫卵	丝状蚴	丝状蚴	幼虫囊包
寄生部位	小肠	盲肠、结肠、直肠、回肠	盲肠、结肠、回肠下端	小肠上部	成虫：淋巴系统 微丝蚴：血液	成虫：小肠 幼虫：横纹肌
致病阶段	成虫、幼虫	成虫	成虫	成虫、幼虫	成虫、微丝蚴	成虫、幼虫
感染方式	误食被感染期卵污染的食物或水	误食被感染期卵污染的食物或水	被感染期卵污染的手指、食物、玩具经口感染或呼吸道吸入虫卵	皮肤接触被丝状蚴污染的土壤或植物、食入生菜、经胎盘或者母乳传播	蚊虫叮咬	生食或半生食含幼虫囊包的猪、羊、马、犬等肉制品
病原学诊断	粪便检查虫卵或成虫；痰液检查幼虫	粪便检查虫卵	在肛门周围皮肤用透明胶纸法或肛门棉拭子法检查虫卵；粪便中检出成虫	粪便检查虫卵或钩蚴培养法检查幼虫	在外周血、乳糜尿、体液中检查微丝蚴；淋巴结活检成虫	肌肉活检幼虫囊包；对患者所食剩余肉类检查幼虫
传染源	患者、带虫者	患者、带虫者	患者、带虫者	患者、带虫者	外周血液里有微丝蚴的患者和带虫者（马来布鲁线虫还包括动物）	猪、羊、马、犬、鼠等
感染途径	经口	经口	经口、呼吸道	经皮肤、胎盘	蚊叮咬、经皮肤	经口
传播媒介	无	无	无	无	按蚊、库蚊	无

（胡立志）

思 考 题

1. 简述钩虫寄生导致患者慢性失血的原因。
2. 淋巴丝虫病慢性阻塞性病变有哪些临床表现？
3. 根据旋毛虫的生活史特点，阐述旋毛虫病流行特点及其意义。
4. 简述旋毛虫对人体的致病过程和主要的临床表现。
5. 粪类圆线虫发生自身感染时的感染途径有哪些？
6. 试比较粪类圆线虫丝状蚴与钩虫丝状蚴形态的异同点。
7. 男性，10岁。家住某市市郊农村。因恶心、呕吐、上腹部绞痛入院。患者1天前出

现上腹部阵发性绞痛且伴有恶心、呕吐，疼痛甚至一直放射到了背部；4 小时前疼痛持续并不断加重，伴有畏寒、发热等症状。查体：T 38.1 ℃，P 95 次/分。面色苍白伴大汗。右上腹压痛、反跳痛。B 超结果显示，患者为急性胆囊炎、胆管炎、胆道内疑似有蛔虫。医生随即对患者进行胆道探查手术，从胆道内取出 2 条蛔虫。术后给患者顿服左旋咪唑 150 mg，第 2 天患者从肛门排出 6 条蛔虫。诊断：胆道蛔虫症、肠蛔虫病。请回答：

(1) 患者是如何感染该寄生虫的？

(2) 蛔虫病的常见并发症有哪些？

(3) 患者为什么会出现胆道蛔虫症？这与蛔虫的什么习性有关？引起蛔虫并发症的诱发因素有哪些？

第四篇

医学节肢动物学

第十九章 医学节肢动物学概论

第十九章数字资源

医学节肢动物是属于节肢动物门（Phylum Arthropoda）的动物种类。目前已知的节肢动物种类超过百万种，占到动物界种类的87.5%，仅已经描述的昆虫种类就超过150万种，已经描述的螨类也超过5万种。大多数节肢动物营自生生活，少数营寄生生活。凡是能够直接或间接危害人畜健康的节肢动物称为医学节肢动物（medical arthropod），研究医学节肢动物的分类、形态、生活史、生态、地理分布、致病和防制的科学称为医学节肢动物学（medical arthropodology）。由于昆虫纲的种类在医学节肢动物中占了较大比重，因此，通常将其称为医学昆虫。医学节肢动物可以通过骚扰、刺螫、吸血、释放毒素、寄生和传播病原体等方式危害人类健康。

一、节肢动物的主要特征

节肢动物以下列特征区别于其他动物。

1. 虫体左右对称，躯体分节，具成对分节的附肢，如足、触角、触须等。
2. 体表由几丁质及醌单宁蛋白（quinone tanned protein）组成，亦称外骨骼（exoskeleton），其内侧附着有横纹肌。
3. 体腔即血腔（hemocoel），循环系统开放式，血淋巴在体腔内流动，因此，体腔称为血腔，心脏在背面，神经系统在腹面。
4. 呼吸系统有鳃或气门及气管，在呼吸肌作用下进行呼吸，通过气门与各级气管输送气体到达相应器官或组织，进行氧和二氧化碳的交换。
5. 发育过程中都有蜕皮（ecdysis, molt）和变态（metamorphosis）现象。

二、医学节肢动物的主要类群

节肢动物门有13个纲，与医学有关的节肢动物种类分属于以下五个纲。各纲主要特征和重要虫种如下。

1. **昆虫纲（Insecta）** 体分为头部、胸部和腹部3部。头部有1对触角、1对复眼和一套口器，胸部腹面着生3对足、背面有1对或2对翅。如蚊、蝇、白蛉、蚤、虱和蜚蠊（蟑螂）等。

2. **蛛形纲（Arachnida）** 体分头胸部和腹部两部，或头胸腹三部分愈合，形成颚体和躯体。躯体前端为颚体，为取食器官，无触角；躯体着生4对足，无触角和翅。如硬蜱、软蜱、

恙螨、疥螨、蠕形螨和革螨等。

3. 甲壳纲（Crustacea） 虫体分头胸部和腹部。头胸部有2对触角、5对步足，无翅。如剑水蚤、淡水虾、淡水蟹和蝲蛄等。

4. 唇足纲（Chilopoda） 虫体窄长，背腹扁平，由头部及若干体节组成。头部有触角1对。各体节有足1对，第一体节末端有1对毒爪，内有毒腺的开口，通过排出有毒物质伤害人体。如蜈蚣。

5. 倍足纲（Diplopoda） 体呈圆筒形或背腹扁平，由头部和若干体节组成。头部有触角1对；除第一体节外，每节有足2对；其所分泌的物质接触到人的皮肤引起全身或局部过敏反应，无翅。如马陆。

三、节肢动物生态

知识拓展

昆虫生态学简介

昆虫生态学（insect ecology）是研究昆虫与周围环境相互关系的学科。昆虫生态学研究的内容，按对象的层次可分为4项。

（1）个体生态学（autecology of insects），是以昆虫个体为对象，研究某种昆虫对环境条件的适应性和可塑性，以及环境因素对其形态、生长发育、繁殖、存活、习性、行为等的影响。

（2）昆虫种群生态学（population ecology of insects），是以昆虫种群为对象，研究在一定环境和时间、空间条件下，昆虫种群数量变动及其变动的原因。

（3）昆虫群落生态学（community ecology of insects），是以群落为对象，研究在一定区域和时间、空间内，昆虫所处群落的结构、功能、演替及其原因等。

（4）生态系统生态学（ecosystem ecology），是以生态系统为对象，研究昆虫在该生态系统中的地位和作用。

由于昆虫生态学与其它学科间相互渗透，形成了许多分支学科，一般有昆虫实验生态学（experimental ecology of insects）、昆虫物理生态学（physical ecology of insects）、昆虫化学生态学（chemical ecology of insects）、昆虫数学生态学（mathematical ecology of insects）、昆虫地理生态学（geographic ecology of insects）、昆虫遗传生态学（genetic ecology of insects）、昆虫古生态学（paleoecology of insects）、昆虫比较生态学（comparative ecology of insects）、昆虫行为生态学（behavior ecology of insects）、昆虫经济生态学（economical ecology of insects）等。

构成昆虫生存环境条件总体的各种生态环境因素，按其性质可以分为两大类：一类是非生物因素，即气候因素，或称为无机因素，主要有温度、湿度、降水、光、风、土壤、地形、人为活动影响等。另一类是生物因素，即有机因素，主要包括昆虫的食物和天敌。

昆虫生态学的主要任务是研究昆虫对不同生态环境的适应性及变异现象，分析昆虫种内、种间关系及其对环境条件反应的行为机制，研究昆虫种群在不同地域、环境和时间、空间内的数量动态规律，昆虫在所处群落和生态系统中的地位、作用，以及改变自然环境后昆虫生存和数量变动状况等，为环境保护、资源昆虫的保护利用、昆虫区系、害虫综合治理、预测预报等提供理论依据。

节肢动物生态学是指研究节肢动物的生命活动与周围环境的相互关系的学科。主要研究节肢动物的个体生态，即环境因素与节肢动物的生长、发育、繁殖、寿命、滞育、越冬、产卵、食性和栖息等生理行为的相互关系。环境因素包括温度、相对湿度、光照、雨量、食物、其他生物以及土壤、植被等因素。研究医学节肢动物生态特性，了解各种环境因素的作用，对传播媒介的防制及有关虫媒病的防治均具有重要意义。现将影响节肢动物的主要环境因素分述如下。

1. 温度 节肢动物是变温动物，因此，温度是影响节肢动物最显著的气候因素，且影响是多方面的。各种节肢动物都要求有一定的适宜温度范围，即适宜温区（optimum temperature range），在此范围内，节肢动物可以进行正常的生命活动，不同种类的节肢动物或其不同的发育阶段，其开始发育的起始点温度是各不相同的。温度也影响节肢动物的繁殖，主要表现为影响其性成熟、交配活动、生殖营养周期、产卵数目、虫卵孵化率以及卵发育成熟速度等。生殖营养周期（gonotrophic cycle）系指雌虫吸血、卵巢及卵发育到产卵的整个过程，包括饱吸血液、胃血消化与卵巢内部卵的发育成熟并产出三个阶段，如中华按蚊，在平均温度17 ℃时完成一次生殖营养周期需96小时，而在29 ℃仅需60小时；白纹伊蚊在平均温度20 ℃时，每只雌蚊平均产卵约230粒，而在30 ℃时产卵约403粒；人虱卵在温度低于24 ℃或高于37 ℃时不能孵化。温度对节肢动物的摄食、吸血和寿命也有很大影响，如蚊虫在低于15 ℃时基本不吸血；在20 ℃时白纹伊蚊的平均寿命为41天，而在30 ℃时约为25天，表明节肢动物的寿命在适宜温区内随温度上升而缩短。

2. 湿度 相对湿度是通过影响节肢动物水分的平衡和代谢，从而影响其发育速度和寿命。大多数虫种都要求较高湿度，对相对湿度的要求也有一定范围，且因种类及发育阶段不同而异。湿度与节肢动物的关系可分为适宜、有害或致死。湿度和温度是协同发挥作用的，即使在适宜温度下，当相对湿度低于52% RH时，蚊虫不仅不能刺叮吸血，且易死亡；家蝇卵在湿度低于90% RH时不能孵化。

3. 光照 主要影响节肢动物的行为活动，光照也是导致滞育（diapause）的首要因素，通常短日照引起节肢动物滞育。节肢动物的越冬行为除与温度下降有关外，主要影响因素是光照。越冬是节肢动物对冬季气候变化的一种生理性适应，温度下降导致蚊虫的活动受到抑制或发育停止。越冬表现有两种方式：一种是静止（quiescence），仅由于冬季短日照与低温度的不良环境的影响而产生的一种暂时性生理状态，一旦环境条件改变，即可恢复生长发育；另一种是滞育，是生长发育停滞程度较深的生理状态，由节肢动物体内的激素所控制，是对环境条件长期适应的结果。越冬的机制主要受光照、温度、物种的遗传性以及蚊体内分泌调节等诸多因素的影响。光照还影响节肢动物的昼夜活动、交配产卵、取食及栖息活动等。例如，昼行性节肢动物和夜行性节肢动物，其活动和觅食时间分别在白天或夜间进行；某些昆虫交配前的群舞（group dancing，flight mating）活动（交配的前奏）与光照有关，如蚊虫群舞多在黄昏，而库蠓则从黎明到黄昏；多种昆虫对不同强度的光照都有不同的行为反应，即分为趋光性和避光性两类。

4. 食物 是影响节肢动物生命活动、种群数量及分布的重要因素。根据食性不同可分为血食性（吸血）和非血食性（不吸血）节肢动物。血食性的节肢动物与医学关系密切，又分为单血食性与多血食性。单血食性者只吸食一种宿主血液，如人虱仅吸人血，故只在人群间传播疾病；多血食性者则可吸食多种宿主的血液，如多种蚊、白蛉、蚤、蜱和恙螨幼虫等，可以在人与动物之间传播人兽共患病，危害性更大。吸血双翅目昆虫的雄虫多以花蜜及植物汁液为食；有些蜱类，雄虫只有吸血后才能形成精子，因此，在饥饿状态下不能交配。有的昆虫在不同发育阶段对食物种类需求也不同。

5. 生物因素 是指对节肢动物生存有影响的天敌、寄生物以及周围环境中的植物等。天

敌种类繁多，如蝙蝠、鸟类、鱼类及多种水生生物，有的已用于防制蚊虫。寄生物包括某些种的病毒、细菌、真菌、原虫和线虫等，可用于医学节肢动物的生物防制。植物除了可作为节肢动物的食物外，还提供节肢动物栖息、孳生环境的场所等。

6. 其他因素 不同地理环境的地质，包括土壤、植被和降雨量等因素。各种水体，土壤和水体的氧饱和度、pH、盐度、矿物质含量和有机物浓度等都对节肢动物的生存、分布、孳生等环境有重要影响。

节肢动物的生态学研究，除个体生态学研究、种群生态学研究、群落生态学研究外，还包括景观生态学研究和分子遗传学研究。

四、医学节肢动物的危害

医学节肢动物对人的危害包括直接和间接两种方式。

1. 直接危害 指医学节肢动物通过吸血、骚扰、直接成为病原体和分泌毒物损害人体。例如，蝇的幼虫（蛆）寄生于人体多处器官、组织，引起多种蝇蛆病；疥螨、蠕形螨寄生于人体皮肤引起疥疮和蠕形螨病等；蝎子和蜈蚣刺螫时分泌的毒液注入人体，致局部红肿疼痛；接触桑毛虫、松毛虫的毒毛和毒液可以引起人体皮炎、结膜炎，松毛虫还可导致骨关节免疫病理损害，甚至导致骨关节畸形；毒隐翅虫的体液接触皮肤可引起皮炎；多种吸血昆虫，如蚊、白蛉、蠓、蚋、虻等，吸血后引起局部皮肤红肿、痛痒；有些硬蜱吸血时，其唾液分泌物中的毒素可使宿主神经传导阻滞，引起人体上行性肌肉麻痹，即导致"蜱瘫痪"（tick paralysis）；某些节肢动物的唾液、分泌物、排泄物和皮壳等异性蛋白，可导致人体超敏反应，如尘螨引起哮喘、鼻炎等。此外，蚊、蝇活动在人的周围，甚至在身体裸露部爬行，影响人的工作和休息；吸血昆虫叮刺人等，均对人类造成骚扰。

2. 间接危害 指医学节肢动物作为媒介携带病原体，在人群之间或人与动物之间传播多种传染病，此种方式是医学节肢动物对人类最重要的危害。传播疾病的医学节肢动物称为传播媒介，或病媒节肢动物，或病媒昆虫，其所传播的疾病称为虫媒病（arbo-disease）。根据医学节肢动物与其所携带病原体的关系，将医学节肢动物的传播方式分为两类。

（1）机械性传播（mechanical transmission）：病媒节肢动物携带传播病原体，活的病原体可以通过附着在节肢动物的体表、口器或通过消化道传播给另一宿主人体，病原体的形态和数量均未发生变化，如痢疾、伤寒、霍乱等疾病的病原体，是通过蝇和蟑螂等媒介将其从粪便携带到食物、餐具而造成人群感染疾病。杂食性的节肢动物多以此方式传播疾病。

（2）生物性传播（biological transmission）：病原体需在节肢动物体内经历发育和（或）繁殖的过程，才能传播至人体。这类媒介节肢动物与病原体之间有特殊的生物学关系，即只有特定的节肢动物才适合于病原体在其体内发育和（或）繁殖，之后病原体才具有感染性，节肢动物既是病原体的宿主又是疾病的传播媒介。根据病原体在节肢动物媒介体内发育和（或）繁殖的情况不同分为以下 4 种方式。

增殖式：病原体在节肢动物体内繁殖，只有数量增加，而无形态改变。如蚤传播鼠疫耶尔森菌（*Yersinia pestis*）。

发育式：病原体在节肢动物体内发生了形态结构及生理生化特性等方面的变化，数量没有增加。如丝虫幼虫微丝蚴在雌蚊胃内，经过脱鞘进入胸肌发育为感染期幼虫，只有发育，没有数量增加。

发育增殖式：病原体在节肢动物体内既发生了形态改变，也有数量增加。如按蚊传播疟原虫，在蚊体内疟原虫的配子体经历发育和繁殖形成子孢子的过程。

经卵传递式：病原体在节肢动物体内繁殖后，可侵入雌虫卵巢的卵子内，经卵传递到下一代，病原体仍保持感染力。如恙螨传播恙虫东方体、硬蜱传播森林脑炎病毒、蚊传播日本脑炎病毒和登革病毒等。

我国常见的生物性传播的虫媒病与主要传播媒介、传播方式列于表 19-1。

表 19-1　我国常见的主要生物性传播虫媒病

主要虫媒病	病原体	主要传播媒介	传播方式	感染途径
流行性乙型脑炎（日本乙型脑炎，Japanese B encephalitis）	乙型脑炎病毒	三带喙库蚊	经卵传递式	叮咬
森林脑炎（forest encephalitis）	森林脑炎病毒	全沟硬蜱	经卵传递式	叮咬
登革热（dengue fever）	登革病毒	白纹伊蚊、埃及伊蚊	经卵传递式	叮咬
新疆出血热（Xinjiang haemorrhagic fever）	克里米亚-刚果出血热病毒	亚东璃眼蜱	经卵传递式	叮咬
肾综合征出血热（hemorrhagic fever with renal syndrome）	汉坦病毒	格氏血厉螨	经卵传递式	叮咬
流行性斑疹伤寒（epidemic typhus）	普氏立克次体	人虱	增殖式	虱粪污染皮肤伤口、黏膜
鼠型斑疹伤寒（murine typhus）	莫氏立克次体	印鼠客蚤	增殖式	蚤粪污染皮肤伤口
恙虫病（tsutsugamushi disease）	恙虫东方体	地里纤恙螨、小盾纤恙螨	经卵传递式	叮咬
Q 热（Q fever）	贝氏立克次体	微小牛蜱、铃头血蜱	经卵传递式	叮咬或蜱粪污染伤口
鼠疫（plague）	鼠疫耶尔森杆菌	印鼠客蚤、致痒蚤等	增殖式	叮咬
虱传回归热（louse-borne relapsing fever）	回归热疏螺旋体	人虱	增殖式	虱体液污染伤口、黏膜
蜱传回归热（tick-borne relapsing fever）	波斯疏螺旋体、拉氏疏螺旋体	乳突钝缘蜱、特突钝缘蜱	经卵传递式	蜱叮咬或基节腺液污染皮肤伤口
莱姆病（Lyme disease）	伯氏疏螺旋体	全沟硬蜱	经卵传递式	叮咬
黑热病（kala-azar 或内脏利什曼病 visceral leishmaniasis）	杜氏利什曼原虫	中华白蛉、长管白蛉、亚历山大白蛉	发育增殖式	叮咬
疟疾（malaria）	间日疟原虫、恶性疟原虫	中华按蚊、嗜人按蚊、微小按蚊、大劣按蚊	发育增殖式	叮咬
微小膜壳绦虫病（hymenolepiasis nana）	微小膜壳绦虫	某些种类蚤和甲虫	发育式	经口
缩小膜壳绦虫病（hymenolepiasis diminuta）	缩小膜壳绦虫	某些种类蚤、甲虫、蜚蠊	发育式	经口
犬复孔绦虫病（dipylidium caninum）	犬复孔绦虫	某些蚤类	发育式	经口
班氏丝虫病（filariasis bancrofti）	班氏吴策线虫	致倦库蚊、淡色库蚊	发育式	叮咬
马来丝虫病（filariasis malayi）	马来布鲁线虫	中华按蚊、嗜人按蚊	发育式	叮咬

五、病媒节肢动物的判定

确定某地理区域流行的某种疾病是否由某种节肢动物作为媒介来传播，对于病媒节肢动物的防制及其所传播疾病的防治均具有重要的意义。要判定节肢动物是否为病媒，应得到以下四个方面的证据。

1．生物学的证据 该种节肢动物应具有的生物学特征是：①与人的关系密切，出现在人群活动范围内，刺吸人血或舐吸人的食物，或通过排泄物污染人的食物、饮水；②种群数量较多，且是当地常见种类或优势种；③寿命较长，能长过病原体在其体内完成发育和（或）繁殖所需的时间。

2．流行病学证据 媒介节肢动物种类的地理分布和季节消长与其所传播虫媒病的流行地区和流行季节相一致。虫媒病均具有季节性和地区性的特点，各有适宜的媒介节肢动物种类。

3．自然感染证据 在疾病的流行地区和流行季节，可采集到可疑的节肢动物，在实验室通过细胞或动物接种，可以分离到自然感染的病原体。如果病原体是原虫或蠕虫，须查到感染期；如病原体为病毒，需进行传代扩增，通过电子显微镜检测、免疫电镜检测、基因检测技术、蛋白指纹图谱等方法鉴定病原体种类。

4．实验感染证据 在实验室条件下，证实病原体能在某种节肢动物体内生存、繁殖或发育至感染期，并能传播给易感的实验动物。

在某个地区，调查和判断病媒节肢动物时，必须综合上述四方面的资料加以分析和论证，四个证据缺一不可。有时，符合四个证据的媒介种类可能多于一种，需要进一步确定主要媒介种类和次要媒介种类。

六、医学节肢动物的防制

医学节肢动物的防制采用综合防制策略。其基本思想是，从节肢动物媒介与生态环境以及社会经济条件的整体观点出发，采取本标兼治、以治本为主的策略；将环境治理放在首位，辅以其他防制方法，对防制对象因地、因时制宜地采取有效、简便、经济和安全的防制措施；以控制传播疾病的重要虫种为重点，把目标病媒节肢动物的种群（population）消杀到不足以传播疾病的程度，并在有条件地区进行综合防制，达到消灭疾病媒介的效果。

医学节肢动物的综合防制措施如下。

1．环境治理 针对病媒节肢动物的生态和生物学特点，通过环境改造和环境处理，改变病媒的孳生地和栖息场所，着重消灭和减少孳生地，使之不利于病媒节肢动物生长和繁殖；改善人群的居住条件。环境治理是综合防制首选的方法，缺点是投入大、见效慢。

2．化学防制 应用天然杀虫剂，如菊科植物除虫菊（有效成分为除虫菊素，pyrethrin），或化学合成的杀虫剂（insecticides）、驱避剂（repellents），以不同的剂型（粉剂、乳剂、油剂、水悬剂、颗粒剂、缓释剂等），通过不同途径（多数是触杀、胃毒、熏杀等），毒杀或驱离病媒节肢动物。常用化学合成杀虫剂有以下几种。

（1）有机氯杀虫剂：可直接影响神经传导，使靶标节肢动物中毒死亡，具有广谱、长效、毒性较低等优点。但因其在自然界中降解缓慢，污染环境，病媒节肢动物易产生抗药性，在人、动物和植物体内积蓄不易排出等原因，已逐渐被其他杀虫剂取代。常用的此类杀虫剂有滴滴涕（dichloro-diphenyl-trichloroethane，DDT）、六氯环己烷（hexachlorocyclohexane，六六六）、林旦（lindane）等。

(2) 有机磷杀虫剂：可抑制虫体内的乙酰胆碱酯酶（AchE），使之神经兴奋失常，发生痉挛而死亡，具有广谱、高效速杀性能，较易水解和降解，可减少环境污染，但有些种类可能引起人畜中毒。用作卫生杀虫剂的有美曲膦酯（metrifonate）、马拉硫磷（malathion）、肟硫磷（phoxim）、杀螟松（sumithion）；用以室内滞留喷洒的杀虫剂有双硫磷（biothion）和倍硫磷（fenthion），为杀幼剂；敌敌畏（dichlorvos，DDVP）有强烈熏杀作用，这类杀虫剂主要用于室外公共场所、垃圾箱及垃圾处理场等。

(3) 氨基甲酸酯类杀虫剂：毒理机制同上。特点是速效、高效、残效长，不污染环境，对某些对上述两种杀虫剂具抗药性的害虫也有效，但不广谱。常用的有残杀威（sunside or propoxur），主要为触杀剂，并具胃毒和熏杀作用，用于灭蝇；也可用混杀威（landrin），但无熏杀作用。

(4) 拟除虫菊酯类杀虫剂：具有广谱、高效、击倒快、毒性低、降解快、低残留、对人畜安全、对环境无污染等优点。此类杀虫剂种类较多，例如溴氰菊酯（deltamethrin）、顺式氯氰菊酯（alphamethrin）和二氯苯醚菊酯（permethrin）等，常用作室内滞留喷洒或室外超低容量喷洒等杀虫剂。尤其溴氰菊酯有毒杀、接触兴奋和驱避作用的特点，用以浸泡蚊帐，对防制疟疾蚊媒有作用。丙烯菊酯（allethrin）多用于制造蚊香，用于家庭、仓储和室内公共场所。氯氰菊酯和二氯苯醚菊酯与硅树脂等制成缓释灭蚊剂，将这种长效防水灭蚊剂涂在纱门纱窗上可维持6个月以上的灭蚊蝇效果。

(5) 昆虫生长调节剂：这类昆虫激素通过阻碍或干扰节肢动物的脑神经肽和咽侧体激素分泌，进而影响病媒节肢动物的正常发育而致死亡，其优点是生物活性高，特异性强，对非靶标生物无毒或毒性小，对人、畜安全。常用的有保幼激素类似物，如烯虫酯（methoprene）；发育抑制剂，如灭幼脲Ⅰ号（氯苯隆）和灭幼脲Ⅱ号（二氯苯隆），其作用是抑制昆虫表皮的几丁质合成，导致昆虫在蜕皮时未能形成新表皮，从而变态受阻而致死亡，对于成虫则抑制产卵及卵的孵化。灭幼脲的胃毒性极强。

(6) 驱避剂和引诱剂：此类化合物制剂对节肢动物无杀虫性能，但有驱避或引诱功能，在病媒节肢动物的防制方面具有独特作用。驱避剂中的驱蚊油，主要成分为邻苯二甲酸二甲酯（dimethyl phthalate），对蚊、蝇、蜱、蠓等都有驱避效力；避蚊胺（DEET 或 DETA）主要成分为 N, N- 二乙基 - 间 - 甲苯酰胺，对一般吸血昆虫，特别是蚊虫有较好驱避作用，其驱避时间达 4～5 小时；引诱剂中的三甲基胺对蝇类，茴香醛、亚油酸、亚麻酸等对蜚蠊有引诱作用。引诱剂配合杀虫剂使用可提高毒杀效率。

化学防制方法因见效快、使用方便、适应大规模应用等优点，仍然是防制病媒节肢动物的主要手段。但杀虫剂的大量使用，易引起环境中严重的残留污染，易导致节肢动物种群产生耐药性或抵抗力，即抗药性（insecticide resistance），且这种抗药性可通过个体遗传，因此，限制了化学防制措施的应用。所以，在使用杀虫剂的同时，必须重视对杀虫剂抗性的管理，合理计划、适当使用和生产；有计划地轮换使用杀虫剂，或混合使用两种不同毒杀机制的杀虫剂；杀虫剂使用时应尽量达到足够的剂量和时间，以避免或延迟抗药性的产生。

3. 生物防制 利用生物或生物的代谢产物来防制害虫，生物防制措施具有对人、畜安全，不污染环境的优点。可利用的生物分为捕食性生物和寄生性生物两类，前者系利用天敌捕杀，如某些鱼类、剑水蚤、水生甲虫捕食蚊幼虫；后者包括各类病原体寄生致病而致死，如索虫科（Mermithidae）罗索属（*Romanomermis*）中的线虫经蚊幼虫体壁感染、破坏、夺取营养和毒害蚊幼虫，导致蚊幼虫死亡。此外，利用生物杀虫剂可使蚊幼虫致病而死亡，如苏云金杆菌血清型 14（*Bacillus thruingiensis* H-14 或 Bt.H-14）被蚊幼虫吞食后，毒素可破坏蚊中肠上皮细胞膜而影响其渗透性，使细胞肿胀破裂，从而发挥毒杀作用；又如，球形芽孢杆菌（*Bacillus sphaericus*）在被蚊幼虫吞食后，通过幼虫中肠酶的作用而释放出毒素，使幼虫中毒死亡。

4. 物理防制 利用各种机械、热、光、声、电等措施，捕杀、隔离或驱赶害虫。如安装纱门、纱窗，防蚊蝇进入室内；挂蚊帐防蚊叮咬；用蝇拍灭蝇，用捕蝇笼、捕蝇纸诱捕灭蝇，高温灭虱等。

5. 遗传防制 通过改变或移换遗传物质防制病媒昆虫，可以降低其潜在生殖潜力，达到控制种群数量的目的，例如释放不育的转基因蚊虫或释放大量用射线照射、化学剂、杂交的方法处理的绝育雄虫，与自然种群的雄虫竞争性地和雌虫交配，产生不育的虫卵，逐渐减少自然种群；也可通过释放遗传变异的雄虫，包括胞质不亲和、染色体易位、性畸变的雄虫，与自然种群交配，使种群逐渐减少。基因工程技术正在逐步替代传统的遗传防制方法。

6. 法规防制 通过国家制定法规或条例，从海关、卫生检疫和监管部门采取强制性措施，防止病媒节肢动物等有害生物跨国传播，实行有效检测，采取强制性防制措施。如国家卫生行政部门对水利开发、兴建人工湖等均依法规和条例进行监督，目的是防止产生人为的病媒昆虫孳生地；新加坡曾采取强制措施，清除埃及伊蚊孳生地，以防制登革热传播；我国海关对国外、境外疟疾流行区的人员，入境时进行疟原虫检测和强制治疗等措施，以防制疟疾传播。

思 考 题

1. 医学节肢动物的防制为什么要采取综合防制的措施？
2. 医学节肢动物在人类虫媒病传播中的作用是什么？
3. 如何判定某个地区流行的疾病是由节肢动物传播的？

(刘明社)

第二十章 昆虫纲

第二十章数字资源

第一节 概 述

昆虫纲是动物界种类最多、种群数量最大的类群,迄今已知有 78 万多种,与人类经济和健康密切相关,也是医学节肢动物中最重要的组成部分。

【形态】

昆虫成虫体躯分头、胸、腹 3 部分,有触角 1 对,足 3 对,故又称六足纲。

1. 头部 有触角(antenna)1 对,为感觉器官,司嗅觉和触觉;复眼(compound eye)1 对,由许多蜂房状小眼面组成,有的昆虫尚有单眼(ocelli)若干个,位于头顶部;头部前方有取食器官,称为口器(mouthpart),构造复杂,通常由上唇(labrum)、上颚(mandible)、舌(hypopharynx)、下颚(maxilla)及下唇(labium)组成。根据形状和取食方式不同,医学昆虫的口器有 3 种类型:①刺吸式口器,刺入宿主皮肤吸取血液或体液,如蚊、蚤、虱等;②咀嚼式口器,能咀嚼固体食物,如蜚蠊;③舐吸式口器,适于舐吸液态食物,如蝇等。口器类型决定了昆虫的食性,并与其传播病原体的方式相关。

2. 胸部 分前胸(prothorax)、中胸(mesothorax)和后胸(metathorax)。各胸节腹面有足 1 对,足分为基节、转节、股节、胫节和跗节;跗节又分 5 节,末端具爪(claw)。多数昆虫中胸和后胸的背侧各有翅 1 对,分别称前翅和后翅。双翅目昆虫仅有前翅,后翅退化成平衡棒(halter),有的昆虫无翅。翅上翅脉(wing vein)的排列(脉序)为分类依据。

3. 腹部 通常由 11 节组成,各节两侧有气孔,第一节多退化,末后数节形成外生殖器(尾器)。雄虫尾端的外生殖器结构复杂,形态特征因虫种而异,可作为鉴定虫种的重要依据。

【发育与变态】

昆虫发育需经胚胎发育和胚后发育。胚胎发育在卵内完成,胚后发育是昆虫从幼虫(larva)或若虫(nymph)发育到性成熟成虫阶段。在胚后发育中,昆虫幼虫或若虫通常需蜕皮数次,两次蜕皮之间所经历的时间称为龄期(stadium),其所对应的虫态称为龄(instar)。自卵孵出的幼虫为 1 龄幼虫,经第一次蜕皮后为 2 龄幼虫,依此类推,龄期多少因种而异。最后一个龄期幼虫发育为蛹(pupa)的过程称为化蛹(pupation)。蛹停止取食,不活动或少活动,发育为成虫的过程称为羽化(emergence)。昆虫在胚后发育中,体积不断增大,从外部形态、内部器官、生理功能、生活习性以及行为特征等均产生了一系列的变化,此过程称为变态(metamorphosis)。生活史分卵、幼虫、蛹和成虫 4 个时期,幼虫的形态结构和生活习性与成虫有显著差别,称为完全变态(complete metamorphosis),如蚊、蝇、白蛉及蚤等;生活史分卵、若虫和成虫 3 个时期,若虫的形态特征及生活习性与成虫相似,但虫体较小,性器官尚未发育,称不完全变态(incomplete metamorphosis),如虱、臭虫、蜚蠊等。

【重要医学昆虫分类】

1. **双翅目（Diptera）** 有1对前翅，后翅退化为平衡棒，发育为完全变态，如蚊、蝇、白蛉、蠓、蚋、虻等。

2. **蚤目（Siphonaptera）** 虫体两侧扁平，无翅，发育为完全变态，如蚤。

3. **虱目（Anoplura）** 虫体背腹扁平，无翅，发育为不完全变态，如虱。

4. **蜚蠊目（Blattaria）** 虫体背腹扁平，前翅革质，后翅膜质，发育为不完全变态，如蜚蠊。

第二节 蚊

蚊（mosquitoes）属于双翅目、蚊科（Culicidae），是一类最重要的医学昆虫。蚊分布广泛，种类繁多。全世界已记录的蚊共有3亚科、112属、3500多种，我国有18属近400种蚊，其中按蚊属（*Anopheles*）、库蚊属（*Culex*）和伊蚊属（*Aedes*）与疾病关系最为密切，重要种类有中华按蚊（*Anopheles sinensis*）、嗜人按蚊（*Anopheles anthropophagus*）、微小按蚊（*Anopheles minimus*）、大劣按蚊（*Anopheles dirus*）、淡色库蚊（*Culex pipiens pallens*）、致倦库蚊（*Culex Quinquefasciatus*）、三带喙库蚊（*Culex tritaeniorhynchus*）、白纹伊蚊（*Aedes albopictus*）和埃及伊蚊（*Aedes aegypti*）。

【形态】

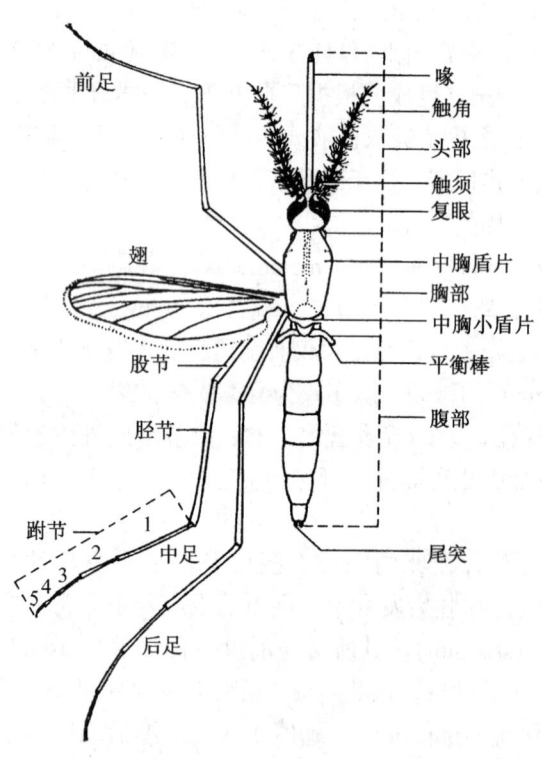

图 20-1 雌蚊模式图（采自陆宝麟等）

1. **成蚊** 体长1.6～12.6 mm，呈灰褐色、黄棕色或黑色。体分头、胸、腹3部分（图20-1）。

（1）头部：似半球形，有复眼和触角各1对。触角分15节：第1节称柄节（scape）；第2节称梗节（pedicel），具有听觉器官，贯穿听神经；第3节以后各节均细长，称鞭节（flagellum），各鞭节生有轮毛。雌蚊的轮毛短而稀，雄蚊的长而密；轮毛能接受外来的声波信息，通过听神经产生听觉。在雌蚊触角各节上，除轮毛外，还有另一类短毛，具有化学感受器和湿度感受器，对人体表的二氧化碳和湿度尤其敏感，在雌蚊寻觅吸血对象时起重要作用。蚊有触须1对，是刺吸时的感觉器官，蚊通过触须转动及时觉察宿主所在。触须的长短和形状因蚊种及性别不同而各异（表20-1）。蚊的口器称为喙（proboscis），属刺吸式口器（图20-2），由上内唇、舌各1个，上、下颚各1对，共同组成细长的针状结构，包藏在鞘状下唇之内。上内唇细长，腹面凹陷构成食物道内壁，舌位于上内唇之下，与上颚共同把开放的底面封闭起来，组成食物道，吸取液体食物。舌的中央有1条唾液管。上颚末端较宽如刀状，其内侧具有细锯齿，是蚊吸血时首先用以切割皮肤的工具；下颚末端较窄呈细刀状，其末端具有锯齿，在吸血时随皮肤切开之后，起锯刺皮肤的功用。下唇末端裂为2片，称唇瓣（labella）。雌蚊吸血时，针状结构刺入皮肤，而唇瓣在皮肤外夹住所有的刺吸器官，下唇则向后弯曲而留在皮外，具有保护与支持刺吸器的作用（图20-2）。雄蚊的上、下颚退化或几乎消失，不能刺入皮肤，因而不适于吸血。

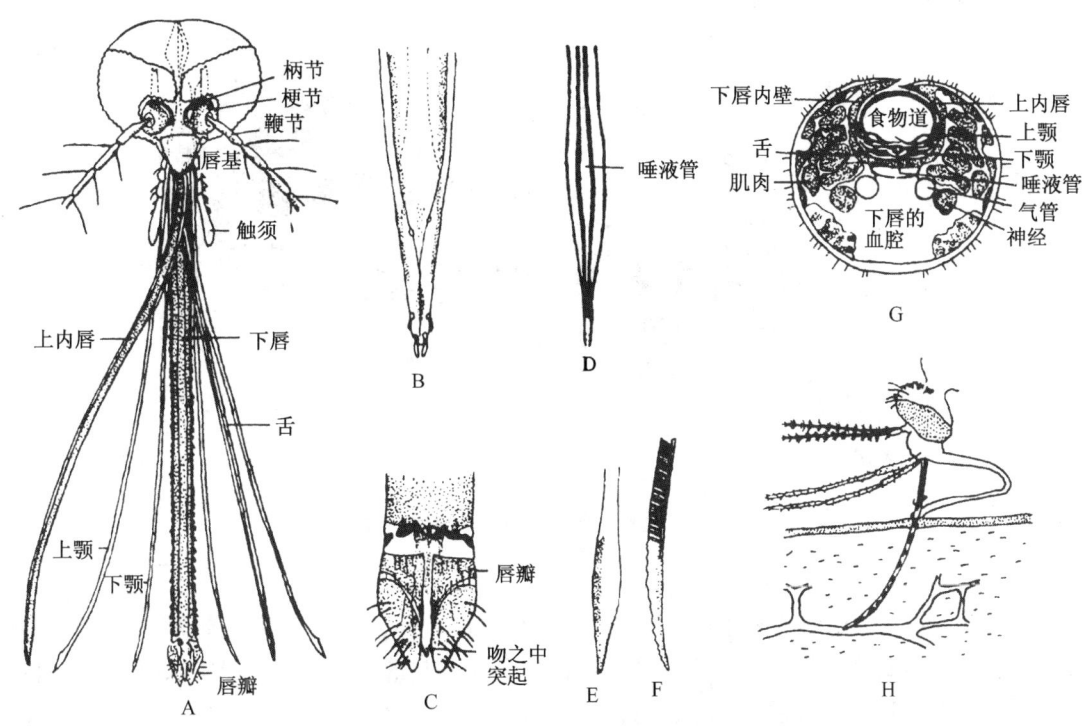

图 20-2 雌蚊口器构造图

A．库蚊头部背面观；B．按蚊上内唇尖端；C．库蚊下唇尖端腹面；D．按蚊舌的尖端；E．按蚊上颚尖端；F．按蚊下颚尖端；G．按蚊口器的横切面；H．按蚊口器刺入皮肤的姿态

（2）胸部：分前胸、中胸和后胸3节。各胸节有足1对，分别称前足、中足和后足；足细长，常有鳞片形成的黑白斑点和环纹，是蚊分类的重要特征。中胸最发达，有翅1对；蚊翅窄长、膜质，翅翼不断振动可发出声音，雄蚊靠振翅频率来吸引雌蚊；翅脉覆盖鳞片，形成颜色不同的斑点，可作为按蚊分类的重要依据。后胸有平衡棒1对，司身体平衡。

（3）腹部：分11节，第2～8节明显，在其背面，有的蚊种有淡色鳞片组成的条带或斑。最末3节形成外生殖器，雌蚊形成1对尾须，雄蚊则为钳状抱器（copulatory forceps），构造复杂，为鉴别蚊种的依据。

（4）内部构造：蚊有消化、排泄、呼吸、循环、生殖等系统。消化系统包括口腔、咽、食道、胃（中肠）、后肠、直肠及肛门，与蚊传播疾病最为密切。胃是消化道的主要部分，也是食物消化与吸收的主要场所。蚊有唾液腺（salivary gland）1对，各分3叶，每叶有一小唾液腺管，最后汇合成总唾液腺管，通入舌内。唾液腺分泌的唾液具有润滑口器、保持清洁的作用，由于其含有抗血凝素（anticoagulin）等多种酶类，在蚊吸血时可防止宿主血液凝固，并常引起局部血管扩张、皮肤痛痒等超敏反应。雌蚊吸血后，中肠肠壁细胞分泌形成一单层薄膜，称围食膜（peritrophic membrane），用以保护肠壁细胞，与传播疟原虫等病原体有关。在食道与前胃交界处附有3个支囊，包括背支囊1对、腹支囊1个，可贮存糖类，有时流入胃内，并可调节体液的浓度，囊内也有吸入的空气。

雌蚊有成对的卵巢和输卵管，两侧输卵管汇合成总输卵管与阴道相连，阴道开口于第8、第9腹节交界处的腹面，在阴道近端有椭圆形受精囊（按蚊1个，库蚊和伊蚊3个）。在中肠后端可见 5 条马氏管（Malpighian tubule），为排泄器官。包绕在体内各器官表面弯曲的管状构造是微气管，司呼吸功能，在卵巢妊娠后微气管因卵巢膨大而伸直，故可鉴别雌蚊是否经产（图 20-3）。雄蚊有睾丸 1 对，每一睾丸发出的输精管在远端膨大为贮精囊，两者汇合成射精管。射精管远端为阴茎，两侧有抱器。

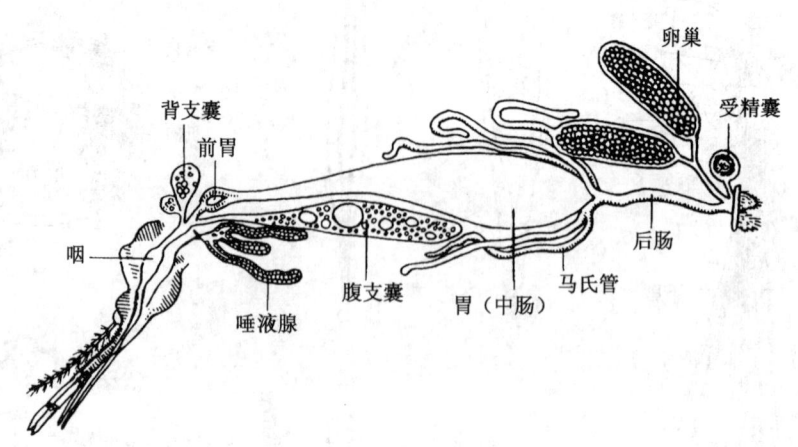

图 20-3　雌蚊消化系统及生殖系统（仿 Roy）

2. 卵　较小，长度不足 1 mm，多为灰黑色。按蚊卵呈舟形，两侧有透明的浮囊，产出后浮在水面。库蚊卵呈圆锥形，无浮囊，产出后黏在一起形成卵筏，漂浮于水面。伊蚊卵一般呈橄榄形，产出后单个分散，沉于水底。

3. 幼虫　俗称孑孓，体分头、胸、腹 3 部分。头部有触角、复眼和单眼各 1 对；口器为咀嚼式，两侧有细毛密集的口刷，其迅速摆动以摄取水中食物。胸部略呈方形，不分节。腹部细长，前 7 节形状相似，第 8 节背面有 1 对气门（stigmata）或长筒状呼吸管（siphon），是幼虫期蚊分类的重要依据（表 20-1）；第 9 节末端有尾毛、毛刷和 4 个尾鳃等，尾鳃与调节渗透压有关（图 20-4）。按蚊幼虫在其第 1 节至第 7 节背面两侧有掌状毛（palmate hair），有助于漂浮水面。

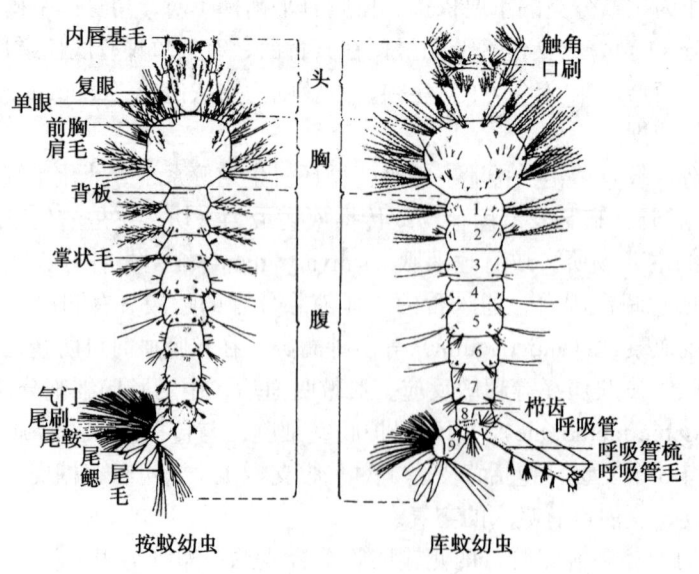

图 20-4　蚊幼虫背面

4. 蛹 体弯曲呈逗点状，分头胸部和腹部。胸背两侧有1对呼吸管；腹部有9节。蛹不食能动，常栖息于水面，若遇惊扰即潜入水中。

三属蚊发育各期的形态鉴别见表20-1和图20-5。

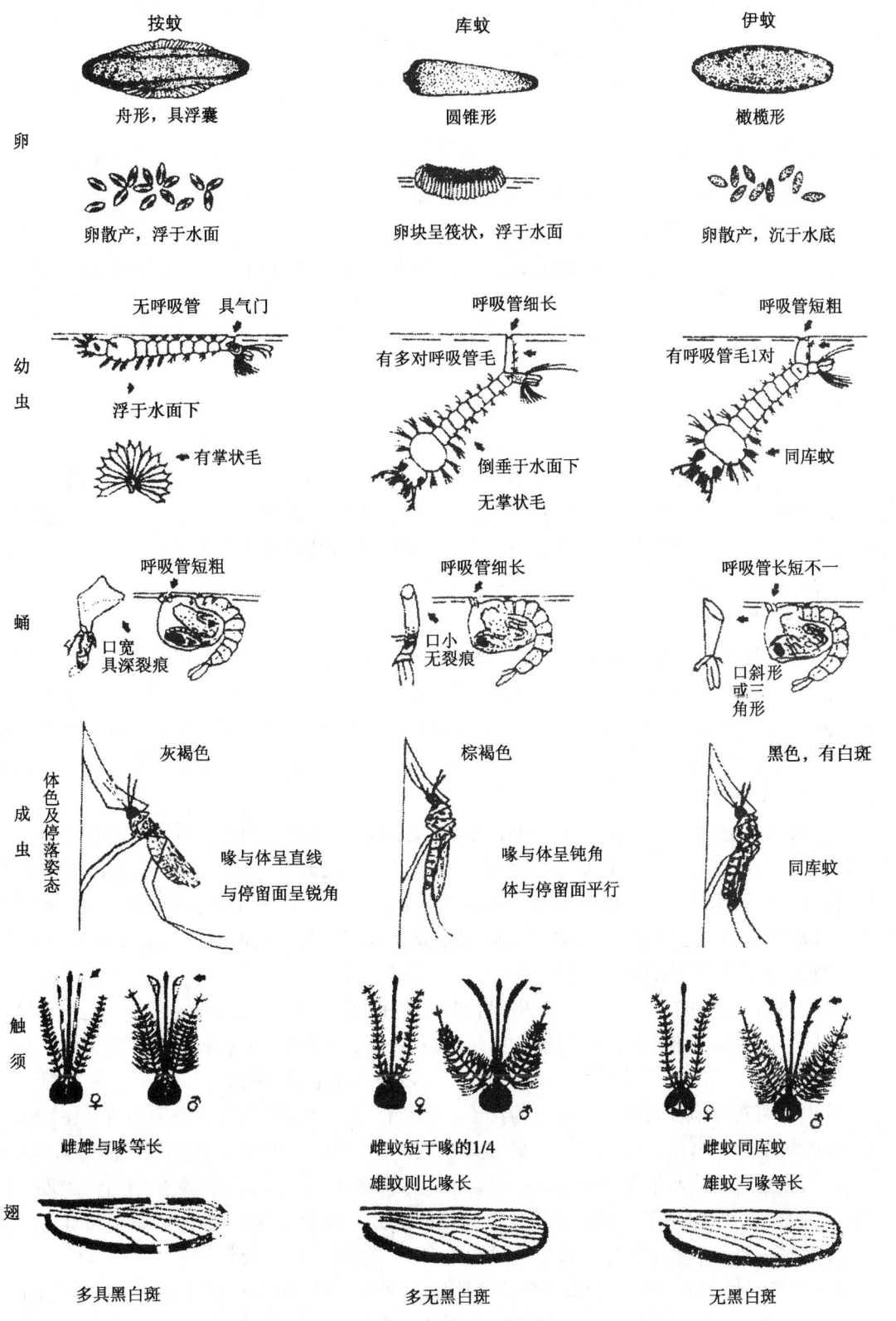

图 20-5 三属蚊生活史各期的主要鉴别（采自叶炳辉）

表 20-1　三属蚊发育各期的形态鉴别

虫期	鉴别要点	按蚊	库蚊	伊蚊
卵	形态、颜色	舟状，有浮囊，深灰色	圆锥状，黄褐色，无浮囊	橄榄状，黑色
	在水中状况	单个，浮于水面	集成筏块，浮于水面	单个，沉于水底
幼虫	呼吸管	无，有1对呼吸孔	细长，有多对管毛	较短粗，管毛1对
	在水中姿态	浮于水面下，体与水面平行	体倒垂与水面呈角度	同库蚊
蛹	呼吸管	短粗、似漏斗状，管口宽，有裂隙	细长，管口小，无裂隙	一般较短，管口无裂隙
成虫	体色	灰褐色	棕褐色	黑色，有白斑
	停落姿态	体与喙呈一直线，与停落面呈锐角	体与喙呈钝角，与停落面平行	同库蚊
	触须	雌、雄触须与喙等长	雌蚊触须短于喙的1/4，雄蚊触须则比喙长	雌蚊同库蚊雌蚊，雄蚊触须与喙等长
	翅	多有黑白斑	多无黑白斑	无黑白斑

【生活史】

蚊的发育属于完全变态，生活史包括卵、幼虫、蛹和成虫4个阶段。前3个时期生活于水中，成虫营陆上生活。雌蚊产卵于水中，在夏天通常经1～3天后孵出幼虫；幼虫分4龄，经5～8天发育，蜕皮4次后化蛹；2～3天后，蛹的胸部背面中线蛹皮裂开，羽化为成蚊。在满足温度、湿度、营养、环境等适宜条件下，自卵发育到成蚊需9～15天，一年可繁殖7～8代。雌蚊寿命一般1～2个月，越冬雌蚊可达4～5个月；雄蚊寿命较短，为1～3周。

【生态习性】

1. 交配与产卵　蚊羽化后1～2天便可在群舞时完成交配。群舞多发生在日落或日出前后，有数个至数千个雄蚊在草地上空、屋檐下或人畜上空飞舞，雌蚊飞入舞群与雄蚊交配后便离去。通常雌蚊交配一次即可得到一生够用的精子，但有的蚊种亦可交配多次。交配后的雌蚊，需吸人或动物血后卵巢才能发育，并在水面产卵。蚊一生产卵多次，产卵量因种而异，每次几十个至几百个不等。

2. 吸血与活动　仅雌蚊吸血，但在血源缺乏时也可吸食植物汁液以维持个体生存，而雄蚊只吸植物汁液及花蜜。各种蚊的吸血习性有所差异，比如嗜人按蚊、大劣按蚊、白纹伊蚊、埃及伊蚊、淡色库蚊、致倦库蚊等偏嗜人血；中华按蚊、三带喙库蚊等偏嗜家畜血；偏嗜人血的蚊可以兼吸动物血，嗜吸动物血的蚊亦可兼吸人血。因此，蚊可以作为媒介在人与人之间、人与动物之间传播多种疾病。

蚊的活动主要包括寻觅宿主、吸血等行为，除了取决于蚊的本身习性之外，还受温度、湿度、光照、风力等因素影响。多数蚊在清晨、黄昏或夜间活动，但伊蚊一般在白天活动。偏嗜人血的按蚊多在午夜前后吸血，而兼嗜人畜血的按蚊多在上半夜吸血。

蚊虫飞翔能力因种而异，一般飞翔几十米到几百米，如淡色库蚊、致倦库蚊；中华按蚊和三带喙库蚊飞行距离在0.5 km左右。蚊虫多在其产卵、孳生、吸血和栖息场所间往来飞翔。

雌蚊吸血后，待卵巢发育成熟，寻找合适的水体产卵，进而完成一次生殖营养周期。即蚊每次从吸血到产卵的周期。雌蚊生殖营养周期的次数，称为生理龄期（physiological age），是蚊虫存活时间的一个度量指标。蚊生理龄期越多，传播疾病的机会也越多。

3. 栖息习性　雌蚊吸血后即寻找比较阴暗、潮湿、避风的场所栖息，以待血液消化与卵巢成熟。根据栖息场所不同，蚊的栖息习性大致分为以下3种类型。

（1）家栖型：蚊吸饱血后在室内栖息，多停留在蚊帐内、床下、门后、墙面及杂物上，待胃血消化、卵巢成熟后才飞离房舍，寻找产卵场所，如嗜人按蚊、淡色库蚊、白纹伊蚊、埃及伊蚊等。

（2）半家栖型：蚊吸血后稍在居室、房舍内停留，然后飞出室外，于草丛、洞穴、桥洞、树洞等处栖息，如中华按蚊。

（3）野栖型：吸血和栖息均在野外完成，如大劣按蚊、三带喙库蚊。

蚊的栖息习性并非绝对，即使同一种蚊，因地区、环境和气候变化的不同，栖息场所也会随之改变。了解蚊的活动和栖息习性，关系到杀虫剂的应用效果。如室内滞留喷洒，对防制家栖蚊种效果最佳，对半家栖蚊种也具有一定作用，而对野栖蚊种则无效果。

4．孳生习性　蚊的产卵地点即为孳生地。认识并区分不同蚊种的孳生地，对实施环境治理等防制措施具有重要意义。根据蚊对孳生地的选择性，可分为以下4种类型。

（1）清洁静水：如阳光充足的稻田、沼泽、芦苇塘、池塘、沟渠、清水坑等清洁而水温较暖的大面积静水，为中华按蚊和三带喙库蚊的孳生地；而遮阴、水质清凉的水体则适于嗜人按蚊孳生。

（2）清洁缓流：如山涧清澈的小溪、溪床等，流动缓慢的天然积水，适于微小按蚊孳生，有时也有嗜人按蚊孳生；在丛林浓荫下的山溪、山涧溪床、泉水等缓流或小型清洁积水，为大劣按蚊孳生地。

（3）污染水体：如地面洼地积水、下水道、阴沟、污水坑等污染不很严重的水体，是淡色库蚊、致倦库蚊的孳生地。

（4）小型积水：如家用缸、罐、盆、桶、瓶、废旧轮胎等人工容器或者树洞、竹筒等植物容器中的积水，为白纹伊蚊和埃及伊蚊的主要孳生地。

5．季节消长　是指一种蚊的种群数量和活动时期随季节变化的规律，主要受温度、湿度、雨量和蚊孳生习性等因素的影响。我国幅员辽阔、地形复杂、各地气候不同，因此，各种蚊的季节消长也有差异。在北纬27°以南地区，蚊全年均有活动；孳生在稻田的中华按蚊，其季节消长除与温度有关外，也与水稻面积和耕作习惯有关系。在长江中下游，成蚊密度7月达高峰，9月下降，而台湾则在每年4月和9月有两个高峰。嗜人按蚊与中华按蚊相似，但稍晚。微小按蚊在海南每年雨季前后出现两个高峰（4—6月和9—10月），而在其他地区只在9—10月有一个高峰。致倦库蚊和淡色库蚊每年出现两个高峰。虫媒病的流行季节与蚊的季节消长有关。

6．越冬　是蚊对冬季气候季节性变化所做出的一种生理适应，表现为蚊的生长发育受到抑制，进入休眠或滞育状态。各种蚊越冬的虫期不同，如嗜人按蚊、白纹伊蚊和埃及伊蚊以卵越冬；微小按蚊以幼虫越冬；中华按蚊、淡色库蚊、致倦库蚊、三带喙库蚊等以成蚊越冬。全年平均温度在10℃以上的地区，蚊无越冬现象。

掌握有关蚊虫生态习性的知识，可为制订针对各种蚊虫的防制措施提供科学依据，对研究其所传播疾病的流行规律和疾病防治具有重要意义。

【我国重要蚊种鉴别与传播疾病】

我国重要的传病蚊种均是经过多年来对其传播疾病的流行病学考核证实的常见蚊种。现对各重要蚊种的成蚊主要形态特征（图20-6～图20-9）、吸血性、传播疾病及分布地区、孳生地等简介于表20-2。

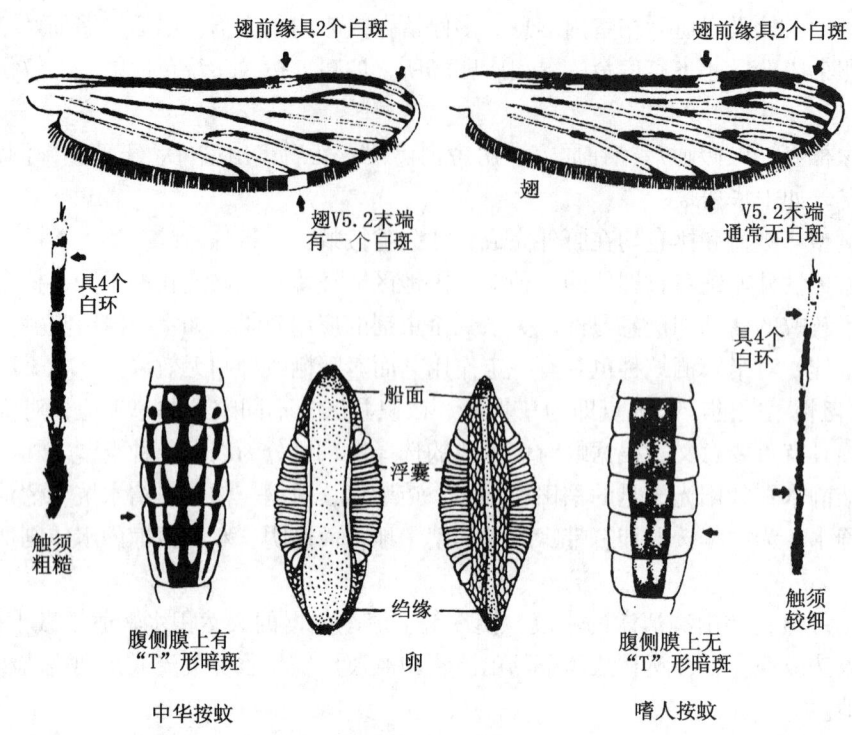

图20-6 中华按蚊与嗜人按蚊形态鉴别（采自叶炳辉）

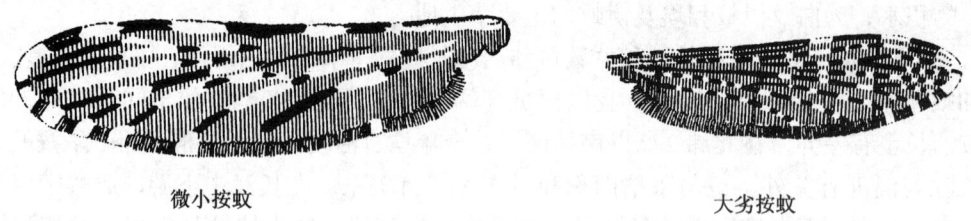

图20-7 微小按蚊与大劣按蚊翅特征（采自王菊生）

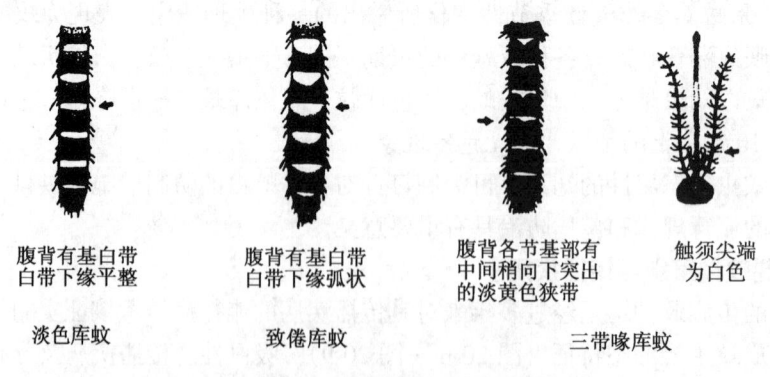

图20-8 三种库蚊主要特征鉴别（采自叶炳辉）

　　　　白纹伊蚊　　　　　　埃及伊蚊

图 20-9　白纹伊蚊与埃及伊蚊胸部背面特征（采自王菊生）

表 20-2　我国主要蚊种鉴别与传播疾病

蚊种	成蚊形态	吸血性	传播疾病	分布地区	幼虫孳生地
中华按蚊 Anopheles sinensis	体灰褐色；翅前缘有 2 个白斑，尖端斑大，纵脉 V5.2 有一白斑；腹侧膜上有"T"形暗斑	偏嗜畜血，兼吸人血	疟疾、马来和班氏丝虫病	除青海、西藏外，分布广大平原地区	光亮、温暖的静水，如稻田、藕塘、沼泽等
嗜人按蚊 An. anthropophagus	与中华按蚊相似，翅尖端白斑小，V5.2 无翅白斑	嗜吸人血	疟疾、马来丝虫病	北纬 34° 以南 14 个省、自治区、直辖市的山区和丘陵地带	遮阴、清凉水体，如稻田、溪沟等
微小按蚊 An. minimus	体棕褐色，小型蚊种，翅前缘具有 4 个白斑，除 V6 外，各纵脉末端部都有一白斑	嗜吸人血（海南），或兼吸人畜血（长江流域）	疟疾	北纬 32° 以南，尤其 25° 以南的山地和丘陵地区	清洁缓流，如山溪、灌溉沟、梯田等
大劣按蚊 An. dirus	体灰褐色；翅前缘有 6 个白斑	嗜吸人血	疟疾	海南、云南、广西、台湾的山林和山麓地区	丛林荫蔽溪床、积水、水池等
淡色库蚊 Culex pipiens pallens	体黄棕色；腹节背面有基白带，其下缘平整	嗜吸人血，兼吸牛、猪血	班氏丝虫病、乙型脑炎	北纬 34° 以北地区	轻污染的污水坑、污水沟、洼地积水等
致倦库蚊 Cx. quinquefasciatus	体型小，棕褐色；喙中段有一宽白环，腹节背面基部均有中间稍向下突出的淡黄色狭带	偏嗜家畜血，兼吸人血	乙型脑炎	除新疆、青海外，遍布全国各地	与淡色库蚊类同
白纹伊蚊 Aedes albopictus	体黑色有银白色斑纹，胸部背面（中胸）有一正中白色纵纹	嗜吸人血	登革热、寨卡病毒病	分布广泛，北自沈阳以南，西南到西藏，以北纬 34° 以南为普遍	多为雨水积存处，如树洞、竹筒、罐、盆等积水中
埃及伊蚊 Ae. aegypti	体黑色，有银白色斑纹，胸部背面有 1 对黄色纵向细线，1 对前部为宽弧形、后部为直线的侧部线纹	嗜吸人血	登革热、寨卡病毒病	北纬 22° 以南地区，常见于海南、广东、广西的个别地区及台湾南部	同白纹伊蚊

【防制】

蚊虫防制要以生态习性为基础，强调以环境治理为主，多种防制手段相结合，以我国重要媒介蚊种为防制和消灭对象，采取综合防制措施，以达到除害灭病的目的。

1. 环境治理 改变蚊的孳生场所，清除不同类型孳生地。对稻田可采用间歇灌溉法和湿润灌溉法，改变稻田积水环境，不利于蚊虫产卵和幼虫发育；尤其后一种方法，具有防蚊、增产和节水的效果。对池塘、水库、湖沼，可铲除岸边杂草。对缓流沟渠可设水闸，加大流速，冲刷幼虫。对污水沟、下水道，可进行污水处理、疏通下水道和阴沟，平洼填坑，排除积水，污水井要加盖。对小型积水容器，可采取翻缸（盆）倒罐，堵塞树洞，处理竹筒积水等。环境治理应注意在发展农业、水利建设、城镇建设时，防止产生蚊虫孳生地。

2. 物理防制 室内装设纱窗、纱门、电子驱蚊器以及挂蚊帐等以防蚊叮咬。近年采用溴氰菊酯等长效菊酯和硅树脂溶液混合后涂于纱门、纱窗，灭蚊效果更好。

3. 化学防制 是防制蚊虫的重要方法。

（1）幼虫防制：常用化学杀虫剂如马拉硫磷、毒死蜱、杀螟松等乳剂，处理孳生地。

（2）成蚊防制

室内灭蚊：可使用含胺菊酯和丙烯菊酯等药剂的蚊香、气雾剂等，有驱避及击倒蚊虫作用。使用具有长残效的触杀剂，喷洒在住房或畜舍内蚊虫栖息处，使之接触死亡。常用的杀虫剂有敌敌畏、马拉硫磷、倍硫磷和拟除虫菊酯类。如溴氰菊酯湿性粉剂配制的水悬剂，适于喷洒吸水性强的泥墙、砖墙；乳剂则适用于木板、水泥等光滑墙面。近年来应用拟除虫菊酯类（溴氰菊酯、二氯苯醚菊酯等）浸泡蚊帐，对防制一些孳生地较难处理的家栖类按蚊效果更佳，具有安全、有效、简便和经济的优点。

室外灭蚊：采用超低容量喷洒法或熏雾剂快速灭蚊。常用辛硫磷和马拉硫磷合剂或单用马拉硫磷乳油剂喷洒灭蚊。

杀灭越冬蚊：对畜舍内越冬蚊，如三带喙库蚊，可于冬、春季在畜舍内喷洒杀虫剂。在下水道、阴沟内越冬的淡色库蚊或致倦库蚊，可使用美曲膦酯或敌敌畏烟剂熏杀。

4. 生物防制

（1）天敌灭蚊：保护天敌，如蝙蝠、燕子、夜鹰、蜘蛛等。据报道，1只蝙蝠一个夜晚能捕食1000～2000只蚊；美国的褐色蝙蝠每小时可吞食约500只蚊。水稻种植与养鱼技术结合，通过稻田养鱼来捕食蚊虫的幼虫，如放养塘角鱼、中华斗鱼；清水沟、水池、河溪放养柳条鱼；灌溉沟放养草鱼等。

（2）生物杀虫剂：如苏云金杆菌血清型14（Bt.H-14）和球形芽孢杆菌，对蚊幼虫均有一定的防制作用。前者对伊蚊和库蚊幼虫，后者对淡色库蚊和致倦库蚊幼虫有特效，但对伊蚊无效。近年来，大连壶菌（*Lagenidium giganteum*）被认为是有希望的灭蚊幼虫真菌。

第三节 蝇

蝇（fly）属双翅目、环裂亚目（Cyclorrhapha），全世界已知10 000多种，我国记录有1500多种。与卫生有关的住区蝇类多属花蝇科（Anthomyiidae）、厕蝇科（Fanniidae）、蝇科（Muscidae）、丽蝇科（Calliphoridae）、麻蝇科（Sarcophagidae）等。狂蝇科（Oestridae）、皮蝇科（Hypodermatidae）、胃蝇科（Gasterophilidae）等多见于牧区。

【形态】

1. 成蝇 体长4～14 mm，全身被有鬃毛，呈暗灰、黑灰、黄褐、暗褐等色，有些种类有蓝、绿、青、紫等金属光泽。

（1）头部：近半球形。复眼大，通常雄蝇两眼间距离较窄或相接，雌蝇较宽。头顶有3个

排成三角形的单眼。颜面中央有 1 对触角,分 3 节,第 3 节最长,其基部外前方有 1 根触角芒。大多数蝇类的口器为舐吸式,由基喙、中喙和口盘(含 1 对唇瓣)组成,基喙上有 1 对触须。口器可伸缩折叠,以口盘直接舐吸食物(图 20-10)。少数蝇类的口器为刺吸式,如吸血蝇类。

(2) 胸部:前后胸退化,中胸特别发达。中胸背板和侧板上的鬃毛、斑纹等特征是分类的依据。在中胸背板两侧有膜质翅 1 对,除短的前缘脉和亚前缘脉外,有 6 条不分支的纵脉,其中第 4 纵脉弯曲形状为分类鉴别特征。翅基部多有腋瓣(图 20-11)。后胸侧板上方有 1 对平衡棒。足 3 对,跗节分 5 节,末端有爪及爪垫各 1 对和刚毛状爪间突 1 个。爪垫密布细毛,并可分泌黏液附着在光滑面上爬行(图 20-12)。

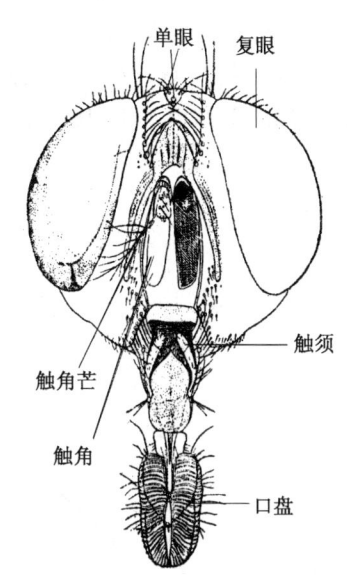

图 20-10 蝇头部(采自 Беклемишева)

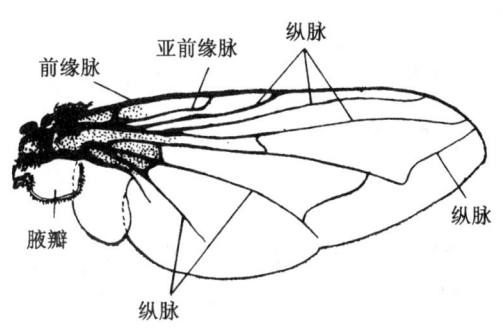

图 20-11 蝇翅脉(仿 Smart)

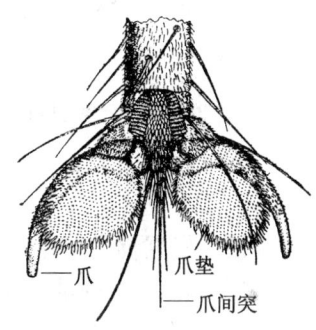

图 20-12 蝇足(采自 Павловский)

(3) 腹部:圆筒形,末端尖圆。一般仅可见前 5 节,其余各节形成尾器。雌性外生殖器通常藏于腹部,产卵时伸出,雄性外生殖器的特征是蝇种鉴定的重要依据。

2. 卵 乳白色,香蕉形,长约 1 mm,卵壳背面有两条嵴。常数十至数百粒堆积成块。

3. 幼虫 俗称蛆,圆柱形,前尖后钝,无足、无眼,多呈乳白色。幼虫分 3 龄。舍蝇 1 龄幼虫长 2 mm,3 龄幼虫长 8~10 mm。头部有头咽骨,通过其骨化面积和平均光密度,可推断日龄。头前端有 1 对口钩;胸 3 节,第 1 节两侧有前气门 1 对;腹 10 节,可见 8 节,后 2 节很小,位于第 7、8 节的腹面,第 8 节后侧有后气门 1 对,由气门环、气门裂和气门钮组成,第 10 节变为肛板,中间有肛孔。幼虫的头咽骨、口钩、前气门、后气门及肛板的形状是幼虫分类的重要依据。

4. 蛹 圆筒形,长 5~8 mm,其颜色可由浅黄逐渐变深,至棕褐色或黑色。

【生活史】

蝇的发育属于完全变态,生活史一般包括卵、幼虫、蛹和成虫 4 期(图 20-13)。少数蝇类为卵胎生,如狂蝇、舌蝇、多数麻蝇、某些家蝇等。

雌虫产卵后约 1 天孵化为幼虫。幼虫在孳生场所经 2 次蜕皮发育为成熟的 3 龄幼虫,然后爬到孳生物周围疏松的土层内,虫体缩短,表皮变硬而化蛹。幼虫期为 4~12 天,而专性寄生蝇的幼虫期可达 9~11 个月。蛹不食不动,一般 3~17 天羽化。羽化的成蝇 1~3 天后进行交配，一般一生仅交配一次，数日后雌蝇产卵。雌蝇一生产卵 3～8 次或更多，每次产卵数 10 粒至 200 粒左右。在适宜条件下，蝇完成整个生活史需 8～30 天，一般每年可完成 7～8 代，在我国南方可达 10 代以上。成蝇寿命一般 1～2 个月，在越冬状态下个别蝇种可存活半年之久。

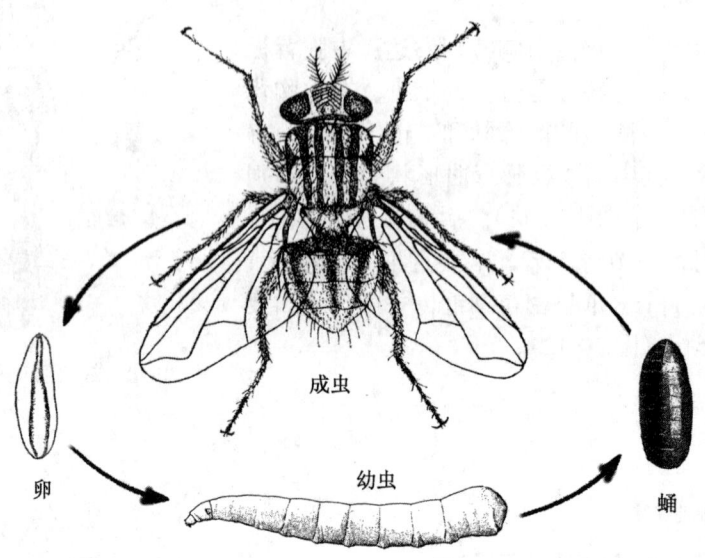

图 20-13　蝇生活史（采自牟广思，Audten）

【生态】

1. 孳生习性　根据蝇类孳生物（地）性质的不同，可将其分为 5 类，即人粪类、畜禽粪类、腐败的动物质类、腐败的植物质类和垃圾类。蝇种不同，其孳生场所不同。对孳生物性质的要求有的蝇种较严格，而有的蝇种不太严格。

 知识拓展

嗜尸性蝇类在法医领域中的应用

嗜尸性蝇类是指常出现于动物尸体微环境中的蝇类，包括直接以尸体为食的尸食性蝇类（如大头金蝇、家蝇、巨尾阿丽蝇、丝光绿蝇、棕尾别麻蝇等）和以尸食性蝇类为取食对象的兼食性蝇类。这些蝇类能够很快到达尸体并产卵繁殖，产出的子代取食尸体并在尸体上生长，子代的年龄即充当了尸体存在时间（死亡时间）的计时器。因此，嗜尸性蝇类对于死亡时间的推断具有重要价值，常用发育历期与等虫态线图、体长与等长线图、蛹内形态变化等指标用于死亡时间的推断。

2. 食性　成蝇的食性较杂，分为 3 类：①不食蝇类，口器退化不能取食，如狂蝇、皮蝇和胃蝇等；②吸血蝇类，以动物与人的血液为食，如厩螫蝇；③非吸血蝇类，多数种类为杂食性，以腐败的动植物、人和动物的食物、排泄物、分泌物和脓血等为食，此类蝇取食频繁，且边吃、边吐、边排粪便，该习性在蝇类机械性传播疾病方面具有重要意义。

3. 活动与栖息　蝇类的活动、栖息场所因种类而异。成蝇的活动常因气候条件、食物或产卵物的引诱或附近有大量孳生物质存在而有所变动。蝇类的活动主要受温度和光线的影响，如舍蝇在20℃以上才比较活跃,在30～35℃时最活跃,在35～40℃和4℃以下则不活动。蝇类有趋光、避暗习性,多数蝇类在白天活动,夜间常栖息在室内的电线、悬空的绳索上,或室外的树枝、树叶、篱笆等处。蝇善飞翔,如舍蝇每小时可飞行6～8 km,通常在以孳生地为中心的1～2 km半径范围内活动、觅食,有时可随车、船等交通工具扩散。

4. 季节消长　蝇对气候的适应性不同。不同蝇种在同一地区和同一蝇种在不同地区表现有不同的季节分布。一般可将我国蝇类分为春秋型(如巨尾阿丽蝇、元厕蝇、厩腐蝇等)、夏秋型(如大头金蝇、多种麻蝇)、夏型(如厩螫蝇)和秋型(主要为舍蝇),其中以夏秋型和秋型蝇类与夏秋季肠道传染病的关系最为密切。

5. 越冬　蝇除卵外的各期都可越冬。越冬虫期因虫种或地区不同而异。通常厕蝇属、黑蝇属、绿蝇属的种类以幼虫越冬者居多;厩螫蝇、金蝇、丽蝇、麻蝇等属的一些种类以蛹越冬者居多;厩腐蝇、红头丽蝇等则以成虫期越冬;而舍蝇在不同地区可以不同虫期越冬。以幼虫越冬者多在孳生物底层,以蛹越冬者多数在孳生地附近的表层土壤中,成虫则在暖室、地窖、地下室等温暖隐蔽处越冬。

【我国常见蝇种】

1. 舍蝇(*Musca domestica*)　体长5～8 mm,灰褐色。胸部背面有4条黑色纵纹;翅第4纵脉末端向上急弯成折角;腹部橙黄色,并具有黑色纵条(图20-14)。幼虫主要孳生于畜粪和垃圾中,成虫常出入住室、厨房和食堂等处。

2. 丝光绿蝇(*Lucilia sericata*)　体长5～10 mm,呈绿色金属光泽,颊部银白色(图20-14)。幼虫主要孳生于腐败的动物质中,成蝇喜在腥臭腐烂的动物质及垃圾等处活动,也常飞入住室或食品店及菜市场。

3. 大头金蝇(*Chrysomyia megacephala*)　体长8～11 mm,躯体肥大,头宽于胸,体有青绿色金属光泽,复眼深红色,颊橙黄色(图20-14)。幼虫主要孳生在人畜粪便中,成虫活动于腐烂的瓜果、蔬菜及粪便周围。

4. 巨尾阿丽蝇(*Aldrichina grahami*)　体长5～12 mm,胸部暗青灰色,中胸背板前部中央有3条黑色纵纹,中央的1条较宽;腹部背面有深蓝色金属光泽(图20-14)。幼虫主要孳生在半稀人粪便中,也可在腐败的动物质和垃圾中,成蝇主要在室外活动。

5. 黑尾黑麻蝇(*Helicophagella melanura*)　体长6～12 mm,暗灰色;胸背面有3条黑色纵纹,腹部背面有黑白相间的棋盘状斑(图20-14);雄蝇外生殖器呈亮黑色。幼虫孳生在

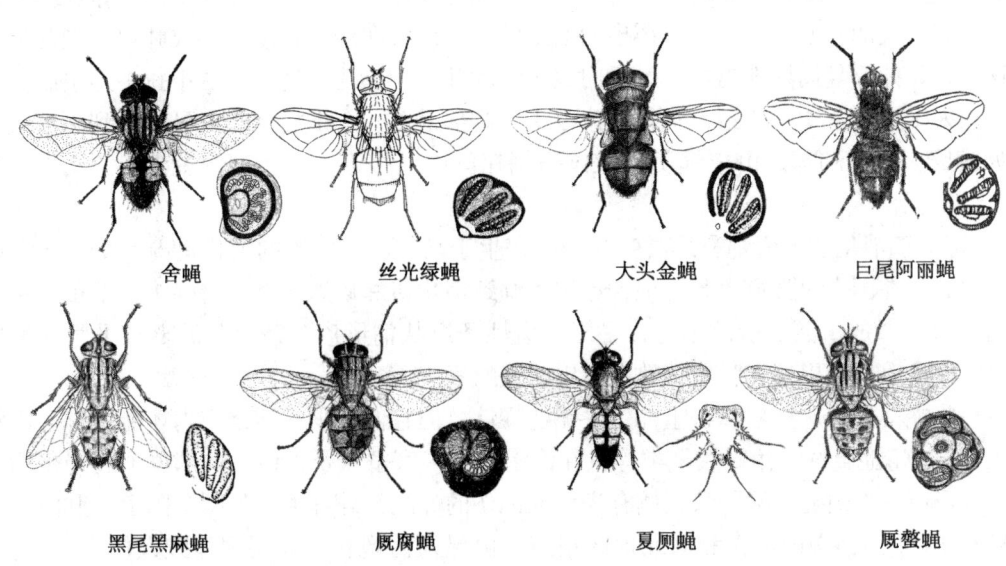

图20-14　常见蝇种的成虫和3龄幼虫后气门(采自范滋德)

人畜粪便和垃圾中，成虫活动于室外，也可飞入室内。

6. 厩腐蝇（*Muscina stabulans*） 体长 6～9 mm，胸部背面有 4 条暗黑色条纹，中央 2 条较明显；翅第 4 纵脉末端逐渐稍弯曲；腹部有或浓或淡的斑（图 20-14）。幼虫寄生在腐烂的水果和菜类、人畜粪便及肉类或禽尸中，成虫常飞入住室。

7. 夏厕蝇（*Fannia canicularis*） 体长 5～7 mm，灰色。胸部有 3 条明显的棕色纵条；翅第 4 纵脉直，末端与第 3 纵脉有相当距离；腹部第一、第二合背板及第三、第四背板有倒"T"形暗斑（图 20-14），腹部两侧部分呈黄色。幼虫孳生于人畜粪便以及腐烂植物质中。成虫喜飞入室内盘旋飞翔。

8. 厩螫蝇（*Stomoxys calcitrans*） 体长 5～8 mm，暗灰色，形似舍蝇，刺吸式口器；胸部背面有不清晰的 4 条黑色纵纹，翅第 4 纵脉末端呈弧形弯曲（图 20-14）。幼虫主要孳生在禽畜粪便或腐败的植物质中，成虫在室外活动，刺吸人畜血液。

【与疾病的关系】

蝇除了骚扰人类及可能吸血外，更重要的是传播多种疾病及蝇幼虫寄生引起蝇蛆病。

1. 传播疾病 蝇类传播疾病的方式包括机械性传播和生物性传播两种。

（1）机械性传播：蝇类的主要传病方式。通过蝇类体内外携带病原体以及蝇类特有的食性，将病原体传播扩散。蝇可传播痢疾、霍乱、伤寒、脊髓灰质炎、肠道原虫病、肠道蠕虫病、结核病、细菌性皮炎、雅司病、沙眼、结膜炎等多种疾病。

（2）生物性传播：冈田绕眼果蝇（*Amiota okadai*）是眼结膜吸吮线虫的中间宿主。在非洲，舌蝇（采采蝇）可传播人体锥虫病（睡眠病）。

2. 蝇蛆病（myiasis） 指蝇类幼虫寄生于人和脊椎动物的组织和器官引起的疾病。按其寄生的特性分为下列类型。

（1）专性蝇蛆病（obligatory myiasis）：幼虫各龄期均营寄生生活，寄生生活是完成生活史的一个必要条件。专性蝇蛆病主要发生于家畜，人体较少见，人体病例多见于牧区。一些蝇类幼虫有特定的宿主和寄生部位。

1）寄生于眼、鼻咽腔的狂蝇科蝇类：如寄生于羊的羊狂蝇和寄生于马、驴和骡的宽额鼻狂蝇和紫鼻狂蝇的幼虫偶然侵害人体。当雌虫将幼虫产于眼结膜囊可引起急性结膜炎，幼虫在眼内不超过 1 龄期。国内人体眼部感染的报道有：羊狂蝇 560 多例，宽额鼻狂蝇 170 多例，紫鼻狂蝇 20 多例。曾有羊狂蝇 2、3 龄幼虫侵害咽喉、上颌窦的个案报道。

2）寄生于皮内和皮下组织的皮蝇科蝇类：如寄生于牛的纹皮蝇和牛皮蝇偶然侵害人体。当雌蝇产卵于人的毛发或衣服上，孵出的幼虫钻入皮内，在皮下移动，形成肿块，经几天后再继续移行，如此反复周期性出现，最后向表皮移动并开 1 小孔，幼虫可从小孔中逸出或被人用手挤出。人感染通常 1～2 条，移行部位以头、胸部最多。个别病例幼虫可移行到深部组织和器官如腹腔、眼、脑等。由皮蝇所致人体病例在国内已报道 250 多例，多为 1 龄幼虫，2、3 龄幼虫少见。

3）寄生于消化道的胃蝇科蝇类：其幼虫寄生于马、驴、骡等的消化道内，寄生于人体消化道较罕见。在国内仅报道由肠胃蝇、赤尾胃蝇致消化道蝇蛆病 5 例。胃蝇 1 龄幼虫可钻入人体皮内移行，凿成一条曲折的隧道，呈现出血性条纹状匐形疹，在隆起的末端可用针挑出虫体。国内报道由黑角胃蝇和肠胃蝇致人体皮肤蝇蛆病 10 多例。

另一些蝇类幼虫对宿主和寄生部位并无选择性，但它们必须在活组织内才能发育为成熟的 3 龄幼虫。如蛆症金蝇、污蝇属蝇类等可在许多动物、家畜以及人体任何部位引起蝇蛆病。在我国南方报道，由蛆症金蝇所致人体有炎症或创伤的鼻腔、外耳道、外阴、阴道、肛门等处的蝇蛆病有 10 多例；在内蒙古和西北地区报道，由黑须污蝇和陈氏污蝇所致人体耳、面、颈、肩及头部的蝇蛆病有 10 多例。

（2）兼性蝇蛆病（facultative myiasis）：幼虫通常是腐食性或尸食性蝇种。在特殊条件下，如化脓伤口、脓疮或散发出臭味的患病器官，可诱蝇产卵或产幼虫，幼虫侵入动物或人体的组织器官中寄生。有的幼虫在宿主体内可生活一段时间，也有的能在宿主体内完成幼虫的整个发育过程。人体兼性蝇蛆病病例较多，分布广泛。常见蝇种有大头金蝇、丝光绿蝇、叉丽蝇、黑尾黑麻蝇和舍蝇等。

（3）偶然性蝇蛆病（accidental myiasis）：因误食或误饮被某些蝇卵或幼虫污染的食物或饮水，幼虫在宿主胃肠道内虽不适于长期寄生，但有时可导致肠功能紊乱。蝇产卵于泌尿生殖孔或会阴部，幼虫孵化后侵入泌尿生殖道引起局部组织的炎症。常见蝇种有舍蝇、棕尾别麻蝇和夏厕蝇等。

在临床上，蝇蛆病常以幼虫寄生部位命名，如皮肤蝇蛆病、创伤蝇蛆病、胃肠道蝇蛆病、眼内蝇蛆病，以及耳、鼻、咽和口腔蝇蛆病，泌尿生殖道蝇蛆病和脏器蝇蛆病等。

微整合

临床应用

蝇蛆疗法的临床应用

蝇蛆疗法属于生物治疗的范畴，通过利用无菌蝇蛆（主要是丝光绿蝇的幼虫）吞食腐败组织以达到治疗效果，可用于顽固性溃疡、严重感染的肢体、耐药微生物感染创面等治疗，尤其对常规治疗失败的感染创面、难愈合创面的治疗效果显著。该疗法一般采用经消毒灭菌的蝇蛆（2～3日龄），多次放置于难愈合的感染创面上，实现创面的彻底清创，然后在肉芽组织生长的基础上行植皮术覆盖创面，可达到满意的术后效果。蝇蛆疗法的机制较复杂，包括：①蝇蛆快速大量吞食、消化细菌；②爬行过程刺激肉芽组织生长，促进伤口愈合；③分泌蛋白水解酶、使坏死组织溶解和液化；④促使结缔组织生成、加速组织愈合；⑤分泌物杀菌作用等。

【防制原则】

灭蝇的基本环节是维持环境卫生，清除其孳生场所。根据蝇的生态和生活习性，杀灭越冬虫态和早春第一代及秋末最后一代成蝇可收到事半功倍的效果。

1．环境防制 通过清除孳生物、隔离孳生物和改变孳生物的性状而使之不适合蝇孳生。

2．物理防制 通过淹杀、闷杀、捞出烫煮、堆肥等方法杀灭幼虫及蛹；蝇有趋紫外光的特性，可采用光诱加高压电击灭成蝇；捕蝇笼诱捕和粘蝇纸粘捕等方法杀灭成蝇。

3．化学防制 灭蝇常用药物有美曲膦酯（敌百虫）、敌敌畏、溴氰菊酯、氯氰菊酯、二氯苯醚菊酯、残杀威和灭多威等。在蝇孳生场所喷洒杀虫剂杀灭幼虫，在杀虫剂中加入昆虫生长调节剂（伏虫脲1号）可提高灭蝇效果。在成虫栖息场所可采用滞留喷洒或空间喷雾，必要时两类或几类药剂混合使用，或合并使用增效剂以取得更好的灭蝇效果。将杀虫剂和舍蝇信息素放入饵料中诱杀成蝇。

4．生物防制 自然界中蝇类天敌种类很多，已进行试验的有寄生蜂作用于蝇蛹。应用苏云金杆菌H-9的外毒素对舍蝇及丝光绿蝇的幼虫有效。

第四节 白 蛉

白蛉（sandfly）属双翅目、毛蛉科（Psychodidae）、白蛉亚科（Phlebotominae）。全世界已知700多种，我国已报告40多种。

【形态】

1. 成虫 体长1.5～4.0 mm，灰黄色，全身密被细毛（图20-15）。头部球形，复眼大而黑；触角细长，分为16节；触须5节，向下后方弯曲。口器为刺吸式，喙约与头等长；口腔内有口甲和色板，咽内有咽甲，其形状是白蛉分类的重要依据。胸背隆起呈驼背状，翅1对，狭长，末端尖，上有许多长毛，停息时两翅向上竖立，与躯体约呈45°；平衡棒1对；足细长，多毛。腹部分10节，第1～6腹节背面长有长毛，第1节长毛竖立，第2～6节的长毛在不同蛉种或竖立或平卧或两者交杂。雄性外生殖器与雌性受精囊的形态为分类的重要依据。

2. 卵 大小为0.2～0.5 mm，近椭圆形，初生卵为灰白色，在空气中很快变成深褐色或黑色。

3. 幼虫 毛虫状，白色或淡褐色；分为4龄，1龄幼虫长约1 mm，4龄幼虫长约3 mm；幼虫尾端具尾鬃，1龄幼虫1对，2至4龄幼虫2对。

4. 蛹 长约4 mm，外观鼓槌状，淡黄色，体外无茧，尾端附有4龄幼虫蜕下的皮。

【生活史】

白蛉的发育属于完全变态，生活史有卵、幼虫、蛹和成虫4期（图20-15），前3个时期生活在土层中。卵在适宜条件下，6～12天孵出幼虫。幼虫以土壤中有机物为食，一般25～30天化蛹。蛹不食不动，6～10天后羽化为成虫。成虫羽化后12～13小时即可交配，雄蛉可交配2～3次，雌蛉一生仅交配1次，多在吸血前进行，可产卵多次。整个生活史所需时间与温度、湿度以及食物充足与否有关，在21～28℃的适宜温度下，白蛉从卵发育至成虫需6～8周；当气候条件不利时，以4龄幼虫滞育，使生活史延长。雄蛉交配后不久死亡，雌蛉可存活2～3周。

【生态】

1. 孳生地 白蛉各期幼虫均生活在土壤中，以地面下10～12 cm处为多见。隐蔽、温湿

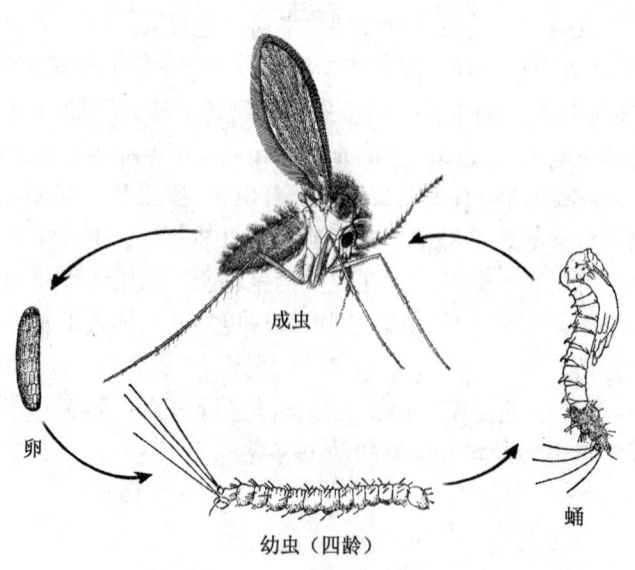

图20-15 白蛉生活史（采自Smart，Patton & Evans）

度适宜、土质疏松且富含有机物的场所，如人房、畜舍、厕所、窑洞、墙缝等，均适于白蛉幼虫孳生。

2. 食性 雄蛉不吸血，以植物汁液为食。雌蛉羽化24小时后开始吸血，多在黄昏后进行。各蛉种吸血对象有所差别，通常竖立毛类蛉种嗜吸人及哺乳动物血，平卧毛类蛉种嗜吸鸟类、爬行类或两栖类动物血。

3. 栖息与活动 成虫通常栖息于室内外阴暗、无风的场所，如屋角、墙缝、畜舍、地窖、窑洞、桥洞等处。同一蛉种可因环境不同而表现不同的栖息习性，如中华白蛉在平原地区为家栖型，栖息于人房、畜舍内；在西北高原为野栖型，多见于各种洞穴内。白蛉的活动能力较弱，活动范围一般在 30 m 以内。

4. 季节消长与越冬 白蛉的季节分布与当地的温度变化有关。白蛉通常每年出现 3～5 个月，如在北方，中华白蛉始见于5月中旬、下旬，6月中旬达高峰，9月中旬、下旬消失。大多数蛉种一年繁殖一代。白蛉多以4龄幼虫潜藏于10 cm以内的地表浅土内越冬，其滞育期长达 8～9 个月。

【重要传病种类】

1. 中华白蛉（*Phlebotomus chinensis*） 体长 3.0～3.5 mm，淡黄色，竖立毛类。口甲不发达，无色板；咽甲的前、中部有众多尖齿，基部有若干横脊。受精囊纺锤状，分节，但不完全；囊管长度是囊体长度的 2.5 倍。雄蛉上抱器第2节有长毫5根，2根位于顶端，3根位于近中部，生殖丝长度约为注精器的5倍（图 20-16）。分布广泛，在北纬 18°～42°，东经 102°～124°。

2. 长管白蛉（*Phlebotomus longiductus*）（中华白蛉长管亚种 *P. c. longiductus*） 是新疆西部老居民区的传播媒介。

3. 亚历山大白蛉（*Phlebotomus alexandri*） 是甘肃西部至新疆西部山区的传播媒介。

4. 斯米尔诺夫白蛉（*Phlebotomus smirnovi*）（吴氏白蛉 *P. wui*） 是新疆和内蒙古西部（额济纳旗）等荒漠地区的传播媒介。

5. 四川白蛉（*Phlebotomus sichuanensis*） 是四川西部山区的传播媒介。

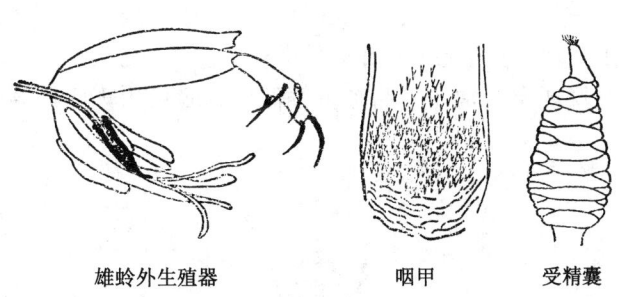

雄蛉外生殖器　　咽甲　　受精囊

图 20-16　中华白蛉（采自熊光华）

【与疾病的关系】

白蛉除叮人吸血外，还可以传播多种疾病，在我国主要传播内脏利什曼病。

1. 内脏利什曼病（visceral leishmaniasis） 病原体为杜氏利什曼原虫（本病分布详见相关章节）。我国新疆等地有内脏利什曼病的自然疫源地，保虫宿主为野生动物。

2. 东方疖（oriental sore） 病原体为热带利什曼原虫，分布于中东、地中海、印度等地。

3. 黏膜皮肤利什曼病（mucocutaneous leishmaniasis） 病原体为巴西利什曼原虫，分布于南美洲。

4. 白蛉热（sandfly fever） 病原体为病毒，主要流行于地中海、亚洲南部（印度）以及中国南部和部分南美洲国家。

【防制原则】

白蛉活动范围小，飞行能力弱，以化学药物杀灭成蛉为防制的主要措施。杀灭成蛉的药剂有溴氰菊酯、氯氰菊酯和马拉硫磷等，用以进行室内滞留喷洒，也可用敌敌畏熏杀。环境治理措施包括保持室内、畜舍及禽圈卫生，清除垃圾，以消除幼虫孳生地。个人防护可使用细孔蚊帐、纱窗，涂擦驱避剂或用艾蒿烟熏。

（王卫杰）

第五节　蠓

蠓（biting midge）俗称"墨蚊"或"小咬"，小型双翅目昆虫，属蠓科（Ceratopogonidae）。全世界已知 5360 种，我国报告 410 余种。

【形态】

成虫体长 1～6 mm，呈褐色或黑色（图 20-17）。头部近球形，复眼 1 对呈肾形，雄蠓两眼相邻接，雌蠓两眼距离较远。口器为刺吸式，喙与头等长。触角呈丝状，分 15 节，在触角基部上方有单眼 1 对，触须分 5 节。胸部背面呈圆形隆起。翅 1 对，较宽短，末端钝圆，翅上常有微毛和斑，其大小、颜色、位置等为分类依据。足细长。雌蠓腹部末端有尾须 1 对，雄蠓的第 9、第 10 腹节转化为外生殖器。

【生活史与生态】

蠓的生活史属完全变态（图 20-17）。卵呈纺锤形，表面有纵列突起的小结节。卵产出时为灰白色，经数小时渐变为深色，在夏季约经 5 天孵化。幼虫分为 4 龄，头部深褐色，胸、腹部淡黄色。幼虫生活于水中、潮湿泥土或沙土中，以细菌、藻类及一些原生动物为食，经 3～5 周化蛹。蛹早期淡黄色，1～2 天后呈深褐色或黑色，胸部背面有呼吸管 1 对，腹部具刺和结节，最后一节有 2 个尖突。蛹不活动，可见于水中或稍有积水的淤泥中，5～7 天羽化。在适宜条件下，整个生活史需 4～7 周。在温带地区一年可发育 1～2 代，热带地区可有多代。雌蠓寿命约 1 个月，雄蠓于交配 1～2 天后即死亡。

吸血蠓类交配有群舞现象，常在黎明和黄昏群舞高峰后出现叮刺高峰。雄蠓吸食植物汁

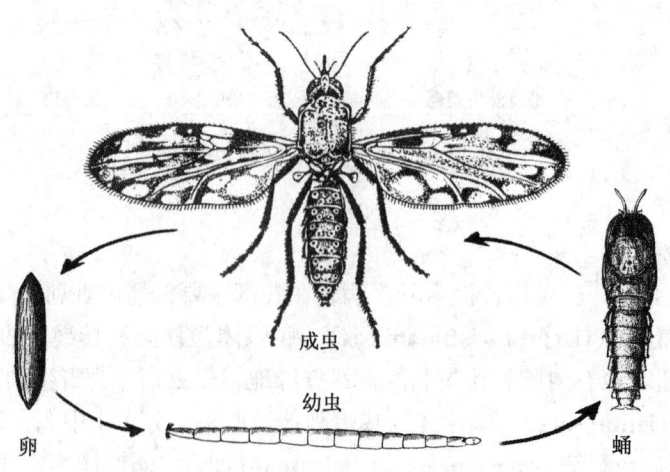

图 20-17　蠓生活史（采自 Эдвардсу，Мартини，Dove）

液，仅雌蠓吸血。雌蠓吸血范围广，吸血对象主要为温血动物，有的种类嗜吸人血，有的种类嗜吸禽类或畜类血。成虫多栖息于温湿的树丛、竹林、杂草、洞穴、畜舍等避风、避光处，活动多限于栖息地周围，以 200～500 m 为半径的范围内。吸血蠓类的孳生地广泛，可为各种水体、湿地及潮湿土壤。以幼虫或卵越冬。

具有医学意义的主要是库蠓、细蠓和铗蠓。我国常见的蠓有台湾铗蠓（*Forcipomyia taiwana*）和同体库蠓（*Culicoides homotomus*），前者分布于南方各省，常白天叮刺人血，后者遍布全国各地，于黄昏刺吸人血。

【与疾病的关系】

蠓对人的危害主要是叮刺吸血、骚扰，可致局部皮炎和继发感染，严重时引起过敏性休克。另可传播多种人兽共患寄生虫病和病毒性疾病，如奥氏丝虫病、常现丝虫病、链尾丝虫病、奥罗普格热等。在我国，与人体疾病的关系尚不清楚。在福建、广东，曾于自然界捕获的台湾铗蠓体内分离到流行性乙型脑炎病毒，在内蒙古分离到土拉菌。

【防制原则】

蠓的种类多，数量大，孳生地广泛，故须采取综合性防制措施，如加强个人防护、清理孳生地、马拉硫磷或溴氰菊酯等滞留喷洒。

第六节　蚋

蚋（black fly）俗称"黑蝇"或"挖背"，小型双翅目昆虫，属蚋科（Simuliidae）。全世界已知 1660 多种，我国已知 209 种。

【形态】

成虫呈黑色或棕黑色，体短小，体长 1.5～5 mm（图 20-18）。头部复眼明显，雄蚋复眼颇大，与胸背约等宽，两眼间几乎相连；雌蚋的复眼略窄于胸部，两眼间被额明显分开。口器为刺吸式，下唇末端膨大为唇瓣。触角较粗短，9～11 节，触须分 5 节。胸部背面明显隆起，呈驼背状。翅 1 对，宽阔，膜质透明，末端圆，有发达的纵脉。足短，较粗壮。腹部分 9 节，腹部末端演化为外生殖器，其为重要的分类依据。

【生活史与生态】

蚋的生活史属完全变态（图 20-18），卵、幼虫、蛹生活在流水中，成虫生活在陆地上。卵略呈圆三角形，淡黄色，通常 150～500 粒排列成单层或多层卵块，在 20～25 ℃ 的水中，

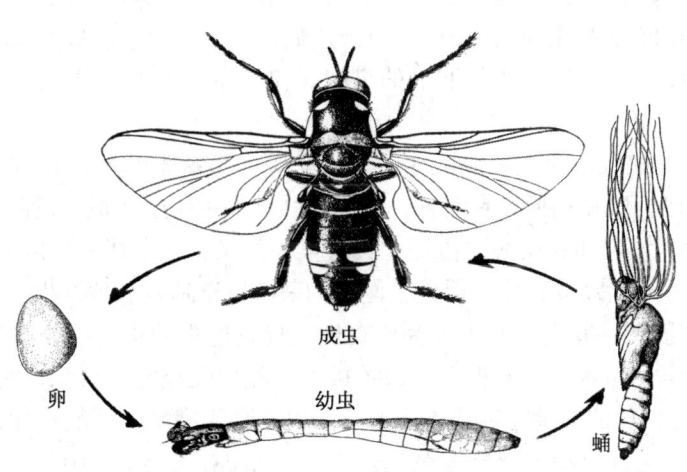

图 20-18　蚋生活史（采自 Cameron，Castellani & Chalmers）

约5天孵化。幼虫圆柱形,刚孵出时淡黄色,以后颜色变暗;幼虫有6~9龄,成熟幼虫长3.5~10.0 mm,头部前端有1对由放射状刚毛组成的头扇。幼虫以水中微小生物为食,3~10周发育成熟。成熟幼虫作茧化蛹,蛹经1~4周羽化为成虫。

雄蚋不吸血,雌蚋嗜吸畜禽血,兼吸人血,多在白天进行。成虫栖息于野草及河边灌木丛,以6~7月为活动高峰。整个生活史需要2~3.5个月。雌蚋寿命约2个月,雄蚋于交配数天内死亡。以卵或幼虫在水中越冬。

我国重要吸血蚋有斑布蚋(*Simulium maculatum*)、黄足纺蚋(*Simulium aureohirtum*)、宽足纺蚋(*Simulium vernum*)等。

【与疾病的关系】

蚋叮刺吸血可引起皮炎、超敏反应及"蚋病",严重者可引起过敏性休克。另可传播分布于非洲、拉丁美洲和亚洲西部的人盘尾丝虫病(河盲症)、分布于西印度群岛和拉丁美洲的奥氏丝虫病以及水疱性口炎等。在我国,蚋是否传播人类疾病尚不清楚。

【防制原则】

清除有幼虫和蛹的水草、树叶、石块等孳生地。用药物喷洒畜禽圈舍,消灭成虫。在野外工作时,使用驱避剂进行个人防护。

第七节 虻

虻(tabanid fly)俗称"牛虻"或"瞎虻",大型双翅目昆虫,属虻科(Tabanidae)。全世界已知约4300种,我国已知440多种。

【形态】

成虫粗壮,呈棕褐色或黑色,多数有鲜艳色斑和光泽,体长6~30 mm,体表多软毛(图20-19)。头部宽大,复眼明显,多具金属光泽,雄虻两眼相接,雌虻两眼分开,单眼数因属而异。触角短,分3节,第3节端部有3~7个小环节,其形态变化大,触须分2节。雌虻口器为具有刺吸和舐吸式口器综合特征的刮舐式,取食时刺破皮肤,由唇瓣上的拟气管吸血。翅宽透明或具色斑。足粗壮或多毛。腹部可见7节,其颜色和斑纹是分类依据,第8~11节演化为外生殖器。

【生活史与生态】

虻的生活史属完全变态(图20-19)。卵呈纺锤形,黄白色,以数十至数百粒聚集成堆或成块,经12小时至22天孵化出幼虫。幼虫细长,圆筒形,淡黄色;腹部第1~7节有伪足,排列成环形;幼虫期有5~11龄,发育时间长达数月至1年以上,成熟幼虫移居至较干燥的土壤表层蜕皮化蛹。蛹为裸蛹,可见明显的头胸部和腹部,早期呈黄棕色,而后逐渐变深色,经1~3周羽化为成虫。

雄虻不吸血,雌虻吸血,主要刺吸牛、马、驴等大型家畜的血,有时也侵袭其他动物和人。成虻多白天活动,吸血场所多在室外,以阳光强烈的中午吸血最为活跃,有时在多个动物体表往返叮刺吸血,该习性在疾病的传播上具有重要意义。虻根据孳生地大体上可分为水生、半水生和陆生,可在不流动的积水、溪流、潮湿的苔藓、草地及林地孳生,但以潮湿泥土中为主。虻多产卵于植物茎、叶上。幼虫多为肉食性,捕食昆虫幼虫、甲壳类和蚯蚓等,也可叮咬人。成虫栖息于草丛树木中,多见于河边植被上。虻的飞翔能力很强,每小时可飞行45~60 km。在我国北方,虻的活动季节在5~8月,以7月为高峰。一般雄虻的寿命仅几天,雌虻可存活2~3个月。虻以幼虫越冬,常在堤岸3~25 cm深的土层中。

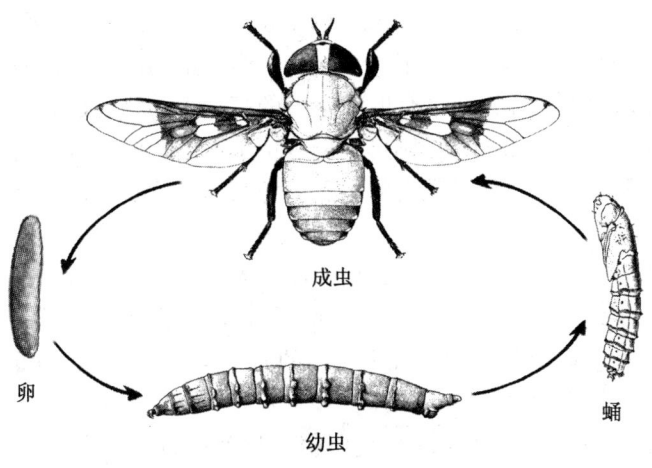

图 20-19 虻生活史（采自 Smart，Castellami & Chalmers）

我国常见种类有四裂斑虻（*Chrysops vanderwulpi*）、中华斑虻（*Chrysops sinensis*）、华广原虻（*Tabanus signatipennis*）、三重原虻（*Tabanus trigeminus*）、江苏原虻（*Tabanus kiangsuensis*）、土灰原虻（*Tabanus amaenus*）、骚扰黄虻（*Atylotus miser*）、中华麻虻（*Haematopota sinesis*）等。

【与疾病的关系】

虻叮刺人体吸血可引起皮炎，严重者可伴发蜂窝组织炎、淋巴管炎和淋巴腺炎等，国内曾有叮刺引起休克的报道。虻传播非洲的罗阿丝虫病、人兽共患的土拉菌病和炭疽等。有些种类传播牲畜的锥虫病、血孢子虫病、焦虫病、传染性贫血病等，是我国畜牧业的重要害虫。

【防制原则】

虻的孳生地高度分散、类型多样，防制比较困难。防制主要针对成虫，以防护为主，杀灭为辅。在野外工作时，裸露皮肤涂擦驱避剂。在栖息场所喷洒杀虫剂。

第八节　蚤

蚤（flea）是哺乳动物和鸟类的体外寄生虫，属蚤目（Siphonaptera），因善跳跃，俗称"跳蚤"。全世界已知约2500种（亚种），我国报告有650种（亚种）。

【形态】

成虫两侧扁平，体长一般为3 mm，棕黄以至深褐色。体表有许多毛、鬃和刺，有的种类还具有栉，均为向后方生长，以适于毛间潜行（图20-20）。头部略呈三角形，具有刺吸式口器。触角1对，分3节，位于触角窝内。眼1对或无眼。胸部分3节，无翅。足3对，长而粗壮，以基节最为宽大，故善跳跃。腹部10节，雄蚤的8、9腹节、雌蚤7～9腹节特化为外生殖器，为分类的依据，第10节为肛节。雌蚤腹部末端钝圆，内有骨化较厚的受精囊；雄蚤腹部末端较尖，其第9背板和腹板分别形成上、下抱器。

【生活史】

蚤的生活史属完全变态（图20-20）。卵椭圆形，长0.4～1.0 mm，初产时白色、有光泽，以后逐渐变成暗黄色，约5天孵出幼虫。幼虫分3龄，体小似蛆，白色或淡黄色；头部有咀嚼式口器和1对触角，无眼；胸部分3节，无足；腹部分10节，各节生有稀疏长鬃1～2列，末节端部有 1 对肛柱；在适宜条件下，经 1~3 周发育，蜕皮 2 次，变为成熟幼虫，体长可达 4~6 mm。成熟幼虫吐丝作茧，在茧内第 3 次蜕皮后化蛹，茧外常黏附着灰尘和碎屑，有伪装保护作用。蛹呈长椭圆形，具成虫雏形，头、胸、腹及足均已形成，并逐渐变为淡棕色，蛹期通常 1~2 周，有时可达 1 年。蛹羽化时需空气的震动、动物走近、接触压力以及温度升高等外界的刺激，诱使虫体破茧而出，否则可长期静伏于茧内。成虫羽化后即可交配、吸血，并在 1~2 天后产卵，雌蚤一生可产卵数百粒。蚤的寿命为 1~2 年。

【生态与习性】

雌蚤通常在宿主皮毛上和窝巢中产卵，由于卵壳光滑无黏性，宿主身上的卵最终都散落到其巢穴及地面上，这些地方也就是幼虫的孳生地，如鼠洞、畜禽舍、屋角、墙缝、床下以及土坑等，幼虫以尘土中宿主脱落的皮屑、成虫排出的粪便及粪便中未消化的血块等为食。阴暗、温湿的周围环境是幼虫和蛹发育的适宜条件。

雌、雄蚤都吸血。成虫的生殖活动与吸血密切相关，通常一天需吸血数次，并常吸血过量，以致未经消化即随粪便排出，而成为幼虫的食物。蚤耐饥能力很强，有些种类能耐饥达 10 个月以上。蚤的宿主范围很广，包括兽类和鸟类，但主要是小型哺乳动物，尤以啮齿类为多。由于善跳跃，可在宿主体表和窝巢内外自由活动，个别种类可固着甚至钻入宿主皮下寄生，如潜蚤。根据蚤对宿主的选择，可分为对宿主选择性较差的多宿主型、限于一定类属宿主的寡宿主型和严格寄生于一种宿主的单宿主型，多宿主型蚤是传播疾病的重要媒介。蚤类的季节消长和越冬因蚤种不同，且与环境气候以及宿主状态等有密切关系。

蚤成虫对宿主体温反应敏感，当宿主因发病而体温升高或在死亡后体温下降时，蚤都会很快离开，去寻找新的宿主，这一习性对了解蚤传播疾病具有重要意义。

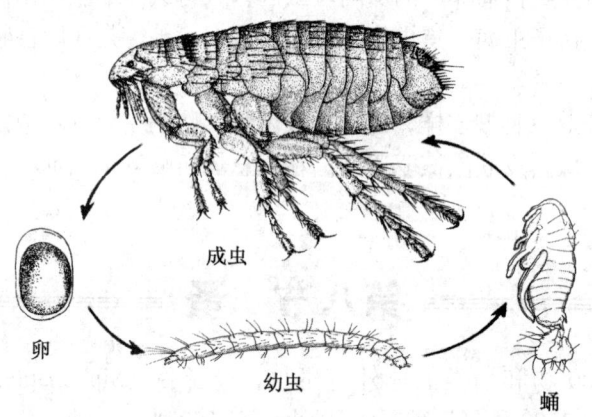

图 20-20　蚤的生活史（引自 Smit，Patton & Evans）

【重要传病种类】

1. 印鼠客蚤（*Xenopsylla cheopis*）　眼鬃 1 根，位于眼的前方。雌蚤受精囊尾部基段扩大，微宽或等宽于头部（图 20-21）。主要宿主为褐家鼠、黄胸鼠和小家鼠。在国内分布很广。

2. 谢氏山蚤（*Oropsylla silantiewi*）　眼较小，眼鬃 3 根，前胸栉刺的长度短于其前背板的宽度。雌蚤受精囊略呈球形，尾部末端有发达的乳突（图 20-21）。主要宿主为旱獭。分布于新疆、青海、甘肃、内蒙古、西藏、四川西部和云南西北部。

3. 方形黄鼠蚤松江亚种（*Citellophilus tesquorum sungaris*）　额鬃 1 根，眼鬃 3 根，具前胸栉。雌蚤受精囊头部呈椭圆形，尾部呈纺锤形（图 20-21）。主要宿主为黄鼠。分布于东北、华北和西北。

4. 致痒蚤（*Pulex irritans*） 又称人蚤，是人体最常见的蚤，在眼下方有眼鬃1根，雌蚤受精囊的头部为圆形，尾部细长弯曲（图20-21）。宿主为犬、猫、猪和人等。在国内分布广泛。

【与疾病的关系】

蚤对人的危害包括骚扰吸血、寄生和传播疾病三个方面。

1. 骚扰吸血 蚤叮咬人后，局部皮肤可出现红斑或丘疹，重者可出现丘疹样荨麻疹。

2. 寄生 潜蚤属（*Tunga*）的雌蚤寄生于动物皮下，在人体是因穿皮潜蚤（*Tunga penetrans*）寄生引起潜蚤病。该病多见于中南美洲和热带非洲。我国山东曾报道1例。

3. 传播疾病

（1）鼠疫（plague）：由鼠疫耶尔森菌（*Yersinia pestis*）引起的烈性传染病，通过蚤类在啮齿动物之间传播，构成鼠疫自然疫源地。人类接触带菌动物或经蚤类叮刺而感染。当蚤刺吸病鼠血后，该菌在蚤前胃刺间增殖，形成菌栓，造成前胃不完全或完全栓塞（图20-22）；当栓塞后，再次吸血时血液不能到达胃内，反而携带病菌回流到宿主体内，使其感染。受染蚤因饥饿，吸血频繁，使更多宿主感染。黄鼠和旱獭等是重要保虫宿主。重要媒介有印鼠客蚤、谢氏山蚤、方形黄鼠蚤和致痒蚤等。我国曾发生过6次鼠疫大流行，目前国内已有效控制并基本消灭了人间鼠疫的流行，但鼠间鼠疫时有发生，人体感染偶有报道。

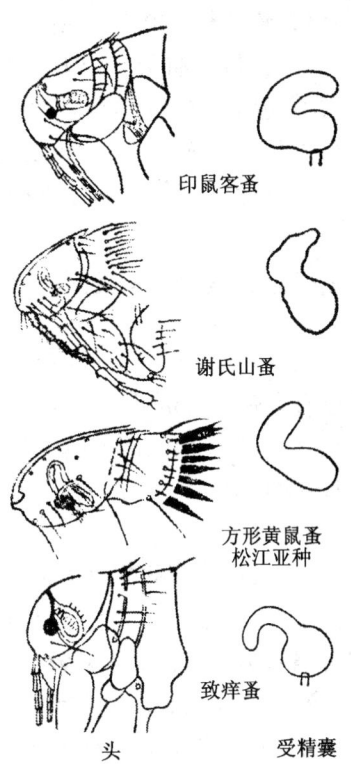

图20-21 4种蚤的形态区别

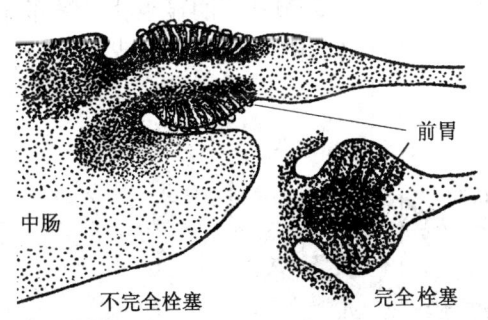

图20-22 蚤前胃菌栓栓塞示意图

（2）鼠型斑疹伤寒（murine typhus）：又称地方性斑疹伤寒（endemic typhus），病原体是莫氏立克次体（*Rickettsia mooseri*），主要在蚤类与鼠类之间传播。立克次体在蚤的胃和马氏管上皮细胞内繁殖，细胞破裂后随粪便排出。人因病原体污染伤口而感染，亦可通过蚤粪干燥后产生的气溶胶经鼻、口、眼结膜进入体内而感染。立克次体在印鼠客蚤可经卵传递。在适宜条件下，蚤粪中的立克次体可存活4～9年。在我国，褐家鼠和黄胸鼠是主要保虫宿主。印鼠客蚤为重要的传播媒介，缓慢细蚤为鼠间流行的重要媒介。目前国内已基本控制，在东北、华北及西南等地有散发流行，河南及辽宁曾有过暴发流行。

（3）绦虫病：有些蚤类是犬复孔绦虫、缩小膜壳绦虫、微小膜壳绦虫的中间宿主，人体感染是因误食含似囊尾蚴的蚤而致。

【防制原则】

1. 清除孳生地 清除鼠窝，堵塞鼠洞，清扫禽畜棚圈，保持室内地面墙角干燥、光洁。

2. 灭蚤、防蚤 用1%美曲膦酯或0.02%扑灭司林（氯菊酯）乳剂定期给犬、猫药浴；用溴氰菊酯、氯氰菊酯和灭幼脲等药物滞留喷洒室内及禽畜棚圈的地面，以杀灭成虫和幼虫。在鼠疫流行时应采取紧急灭蚤措施并加强个人防护。

3. 灭鼠 捕杀或毒杀室内外的鼠类

第九节 虱

虱（lice）是哺乳动物和鸟类的体外永久性寄生虫，属于虱目（Phthiraptera）。寄生于人体的虱有人虱（*Pediculus humanus*）和耻阴虱（*Pthirus pubis*）两种，前者属于虱科（Pediculidae）、虱属（*Pediculus*），后者属于阴虱科（Pthiridae）、阴虱属（*Pthirus*）。一般认为人虱又分为两个亚种，即人头虱（*P.h. capitis*）和人体虱（*P.h. corporis*）。

【形态】

1. 人虱 背腹扁平，灰白色，体狭长，雌虫体长 2.5～4.2 mm，雄虫稍小（图 20-23）。头部小，略呈菱形，触角分 5 节，眼 1 对位于触角后方，明显地向外突出。口器为刺吸式，不用时缩入头内。胸部 3 节融合，前部稍窄，中胸侧面有气门 1 对，无翅。足粗壮，3 对足大小相近，跗节仅 1 节，其末端有弯曲的爪，胫节末端内侧有一指状胫突，爪与胫突配合形成强有力的钳状攫握器，借以抓握宿主的毛发或内衣纤维。腹部分节明显，可见 8 节，第 3～8 节两侧有骨化的侧背片，每片上均有气门。雌虱腹部末端呈"W"形，第 8 节腹面有一生殖腹片和 1 对生殖肢。雄虱腹部末端呈"V"字形，第 3～7 节背面各有 2 片小背板，后 3 个腹节内可见缩于体内的外生殖器。

人头虱和人体虱形态区别甚微。一般人头虱略小、体色稍深、触角较粗短。

2. 耻阴虱 灰白色，宽短似蟹状。雌虱体长为 1.5～2.0 mm，雄性稍小，0.8～1.2 mm。胸部宽而短，前足及爪细小，中、后足胫节和爪明显粗壮。腹部宽短，由于前 4 节融合，故前 3 对气门排成斜列，第 5～8 节侧缘各具刚毛的锥状突起（图 20-23）。

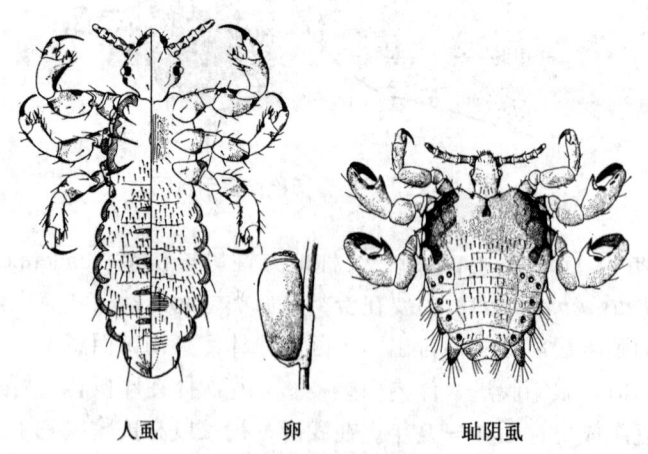

人虱　　卵　　耻阴虱

图 20-23　虱成虫和卵

【生活史】

虱的生活史属不完全变态。卵俗称"虮子"，椭圆形，乳白色，大小为 0.8 mm×0.3 mm，黏附在毛发或纤维上，其游离端有卵盖，经 5～9 天若虫从卵盖处孵出，形似成虫，但体较小，尤以腹部较短。若虫经3次蜕皮发育为成虫。完成生活史人虱需16～25天，耻阴虱需34～41天。成虫羽化后12小时即可交配，1～3天内产卵。人虱一生产卵量可达300粒，耻阴虱约30粒。成虫寿命较短，约为1个月。

【生态与习性】

人虱和耻阴虱都寄生于人体。人头虱寄生于头发上、产卵于发根，以耳后较多。人体虱多寄生在贴身衣裤的衣缝、皱褶、衣领和裤腰等处，产卵于衣裤的织物纤维上。耻阴虱寄生于体毛较粗、较稀之处，主要在阴部及肛门周围的毛发上，其他部位以睫毛多见，产卵于毛发的基部。

虱的若虫和成虫两性都仅嗜吸人血。虱不耐饥饿，若虫每日至少需吸血1次，成虫则需数次，常边吸血边排粪便。虱对温、湿度很敏感，52℃时只能存活5分钟。正常人体表的温、湿度很适宜虱的寄生，虱通常不会离开人体，但当宿主体温升高、出汗或死亡变冷时，虱会迅速爬离原宿主而另寻觅新宿主。以上习性对虱的播散和疾病的传播都有重要意义。

人虱主要通过人与人之间的直接或间接接触而传播；耻阴虱通过性交或接触阴毛上的虱或虱卵沾染的卧具、便桶等感染，属性传播疾病。

【与疾病的关系】

人被虱叮刺后，由于机械损伤及注入的虱唾液，局部皮肤可出现瘙痒、丘疹和瘀斑，搔破后可继发感染。寄生于睫毛上的耻阴虱多见于婴幼儿，引起眼睑奇痒、睑缘充血等。目前仅证实人体虱能传播疾病，人头虱虽在实验中感染成功，但无自然感染的报告，亦尚未能证明耻阴虱能传播疾病。

1. **流行性斑疹伤寒**（epidemic typhus） 病原体为普氏立克次体（*Rickettsia prowazekii*）。立克次体仅侵入人体虱中肠上皮细胞内进行大量增殖，数天后上皮细胞破裂，立克次体随虱粪排出，虱粪中的立克次体在室温中可存活60天以上。人因虱粪或压破虱体后，立克次体污染皮肤伤口或黏膜而感染，亦可经呼吸道或手污染结膜而感染。我国仅有少数散发病例。

2. **战壕热**（trench fever） 又称五日热，病原体为五日热巴尔通体（*Bartonella quintana*）。本病症状与流行性斑疹伤寒相似而较轻，但病程较长。人体感染方式也与流行性斑疹伤寒相似，只是病原体只能在中肠上皮细胞表面繁殖，不侵入细胞内。

3. **虱传回归热**（louse-borne relapsing fever） 又称流行性回归热（epidemic relapsing fever），病原体是回归热疏螺旋体（*Borrelia recurrentis*）。螺旋体穿过中肠壁进入血腔大量繁殖，不进入组织器官亦不随粪便排出，其传染是由于虱体被碾破后，虱体液中的病原体经皮肤伤口或黏膜而进入人体所致。我国已基本消灭该病，但国际上仍列为监测传染病。

【防制原则】

1. **防虱** 注意个人卫生，如勤换洗衣服、被褥，洗发等，杜绝不洁性生活以预防耻阴虱感染。

2. **灭虱** 衣物可蒸煮、干热、熨烫等，不耐高温的衣物可在-20℃冷冻一夜灭虱，也可药物喷洒、浸泡。用密齿梳子反复梳头，是清除头虱的有效方法；对人头虱和耻阴虱可剃去毛发，用0.01%二氯苯醚菊酯、50%百部酊液涂擦毛发灭虱。

（黄学贵）

第十节 臭 虫

臭虫（bedbug）俗称壁虱或床虱，属半翅目（Hemiptera）、臭虫科（Cimicidae），近90种。以吸人血为主的臭虫有两种，即温带臭虫（*Cimex lectularius*）和热带臭虫（*Cimex hemipterus*）。

两者形态和生活史均相似,前者分布于全球各地区,后者仅分布于热带和亚热带地区。

【形态】

成虫虫体卵圆形,背腹扁平,红褐色,遍体具细毛,体长4~6 mm(图20-24),无翅。体分头、胸、腹。头部扁平,呈三角形,两侧有1对凸起的复眼;触角1对,分4节,除了第1节外,均能弯曲,末2节细长;口器为刺吸式,由上唇、下唇及一对上颚和一对下颚构成,下唇分为3节,不吸血时藏于头、胸部腹面的纵行沟槽内,吸血时前伸与体约呈直角。胸部分为前、中、后三部分。前胸背板大而明显,其前缘有一凹陷,头部即嵌在凹陷内,侧缘明显突出,前外方有一凸出的侧角,后缘向内微凹。中胸退化,其背板呈倒三角形。后胸背板在1对翅基的后缘,大部分被翅基覆盖;后胸腹面在中、后足基节间有1对新月形的臭腺孔;前、中、后胸各有1对足,足分基节、股节、胫节和跗节,足跗节又分3节,末端具爪1对。腹部宽阔,从腹面看,可见8节,尾部特化为外生殖器。

两种臭虫形态很相似,主要区别在于温带臭虫前胸背板的前缘凹陷深,两侧缘侧角明显前凸,遮挡一部分复眼,腹部较短胖;而热带臭虫前胸背板的凹陷较浅,两侧缘隆起,侧角不遮挡复眼,腹部较瘦长(图20-24)。

虫卵呈长椭圆形,长0.8~1.3 mm,乳白色或黄白色,卵前端微弯,有一倾斜的小盖。卵壳表面有明显的网格花纹。

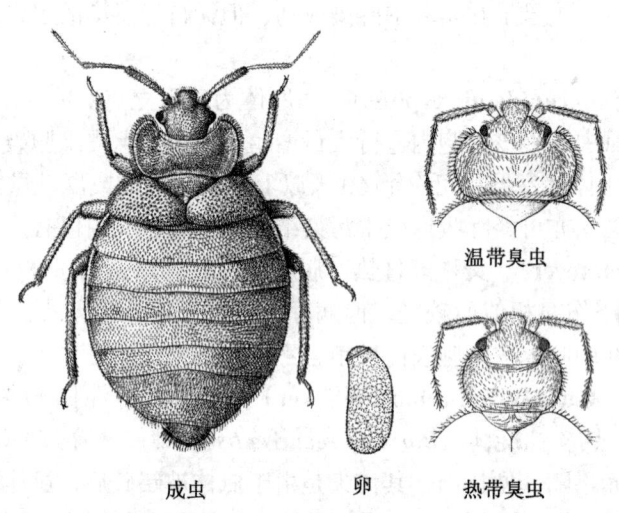

图 20-24 臭虫成虫、卵及两种臭虫头胸比较

【生活史与习性】

臭虫属于不完全变态昆虫,生活史包括卵、若虫和成虫3个发育阶段,若虫和成虫都嗜吸人血。雌虫饱血后产卵,每日产卵2~8粒,一生可产卵200~500粒或更多。卵产出后,常黏附在成虫活动的缝隙或褶皱中,一般经6~10天孵出若虫。若虫与成虫外形相似,体较小,缺翅基。若虫有5个龄期,蜕皮5次后发育为成虫,且每次蜕皮前,至少要吸血一次。从卵发育到成虫仅需30天左右,若吸血量不足,将会影响蜕皮过程。发育为成虫后经过1~2天即可交配,再过3~4天开始产卵,产卵前必须吸血1次。成虫寿命约1年。

臭虫喜群居,主要栖息于室内墙壁、木制家具的缝隙、草垫、床席等处。白天隐匿,夜晚活动吸血,黎明前为臭虫的活动高峰期。成虫耐饥饿力很强,不吸血仍可存活6~7个月,甚至可长达1年,若虫不吸血可存活70天以上。臭虫不耐高温,卵45℃、成虫44℃ 1小时即死亡。温带臭虫分布广泛,以长江以北各省区和华中地区多见。热带臭虫多见于华南,以广东、广西、海南为主要分布区。

【与疾病的关系】

臭虫夜晚吸血骚扰，使人夜不能眠。其叮刺时将唾液注入人体，可使局部皮肤出现小丘疹，继之红肿、发炎并向周围浸润，痛痒难忍。臭虫长期被疑为传播疾病的媒介，实验证明，臭虫可以传播多种病原体，如钩端螺旋体、鼠疫耶尔森菌、回归热螺旋体、普氏立克次体（流行性斑疹伤寒）等，但在自然条件下，臭虫能否传播这些疾病从流行病学上尚未得到证实。

【防制原则】

1. 物理防制　维持居室内、外环境卫生，对家具、墙壁、地板的缝隙可采用开水烫杀或用油灰封堵。

2. 化学防制　药物杀灭臭虫，可用美曲膦酯、长效拟除虫菊酯滞留喷洒。

3. 宣传教育　加强卫生宣传教育，搬迁或旅行时，应仔细检查，避免携带臭虫，引起扩散。

第十一节　蜚　蠊

蜚蠊（cockroach）俗称蟑螂，是最常见的室内害虫，属网翅目（Dictyoptera）、蜚蠊目（Blattaria）。全世界有5000余种，我国记录有250多种，绝大多数种类栖息于室外，家栖种类只有21种，常见7种。

【形态】

成虫体型较大，背腹扁平，棕褐色或红褐色，体表油亮光泽；体长因种而异，常见者为10～35 mm，虫体分头、胸、腹三部分（图20-25）。

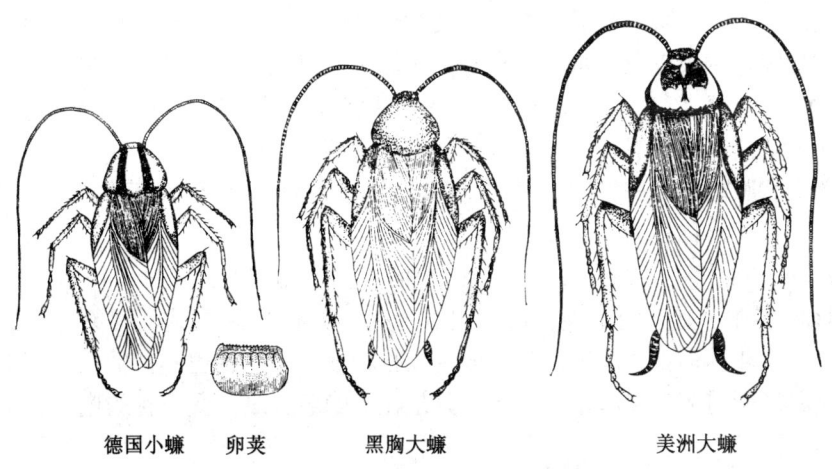

图 20-25　蜚蠊成虫和卵荚

1. 头部　头小，多数种类的头隐藏在前胸背板的下方，从虫体的背面观只能看到头顶端的一小部分。复眼1对较大，呈肾形，位于头上部两侧，有的种类退化或消失；单眼1对，位于复眼上方。触角1对，细长呈丝状，分节多达100余节。口器为咀嚼式。

2. 胸部　由前胸、中胸、后胸三部分构成，每部分又包括背板、腹板和侧板。前胸背板宽大，略呈扇形，有的种类表面具有斑纹；中、后胸较小，各生翅1对，前翅革质，后翅膜质；翅脉分支甚多，有的种类翅退化；翅的有无、大小、形状和翅面上的斑纹等在蜚蠊分类上均有重要意义。足3对，粗大多毛，刚劲有力，善于爬行。

3. 腹部　扁阔，分10节，对应背板10个，第5～8腹节背板上有背腺开口。第10节背板上着生 1 对尾须。雄虫的最末腹板后缘两侧着生 1 对腹刺；雌虫无腹刺（雌性若虫有腹刺），雌虫的最末腹板为分叶状构造，具有夹持卵荚（又称卵鞘）的作用。

【生活史】

蜚蠊属于不完全变态昆虫，生活史包括卵、若虫和成虫 3 个发育阶段。卵在生殖腔内受精后，受精卵由产卵管集中排入卵荚室，再由附属腺分泌出特殊的胶状物质，将受精卵包裹起来形成长约 1 cm 的卵荚。卵荚呈钱袋状，暗褐色，表面光滑。卵成对排列储于其内，每个卵荚含卵 16 ~ 48 粒，雌虫一生可产卵荚数个至数十个。雌虫排出卵荚后常挟持于腹部末端，再分泌黏性物质使卵荚黏附于隐蔽场所或物体上，少数种类卵荚一直附在雌虫腹部末端直至若虫孵化。卵荚的大小、形态及其内含卵数为蜚蠊分类的重要依据。卵荚孵化的时间为 1 ~ 3 个月。若虫较小，色淡，无翅，生殖器官尚未成熟，生活习性与成虫相似。若虫经 5 ~ 7 个龄期发育羽化为成虫，每个龄期约为 1 个月。成虫羽化后数天内即可交配，10 天后开始产卵。整个生活史所需时间因虫种、温度、营养等不同而异，一般需数月或 1 年以上，如德国小蠊 1 年 2 ~ 3 代，而大蠊属蜚蠊一般 2 年 1 个世代。雌虫寿命约半年至 1 年多，雄虫稍短。

【生态】

1. 食性 蜚蠊为杂食性昆虫，可食人和动物的各种食物、排泄物和分泌物以及垃圾等，喜食糖类和发酵的食物，各类蜚蠊的食性也不完全相同。水对于蜚蠊的生存和发育比食物更重要。蜚蠊的耐饥力较强，尤其是雌虫。德国小蠊在有水无食时可存活 10 ~ 14 天，在无水有食时可存活 9 ~ 11 天，无水无食时，仍可存活 1 周。蜚蠊还有啃咬非食物性物质的习性，如尼龙丝、纤维板、电线等。在过度饥饿时，蜚蠊有蚕食其同类及卵荚的现象。

2. 栖息与活动 蜚蠊喜群居，野栖种类生活于草丛、枯枝落叶堆或垃圾堆、碎石下等。家栖种类喜暗怕光，白天隐匿在阴暗角落处，夜间活动，夜晚 9 时至凌晨 2 时为其活动高峰。室内温暖、潮湿、阴暗、隐蔽并靠近水源和食物丰富的地方，如厨房、食堂碗柜的缝隙，水池槽、炉灶旁的缝隙，垃圾以及下水道沟槽等场所均是蜚蠊主要栖息场所。蜚蠊活动最适宜的温度为 20 ~ 30 ℃，低于 15 ℃时，绝大多数不动或微动，高于 37 ℃时呈兴奋状态，超过 40 ℃趋于死亡。蜚蠊的活动主要靠足爬行，有的种类虽有翅但不以飞行为主要活动方式，一般仅限于室内。蜚蠊的背腺能分泌一种气味特殊的棕黄色油状物质，具有驱避敌害的功能，该分泌物留于所经过之处，通常称之为"蟑螂臭"。

3. 季节消长与越冬 蜚蠊的季节消长因地而异。在北方地区 4 月下旬出现，10 月开始越冬，而南方地区多在 3 月上旬出现，12 月开始越冬，海南地区无越冬现象。成虫、若虫和卵荚都可越冬，但以卵荚多见。越冬期间，成虫死亡较多，幸存的也不甚活跃，若虫的抗寒能力比成虫强。越冬场所与栖息场所基本一致，只是在更隐蔽、更不受干扰的地方。

【常见种类】

1. 德国小蠊（*Blattella germanica*） 是全球最普通的室内栖息蜚蠊，体长 12 ~ 14 mm，淡褐色，前胸背板上有两条直的暗黑色纵纹。

2. 美洲大蠊（*Periplaneta americana*） 是体型最大的室内蜚蠊，体长 35 ~ 40 mm，赤褐色，前胸背板边缘有黄色带纹，中央有褐色蝶形斑。

3. 黑胸大蠊（*Periplaneta fuliginosa*） 体长 24 ~ 30 mm，黑褐色并有光泽，前胸背板与体色一致，无花纹。

4. 其他 常见虫种有日本大蠊（*Periplaneta japonica*）、澳洲大蠊（*Periplaneta australasiae*）、褐斑大蠊（*Periplaneta brunnea*）和东方蜚蠊（*Blatta orientalis*）。

【与疾病的关系】

1. 国内报告从蜚蠊体内分离出细菌、真菌、病毒、寄生虫虫卵、原虫包囊等数十种病原体，如痢疾志贺菌、沙门菌、铜绿假单胞菌、变形杆菌、青霉菌、黄曲霉菌、腺病毒、肠道病

毒、乙肝病毒、蛔虫卵、钩虫卵、蛲虫卵、阿米巴包囊和蓝氏贾第鞭毛虫包囊等。由于蜚蠊食性杂，活动范围广，可通过污染的食物和餐具，机械性传播多种疾病，因此，它是一种重要的传播媒介。

2．蜚蠊可作为美丽筒线虫、东方筒线虫、念珠棘头虫和缩小膜壳绦虫的中间宿主。

3．蜚蠊的分泌物、排泄物以及死亡虫体的分解产物作为过敏原，可通过空气和食物传播给人体，引起超敏反应，如过敏性皮炎、鼻炎、哮喘或休克。

知识拓展

蜚蠊的药用价值

医学昆虫蜚蠊的药用在我国已有悠久的历史，最早记载于《神农本草经》。有研究表明，蜚蠊的提取物具有促进组织生长、促进胃肠溃疡愈合、抗炎、抗肿瘤的作用。此项研究为医学昆虫作为天然药物的资源提供了重要的依据，也是将有害昆虫变为有利于人类健康的一个值得关注的研究领域。

【防制原则】

1．**环境治理**　保持室内清洁卫生，妥善贮藏食品，及时清除垃圾。

2．**物理防制**　用诱捕器或诱捕盒捕杀成虫，清除柜、箱、橱等缝隙内的卵荚，予以焚烧或烫杀。

3．**化学防制**　化学药物杀灭成虫。以二氯苯醚菊酯和溴氰菊酯等制成"蟑螂笔"在蜚蠊活动的地方涂划，用氯氰菊酯喷洒其活动场所，在密度高的场所也可用拜力坦热烟雾灭蟑。用杀虫剂与昆虫生长调节剂复配可达到持效长和延缓抗性的作用。在蔬菜汁或麦芽糖中加杀虫剂和蜚蠊信息素制成毒饵诱杀蜚蠊。

（毛樱逾）

几种昆虫的学习要点

虫种	形态	生活史与生态	危害
蚊	全身有鳞片覆盖。触角细长。喙细长，约与头和胸等长，刺吸式口器。翅1对。按蚊成虫大多灰褐色，触须与喙等长，雄蚊末端膨大，翅多有黑白斑；库蚊大多棕黄色，雌蚊触须甚短，短于喙的一半，雄蚊触须则比喙长；伊蚊体黑色有白斑，触须雌蚊同库蚊，雄蚊与喙等长	完全变态。按蚊多产卵于静止或缓流的清水；库蚊多产卵于污水中；伊蚊产卵于小型容器的积水中。栖息习性有家栖、半家栖和野栖型。吸血习性有偏嗜人血、偏嗜家畜血或人畜血兼吸	骚扰吸血，可传播疟疾、丝虫病、流行性乙型脑炎、登革热、寨卡病毒病等疾病
蝇	体形粗壮。全身被有鬃毛。舐吸式或刺吸式口器。翅1对，膜质，透明。触角短，分3节，末节上有触角芒。足末端有1对爪和爪垫	完全变态。孳生物分为人粪类、畜禽粪类、腐败的动物质类、腐败的植物质类和垃圾类。食性分为不食、吸血和非吸血等蝇类	非吸血蝇类机械性传播多种疾病；蝇幼虫可致蝇蛆病
白蛉	体形较小。全身密被细毛。触角细长。喙较短，为刺吸式口器。翅1对，末端尖。停息时两翅向上竖立，与躯体约呈45°	完全变态。幼虫生活在隐蔽、温湿度适宜、土质疏松且富含有机物的土壤中。竖立毛类蛉种嗜吸人及哺乳动物血	吸血，可传播内脏利什曼病等

续表

虫种	形态	生活史与生态	危害
蠓	体小。触角细长,丝状。喙较短,为刺吸式口器。翅1对,卵圆形,翅常有斑和微毛	完全变态。雌蠓吸血范围广,可吸人、禽类或畜类血。孳生地广泛,可为各种水体、湿地及潮湿土壤	吸血,常致叮刺部位奇痒
蚋	体小。触角较粗短。喙较短,为刺吸式口器。翅1对,宽阔、膜质、末端圆	完全变态。成虫栖息于野草及河边灌木丛,产卵于清净流水中的水草与树枝树叶上。蚋嗜吸畜、禽血,兼吸人血	吸血,叮刺处引起皮炎
虻	体形粗壮。触角短,多为3节,末节上有几个小环节。喙较短,为刮舐式口器。翅1对,较宽,透明或具色斑	完全变态。成虫栖息于草丛树木中,多见于河边植被上,一般产卵于稻田、沼泽、池塘边的草茎、叶上。雌虻主要刺吸牛、马、驴等大型家畜血,有时也侵袭人	畜牧业的重要害虫。吸血,叮刺部位可引起皮炎
蚤	通常体小,两侧扁平。全身多鬃。触角3节,末节膨大,藏在触角窝内。刺吸式口器。无翅。足发达,适于跳跃	完全变态。蚤的宿主范围广泛,以啮齿类为多。幼虫孳生地是其宿主的窝巢及活动场所	吸血,传播鼠疫、地方性斑疹伤寒等
虱	背腹扁平,触角分5节,约与头等长。刺吸式口器。无翅。足粗短,胫节具指状胫突,跗节有1弯曲的爪	不完全变态。人头虱寄生在头发上。人体虱主要生活在贴身衣裤的衣缝、皱褶处,衣领和裤腰等处也较多。耻阴虱主要寄生于阴部及肛门周围的毛上。虱对温、湿度的变化敏感	吸血,虱传播流行性斑疹伤寒、流行性回归热等
臭虫	背腹扁平。触角4节,末2节细长。刺吸式口器,不用时弯折在头胸的腹面。有翅基1对	不完全变态。臭虫有群居习性。白天隐匿,夜晚活动吸血	吸血,叮刺部位可出现红肿、痛痒等
蜚蠊	背腹扁平。触角细长,鞭状。咀嚼式口器。翅2对,前翅革质,后翅膜质	不完全变态。栖息室内的种类喜栖息于室内温暖、潮湿、阴暗、隐蔽并靠近水源和食物丰富的地方。夜间活动	可机械性传播多种病原体。亦可作为某些寄生虫的中间宿主

注:昆虫纲是动物界中种类和数量最多的类群,也是医学节肢动物中最重要的组成部分。发育有完全变态和不完全变态。完全变态经卵、幼虫、蛹、成虫4期,如蚊、蝇、白蛉、蠓、蚋、虻、蚤等;不完全变态经卵、若虫、成虫3期,如虱、臭虫、蜚蠊等。

(王卫杰)

思 考 题

1. 常见的三属蚊有哪些?请分别列出其孳生地特点及所传播的主要疾病。
2. 蝇对人类的主要危害方式有哪些?
3. 为什么蜚蠊是一种重要的传播媒介?
4. 简述臭虫的防制方法。
5. 男性,15岁,学生。于某年9月20日以右眼磨痛10余小时就诊。主诉:右眼突然被不明昆虫撞击,感觉疼痛不适,30分钟后,右眼出现异物感,伴疼痛、瘙痒;2小时后到卫生所就诊。医务人员询问病史后,检查发现右眼结膜囊内有一黑色虫体,立即取出,给予氯霉素眼药水滴眼；治疗后右眼瘙痒症状无好转，异物感加重并伴移行感和刺痛，遂入院就诊。检查：右眼睑结膜和球结膜弥漫性充血、水肿，结膜囊内可见数条白色、头褐色、长约 1 mm 的蛆虫蠕动。诊断为右眼蝇蛆病。立即用生理盐水冲洗，用棉签逐一清除蛆虫，共清除 8 条蛆虫。给予氯霉素眼药水滴眼，口服氧氟沙星片，每次 0.2 g，3 次/天。4 天后复查，右眼疼痛、瘙痒症状及异物感、移行感消失；右眼睑结膜和球结膜无充血、水肿，视力正常，未再发现蝇蛆。请回答：

(1) 眼睛被不明昆虫撞击，感觉疼痛不适，应考虑什么寄生虫病？

(2) 该病的治疗原则有哪些？

第二十一章 蛛形纲

第二十一章数字资源

第一节 概 述

蛛形纲（Arachnida）的形态特征是虫体分头胸部及腹部，或头胸腹愈合为一体，成虫有足 4 对，无触角，无翅。蛛形纲至少可分为 9 个亚纲，与医学有关的有蝎亚纲（Scorpions）、蜘蛛亚纲（Araneae）和蜱螨亚纲（Acari）。其中蜱螨亚纲最为重要，其中的许多种类可传播疾病，危害人体。

【形态】

蜱螨类属于小型节肢动物，小者体长仅 0.1 mm 左右，大者可达 10 mm 以上（最大不超过 30～40 mm）。虫体外形有圆形、卵圆形或长形等不同形状。虫体由颚体（gnathosoma）与躯体（idiosoma）组成。颚体多位于躯体前端，由颚基、螯肢、口下板和须肢组成。颚体中央的下方有口下板，其背面有一对螯肢，口下板和螯肢组成刺吸式口器；须肢 1 对，位于螯肢外侧，为感觉器官。躯体呈囊状，表皮有的较柔软，有的形成不同程度的骨化板。此外，在表皮上还有各种条纹、刚毛等。躯体腹面前半部有生殖孔，后半部有肛门。腹面有足 4 对，气门有或无，其位置和数目各类群不同。

【生活史】

蜱螨类生活史可分为卵、幼虫、若虫和成虫 4 个期。幼虫有足 3 对，若虫与成虫有足 4 对。若虫与成虫形态相似，但生殖器官尚未成熟。成熟雌虫可产卵、产幼虫，有的可产若虫。蜱螨有卵生或卵胎生。生殖方式主要是两性生殖，有些种类行孤雌生殖（parthenogenesis）。

【种类及与疾病的关系】

现已知蜱螨亚纲种类大约有 5 万种（其中蜱类约 800 种），其中具重要医学意义的种类有蜱、革螨、恙螨、疥螨、蠕形螨和尘螨等。很多种类可吸血、毒螫、叮刺、致敏或寄生，也可贮存和传播病原体。

第二节 蜱

案例 21-1

男性,45岁,农民,既往体健。以"蜱咬伤20天,呕吐、发热、头痛及周身酸痛、双下肢乏力2天"入院。20天前在劳动时被蜱叮咬颈后部,自行将蜱碾死后拔出。近两日无明显诱因出现发热,双下肢乏力症状,且不能直立,未行治疗;入院时查体:T 38.3 ℃,神志清楚,发育正常,营养中等。心、肺、腹检查未见异常。颈后部可见一直径约1 cm圆形凹陷性溃疡伤口,已结痂。入院6小时后患者病情加重,出现呼吸肌麻痹,给予呼吸机辅助呼吸。脑脊液检查:森林脑炎脑脊液抗体IgM 1:20 阳性,IgG 1:20 阳性。给予降温、抗感染、抗病毒等综合治疗。8天后患者死亡。

问题:
1. 根据案例所述,应首先考虑的诊断是什么?其理由是什么?
2. 引起该病的主要蜱种是什么?

蜱(tick)属于蜱螨亚纲的寄螨总目(Parasitiformes)、蜱目(Ixodida)、蜱总科(Ixodoidea)。成蜱在躯体背面有盾板的,称硬蜱(hard tick),属硬蜱科(Ixodidae);背面无盾板的,称软蜱(soft tick),属软蜱科(Argasidae)。我国已记录的硬蜱科有100余种(亚种),软蜱科10余种。

【形态】

成蜱呈椭圆形,由颚体(假头)和躯体两部分组成。未吸血时背腹扁平,体长2~10 mm,雌蜱饱血后有的可达30 mm。

1. 硬蜱 颚体位于躯体前端,从背面可见。颚基背面形状呈矩形、三角形、六角形或梯形,因属而异。雌蜱的颚基背面有1对孔区(porose area),有感觉及分泌体液帮助产卵的功能。螯肢长杆状,末端有齿状趾。口下板腹面有纵列的逆齿。须肢分4节,第1节很短,第2、3节较长,末节短小,嵌生于第3节腹面亚前端的小凹陷内(图21-1)。

躯体两侧对称。雄蜱背面的盾板覆盖着整个背面,雌蜱以及幼蜱和若蜱的盾板仅占背面的前部。有的蜱在盾板后缘具方形的缘垛(festoon)。足分基节、转节、股节、胫节、后跗节和跗节,跗节末端具爪1对及爪垫(pulvillus)1个。第1对足跗节背缘近端部具哈氏器(Haller's organ),有嗅觉功能。气门1对,位于足基节Ⅳ的后外侧,有气门板围绕,气门板宽阔。雄蜱腹面有几块骨化板,其数目因属而异。生殖孔位于腹面的前半,肛门位于躯体的后部,常有肛沟(图21-2)。

2. 软蜱 颚体位于躯体腹面前部,从背面看不见。颚基较小,方形,其上无孔区。口下板的逆齿小而稀疏。须肢各节均为长圆柱形,向下后方弯曲。躯体背面无骨化板。体表有乳突、颗粒、皱纹或圆陷窝。气门板小,位于足基节Ⅳ的前外侧。雌、雄蜱外观相似。雄蜱生殖孔为半月形,雌蜱呈横沟状。有些软蜱有肛前沟、肛后中沟及肛后横沟,分别位于肛门的前后方。足基节无距刺,跗节爪垫退化或缺如。成蜱和若蜱的足基节Ⅰ~Ⅱ之间有基节腺的开口。基节液的分泌有调节血淋巴水分和电解质的作用。

图21-3为几种成蜱。

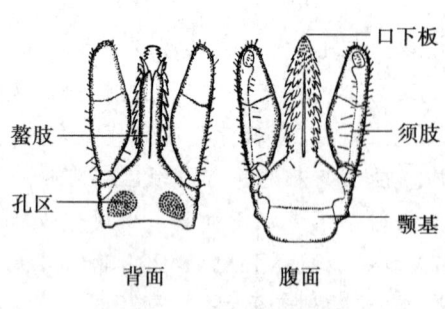

图 21-1 雌全沟硬蜱颚体

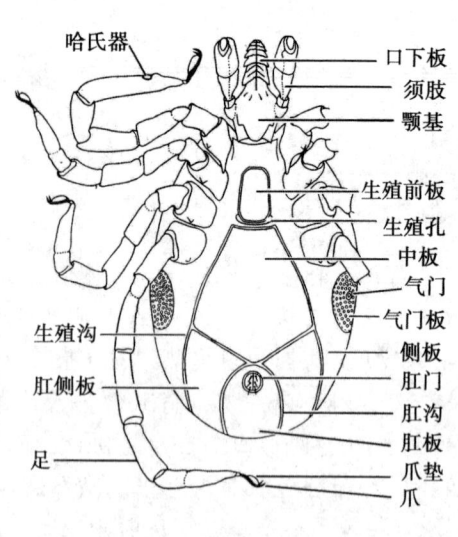

图 21-2 雄全沟硬蜱腹面

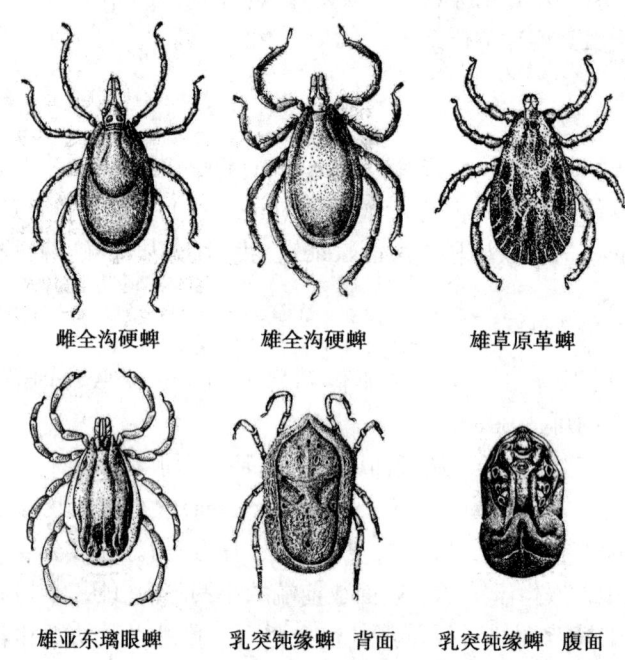

图 21-3 几种蜱成虫

【生活史】

蜱的发育过程有卵、幼虫、若虫和成虫4期（图21-4）。在适宜条件下卵可在2～4周内孵出幼虫。幼虫饱食后经1～4周蜕变为若虫。硬蜱若虫只1期，软蜱通常为3～4期或更多，因种类或生活条件而异。若虫饱食后经1～4周蜕变为成虫。在自然条件下，硬蜱完成生活史所需时间为2个月至3年，因蜱种而异。多数软蜱完成生活史需1个月至1年。饥饿时硬蜱寿命为几个月至1年。吸血后的蜱寿命较短，雄蜱存活月余，雌蜱产卵后1～2周内死亡。软蜱成虫一般可活5～6年，有些种类可活十几年甚至20年以上。

【生态】

1. 吸血习性与宿主 蜱幼虫、若虫、成虫都吸血。硬蜱各活动期仅吸血1次，多在白天侵袭宿主，吸血时间较长，一般需要数天。吸血量很大，各发育期饱血后可胀大几倍至几十

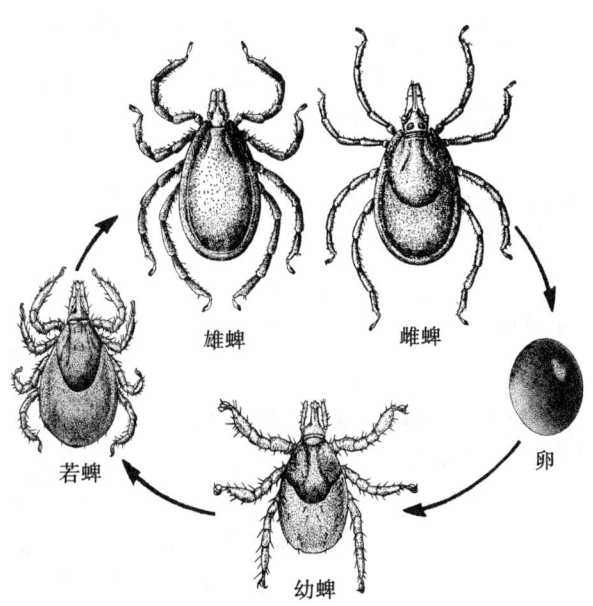

图 21-4　全沟硬蜱生活史

倍，雌蜱甚至可达 100 多倍。软蜱幼虫和各龄若虫均吸血 1 次，而成虫多次吸血，多在夜间侵袭宿主，吸血时间较短，一般数分钟到 1 小时，吸血量是其体重的几倍至十几倍。

蜱吸血一般在皮肤较薄、不易被搔动的部位。例如，全沟硬蜱寄生在动物或人的颈部、耳后、腋窝、大腿内侧、阴部和腹股沟等处。

多数蜱种对宿主选择范围非常广泛，包括爬行类、鸟类、哺乳类和两栖类，其中有些种类侵袭人体。蜱在生活史中有更换宿主的现象，根据其更换宿主的次数可分为 4 种类型。①单宿主蜱：各活动期都寄生在同一宿主体上，雌蜱饱血后落地产卵，如微小牛蜱。②二宿主蜱：幼虫与若虫寄生于同一宿主，而成虫寄生于另一宿主，如残缘璃眼蜱。③三宿主蜱：幼虫、若虫、成虫分别寄生于 3 个宿主体上，如全沟硬蜱、草原革蜱，90% 以上的硬蜱为三宿主蜱，蜱媒疾病的重要媒介大多也是三宿主蜱。④多宿主蜱：幼虫和各龄若虫寄生在不同宿主体上，而成虫需多次更换宿主吸血。软蜱多为多宿主蜱。

2．栖息地与产卵　硬蜱栖息于森林、草原、灌木丛等处。雌蜱一生产卵一次，饱血后在 4～40 天全部产出，一般产卵数千粒，有些可产卵 2 万粒以上。软蜱多栖息于中小型兽类的洞穴、岩窟、禽舍鸟巢、人房的缝隙等处。软蜱一生可产卵多次，一次产卵 50～200 粒，总数可达千粒。有些硬蜱和软蜱可进行孤雌生殖。

3．寻觅宿主　蜱的嗅觉很敏锐，通过感知动物的汗臭和二氧化碳主动寻觅宿主。栖息在森林地带的全沟硬蜱，成蜱寻觅宿主时，多聚集在小路两旁的草尖及灌木枝叶的顶端等候，当宿主经过并与之接触时即爬附于宿主体上；栖息在牲畜圈舍的微小牛蜱多爬上墙壁、木桩寻觅宿主；栖息在洞穴、窝巢的蜱种（硬蜱和软蜱）多在栖息场所及其附近寻觅宿主。

4．季节消长与越冬　蜱在不同季节的活动，取决于其种类以及自然条件，影响蜱季节消长的因素较多，如温度、湿度、土壤、植被、宿主等。通常多在温暖季节活动。完成一代需时较短（2～3 个月）的种类，其发育周期的季节现象不明显，如微小牛蜱成虫在北京地区活动高峰为 5 月上旬、8 月上旬和 9 月中下旬。一年发育一代的种类，其活动期随着季节变化而更替，如草原革蜱的活动高峰，成虫为 4—5 月，幼虫和若虫为 6—8 月。两年发育一代的种类，其活动期的季节表现为成虫和若虫同时间大量出现，如嗜群血蜱的活动高峰，成虫为 5—7 月，幼虫为 6—7 月，若虫为 7—8 月。三年发育一代的种类，各活动期的大量出现在季节上是相似的，如全沟硬蜱各活动期从 4 月中旬开始出现，成虫 5 月达高峰，幼、若虫活动为双峰型

（6月为主峰，9月为次峰）。同一种类的季节消长也因其分布的地理纬度不同而有差异。软蜱因多在宿主的洞巢内，终年都可活动。硬蜱可在土块下、动物的洞穴、宿主体表或枯枝落叶层中越冬。软蜱主要在宿主动物住处越冬。越冬虫期因种类而异。

【重要蜱种】

1. 全沟硬蜱（*Ixodes persulcatus*）　须肢为细长圆筒状，颚基的耳状突呈钝齿状。盾板褐色。肛沟在肛门之前呈倒"U"字形，雌蜱足Ⅰ基节具一细长内距，末端达到基节Ⅱ前部1/3（图21-3）。三宿主蜱，3年完成1代。以各活动期越冬。成虫寄生于大型哺乳动物，经常侵袭人；幼虫和若虫寄生于小型哺乳动物及鸟类。多见于针阔混交林带。分布于东北、华北、西北、西南等地。

2. 亚东璃眼蜱（*Hyalomma asiaticum kozlovi*）　须肢为长圆筒状，第2节显著伸长；体型较大，盾板红褐色，有眼和缘垛，足淡黄色，各关节的淡色环带及背缘淡色纵带较宽而明显；雄蜱盾板的颈沟较深，后中沟与后侧沟之间的刻点稠密而明显。气门板呈烟斗状（图21-3）。三宿主蜱，1年完成1代，以成蜱越冬。成虫主要寄生于骆驼和其他牲畜，也侵袭人；幼虫和若虫寄生于小型野生动物。生活于荒漠或半荒漠地区。分布于吉林、内蒙古、山西和西北地区。

3. 草原革蜱（*Dermacentor nuttalli*）　须肢宽短，颚基矩形，足Ⅰ转节的背距短钝。盾板有珐琅样斑，有眼和缘垛。雌蜱足基节Ⅳ外距末端不超出该节后缘（图21-3）。三宿主蜱，1年完成1代，以成蜱越冬。成虫寄生于大型哺乳类动物，有时侵袭人；幼虫和若虫寄生于各种啮齿动物。多见于半荒漠草原地带。分布于东北、华北和西北等地区。

4. 乳突钝缘蜱（*Ornithodoros papillipes*）　躯体椭圆形，前端逐渐细窄，体缘圆钝，背面边缘有缘褶。体表颗粒状。肛后横沟较直，与肛后纵沟相交处几乎呈直角（图21-3）。多宿主蜱。生活于荒漠或半荒漠地区。栖息于畜棚的墙缝中和中小型兽类的洞穴、岩窟及住房的缝隙中。寄生于狐狸、野兔、野鼠、刺猬等兽类，常侵袭人。分布于新疆。

【与疾病的关系】

1. 直接危害　硬蜱在叮咬吸血时多无痛感，但是由于螯肢和口下板均刺入了宿主皮肤内，因而可造成局部的充血、水肿、急性炎症反应，也可引起继发性感染。某些蜱种在吸血过程中涎液分泌的神经毒素可导致宿主运动性纤维的传导阻滞，引起上行性肌肉麻痹，可导致呼吸衰竭而死亡，称蜱瘫痪（tick paralysis）。山东等地曾有人体病例报道。

2. 传播疾病　蜱的医学重要性在于传播疾病，称之为蜱媒病。蜱可以传播的主要疾病如下。

（1）森林脑炎（forest encephalitis）：又称俄罗斯春夏脑炎。病原体是森林脑炎病毒（forest encephalitis virus）。该病分布于黑龙江、吉林、内蒙古、新疆和云南等地的林区。本病主要流行于春、夏季节，患者常为森林作业人员。许多种哺乳动物和鸟类是保虫宿主。硬蜱为传播媒介，主要是全沟硬蜱，其次是嗜群血蜱、日本血蜱、森林革蜱和边缘革蜱。云南传播媒介为卵形硬蜱。可经变态、经卵和经精细胞传递。人、兽经感染性蜱叮刺而感染，也可通过食用染毒的羊、牛奶及未消毒的乳制品感染。

（2）Q热（Q fever）：病原体是贝纳柯克斯体（*Coxiella burnetii*）。我国有十几个省、直辖市、自治区证实有Q热存在，在内蒙古、四川、云南、新疆及西藏等省、自治区曾发生过暴发流行。牛、羊为主要传染源。本病的主要感染途径是经呼吸道吸入病原体或经消化道感染。硬蜱和软蜱为传播媒介。在我国曾发现铃头血蜱、亚东璃眼蜱和微小牛蜱自然感染柯克斯体。人被感染性蜱叮刺、蜱粪便、基节腺污染损伤皮肤以及吸入蜱粪而感染。本病临床特点为起病急骤，有畏寒、发热、剧烈头痛、肌肉疼痛，可发生肺炎及胸膜炎等。

（3）克里米亚-刚果出血热（Crimean-Congo hemorrhagic fever）：又称新疆出血热。病原

体是克里米亚-刚果出血热病毒。该病主要分布于新疆。此外，在云南、青海、内蒙古、四川等省、自治区的家畜血清中也检出了抗体。患者主要是牧民。疫区牧场的家畜及塔里木兔为保虫宿主，硬蜱为传播媒介。在新疆流行区从亚东璃眼蜱多次分离出病毒，带毒率也较高。实验观察该蜱种可经变态和经卵传递病原体，该蜱种是主要传播媒介，经叮刺宿主传播本病。此外，接触患者的血液、分泌物、排泄物也可感染。

(4) 北亚蜱传斑疹伤寒（North-Asian tick-borne typhus）：病原体是西伯利亚立克次体（*Rickettsia sibirica*）。此病分布于黑龙江、内蒙古、新疆、福建、广东和海南等省、自治区。小型啮齿动物为主要保虫宿主。硬蜱和软蜱为传播媒介。已从14种蜱分离出该病原体。立克次体在媒介蜱肠细胞及其他器官组织包括唾液腺、基节腺和卵巢内繁殖，并能经变态、经卵和经精细胞传递病原体。人被感染的蜱叮刺或蜱粪便、基节液污染皮肤伤口以及吸入蜱粪而感染。草原革蜱是内蒙古和新疆地区的主要传播媒介。本病临床上以发热、初疮、局部淋巴结肿大及皮疹为主要特征。

(5) 莱姆病（Lyme disease）：病原体是伯氏疏螺旋体（*Borrelia burgdorferi*）。国内在29个省、直辖市、自治区有本病发生和流行。黑线姬鼠等十余种啮齿动物及牛、羊、狗、兔等为保虫宿主，硬蜱为传播媒介。当蜱叮刺宿主吸血时传播螺旋体，也可经变态和经卵传递。在北方林区全沟硬蜱为主要传播媒介；粒形硬蜱、中华硬蜱、长角血蜱等为南方的传播媒介。本病是多器官、多系统受累的炎性综合征，症状早期以慢性游走性红斑为主，中期表现为神经系统及心脏异常，晚期主要是关节炎和慢性神经系统综合征。

(6) 发热伴血小板减少综合征：俗称"蜱咬病"，病原体为发热伴血小板减少综合征布尼亚病毒（severe fever with thrombocytopenia syndrome bunya virus，SFTSV），主要通过蜱叮刺吸血传播，人传人的现象极少见，但接触急性期患者或患者尸体血液也可能被传染。近年来，在我国湖北、山东、河南、江苏、安徽和辽宁等省相继发现病例。在丘陵、森林、山地等地区生活的居民以及赴该类地区户外活动的旅游者感染风险较高。

知识拓展

发热伴血小板减少综合征的发现

发热伴血小板减少综合征是中国疾病预防控制中心在我国发现的新发传染病。河南、湖北、山东、安徽等省近年相继发现并报告一些以发热伴血小板减少为主要表现的感染性疾病病例，其中少数重症患者可因多脏器损害，救治无效死亡。为确定该类患者的致病原因，中国疾病预防控制中心与有关省开展了流行病学调查与病原学研究。2010年5月，中国疾病预防控制中心在湖北、河南两省的部分地区启动了发热伴血小板减少综合征病例监测工作。经检测，发现两省报告的大部分病例标本中存在一种属于布尼亚病毒科的新病毒感染，并初步认定检测发现的发热伴血小板减少病例与该新病毒感染有关。

---

(7) 人巴贝虫病（babesiasis）：病原体为巴贝虫（*Babesia*），主要寄生在牛、羊、马等哺乳动物的红细胞内，通过硬蜱叮刺吸血传播。也可感染人，我国云南和内蒙古有报道。

(8) 蜱媒回归热（tickborne recurrens）：又称地方性回归热（endemic relapsing fever），病原体为伯氏疏螺旋体和拉氏疏螺旋体（*Borrelia latyshewi*）。蜱媒回归热是由钝缘蜱传播的自然疫源性螺旋体病，不规则间歇发热为其主要临床特征。我国新疆有该病流行，病原体可经卵传

递。主要传播媒介是乳突钝缘蜱和特突钝缘蜱,动物传染源主要是鼠类,患者也可作为本病的传染源。病原体可以通过唾液腺或基节腺排出体外,经叮刺吸血或基节腺分泌物污染皮肤伤口传播。发病多在4—8月,人群普遍易感。

> **微整合**
>
> **临床应用**
>
> **蜱媒回归热**
>
> 蜱媒回归热是由伯氏疏螺旋体引起的一种人兽共患蜱媒传染病,存在于荒漠、半荒漠地带。该病临床上以多次反复发热为特征,患者在第一次无热期可见皮肤瘀斑或发疹,有时出现前驱症状,但以突发高热多见,体温上升至39~40℃,伴有恶寒、寒战、脉速。头痛剧烈,可出现呕吐,个别可有谵妄及意识障碍。若突然退热而伴发低血压、虚脱、心力衰竭时,则可致死。该病在出现间歇性发作之前,需与斑疹伤寒、出血热、布鲁菌病、钩端螺旋体病及疟疾相鉴别。

(9) 细菌性疾病:硬蜱可传播鼠疫、布鲁菌病、土拉菌病等。蜱尚可长期保存病原体,并能经变态或经卵传递。鼠疫耶尔森菌在草原硬蜱体内可保存509天,并能经变态及经卵传递。土拉菌在边缘革蜱体内可保存710天,草原革蜱能经变态期传递。故蜱在这些病的自然疫源地参与病原体的循环和保存。

【防制原则】

1. 环境防制 草原地带采用牧场隔离和牧场轮换,清理禽畜圈舍,堵洞嵌缝以防蜱类孳生。捕杀啮齿动物。

2. 化学防制 蜱类栖息及越冬场所可喷洒倍硫磷、毒死蜱和溴氰菊酯等,对家畜进行定期药浴杀蜱。在林区使用烟雾剂灭蜱。杀虫剂中加入蜱的性信息素与聚集信息素可诱蜱而提高杀灭效果。

3. 生物防制 自然界中有多种病原体对蜱有致死作用,也可利用一些天敌对蜱进行防制。

4. 个人防护 进入有蜱地区要穿防护服,扎紧裤脚、袖口和领口。避免在蜱类栖息地,如草地、树林等环境中长时坐卧。外露部位要涂擦驱避剂,或将衣服用驱避剂浸泡。离开时应相互检查,勿将蜱带出疫区。

(木 兰)

第三节 恙 螨

恙螨(chigger mite)属真螨目(Acariformes)、前气门亚目(Prostigmata)、恙螨总科(Trombiculoidea)的恙螨科(Trombiculidae)、列螨科(Leeuwenhoekiidae)和无前螨科(Walchiidae)。恙螨成虫和若虫营自生生活,仅幼虫营寄生生活,可寄生在家畜和其他动物体表,吸取宿主组织液,引起恙螨皮炎。全世界已知的恙螨有3000种或亚种,其中有50种可侵袭人体。重要恙螨种类包括地里纤恙螨(*Leptotrombidium deliense*)和小盾纤恙螨(*Leptotrombidium scutellare*)。

【形态】

恙螨的若螨和成螨营自生生活，恙螨的分类主要以营寄生生活的恙螨幼螨的特征为依据。成螨和若螨呈"8"字形。幼螨多为椭圆形，体色为红、橙、土黄或乳白色。初孵出时体长约 0.2 mm，饱食后体长达 0.5～1.0 mm。螯肢的基节呈三角形，端节爪状。须肢呈圆锥形，分 5 节，第 1 节较小，第 4 节末端有爪，第 5 节着生在第 4 节腹面内侧缘，如拇指状。颚基在腹面向前延伸，其外侧形成一对螯盔（galea）。躯体背面的前端有盾板，呈长方形、梯形、五角形、半圆形或舌形。盾板上通常有毛 5 根，中部有 2 个圆形感器基（sensillary base），由此生出丝状、羽状或球杆状感器（sensillum）。多数种类在盾板的左右两侧各有 1～2 对眼，位于眼板上。盾板后方的躯体上有横列的背毛，其排列的行数和数目等因种类而异。足分为 6 节或 7 节，如为 7 节则股节又分为基股节和端股节，足末端有爪 1 对和爪间突 1 个，足上多羽状毛（图 21-5）。

【生活史】

恙螨的生活史包括卵、前幼螨、幼螨、若蛹、若螨、成蛹和成螨 7 个发育期。卵呈球形，直径约 0.2 mm，淡黄色。经 2～8 天卵内前幼螨（prelarva）逸出。经 7～14 天幼螨破膜而出，遇宿主即爬附在适宜部位寄生，经 3～5 天饱食后，落地后幼螨钻入土壤缝隙中，3～7 天后静止不动形成若蛹（nymphochrysalis），若蛹内若螨经 10～16 天发育成熟后，从蛹背逸出。若螨形态与成螨相似，经 10～35 天发育为成蛹（imagochrysalia），经 7～15 天蜕皮为成螨。雄螨性成熟后，产精胞以细丝粘于地表；雌螨通过生殖吸盘摄取精胞并在体内受精，经 2～3 周开始产卵于泥土表层缝隙中。雌螨一生产卵数百粒，产卵后可活 1 个月左右。地里纤恙螨完成一代约需 3 个月，温带地区每年多为一代，少数为两代。小盾纤恙螨完成一代需 9 个月以上，每年繁殖一代。成螨寿命一般为 3 个月至 2 年（图 21-6）。

【生态】

1. 分布与孳生地　恙螨分布广泛，多在温暖潮湿地区，以东南沿海至西南边境省区为多。在寒冷地带，也有适合某些螨种生存的微环境。恙螨孳生在隐蔽、潮湿、多草和多鼠等场所，以江河沿岸、溪边、山谷、山坡、森林边缘及荒芜田园等杂草丛生的地区最为多见，也可见于村镇附近的农作物区、菜园、瓦砾堆和墙角等处。

2. 宿主与食性　恙螨幼螨的宿主范围很广泛，包括哺乳类（主要是鼠类）、鸟类、爬行类等，有些种类也可侵袭人。多数恙螨种类对宿主选择性不强。大多数恙螨幼螨寄生在宿主体表，多在皮薄而湿润处，如鼠的耳窝、会阴部，鸟类的腹股沟、翼腋下，爬行类的鳞片下等处。在人体则常寄生在头后发缘、颈和肩部，少数寄生在腰、腋窝、腹股沟、阴部等处。成螨和若螨主要以土壤中的小节肢动物和昆虫卵为食，幼螨则以被分解的宿主组织和淋巴液为

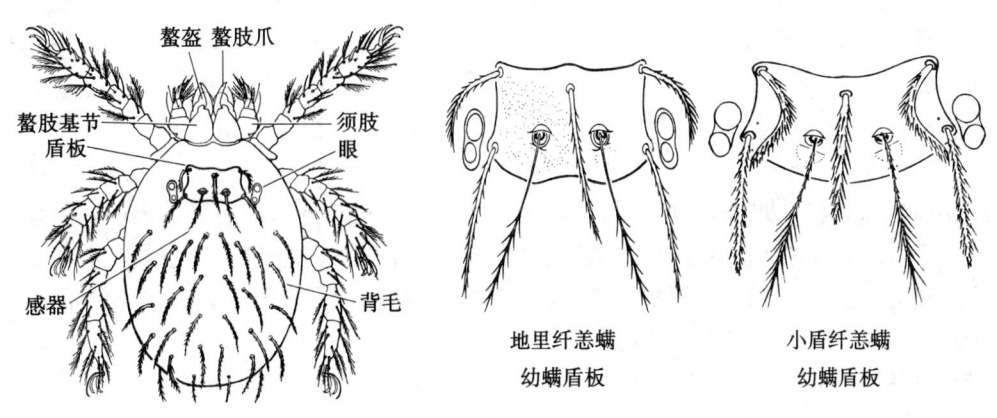

图 21-5　地里纤恙螨幼螨及两种幼螨盾板

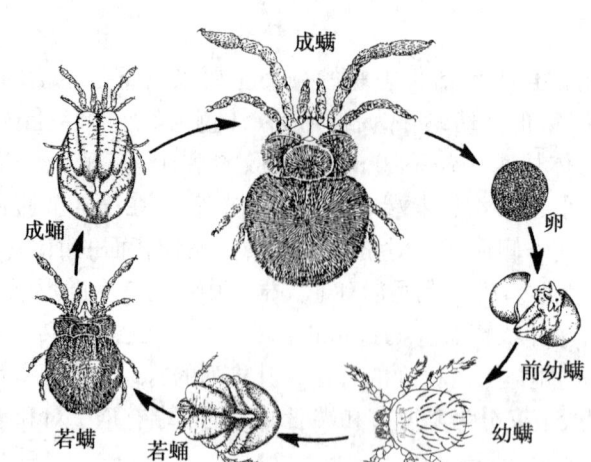

图 21-6 恙螨生活史（仿 Marquardt）

食。幼螨在宿主皮肤叮刺吸吮时，先以螯肢爪刺入皮肤，然后注入唾液，在唾液中溶组织酶的作用下，宿主上皮细胞、胶原纤维及蛋白质发生变性，出现凝固性坏死，在唾液周围形成一个环圈，继而往纵深发展形成一条小吸管通到幼螨口中，称为茎口（stylostome），被分解的组织和淋巴液通过茎口进入幼螨消化道。幼螨只饱食 1 次，在刺吸过程中，一般不更换部位或转换宿主。

3. 活动 幼螨活动范围很小，一般不超过 3 m，垂直距离 10～20 cm，常聚集在一起呈点状分布，称为螨岛（mite island）。幼螨喜群居于树叶、草、石头或地面物体尖端，有利于攀爬宿主。幼螨在水中能生活 10 天以上，因此，洪水及河水泛滥等有助于恙螨扩散。幼螨也可随宿主扩散。恙螨的活动受温度、湿度、光照及气流等因素影响。多数种类需要温暖潮湿的环境。多数幼螨有向光性，但光线过强可抑制幼螨活动。幼螨对宿主的呼吸、气味、体温和颜色等很敏感，宿主行动时的气流可刺激幼螨活动。

4. 季节消长 恙螨的季节消长除其本身的生物学特点外，还受温度、湿度和雨量等的影响。各地区幼螨发现于宿主体表有季节消长规律，一般可分为 3 型。①夏季型：每年夏季出现一次高峰，如地里纤恙螨。②春秋型：有春秋两个季节高峰，如多种苍白纤恙螨（*Leptotrombidium pallidum*）。多种恙螨属此型。③秋冬型：出现在 10 月以后至次年 2 月，出现一个高峰，如小盾纤恙螨。夏季型和春秋型的恙螨多以若螨和成螨越冬，秋冬型无越冬现象。

【重要恙螨种】

1. 地里纤恙螨 幼螨躯体呈卵圆形，橘红色。眼为红色，明显。盾板近似长方形，前缘和两侧缘稍内凹，后缘微凸出，而其中部微内凹。盾板上有前中毛 1 根，前侧毛和后侧毛各 1 对。感器丝状，基部无棘，后半部有 17～19 个分支。感器基位于后侧毛孔的水平线略前方（图 21-5）。以黄毛鼠、黄胸鼠、社鼠、褐家鼠、黑线姬鼠为主要宿主。主要分布于我国海南、福建、江西、广东、广西、浙江、湖南、四川、云南、贵州、西藏和台湾等省、自治区。

2. 小盾纤恙螨 幼螨橘红色。眼为红色，明显。盾板长方形，前缘稍内凹，后缘弧形并明显向后凸出。盾板刚毛 5 根，2 根后侧毛孔与感器基在同一水平线上。感器丝状，基部有小棘，端部分支较多（图 21-5）。以黄毛鼠、黑线姬鼠、社鼠为主要宿主。在我国分布于除西北、西藏外的省、区、市，以东北、华北为主。

【与疾病的关系】

1. 恙螨皮炎（trombiculosis） 由于恙螨幼螨的唾液能够溶解宿主皮下组织，被叮刺处有痒感并出现红色丘疹，继而形成水疱，之后形成黑褐色焦痂，焦痂脱落后形成浅在性溃疡。

2. 恙虫病（tsutsugamushi disease） 病原体是恙虫东方体（*Orientia tsutsugamushi*），黑线姬鼠、黄毛鼠、黄胸鼠等是主要保虫宿主。多种恙螨已被证实能经叮刺、变态和经卵传递病原体，地里纤恙螨也可经精胞传递。地里纤恙螨是南方诸省、区、市的主要传病媒介；小盾纤恙螨是江苏、山东、福建的传病媒介；东方纤恙螨、小盾纤恙螨、微红纤恙螨、吉首纤恙螨、海岛纤恙螨和高湖纤恙螨等纤恙螨是局部地区的传播媒介。恙虫病主要流行于南方各省、区、市，在江苏、山东、山西、安徽、陕西、河北、天津等地也有小流行或散发；在新疆、西藏和东北等地检测出恙虫东方体阳性血清。

3. 肾综合征出血热（hemorrhagic fever with renal syndrome，HFRS） 又称流行性出血热，病原体属于汉坦病毒属（*Hantavirus*，HTV）。我国 HFRS 疫区主要宿主有黑线姬鼠、大林姬鼠和褐家鼠等。在我国，黑线姬鼠为疫区的主要保虫宿主，小盾纤恙螨是鼠体外的优势恙螨种，已证实该螨有病毒的自然感染，并可通过叮刺传播和经卵传递，为陕西疫区野鼠型 HFRS 的传播媒介。

【防制原则】

1. 消除孳生地 灭鼠、堵塞鼠洞，定期铲除农舍周围杂草和灌木丛。

2. 药物杀螨 在鼠类经常活动的地方以及恙螨孳生地，喷洒敌敌畏、倍硫磷、氯氰菊酯、溴氰菊酯和残杀威等化学杀虫剂。

3. 个人防护 避免在溪沟边、草地上坐卧休息。野外工作时要扎紧衣裤口，裸露的皮肤可涂避蚊胺、避蚊酮、香茅油、玉桂油等，或将衣服用驱避剂浸泡，工作后及时换衣、洗澡，均可减少被叮咬机会。

4. 发现可疑恙虫病患者时，应做到：①对可疑患者及时进行血清学检查；②对临床表现较典型者，给予多西环素等治疗，疗程剂量要足，以防复发。多西环素、氯霉素对本病有特效，但仅有抑制作用而无杀灭作用。

第四节 疥 螨

案例 21-2

男性，48岁，瘙痒11年，晚上加重。多次局部用扑灭司林（氯菊酯），口服抗组胺药治疗均不见效。体检发现，臀周、阴茎、阴囊、双侧肘、膝部、乳头和耳部上均有大红斑、角化过度、鳞状斑块。主要围绕手腕、脚踝、近端、腹部和耻骨区域，指间分布有许多小斑疹和灰线隧道。皮肤的灰线隧道组织经显微镜检查有螨虫、卵和红褐色疥螨排泄物。臀部活组织检查，表皮含有大量雌螨和粪便。患者随后被诊断患结痂性疥疮（挪威疥疮）。患者及其家属连续3天用改良复方硫黄软膏治疗，1周内，红斑丘疹褪色，不再瘙痒，无新丘疹出现。再治疗1周痊愈。追踪12个月，未见复发。

问题：

1. 疥螨是如何引起疥疮的？
2. 疥疮病例是如何感染疥螨的？
3. 什么检查能够确诊疥螨感染？

疥螨（sarcoptid mite）属真螨目（Acariformes）、无气门亚目（Astigmata）、疥螨总科（Sarcoptoidea）、疥螨科（Sarcoptidae）、疥螨属（*Sarcoptes*），是一种永久性寄生螨。寄生于人

和其他哺乳动物的皮肤表皮角质层内。Fain（1968）曾记载疥螨约有 30 种，但疥螨的 DNA 研究发现，疥螨可能只有一个种，最初寄生于灵长类动物，后经演化变异传染到驯养类动物，最后传染到野生类动物。疥螨对寄生宿主的特异性并不十分严格。人疥螨（*Sarcoptes scabiei var. hominis*）寄生在人体引起疥疮。

【形态】

成虫乳白色，近圆形，背面隆起，腹部扁平。雌螨体长 0.3～0.5 mm，雄螨略小。颚体短小，位于前端。螯肢钳状，尖端有小齿。须肢分 3 节。无眼和气门。体表遍布波状横纹。躯体背面有许多圆锥状皮棘，躯体后半部有数对杆状刚毛和长鬃；腹面光滑，仅有少数刚毛。有足 4 对，短粗呈锥形；分 5 节，前 2 对足与后 2 对足间的距离较大，足基部有角质内突。雌、雄螨前 2 对足的末端均有具长柄的爪垫，称吸垫（ambulacra），为感觉灵敏部分；后 2 对足的末端雌雄螨不同，雌螨均为长刚毛，而雄螨的第 4 对足末端呈具长柄的吸垫（图 21-7 雄螨背面）。雄螨的外生殖器位于第 4 对足之间略后处，肛门位于躯体后缘正中。雌螨产卵孔位于躯体腹面第 2 对足之后的中央，在躯体背面末端有交合孔（图 21-7 雌螨背面）。

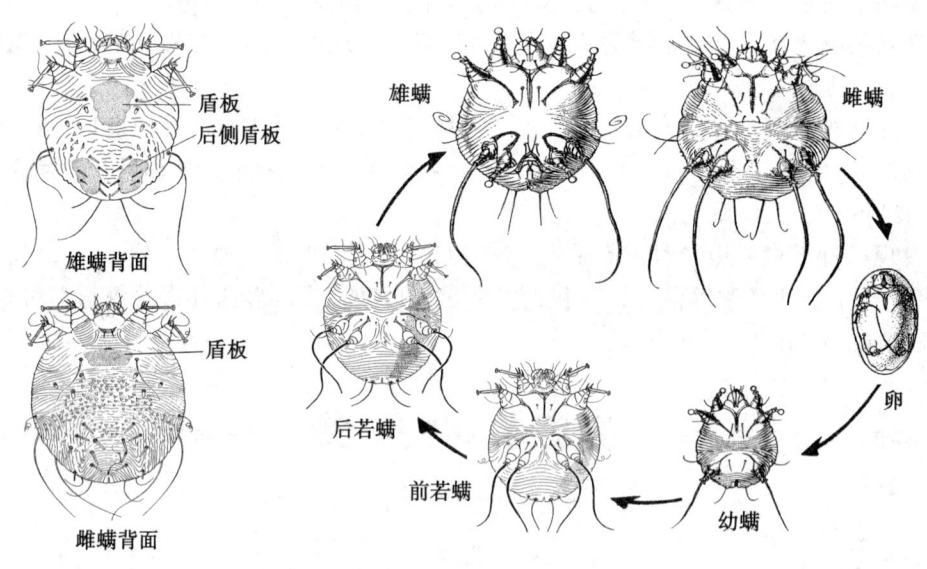

图 21-7　人疥螨及其生活史

【生活史与习性】

生活史过程包括卵、幼螨、若螨和成螨 4 期（图 21-7）。卵呈椭圆形，壳薄，淡黄色，大小约 0.08 mm×0.18 mm。成螨产卵后，经 3～5 天孵出幼螨。幼螨 3 对足，2 对在体前部，1 对在体后部，后 1 对足具长鬃。幼螨生活在隧道中，经 3～4 天蜕皮为前若螨，前若螨形似成螨。雄性若螨只有 1 期，经 2～3 天蜕皮为雄螨；雌性有 2 期若螨，前若螨经 2～3 天蜕皮为后若螨，后若螨再经 3～4 天蜕皮为雌螨。生活史一般需 10～14 天。雄性成螨和雌性后若螨多于夜间在人体皮肤表面进行交配。雄螨大多在交配后不久死亡；雌性后若螨在交配后 20～30 分钟钻入宿主皮内，蜕皮为雌螨，2～3 天后即在隧道内产卵，每日可产 2～4 个卵，一生共可产卵 40～50 粒，雌螨寿命为 6～8 周。

疥螨通常寄生在人体皮肤柔软嫩薄处，如成人指间、手背、腕屈侧、肘窝、腋窝、脐周、腹股沟、阴囊、阴茎、乳房下等处；儿童全身均可寄生。疥螨以螯肢和前两足跗节爪突在宿主表皮角质层内挖掘，逐渐形成一条与皮肤平行的线形或蜿蜒隧道。寄生在隧道内的螨虫，以角质组织和淋巴液为食（图 21-8）。

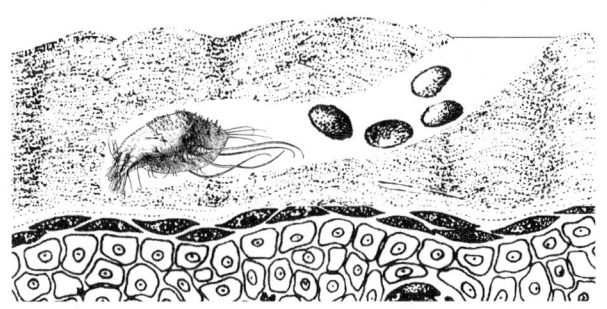

图 21-8　疥螨寄生在皮内隧道中

雌螨挖掘隧道的能力较强，每天挖掘 0.5～5 mm，隧道可长达 16 mm。雄螨与后若螨亦可单独挖掘，但能力较弱。前若螨与幼螨不具有挖掘隧道的能力，主要在雌螨所挖隧道中生活。交配受精后的雌螨最为活跃，每分钟可爬行 25 mm，此时也是最易感染新宿主的时期。

疥螨有强烈的热趋向性，能感知宿主体温和气味的刺激。当脱离宿主后，在一定范围内可再次移向宿主，随着与宿主距离的加大，感染宿主的概率降低。各发育阶段的疥螨经常钻出隧道滞留在皮肤表面，并可脱离宿主。疥螨离开宿主后在高湿低温的环境中更易存活，而高温低湿则对其生存不利。在外界湿润的环境下，雌螨的适宜扩散温度为 15～35 ℃，有效扩散时限为 1～7 天，在此时间内活动正常并且具感染能力。

【致病与实验诊断】

人疥螨引起的皮肤病称为疥疮（scabies）。疥螨对人体的损害主要是虫体挖掘隧道时对角质层的机械性刺激及虫体排泄物、分泌物以及死亡虫体的崩解物引起的超敏反应。局部皮肤出现丘疹、水疱、脓疱、结节及隧道，多呈散在分布。少数患者发生结痂性疥疮。疥螨寄生引起的主要症状为皮肤瘙痒，白天瘙痒较轻，夜晚加剧，睡后更甚。由于剧痒、搔抓，可引起出血或继发细菌感染。

根据接触史及临床症状可作出初步诊断。解剖镜下检出疥螨即可确诊。用消毒针尖挑破隧道的尽端，取出疥螨镜检；或用消毒的矿物油滴于皮肤患处，再用刀片轻刮局部，将刮取物镜检。也有采用解剖镜直接检查皮损部位，发现有隧道和其盲端的疥螨轮廓后，用手术刀尖端挑出疥螨。

【流行与防治】

疥疮呈世界性分布，多发生在旅馆、家庭、学校等卫生条件较差或集体住宿的人群中，呈周期性流行，以 15～20 年为一周期，与人群免疫力下降有关。流行季节春冬季发病率明显比夏秋季高。感染方式有直接接触和间接接触两种方式，与患者握手、同床睡眠是直接感染的主要途径；使用患者的衣被、手套、鞋袜等是间接感染的主要途径。疥螨夜间活动十分活跃，常在宿主皮肤表面爬行和交配，雌螨离开宿主后尚能生存数天，仍可产卵、孵化，均增加了接触传播机会。因此，公共浴室的休息更衣间是螨虫传播的重要场所。

疥疮重在预防。应加强卫生宣传教育，注意个人卫生。避免与患者接触及使用患者的衣被。发现患者应及时治疗，患者的衣被应煮沸或在阳光下暴晒，防止交叉感染。初次感染者潜伏期长达 1 个月以上，因此，疥疮一旦确诊，对患者和家属及周围的密切接触者都要进行隔离治疗。同时，对患者居住的环境进行严格灭螨。治疗疥疮常用的药物有外用 10% 硫黄软膏、克罗米通乳膏、25% 苯甲酸苄酯乳剂、1% 丙体 - 六六六（疥灵霜）等，口服伊维菌素也有一定作用。

第五节 蠕形螨

蠕形螨（demodicid mite）属真螨目（Acariformes）、前气门亚目（Prostigmata）、肉食螨总科（Cheyletoidea）、蠕形螨科（Demodicidae）、蠕形螨属（*Demodex*），是一类永久性寄生螨。目前已知有 140 个种或亚种，分别寄生在犬、羊、牛、猪等 11 个目哺乳动物的毛囊、皮脂腺、睑板腺、耵聍腺、表皮凹陷、腔道或者内脏等部位，大量寄生可引起蠕形螨病。蠕形螨对寄生宿主有明显的种特异性。寄生在人体的蠕形螨有毛囊蠕形螨（*Demodex folliculorum*）和皮脂蠕形螨（*Demodex brevis*）两种。

【形态】

两种人体寄生的蠕形螨形态相似。成螨细长呈蠕虫状，乳白色，半透明。体长为 0.15 ～ 0.40 mm。螨体分颚体、足体和末体三部分。颚体宽短呈梯形，螯肢针状，须肢分 3 节；足粗短呈芽突状，足基节与躯体愈合成基节片，其余各节短而呈套筒状；末体细长如指状。体表具明显的环形皮纹，末端特征在形态分类上具有重要价值。雌螨略大于雄螨，雄螨生殖孔位于足体背面的第 2 对足之间，雌螨生殖孔则在腹面第 4 对足基节板之间的后方。

皮脂蠕形螨粗短而透明，长约 0.25 mm，末体约占螨体全长的 1/2，末端尖而呈锥状是鉴别皮脂蠕形螨的主要依据（图 21-9）。毛囊蠕形螨，螨体长度差异明显，短体约 0.15 mm，长体约 0.40 mm，末体占螨体比例随螨虫长度而异，末端钝圆是鉴别毛囊蠕形螨的主要依据（图 21-9）。

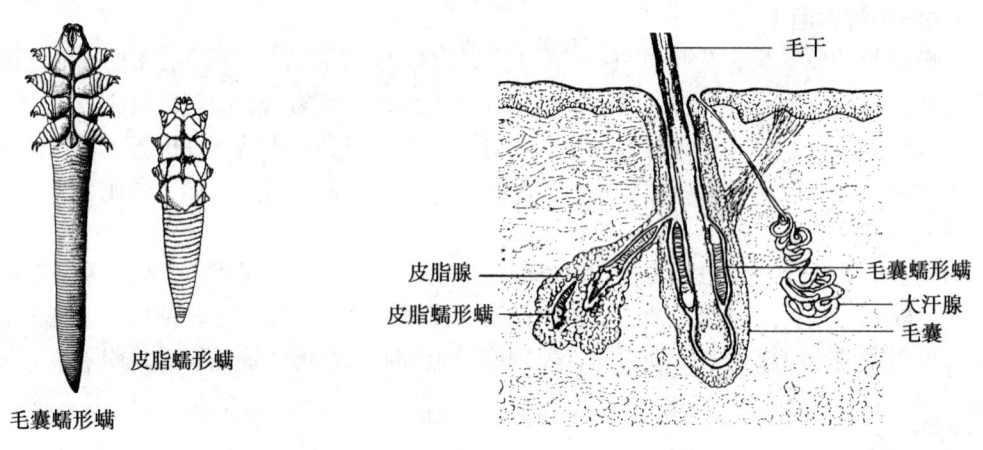

图 21-9　蠕形螨成螨寄生在毛囊、皮脂腺中

【生活史与习性】

生活史包括卵、幼虫、若虫和成虫 4 期。毛囊蠕形螨雌虫产卵于毛囊内，每次产 1 枚，卵呈半个蘑菇状，腹面平坦，背面隆起，大小约 106 μm×40 μm；皮脂蠕形螨雌虫产卵于皮脂腺内，呈椭圆形，大小约 56 μm×35 μm。经 2 ～ 3 天发育孵出幼虫，有足 3 对；3 天后蜕皮为若虫，有足 4 对，形似成虫，但生殖器官尚未发育成熟，经 2 ～ 3 天发育为成虫。成虫爬出毛囊口交配，雄螨交配后随即死亡，雌螨则爬入毛囊或皮脂腺内产卵。完成一代生活史过程约需 2 周。雌螨寿命 2 个月左右（图 21-10）。

蠕形螨寄生在毛囊和皮脂腺发达的部位，面部是好发部位，常见寄生部位有鼻、鼻沟、额、颏、颊、耳旁等处，头皮、颈、肩背、胸部、乳头、大阴唇、阴茎和肛门等部位也可寄生。蠕形螨以刺吸宿主上皮细胞和腺细胞内容物为食，也可取食皮脂腺分泌物、角质蛋白和细胞代谢物等。毛囊蠕形螨常在毛囊内多个群居，颚体通常朝向毛囊底部；皮脂蠕形螨则常为单个寄生于皮脂腺中，颚体常朝向腺体基底（图21-9）。蠕形螨呈负趋光性，多在夜间爬出皮肤表面进行交配。

蠕形螨发育的适宜温度为20～25℃。0℃以下或37℃以上不利于蠕形螨存活，58℃以上1～2分钟即死亡。蠕形螨在外界喜潮湿，干燥环境对蠕形螨生存不利。蠕形螨在酸性环境下耐受力强于碱性环境。75%乙醇和3%煤酚皂溶液（来苏液）15分钟即可杀死蠕形螨，但日常洗涤用品对蠕形螨无杀灭作用。

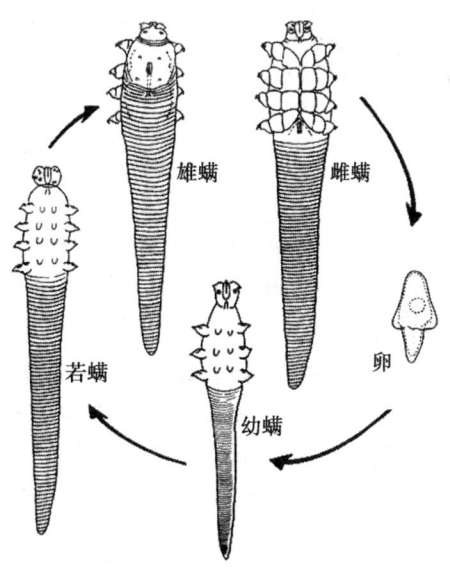

图21-10 毛囊蠕形螨生活史

【致病】

蠕形螨感染与酒渣鼻、眼睑缘炎、痤疮、脂溢性皮炎、激素依赖性皮炎等多种面部皮肤病发生有关，其致病机制尚不清楚。有研究认为，蠕形螨的致病性可能与感染螨虫的种类、密度和宿主的免疫力有关，继发细菌感染可能会加重症状。人体感染蠕形螨后，蠕形螨刺吸毛囊上皮细胞和腺细胞成分，破坏上皮细胞和腺细胞，引起毛囊扩张，上皮变性。感染严重时可引起角化过度或角化不全、棘细胞增生、真皮层毛细血管增生并扩张。虫体的机械刺激和其分泌物、排泄物的化学刺激可引起皮肤组织的炎症反应和Ⅳ型超敏反应。虫体的进出活动可携带病原微生物，引起毛囊周围细胞浸润、纤维组织增生。临床表现早期可出现局部皮肤弥漫性潮红、充血、散在的红色丘疹、脓疱；晚期病灶处结痂、脱屑、小结节、皮脂异常渗出、毛囊口显著扩大，表面粗糙、凹凸不平，甚至出现肉芽肿和瘢痕。感染轻者可无明显症状，重者可表现为类似毛囊炎、脂溢性皮炎、酒渣鼻、痤疮、眼睑缘炎等症状。

【实验诊断】

在显微镜下观察到蠕形螨即可确诊。常用蠕形螨的检查方法有4种。①透明胶带粘贴法：于晚上睡前，用温水清洁脸部，将透明胶带粘贴于额、鼻和颊部，至次日清晨取下，贴于载玻片上镜检。此法方便无损伤，但需要过夜，常用于人群流行病学调查。②挤压法：用手挤压受检部位皮肤，用盖玻片刮取皮脂置于载玻片上，加1滴甘油，加盖玻片镜检。此法方便快捷，但检出率较低，适用于临床门诊检查。③挤粘结合法：在检查部位粘贴透明胶纸后，再用拇指挤压胶纸粘贴部位，取下胶带镜检。此法检出率优于挤压法。④标准皮肤表面活组织检查（standard skin surface biopsy，SSSB）法：将氰基丙烯酸盐黏合剂（cyanoacrylate adhesive）涂抹在载玻片上，立即紧压在受检皮肤上，1分钟后轻轻取下载玻片，滴1滴甘油，加盖玻片镜检。前3种方法在国内常用，SSSB法则在国外普遍使用。

【流行与防治】

蠕形螨病感染较普遍。国内人群感染率可达90%以上，以单纯毛囊蠕形螨多见，单纯皮脂蠕形螨和混合感染较少。蠕形螨可通过直接或间接接触传播，其感染率与受染者的年龄、皮肤类型和卫生习惯等有关。年龄大于30岁，油性、混合性皮肤的人群蠕形螨感染率较高；不良卫生习惯可以增加蠕形螨感染的机会。

蠕形螨感染的预防重在养成良好的卫生习惯，避免与感染者密切接触，脸盆、毛巾、剃须刀等日常生活用品要单人单用；盥洗用具要采用75%乙醇溶液消毒；毛巾、内衣等个人用品采用58℃以上的热水烫洗，均可减少螨虫传播和交叉感染的机会。

目前尚缺乏治疗蠕形螨病的特效药，常用药物有口服伊维菌素、甲硝唑、维生素B_6、复合维生素B，百部、丁香和花椒煎剂；外用硫黄软膏、甲硝唑霜、苯甲酸苄酯乳剂、二氯苯醚菊酯霜剂等有一定疗效。

第六节 革 螨

革螨（gamasid mite）属于寄螨目（Parasitiformes）、中气门亚目（Mesostigmata）或革螨亚目（Gamasida）。全世界已知800余种，我国记录630余种。其中皮刺螨总科（Dermanyssoidea）中的多数种类营寄生生活，与医学有关的种类主要有厉螨科（Laelaptidae）、巨刺螨科（Macronyssidae）和皮刺螨科（Dermanyssidae）；重要革螨种类包括格氏血厉螨（*Haemolaelaps glasgowi*）和柏氏禽刺螨（*Ornithonyssus bacoti*）。

【形态】

成螨呈卵圆形，体长0.2～0.5 mm，最长可达3.0 mm，黄褐色，表皮为膜质，背、腹具骨化板。螨体分颚体和躯体两部分。颚体位于躯体前方，由颚基、螯肢及须肢组成。颚基背壁向前延伸的部分称颚盖，具有分类学意义。螯肢由螯杆和螯钳组成，雄螨螯钳演化为导精趾。须肢呈长棒状，基部与颚基愈合，末节内侧具一叉毛。躯体背面的背板整块或分为2块。背板上的刚毛数目和排列的毛序有鉴别价值。躯体腹面前缘的正中通常有一个胸叉。雌螨腹面有骨化板，由前向后依次为胸板、生殖板、腹板、肛板及足后板；雄螨则常愈合为1块全腹板。雌螨生殖孔位于胸板之后，被生殖板遮盖（图21-11）；雄螨生殖孔位于全腹板前缘。气门位于3～4对足基节的外侧，向前延伸形成管状的气门沟。第Ⅰ对足跗节背面亚末端有一个跗感器，司嗅觉。足跗节末端一般具爪1对和叶状爪垫1个。

【生活史】

革螨生活史分为卵、幼虫、第一若虫、第二若虫和成虫5期（图21-12）。卵呈椭圆形，乳白或淡黄色，直径0.10～0.35 mm。一般在1～2天孵出幼螨，幼螨不摄食，在24小时内蜕皮为第一若螨，经2～6天蜕皮为第2若螨，多数种类在若螨期摄食；经2～5天蜕皮为成螨。完成生活史需1～2周。交配时，雄螨用导精趾将精囊置于雌螨生殖孔内。雌螨产卵，也可直接产幼螨或第一若螨，个别种类行孤雌生殖。寄生型革螨一生可产卵或子代几个、几十个，甚至百余个不等。

【生态】

1. 生活习性 多数革螨营自生生活，少数营寄生生活。营自生生活的革螨孳生于枯枝烂叶下、草丛、土壤、禽畜粪堆和仓库贮品中。营寄生生活的革螨分为：①巢栖型，整个发育和繁殖过程都在宿主巢穴中进行，仅在吸血时才与宿主接触，宿主广泛，分兼性血食者和专性血食者两种，前者包括血厉螨属、真厉螨属、血革螨属，可刺吸血液或食游离血，也可捕食小节肢动物或其他有机物；后者包括皮刺螨属、禽刺螨属。②毛栖型，长期寄生在宿主体表，对宿主有明显的选择性。兼性血食者包括厉螨属，专性血食者包括赫刺螨属。③腔道寄生型，寄生于宿主鼻腔、呼吸道、肺、外耳道，宿主选择严格。专性吸食者包括鼻刺螨属、内刺螨属、肺刺螨属，以血液和体液等为食。

2. 宿主与食性 寄生性革螨主要寄生于哺乳类（主要是鼠类）、鸟类、爬行类的体表、巢穴甚至体内，人类也常被寄生。寄生型革螨以刺吸宿主的血液和组织液为食。巢栖型革螨的吸血量最多，耐饥力可达数月；毛栖型革螨吸血量次之，耐饥力为数周；腔道寄生型革螨耐饥力差，仅为数小时。营自生生活的革螨主要捕食小型节肢动物，也可以腐败的有机物为食。

3. 季节消长 多数革螨整年活动，但有明显的繁殖高峰。其季节消长取决于宿主活动的季节变化、宿主巢穴内微小气候条件以及宿主居留在巢穴的时间等。如格氏血厉螨的繁殖高峰为秋冬型，柏氏禽刺螨呈春末夏初和秋冬双峰型。

【重要革螨种】

1. 格氏血厉螨 雌螨背板几乎覆盖整个背部；胸板宽度大于长度，后缘内凹；生殖腹板较短；钳齿毛中部膨大，末端细长而弯曲（图21-11）。属巢栖型兼性血食螨类。宿主为多种啮齿类，以黑线姬鼠为主。也能刺吸人血。广布于全国各地。

2. 柏氏禽刺螨 雌螨背板狭长，在足基节Ⅱ水平处最宽，以后逐渐狭窄，末端稍尖；背板中部刚毛较长，其末端可达下一刚毛的基部。胸板宽度大于长度。生殖板狭长，后端尖细（图21-13）。属巢栖型专性血食螨类。其宿主为褐家鼠、黄胸鼠、小家鼠等，也侵袭人体。国内大多数省、区、市均有发现。

【与疾病的关系】

革螨不仅可直接寄生和叮咬宿主引起危害，而且可传播细菌、病毒、立克次体和螺旋体等引起多种疾病。

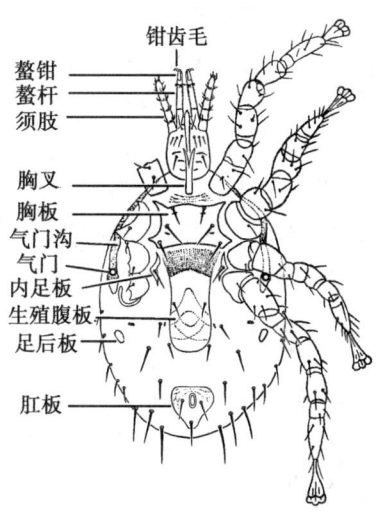

图 21-11　格氏血厉螨雌螨腹面

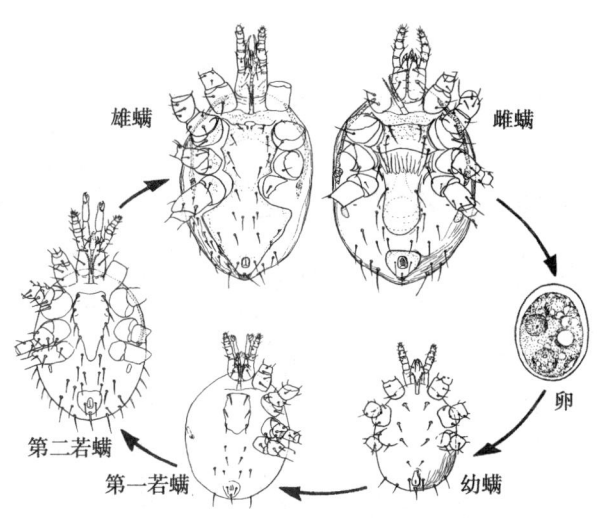

图 21-12　格氏血厉螨雌螨生活史

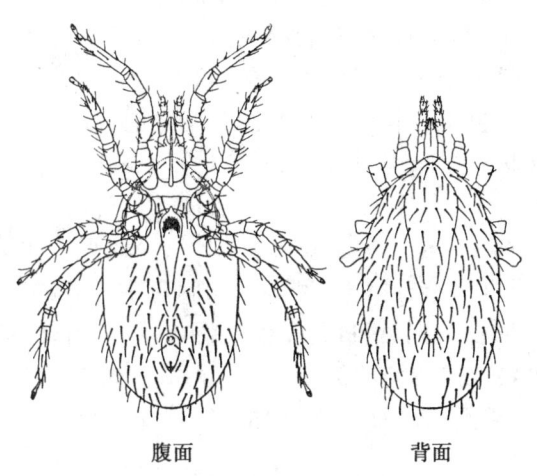

图 21-13　柏氏禽刺螨雌螨

1. 革螨皮炎（gamasid dermatitis） 革螨叮刺人、吸取血液或组织液引起革螨皮炎，局部出现丘疹、奇痒，主要由柏氏禽刺螨、囊禽刺螨、鸡皮刺螨或茅舍血厉螨等引起。革螨在动物饲养室、鸡窝、面粉厂、纱厂等处活动，宿主易被革螨侵袭。

2. 肾综合征出血热（HFRS） 又称流行性出血热，病原体属于汉坦病毒属。我国HFRS疫区主要宿主有黑线姬鼠、大林姬鼠和褐家鼠等。在国内疫区多种革螨可作为本病的传播媒介。格氏血厉螨和上海真厉螨是黑线姬鼠的优势螨种，发病与季节消长相关，螨虫通过叮刺传播和经卵传递HV，是野鼠型HFRS的重要传播媒介。柏氏禽刺螨是家鼠型HFRS鼠间的传播媒介，也是鼠-人间传播途径之一。在我国几乎所有省、区、市都有本病发生报道。

3. 立克次体痘 病原体是螨传立克次体或小蛛立克次体，传染源主要是鼠类。国外研究证实，革螨是该病唯一的传播媒介，通过叮刺吸血传播，主要媒介是血红异皮螨和柏氏禽刺螨。立克次体痘主要流行于美国东北部，在我国尚不能定论。

4. 其他 革螨还可传播Q热、地方性斑疹伤寒、土拉菌病、圣路易脑炎等多种疾病。

【防制原则】

1. 消除孳生场所 维持环境卫生，灭鼠，清理禽舍和鸽巢，保持室内清洁，清除杂草，暴晒铺草。

2. 药物灭螨 常用马拉硫磷、杀螟松、倍硫磷、美曲膦酯、乐果、敌敌畏等杀虫剂，用敌敌畏熏蒸灭螨效果较好。

3. 个人防护 用驱避剂邻苯二甲酸二甲酯涂擦于裸露部位，在3~7小时内有驱避效果。也可将布带浸泡驱避剂后系于手腕、踝关节，防止革螨侵袭。

第七节　尘　螨

尘螨（dust mite）属真螨目（Acariformes）、无气门亚目（Astigmata）、粉螨总科（Acaroidea）、蚍螨科（Pyroglyphidae）、尘螨属（*Dermatophagoides*），是一种呈世界性分布的微小螨类，目前已记录有40种，是最强烈的过敏原之一，可诱发人体出现哮喘、湿疹以及过敏性鼻炎等超敏反应性疾病，其中以屋尘螨（*Dermatophagoides pteronyssinus*）、粉尘螨（*Dermatophagoides farinae*）和埋内欧尘螨（*Euroglyphus maynei*）与人体超敏反应的关系最为密切。

【形态】

成螨呈椭圆形，体长0.2~0.5mm，乳黄色。颚体有钳状螯肢1对，须肢1对。躯体表面有细密或粗皱的指纹状皮纹和少量刚毛，躯体背面前端有狭长的前盾板。雄螨背部后部有后盾板1块，两侧臀盾有1对。躯体背面前侧有长鬃1对，尾端有长鬃2对。外生殖器位于腹面正中，雌性为产卵孔，雄性为阳茎；阳茎两侧有生殖乳突2对，雌性有交合囊，位于躯体后端。肛门靠近后端，呈纵行裂孔，雄性肛区呈菱形，有肛吸盘1对。腹部前后部各有足2对，基节形成基节内突，跗节末端具爪和钟罩形爪垫各1个（图21-14）。

【生活史】

生活史分卵、幼虫、第1若虫、第2若虫和成虫5个阶段。卵呈长椭圆形，乳白色，约经8天孵出幼螨。幼螨、第1若螨和第2若螨在发育过程中各经4~6天的蜕化期和2~3天的静息期。蜕皮后的成螨在1~3天内进行交配。雌螨每天产卵1~2个，一生产卵20~40粒，多者可达200~300粒。产卵期约为1个月。在适宜条件下完成一代生活史需20~30天。雄螨存活60~80天，雌螨存活期可长达150天。

【生态】

尘螨广泛分布于人类居住的场所，营自生生活。以粉末性物质为食，如面粉、粮食、人和动物的皮屑、花粉和真菌等。屋尘螨主要孳生于卧室内的枕芯、被褥、软垫、地毯和家具中。粉尘螨主要在面粉厂、棉纺厂以及食品、中药、动物饲料等仓库地面大量孳生，居室内较少。埋内欧尘螨普遍存在于卧室、被、褥、羊毛衣物等中。尘螨生长繁殖的适宜温度为17～30℃，相对湿度80%左右，10℃以下发育和活动停止，相对湿度低于33%可导致成螨死亡。因此，一般在7—9月尘螨大量繁殖。由于各地的气温不同，尘螨的季节消长亦各不相同。在大多数使用空调的房屋里，尘螨可全年生长。

【重要尘螨种】

1. 屋尘螨　螨体呈长圆形。雌螨体长0.29～0.38 mm，雄螨稍小。雌螨背部中央有纵行皮纹，雄螨后盾板长度大于宽度。足Ⅰ、Ⅱ等粗，基节内突不相接。雌螨足Ⅲ较粗长，足Ⅳ短小（图21-14）。

2. 粉尘螨　螨体呈椭圆形。雌螨体长0.37～0.44 mm，雄螨稍小。雌螨背部中央皮纹横行，末端拱形，足Ⅲ、Ⅳ等粗。雄螨后盾板短宽，足Ⅰ粗壮，基节内突相接（图21-14）。

3. 埋内欧尘螨　体长0.20～0.29 mm。体前部呈三角形，后缘近方形，中央有凹陷，皮纹较粗，体毛较短小，仅雄螨尾端有中等长毛一对。雌螨背面后部有一长方形角化区，足Ⅳ比足Ⅲ长。雄螨后盾板卵圆形，足Ⅳ比足Ⅲ短而细（图21-14）。

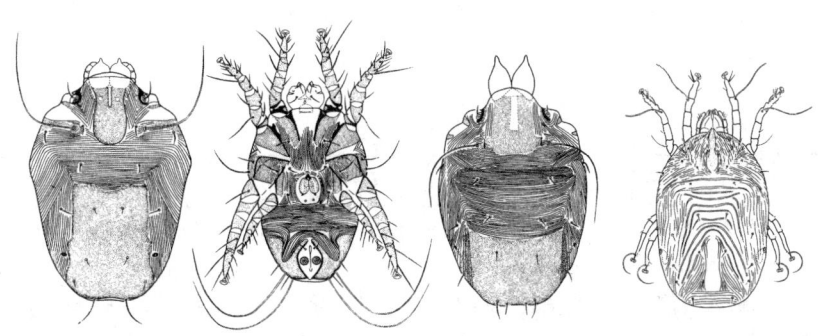

屋尘螨雄螨背面　　屋尘螨雄螨腹面　　粉尘螨雄螨背面　　埋内欧尘螨雌螨背面

图21-14　几种尘螨成螨（采自洪守书等）

【与疾病的关系】

尘螨的分泌物、排泄物、蜕下的皮以及死亡后的皮壳等均是过敏原，过敏体质者吸入后产生超敏反应。尘螨过敏原成分复杂，至少有30种。已报道的过敏原成分有23组，其中第Ⅰ（Der f1，Der p1）、Ⅱ组（Der f2，Der p2）为主要过敏原。尘螨性过敏属于外源性超敏反应，患者往往有家族过敏史或个人过敏史。临床表现如下。

1. 螨性哮喘　初发往往在幼年，通常伴有婴儿湿疹史或兼有慢性支气管炎史，可并发哮喘。婴幼儿哮喘发病前往往有1～2天的上呼吸道过敏症状，包括鼻痒、喷嚏、流清涕、揉眼睛、揉鼻子等表现，逐渐出现咳嗽、喘息。年长儿往往突然阵咳，继而喘息、胸闷、气促、呼吸困难、不能平卧等；严重发作时口唇、指端发绀，虽然症状较重但持续时间较短。春秋季好发。

2. 变应性鼻炎（allergic rhinitis）　表现为阵发性喷嚏、鼻内奇痒、清水鼻涕，有的患者有流泪、头痛等症状。多在晨起或者夜晚接触过敏原后立刻发作。检查时可见鼻黏膜苍白、水肿，嗜酸性粒细胞增多。

3. 特应性皮炎　慢性、复发性炎症皮肤病，表现为瘙痒、明显的湿疹样变和皮肤干燥。多见于婴儿，表现为面部湿疹。成人多见于肘窝、腋窝、腘窝等皮肤细嫩处，表现为湿疹和苔藓样变。

4. 食物过敏 尘螨过敏原与其他过敏原的交叉反应，可导致或加重对某些食物的过敏。临床发现有尘螨过敏者在进食蜗牛时，有时会出现哮喘、全身性荨麻疹以及颜面部水肿等超敏反应症状。

【实验诊断】

参照世界变态反应组织（World Allergy Organization，WAO）2011年发布的超敏反应疾病白皮书，尘螨过敏的诊断依据为：①有明确的接触史和临床表现，结合皮试或sIgE；如果有激发试验的证据更好。②正确对待皮试和sIgE不一致的情况。有少数患者的皮试和sIgE有矛盾，最后应结合临床表现，做出诊断。常用的免疫学诊断方法有皮肤挑刺试验、皮内试验、黏膜激发试验、酶联免疫吸附试验等。

【流行与防治】

尘螨呈世界性分布，国内分布也极为广泛，多见于温暖潮湿的地区。在我国免疫性疾病中，尘螨过敏原阳性率最高。螨性哮喘患病率为3%~5%，特应性皮炎为7%~10%，过敏性鼻炎为12%~15%。

防制原则主要是注意清洁卫生，经常清除室内尘埃，勤洗衣物、勤晒被褥、床垫；卧室、仓库要保持通风、干燥、少尘。也可使用尼帕净、虫螨磷和苯甲酸苄酯等灭螨。治疗主要采取脱敏疗法，并逐渐递增剂量，以增强患者对过敏原的耐受性，从而达到减轻或消除症状的目的，有效率可达70%以上。

几种蜱螨学习要点

种类	形态	生态	危害
蜱	体长2~10mm，口下板有倒齿，足1跗节有哈氏器	硬蜱的颚体位于躯体前端，躯体背面有盾板，气门板大，位于基节Ⅳ后外侧	栖息于森林、草原、动物洞穴或家畜圈舍中。多在白天侵袭宿主，活动期吸血时间长。依各活动期更换宿主的情形可分为一、二、三宿主蜱	传播疾病主要有全沟硬蜱传播的森林脑炎和莱姆病，亚东璃眼蜱传播的克里米亚-刚果出血热和Q热，草原革蜱传播的北亚蜱媒斑疹伤寒，铃头血蜱传播的Q热等
	软蜱颚体位于躯体腹面前部，无盾板，体表呈颗粒状、乳突状或具皱纹、圆陷窝，气门板小，位于基节Ⅳ前外侧	软蜱多栖息于中小型兽类的洞穴或岩窟内、禽舍鸟巢、家畜的圈舍及房屋的缝隙中	多在夜间侵袭宿主，吸血时间短。软蜱为多宿主蜱。乳突钝缘蜱传播蜱媒回归热
革螨	体长0.2~0.5mm，躯体有多块骨化板，气门位于基节Ⅲ、Ⅳ间的外侧，有延长的气门沟	仅少数寄生。分为巢栖型、毛栖型和腔道寄生型。以啮齿类和禽类为宿主，偶尔侵袭人	引起革螨性皮炎，格氏血厉螨、上海真厉螨、柏氏禽刺螨可传播肾综合征出血热
恙螨	幼螨体长约0.2mm，背面有单一的盾板及1对感器，感器呈丝状或球杆状。多数有眼，足上多羽毛状	仅幼螨期寄生。孳生在温暖、潮湿、杂草丛生的小溪、河沟旁常有啮齿类活动处。幼螨活动范围小，常群集形成孤立分散的孳生点，称螨岛	地里纤恙螨及小盾纤恙螨传播恙虫病，小盾纤恙螨传播肾综合征出血热
蠕形螨	体长0.15~0.4mm，蠕虫状，体表具环纹，足粗短	寄生于人毛囊或皮脂腺内	寄生于人体内的有毛囊蠕形螨和皮脂蠕形螨，是毛囊炎、痤疮、酒糟鼻等疾病的病因或病因之一。通过直接或间接接触感染

续表

种类	形态	生态	危害
人疥螨	体长 0.3～0.5 mm，足短，圆锥形，前2对足具长柄吸垫，雌性后2对足、雄性第3对足末端有长鬃	寄生于人皮肤表皮角质层内，其全部生活史在皮肤隧道内完成，通过直接或间接接触而感染	引起疥疮
尘螨	体长 0.2～0.5 mm，表皮具皮纹，躯体背面前侧有1对长鬃，尾端有2对长鬃，背面有前盾板。雄螨尚有后盾板	生活于居室内床上用品、家具、面粉厂、仓库的尘埃和鸟兽巢穴中。常见的有屋尘螨、粉尘螨和埋内欧尘螨	吸入尘螨的排泄物、分泌物、蜕下的皮及死亡后的皮壳等可引起螨性哮喘、过敏性鼻炎、特应性皮炎、慢性荨麻疹等

（刘明社）

思 考 题

1．比较硬蜱与软蜱生活史和生态习性的异同点。
2．比较硬蜱与软蜱主要形态区别。
3．诊断为疥疮的患者，为什么要隔离治疗？
4．尘螨能对人造成哪些危害？
5．防制恙螨为什么要结合灭鼠工作？

附　录

附录1　各组织系统常见的人体寄生虫病

寄生部位	寄生虫种类	致病	实验室检查方法
消化道	似蚓蛔线虫	幼虫致咳嗽、咳痰、哮喘等呼吸道症状；成虫致腹痛及腹泻等消化道症状、荨麻疹及并发症	粪便生理盐水直接涂片法查虫卵
	十二指肠钩口线虫和美洲板口线虫	幼虫致钩蚴性皮炎及呼吸道症状；成虫致腹痛及腹泻等消化道症状、贫血及异嗜症	粪便饱和盐水浮聚法查虫卵、钩蚴培养法查幼虫
	毛首鞭形线虫	成虫致腹痛、腹泻等消化道症状	粪便生理盐水直接涂片法查虫卵
	蠕形住肠线虫	成虫、虫卵致肛周皮肤瘙痒、异位损害	透明胶纸法查肛周虫卵
	粪类圆线虫	幼虫致皮肤损伤及呼吸道症状；成虫致消化道症状	粪便、痰液、尿液中检获杆状蚴或培养出丝状蚴
	猪巨吻棘头虫	成虫致腹痛、腹泻等消化道症状及并发症	试验性驱虫
	布氏姜片吸虫	成虫致腹痛、腹泻等消化道症状	粪便生理盐水直接涂片法查虫卵
	异形吸虫	成虫致腹痛、腹泻等消化道症状；异位损害	粪便集卵法查虫卵
	链状带绦虫	成虫致腹痛、腹泻等消化道症状；猪囊尾蚴致皮下及肌肉、脑、眼囊尾蚴病	粪便查孕节或虫卵；皮下结节活组织检查法查囊尾蚴、CT查囊尾蚴、眼底镜查囊尾蚴
	肥胖带绦虫	成虫致腹痛、腹泻等消化道症状	粪便查孕节、肛门拭子法查肛周虫卵
	微小膜壳绦虫	成虫致腹痛、腹泻等消化道症状	粪便生理盐水直接涂片法、集卵法查虫卵；粪便查孕节
	溶组织内阿米巴	肠阿米巴病；肠外阿米巴病	粪便生理盐水直接涂片法查滋养体；粪便碘液染色法查包囊
	蓝氏贾第鞭毛虫	腹痛、腹泻等消化道症状	粪便生理盐水直接涂片法查滋养体；粪便碘液染色法查包囊
	人毛滴虫	腹痛、腹泻等消化道症状	粪便生理盐水直接涂片法查滋养体
	隐孢子虫	腹痛、腹泻等消化道症状	粪便金胺酚-改良抗酸染色法查卵囊
	结肠小袋纤毛虫	腹痛、腹泻等消化道症状	粪便生理盐水直接涂片法查滋养体和包囊
肝与胆管	华支睾吸虫	成虫致胆管炎、胆囊炎、胆结石、肝硬化、胆管癌等	粪便或十二指肠引流液生理盐水直接涂片法查虫卵
	肝片形吸虫	童虫、成虫致腹膜炎、肝炎、胆管炎等	粪便或十二指肠引流液生理盐水直接涂片法查虫卵

续表

寄生部位	寄生虫种类	致病	实验室检查方法
肝与胆管	细粒棘球绦虫	棘球蚴致局部压迫和刺激症状、毒性和超敏反应、继发感染及继发性棘球蚴病	从手术取出物、痰液、胸腔积液、腹水中检获棘球蚴碎片和原头蚴
血液和淋巴组织	班氏吴策线虫和马来布鲁线虫	成虫致（急性期）淋巴结炎及淋巴管炎、精索炎及睾丸炎；(慢性期) 象皮肿、睾丸鞘膜积液、乳糜尿	血液、体液、乳糜尿中查微丝蚴；淋巴结活检成虫
	日本血吸虫	尾蚴致尾蚴性皮炎；童虫致血管炎；成虫致静脉内膜炎、虫卵致肝硬化和肠壁纤维化等	粪便生理盐水直接涂片法或集卵法查虫卵、直肠黏膜活组织检查法查虫卵；毛蚴孵化法查毛蚴
	疟原虫	疟疾发作、脾大、贫血、重症疟疾	厚、薄血膜法查间日疟环状体、滋养体、裂殖体和配子体
脑、脊髓	广州管圆线虫	幼虫致嗜酸性粒细胞增多性脑膜脑炎或脑膜炎	脑脊液、眼等部位查幼虫；嗜酸性粒细胞计数
	耐格里属阿米巴	原发性阿米巴性脑膜脑炎	脑脊液查滋养体
	棘阿米巴属阿米巴	肉芽肿性阿米巴性脑炎、棘阿米巴性角膜炎、皮肤损害	脑脊液、眼的排泄物或病变组织查滋养体或包囊
皮肤与其他组织	旋毛形线虫	成虫致腹痛、腹泻等消化道症状；幼虫致全身肌肉酸痛、心肌炎、肺炎等	肌肉活组织压片法查幼虫囊包
	美丽筒线虫	成虫致口腔及咽部虫爬感、异物感、麻木感、声音嘶哑等	手术切开黏膜隆起部位取虫体鉴定
	斯氏并殖吸虫	幼虫致皮肤型和内脏型幼虫移行症	皮下结节或包块活组织检查法查幼虫
	曼氏迭宫绦虫	幼虫致皮下、脑、眼、口腔颌面部等病变	病灶处活组织检查法查裂头蚴
	刚地弓形虫	（先天性）流产、胎儿畸形、视网膜脉络膜炎等；（获得性）发热、淋巴结肿大、脑膜炎等	脑脊液、胸腔积液、腹水等生理盐水直接涂片法查滋养体
	肉孢子虫	腹痛、腹泻等消化道症状；肌肉痛、心肌炎等	粪便直接涂片法查卵囊；肌肉活组织检查法查肉孢子囊
	疥螨	疥疮、皮肤出现丘疹、水疱、脓疱，伴瘙痒	皮肤刮拭涂片查疥螨
	蠕形螨	局部皮肤轻微痒痛或刺痛感，类似毛囊炎、痤疮	透明胶纸法或挤压涂片法查蠕形螨
	虱	皮炎；传播疾病	内衣、毛发处查卵或成虫
	蝇	蝇蛆病，致消化道、皮肤、眼、鼻、喉等损害	患处查幼虫
	蚤	皮肤出现丘疹、瘙痒，伴剧痛；继发感染可以起破伤风	患处查幼虫
呼吸道	尘螨	螨性哮喘、过敏性鼻炎及特应性皮炎等	皮内试验、皮肤挑刺试验
	卫氏并殖吸虫	童虫、成虫致呼吸道症状，还可引起肝、脑、脊髓、皮肤等损害	痰液或粪便生理盐水直接涂片法查虫卵；皮下结节活组织检查法查幼虫
眼	结膜吸吮线虫	成虫致眼部异物感、流泪、畏光、结膜充血等	眼部取出的虫体镜检
泌尿生殖系统	阴道毛滴虫	滴虫性阴道炎、尿道炎、前列腺炎等	阴道分泌物生理盐水直接涂片法查滋养体

(张唯哲)

附录2 医学寄生虫学专业词汇及解释

第一章 寄生、寄生虫与宿主的概念
Chapter 1 Concepts of parasitism, parasite and host

1. **Medical parasitology**（医学寄生虫学）：Medical parasitology is that branch of the medical sciences dealing with the members of the animal kingdom living in and on the body of humans and with aspects of this host-parasite relationship having medical significance. This science includes the study of vectors, reservoirs, definitive and intermediate hosts, and all factors of an ecologic and epidemiologic nature associated with disease transmission and prevention.

2. **symbiosis**（共生）：In parasitology, the living together or close association of two dissimilar organisms, each of them being known as a symbiont. Symbiosis means literally "living together" and may also involve protection or other advantages to one or both partners.

3. **commensalism**（共栖）：Different forms of symbiosis may be distinguished, on the basis of whether or not the association is detrimental to one of the two partners. Commensalism, from the Latin for "eating at the same table" denotes an association which is beneficial to one partner and at least not disadvantageous to the other.

4. **mutualism**（互利共生）：A specialized type of commensalism, known as mutualism, is seen where such associations are beneficial to both organisms.

5. **parasitism**（寄生）：Parasitism is a symbiotic relationship in which one animal, the host, is to some degree injured through the activities of the other animal, the parasite.

6. **parasite**（寄生虫）：The term parasite is ordinarily applied to weaker organism that obtains food and shelters from another organism and derives all the benefit from the association.

7. **host**（宿主）：The harboring species, known as the host, may show no harmful effects or may suffer from various functional and organic disorders.

8. **obligatory parasite**（专性寄生虫）：A parasite that unable to survive outside a host is called an obligatory parasite.

9. **facultative parasite**（兼性寄生虫）：A facultative parasite is an organism that may exist in a free-living state or as a commensal and that, if opportunity presents itself, may become parasitic.

10. **temporary parasite**（暂时性寄生虫）：Some animals are obligatory parasites at one or more stages of their life cycles but free living at others. The term temporary parasite is sometimes applied to such animals.

11. **endoparasites and ectoparasites**（体内寄生虫和体外寄生虫）：Parasites living within the host may be described as endoparasites, whereas those that are found on the surface of the body are called ectoparasites.

12. **opportunistic parasite**（机会性寄生虫）：Opportunistic parasites are those that ever cause disease in immunocompetent people but can cause serious infection in immunocompromised patients. These opportunists are frequently members of the body's normal flora. The origin of the term "opportunistic" refers to the ability of the organism to take the opportunity offered by reduced host defenses to cause parasitic diseases.

13. **definitive (final) host**（终宿主）：The host in which harbors the adult or sexual reproduction of the parasite is called the definitive host.

14. intermediate host(中间宿主):The species in which larval (or asexual if both sexual and asexual forms occur) stages of the parasites develop are called intermediate hosts; They are usually designated first and second intermediate hosts if there is more than one.

15. reservoir host(保虫宿主):Animals that harbor the same species of parasites as man are known as reservoir hosts. Such hosts ensure the continuity of the parasite's life cycle and act as additional sources of human infection.

16. alternation of generation(世代交替):Alternation of generation is a form of reproduction, with which the alternate reproduction by asexual and sexual means in an animal or plant species.

(刘佩梅)

第二章 寄生虫的生物学
Chapter 2　Biology of parasite

1. life cycle(生活史):The whole process of growth, development and reproduction of the parasite is called the life cycle of the parasite.

2. vector(媒介):An organism that transfers a parasite to a new host is called a vector.

3. endocytosis(内胞噬):Endocytosis means that the uptake by a cell of material from the environment by invagination of its plasma membrane; it includes both phagocytosis and pinocytosis.

(诸欣平)

第三章 寄生虫与宿主的相互作用
Chapter 3　Parasite host interactions

1. carrier(带虫者):Carrier means a person who carries a certain parasite without displaying any signs or symptoms of disease.

2. secretion(分泌物):Secretion is termed as that any substance produced by secretion.

3. excretion(排泄物):Material, which is excreted by human or animal, such as parasites, can be termed excretion.

4. megaloblastic anemia(巨幼细胞贫血):Megaloblastic anemia is a kind of anemia characterized by the presence of megaloblasts in the bone marrow.

5. Kingdom Animal(动物界):Classically, one of the three categories into which natural objects are usually classified; The Kingdom Animal includes all animals.

(刘佩梅)

第四章 寄生虫感染的免疫
Chapter 4　Immunology of parasitic infection

1. humoral immunity(体液免疫):Humoral immunity is that according to the B cells to produce antibodies to reach the purpose of protecting immune mechanism. Responsible for the humoral immune cells are B cells.

2. immune evasion(免疫逃逸):Immune evasion is an ability of parasites to survival, proliferation, and reproduction in immunized host.

3. immunoparasitology(免疫寄生虫学):Immunoparasitology is a kind of science which studies the relationship of parasite and its host by using immunological theory and techniques.

4．**innate immunity**（固有免疫）：Innate immunity, also known as non-specific immune or natural immunity, is an organism formed in long-term evolution, a series of defense mechanism. Innate immunity in individuals are born with, rapid response for invading pathogens, nonspecific anti-infection immunity effect.

（刘佩梅）

第五章 寄生虫病的特点
Chapter 5　Characteristics of parasitic disease

1．**parasitosis/parasitic diseases**（寄生虫病）：Parasitosis are the diseases caused by the parasites in human and animal's body, which does not control the growth and multiplication of parasites, and can display the symptoms.

2．**parasitic infection**（寄生虫感染）：The host sterilize a large number or dose not sterilize endoparasites, and confers a certain degree of resist re-infection, displays parasitic infection or carrier.

3．**inapparent infection**（隐性感染）：Inapparent infection is a kind of disease symptoms, refers to the pathogens enter the body, causes the body to produce specific immune response, only does not cause or causes only mild tissue damage. Can only be found by immunological tests.

4．**carrier**（带虫者）：Carrier is a person who carries a certain parasite without displaying any signs or symptoms of disease, and may serve as a source of infection to others.

5．**Infective stage**（感染期/感染阶段）：The stage of the parasite that invades the host is called the infective stage.

6．**Larva migrans**（幼虫移行症）：Larva migrans refer to some parasitic worm larvae in the animal body, which migrant in human skin and in different organs or tissues surrounding cause of disease, also known as worm larva transitional disease.

7．**Cutaneous larva migrans**（皮肤幼虫移行症）：Cutaneous larva migrans is caused by invasive juvenile worms of species or strains normally maturing in animals other than humans. The juvenile manage to penetrate the skin of human but are incapable of successfully completing migration to the intestine. Red itchy papules develop at the invasion site, and the migratory paths of the larvae appear as slightly elevated ridges.

8．**Visceral larva migrans**（内脏幼虫移行症）：When juvenile of several of nematodes gain entry to improper hosts, the juvenile begins a typical tissue migration. However, they do not complete the normal migration but undergo development alarrest and extended, random wandering through the body. Characteristic symptoms of visceral larva migrans include fever, pulmonary symptoms, hepatomegaly, and eosinophilia.

（吴玉龙）

第七章 寄生虫病的流行与防治
Chapter 7　Prevalence and control of parasitic disease

1．**source of infection**（传染源）：They refer to the parasite-infected persons (patients and carriers) and infected animals (reservoir hosts).

2. **route of transmission**（传播途径）: It is the whole process of transmission from the source of infection to susceptible host.

3. **infective stage**（感染阶段）: It is the stage which the parasite invades the host.

4. **portal of entry**（侵入途径）: It is the way which the parasite enters the human body.

5. **susceptible population**（易感人群）: They are the people who are lack of immunity or immunocompromised to certain parasites or other biopathogens.

6. **parasitic zoonoses**（人兽共患寄生虫病）: These are the parasitic infections which are naturally transmitted among the vertebrate animals and humans.

7. **neo-emerging parasitic diseases**（新现寄生虫病）: These are parasitic diseases which are identified newly and are not known by people in the past, while now can cause a public health problem in the local area or around the world.

8. **reemerging parasitic diseases**（再现寄生虫病）: These are the parasitic diseases which are already well-known, and are no longer public health problems, once again return to the state of the prevalence, such as malaria.

9. **food borne parasitic diseases**（食源性寄生虫病）: These are the parasitic diseases which are infected due to eating raw or not well cooked food containing parasite infective stage, such as clonorchiasis, trichinellosis, etc.

（诸欣平）

第九章　医学原虫学概论
Chapter 9　Introduction to Medical protozoology

1. **protozoa**（原虫）: Protozoa are a wide range of simplest organisms of the animal kingdom, they consist of a single cell that ranges in size from submicroscopic to microscopic. Most protozoa are free living but some lead commensalistic, mutualistic, or parasitic existences.

2. **pseudopodium**（伪足）: Pseudopodium is a temporary cytoplasmic extrusion by means of which an amoeba or other amoeboid organism or cell moves about or engulfs food.

3. **flagellum**（鞭毛）: Flagellum is a mobile, long whip-like structure, extending through the cell surface. It serves as a locomotor organelle. The flagellum is composed of nine pairs of microtubules arrayed around central pair.

4. **cilium**（纤毛）: Cilium are minute vibratile, hairlike structures covering the entire surface of the cell. The cilium is composed of nine pairs of microtubules arrayed around a central pair. Cilium are extensions of basal bodies.

5. **trophozoite**（滋养体）: Which is growing, active feeding and invading stage of the protozoa, contrasting with the nonmotile encysted stage.

6. **cyst**（包囊）: Which is a nonmotile stage in the life cycle of certain parasites, during which it is enclosed within a protective wall.

7. **schizogony**（裂体增殖）: Schizogony is a form of asexual reproduction characteristic of certain sarcodines and sporozoa in which daughter cells are produced by multiple fission of the nucleus of the parasite followed by segmentation of the cytoplasm to form separate masses around each smaller nucleus（schizont）.

8. **conjugation**（接合生殖）: A form of sexual reproduction that occurs in most bacteria, ciliate protozoa, and certain fungi, in which nuclear material is exchanged during the temporary

fusion of two cells (conjugants).

9. **gametogony**（配子生殖）: A stage in the sexual cycle of sporozoans in which the female and male gametes are formed respctively, which later fuse to form a zygote.

10. **vesicular nucleus**（泡状核）: The nucleus is vesicular. Its membrane stains deeply, while the central part is rather pale.

11. **compact nucleus**（实质核）: The nucleus is compact. It possesses an inconspicuous nuclear membrane and minute chromatin granules through its substance.

12. **opportunistic protozoa**（机会性致病原虫）: Opportunistic protozoa are some protozoa that do not ordinarily cause disease but that, under certain circumstance (e.g. impaired immune responses resulting from other disease or drug treatment) becomes pathogenic.

（杜娈英）

第十章 阿米巴
Chapter 10　Amoebae

1. **amoebic colitis**（阿米巴结肠炎）: It is a type of infectious colitis caused by the trophozoites of *Entamoeba histolytica*. Which is more common in tropical and subtropical areas and pathologically manifests as the lesion of the surface of the colonic mucosa.

2. **amoebic dysentery**（阿米巴痢疾）: Amebic dysentery is an acute intestinal amoebiasis caused by the trophozoites of *E. histolytica*. The trophozoites penetrate deeply into the intestinal tissue and result in amoebic ulcer, which causes vast areas of tissue to be destroyed and forms classic flask-like ulcers.

3. **amoebic liver abscess**（阿米巴性肝脓肿）: Amoebic liver abscess, also known as liver amoebiasis, which is the most common complication of amebic dysentery. It is caused by the trophozoites of *E. histolytica* reaching to the liver via the portal vein, then they cause liver cell necrosis.

4. **amoeboma**（阿米巴肿）: A chronic granulomatous lesion caused by *E. histolytica* infection, known as an amoeboma, developing most frequently in the cecal or rectosigmoid region.

5. **Charcot-Leyden crystals**（夏科-莱登结晶）: A kind of double pointed, hexagonal, needle-like crystal, which is often seen in feces of patients with amoebiasis.

6. **chromatoid body**（拟染色体）: Chromatoid body is composed of crystalline ribonucleic acid (RNA) and presents as rod-shaped, often seen in the clear areas in the cytoplasm of immature amoebic cysts. It is so named because it is stained with hematoxylin like chromatin.

7. **ectoplasm**（外质）: It is the clear glasslike outer layer of amoebic trophozoites, flowing out to form a pseudopodium.

8. **excystation**（脱囊）: It means that the release of trophozoites from the mature cyst in the ileocecal region of the intestine. The young trophozoites multiple rapidly and become established in the cecum.

9. **endoplasm**（内质）: Endoplasm is the part of cytoplasm of protozoa, which is not close to the cell membrane, containing various kinds of organelles, such as endoplasmic reticulum, nucleus, food vacuoles, contractile vacuoles, Golgi apparatus and mitochondria, etc.

10. ***Entamoeba histolytica***（溶组织内阿米巴）: *E. histolytica* is a kind of anaerobic protists, belonging to the genus Entamoeba. It infects humans and primates. *E. histolytica* principally inhabits

the lumen of the large intestine, where its trophozoites or active forms may invade the mucosal crypts, where they feed on red blood cells and result in ulcers.

11. **encystation**（成囊）: The process of cyst formation of amoebic trophozoite. The trophozoite of *E. histolytica* develops into a thick-walled cyst for transmission from one host to another.

12. **extra-intestinal amoebiasis**（肠外阿米巴病）: When the trophozoites of *E. histolytica* in the mucosal tissue are carried by blood flow (hepatic portal system) to the liver, lungs, or brain, they may lead to extra-intestinal amoebiasis.

13. **glycogen vacuole**（糖原泡）: Glycogen vacuole is the dark yellow-brown vacuole mainly seen in the immature cysts of amoebae stained with iodine, indicating the presence of glycogen.

14. **invasive amoebiasis**（侵袭性阿米巴病）: Invasive amoebiasis refers to Fulminant colitis, liver abscess or other organ lesions caused by *E. histolytica*. Invasive amoebiasis is the second most common cause of mortality due to parasite infections worldwide.

15. **mature cyst**（成熟包囊）: Mature cyst is a well-developed and quadrinucleate cyst of amoeba. It is the infective stage in all cyst-forming protozoa.

16. **peripheral chromatin granules**（核周染色质粒）: Peripheral chromatin granules locate on the inner surface of the nuclear membrane, which are characteristically uniform and small, and can be differentiated from the nuclear chromatin of host cells.

17. **sexually transmitted disease, STD**（性传播疾病）: A group of infectious diseases transmitted by sexual activity, such as acquired immunodeficient syndrome (AIDS), trichomoniasis, gonorrhoea, etc.

18. ***Entamoeba dispar***（迪斯帕内阿米巴）: The species of nonpathogenic amoeba, which is more common found in the large intestine of human, but is incapable of causing invasive disease. There are no consistent morphological differences between *E. histolytica* and *E. dispar*, the latter produces no intestinal symptom and is not invasive in human.

19. ***Entamoeba coli***（结肠内阿米巴）: *E. coli* is generally nonpathogenic to human usually dwelling in the large intestine. It should be differentiated from *E. histolytica* by laboratory diagnosis.

20. ***Entamoeba hartmanni***（哈门内阿米巴）: As a separate species of *Entamoeba*, *E.hartmanni* was considered as "small race" of *E. histolytica* in the past, its trophozoite measures 12～15 μm in diameter and its cyst is 5～9 μm in diameter.

21. ***Endolimax nana***（微小内蜒阿米巴）: *E. nana* is nonpathogenic, lives in the host's colon and multiplies rapidly by binary fission. Its trophozoites actively feed on bacteria.

22. ***Iodamoeba butschlii***（布氏嗜碘阿米巴）: *Iodamoeba butschlii* is a lumen-dwelling non-pathogenic amoeba and its nucleus is large with a big, ovoid, usually eccentric endosome. Within the cyst a large glycogen body is seen, which stains deeply with iodine.

23. ***Entamoeba gingivalis***（齿龈内阿米巴）: *E. gingivalis* bearing a close morphologic resemblance to *E. histolytica*, is often found in pyorrheal pockets between teeth and gums or in the tonsillar crypts.

24. **granulomatous amoebic encephalitis**（肉芽肿性阿米巴脑炎）: *Granulomatous amoebic encephalitis* (GAE) is a multifocal, hemorrhagic and necrotizing encephalitis caused by opportunistic free-living *Acanthamoeba* species, principally *A. castellanii*, *A.culbertsoni* and *A. astronyxis*. The pathogenic agents transmitted from pulmonary or skin lesions to the CNS via blood stream may lead to focal neurologic deficits, and then become a diffuse encephalitis and death after days to weeks. GAE is relatively rare but usually fatal, especially in immunologically compromised

patients.

25. *Acanthamoeba culbertsoni*（柯氏棘阿米巴）：A facultative parasite of humans, and the symptoms of which infection are similar to but less severe than that of *Naegleria* infections, mainly involving in central nervous system.

26. *free-living amoebae*（自生生活阿米巴）：Normally, *free-living amoebae* live in fresh water and soil which pose a considerable risk to environmental health. There are many cases providing evidence that *Acanthamoebae*, *Naegleria fowleri* and *Balamuthia mandrillaris* are facultative parasitic protozoa.

27. *acanthamoeba keratitis*（棘阿米巴性角膜炎）：A corneal infection caused by *Acanthamoeba* spp. The patients commonly are associated with corneal trauma, contacting with sewage or wearing contact lenses resulting in permanent blindness or loss of the affected eye.

（杜奕英　万巧凤）

第十一章　鞭毛虫

Chapter 11　Flagellates

1. **Leishmania donovani**（杜氏利什曼原虫）：Leishmania donovani is a taxonomic complex comprising the subspecies causing varieties of visceral leishmaniasis, which multiply in the mononuclear phagocytic cells and spread to the lymph nodes and then hematogenous system throughout the body.

2. **leishmaniasis**（利什曼病）：Leishmaniasis is an infection caused by Leishmania；the principal classification is into cutaneous, mucocutaneous, and visceral types.

3. **visceral leishmaniasis**（内脏利什曼病）：Visceral leishmaniasis is a chronic infectious disease caused by one of the three subspecies of *L. donovani* in various regions of the world. It is highly fatal if untreated.

4. **promastigote**（前鞭毛体）：Promastigote is one stage in the life cycle of certain trypanosomatid protozoa resembling the typical adult form of members of the genus Leptomonas, in which the elongate or pear-shaped cell has a central nucleus and at the anterior end a kinetoplast and basal body from which arises a single long, slender flagellum.

5. **kinetoplast**（动基体）：Kinetoplast is a large rod-shaped or cylindrical, DNA-rich, independently replicating cytoplasmic organelle located in close association with the basal body and found within the elongated mitochondria of protozoa of the Order Kinetoplastida.

6. **post-kala-azar-dermal-leishmaniasis**（皮肤利什曼病）：Post-kala-azar-dermal-leishmaniasis（PKDL）, called also dermal leishmanoid, is a condition associated with visceral leishmaniasis, commonly characterized by the appearance of hypopigmented or erythematous macules on the face and sometimes on the extremities and trunk.

7. **African trypanosomiasis**（非洲锥虫病）：African trypanosomiasis is a human trypanosomiasis endemic in tsetse fly-infested areas of tropical Africa.

8. **Trypanosoma**（锥虫属）：*Trypanosoma* is a genus of protozoa composing hemoflagellates parasitic in invertebrates and vertebrates, including humans, some of which are pathogenic.

9. **amastigote**（无鞭毛体）：Amastigote is one stage of the life cycle of trypanosomes or Leishmamia, characterized by its ovoidal body containing a nucleus and a kinetoplast but no free flagellum.

10. trypomastigote（锥鞭毛体）：A development stage of trypanosomatid protozoa. This stage has the typical trypanosome structure-namely, an elongate spindle-shaped body, a centrally located nucleus, a kinetoplast posterior to the nucleus, an undulating membrane arising from the kinetoplast and proceeding forward along the margin of the cell membrane, and a sing free flagellum at the anterior end.

11. *Trichomonas vaginalis*（阴道毛滴虫）：*Trichomonas vaginalis* is a species of protozoa with four flagella found in the vagina and male genital tract, usually transmitted by coitus.

12. trichomoniasis（阴道毛滴虫病）：An infection caused by *Trichomonas vaginalis* is termed trichomoniasis.

13. *Trichomonas hominis*（人毛滴虫）：*Trichomonas hominis* is a species of protozoa with five flagella that is one of the most common enteric flagellates seen in humans.

14. *Trichomonas tenax*（口腔毛滴虫）：*Trichomonas tenax* is a common species of protozoa with four anterior flagella found in the mouth of primates, including humans.

15. *Giardia lamblia*（蓝氏贾第鞭毛虫）：*Giardia lamblia*, also called *G. intestinalis* and *G. duodenal*, is a species of protozoon that may cause giardiasis in humans.

16. giardiasis [蓝氏贾第鞭毛虫病（贾第虫病）]：Giardiasis is a common infection of the small intestine caused by flagellated protozoan Giardia lamblia, which can be asymptomatic or cause clinical manifestations ranging from intermittent flatulence to chronic malabsorption. *G. lamblia* can be spread via contaminated food and water, or by direct person-to-person contact.

17. primary amebic meningo-encephalitis, PAM（原发性阿米巴脑膜脑炎）：An invasive, rapidly fatal cerebral infection and found in humans and other primates. Which is mainly caused by *Naegleria fowleri* that lives freely in the soil at the bottom of stagnant freshwater lakes, ponds, hot springs and swimming pools. The primary amebic meningoencephalitis is characterized by high fever, neck rigidity, and other symptoms associated with upper respiratory infection（cough and nausea）. The brain is the primary focus, especially the olfactory lobes and cerebral cortex; Organisms enter through the nasal mucosa to the cribriform plate. Death usually occurs in 2～3 days after onset of symptoms.

18. flagellate-form trophozoite（鞭毛型滋养体）：The life cycle of Naegleria species includes flagellate-form trophozoite and that of ameboid-form and cyst, with rapid transformation from one form to the other. Flagellate-form trophozoite has two flagella at the broad end and is capable of spinning or jerky movements through water and transmits to humans.

19. *Naegleria fowleri*（福氏耐格里阿米巴）：*Naegleria fowleri* is one of the free-living amebae that present in soil, water and sewage. It was named after the late Malcolm Fowler of Adelaide Children's Hospital of Australia, who with P. F. Carter described the initial cases of primary amebic meningocephalitis. It is the only recognized pathogenic species of *Naegleria*.

（郑小莉　赵海龙　佘俊萍）

第十二章　孢子虫

Chapter 12　Sporozoa

1. Sporozoa（孢子虫纲）：One of the classes of protozoa, members of this class are being tissue parasite, such as *Plasmodium*.

2. *Plasmodium*（疟原虫属）：It is a genus in the family plasmodiidae, all the members in the

genus cause malaria in man or animals.

3. **species causing malaria**（引起疟疾虫种）: The accepted species causing malaria in man are five in number, i.e. *Plasmodium vivax*, *P. malarix*, *P. falciparum*, *P. ovale*, and *P. knowlesi*.

4. **merozoites**（裂殖子）: The schizonts enlarge and finally almost fill the invaded red blood cells, meanwhile dividing into a number of small bodies which are called merozoites.

5. **exo-erythrocytic stage**（红细胞外期）: Exo-erythrocytic stage is the part of the life cycle of malaria parasites that occurs in hepatic cells of the human host. Where exo-erythrocytic schizogony results in production of merozoites which when released into the bloodstream initiate the erythrocytic cycle.

6. **gametocyte**（配子体）: Among the merozoites which are liberated after schizogony has been repeated for several generations there are some that invade the red blood cells and become differentiated into male and female forms, known as gametocytes, the fully matured male gametocyte is called a microgametocyte and the female a macrogametocyte.

7. **exflagellation**（出丝）: In the mosquito, the male or microgametocyte undergo a process of maturation that results in the production of a number of microgametes, the extrusion of these delicate spindle-shaped gametes has been termed exflagellation.

8. **hypnozoite**（休眠子）: In all malaria parasites, asexual multiplication takes place within the liver cells, but with *P. vivax* and *P. ovale* a varying proportion of the infecting sporozoites enter a resting stage before undergoing asexual multiplication, while others undergo this multiplication without delay. The resting stage of the parasite is known as a hypnozoite.

9. **relapses**（复发）: Hypnozoite reactivation brings about the relapses characteristic of *P. vivax* and *P. ovale*, producing a wide variation in time of relapse, now considered to be due to differences in the latency period of hypnozoites produced by bradysporozoite.

10. **recrudescence**（复燃，再燃）: Reappearance of malaria arising from renewed activity of organisms surviving in the bloodstream or elsewhere; of then seen with *P. malariae* infection. The asymptomatic state of affairs may persist indefinitely or may result in a recrudescence at a time when the patient becomes debilitated, perhaps from intercurrent infection or immunosuppression.

11. **paroxysm**（疟疾发作）: The symptomatology of infections with all species of malaria parasites is usually characterized by the occurrence of definite paroxysm of chills, fever and sweating, occurring at regular intervals, depending upon the time of segmentation of the *Plasmodium* concerned.

12. **cerebral malaria**（脑型疟疾）: Cerebral malaria is the most serious complication of *P. falciparum* infection and a frequent cause of death. Severe headache is the usual presenting symptom, followed by drowsiness, confusion and coma.

13. **malaria**（疟疾）: Malaria is an infectious disease caused by any of five different species of the genus *Plasmodium*. It is characterized by prostration associated with paroxysms of chills, fever and sweating, anemia, and splenomegaly. It is endemic in Africa, much of South and Southeast Asia, Central America, and northern South America.

14. **Toxoplasma gondii**（刚地弓形虫）: *Toxoplasma gondii* is an obligate intracellular protozoan found in a wide range of hosts including humans and virtually all other warm-blooded animals. The sexual cycle of the organism takes place in the intestinal epithelium of the cat, which is the definitive host. It exists in three forms: tachyzoite, tissue cysts (pseudocysts) and oocysts. Infection occurs chiefly by ingestion of oocysts shed in cat feces or by ingestion of cysts in raw or

uncooked meat.

15. toxoplasmosis（弓形虫病）：Toxoplasmosis is an acute or chronic, wide spread disease of animals and humans caused by the obligate intracellular protozoan, *Toxoplasma gondii*. It is transmitted by oocysts containing the pathogen in the feces of cats, usually by contaminated soil, direct exposure to infected feces, and tissue cysts in infected meat or tachyzoites in blood. There are two ways in which human toxoplasmosis may be acquired, namely, congenitally and from external sources.

16. tachyzoite（速殖子）：Tachyzoite is the motile form of *T. gondii* contained in various host cells during the acute phase of toxoplasmosis. As a rapidly dividing merozoite, it can protect the parasite from the lysosomal activity of macrophages.

17. bradyzoite（缓殖子）：Bradyzoite is the sessile form of *T. gondii* contained in tissue cysts during the latent phase of toxoplasmosis. As the toxoplasmosis becomes chronic, parasites infecting cells reproduce more slowly than during the acute phase. At this time, they are designated as bradyzoites and accumulate in large numbers within an infected cell.

18. pseudocyst（假包囊）：Pseudocyst is an accumulation of tachyzoites of *T. gondii* in an infected host cell, which is not surrounded by a cyst wall of parasite origin.

19. tissue cyst of *Toxoplasma gondii*（弓形虫组织包囊）：Tissue cyst is a form of *Toxoplasma gondii*, inside of the transformed host cells containing a parasitophorous vacuole with a population of slowly dividing bradyzoites. Raw or undercooked meat with tissue cysts is an important source of infection for definitive and intermediate hosts.

20. oocyst of *Toxoplasma gondii*（弓形虫卵囊）：The product of *T. gondii* sexual reproduction in intestinal cells of infected cats and it is passed via their feces. Thick-walled oocysts can survive in feces-contaminated soil for years.

21. *Cryptosporidium*（隐孢子虫属）：A genus of minute homoxenous coccidian protozoa, characterized by the presence of oocysts with four sporozoites; they are parasitic in the intestinal tracts of many different vertebrates, including reptiles, birds, and mammals and are an uncommon cause of diarrhea in humans. Now *Cryptosporidium* is known as an opportunistic parasite of humans, especially young children, both those who are immunodeficient and those who are immunocompetent.

22. cryptosporidiosis（隐孢子虫病）：A parasite disease caused by the coccidian *Cryptosporidium parvum*.

23. *Cryptosporidium parvum*（微小隐孢子虫）：It is one of the coccidian species causing diarrhea in humans.

24. *Isospora belli*（贝氏等孢球虫）：The causative agent of isoporiasis in humans, is endemic in South America, the Caribbean, Africa, and Southeast Asia.

（周怀瑜　秦元华）

第十四章　纤毛虫

Chapter 14　Ciliates

1. *Balantidium coli*（结肠小袋纤毛虫）：*Balantidium coli* is a member of ciliates, which belongs to Balantidiidae and *Balantidium*. *B. coli*, the largest parasitic protozoan in human, inhabits the large intestine, cecum and the terminal ileum of humans or other animals.

2. balantidiasis（结肠小袋纤毛虫病）：Balantidiasis, an infection caused by *Balantidium coli*, is the most often found in tropical and sub-tropical regions throughout the world. Human are infected by eating the food or drinking the water contaminated with cysts of *B. coli*.

（蔡国斌）

第十五章 吸 虫
Chapter 15　Trematodes

1．cercarial dermatitis（尾蚴性皮炎）：A severe rash caused by several species in the genus *Schistosoma* when their cercariae penetrate the skin of a host.

2．circumoval precipitin test（COPT）（环卵沉淀试验）：A kind of immunodiagnosis techniques for the infection of *Schistosome*, the precipitates appeared around the eggs which were incubated in immune serum.

3．*Clonorchis sinensis*（华支睾吸虫）：*Clonorchis sinensis* is a delicate, leaf-shaped fluke with weakly developed suckers. Adult worm inhabits the bile ducts. Larval development requires two intermediate hosts, the first a snail of the genus *Parafossarulus* or *Bithynia*, the second a freshwater fish or the carp family. It is the common liver fluke of man in the Far East, as well as in cats and dogs.

4．clonorchiasis（华支睾吸虫病）：Clonorchiasis is from an infection with *Clonorchis sinensis*. Inflammation induced by the adult worms may destruct biliary tract and causes epithelium thickening and obstruction of the bile ducts. The recovery of the characteristic eggs in feces or by duodenal aspiration ensures a definite diagnosis of this disease.

5．concomitant immunity（伴随免疫）：Concomitant immunity is a resistance to reinfection or superinfection, conferred by a still existing infection, that does not destroy the organisms of the infection already present.

6．*Fasciola hepatica*（肝片形吸虫）：One of the members of the family Fasciolidae. It is rare in humans, but an important parasite of sheep and cattle.

7．*Fasciolopsis buski*（布氏姜片吸虫）：*Fasciolopsis buski* is the largest trematode parasitizing human and average up to 7 or 8 cm in length. Adults live in the intestine of humans and pigs.

8．fasciolopsiasis（姜片吸虫病）：Fasciolopsiasis is from an infection with *Fasciolopsis buski*, which stronger ventral sucker can causes edema, inflammation or ulcer of intestinal wall of the host. Praziquantel is the most effective drug for the treatment of the disease.

9．gynecophoral canal（抱雌沟）：Gynecophoral canal is a longitudinal groove in the ventral surface of a male Schistosome, in which the female worm is carried.

10．*Oncomelania hupensis*（湖北钉螺）：A snail, which is the most important species for *Schistosma japonicum* and the only intermediate snail host of *S. japonicum*.

11．paragonimiasis（并殖吸虫病）：Paragonimiasis is from an infection with *Paragonimus westermani* and related species, which may cause lung disease mimicking tuberculosis.

12．*Paragonimus* spp.（并殖吸虫）：Paragonimus belong to the genus *Paragonimus* and harbors the lungs of various mammals, such as rats, pigs, opossums and humans.

13．*Paragonimus westermani*（卫氏并殖吸虫）：*Paragonimus westermani* is a species of lung fluke, with an oval or pear-shaped fluke of a pinkish or reddish brown color, found in cysts in the lungs and sometimes in the pleura, liver, abdominal cavity, and elsewhere. It causes the disease known as paragonimiasis.

14. *Pagumogonimus skrjabini*（斯氏狸殖吸虫）：*Pagumogonimus skrjabini* is a species of lung flukes, reported in human in northeast China.

15. Schistosome（血吸虫）：Schistosome also known as blood fluke, those of Schistosomes with medical significance are *Schistosoma japonicum*, *S. haematobium*, *S. mansoni*, *S. intercalatum*, *S.mekongi* and *S. malayensis*.

16. schistosomiasis（血吸虫病）：Schistosomiasis is from an infection with blood flukes of the genus Schistosoma, which may cause chronic disease of the intestine, liver and genitourinary tract.

17. schistosomule（血吸虫童虫）：Schistosomule is a juvenile stage of a blood fluke, between a cercaria and an adult.

18. soluble eggs antigen（SEA）（可溶性虫卵抗原）：An antigen released from the mature schistosome egg.

19. *Trichobilharzia*（毛毕吸虫属）：Several species of bird schistosomes, they cause "swimmer's itch" when their cercariae attack anyone who gets them on their skin, *Trichobilharzia* and *Orientobilharzia* are the guilty parties.

（孙希萌　张　静　战廷正　宫梓琳）

第十六章　绦　虫

Chapter 16　Cestodes

1. scolex（头节）：An anterior attachment organ provides with sucker, bothrium, or hooklet, which varies in morphology from species to species.

2. neck（颈部）：A segment of tapeworm following the scolex which contains germinal cells, responsible for the process of proglottids.

3. strobila（链体）：Each segment of the body of the tapeworm is called proglottid, and the chains of proglottid is called the strobila.

4. gravid proglottid（孕节）：The terminal portion of strobila, contains uterus filled with eggs.

5. metacestode（中绦期）：Larval stage of tapeworm developing in the intermediate host is called metacestode.

6. cysticercus（囊尾蚴）：Larval stage of tapeworm of the genus *Taenia* consists of a small translucent capsule filled with liquid, and the wall has an invaginate scolex.

7. cysticercoid（似囊尾蚴）：Larval stage of tapeworm of the genus *Hymenolepis* consists of a small entity structure, an invaginate scolex on the anterior extremity, the rear end of the structure with six small hooks.

8. hydatid cyst（棘球蚴）：Larval stage of *Echinococcus granulosus*, consists of a large bladder with inner germinal layer from which protoscolexes and brood capsules develop.

9. alveolar hydatid cyst（泡球蚴）：Larval stage of *Echinococcus multilocularis*, similar to the hydatid cyst but in which budding is exogenous, as well as endogenous, so that many small cysts are formed. There is no thick outer capsule.

10. plerocercoid or sparganum（裂头蚴）：A larva of Pseudophyllidea, which lives in the second intermediate host.

11. *Taenia solium* (链状带绦虫): *Taenia solium*, called also pork tapeworm, is a species 2 to 4 feet long found in the adult form in the human intestine. The cysticerci (larval stage) develops most often in the muscle and other tissues of the pig, as well as human.

12. *Taeniasis solium* (链状带绦虫病): Taeniasis solium is a disease which is caused by the adult of *Taenia solium* parasitizing in the human intestine. Human infection usually results from eating raw or uncooked pork contained live cysticerci.

13. cysticercosis (囊尾蚴病): The disease is caused by the larval stage of *Taenia solium* and found in pigs as well as humans. Cysticercosis is far more serious than taeniasis solium.

14. *Taenia saginata* (肥胖带绦虫): *Taenia saginata*, called also beef tapeworm, is a common large tapeworms of human, Adult inhabitsin the intestine, whereas larval stage develops in the muscles and other tissues of cattle. Human infection usually results from eating raw or uncooked beef.

15. *Echinococcus granulosus* (细粒棘球绦虫): The minute tapeworm of genus *Echinococcus* lives as an adult in the intestine of dogs and wolves, and occasionally in cats. Its larva known as the hydatid, may develop in herbivores as well as humans, forming hydatid cysts in the liver, lungs and other organs.

16. cystic hydatidosis (囊型棘球蚴病): The disease caused by the larva of *Echinococcus granulosus* is called cystic hydatidosis and found in various kinds of herbivores as well as humans. The size and site of hydatid cyst will greatly influence the outcome.

17. protoscolex (原头蚴或原头节): An immature scolex, which was budded from germinal layer of hydatid cyst and each protoscolex can develop to an adult in the definitive host.

18. brood capsule (生发囊): The outer wall of the hydatid cyst is laminated and the inner of germinal layer gives rise to numerous secondary cysts, known as brood capsules. Each brood capsule in turn generates a few to about 20 protoscolexes on its inner surface.

19. daughter cysts (子囊): Miniaturized hydatid cyst completes with cyst wall, layers of germinal tissue, and fluid-bladder and numerous protoscolexes.

20. hydatid sand (棘球蚴砂): Protoscolexes, brood capsules and daughter cysts floating in the hydatid fluid within the hydatid cysts (*Echinococcus granulosus*) is called hydatid sand.

21. *Echinococcus multilocularis* (多房棘球蚴绦虫): Adults of *Echinococcus multilocularis* and *Echinococcus granulosus* are similar, but the former has fewer and smaller testes and the genital pore is slightly different. Natural definitive hosts of *Echinococcus multilocularis* are foxes, and its intermediate hosts are rodents. The human can also be an intermediate host.

22. echinococcosis alveolaris (泡球蚴病): The disease caused by the larva of *Echinicoccus multilocularis* is called echinococcosis alveolaris. The primary lesion occurs most frequently in the liver. The multilocular lesion grows faster than the unilocular counterpart, and invades the surrounding tissues like a malignant tumor.

23. *Hymenolepis nana* (微小膜壳绦虫): Previously known as the dwarf tapeworm, is a common tapeworm of genus *Hymenolepis*. Adult lives in the intestines of mouse and human, and fleas can be important vectors of this species.

24. hymenolepiasis nana (微小膜壳绦虫病): Adult of *Hymenolepis nana* lives in human intestine, causing hymenolepiasis nana.

25. *Spirometra mansoni* (曼氏迭宫绦虫): *Spirometra mansoni*, a species of tapeworm, is mainly found in cats and dogs, occasionally in humans.

26．**sparganosis mansoni**（曼氏裂头蚴病）：Sparganosis mansoni is a parasitic zoonosis resulted from infection with the mansoni plerocercoid.

27．*Diphyllobothrium latum*（阔节裂头绦虫）：*Diphyllobothrium latum*, known as "broad fish tapeworm", is the largest tapeworm which infects humans.

（张唯哲　周必英　闫　艳　张晓丽）

第十八章　线　虫

Chapter 18　Nematodes

1．**buccal capsule**（口囊）：The anterior end of Ancylostoma duodenale adult worm has a buccal capsule with two pairs of teeth.

2．**molt**（蜕皮）：Nematode always renews its outermost layer-cuticle in larval stages for increasing in size, the process shedding its old cuticle is called molt.

3．*Ascaris lumbricoides*（似蚓蛔线虫）：*Ascaris lumbricoides* is a common worm resembling the earthworm; it is found in the small intestine, causing colicky pains and diarrhea, especially in children.

4．**ascariasis**（蛔虫病）：Ascariasis is an infection by the roundworm *Ascaris lumbricoides*, which is found in the small intestine, causing colicky pains and diarrhea, especially in children.

5．*Ascaris suum*（猪蛔虫）：It is a species of *Ascaris* and exists in pig.

6．*Toxocara canis*（犬弓首线虫）：*Toxocara canis*, a cosmopolitan parasite of dogs causes visceral larva migrans in human.

7．**visceral larva migrans**（内脏幼虫移行症）：Visceral larva migrans is a condition caused by prolonged migration of larvae of nematodes in human tissues other than skin, characterized by persistent hypereosinophilia, hepatomegaly and frequently by pneumonitis; commonly caused by *Toxocara canis* or *T. cati*, which do not complete their life cycle in man.

8．*Trichuris trichiura*（毛首鞭形线虫）：*Trichuris trichiura* is the species that principally infects human. It is about 2 inches in length, the front portion of its body, the esophageal zone, being hairlike in slimness. It inhabits the large intestine and may cause diarrhea, vomiting and rectal prolapse in heavily infected children, although it usually produces no symptoms.

9．**trichuriasis**（鞭虫病）：Trichuriasis is the state of being infected with nematodes of the genus *Trichuris*. Albendazole and mebendazole are effective for the treatment of this disease.

10．*Enterobius vermicularis*（蠕形住肠线虫）：*Enterobius vermicularis* is a small white worm found in the upper part of the large intestine, and occasionally in the female genitals and bladder. Infection is frequent in children, sometimes causing itching.

11．**enterobiasis**（蛲虫病）：Enterobiasis is an infection with nematode worms of the genus *Enterobius*, especially *E. vermicularis*.

12．**hookworm**（钩虫）：Hookworm is a parasitic nematode in the intestine of man and other vertebrates; infection may cause serious illness.

13．*Ancylostoma duodenale* [十二指肠钩口线虫（十二指肠钩虫）]：It is a species of hook worms and exists mainly in tropic areas and subtropic areas.

14．*Necator americanus* [美洲板口线虫（美洲钩虫）]：It is a species of hook worms and exists commonly in warm zoonoses.

15．**hookworm larva**（钩蚴）：Hookworm larva is the larva of hookworm including rhabditiform larva and filariform larva.

16. **rhabditiform larva**(杆状蚴): Rhabditiform larva is a kind of larva of hookworm, which hatched from egg of hookworm.

17. **filariform larva**(丝状蚴): Filariform larva is a kind of larva of hookworm, which developed from rhabditiform larva, and the infective stage of hookworm.

18. **allotriophagy**(pica, 异嗜癖): Allotriophagy or pica is known as an abnormal craving to eat substances not fit for food as clay, soil, paint, etc. This condition may be observed in persons with hookworm disease.

19. **filariae**(丝虫): Filariae are long, thread-like nematodes. In man, various species inhabit portions of the lymphatic system and of the subcutaneous and deep connective tissues.

20. ***Wuchereria bancrofti***(班氏吴策线虫, 班氏丝虫): *Wuchereria bancrofti*, a species of the filarial worm, causing Bancrofts filariasis in human, has spotty worldwide distribution throughout the tropics and subtropics, Africa, the Near East, and the Far East.

21. ***Brugia malayi*** [马来布鲁线虫（马来丝虫）]: *Brugia malayi*, a species causing human and elephantiasis throughout Southeast Asia, the China Sea and eastern India; it is similar to, and often found in association with, *Wuchereria bancrofti*.

22. **river blindness**(河盲症): River blindness is a kind of blindness caused by the bacteria in microfilariae of *Onchocerca volvulus*.

23. **nocturnal periodicity**(夜现周期性): The meaning of nocturnal periodicity is that the microfilariae in the bloodstream of infected human appear most abundantly at night and present in very low numbers in the circulating blood during the daytime hours and often virtually undetectable then.

24. **elephantiasis**(象皮肿): Elephantiasis is the chronic form of a filarial disease most commonly occurring in the tropics due to infection of the lymphatic channels with any of the nematodes *Wuchereria bancrofti*, *Brugia malayi*, or *Brugia timnori*, and characterized by inflammation and obstruction of the lymphatics and hypertrophy of the skin and subcutaneous tissues.

25. **chyluria**(乳糜尿): Rupture of lymph varies into any part of the urinary tract lead to the passage of lymph in the urine, it is known as chyluria, seen mostly in Bancrofts filariasis.

26. ***Trichinella spiralis***(旋毛形线虫): *Trichinella spiralis* is a small parasitic nematodes, 1.5mm in length, the usual etiologic agent of trichinosis.

27. **encysted larva**(囊包幼虫): The larva of *Trichinella spiralis*, which exists in muscles of the host and is surrounded by cyst wall.

28. **trichinellosis**(旋毛虫病): Trichinellosis is a disease due to eating of undercooked meat contaminated by *Trichinella spiralis*.

29. ***Strongyloides stercoralis***(粪类圆线虫): *Strongyloides stercoralis* is a species occurring widely in tropical and subtropical countries, the cause of strongyloidiasis in human and domestic animals.

30. **Strongyloidiasis**(粪类圆线虫病): It is a disease caused by *Strongyloides stercoralis* and considered as an opportunistic parasitosis.

31. ***Angiostrongylus cantonensis***(广州管圆线虫): *Angiostrongylus cantonensis*, the lungworm normally inhabits the pulmonary arteries of rodents.

32. **angiostrongyliasis**(广州管圆线虫病): Angiostrongyliasis is an infection of humans with larvae of *Angiostrongylus cantonensis*, which is characterized by invasion of the brain leading

to signs and symptoms of meningitis associated with an eosinophilic pleocytosis in the cerebrospinal fluid (CSF) and peripheral eosinophilia.

(胡立志　鱼艳荣　李士根　杨　彪　秦元华　刘光英)

第十九章　医学节肢动物学概论
Chapter 19　Introduction to medical arthropodology

1. arthropods（节肢动物）：Arthropods are known as an evolutionary group (or phylum) of invertebrate animals of complex organization, provided with an external skeleton, segmented bodies and jointed legs (hence its name: from the Greek arthron, "Articulation" and pous, "foot"). They are the most numerous animals on the planet, adapted to any type of environment that exists, that is, they are the animals with the greatest evolutionary success that exist. One of the main characteristics of arthropods is the segmentation of their legs and their body, united through joints that allow precise and fast movements. From there, different forms of articulated appendages arose, such as antennae, pincers, chelicerae, etc.

2. hemocele（血腔）：The body cavity of insects and other arthropods filled with hemolymph.

3. mechanical transmission（机械性传播）：The transfer of a pathogen or parasite via the external surface of the mouthparts, appendages, or other body parts, without involving biological development (cyclodevelopment) of the organism.

4. biological transmission（生物性传播）：The transfer of a pathogen to a susceptible host by a vector, with the pathogen undergoing reproduction, development change, or both in the vector.

(刘明社)

第二十章　昆虫纲
Chapter 20　Insecta

1. Insecta（昆虫纲）：It is a class of the Arthropoda with a three-part body (head, thorax, and abdomen), one pair of antennae, and three pairs of jointed legs on the both side of thorax. Some species have one or two pairs of wings. For example, mosquitoes, flies, etc.

2. compound eyes（复眼）：They are visual organs made up of the repeating light-sensitive elements (ommatidia) in flies and other insects, each of which functions as a separate visual receptor.

3. mouth part（口器）：An organ of insect for taking food.

4. piercing and sucking mouth part（刺吸式口器）：It is one kind of the mouth parts for piercing the skin of the host to suck blood or other fluid in the blood-sucking insects.

5. nymph（若虫）：It is an immature stage of some invertebrates, particularly insects. Nymph is similar to adult morphologically but smaller, and wingless.

6. pupa（蛹）：One immature stage between the larva and adult in the development of some insects.

7. complete metamorphosis（全变态）：The insects with complete metamorphosis undergo four life stages (egg, larvae, pupa, and adult), which are markedly different from each other in morphology and behavior traits. The typical species are mosquitoes, flies, sand files, fleas, etc.

8. incomplete metamorphosis（不完全变态）：The insects with incomplete metamorphosis undergo three life stages (egg, nymph, and adult). Nymph hatches from the egg, which is similar to adult in morphology and living habits, except smaller in size and sexually immature. The typical species are cockroaches, bedbugs, louse, etc.

9. **mosquito**（蚊）：Mosquitoes are common, bloodsucking and flying insects that belong to the family Culicidae, order Diptera, and class Insecta. They live in most parts of the world, and over 3 500 species can be found. Mosquitoes are known to transmit serious diseases, including malaria, filariasis, yellow fever, dengue and Zika fever.

10. **salivary gland**（唾液腺）：The pair of salivary glands, a special organ of mosquito, is situated in the first segment of the thorax, each gland consists of 3 tubules, lined with a single layer of secretary cells.

11. **fly**（蝇）：Flies belong to the order Diptera in class Insecta. There are over 10 000 species in the world. They are important vectors of some infectious diseases.

12. **myiasis**（蝇蛆病）：It is the disease infected by a fly larva (maggot) in human tissues and organs.

13. **obligate myiasis**（专性蝇蛆病）：It is caused by the species of flies having larvae which are obligatory tissue parasites.

14. **facultative myiasis**（兼性蝇蛆病）：It is caused by the species of flies which usually deposit their eggs or larvae in decaying flesh or vegetable matter, but also on morbid tissues occasionally.

15. **accidental myiasis**（偶然性蝇蛆病）：It is caused by the species of flies which usually deposit their eggs in excrement or decaying organic matter, but lay them on food-stuffs occasionally.

16. **sandfly**（白蛉）：Sandflies belong to family Psychodidae, order Diptera in class Insecta, which is an important blood-feeding insect and vector for transmission of leishmaniasis.

17. **biting midge**（蠓）：A hematophagous insect, which belongs to family Ceratopogonidae.

18. **black fly**（蚋）：Member of family Simuliidae. It can cause black fly fever by its bites.

19. **tabanid fly**（虻）：It is a hematophagous insect and a member of family Tabanidae.

20. **fleas**（蚤）：It is a member of Siphonaptera Order and temporarily attaches to the skin.

21. **lice**（虱）：Lice are relatively small, wingless insects, which are distinctly flattened dorsoventrally, possess easily recognized 3 to 5 jointed antennae and have 3 pairs of large conspicuous legs, each ending in a tarsal claw.

22. **bedbug**（臭虫）：It is a hematophagous insect and a member of family Hemiptera.

23. **cockroach**（蜚蠊）：Member of order Dictyoptera, which can carry pathogens mechanically on its feet and the antigens derived from it are responsible for asthma.

（王卫杰　黄学贵　毛樱逾）

第二十一章　蛛形纲

Chapter 21　Arachnida

1. **Class Arachnida**（蛛形纲）：The arthropods in Class Arachnida are possessing a body divided into two parts, namely the cephalothorax and the abdomen, but many are with the body fused together. Adults of this class have four pairs of legs.

2. **Acari**［(蜱)螨亚纲］：The Acari, whose members are commonly called mites or acarines, includes both mites and ticks.

3. **apitulum**（假头）：Apitulum is a part of a tick, which bears the mouthparts, also called the gnathosoma.

4. **hard tick**（硬蜱）：Hard tick is an individual of the family Ixodidae. An inflexible, dorsal scutum covers the idiosoma of the male and the anterior part of the idiosoma of the female; mouthparts are terminal and visible from above; stigmata are located posterior to coxae Ⅳ.

5. **soft tick**（软蜱）：Soft tick lacks of scutum; mouthparts are ventral and not visible from above; stigmata are usually located between coxae Ⅲ and Ⅳ.

6. **tick paralysis**（蜱瘫痪）：The disease usually develops when ticks embed at the base of the skull. Within a day or two of attachment in humans, the host begins to lose coordination and sensation in the hands and feet.

7. **gamasid mite**（革螨）：A member of family Dermanyssidae. It can cause gamasid dermatitis and is an important vector for some infectious diseases such as hemorrhagic fever with renal syndrome and Q fever.

8. **chigger mite**（恙螨）：Chigger mites are unique mites in so far as only the larval stage is parasitic. It can not only cause trombiculosis, but also is an important vector for some infectious diseases such as hemorrhagic fever with renal syndrome and tsutsugamushi disease.

9. **follicle mites**（蠕形螨）：A member of genus Demodex, which is cosmopolitan in distribution and lives in hair follicles, sebaceous glands and sweet glands depending on the species. An excessive Demodex mites parasitizing in host can cause demodicidosis.

10. **scab mite**（疥螨）：A member of family Sarcoptidae, which is cosmopolitan in distribution and parasitize under the epidermis of mammals. It can cause scabies, which is found worldwide with higher prevalence rate associated with crowded conditions and poor hygiene.

11. **dust mites**（尘螨）：A member of family Pyroglyphidae, which is an allergenic mite in house dust. It can provoke hypersensitivity disease in human, such as asthma due to dust mite and allergic rhinitis.

（木 兰 刘明社）

附录3　医学寄生虫学检测技术

一、病原学检测技术

（一）粪便检查

粪便检查是诊断寄生虫病最常用的病原学检测方法。要取得准确的结果，送检的标本必须注意：①保证粪便新鲜，保存时间一般不宜超过24小时。如检查肠内原虫滋养体，最好立即送检，或暂时保存在35～37℃条件下待查；②盛粪便的容器要干净，不可混入尿液、水、药物、泥土等杂质，以免影响检查结果；③受检粪量一般需5～10 g，若做粪便自然沉淀或血吸虫毛蚴孵化，受检粪量一般不应少于30 g，检查蛲虫成虫或绦虫节片则需一日内全部粪量。常用方法如下：

1. **直接涂片法（direct smear method）**　适用于检查蠕虫卵、原虫包囊和滋养体。方法简便，但取材较少，检出率低，连续3次涂片，可以提高检出率。

（1）蠕虫卵检查：滴1滴生理盐水于洁净的载玻片上，用小木棍或牙签挑取绿豆大小的粪便，在生理盐水中均匀涂抹；涂片的厚度以透过粪膜隐约辨认书上的字迹为宜；加盖玻片后在显微镜下观察。镜检时应注意虫卵与粪便中异物的鉴别；可依据虫卵的大小、颜色、形状、卵壳（包括卵盖等）和内容物等特征加以鉴别。

（2）原虫检查

1）滋养体检查：涂片方法同蠕虫卵检查，但涂片应较薄；室温愈接近体温，滋养体的活动愈明显，必要时可用保温台保持温度。

2）包囊的碘液染色检查：以1滴碘液代替生理盐水滴加于洁净的载玻片上，涂片方法同蠕虫卵检查。若同时需检查活滋养体，可在玻片另一侧滴1滴生理盐水涂片。片中滴碘液的一侧查包囊，另一侧查活滋养体。

碘液配方：碘化钾4 g，碘2 g，蒸馏水100 ml。溶解后于棕色瓶中储存备用。

3）隐孢子虫卵囊染色检查：目前最常用的方法为金胺-酚改良抗酸染色法，染色过程是先用金胺-酚染色，再用改良抗酸染色法复染，以提高检出率和准确性。其次为单用金胺-酚染色法或改良抗酸染色法。对于新鲜粪便或经10%甲醛溶液（福尔马林）固定保存（4 ℃，1个月内）的含卵囊粪便都可用这3种方法染色。具体步骤如下：

A．金胺-酚染色法（auramine-phenol staining method）

a．染液配制

1 g/L 金胺-酚染色液（第一液）：金胺0.1 g，苯酚5.0 g，蒸馏水100 ml。

3% 盐酸乙醇液（第二液）：盐酸3 ml，95% 乙醇溶液100 ml。

5 g/L 高锰酸钾液（第三液）：高锰酸钾0.5 g，蒸馏水100 ml。

b．染色步骤：滴加第一液于晾干的粪膜上，10～15分钟后水洗；滴加第二液，1分钟后水洗；滴加第三液，1分钟后水洗，晾干后置荧光显微镜下检查。低倍荧光镜下，可见卵囊为一圆形小亮点，发出乳白色荧光。高倍镜下卵囊呈乳白或略带绿色，卵囊壁为一薄层；多数卵囊周围深染，中央淡染，呈环状，核深染结构偏位。有些卵囊全部深染。但有些标本可出现非特异的荧光颗粒，应注意鉴别。

B．改良抗酸染色法（modified acid-fast method）

a．染色液配制

苯酚复红染色液（第一液）：碱性复红4 g，95% 乙醇溶液20 ml，苯酚8 ml，蒸馏水100 ml。

10% 硫酸溶液（第二液）：纯硫酸10 ml，蒸馏水90 ml（边搅拌边将硫酸徐徐倒入水中）。

20 g/L 孔雀绿液（第三液）：20 g/L 孔雀绿原液1 ml，蒸馏水10 ml。

b．染色步骤：滴加第一液于晾干的粪膜上，1.5～10分钟后水洗；滴加第二液，1～10分钟后水洗；滴加第三液，1分钟后水洗，晾干后置显微镜下观察。染色后，卵囊呈玫瑰红色，圆形或椭圆形，背景为绿色。如果染色（1.5分钟）和脱色（2分钟）时间短，卵囊内子孢子边界不明显；如果染色时间长（5～10分钟），脱色时间需相应延长，子孢子边界明显。卵囊内子孢子均为玫瑰红色，4个子孢子呈月牙形。其他非特异颗粒则染成蓝黑色，容易与卵囊区分。不具备荧光显微镜的实验室，亦可用本方法先染色，然后在光镜低、高倍下过筛检查。如发现小红点再用油镜观察可提高检出速度和准确性。

C．金胺-酚染色-改良抗酸复染法

用本法可克服上述染色法的缺点。具体方法是：先用金胺-酚染色后，再用改良抗酸染色法复染。用光学显微镜观察，卵囊形态特点同抗酸染色法所见，但非特异性颗粒被染成蓝黑色，与卵囊颜色截然不同，极易鉴别，使检出率和准确性大大提高。

2. 浓聚法（concentration method）

(1) 沉淀法（sedimentation method）：本法根据原虫包囊和蠕虫卵的比重大可沉积于水底的原理，有助于提高检出率。但比重较小的钩虫卵和某些原虫包囊的检出效果则较差。

1) 重力沉淀法：即自然沉淀法。本法适用于某些比重大于水的蠕虫卵和原虫包囊检查。经水洗后，视野清晰，易于辨认。具体步骤（附图 3-1）：①取粪便 20～30 g，加水制成混悬液，用金属筛（40～60孔）或 2～3 层湿纱布过滤于 500 ml 三角量杯内，再加清水冲洗残渣；②过滤后的粪液在容器中静置 25 分钟；③倒去上层液，留下沉淀物；④重新加满清水；⑤再静置 20～30 分钟，倒去上层液，如此每隔 15～20 分钟换水一次（3～4次），直至上清液澄清为止；⑥最后倒去上层液，取沉渣作涂片镜检。如检查包囊，换水间隔时间宜延长至约 6 小时。本法缺点为费时，操作繁琐。

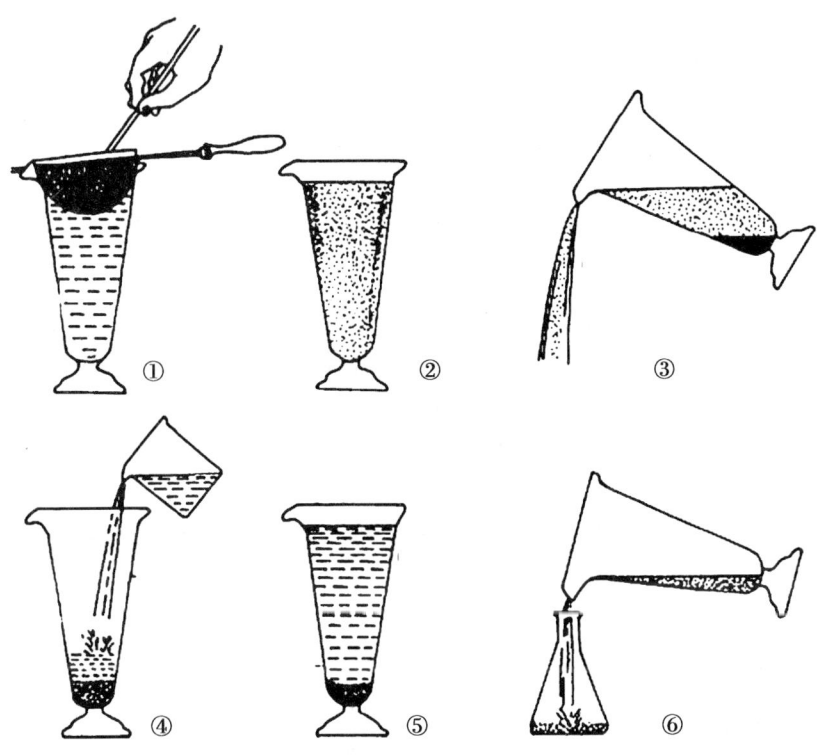

附图 3-1　粪便自然沉淀法

2) 离心沉淀法（centrifuge sedimentation method）：将上述滤去粗渣的粪液离心（1500～2000 转/分）1～2 分钟，倒去上层液，注入清水，再离心沉淀，如此反复沉淀 3～4 次，直至上层液变清为止，最后倒去上层液，取沉淀物镜检。本法省时、省力，适用于临床检验。

3) 汞碘醛离心沉淀法（merthiolate-iodine-formaldehyde centrifugation sedimentation method）：本法既可浓集，又可固定和染色，适用于原虫包囊、滋养体及蠕虫卵和幼虫的检查。

取粪便 1 g，加适量（约 10 ml）汞碘醛液，充分调匀，用 2 层脱脂湿纱布过滤，再加入乙醚 4 ml，振摇 2 分钟，离心（2000 转/分）1～2 分钟，即从上至下分成乙醚、粪渣、汞碘醛液及沉淀物 4 层。弃去上面 3 层，取沉淀物镜检。如果准确称取 1 g 粪便，此法也可用于蠕虫卵的定量检查。

汞碘醛液配制：

a. 汞醛（MF）液：1/1000 硫柳汞酊 200 ml，甲醛（40%）25 ml，甘油 50 ml，蒸馏水 200 ml。

b. 卢戈液：碘 5 g，碘化钾 10 g，蒸馏水 100 ml。

检查时取汞醛液及 5% 卢戈液按照 47∶3 比例混合备用。但混合液保存 8 小时后即变质，不应再用；卢戈液 1 周后亦不宜再用。

4）醛醚沉淀法（formalin-ether sedimentation）：取粪便 1～2 g 置于离心管内，加水 10～20 ml 调匀成混悬液，经 2 层纱布（或 100 目金属筛网）过滤，离心（2000 转 / 分）2 分钟；倒去上层粪液，保留沉渣，加水 10 ml 混匀，离心 2 分钟；倒去上层液，加 10% 甲醛 7 ml，5 分钟后加乙醚 3 ml，塞紧管口并充分摇匀，取下管口塞，离心 2 分钟，即可见管内自上而下分为 4 层。取管底沉淀物涂片镜检。

本法不仅浓集效果好，而且不损伤包囊和虫卵的形态，易于观察和鉴定。对于含脂肪较多的粪便，效果优于硫酸锌漂浮法。但对布氏嗜碘阿米巴包囊、蓝氏贾第鞭毛虫包囊及微小膜壳绦虫卵等的检查效果较差。

5）酸醚离心沉淀法（hydrochloric acid-ether sedimentation）：取粪便 2～4 g 置于 15 ml 离心管内，加入 50% 盐酸 7 ml 搅拌均匀，用竹签挑去较粗渣；5 分钟后加乙醚 3 ml，塞紧管口充分摇匀；离心（1500 转 / 分）3 分钟；即可见管内自上而下分为 3 层，倒去上两层乙醚、盐酸，取管底沉淀物涂片镜检。

（2）浮聚法（flotation method）：本法利用比重较大的液体，使原虫包囊或蠕虫卵上浮，集中于液体表面，以提高检出率。常用的方法有三种。

1）饱和盐水浮聚法（saturated salt flotation method）：此法最适合检查钩虫卵，其次为其他线虫和微小膜壳绦虫卵。不适于吸虫卵和原虫包囊的检查。具体步骤（附图 3-2）：①用竹签挑取黄豆粒大小的粪便置于漂浮杯（高 3.5 cm，直径约 2 cm 的圆形直筒瓶）中，加入少量饱和盐水调匀；②慢慢加入饱和盐水；③将满时，改用滴管，滴至液面略高于瓶口，以不溢出为止；④在瓶口覆盖一载玻片，静置 15 分钟；⑤将载玻片垂直提起；⑥迅速翻转载玻片，加盖玻片镜检。

饱和盐水配制：将食盐慢慢加入盛有沸水的容器内，不断搅动，直至食盐不再溶解为止。

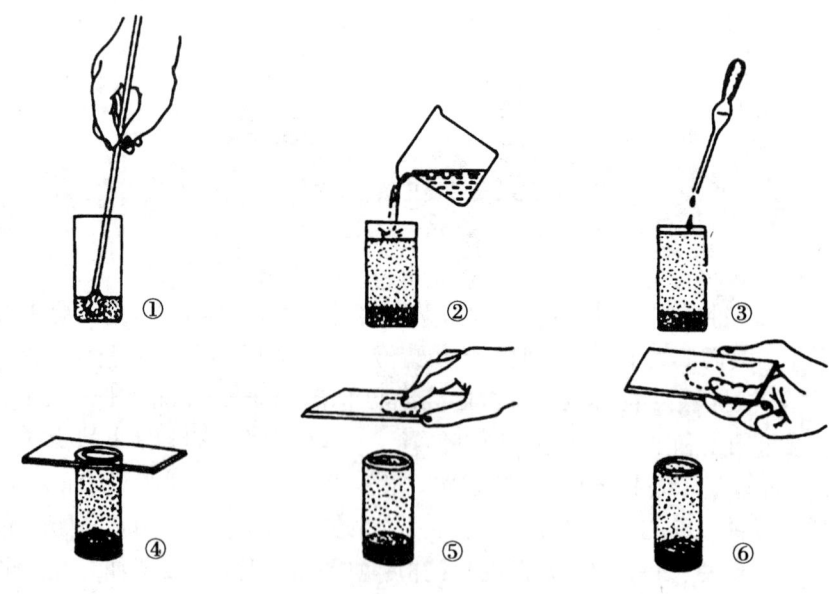

附图 3-2　饱和盐水浮聚法

2）硫酸锌离心浮聚法（zinc sulfate centrifuge flotation）：此法适用于检查原虫包囊、球虫卵囊、线虫卵和微小膜壳绦虫卵。取粪便约 1g，加 10～15 倍水，充分搅匀，按离心沉淀法过滤，反复离心 3~4 次，至上层液澄清为止，倒去上清液，加入比重 1.18 的硫酸锌溶液（33% 硫酸锌溶液），调匀后再加硫酸锌溶液至距管口约 1 cm 处，离心 1 分钟。用金属环取表面的粪液置于载玻片上，加碘液 1 滴（查包囊），镜检。取标本时，用金属环轻轻接触液面即可，切勿搅动。离心后应立即取标本镜检，若放置时间超过 1 小时，会因包囊或虫卵变形而影响观察效果。

3）蔗糖溶液离心浮聚法（flotation method with sucrose solution）：此法适用于检查粪便中隐孢子虫的卵囊。取粪便约 5 g，加水 15~20 ml，以 260 目尼龙袋或 4 层纱布过滤；取滤液离心（2000 转/分）5~10 分钟，弃去上清液，加蔗糖溶液（蔗糖 500 g，蒸馏水 320 ml，苯酚 6.5 ml）再离心，然后如同饱和盐水浮聚法，取其表面膜镜检（高倍或油镜）。卵囊透明无色，囊壁光滑，内含一小暗点和淡黄色子孢子。因漂浮液浮力较大，隐孢子虫卵囊常紧贴于盖玻片之下，1 小时后卵囊脱水变形不易辨认，故应立即镜检。也可用饱和硫酸锌溶液或饱和盐水替代蔗糖溶液。

常见蠕虫卵、包囊的比重见附表 3-1。

附表 3-1 蠕虫卵、包囊的比重

虫卵或包囊	比重	虫卵或包囊	比重
华支睾吸虫卵	1.170~1.190	蠕形住肠线虫卵	1.105~1.115
布氏姜片吸虫卵	1.190	受精似蚓蛔线虫卵	1.110~1.130
肝片形吸虫卵	1.200	未受精似蚓蛔线虫卵	1.210~1.230
日本血吸虫卵	1.200	毛圆线虫卵	1.115~1.130
带绦虫卵	1.140	溶组织内阿米巴包囊	1.060~1.070
微小膜壳绦虫卵	1.050	结肠内阿米巴包囊	1.070
钩虫卵	1.055~1.080	微小内蜒阿米巴包囊	1.065~1.070
毛首鞭形线虫卵	1.150	蓝氏贾第鞭毛虫包囊	1.040~1.060

3. 血吸虫毛蚴孵化法（schistosomal miracidium hatching method） 依据血吸虫卵内的毛蚴在适宜温度的清水中，短时间内可孵出的特性而设计的方法。此法适用于早期血吸虫病患者的粪便检查。其特点是将沉淀法和孵化法结合，可提高检出率。具体步骤（附图 3-3）：①取新鲜粪便约 30 g；②~⑤先用自然沉淀法浓集处理（至少重复沉淀 2 次）；⑥将粪便沉渣倒入三角烧瓶内；⑦加清水（凉开水或去氯自来水）至瓶口；⑧ 20~30 ℃孵育 4~6 小时；⑨用肉眼或放大镜观察结果。如见水面下有白色点状物作直线来往游动，即为毛蚴。必要时也可以用吸管将毛蚴吸出镜检。如无毛蚴，每隔 4~6 小时（24 小时内）观察一次。气温高时，毛蚴可在短时间内孵出，因此在夏季要用 1.2% 食盐水或冰水冲洗粪便，最后一次才改用室温清水。

毛蚴促孵法：将用自然沉淀法处理后的粪便沉渣置于三角瓶内，不加水，或将粪便置于吸水纸上，再放在 20~30 ℃的温箱中过夜。检查时，加清水（凉开水或去氯自来水），2 小时后就可见到孵出的毛蚴。采用此法，毛蚴孵出时间较一致，数量也较多。

4. 肛门拭子法（anal swab method） 适用于检查产于肛周的蛲虫卵或可在肛门附近发现的带绦虫卵。一般在清晨醒后或午睡后、便前、洗澡前进行检查，如首次阴性，可连续检查 2~3 天。常用方法有棉签拭子法和透明胶纸法。

（1）棉签拭子法：先将棉签浸泡在生理盐水中，取出并挤去过多的盐水，在肛门周围和会阴部皮肤上擦拭，然后将棉签放入盛有饱和盐水的试管中，用力搅动，使虫卵落入盐水中，迅

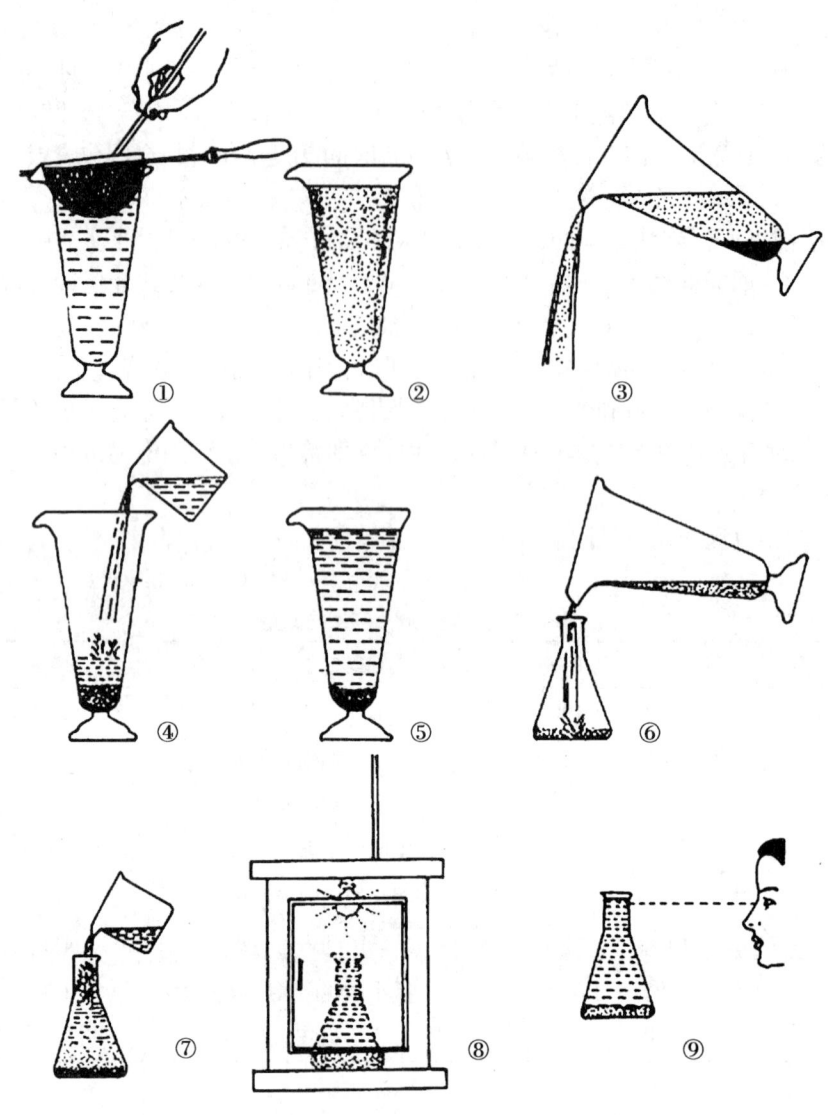

附图 3-3 毛蚴孵化法

速提起棉签,在试管内壁挤干水分后弃去。再加饱和盐水至管口处,并按饱和盐水浮聚法操作检查。也可将擦拭肛门的棉签放在盛清水的试管中,充分浸泡,取出,在试管内壁挤去水分后弃去。试管静置 10 分钟,或经离心后,倒去上层液,取沉渣镜检。

(2) 透明胶纸法 (cellophane tape method):用长约 6 cm,宽约 2 cm 的透明胶纸,用胶面粘贴肛门周围皮肤,取下后将有胶面平贴在载玻片上,镜检。如胶纸下有较多气泡,可揭开胶纸加一滴生理盐水或二甲苯,覆盖胶纸后镜检。

5. 钩蚴培养法 (culture method for hookworm larvae) 根据钩虫卵内幼虫在适宜条件下可在短时间内孵出的原理而设计的方法。此法检出率是直接涂片法的 7 倍,也高于饱和盐水浮聚法,孵出的钩蚴可作虫种鉴别。具体步骤(见附图 3-4):①将滤纸剪成与试管等宽但较试管稍长的 T 字形纸条,在上部横条部分用铅笔书写受检者姓名或编号;②取粪便 0.2~0.4 g,均匀地涂抹在纸条竖部的上 2/3 处;③加冷开水约 1 ml 于洁净试管 (1 cm×10 cm) 内,再将纸条插入试管,下端浸泡在水中,以粪便不接触水面为度,在 20~30 ℃条件下培养;④培养期间每天沿管壁补充冷开水,以保持水面高度。3 天后用肉眼或放大镜检查试管底部。钩蚴在水中常作蛇行游动,虫体透明。如未发现钩蚴,应继续培养至第 5 天。气温太低时可将培养管放入温水(30 ℃左右)中数分钟后,再行检查。

此法亦可用于分离人体肠道内各种阿米巴滋养体及人毛滴虫滋养体，且能提高检出率。但是，每管粪便量应增加为 1.0 g，适宜温度为 25～30 ℃，培养时间为 2～4 天。临床上为了及时报告致病原虫，可于培养 48 小时后镜检。

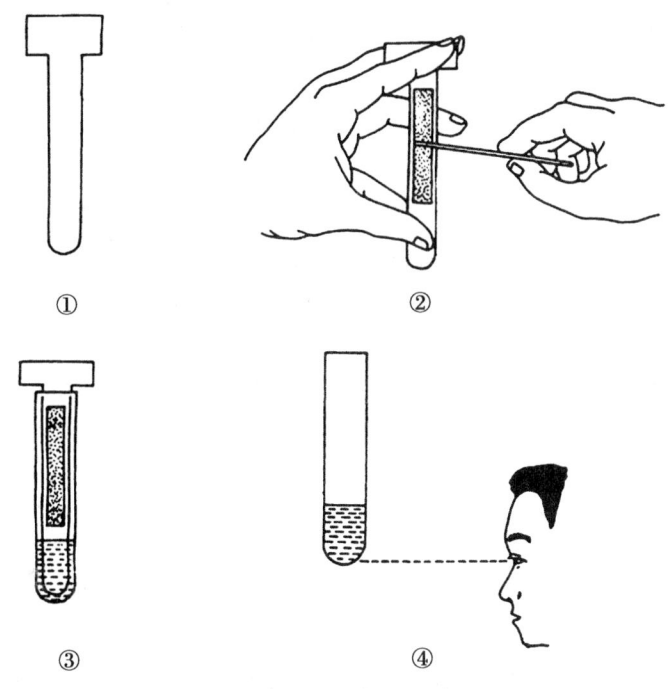

附图 3-4　钩蚴培养法

6. 改良加藤法（Kato-Katz technique） 又称定量透明厚涂片法，是目前国际上广泛使用的一种粪便虫卵检查法，适用于粪便中蠕虫卵的定性和定量分析。该法应用改良聚苯乙烯制作大小 40 mm×30 mm×1.37 mm 的定量板，中央有一长圆形模孔（8 mm×4 mm），两端呈半圆形，孔内可含粪样约 41.7 mg（附图 3-5）。操作时将大小约 4 cm×4 cm 的 100 目尼龙网或金属筛网覆盖在粪便标本上，自筛网上用刮片刮取粪便，将定量板放在载玻片上，

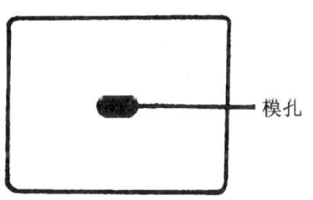

附图 3-5　虫卵计数法定量板

用一手的两指压住定量板的两端，将刮片上的粪便填满模孔，刮去多余粪便。掀起定量板，载玻片上即留下一个长形粪样。在粪条上覆盖含甘油-孔雀绿溶液的玻璃纸条，用胶塞轻轻加压，使玻璃纸下的粪便铺成长椭圆形。置于 30～36 ℃ 温箱中约 0.5 小时或 25 ℃ 约 1 小时，待粪便透明后即可镜检，顺序观察并记录粪样中的全部虫卵数。将所得虫卵数乘以 24，再乘上述粪便性状系数（粪便性状系数：半成形粪便为 1.5；软湿形粪便为 2；粥状粪便为 3；水泻形粪便为 4），即为每克粪便虫卵数（eggs per gram，EPG）。

玻璃纸准备：将玻璃纸剪成 22 mm×30 mm 大小的小片，浸于甘油-孔雀绿溶液（含纯甘油 100 ml、水 100 ml 和 3% 孔雀绿水溶液 1 ml）中至少浸泡 24 小时，至玻璃纸呈现绿色。

常见蠕虫的每条雌虫每天排卵数见附表 3-2。

附表 3-2　各种蠕虫每条雌虫每日排卵数

虫名	产卵数/（日·条）（平均数）	虫名	产卵数/（日·条）（平均数）
华支睾吸虫	1600～4000（2400）	肥胖带绦虫	97 000～124 000/孕节
布氏姜片吸虫	15 000～48 000（25 000）	十二指肠钩口线虫	10 000～30 000（24 000）
卫氏并殖吸虫	10 000～20 000	美洲板口线虫	5000～10 000（9000）
日本裂体吸虫	1000～3500	似蚓蛔线虫	234 000～245 000（240 000）
链状带绦虫	30 000～50 000/孕节	毛首鞭形线虫	1000～7000（2000）

7. 淘虫检查法　为考核驱虫疗效，常需从粪便中淘取驱除的蠕虫虫体，用以鉴定种类、清点数目。收集患者服药后 24～72 小时排出的全部粪便，加水搅拌，用筛（40 目）或纱布滤出粪渣，经水反复冲洗后，倒在盛有清水的大型玻璃器皿内。检查混杂在粪渣中的虫体时，应在玻璃器皿下衬以黑纸。

8. 带绦虫孕节检查法　将获取的绦虫节片用清水洗净，置于两载玻片之间，轻轻压平，对光观察内部结构，并根据子宫分支情况鉴定虫种。也可以用注射器从孕节后端正中部插入子宫内，缓缓注射碳素墨水或卡红，待子宫分支显现后计数。

卡红染液配制：钾明矾饱和液 100 ml，卡红 3 g，冰醋酸 10 ml。混合液置 37 ℃温箱过夜，过滤后即可应用。

（二）血液检查

血液检查是诊断疟疾和丝虫病的常规方法。涂制血膜用的载玻片用前需用铬酸洗液浸泡，用自来水、蒸馏水冲洗干净，在 95% 乙醇中浸泡，擦干或烤干后使用。用一次性针具，一人一针以免交叉感染。采血时间因虫种而异。

铬酸洗液配制：工业浓硫酸 100 ml，重铬酸钾 80 g，水 1000 ml。配制时先用冷水将重铬酸钾溶解，然后缓缓加入浓硫酸，同时用玻璃棒搅拌。

1. 疟原虫检查　检查疟原虫有薄血膜与厚血膜法两种方法。薄血膜取血量少，涂抹面积大，疟原虫分散，虫体形态结构清晰，易于识别及虫种鉴定，但在虫量较少时，镜检费时，检出率较低。厚血膜取血量较多，红细胞较集中，故可提高检出率和缩短检查时间，但因制片时红细胞被溶解，疟原虫皱缩变形，缺乏经验者难辨认。基于两种血膜的优缺点，宜在同一张载玻片上同时做薄、厚血膜（附图 3-6），以便于比较观察。血片制作过程包括采血、涂片、固定及染色 4 个步骤。

（1）采血：从指尖或耳垂取血，婴儿可于足部取血。用 75% 乙醇棉球消毒取血部位，待干后用左手拇指与示指绷紧取血部位（耳垂）皮肤，右手持采血针，迅速刺破皮肤，挤出血滴。间日疟宜在发作后数小时至十余小时采血，此时疟原虫发育至滋养体利于鉴别；恶性疟在发作初期采血，此时可见大量环状体，1 周后可见配子体。

（2）涂片

1）薄血膜制片。具体步骤（附图 3-6）：①在一块载玻片右 1/3 与 2/3 交界处滴 1 小滴血；②用另一块边缘光滑的载玻片作推片，将推片一端置于血滴右前方；③待血液沿推片端缘扩散后，自右向左推成薄血膜。操作时推片与载玻片间的角度为 30°～45°，推动速度适宜，用力要均匀，一次推成，中途切勿停顿或重复推片；④理想的薄血膜，应是一层均匀分布的血细胞，血细胞间无空隙，血膜末端呈舌状。

2）厚血膜制片。具体步骤（附图 3-6）：（前接薄血膜）⑤于载玻片的右 1/3 中间滴 1 大滴血；⑥以推片的一角，将血滴自内向外做螺旋形摊开，使之成为直径约 1 cm 的厚血膜；⑦薄、

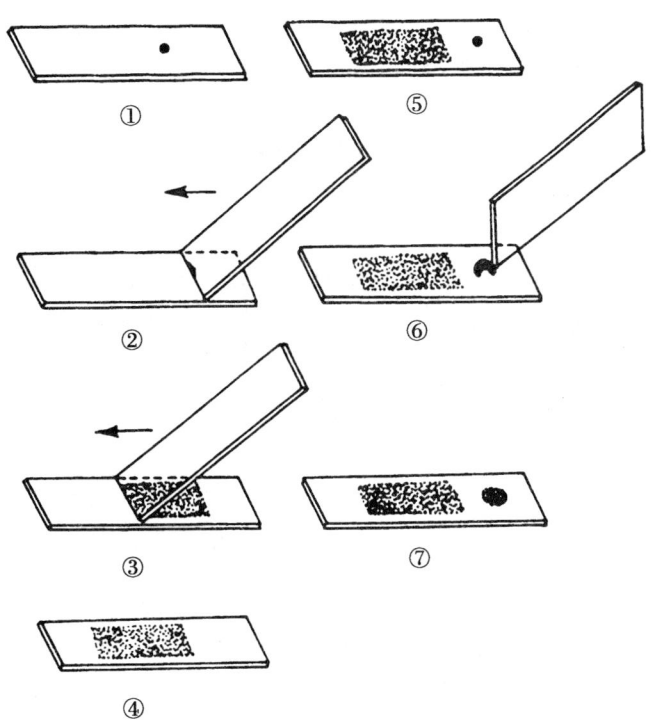

附图 3-6　薄、厚血膜制作步骤

厚血膜做在同一张载玻片上，便于比较观察。厚血膜为多层血细胞的重叠，约等于 20 倍薄血膜的厚度。血膜过厚易脱落，过薄则达不到浓集虫体的目的。

(3) 固定：固定血膜前必须充分晾干血片，否则染色时血膜容易脱落。用蘸甲醇或无水乙醇的小玻棒在薄血膜上轻轻抹过（如薄、厚血膜在同一玻片上，切勿将固定液带到厚血膜上）。厚血膜固定前需先溶血。用玻璃铅笔在厚、薄血膜间划一道线，滴蒸馏水于厚血膜上，使血膜溶血，待血膜呈灰白色时，将水倾去，晾干后固定。注意：务必不使水触及薄血膜，并避免振荡，以防薄血膜溶血及厚血膜脱落。

(4) 染色：常用吉姆萨染色或瑞氏染色两种方法。吉姆萨染色效果稳定，保色时间长，尤适用于大批量血片的染色，如制备教学标本。瑞氏染色操作简便，染色快速，但效果不如吉姆萨染色稳定，故一般用于临床诊断。为提高染色效果，有条件宜用 0.15 mol/L 磷酸盐缓冲液稀释染液和冲洗血膜，至少用新鲜蒸馏水冲洗。

1) 吉姆萨染色法（Giemsa's stain）：此法染色技术易掌握，染色效果良好，血膜褪色较慢，保存时间较久，但染色时间较长。

染液配制：吉姆萨染剂粉 1 g，甲醇 50 ml，纯甘油 50 ml。将吉姆萨染剂粉置于研钵中，加少量甘油充分研磨，加甘油再磨，直至 50 ml 甘油加完为止，倒入棕色玻瓶中。然后分几次用少量甲醇冲洗研钵中的甘油染粉，倒入玻瓶直至 50 ml 甲醇用完为止。塞紧瓶塞，充分摇匀，置 65 ℃温箱内 24 小时或室温阴暗处 1 周后过滤、备用。

染色方法：用新鲜配制的磷酸盐缓冲液（pH 7.0～7.2）将染液稀释，比例约为 10 份缓冲液加一份吉姆萨染液。将稀释的染液滴于已固定的薄、厚血膜上（如大批量制作教学标本，可用染色缸染色，即将染液倒入染色缸内至完全淹没血片即可）染色 30～45 分钟（室温），再用缓冲液冲洗，晾干后镜检。

附：磷酸盐缓冲液的配制　分别先配制 1/15M 的磷酸氢二钠液和磷酸二氢钾液：取磷酸氢二钠（无水 Na_2HPO_4）9.5 g 加蒸馏水 1000 ml，磷酸二氢钾（KH_2PO_4）9.07 g 加蒸馏水

1000 ml 完全溶解。使用时，将上述原液按附表 3-3 配成不同 pH 磷酸缓冲液。

2）快速吉姆萨染色法：吉姆萨染液 1 ml，加缓冲液 5 ml，如前法染色 5 分钟后用缓冲液冲洗，晾干后镜检。

3）瑞氏染色法（Wright's stain）：此法操作简便，但甲醇蒸发甚快，掌握不当血片上易出现染液沉渣，并较易褪色，保存时间短。

附表 3-3　不同 pH 磷酸盐缓冲液的配制

pH	1/15M Na_2HPO_4（ml）	1/15M KH_2PO_4（ml）	蒸馏水（ml）
6.6	37	63	900
6.8	49	51	900
7.0	63	37	900
7.2	73	27	900
7.4	81	19	900

染液配制：瑞氏染料 0.1～0.5 g，甲醇 97 ml，甘油 3 ml。将瑞氏染料加入甘油中充分研磨，加少量甲醇，研磨后倒入瓶内，甲醇分几次冲洗钵中的甘油溶液，倒入瓶内，直至用完为止。摇匀，置 37 ℃温箱内 24 小时后过滤备用；置室温下 1～2 周后再过滤备用。染色原液保存时间越久，染色效果越好。

染色方法：瑞氏染料含甲醇，薄血膜不需先固定；而厚血膜则需先溶血，血膜干后再染色。滴加染液使其覆盖全部厚、薄血膜，30 秒～1 分钟后用滴管加等量蒸馏水稀释，轻轻摇动载玻片，使蒸馏水和染液混合均匀，此时出现一层灿铜色浮膜，3～5 分钟后用水缓慢从载玻片一端冲洗（注意将浮膜冲洗干净，切勿先倒去染液或直接对血膜冲洗），至血膜呈现紫灰色为止，晾干后镜检。

2. 微丝蚴检查　丝虫成虫寄生于淋巴系统，但产出的微丝蚴主要在外周血液中，并具有夜现周期性，故采血应在晚 10 时至次晨 2 时之间进行为宜。

（1）新鲜血片检查：于耳垂或指尖取 1 滴血滴于载玻片上，加盖玻片，在低倍镜下观察，若见蛇形游动的幼虫，仍需做染色检查，以鉴定虫种。

（2）厚血膜检查：厚血膜制作、溶血、固定、吉姆萨染色与疟原虫厚血片检查相同。但需取 3 大滴血，涂成直径为 1.5～2.0 cm 圆形或 2.5 cm×1.5 cm 长方形厚血膜。也可采用 Delafieid 苏木精染色法染色。

苏木精染液的配制方法如下。

取苏木精 1 g 溶于纯乙醇或 95% 乙醇 10 ml 中，加硫酸铝铵（8%～10%）100 ml，倒入棕色瓶中，瓶口用 2 层纱布扎紧，在阳光下氧化 2～4 周，过滤，加甘油 25 ml 备用。使用时用新鲜配制的磷酸盐缓冲液（pH 7.0～7.2）将原液稀释 10 倍，将溶血、固定的厚血膜置于苏木精染液内 10～15 分钟，在 1% 酸乙醇中分色 1～2 分钟，蒸馏水洗涤 1～5 分钟，至血膜呈蓝色。再用 1% 伊红染色 0.5～1 分钟，用水洗涤 2～5 分钟，晾干后镜检。

（3）活微丝蚴浓集法：在离心管内加蒸馏水至管长的 1/2 处，加血液 10～12 滴，再加生理盐水混匀，离心（3000 转/分）沉淀 3 分钟，取沉渣检查。或取静脉血 1 ml，置于盛有 0.1 ml 的 3.8% 枸橼酸钠的试管中，摇匀，加蒸馏水 9 ml，待红细胞溶解后，再离心 2 分钟，倒去上清液，加水再离心，取沉渣镜检。

（三）排泄物与分泌物的检查

1. 痰液 痰中可能查见肺吸虫卵、溶组织内阿米巴滋养体、棘球蚴原头蚴、粪类圆线虫幼虫、蛔蚴、钩蚴、尘螨等。

（1）肺吸虫卵检查：可先用生理盐水直接涂片法检查，如多次检查阴性，改为浓集法。

1）生理盐水直接涂片法：取深部晨痰送检，勿混入唾液、鼻咽分泌物、食物、漱口水等。在洁净载玻片上加 1～2 滴生理盐水，挑取痰液少许，最好选铁锈色痰，涂成痰膜，加盖玻片镜检。如未发现虫卵，但见有夏科-莱登结晶，提示可能是肺吸虫感染。

2）浓集法：即消化沉淀法。收集 24 小时痰液，置于玻璃杯中，加入等量 10% NaOH 溶液，用玻棒搅匀后，放入 37℃ 温箱内，数小时后痰液消化成稀液状；分装于数个离心管内，以 1500 转/分离心 5～10 分钟，弃去上清液，取沉渣涂片镜检。

（2）溶组织内阿米巴滋养体检查：取新鲜痰液涂片，及时送检、保温。高倍镜观察，如为阿米巴滋养体，可见其伸出伪足并做定向运动。

（3）蛔蚴、钩蚴、粪类圆线虫幼虫、棘球蚴原头蚴及螨类等宜用浓集法检查。

2. 十二指肠液和胆汁 用十二指肠引流管抽取十二指肠液及胆汁，直接涂片法镜检，也可离心浓集后，取沉渣镜检。可检查蓝氏贾第鞭毛虫滋养体、华支睾吸虫卵、肝片形吸虫卵和布氏姜片吸虫卵等；在急性阿米巴肝脓肿患者胆汁中偶可发现滋养体。本方法往往在临床症状可疑而粪检阴性时采用。

检查方法：将十二指肠引流液滴于载玻片上，加盖玻片后直接镜检。为提高检出率，可将十二指肠引流液加适量生理盐水稀释搅拌后，分装于离心管内，以 2000 转/分离心 5～10 分钟，吸取沉渣涂片镜检。如引流液过于黏稠，应先加 10% NaOH 溶液消化后再离心。引流液中的蓝氏贾第鞭毛虫滋养体常附着在黏液小块上，或聚集成絮片状物。肝片形吸虫卵与布氏姜片吸虫卵不易鉴别，但前者可出现于胆汁，而后者只见于十二指肠液中。

3. 尿液 主要检查丝虫微丝蚴，有时可查见阴道毛滴虫滋养体和埃及血吸虫卵。取尿液 3～5 ml，以 2000 转/分离心 3～5 分钟，取沉渣镜检。如为乳糜尿则需加等量乙醚，用力振荡，俾脂肪溶于乙醚，吸去脂肪层，离心，取沉渣镜检。如尿中蛋白质含量很高，可先加抗凝剂，再加水稀释后离心。

4. 鞘膜积液 主要检查丝虫微丝蚴。阴囊皮肤经碘酊消毒后，用注射器抽取鞘膜积液做直接涂片检查；也可加适量生理盐水稀释后离心，取沉渣镜检。

5. 阴道分泌物 主要检查阴道毛滴虫。

（1）直接涂片法：用消毒棉签在受检者阴道后穹窿、子宫颈及阴道壁上取分泌物，用生理盐水直接涂片法镜检，可见活动的滋养体。标本应及时送检、保温，以增加阴道毛滴虫滋养体的活力，便于与其他细胞鉴别。

（2）悬滴法：先在盖玻片周缘涂一薄层凡士林，中间滴 1～2 滴生理盐水。将阴道分泌物涂于生理盐水中，翻转盖玻片，小心覆盖在凹玻片上，稍加压使两片黏合，液滴即悬于盖玻片下面，镜检。

（3）染色涂片法：取阴道分泌物做生理盐水涂片，晾干后甲醛固定，用吉姆萨或瑞氏染剂染色后镜检。此法除观察阴道毛滴虫外，还可根据白细胞和阴道上皮细胞的数量判定阴道清洁度。

（四）其他器官组织检查

1. 骨髓穿刺 主要检查杜氏利什曼原虫无鞭毛体。一般常做髂骨穿刺，嘱患者平卧，暴露髂骨部位。视年龄大小，选用 17～20 号带有针芯的干燥无菌穿刺针，从髂前上棘后 1～

2 cm 处刺入皮下，当针尖触及骨面时，再慢慢地钻入骨内 0.5～1.0 cm，拔出针芯，接一支 2 ml 干燥注射器，抽取骨髓液。取少许骨髓液做涂片，甲醇固定，染色方法同疟原虫薄血膜染色法，油镜检查。

2. 淋巴结穿刺

（1）利什曼原虫：检出率低于骨髓穿刺，但方法简便、安全。对已治疗的患者，因其淋巴结内原虫消失较慢，故仍有一定诊断价值。穿刺部位一般选腹股沟淋巴结，先将局部皮肤消毒，用左手拇指和示指捏住一个较大的淋巴结，右手用一干燥无菌 6 号针头刺入，稍待片刻，拔出针头，将针头内少量淋巴结组织液滴于载玻片上，做涂片染色检查。

（2）丝虫成虫：同上法获取淋巴组织液，染色后镜检。

3. 肌肉活检

（1）旋毛虫幼虫：用外科手术从患者疼痛的肌肉（常为腓肠肌、肱二头肌或股二头肌）取米粒大小肌肉一块，置于载玻片上，盖上另一载玻片，均匀压紧，并用橡皮筋固定载玻片两端，低倍镜下观察。

（2）并殖吸虫、曼氏迭宫绦虫裂头蚴、猪囊尾蚴：手术摘取肌肉内可疑的结节，剥除外层纤维被膜，在 2 张载玻片间压平、镜检。也可将组织固定后做切片染色检查。

4. 皮肤及皮下组织活检

（1）链状带绦虫囊尾蚴、曼氏迭宫绦虫裂头蚴、并殖吸虫：参见肌肉检查。

（2）皮肤利什曼原虫：在疑似皮肤型黑热病患者的皮损处（丘疹和结节等），局部消毒，用干燥灭菌的注射器，刺破皮损处，抽取组织液做涂片；或用消毒的锋利小剪刀，从皮损表面剪取一小片皮肤组织，以切面做涂片；也可用无菌解剖刀切一小口，刮取皮肤组织做涂片。以上涂片均用瑞氏或吉姆萨染液染色。如涂片未见原虫，可切取小丘疹或结节活检。

（3）蠕形螨：参看第二十一章第五节"蠕形螨"。

（4）疥螨：参看第二十一章第四节"疥螨"。

5. 直肠黏膜活检

（1）日本血吸虫卵：慢性及晚期血吸虫病患者肠壁组织增厚、纤维化，虫卵排出受阻，粪便中不易查获虫卵，可做直肠黏膜活检。用直肠镜观察后，自可疑病变处钳取米粒大小的黏膜一块，用生理盐水冲洗后，放在两个载玻片间，轻轻压平，镜检。各型血吸虫卵鉴别见附表 3-4。

附表 3-4　黏膜内未染色血吸虫卵的鉴别

	活卵	近期变性卵	死卵（钙化卵）
颜色	淡黄至黄褐色	灰白至略黄色	灰褐至棕红色
卵壳薄厚	卵壳较薄	卵壳薄或不均匀	卵壳厚而不均匀
轮廓	轮廓清楚	轮廓清楚	轮廓不清楚
卵内容物	卵黄细胞或胚团或毛蚴	浅灰色或黑色小点或折光均匀的颗粒或萎缩的毛蚴	两极可有密集的黑点，含网状结构或块状结构物

（2）溶组织内阿米巴：用乙状结肠镜观察溃疡形状，自溃疡边缘或深层刮取溃疡组织置于载玻片上，加少量生理盐水，盖上盖玻片，轻轻压平，立即镜检。也可取出一小块病变黏膜组织做病理学切片检查。

（彭小红）

二、免疫学检测技术

免疫学检测技术是应用免疫学技术、理论、方法测定机体免疫状态、诊断各类疾病的技术，在疾病筛查诊断中具有非常重要应用价值。近年来，免疫学检测技术越来越多的应用于多种寄生虫病的筛查和诊断，获得了较好的应用效果，且已有多种免疫诊断试剂盒广泛应用。虽然，寄生虫病诊断的金标准仍然是病原学检测，但临床实际工作中，常因有些寄生虫病的样本取材不易、取材样本不确定以及检测人员的技术水平差异等导致出现漏诊；加之病原学检测技术在寄生虫感染早期、轻度感染以及某些寄生虫病感染晚期的检测效率较低，而免疫学检测技术作为辅助手段则可以弥补病原学检测的上述不足。目前，免疫学技术主要适用于不能或难以进行病原学检查的寄生虫感染，尤其是感染早期、轻度感染、单性感染、隐性感染、特殊寄生部位感染的临床诊断、疗效考核以及流行病学调查。本节重点介绍与寄生虫病诊断有关的免疫学检测技术。

（一）一般免疫学检测技术

1. 皮内试验（intradermal test，IDT） 宿主在寄生虫变应原刺激后，体内产生抗体 IgE、IgM 和 IgG。利用宿主的速发型超敏反应，将寄生虫特异抗原注入受试者皮内，如其与相应的亲细胞性抗体（IgE）结合，肥大细胞和嗜碱性粒细胞脱颗粒，释放组胺等炎性介质，引起局部血管扩张，渗出增加，引起注射抗原的局部皮肤出现皮丘及红晕，以此便可判断体内是否有某种特异性抗体存在。

皮内试验简单、快速，尤其适用于现场应用，但假阳性率较高。因其在患者治愈后较长时间内仍保持阳性结果，故不能用于考核评估治疗效果。曾经用于多种蠕虫病，如血吸虫病、卫氏并殖吸虫病、姜片吸虫病、囊尾蚴病等的辅助诊断和流行病学调查，目前已较少使用。

2. 免疫扩散和免疫电泳

（1）免疫扩散（immunodiffusion）：是利用抗原与抗体在一定条件下于琼脂凝胶中相遇，当两者含量比例合适时形成肉眼可见的白色沉淀的原理设计的免疫学诊断方法。该方法有两种类型：①单相免疫扩散，将一定量的抗体先混入琼脂凝胶中，使抗原溶液在凝胶中扩散而形成沉淀环，其大小与抗原量呈正比。②双相免疫扩散，将抗原与抗体分别置于凝胶的不同位置，使两者同时在凝胶中自由扩散并在中间形成沉淀线。既可用已知抗原检测未知抗体，也可用已知抗体检测未知抗原。

（2）免疫电泳（immunoelectrophoresis）：先将样品在凝胶板中做蛋白电泳，之后在抗体槽中加入相应抗体，抗原和抗体双相扩散后，在比例合适的位置，产生肉眼可见的弧形沉淀线。

免疫扩散法和免疫电泳法，除可用于某些寄生虫病的免疫诊断外，还可用于寄生虫抗原的鉴定和免疫血清滴度的检测，目前国内应用较少。

（3）对流免疫电泳试验（counter-immunoelectrophoresis，CIE）：是以琼脂或琼脂糖凝胶为基质的一种免疫电泳技术，既可用已知抗原检测抗体，又可用已知抗体检测抗原。先在凝胶板的正、负极打孔，把抗原置于凝胶板负极的孔中，在凝胶板的正极孔中加入待检血清，电泳时，带负电荷的抗原移向正极，抗体移向负极，在抗原抗体最适比例处形成沉淀线。如此方法能与标记技术相结合，则可克服电泳技术不灵敏的弱点，如改进的酶标记抗原对流免疫电泳（enzyme-linked antigen counter immunoelectrophoresis，ELACIE）和放射免疫对流电泳自显影（radio-immuno-counter electrophoretic autography，RCIEPA）。本法可用于阿米巴病、贾第虫病、锥虫病、卫氏并殖吸虫病、血吸虫病、棘球蚴病和旋毛虫病等的血清学诊断和流行病学调查，目前国内应用较少。

3. 间接红细胞凝集试验（indirect hemagglutination assay，IHA） 是用红细胞吸附可溶性抗原，制成致敏红细胞，若患者血清中存在特异性抗体，二者结合，红细胞则会产生凝集现象。常用的红细胞为绵羊或"O"型人的红细胞，此方法用于检测患者血清中的特异性抗体。

IHA 操作简便，特异性和敏感性高，在寄生虫病的辅助诊断和现场流行病学筛查中常用，现已用于诊断阿米巴病、疟疾、刚地弓形虫病、卫氏并殖吸虫病、华支睾吸虫病、血吸虫病、囊尾蚴病和旋毛虫病等。但 IHA 重复性差，影响因素较多，存在假阳性和假阴性。尤其不同寄生虫感染之间，存在一定程度的交叉反应。

4. 间接荧光抗体试验（indirect fluorescent antibody test，IFAT） 用荧光素（异硫氰基荧光素）标记第二抗体，通过特异性的抗原-抗体反应，用于检测抗原或抗体。当待检血清中抗体与抗原结合后，再与荧光二抗结合形成免疫荧光复合物，在荧光显微镜下镜检。

此法具有较高的敏感性、特异性和重现性等优点，除可用于寄生虫病的快速诊断、流行病学调查和疫情监测外，还可用于组织切片中抗原定位以及在细胞和亚细胞水平观察和鉴定抗原、抗体和免疫复合物。目前，已用于疟疾、刚地弓形虫病、隐孢子虫病、血吸虫病、华支睾吸虫病、卫氏并殖吸虫病、囊尾蚴病和丝虫病等的诊断。有研究报道了在猪囊尾蚴病患者的检测中显示了与 ELISA 相当的敏感性和特异性。

5. 时间分辨荧光免疫分析（time-resolved fluoroimmuno assay，TRFIA） 是近年来发展迅速的免疫检测标记技术，以长效荧光标志物镧系元素为示踪剂，利用其螯合物发光特点，可与抗原或抗体结合进行标记，并于增强液中将抗原-抗体复合物进行分离，采用特定激发光发射特定波长荧光，使用时间分辨荧光仪检测复合物内荧光强度，从而定量检测抗体浓度。其可通过时间延迟将特异性荧光干扰除去，并于固定时间内测定，减少自然背景干扰，能增加检测灵敏度，对病情动态检测观察转归具有重要意义。

TRFIA 具有敏感度高、发光稳定、荧光寿命长、自然荧光干扰少、检测重复性好、标志物制备简单、无放射性污染、操作流程简易、储存方便等优点，已经应用于血吸虫病、刚地弓形虫病、隐孢子虫病等的检测。

6. 酶联免疫吸附试验（enzyme-linked immunosorbent assay，ELISA） 该技术基本原理为标本中抗原或特异性抗体适宜条件下与包被在固相载体上的抗体或抗原成分结合，生成抗原-抗体复合物，然后酶与抗原-抗体复合物相结合。经洗涤后加入显色底物，经过酶的催化作用使无色底物呈现相应颜色，根据显色深浅程度目测或用酶标仪测定 OD 值（光密度）判定结果。临床上最常用的是间接法（检测抗体）和双抗体夹心法（检测抗原）。检测样本可取自疑有寄生虫感染的宿主体液（血清、脑脊液等）、排泄物（尿、粪便等）和分泌物（胆汁、乳汁等），可根据需要进行抗体、抗原或特异性免疫复合物检测。

ELISA 法因具有敏感性高、特异性好的优点，可以做到微量样本的检测、操作简便快速、易于定量并可自动化操作和批量样本检测等优点，已被广泛应用于多种寄生虫感染的诊断及流行病学监测，如刚地弓形虫病、隐孢子虫病、阿米巴病、血吸虫病、丝虫病、蛔虫病和旋毛虫病等。目前，国内外已有多种 ELISA 试剂盒出售。

近年来，ELISA 技术飞速发展，出现了诸多衍生试验，如凝胶扩散 ELISA 试验（DIG-ELISA）、斑点 ELISA（Dot-ELISA）等技术方法。DIG-ELISA 是将薄层免疫检测与 ELISA 相结合，集中了前者的定量性和后者的敏感性、特异性等优点，操作简便、不需特殊仪器、凭目测可判断结果、适于基层和现场使用。Dot-ELISA 又称斑点酶联免疫吸附试验，在 ELISA 的基础上以硝酸纤维素薄膜代替聚苯乙烯反应板作载体，从而减少了因载体间差异与抗原吸附性的影响。操作简单，便于复查和对照，适合基层使用。该法与 IHA 和 ELISA 比较，敏感性和特异性更好。

7. 酶联免疫斑点试验（enzyme-linked immunospot assay，ELISPOT） 是一种结合细

胞培养技术与酶联免疫吸附技术（ELISA）的优点的免疫学检测方法，能够分析经特异性抗原活化后分泌细胞因子（如 IFN-γ、TNF-α 等）的单个效应细胞的频数，具有敏感、特异、易于重复的优点。ELISPOT 的操作是在 96 孔培养板上进行，直接以培养板的聚偏二氟乙烯（polyvinylidene difluoride，PVDF）膜等为基质，包被上细胞因子特异性单克隆抗体之后，在培养板孔内加入细胞培养基、待检测的细胞及抗原刺激物进行培养。在特异性抗原或非特异性有丝分裂原的刺激下，T 细胞分泌相应的细胞因子；细胞因子被位于细胞下方膜上的单克隆抗体所捕获，洗去细胞后，被捕获的细胞因子可以与生物素标记的第二抗体结合；然后用酶标亲和素与生物素结合，进行化学酶联显色，可以在膜的局部形成一个个圆形斑点。

目前，用于检测分泌 IFN-γ、IL-2、IL-4、IL-5、IL-6、IL-10、IL-13、IL-17 及 TNF-α 等细胞因子细胞的 ELISPOT 技术已商品化。该技术已经成为抗原特异性 T 细胞免疫学研究的主流技术，可用于寄生虫感染后特异性 T 细胞免疫分化状态的检测。

8．免疫酶染色试验（immunoenzyme staining test，IEST） 用含寄生虫病原的组织切片、印片或培养物涂片为固相抗原，使其与待检标本中的特异性抗体结合，形成抗原-抗体复合物，再与酶标记的第二抗体反应形成酶标记免疫复合物，后者可与酶的相应底物作用而出现肉眼或光镜下可见的呈色反应。该法简便、易行，敏感性、特异性及重现性好，无需特殊仪器，适用于现场应用。多用于血吸虫病、卫氏并殖吸虫病、华支睾吸虫病、囊尾蚴病、刚地弓形虫病等的诊断和流行病学调查。

9．免疫印迹试验（immunoblot test，IBT） 又称 Western Blot，是由十二烷基硫酸钠-聚丙烯酰胺凝胶电泳（SDS-PAGE）、转移电泳及固相酶免疫试验三项技术相结合的一种特殊的分析检测技术。本法具有高度敏感性和特异性，可用于寄生虫抗原的分析和纯化、虫种的分类、特异性抗体的检测和寄生虫病的免疫诊断。该技术已广泛用于疟原虫、刚地弓形虫、卫氏并殖吸虫、日本血吸虫、细粒棘球绦虫等多种寄生虫的研究，但由于操作复杂，技术要求高，很少用于直接诊断寄生虫病。

10．免疫胶体金技术（immuno colloidalgold technique） 是以胶体金作为示踪标志物，应用于抗原-抗体反应的一种免疫标记技术。胶体金除与抗体蛋白质结合外，还可以与许多其他生物大分子如 SPA、PHA、ConA 等结合。标记后的大分子物质活性不发生改变。由于标志物制备简单，样品和试剂用量少，检测的敏感性、特异性、重复性均与 ELISA 相近，但操作较 ELISA 简单、快速，且不需使用放射性同位素或有潜在致癌性的酶显色底物，也不需要荧光显微镜等特殊仪器设备，结果立等可取，试剂盒可常温运输，适用于基层、现场以及临床病例的快速诊断，应用十分广泛。

（1）免疫金银染色法（immuno-gold silver staining，IGSS）：是在免疫金技术的基础上建立的一种免疫标记技术，抗原可用组织或虫体切片，与特异性抗体反应后，再滴加胶体金标记的第二抗体，结果在抗原抗体反应处发生金颗粒聚集，此反应可通过银显影液增强，光镜下判读。可溶性抗原直接点样在硝酸纤维素膜上，反应后可形成肉眼可见的红色斑点，即斑点免疫金银染色法（Dot-IGSS）。本法敏感性和特异性均较好，在华支睾吸虫病、血吸虫病等应用中效果良好。

国内学者更是在斑点免疫金银染色法基础上，通过优化实验条件，将上述方法中的银显色省略，形成了快速斑点免疫金染色法。减少了操作步骤，节省了时间。

（2）斑点免疫金渗滤试验（dot-immunogold filtration assay，DIGFA）：也称滴金免疫法（简称滴金法）。该法以硝酸纤维素膜为载体，在膜下垫有吸水性强的垫料，使抗原抗体反应和洗涤在这种特殊的渗滤装置上，以液体渗滤过膜的方式迅速完成，数分钟内即可出现结果。间接法将特异性抗原固定于膜上，加入标本中待测抗体和金标记第二抗体显色，用于检测抗体。夹心法将多克隆抗体固定于膜上，加入标本中待测抗原和金标记的特异性单克隆抗体，显色，

可用于检测抗原。

滴金法更加简便、快速，不受特殊设备的限制，在操作完成后即可直接观察结果，通常若在膜上形成肉眼可见的红色斑点为阳性结果，斑点呈色的深浅相应地提示阳性强度。近年来在多种寄生虫病（疟疾、刚地弓形虫病、华支睾吸虫病、血吸虫病、旋毛虫病等）诊断中被应用，提高了寄生虫病的诊断水平。

11. 斑点免疫层析试验（dot immunochromatography assay，DICA） 是在单克隆抗体技术、胶体金免疫层析技术和新材料技术基础上发展起来的一项新型快速诊断技术，由于其简单、快速、准确和无污染、不需特殊设备等优点，在寄生虫病的诊断中日渐受到重视并展示了广阔的应用前景。其原理是将硝酸纤维素膜作为载体，利用微孔膜的毛细管作用，使滴加在膜条一端的液体向另一端渗移，当移动至固定有抗体的区域时，样品中相应的抗原即与该抗体发生特异性结合，在显色系统的作用下，出现肉眼可见的呈色反应。

用此技术开发的疟疾免疫胶体金诊断试剂盒——疟疾快速诊断试纸（rapid diagnostic tests，RDTs），是目前市场应用比较广泛的在售试剂盒，采用恶性疟原虫抗组氨酸富集蛋白Ⅱ（HRP-Ⅱ）单克隆抗体和抗鼠多克隆抗体。胶体金标记抗 HRP-Ⅱ 单克隆抗体，应用层析式双抗体夹心法的原理定性检测全血中的疟原虫抗原。HRP-Ⅱ 是疟原虫消化血红蛋白的产物，属于血溶性抗原，包含大量组氨酸，在疟疾患者血、尿中均可检出，可以快速鉴别恶性疟或非恶性疟的感染及混合感染情况，现已经大量应用于疟疾诊断中。RDT 检测因具备检测时无需其他特殊设备、快速、易掌握的优势，同时其试剂盒稳定性高，易于携带，为疟区的快速诊断和流行病学调查提供了有效手段，已成为 WHO 推荐的疟疾检测方法之一，但该技术仍有一定假阳性、假阴性的发生，且难以有效鉴别疟原虫类型，临床需联合镜检等技术，以明确诊断。同时，快速免疫层析诊断试纸条／卡在血吸虫等其他寄生虫感染的检测中亦日渐增多。

（二）寄生虫学特殊免疫学检测技术

1. 染色试验（dye test，DT） 是一种诊断弓形虫病的经典方法，具有高度的敏感性和特异性。但该方法需活体弓形虫速殖子，有实验室操作人员感染风险，且方法中的辅助因子需提前制备，质量不易控制，故该方法在我国并未得到广泛使用。

（1）原理：将活刚地弓形虫速殖子与正常血清混合，在 37℃ 孵育 1 小时或室温数小时后，大多数虫体失去原有的新月形特征，而变为圆形或椭圆形，此时若使用碱性亚甲蓝染色，因细胞质对碱性亚甲蓝具有强亲和力，则胞质即被染成蓝色。相反，将速殖子与含特异性抗体和补体（辅助因子）的免疫血清混合时，则仍保持原有形态，使用碱性亚甲蓝染色则胞质不着色。

（2）材料和试剂

辅助因子：又称激活因子，系正常人血清成分，主要为补体等，不耐热。制备方法：取正常人血清，与弓形虫速殖子混合，于 37℃ 作用 1 小时，只有 90% 以上虫体被亚甲蓝染色，该血清方可使用，分装后置 -20℃ 备用。

抗原制备：用弓形虫速殖子经腹腔感染小鼠，3 天后抽取感染小鼠腹腔液，加生理盐水离心（3000 rpm，10 分钟）3 次，收集纯净虫体，用上述制备的含有辅助因子的血清稀释，将虫液调至约 50 个虫体／高倍视野。

碱性亚甲蓝溶液：将亚甲蓝 10 g，溶于 100 ml 95% 乙醇溶液内，制成饱和乙醇溶液，过滤后取 3 ml 再与 10 ml 临时配制的碱性缓冲液（pH 11.0）混合。

待检血清：经 56℃、30 分钟灭活，4℃ 保存备用。

（3）检测：取经生理盐水倍比稀释的待检血清，每管 0.1 ml，加抗原液 0.1 ml，置 37℃ 水浴 1 小时，每管加碱性亚甲蓝溶液 0.02 ml，继续水浴 15 分钟，自每管取悬液 1 滴镜检。

（4）结果判断：镜下计数 100 个弓形虫速殖子，统计着色和不着色速殖子比例数。以

50% 虫体不着色的血清稀释度为该份受试血清的阳性滴度。以血清稀释度 1：8 阳性者判断为隐性感染；1：125 阳性者为活动性感染；1：1024 及以上阳性者为急性感染。

2．环卵沉淀试验（circumoval precipitin test，COPT）

（1）原理：属于沉淀反应，是一种专门用于诊断血吸虫病的免疫学诊断方法。血吸虫卵内毛蚴分泌的抗原物质经卵壳微孔渗出后与待检血清内的特异抗体结合，可在虫卵周围形成镜下可见的免疫复合物沉淀，即为阳性反应。产生阳性反应虫卵占全部虫卵的百分率称环沉率。

（2）试验步骤：用毛笔蘸取熔化的石蜡，在洁净的载玻片上划两条与其长轴垂直的平行线（间距约 20 mm），再划两条蜡线使其成正方形。在其中滴加待检血清 2 ~ 3 滴，或用凹玻片，在其凹陷处滴加待检血清，然后用细针挑取适量鲜卵或干卵（100 ~ 150 个），混匀，盖上 24 mm×24 mm 盖玻片，用石蜡密封，37 ℃保温，48 小时后低倍镜观察结果，必要时可延至 72 小时。

（3）结果观察：典型的阳性反应为卵壳周围出现泡状、指状、片状或细长卷曲状的折光性沉淀物。观察 100 个虫卵，计算环沉率。凡环沉率≥ 5% 者为阳性（在血吸虫病传播控制或传播阻断地区环沉率≥ 3% 者可判为阳性），1% ~ 4% 者为弱阳性。分级强度判定：①"–"为折光淡，与虫卵似连非连影状物（外形不规则，低倍镜下有折光，高倍镜下为颗粒状）及出现直径小于 10 μm 的泡状沉淀物者，为阴性。②"+"为虫卵外周出现泡状沉淀物（直径 > 10 μm），累计面积小于虫卵面积的 1/2；或呈指状的小于虫卵的长径的细长卷曲样沉淀物。③"++"为虫卵外周出现泡状沉淀物的面积大于虫卵面积的 1/2；或相当于或超过虫卵长径的细长卷曲样沉淀。④"+++"为虫卵外周出现泡状沉淀物的面积大于虫卵本身面积；或细长卷曲样沉淀物相当于或超过虫卵长径的 2 倍。

COPT 虽可作为血吸虫病临床诊断、防治效果考核、血清流行病学调查及监测疫情的方法，但因试验操作繁琐且需要进行 48 小时以上温育，极大限制了该技术在疫区现场检测中的应用。

3．尾蚴膜试验（cercarien-hulien reaction，CHR）

（1）原理：属于沉淀反应，是辅助诊断血吸虫病的免疫方法之一。尾蚴表面具有抗原性，当干的或活的血吸虫尾蚴与患者血清中特异性抗体在体外共同孵育后，抗原抗体结合在尾蚴体表形成透明而折光性强的膜状沉淀物。

（2）操作方法：将受检血清 3 滴置于凹玻片内，取干的或活的血吸虫尾蚴 10 ~ 20 条置于血清内，覆以灭菌的盖玻片，用熔化的石蜡封边，置 25 ~ 27 ℃温箱中孵育 24 小时后观察结果。

（3）结果判定：阴性反应"–"为体表无胶状物；弱阳性反应"+"为尾蚴体表局部有一层不明显的薄而平滑的胶状物；阳性反应"++"为尾蚴体表的局部有较厚而皱起的胶状物；强阳性"+++"为尾蚴周围有较厚而透明的皱起，呈胶膜状。

CHR 方法具有较高的敏感性和特异性，一般在尾蚴感染后 4 ~ 6 周可出现阳性反应，对早期血吸虫病患者的诊断具有实用价值，尤其对新感染的病例，早期诊断价值大，阳性率为 95% 以上。

4．环蚴沉淀试验（circum-larval precipitating test，CLPT）　是旋毛虫特有的血清学试验，其原理和尾蚴膜试验相似。取 50 ~ 100 条脱囊的旋毛虫活幼虫（冻干幼虫或空气干燥的幼虫也可），放入待检血清中，37 ℃温育 24 小时，如 1 条以上幼虫体表出现泡状或袋状沉淀物，即为阳性反应。

环蚴沉淀试验有较高的敏感性和特异性，阳性率可高达 97% 以上，与常见的线虫（似蚓蛔线虫、钩虫、丝虫、毛首鞭形线虫等）无交叉反应。一般在感染后的第 3 周末或症状出现后 10 ~ 20 天即可呈阳性反应。环蚴试验操作简单，无需任何特殊设备，且有较高的敏感性和特异性,适合基层卫生单位应用。

(三)单克隆抗体应用于寄生虫病的检测

单克隆抗体(monoclonal antibody,McAb)是由免疫 B 淋巴细胞-浆细胞-骨髓瘤细胞杂交、融合而形成的杂交瘤细胞系分泌的一种单一的特异性抗体。杂交瘤既有骨髓瘤细胞大量扩增和永生的特性,又具有免疫 B 细胞合成和分泌特异性抗体的能力。且 McAb 结构均一、纯度高、特异性强、效价高、少有或无血清交叉反应,具备可批量生产、易于标准化等优点,使寄生虫循环抗原的检测成为可能。目前已广泛应用于疟疾、刚地弓形虫病、黑热病、血吸虫病、卫氏并殖吸虫病、囊尾蚴病等寄生虫病的诊断和疗效考核。此外,McAb 还广泛用于寄生虫研究之中,如寄生虫种株的分型与鉴定,虫体结构与功能分析,免疫病理研究,分析、纯化抗原等。

(郭俊杰)

三、分子生物学检测技术

分子生物学检测技术即基因和核酸诊断技术,在寄生虫病的诊断中具有高度的敏感性和特异性,在疾病早期诊断和确定现症感染方面具有明显的优势。目前分子生物学检测技术飞速发展,现已经广泛应用于寄生虫的虫种鉴定、寄生虫病的诊断、疫苗研制等多个领域。本项技术主要包括核酸探针(nucleic acid probe)、聚合酶链反应(polymerase chain reaction,PCR)和生物芯片(biochip)技术等。

(一)核酸探针技术

核酸探针技术是指用放射性核素、生物素、酶或其他半抗原标记的、能与特定的靶分子发生特异性结合的 DNA 或 RNA 片段。其原理是具有一定同源性的两条核酸单链在一定条件下(适宜的温度和离子强度),按碱基互补原则退火形成双链,利用已知探针检测待测核酸序列,具有高度灵敏性。一般来说,此技术主要包4个步骤:探针的核酸片段选取、标记、杂交、显示或杂交信号的检测。

第一步,探针的核酸片段选取。根据核酸分子探针的来源和性质可分为基因组 DNA 探针、cDNA 探针、RNA 探针及人工合成的寡核苷酸探针等。根据不同的检测目的,可以采用不同类型的核酸探针。核酸片段大可至寄生虫基因组 DNA,小至 20 个碱基;但并不是任一核酸片段均可作为探针。探针选择的最基本原则是必须具有高度特异性且不难获取。

第二步,选取标志物标记探针。标志物有放射性和非放射性两大类。放射性标志物主要为一些放射性同位素,如 ^{32}P、^{3}H、^{36}S,其中以 ^{32}P 应用最普遍,此类标志物是应用最早、最广泛的标志物,灵敏度高但易造成放射性污染。非放射性标志物主要有生物素和地高辛,二者都是半抗原,此类标志物对环境无污染,对人体无伤害。生物素是一种小分子水溶性维生素,对亲和素有独特的亲和力;地高辛是一种类固醇半抗原分子,可利用其抗体进行免疫检测。探针的标记方法可分为体内标记法和体外标记法。普遍使用体外标记法,主要有化学标记法和酶促标记法两种。

第三步,杂交。核酸分子杂交实质上是双链 DNA 变性和具有同源序列的两单链复性过程,可分为液相杂交和固相杂交两种。液相杂交在液体中进行的杂交方法,杂交速度快,常与核酸电镜技术结合,研究不同 DNA 的同源性及 mRNA 与染体 DNA 间的关系等。固相杂交是

在一定支持物上进行的杂交反应，因检测方便而且应用广泛，主要包括膜固相印迹杂交和原位杂交两种。常见的膜固相印迹杂交主要有斑点及狭缝印迹法（dot or slot blot）、Southern 印迹（Southern blot）、Northern 印迹（Northern blot）等。原位杂交（in site blot）主要有组织细胞原位杂交和菌落原位杂交两种。

第四步，检测。杂交信号的检测法因探针上的标志物不同而异，通常使用放射自显影、抗原抗体反应、酶显色体系偶联等方法检测。

在寄生虫病诊断中，探针是病原体的特异核酸序列，可用以检测病原寄生虫的存在与否。目前使用的寄生虫核酸探针包括：全基因组 DNA 探针、动基体 DNA 探针、质粒或噬菌体重组 DNA 探针、重复序列 DNA 探针、人工合成的核苷酸探针。由于核酸探针技术具有较高的特异性和敏感性；探针多克隆在质粒载体中，可以无限繁殖，制备方法简便；并且比较稳定，不易降解，在适宜的条件下可长期保存，因此探针技术在疟原虫、隐孢子虫、利什曼原虫、溶组织内阿米巴、蓝氏贾第鞭毛虫、锥虫、刚地弓形虫、丝虫、血吸虫、棘球蚴、旋毛形线虫等寄生虫的鉴定、寄生虫病的诊断、现场调查中有广泛应用。

（二）PCR 技术

聚合酶链反应（polymerase chain reaction，PCR）是模拟体内条件下应用 DNA 聚合酶链反应特异性扩增某一 DNA 片段的技术，故又称体外扩增技术。PCR 技术是在 DNA 聚合酶的催化下，利用模板 DNA、引物和四种脱氧核糖核苷酸，按照双链 DNA 互补的原则，产生核酸模板的特定区域。以模板 DNA 热变性解链、退火（引物与模板 DNA 结合）、引物延伸 3 步为 1 个循环，每一循环生成的产物可作为下 1 个循环的模板。每循环 1 次，目的 DNA 加倍，经过 30 次左右的循环可得到特异性 DNA 片段的 $2\times10^6 \sim 2\times10^7$ 个拷贝。由于该技术能将极微量的靶 DNA 特异性地扩增上百万倍，从而大大提高对 DNA 分子的分析和检测能力，理论上即使样品中仅含 1 个靶 DNA 分子也可检测出来。

PCR 具有特异性强、敏感性高、快速、简便等优点，对一般标本不需特殊处理，如血液、尿液、分泌物、脱落细胞、粪便、组织等，省去费时的提纯过程。通过设计保守性高、特异性强的引物，使用活力强的 DNA 聚合酶，避免使用纯度不高或已有降解的 DNA 模板，选择适宜的温度及控制循环次数，可弥补 PCR 假阳性、假阴性及非特异性扩增等不足。

近年来，PCR 还产生多种类型，如免疫 PCR（immuno-PCR）、定量 PCR、原位 PCR、毛细管 PCR、逆转录 PCR（RT-PCR）、巢式 PCR（nested PCR）、复合 PCR（multi-PCR）、锚定 PCR（anchored PCR，An PCR）、不对称 PCR、反向 PCR inverse PCR）、多重 PCR（multiplex PCR）等。这些特殊的 PCR 尽管基本原理相同，但其用途不相同，在寄生虫的检测中也具有重要意义。如实时定量 PCR（real - time PCR）实现了 PCR 从定性到定量的飞跃，使得临床检验结果更具有精确性。该技术是指在 PCR 指数扩增期间，通过连续监测荧光信号强弱的变化来即时测定特异性产物的量，并据此推断目的基因的初始量。目前实时定量 PCR 作为一个极有效的实验方法，已被广泛地应用于分子生物学研究的各个领域，在病原的临床检验诊断方面具有很好应用前景和研究价值。

目前 PCR 技术已应用于检测疟原虫、溶组织内阿米巴、弓形虫、锥虫、利什曼原虫、隐孢子虫、蓝氏贾第鞭毛虫等。尤其对组织内寄生虫（如锥虫、旋毛形线虫、猪带绦虫等），解决了病原学检查的难题，提高了检出率。此技术还可以用于寄生虫病的基因诊断、治疗效果评估、流行病学调查以及寄生虫的虫株鉴定、分析等。

（三）生物芯片技术

1. DNA 芯片 又称基因芯片（gene chip）、基因微阵列（gene microarray）、DNA 微集

阵列（DNA microarray）、寡核苷酸阵列（oligonucleotidearray），它是最基础、研究开发最早、技术最成熟、目前应用最广泛的一种生物芯片。DNA 芯片是利用基因探针与特异性寡聚核苷酸碱基互补的原理，将序列已知的靶核苷酸的探针有序地固化于支持物表面，与带有荧光标记的待测样品进行杂交，通过计算机对荧光信号进行分析、检测，从而获得待测样品的遗传信息。

DNA 芯片分类方法有多种，根据制作方法，可分为原位合成芯片与 DNA 微集阵列芯片；根据芯片上固定的探针数量，可分为高密度芯片和中低密度芯片；根据芯片上探针的不同，可分为寡核苷酸芯片和 cDNA 芯片；根据芯片用途，可分为基因表达谱芯片、测序芯片、诊断芯片等；根据载体材料不同，可分为尼龙膜、玻璃片、塑料片、硅胶晶片、微型磁珠等。

DNA 芯片技术与传统基因诊断技术相比，有明显的优势，具有诊断速度快、检测效率高、诊断成本低、自动化程度强等特点。目前已经应用于寄生虫病的诊断、检测和分型。除此之外，DNA 芯片在寄生虫新药筛选、临床用药指导、疫苗研究等方面也可发挥重要作用。

2. 蛋白质芯片（protein chip）技术　是一种高通量的蛋白功能分析技术，是通过蛋白分子之间的相互作用，对样本中存在的特定蛋白质进行检测，可用于蛋白质表达谱分析。将已知的蛋白分子如多肽、酶、抗原、抗体以预先设计的方式固定在尼龙膜、硝酸纤维素膜、玻璃等载体上组成密集的分子排列，根据这些生物分子的特性，当荧光、免疫金等标记的靶分子与芯片上的探针分子结合后，通过激光共聚焦扫描或光耦合元件对标记信号的强度进行检测，从而判断样本中靶分子的数量，以达到一次实验同时检测多种疾病或分析多种生物样本的目的。

蛋白质芯片具有快速、高效、并行等特点。目前已用于疟疾、弓形虫病和血吸虫病的诊断。

（刘红丽）

附录4　常用抗寄生虫药

附表 4-1　常用抗原虫病药

药物	药理作用机制	用途
氯喹（chloroquine） 磷酸氯喹 （chloroquine phosphate）	①氯喹是一种弱碱，可浓集于疟原虫的酸性食物泡内，使其 pH 升高，致疟原虫不能存活 ②氯喹抑制磷酸掺入疟原虫的 DNA 与 RNA，阻止疟原虫繁殖 ③氯喹大量积聚于受染的红细胞内，致血红蛋白酶受损，使疟原虫不能消化所摄取的血红蛋白，导致疟原虫缺乏必需氨基酸，引起核糖核酸裂解，虫体死亡 ④氯喹能抑制疟原虫血红素聚合酶活性，可致血红素堆积，从而使疟原虫细胞膜溶解、破裂而死亡	①氯喹为抗间日疟原虫首选药物，其主要作用于疟原虫红细胞内期裂殖体，主要用于迅速控制临床症状 ②对溶组织内阿米巴滋养体有杀灭作用，可用于治疗阿米巴肝炎和阿米巴肝脓肿
甲氟喹（mefloquine）	甲氟喹的抗疟机制可能与氯喹相同 ①能有效地杀灭疟原虫红细胞内期裂殖体，主要用于耐氯喹的恶性疟原虫 ②可与乙胺嘧啶合用，以增强疗效和延缓耐药性的发生 ③也可用于预防性给药	①治疗脑型疟或其他危重疟疾不能口服给药时，可静脉滴注或肌内注射二盐酸奎宁 ②控制和治疗抗氯喹恶性疟的急性发作

续表

药物	药理作用机制	用途
奎宁（quinine）	①奎宁抗虫谱与氯喹相同，其作用机制也与氯喹相似 ②影响疟原虫溶酶体功能和核酸合成 ③抑制疟原虫内酸性磷酸酶活性 ④奎宁以氢键形式同DNA双螺旋形成复合物，抑制DNA转录和蛋白质合成	
青蒿素及其衍生物（artemisinin and derivatives）（双氢青蒿素 dihydroartemisinin，青蒿琥酯 artesunate，蒿甲醚 artemether） 青蒿素类药物复方制剂与联合用药（ACT）	①青蒿素类药物为高效、速效抗疟药，能杀灭各种疟原虫并迅速控制症状 ②主要影响疟原虫的膜系结构，抑制表膜-线粒体的功能 ③青蒿素类药物的抗疟作用具有铁依赖性 ④有明显的胚胎毒作用，孕妇慎用 ⑤具有抑制疟原虫的蛋白质合成作用，从而导致疟原虫死亡 ⑥ACT使用能够延缓耐药产生，缩短疗程	①主要作用于疟原虫红细胞内期，用于治疗各种疟疾，控制其临床症状 ②对抗氯喹恶性疟原虫有较强的作用，用于抗氯喹恶性疟疾治疗 ③治疗脑型疟，用于疟疾的抢救 ④预防血吸虫病
咯萘啶（malaridine）	本药杀虫机制与破坏疟原虫的复合膜、食物泡的结构和功能有关	咯萘啶是我国研制的苯并萘啶类抗疟新药，对间日疟原虫和恶性疟原虫的裂殖体均有杀灭作用。适用于： ①治疗各种疟疾，包括脑型疟等凶险型疟疾 ②治疗抗氯喹疟疾患者亦有效
哌喹（piperaquine）	哌喹的抗疟作用与作用机制与氯喹相似	对各种疟原虫红细胞内期均有杀灭作用，主要用于预防疟疾症状的发生，也可治疗耐氯喹的恶性疟疾
伯氨喹（primaquine）	①伯氨喹抗疟作用可能与干扰疟原虫DNA合成有关 ②本药能损伤疟原虫的线粒体，其代谢产物促进氧自由基形成，致使疟原虫被氧化而死亡 ③对红细胞外期（包括休眠体）与配子体有较强的杀灭作用，是阻止复发与中断传播的首选药物 ④对红细胞内期裂殖体作用弱，故不能控制症状 ⑤毒性比其他抗疟药大，孕妇忌用	①主要用于治疗间日疟和卵形疟，防止复发和控制疟疾传播 ②常与氯喹或乙胺嘧啶合用
乙胺嘧啶（pyrimethamine）	①乙胺嘧啶为二氢叶酸还原酶抑制剂，通过抑制二氢叶酸还原酶，减少四氢叶酸合成，阻碍核酸的合成，从而抑制疟原虫的繁殖 ②通过抑制细胞核分裂，影响疟原虫繁殖 ③主要作用于裂体生殖的疟原虫，但对成熟裂殖体无效 ④对疟原虫配子体无明显作用，但可阻止配子体在蚊体内的发育 ⑤对疟原虫红细胞外期有抑制作用	①预防疟疾的首选药，阻断疟疾传播 ②常与伯氨喹合用抗复发 ③还可杀灭刚地弓形虫速殖子，用于治疗急性弓形虫病
依米丁（emetine） 去氢依米丁（dehydroemetine）	①依米丁能阻止蛋白合成，干扰溶组织内阿米巴滋养体的分裂与繁殖 ②对包囊无作用，不能阻断传播	用于治疗急性阿米巴痢疾或阿米巴肝脓肿，以去氢依米丁作用最强

续表

药物	药理作用机制	用途
双碘喹啉 (diiodohydroxyquinoline)	①双碘喹啉疗效可能与抑制肠腔内溶组织内阿米巴共生性细菌有关 ②对肠腔内溶组织内阿米巴滋养体有杀灭作用，对包囊无效	用于治疗轻型或无明显症状阿米巴痢疾，与甲硝唑合用，可取得根治效果
喹碘方（chiniofon）	可杀灭溶组织内阿米巴滋养体，对包囊无效 能抑制肠道内与溶组织内阿米巴共生的细菌，间接抑制其滋养体的生长、繁殖	用于治疗轻型、慢性阿米巴痢疾和无症状排包囊者
甲硝唑（metronidazole）	①可选择性进入原虫，抑制多种原虫的氧化还原反应 ②可阻止DNA转录和复制，从而抑制原虫的生长、繁殖，致其死亡	①为治疗阴道毛滴虫病和贾第虫病的首选药物 ②可用于治疗阿米巴痢疾和阿米巴肝脓肿 ③可用于治疗结肠小袋纤毛虫所致痢疾
替硝唑（tinidazole） 奥硝唑（ornidazole）	两药作用机制同甲硝唑，但毒性偏低	①用于治疗阴道毛滴虫病和贾第虫病 ②可用于治疗阿米巴痢疾和阿米巴肝脓肿
磺胺嘧啶（sulfadiazine）	为二氢叶酸合成酶抑制剂，阻碍其合成，使原虫核酸合成受阻	与乙胺嘧啶合用，有协同作用，主要用于治疗弓形虫病
螺旋霉素（spiramycin） 乙酰螺旋霉素（acetylspiramycin）	与核糖体结合，抑制tRNA功能，导致蛋白质合成障碍	用于治疗弓形虫病
呋喃唑酮（furazolidone）	形成还原氧分子的自由基，抑制原虫代谢	用于治疗阿米巴病、贾第虫病、阴道毛滴虫病
葡萄糖酸锑钠（sodium stibogluconate）（斯锑黑克，stihek）	葡萄糖酸锑钠为五价锑，能选择地进入含利什曼原虫的巨噬细胞内，并还原为三价锑，抑制原虫的糖代谢，进而被巨噬细胞消灭	治疗黑热病、皮肤利什曼病、皮肤黏膜利什曼病
两性霉素B（amphotericin B）	两性霉素B为亲脂性多烯类抗真菌药，通过与利什曼原虫的甾醇结合，损伤细胞膜的通透性，破坏正常代谢，抑制原虫生长、繁殖	①在国外被作为治疗黑热病的一线药物 ②治疗抗五价锑的黑热病和皮肤黏膜利什曼病 ③治疗原发性阿米巴性脑膜脑炎
舒拉明钠（suramin sodium）	①抑制虫体糖代谢 ②本药负电荷与虫体蛋白的阳极结合成复合物	抗非洲锥虫（布氏冈比亚锥虫和布氏罗德西亚锥虫）和旋盘尾线虫

附表 4-2　常用抗蠕虫病药

药物	药理作用机制	用途
甲苯咪唑（mebendazole）	①能直接抑制线虫摄取和利用葡萄糖，减少 ATP 形成，因能源断绝而死亡 ②对多种线虫成虫和幼虫有杀灭作用，抑制虫卵发育	甲苯咪唑为广谱驱肠道寄生虫药，主要用途为 ①驱除肠道线虫和带绦虫（钩虫、蛔虫、蛲虫、鞭虫、粪类圆线虫、猪带绦虫、牛带绦虫），治疗鞭虫病效果较好 ②治疗棘球蚴病 ③治疗旋毛虫感染
阿苯达唑（albendazole）	①通过抑制寄生虫肠壁细胞的细胞质微管蛋白的聚合，阻断虫体摄取多种营养和葡萄糖 ②抑制延胡索酸还原酶，阻断 ATP 的产生，致虫体死亡	阿苯达唑为高效广谱驱虫药，主要用途为 ①驱除钩虫、蛔虫、蛲虫、鞭虫、粪类圆线虫、猪带绦虫、牛带绦虫、短膜壳绦虫等肠道寄生虫，治疗钩虫病效果较好 ②治疗包虫病、囊尾蚴病 ③治疗旋毛虫病的首选药物
噻苯达唑（tiabendazole）	①抑制线虫细胞内延胡索酸酶，封闭虫体代谢必需的琥珀酸脱氢酶，使虫体麻痹死亡 ②抑制钩虫卵、蛔虫卵、鞭虫卵和粪类圆线虫卵的发育	噻苯达唑为广谱驱虫药，主要用于治疗钩虫、蛔虫、蛲虫、鞭虫、粪类圆线虫和旋毛虫感染
噻嘧啶（pyrantel）	①具有烟碱样作用，使虫体肌张力增加，致虫体肌肉产生痉挛性收缩而麻痹 ②能持久抑制胆碱酯酶，对寄生虫神经肌肉产生阻滞作用	噻嘧啶为广谱驱线虫药，用于驱除钩虫、蛔虫、蛲虫和鞭虫
哌嗪（piperazine）	①可阻断乙酰胆碱对蛔虫肌肉的兴奋作用，使肌肉呈松弛性麻痹，蛔虫不能附着在宿主肠壁 ②改变虫体肌细胞膜对离子的通透性，引起神经-肌肉传递功能障碍，使虫体出现松弛性麻痹 ③可抑制琥珀酸盐的合成，干扰虫体的糖代谢，使虫体肌肉收缩的能量供应受阻	主要用于驱蛔虫和蛲虫
恩波吡维铵（pyrvinium embonate）	①干扰蛲虫的呼吸酶系统，抑制其需氧呼吸 ②阻碍蛲虫对葡萄糖的吸收，影响虫体的生长和繁殖	驱蛲虫
奥克太尔（oxantel）	在低浓度时可刺激缩小膜壳绦虫对氧的吸收，在高浓度时则抑制虫体的呼吸和阻断对葡萄糖的摄取，抑制绦虫的能量传递，并抑制绦虫线粒体 ADP 的厌氧性加磷氧基作用。虫体受药物的作用后即发生退变，对蛋白酶敏感，使头节和节片可被蛋白酶水解，同时乳酸浓度增高而导致绦虫虫头节、上体节被消化而死亡	①治疗鞭虫病的首选药物 ②与双羟萘酸噻嘧啶联合应用于治疗绦虫病、钩虫病
乙胺嗪（diethylcarbamazine）	①干扰微丝蚴和宿主内皮细胞花生四烯酸的合成，使宿主血小板和粒细胞聚集，破坏虫体表膜，有利吞噬细胞杀灭虫体 ②改变微丝蚴虫体表面的结构，使其容易受到宿主的免疫攻击	对丝虫微丝蚴和成虫均有杀灭作用，为治疗和预防淋巴丝虫病（班氏丝虫病和马来丝虫病）的首选药物

续表

药物	药理作用机制	用途
伊维菌素 (ivermectin)	其作用机制不明确，可能有： ①可导致细胞膜对氯离子的通透性增加，引起神经细胞和肌细胞超极化，使寄生虫麻痹或死亡 ②破坏其介导的中枢神经系统神经突触传递过程，导致虫体神经系统麻痹而死亡 ③能抑制丝虫胚胎发育，并使子宫前端的胚胎退变，故有抑制丝虫繁殖的作用	伊维菌素为广谱抗线虫药，主要用途为 ①驱钩虫、蛔虫、蛲虫、鞭虫 ②对粪类圆线虫也有效 ③可治疗盘尾丝虫病、罗阿丝虫病、班氏丝虫病和马来丝虫病
吡喹酮 (praziquantel)	①本药引起的虫体挛缩和皮层受损可能与其使虫体内的 Ca^{2+} 分布发生变化有关 ②抑制虫体皮层碱性磷酸酶活性，抑制对葡萄糖的吸收 ③直接损伤皮层，使虫体抗原暴露，进而容易遭受宿主的免疫攻击，通过抗体依赖细胞介导的毒性作用杀伤虫体	吡喹酮对吸虫和绦虫均有杀灭作用，为广谱抗蠕虫药，主要用途为 ①治疗吸虫病，是目前唯一治疗感染人体的五种血吸虫的药物 ②治疗肠绦虫病（猪带绦虫病、牛带绦虫病、曼氏迭宫绦虫病、微小膜壳绦虫病） ③治疗脑囊虫病
氯硝柳胺 (niclosamide)	抑制绦虫细胞内线粒体的氧化磷酸化过程，阻碍虫体吸收葡萄糖，致虫体蜕变、死亡，但不能杀死孕节中的虫卵	①治疗肠绦虫病（猪带绦虫病、牛带绦虫病、阔节裂头绦虫病和短膜壳绦虫病） ②可杀灭钉螺，用于预防血吸虫病
三苯双脒 (tribendimidine)	对虫体的角质层、肌层、肌纤维、口囊、肠管、生殖器管等都具有作用，可破坏其特殊结构，使虫体的运动、消化和生殖功能受到影响，而达到驱虫效果	三苯双脒是我国自主研制的一种新型广谱抗寄生虫药，主要用途为 ①对人体蛔虫、钩虫、蛲虫有很好的疗效。特别对美洲钩虫的作用优于阿苯达唑 ②对华支睾吸虫、麝猫后睾吸虫、人粪类圆线虫、旋毛虫、带绦虫等均有效
三氯苯达唑 (triclabendazole)	选择性干扰虫体内微管的结构与功能，同时抑制虫体的蛋白质代谢与合成	用于动物及人体相关吸虫病的治疗，如并殖吸虫病，肝片形吸虫病，但对华支睾吸虫病无效

附表 4-3　抗寄生虫中草药

药物	药理作用机制	用途
槟榔（areca）[槟榔科常绿乔木槟榔树（Areca catechu）的成熟种子] 南瓜（cucurbit）子仁 [葫芦科植物南瓜（Cucurbita moschata）的种子]	①槟榔的有效成分为槟榔碱，可致全虫麻痹、瘫痪 ②南瓜子仁有效成分为南瓜子氨酸，对绦虫中部和后部节片有麻痹和瘫痪作用 ③两药合用驱绦虫作用明显	①驱猪带绦虫、牛带绦虫、曼氏迭宫绦虫、阔节裂头绦虫和微小膜壳绦虫 ②驱布氏姜片吸虫
青蒿 [菊科植物黄花蒿（Artemisia annua）的地上部分]	青蒿对鼠疟、猴疟和人疟均有显著的抗疟作用，其主要作用成分是倍半萜酯过氧化物，即青蒿素	治疗疟疾
常山 [虎耳草科植物黄常山（Dichroa febrifuga）的根]	主要成分是常山碱，常山碱是喹唑啉的衍生物，其化学结构、作用与奎宁相似	治疗疟疾，退热
鸦胆子 [苦木科植物鸦胆子（Brucea javanica）的成熟种子]	具有抗疟作用和抗阿米巴作用，主要活性成分是生物碱和生物苷	①治疗间日疟和三日疟 ②用于治疗肠阿米巴病

续表

药物	药理作用机制	用途
白头翁 [毛茛科植物白头翁（*Pulsatilla chinensis*）的根]	含有白头翁素和三萜类皂苷等，具有明显的抗阿米巴作用和杀灭阴道毛滴虫	①用于治疗肠阿米巴病 ②用于治疗滴虫性阴道炎
大蒜 (allium sativum)	有效成分为大蒜素（allimin）即三硫二丙烯，具有抗阿米巴作用和杀灭弓形虫滋养体	①用于治疗肠阿米巴病 ②用于弓形虫病的辅助治疗
使君子 [君子科植物使君子（*Quisaqualis ingica*）的种子]	主要活性成分为使君子酸钾，具有驱蛔虫与蛲虫作用	用于治疗蛔虫病、蛲虫病
苦楝皮 (*Cortex Meliae*)	活性成分为川楝素和异川楝素，川楝素为驱虫的有效成分，可麻痹虫体	用于治疗蛔虫病、蛲虫病
百部 (*Stemona japonica*)	外用可灭虱、杀虫	用于蛲虫病及人、畜的头虱、体虱等

（吴玉龙）

主要参考文献

[1] Lynne S G. 诊断医学寄生虫学. 5版. 张进顺, 李薇, 孙新, 等译. 北京: 人民卫生出版社, 2010.
[2] 陈晓光. 医学寄生虫学. 北京: 军事医学科学出版社, 2007.
[3] 陈心陶. 医学寄生虫学. 北京: 科学出版社, 1965.
[4] 陈兴保. 现代寄生虫病学. 北京: 人民军医出版社, 2002.
[5] 段义农, 王中全, 方强, 等. 现代寄生虫病学. 2版. 北京: 人民军医出版社, 2015.
[6] 高兴政. 医学寄生虫学. 2版. 北京: 北京大学医学出版社, 2011.
[7] 景涛, 史大中. 病原生物学. 北京: 清华大学出版社, 2009.
[8] 李朝品. 人体寄生虫学实验研究技术. 北京: 人民卫生出版社, 2008.
[9] 李雍龙. 人体寄生虫学. 8版. 北京: 人民卫生出版社, 2013.
[10] 卢思奇. 医学寄生虫学. 2版. 北京: 北京大学医学出版社, 2009.
[11] 陆宝麟. 中国动物志: 昆虫纲第八卷双翅目蚊科（上卷）, 昆虫纲第九卷双翅目蚊科（下卷）. 北京: 科学出版社, 1997.
[12] 彭文伟. 现代感染性疾病与传染病学. 北京: 科学出版社, 2000.
[13] 沈一平. 寄生虫与临床. 3版. 北京: 人民卫生出版社, 2007.
[14] 孙新, 李朝品, 张进顺. 实用医学寄生虫学. 北京: 人民卫生出版社, 2005.
[15] 汤林华. 中国寄生虫病防治与研究. 北京: 北京科学技术出版社, 2012.
[16] 汪世平. 医学寄生虫学. 3版. 北京: 高等教育出版社, 2014.
[17] 吴观陵. 人体寄生虫学. 4版. 北京: 人民卫生出版社, 2013.
[18] 吴忠道, 刘佩梅. 人体寄生虫学. 4版. 北京: 人民卫生出版社, 2023.
[19] 许隆祺. 图说寄生虫学与寄生虫病. 北京: 北京科学技术出版社, 2016.
[20] 杨毅梅. 医学寄生虫学. 昆明: 云南大学出版社, 2010.
[21] 殷国荣, 王中全. 医学寄生虫学. 4版. 北京: 科学出版社, 2014.
[22] 张进顺, 高兴政. 临床寄生虫检验学. 北京: 人民卫生出版社, 2009.
[23] 张利娟, 徐志敏, 钱颖骏, 等. 2015年全国血吸虫病疫情通报. 中国血吸虫病防治杂志, 2016, 28 (6): 611-617.
[24] 贺联印, 许炽熛. 热带医学. 2版. 北京: 人民卫生出版社, 2004.
[25] 朱荫昌, 吴观陵, 管晓虹. 血吸虫感染免疫学. 上海: 上海科学技术文献出版社, 2008.
[26] 程训佳. 人体寄生虫学. 上海: 复旦大学出版社, 2015.
[27] 吴忠道, 汪世平. 临床寄生虫学检验. 4版. 北京: 中国医药科技出版社, 2019.
[28] 陈健, 柯雪梅, 刘行可, 等. 广州管圆线虫病1例. 中国寄生虫学与寄生虫病杂志, 2011, 29 (6): 414.

[29] Trottier H, Elliott SJ. World Health Organization recommends first malaria vaccine. Can J Public Health, 2021, 112 (6): 967-969.

[30] 张逸龙, 潘卫庆. 全球首款疟疾疫苗问世: 希望与挑战并存. 中国血吸虫病防治杂志, 2022, 3 (6): 560-562.

[31] 刘佩梅, 李泽民. 医学寄生虫学. 4版. 北京: 北京大学医学出版社, 2019.

[32] 邓维成, 曾庆仁. 临床寄生虫病学. 北京: 人民卫生出版社, 2014.

[33] 高月倩, 白君宜, 王辰, 等. 2021年美国疾病控制和预防中心《性传播感染治疗指南》关于阴道炎症的诊治规范解读. 中国实用妇科与产科杂志, 2021, 37 (11): 1141-1146.

[34] 段玉娟, 李朋举, 桑雨慧, 等. 阴道毛滴虫感染对男性生殖系统的影响及其机制. 中国寄生虫学与寄生虫病杂志, 2021, 39 (4): 532-536.

[35] 王建枝, 钱睿哲. 病理生理学. 9版. 北京: 人民卫生出版社, 2018.

[36] 陈丽艳, 孙树民. 食源性人兽共患寄生虫病学. 北京: 中国农业科学技术出版社, 2020.

[37] Montoya JG, Liesenfeld O. Toxoplasmosis. Lancet, 2004, 363 (9425): 1965-1976.

[38] Bogitsh BJ, Clint CE, Thomas ON. Human Parasitology. 3rd ed. New York: Academic Press, 2005.

[39] 葛均波, 徐永健, 王辰. 内科学. 9版. 北京: 人民卫生出版社, 2018.

[40] 诸欣平, 苏川. 人体寄生虫学. 9版. 北京: 人民卫生出版社, 2018.

[41] 陈颖丹, 周长海, 朱慧慧, 等. 2015年全国人体重点寄生虫病现状调查分析. 中国寄生虫学与寄生虫病杂志, 2020, 38 (1): 5-12.

[42] 邹洋, 王磊. 首都医科大学附属北京友谊医院热带病病例精解. 北京: 科学技术文献出版社, 2020.

[43] 张时民, 王庚, 曹玮, 等. 罕见华支睾吸虫、异形吸虫及棘口吸虫合并感染1例. 中国寄生虫学与寄生虫病杂志, 2021, 39 (4): 561-563.

[44] 庞冲敏, 杨兴林, 缪峰, 等. 贵州省圆圃棘口吸虫感染1例. 中国寄生虫学与寄生虫病杂志, 2019, 37 (5): 500.

[45] 李莉莎, 张榕燕, 陈宝建, 等. 福建省寄生虫虫种资源整理整合与共享. 中国寄生虫学与寄生虫病杂志, 2016, 34 (5): 451-455.

[46] 许隆祺, 陈颖丹, 孙凤华, 等. 全国人体重要寄生虫病现状调查报告. 中国寄生虫学与寄生虫病杂志, 2005 (S1): 332-340.

[47] 许隆祺, 蒋则孝, 姚民一, 等. 我国人体寄生虫的虫种概况. 中国寄生虫学与寄生虫病杂志, 1997 (5): 57-59.

[48] 许隆祺, 蒋则孝, 姚民一, 等. 我国人体内寄生虫的虫种概况 (续). 中国寄生虫学与寄生虫病杂志, 1998 (5): 70-75.

[49] 汪天平. 人体棘口吸虫病研究进展. 中国寄生虫病防治杂志, 1996 (4): 66-69.

[50] 傅昌芳, 储宣宁, 操治国. 寄生虫的抗肿瘤效应及其免疫机制. 热带病与寄生虫学, 2020, 18 (1): 59-63.

[51] 杨小迪, 徐常艳, 王舒颖, 等. 我国旋毛虫病流行病学诊断治疗及防治措施研究进展. 中国血吸虫病防治杂志, 2020, 32 (5): 448-452+458.

[52] Lourens GB, Ferrell DK. Lymphatic Filariasis. Nurs Clin North Am, 2019, 54 (2): 181-192.

[53] 周晓农. 2015年全国人体重点寄生虫病现状调查报告. 北京: 人民卫生出版社, 2018.

中外文专业词汇索引

A

阿苯达唑（albendazole） 198
阿米巴（amoeba） 34, 39
阿米巴穿孔素（amoeba pores） 42
阿米巴肺脓肿（amebic lung abscess） 43
阿米巴肝脓肿（amebic liver abscess） 43
阿米巴结肠炎（amebic colitis） 42
阿米巴痢疾（amebic dysentery） 39, 42
阿米巴脑脓肿（amebic brain abscess） 43
阿米巴型滋养体（amoeboid trophozoite） 71
阿米巴肿（ameboma） 42
埃及棘口吸虫（*Echinostoma aegyptica*） 148
埃及伊蚊（*Aedes aegypti*） 250
埃塞俄比亚利什曼原虫（*Leishmania aethiopica*） 53
按蚊属（*Anopheles*） 250
螯盔（galea） 287
奥硝唑（ornidazole） 68
澳洲大蠊（*Periplaneta australasiae*） 276

B

巴贝虫病（babesiasis） 285
巴龙霉素（paromomycin） 71
巴西钩口线虫（*Ancylostoma braziliense*） 17, 203
巴西利什曼原虫（*Leishmania braziliensis*） 54
白蛉（sandfly） 264
白蛉热（sandfly fever） 266
白蛉亚科（Phlebotominae） 264
白纹伊蚊（*Aedes albopictus*） 250
柏氏禽刺螨（*Ornithonyssus bacoti*） 294
班氏吴策线虫（*Wuchereria bancrofti*） 210
斑布蚋（*Simulium maculatum*） 268
半翅目（Hemiptera） 273
半胱氨酸蛋白酶（cysteine proteinase） 42
伴随免疫（concomitant immunity） 12
棒状体（rhoptry） 91
包虫皮内试验（Casoni test） 169
包囊（cyst） 34
胞肛（cytopyge） 111
胞口（cytostome） 6, 110
胞吞（endocytosis） 7
胞咽（cytopharynx） 6, 111
胞饮（pinocytosis） 34
胞蚴（sporocyst） 118
保虫宿主（reservoir host） 4
北亚蜱传斑疹伤寒（North-Asian tick-borne typhus） 285
贝纳柯克斯体（*Coxiella burnetii*） 284
倍足纲（Diplopoda） 242
吡喹酮（praziquantel） 132, 134
鞭虫（whipworm） 198
鞭虫病（trichuriasis） 198
鞭节（flagellum） 250
鞭毛（flagellum） 33
鞭毛虫（flagellate） 33
鞭毛型滋养体（flagellated trophozoite） 71
扁形动物门（Phylum Platyhelminthes） 7, 113, 115
苄硝唑（benznidazole） 62
变态（metamorphosis） 241, 249
变异体（variant） 14
变应性鼻炎（allergic rhinitis） 297
标准皮肤表面活组织检查（standard skin surface biopsy, SSSB） 293
表层肌（superficial muscle） 152
表面变异蛋白（variant surface protein, VSP） 64
表膜（pellicle） 33
柄节（scape） 250
并殖科（Paragonimidae） 128, 133
并殖吸虫（*Paragonimus*） 128
并殖吸虫病（paragonimiasis, paragonimosis） 128
波动膜（undulating membrane） 66
播散性超度感染（disseminated hyperinfection） 225
伯氏疏螺旋体（*Borrelia burgdorferi*） 285
不完全变态（incomplete metamorphosis） 249
不育囊（infertile cyst） 166
布氏冈比亚锥虫（*Trypanosoma brucei gambiense*） 58
布氏姜片吸虫（*Fasciolopsis buski*） 124
布氏罗得西亚锥虫（*Trypanosoma brucei rhodesiense*） 58

布氏嗜碘阿米巴（Iodamoeba butschlii） 39, 48

C

苍白纤恙螨（Leptotrombidium pallidum） 288
草原革蜱（Dermacentor nuttalli） 284
厕蝇科（Fanniidae） 258
长管白蛉（Phlebotomus longiductus） 265
长红锥蝽（Rhodnius prolixus） 62
长棘带吸虫（Centrocestus longus） 146
长期性寄生虫（permanent parasite） 4
肠阿米巴病（intestinal amoebiasis） 39, 42
肠贾第鞭毛虫（Giardia intestinalis） 62
肠检胶囊法（enteric-test capsule） 65
肠外阿米巴病（extra-intestinal amoebiasis） 39, 42
常现唇棘线虫（Dipetalonema perstans） 210
尘螨（dust mite） 296
尘螨属（Dermatophagoides） 296
成虫（adult） 118
成孔蛋白（pore-forming protein） 67
成囊（encystation） 41
成熟包囊（mature cyst） 40
成熟节片（mature proglottid） 152
成熟裂殖体（mature schizont） 77
成蛹（imagochrysalia） 287
迟发型子孢子（bradysporozoites，BS） 79
齿龈内阿米巴（Entamoeba gingivalis） 39, 48
耻阴虱（Pthirus pubis） 272
翅脉（wing vein） 249
虫媒病（arbo-disease） 244
臭虫（bedbug） 273
臭虫科（Cimicidae） 273
除虫菊素（pyrethrin） 246
触角（antenna） 249
穿孔素（perforin） 67
穿皮潜蚤（Tunga penetrans） 271
传播方式（way of transmission） 22
传播途径（route of transmission） 22
传染源（source of infection） 22
唇瓣（labella） 251
唇足纲（Chilopoda） 242
雌配子（female gamete） 81
刺舌蝇（Glossina morsitans） 60
刺嘴纲（Enoplea） 218
脆弱双核阿米巴（Dientamoeba fragilis） 70

D

大黄粉虫（Tenebrio molitor） 175
大连壶菌（Lagenidium giganteum） 258

大劣按蚊（Anopheles dirus） 250
大头金蝇（Chrysomyia megacephala） 261
大锥蝽（Panstrongylus megistus） 62
大滋养体（trophozoite） 77
带虫免疫（premunition） 12, 86
带虫者（carrier） 10, 16
带科（Taeniidae） 156
带属（Taenia） 156
单眼（ocelli） 249
淡色库蚊（Culex pipiens pallens） 215, 250
淡足舌蝇（Glossina pallidipes） 60
德国小蠊（Blattella germanica） 276
德里疖（Delhi boil） 53
德墨拉瑞列绦虫（Raillietina demerariensis） 184
德墨拉瑞列绦虫病（raillietinasis demerariensis） 184
等孢球虫病（isosporiasis） 103
等孢球虫（Isospora） 75, 103
滴虫性阴道炎（Trichomonas vaginitis） 66
滴滴涕（dichloro-diphenyl-trichloroethane，DDT） 246
迪斯帕内阿米巴（Entamoeba dispar） 39, 46
地方性（endemicity） 24
地方性斑疹伤寒（endemic typhus） 271
地方性回归热（endemic relapsing fever） 285
地里纤恙螨（Leptotrombidium deliense） 286
地痒疹（ground itch） 207
帝汶布鲁线虫（Brugia timori） 210
顶突（rostellum） 151
顶突腺（rostellar gland） 165
东方蜚蠊（Blatta orientalis） 276
东方疖（oriental sore） 53, 265
东方毛圆线虫（Trichostrongylus orientalis） 232
东方眼虫（oriental eyeworm） 230
东乡伊蚊（Aedes togoi） 216
动合子（ookinete） 81
动基裂纲（Kinetofragminohporea） 110
动基体（kinetoplast） 54
毒力（virulence） 9
杜氏利什曼原虫（Leishmania donovani） 53
对流免疫电泳（counter immunoelectrophoresis，CIE） 65
多房棘球绦虫（Echinococcus multilocularis） 170
多房棘球蚴（multilocular hydatid） 153
多房性包虫病（multilocular echinococcosis） 170
多棘单睾吸虫（Haplorchis yokogawai） 146
多头蚴（coenurus） 153
多形性（polymorphism） 58, 86
多重感染（multiple infection） 17

E

恶性疟原虫（*Plasmodium falciparum*） 75
颚体（gnathosoma） 280

F

发热伴血小板减少综合征布尼亚病毒（severe fever with thrombocytopenia syndrome bunya virus） 285
方形黄鼠蚤松江亚种（*Citellophilus tesquorum sungaris*） 270
非消除性免疫（non-sterilizing immunity） 12
非洲昏睡病（African sleeping sickness） 58
非洲锥虫病（African trypanosomiasis） 58
蜚蠊（cockroach） 275
蜚蠊目（Blattaria） 250
肥胖带绦虫（*Taenia saginata*） 161
肺吸虫病（lung fluke disease） 128
分子模拟（molecular mimicry） 14
粉尘螨（*Dermatophagoides farinae*） 296
粉螨总科（Acaroidea） 296
粪类圆线虫（*Strongyloides stercoralis*） 223
粪类圆线虫病（strongyloidiasis stercoralis） 223
呋喃嘧酮（furapyrimidone） 216
福建棘隙吸虫（*Echinochasmus fujianensis*） 148
福氏耐格里阿米巴（*Naegleria fowleri*） 71
抚育细胞（nurse cell） 220
复发（relapse） 84
复眼（compound eye） 249
复殖纲（Digenea） 115, 132
副基体门（Phylum Parabasalia） 53
富含半胱氨酸蛋白（cysteine-rich proteins，CRP） 64
腹吸盘（acetabulum sucker） 115
腹殖吸盘复合器（ventro-genital sucker complex） 147

G

盖塞（opercular plug） 199
杆状蚴（rhabditiform larva） 205
肝片形吸虫病（fascioliasis hepatica） 126
肝片形吸虫（*Fasciola hepatica*） 126
肝吸虫（liver fluke） 120
感器（sensillum） 287
感器基（sensillary base） 287
感染阶段（infective stage） 16, 22
冈田绕眼果蝇（*Amiota okadai*） 262
刚地弓形虫（*Toxoplasma gondii*） 91
革螨（gamasid mite） 294
革螨皮炎（gamasid dermatitis） 296
革螨亚目（Gamasida） 294
格氏血厉螨（*Haemolaelaps glasgowi*） 294
根丝体（rhizoplast） 54
梗节（pedicel） 250
弓形虫病（toxoplasmosis） 91
弓形虫（*Toxoplasma*） 75
共栖（commensalism） 3
共生（symbiosis） 3
钩虫（hookworm） 203
钩虫病（hookworm disease） 203
钩棘单睾吸虫（*Haplorchis pumilio*） 146
钩蚴（hookworm larva） 205
孤雌生殖（parthenogenesis） 280
谷蛾（*Tinia granella*） 175
固有免疫（innate immunity） 12
固着器（holdfast） 151
广州管圆线虫（*Angiostrongylus cantonensis*） 227

H

哈门内阿米巴（*Entamoeba hartmanni*） 39, 46
哈氏器（Haller's organ） 281
汉坦病毒属（*Hantavirus*） 289
合胞体（syncytium） 115
合子（zygote） 81
河盲症（river blindness） 210
核糖体（ribosome） 115
核周体（perikaryon） 152
褐斑大蠊（*Periplaneta brunnea*） 276
黑热病（kala-azar） 53
黑热病后皮肤利什曼病（post kalaazar dermal leishmaniasis，PKDL） 56
黑尾黑麻蝇（*Helicophagella melanura*） 261
黑胸大蠊（*Periplaneta fuliginosa*） 276
横川后殖吸虫（*Metagonimus yokogawai*） 146
红细胞内期（erythrocytic stage） 79
红细胞外期（exoerythrocytic stage） 79
吼猴疟原虫（*Plasmodium simium*） 76
后滴门（Phylum Metamonada） 53, 62
后尾蚴（metacercaria） 118
后胸（metathorax） 249
呼吸管（siphon） 252
互利共生（mutualism） 3
花蝇科（Anthomyiidae） 258
华广原虻（*Tabanus signatipennis*） 269
华支睾吸虫（*Clonorchis sinensis*） 120
化蛹（pupation） 249
环裂亚目（Cyclorrhapha） 258
环状体（ring form） 77
环子孢子蛋白（circumsporozoite protein，CSP） 79
缓殖子（bradyzoite） 91
黄素蛋白氧化酶（flavoprotein oxidase） 117
黄足纺蚋（*Simulium aureohirtum*） 268

回归热疏螺旋体（*Borrelia recurrentis*） 273
蛔虫病（ascariasis） 195
喙（proboscis） 250
获得性弓形虫病（acquired toxoplasmosis） 94

J

机会性致病性寄生虫（opportunistic parasite） 4
机会性致病原虫（opportunistic protozoa） 35
机械性传播（mechanical transmission） 244
基层（basement layer） 115
基体（basal body） 54, 62
基质（matrix） 115
基质膜（basal plasma membrane） 115
极环（polar ring） 91
急性感染（acute infection） 16
棘阿米巴属（*Acanthamoeba*） 49
棘颚门（Phylum Acanthognatha） 113
棘口科（Echinostomatidae） 148
棘口目（Echinostomatida） 115
棘口吸虫病（echinostomiasis） 148
棘口吸虫（*Echinostomes*） 148
棘球蚴（hydatid cyst，echinococcus） 153, 165
棘球蚴砂（hydatid sand） 167
棘球蚴液（hydatid fluid） 167
棘头动物门（Phylum Acanthocephala） 7
季节性（seasonality） 24
寄螨目（Parasitiformes） 294
寄生（parasitism） 3
寄生虫病（parasitosis） 10, 16
寄生虫感染（parasitic infection） 16
寄生物（parasite） 3
加氧酶（oxygenase） 117
甲苯咪唑（mebendazole） 198
甲壳纲（Crustacea） 242
甲硝唑（metronidazole） 68, 112
假包囊（pseudocyst） 91
假叶目（Pseudophyllidea） 151
间接荧光抗体试验（indirect fluorescent antibody test，IFAT） 65
间日疟原虫（*Plasmodium vivax*） 75
兼性寄生虫（facultative parasite） 3
兼性蝇蛆病（facultative myiasis） 263
简单扩散（simple diffusion） 7
江苏原虻（*Tabanus kiangsuensis*） 269
姜片虫病（fasciolopsiasis） 124
胶工溃疡病（Chicllero's ulcer） 54
角质层（laminated layer） 166
接睾棘口吸虫（*Echinostoma paraulum*） 148
接合生殖（conjugation） 35, 111

节片（proglottid） 151
节肢动物门（Phylum Arthropoda） 7, 241
结肠草履虫（*Paramecium coli*） 110
结肠内阿米巴（*Entamoeba coli*） 39, 46
结肠小袋纤毛虫（*Balantidium coli*） 110
结膜吸吮线虫（*Thelazia callipaeda*） 230
疥疮（scabies） 291
疥螨（sarcoptid mite） 289
疥螨科（Sarcoptidae） 289
疥螨属（*Sarcoptes*） 289
疥螨总科（Sarcoptoidea） 289
茎口（stylostome） 288
颈部（neck） 151
静止（quiescence） 243
九佛棘隙吸虫（*Echinochasmus jiufoensis*） 148
厩腐蝇（*Muscina stabulans*） 262
厩螯蝇（*Stomoxys calcitrans*） 262
枸橼酸乙胺嗪（diethylcarbamazine citrate） 216
巨刺螨科（Macronyssidae） 294
巨结肠（megacolon） 61
巨食管（megaesophagus） 61
巨尾阿丽蝇（*Aldrichina grahami*） 261
巨吻棘头虫病（macracanthorhynchosis） 188
具带病蚤（*Nosopsyllus fasciatus*） 175
聚合酶链反应（polymerase chain reaction，PCR） 57, 65
卷棘口吸虫（*Echinostoma revolutum*） 148

K

抗药性（insecticide resistance） 247
抗原变异（antigenic variation） 14
抗原的加工和提呈（antigen processing and presentation） 12
抗原提呈细胞（antigen-presenting cell，APC） 12
壳鞘（sheath） 211
壳质层（chitinous layer） 193
克里米亚-刚果出血热（Crimean-Congo hemorrhagic fever） 284
克氏假裸头绦虫（*Pseudanoplocephala crawfordi*） 181
克氏锥虫（*Trypanosoma cruzi*） 60
孔区（porose area） 281
口囊（buccal capsule） 192
口器（mouthpart） 249
口腔毛滴虫（*Trichomonas tenax*） 69
口吸盘（oral sucker） 115
库蚊属（*Culex*） 250
宽足纺蚋（*Simulium vernum*） 268
狂蝇科（Oestridae） 258

昆虫纲（Insecta） 241
醌单宁蛋白（quinone tanned protein） 241
阔节裂头绦虫（Diphyllobothrium latum） 179
阔节裂头绦虫病（diphyllobothriasis latum） 179

L

拉氏疏螺旋体（Borrelia latyshewi） 285
莱姆病（Lyme disease） 285
蓝氏贾第鞭毛虫（Giardia lamblia） 6, 62
蓝氏贾第鞭毛虫病（giardiasis） 62
劳氏管（Laurer's canal） 117
雷蚴（redia） 118
类锥体（conoid） 91
狸殖属（Pagumogonimus） 133
厉螨科（Laelaptidae） 294
丽蝇科（Calliphoridae） 258
利杜体（Leishmania-Donovan body，LD body） 54
链体（strobila） 151
链尾唇棘线虫（Dipetalonema streptocerca） 210
链状带绦虫（Taenia solium） 156
列螨科（Leeuwenhoekiidae） 286
裂体吸虫（schistosome） 135
裂体增殖（schizogony） 77
裂头蚴（plerocercoid） 154
裂殖体（schizont） 77, 91
裂殖子（merozoite） 77
邻苯二甲酸二甲酯（dimethyl phthalate） 247
林旦（lindane） 246
淋巴结型利什曼病（lymph gland visceral leishmaniasis，LGVL） 57
淋巴丝虫病（lymphatic filariasis） 210
龄（instar） 249
龄期（stadium） 249
流行性斑疹伤寒（epidemic typhus） 273
硫氯酚（bithionol sulfoxide） 128
六鞭毛科（Hexamitidae） 62
六钩蚴（oncosphere） 154
六氯环己烷（hexachlorocyclohexane，六六六） 246
龙线虫病（dracunculiasis） 234
卵（ovum） 118
卵盖（operculum） 118
卵黄腺（vitelline gland） 117
卵模（ootype） 117
卵囊（oocyst） 81, 92, 97
卵形疟原虫（Plasmodium ovale） 75
罗阿罗阿线虫（Loa loa） 210

M

麻蝇科（Sarcophagidae） 258
马来布鲁线虫（Brugia malayi） 210
马来钩口线虫（Ancylostoma malayanum） 203
马来棘口吸虫（Echinostoma malayanum） 148
马氏管（Malpighian tubule） 252
埋内欧尘螨（Euroglyphus maynei） 296
麦地那龙线虫（Dracunculus medinensis） 234
螨岛（mite island） 288
曼氏迭宫绦虫（Spirometra mansoni） 175
曼氏裂头蚴病（sparganosis mansoni） 175
慢性感染（chronic infection） 16
猫蚤（Ctenocephalides felis） 173
毛蛉科（Psychodidae） 264
毛囊蠕形螨（Demodex folliculorum） 292
毛首鞭形线虫（Trichuris trichiura） 198
毛形线虫科（Trichinellidae） 218
毛形线虫目（Trichinellida） 218
毛蚴（miracidium） 118
茂氏点（Maurer's dots） 77
梅氏腺（Mehlis' gland） 117
酶联免疫吸附试验（enzyme-linked immunosorbent assay，ELISA） 65
美洲板口线虫（Necator americanus） 203
美洲大蠊（Periplaneta americana） 276
美洲锥虫病（American trypanosomiasis） 58
虻（tabanid fly） 268
虻科（Tabanidae） 268
蠓（biting midge） 266
蠓科（Ceratopogonidae） 266
弥散性皮肤利什曼病（diffuse cutaneous leishmaniasis） 53
免疫逃逸（immune evasion） 14, 86
免疫抑制（immunosuppression） 14
面粉甲虫（Tenebrio sp.） 173
藐小棘隙吸虫（Echinochasmus liliputanus） 148
莫氏立克次体（Rickettsia mooseri） 271
墨西哥利什曼原虫亚马逊亚种（Leishmania mexican amazonensis） 54
墨西哥利什曼原虫指名亚种（Leishmania mexican mexicana） 54

N

内出芽（endogenous budding） 34
内脏利什曼病（visceral leishmaniasis） 53, 265
内脏幼虫移行症（visceral larva migrans） 17
内质（endoplasm） 40
纳虫空泡（parasitophorous vacuole） 56
耐格里穿孔素（Naegleria pores） 72
耐格里属（Naegleria） 71
囊虫（bladder worm） 153

囊尾蚴（cysticercus） 153
囊尾蚴病（cysticercosis） 156
囊型包虫病（cystic echinococcosis） 165
囊型棘球蚴病（cystic hydatidosis） 165
囊蚴（encysted metacercaria） 118
蛲虫（pinworm） 200
蛲虫病（enterobiasis） 200
脑型疟（cerebral malaria，CM） 85
泥色锥蝽（*Triatoma sordida*） 62
拟谷盗（*Tribolium* sp.） 173
拟染色体（chromatoid body） 40
黏膜皮肤利什曼病（mucocutaneous leishmaniasis） 54，265
凝集作用（agglutination） 13
牛带绦虫病（taeniasis bovis） 161
牛囊尾蚴（cysticercus bovis） 161
疟疾（malaria） 75
疟疾发作（malarial paroxysm） 83
疟色素（malarial pigment） 77
疟原虫（*Plasmodium* sp.） 75
诺氏疟原虫（*Plasmodium knowlesi*） 75

O

欧氏曼森线虫（*Mansonella ozzardi*） 210
偶然寄生虫（accidental parasite） 4
偶然性蝇蛆病（accidental myiasis） 263

P

派伊尔小结（Peyer patches） 64
泡球蚴（alveolar hydatid cyst） 170
泡球蚴病（alveococcosis） 170
泡型包虫病（alveolar echinococcosis） 170
泡型棘球蚴病（alveolar hydatid disease） 170
泡状核（vesicular nucleus） 34
泡状棘球蚴（alveolar hydatid） 153
配子生殖（gametogony） 35
配子体（gametocyte） 77，92
喷他脒（pentamidine） 58
皮层（tegument） 6，115，152
皮层细胞（tegumentary cell） 115
皮刺螨科（Dermanyssidae） 294
皮刺螨总科（Dermanyssoidea） 294
皮肤阿米巴病（cutaneous amoebiasis） 43
皮肤利什曼病（cutaneous leishmaniasis，CL） 57
皮肤幼虫移行症（cutaneous larva migrans） 17
皮下层（hypodermis） 152
皮蝇科（Hypodermatidae） 258
皮脂蠕形螨（*Demodex brevis*） 292
蚍螨科（Pyroglyphidae） 296

蜱（tick） 281
蜱螨亚纲（Acari） 280
蜱媒回归热（tickborne recurrens） 285
蜱目（Ixodida） 281
蜱瘫痪（tick paralysis） 244，284
蜱总科（Ixodoidea） 281
片形科（Fasciolidae） 126
平衡棒（halter） 249
葡萄糖酸锑钠（sodium stibogluconate） 58
普氏立克次体（*Rickettsia prowazekii*） 273

Q

Q热（Q fever） 284
气门（stigmata） 252
恰加斯病（Chagas' disease） 60
恰加斯肿（Chagoma） 61
迁延移行（persisting migrans） 206
前鞭毛体（promastigote） 54
前列腺素（prostaglandin，PG） 83
前气门亚目（Prostigmata） 286，292
前胸（prothorax） 249
前咽（prepharynx） 115
前幼螨（prelarva） 287
潜蚤属（*Tunga*） 271
羟脒替（hydroxystilbamidine isethionate） 58
氢化酶体（hydrogenosome） 66
氰基丙烯酸盐黏合剂（cyanoacrylate adhesive） 293
球鞭毛体（sphaeromastigote） 61
曲颌棘缘吸虫（*Echinoparyphium rgcurvatum*） 148
驱避剂（repellents） 246
躯体（idiosoma） 280
全沟硬蜱（*Ixodes persulcatus*） 284
犬复孔绦虫（*Dipylidium caninum*） 182
犬复孔绦虫病（dipylidiasis caninum） 182
犬钩口线虫（*Ancylostoma caninum*） 203
犬栉首蚤（*Ctenocephalides canis*） 173
群舞（group dancing，flight mating） 243

R

染色质粒（chromatin granules） 40
热带臭虫（*Cimex hemipterus*） 273
热带巨脾综合征（tropical splenomegaly syndrome） 84
热带利什曼原虫（*Leishmania tropica*） 53
人疥螨（*Sarcoptes scabiei var. hominis*） 290
人类免疫缺陷病毒（human immunodeficiency virus，HIV） 62
人毛滴虫（*Trichomonas hominis*） 69
人虱（*Pediculus humanus*） 272

人兽共患寄生虫病（parasitic zoonosis） 24
人体虱（P.h. corporis） 272
人头虱（P.h. capitis） 272
人五毛滴虫（Pentatrichomonas hominis） 69
人芽囊原虫（Blastocystis hominis） 107
人隐孢子虫（Cryptosporidium hominis） 97
妊娠节片（gravid proglottid） 152
妊娠疟疾（placental malaria） 85
日本大蠊（Periplaneta japonica） 276
日本棘隙吸虫（Echinochasmus japonicus） 148
溶组织内阿米巴（Entamoeba histolytica） 6, 39
肉孢子虫（Sarcocystis） 75, 101
肉孢子囊（sarcocyst） 101
肉鞭毛下界（Sarcomastigota） 39
肉食螨总科（Cheyletoidea） 292
肉足鞭毛门（Phylum Sarcomastigophora） 7
蠕虫（helminth） 113
蠕虫病（helminthiasis） 113
蠕形螨（demodicid mite） 292
蠕形螨科（Demodicidae） 292
蠕形螨属（Demodex） 292
蠕形住肠线虫（Enterobius vermicularis） 200
乳突钝缘蜱（Ornithodoros papillipes） 284
软蜱（soft tick） 281
软蜱科（Argasidae） 281
蚋（black fly） 267
蚋科（Simuliidae） 267
若虫（nymph） 249
若蛹（nymphochrysalis） 287

S

噻嘧啶（pyrantel） 198, 209
三苯双脒（tribendimidine） 209
三带喙库蚊（Culex tritaeniorhynchus） 250
三日疟原虫（Plasmodium malariae） 75
三羧酸循环（tricarboxylic acid cycle，TAC） 7
三重原虻（Tabanus trigeminus） 269
骚扰蝽（Triatoma infestans） 62
骚扰黄虻（Atylotus miser） 269
森林脑炎（forest encephalitis） 284
森林脑炎病毒（forest encephalitis virus） 284
杀虫剂（insecticides） 246
扇棘单睾吸虫（Haplorchis taichui） 146
上鞭毛体（epimastigote） 59, 61
上唇（labrum） 249
上颚（mandible） 249
舌蝇属（Glossina） 58
舍蝇（Musca domestica） 261
伸缩泡（contractile vacuole） 111

神经突（nerve process） 115
肾综合征出血热（hemorrhagic fever with renal syndrome） 289
生发层（germinal layer） 166
生发囊（brood capsule） 153, 166
生发细胞（germinal cell） 151
生活史（life cycle） 6
生理龄期（physiological age） 254
生物性传播（biological transmission） 244
生物源性蠕虫（biohelminthes） 113
生殖窦（genital sinus） 117
生殖营养周期（gonotrophic cycle） 243
虱（lice） 272
虱传回归热（louse-borne relapsing fever） 273
虱目（Anoplura） 250
十二指肠钩口线虫（Ancylostoma duodenale） 203
十二指肠贾第鞭毛虫（Giardia duodenalis） 62
石灰小体（calcareous body） 152
实质核（compact nucleus） 34
实质细胞（parenchymal cell） 115
食物泡（food vacuole） 7, 111
食蟹猴疟原虫（Plasmodium cynomolgi） 76
食源性寄生虫病（food-borne parasitic diseases） 25
世代交替（alternation of generation） 5, 35
适宜温区（optimum temperature range） 243
适应性免疫（adaptive immunity） 12
嗜人按蚊（Anopheles anthropophagus） 216, 250
嗜酸性粒细胞增多症（eosinophilia） 208
鼠型斑疹伤寒（murine typhus） 271
鼠疫（plague） 271
鼠疫耶尔森菌（Yersinia pestis） 244, 271
属名（genus name） 7
双翅目（Diptera） 250
双滴纲（Trepomonadea） 62
双滴目（Diplomonadida） 62
双碘喹啉（diiodohydroxyquinoline） 71
双名法（binomial nomenclature） 7
水泡带绦虫（Taenia hydatigena） 186
水源性寄生虫病（water-borne parasitic disease） 22
硕大白蛉吴氏亚种（Phlebotomus major wui） 58
硕大利什曼原虫（Leishmania major） 53
丝虫（filaria） 210
丝虫热（filarial fever） 214
丝光绿蝇（Lucilia sericata） 261
丝状蚴（filariform larva） 205
司氏伯特绦虫（Bertiella studeri） 185
斯米尔诺夫白蛉（Phlebotomus smirnovi） 265
斯氏并殖吸虫（Paragonimus skrjabini） 128, 132
斯氏狸殖吸虫（Pagumogonimus skrjabini） 133

四川白蛉（Phlebotomus sichuanensis）265
似囊尾蚴（cysticercoid）153
似蚓蛔线虫（Ascaris lumbricoides）195
速发型子孢子（tachysporozoites，TS）79
速殖子（tachyzoite）91
宿主（host）3
孙囊（granddaughter cyst）166
缩小膜壳绦虫（Hymenolepis diminuta）174
缩小膜壳绦虫病（hymenolepiasis diminuta）174

T

台湾棘带吸虫（Centrocestus formosanus）147
台湾铗蠓（Forcipomyia taiwana）267
糖基磷脂酰肌醇（glycophosphatidylinositol，GPI）83
糖原泡（glycogen vacuole）40
绦虫（cestode）4, 151
绦虫纲（Cestoidea）151
特异性免疫（specific immunity）12
体内寄生虫（endoparasite）3
体外寄生虫（ectoparasite）3
体液性黑化反应（humoral melanization）87
替硝唑（tinidazole）68
同体库蠓（Culicoides homotomus）267
童虫（schistosomulum）118
头节（scolex）151
头翼（cephalic alae）200
透色动物门（Phylum Percolozoa）53
土灰原虻（Tabanus amaenus）269
土源性蠕虫（geohelminthes）113
蜕皮（ecdysis，molt）193, 241
吞噬（phagocytosis）34
吞噬体（phagosome）115
唾液腺（salivary gland）251

W

外出芽（exogenous budding）34
外骨骼（exoskeleton）241
外质（ectoplasm）40
外质膜（external plasma membrane）115
完全变态（complete metamorphosis）249
网翅目（Dictyoptera）275
微毛（microthrix）152
微丝蚴（microfilaria）211
微丝蚴血症（microfilaremia）214
微小按蚊（Anopheles minimus）250
微小后殖吸虫（Metagonimus minutus）146
微小膜壳绦虫（Hymenolepis nana）172
微小膜壳绦虫病（hymenolepiasis nana）172

微小内蜒阿米巴（Endolimax nana）39, 47
微小隐孢子虫（Cryptosporidium parvum）97
围食膜（peritrophic membrane）251
伪足（pseudopodium）6, 33
尾蚴（cercaria）118
卫氏并殖吸虫（Paragonimus westermani）128
未成熟节片（immature proglottid）152
未成熟裂殖体（immature schizont）77
胃蝇科（Gasterophilidae）258
温带臭虫（Cimex lectularius）273
蚊（mosquitoes）250
蚊科（Culicidae）250
沃尔巴克体（Wolbachia）217
屋尘螨（Dermatophagoides pteronyssinus）296
无鞭毛体（amastigote）54, 60
无气门亚目（Astigmata）289, 296
无前螨科（Walchiidae）286
无性世代（asexual generation）118
五日热巴尔通体（Bartonella quintana）273

X

西伯利亚立克次体（Rickettsia sibirica）285
西里伯瑞列绦虫（Raillietina celebensis）183
西里伯瑞列绦虫病（raillietiniasis celebensis）183
吸槽（bothrium）151
吸虫（trematode）115
吸垫（ambulacra）290
吸盘（sucker）151
吸吮线虫病（thelaziasis）230
锡兰钩口线虫（Ancylostoma ceylanicum）203
细胞介导免疫（cell-mediated immunity）14
细胞内杀伤（intracellular killing）13
细胞外杀伤（extracellular killing）13
细颈囊尾蚴（cysticercus tenuicollis）186
细颈囊尾蚴病（cysticercosis tenuicollis）186
细粒棘球绦虫（Echinococcus granulosus）165
狭睾棘口吸虫（Echinostoma angustitestis）148
下颚（maxilla）249
夏厕蝇（Fannia canicularis）262
先天性弓形虫病（congenital toxoplasmosis）94
纤毛（cilium）33, 110
纤毛虫（ciliate）33, 110
纤毛门（Phylum Ciliophora）7, 110
线虫（nematode）191
线形动物门（Phylum Nemathelminthes）7, 113
线中殖孔绦虫（Mesocestoides lineatus）184
线中殖孔绦虫病（mesocestoidiasis lineatus）184
消除性免疫（sterilizing immunity）12
硝呋替莫（nifurtimox）62

硝基呋喃(nitrofuran) 62
小袋纤毛虫科(Balantidiidae) 110
小袋纤毛虫属(*Balantidium*) 110
小盾纤恙螨(*Leptotrombidium scutellare*) 286
肖氏疟原虫(*Plasmodium shortti*) 76
蝎亚纲(Scorpions) 280
斜睾目(Plagiorchiida) 115, 132
谢氏山蚤(*Oropsylla silantiewi*) 270
新现寄生虫病(neoemerging parasitic diseases) 25
性传播疾病(sexually transmitted disease, STD) 45
性传播寄生虫病(sexually transmitted parasitosis, STP) 66
雄配子(male gamete) 81
休眠子(hypnozoite) 79
须舌蝇(*Glossina palpalis*) 60
许氏疟原虫(*Plasmodium schwetzi*) 76
旋毛虫病(trichinelliasis) 218
旋毛形线虫(*Trichinella spiralis*) 218
旋毛形线虫属(*Trichinella*) 218
旋盘尾线虫(*Onchocerca volvulus*) 210
薛氏点(Schuffner's dots) 77
学名(scientific name) 7
血腔(hemocoel) 241
血吸虫病(schistosomiasis) 135
血液鞭毛虫(hemoflagellate protozoa) 58
循环后期锥鞭毛体(metacyclic trypomastigotes) 59

Y

亚东璃眼蜱(*Hyalomma asiaticum kozlovi*) 284
亚历山大白蛉(*Phlebotomus alexandri*) 58, 265
亚洲带绦虫(*Taenia asiatica*) 163
亚洲带绦虫病(Asia taeniasis) 163
亚洲肥胖带绦虫(*Taenia saginata asiatica*) 163
咽(pharynx) 115
咽管球(pharyngeal bulb) 200
眼虫门(Phylum Euglenozoa) 53
焰细胞(flame cell) 116
氧化酶(oxidase) 117
恙虫病(tsutsugamushi disease) 289
恙虫东方体(*Orientia tsutsugamushi*) 289
恙螨(chigger mite) 286
恙螨科(Trombiculidae) 286
恙螨皮炎(trombiculosis) 288
恙螨总科(Trombiculoidea) 286
叶形棘隙吸虫(*Echinochasmus perfoliatus*) 148
伊维菌素(ivermectin) 209, 216
伊蚊属(*Aedes*) 250
医学寄生虫学(medical parasitology) 1
医学节肢动物(medical arthropod) 241

医学节肢动物学(medical arthropodology) 1, 241
医学蠕虫(medical helminth) 113
医学蠕虫学(medical helminthology) 1
医学原虫(medical protozoa) 33
医学原虫学(medical protozoology) 1
异盘并殖吸虫(*Paragonimus heterotremus*) 128
异染色质(volutin) 59
异嗜症(allotriophagy) 208
异位病变(ectopic lesion) 18
异位寄生(ectopic parasitism) 18
异形科(Heterophyidae) 146
异形吸虫(*Heterophyid trematodes*) 146
异形异形吸虫(*Heterophyes heterophyes*) 146
易化扩散(facilitated diffusion) 7
阴道毛滴虫(*Trichomonas vaginalis*) 66
隐孢子虫(*Cryptosporidium*) 75, 97
隐孢子虫病(cryptosporidiosis) 97
隐性感染(inapparent infection) 17
印鼠客蚤(*Xenopsylla cheopis*) 173, 175, 270
蝇(fly) 258
蝇科(Muscidae) 258
蝇蛆病(myiasis) 262
硬蜱(hard tick) 281
硬蜱科(Ixodidae) 281
蛹(pupa) 249
有性世代(sexual generation) 118
幼虫(larva) 249
幼虫移行症(larva migrans) 17
羽化(emergence) 249
阈值(threshold) 82
原虫(protozoa) 33
原发性阿米巴性脑膜脑炎(primary amoebic meningoencephalitis, PAM) 71
原生动物界(Kingdom Protozoa) 39
原生生物界(Kingdom Protista) 35
原体腔(protocoelom) 191
原头蚴(protoscolex) 153, 166
原尾蚴(procercoid) 154
圆圃棘口吸虫(*Echinostoma hortense*) 148
圆叶目(Cyclophyllidea) 151
缘垛(festoon) 281

Z

再燃(recrudescence) 84
再现寄生虫病(reemerging parasitic diseases) 25
暂时性寄生虫(temporary parasite) 4
蚤(flea) 269
蚤目(Siphonaptera) 250, 269
增强调理作用(facilitated opsonization) 13

战壕热（trench fever） 273
掌状毛（palmate hair） 252
真螨目（Acariformes） 286, 289, 292, 296
蜘蛛亚纲（Araneae） 280
中华白蛉指名亚种（*Phlebotomus chinensis chinensis*） 58
质膜（plasmalemma） 33
致病性（pathogenicity） 9
致倦库蚊（*Culex pipiens quinquefasciatus*） 215, 250
致痒蚤（*Pulex irritans*） 173, 270
滞育（diapause） 243
中华按蚊（*Anopheles sinensis*） 216, 250
中华白蛉长管亚种（*Phlebotomus chinensis longiductus*） 58
中华白蛉（*Phlebotomus chinensis*） 58, 265
中华斑虻（*Chrysops sinensis*） 269
中华麻虻（*Haematopota sinesis*） 269
中间宿主（intermediate host） 4
中气门亚目（Mesostigmata） 294
中绦期（metacestode） 153
中体（median body） 63
中胸（mesothorax） 249
终宿主（definitive host） 4
种名（species name） 7

种群（population） 246
猪带绦虫病（taeniasis suis） 156
猪巨吻棘头虫（*Macracanthorhynchus hirudinaceus*） 188
猪囊尾蚴（cysticercus cellulosae） 156
猪尾猴疟原虫（*Plasmodium inui*） 76
蛛形纲（Arachnida） 241, 280
主动转运（active transport） 7
主要组织相容性复合体（major histocompatibility complex，MHC） 12
爪（claw） 249
爪垫（pulvillus） 281
专性寄生虫（obligatory parasite） 3
专性蝇蛆病（obligatory myiasis） 262
转续宿主（paratenic host，transport host） 4
锥鞭毛体（trypomastigote） 58, 61
锥虫下疳（trypanosomal chancre） 59
锥虫（*Trypanosoma*） 58
锥蝽（*Triatoma*） 61
滋养体（trophozoite） 34
子孢子（sporozoite） 79
子囊（daughter cyst） 166
自体内感染（internal autoinfection） 157
自体外感染（external autoinfection） 157

彩 图

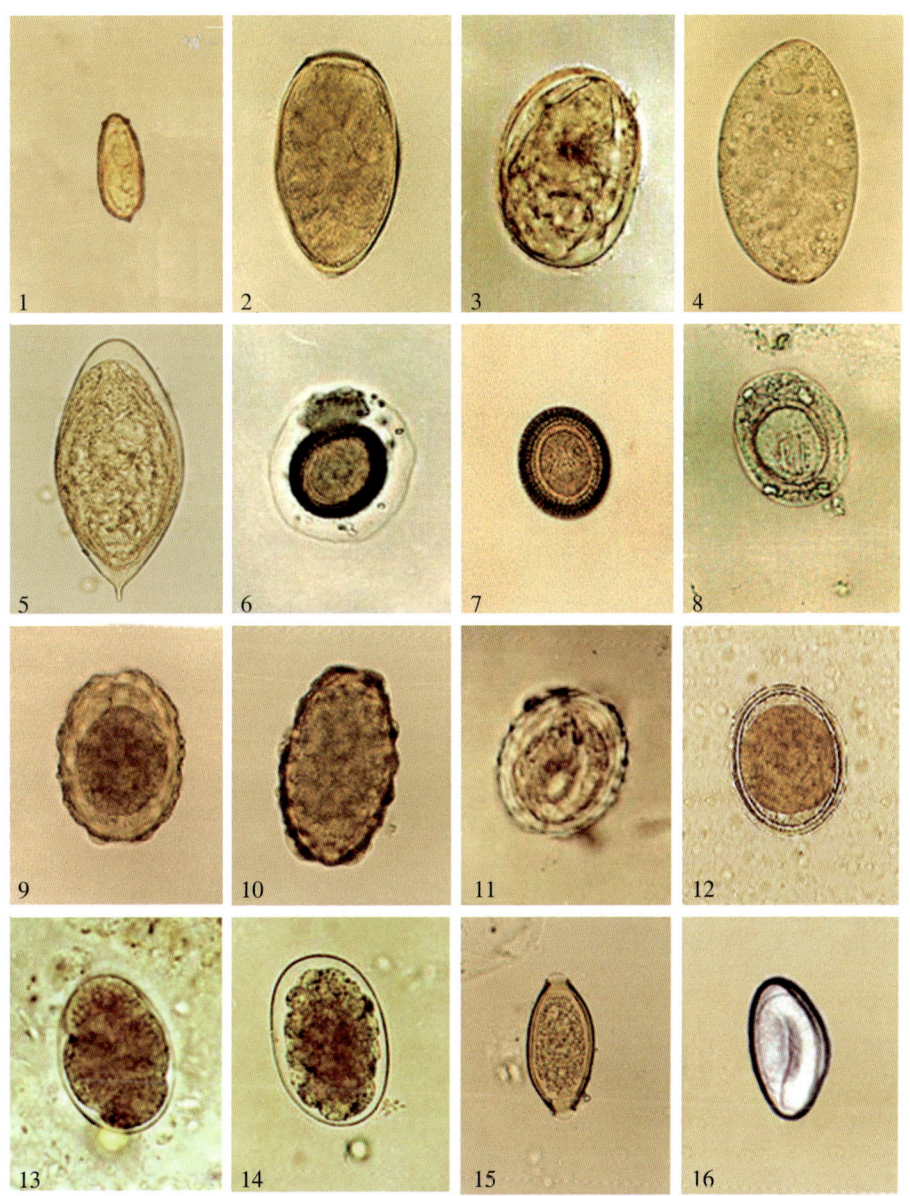

1. 华支睾吸虫卵 2. 卫氏并殖吸虫卵 3. 日本血吸虫卵 4. 布氏姜片吸虫卵 5. 埃及血吸虫卵
6. 带绦虫完整卵 7. 带绦虫不完整卵 8. 微小膜壳绦虫卵 9. 蛔虫受精卵 10. 蛔虫未受精卵
11. 蛔虫感染期卵 12. 蛔虫脱蛋白膜卵 13. 钩虫（4个卵细胞） 14. 钩虫卵（桑葚期）
15. 鞭虫卵蠕形住肠线虫卵 16. 蛲虫卵

彩图Ⅰ 常见的医学寄生虫卵

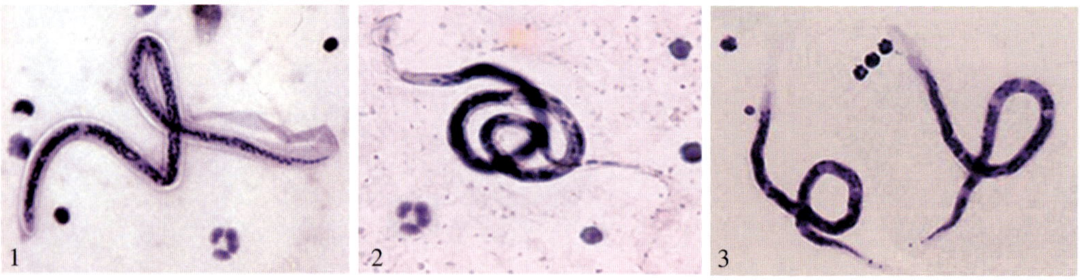

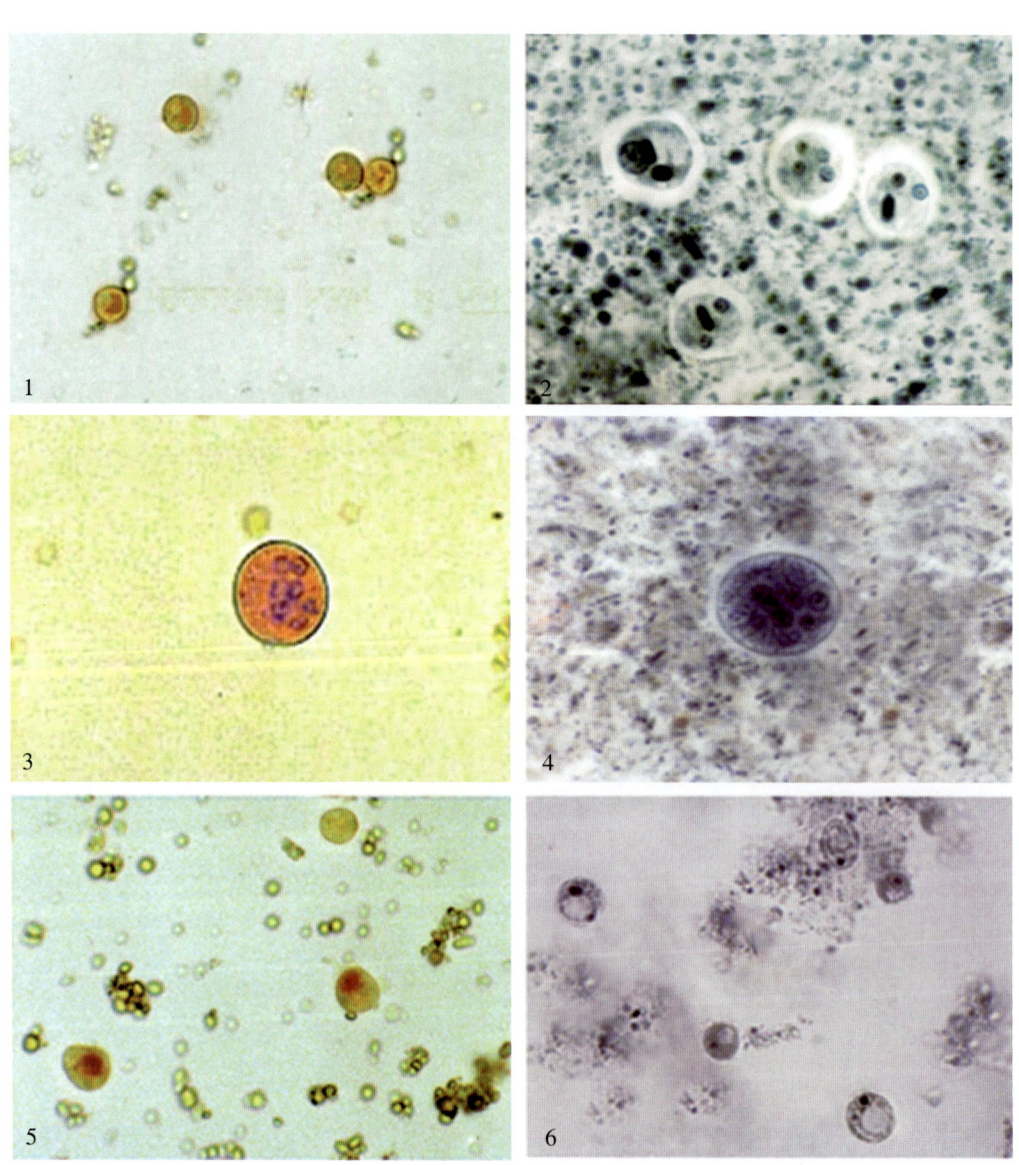

1. 班氏丝虫微丝蚴　2. 马来丝虫微丝蚴　3. 马来丝虫微丝蚴（示尾核）

彩图Ⅱ　两种丝虫微丝蚴

1. 溶组织内阿米巴包囊（碘液染色）　2. 溶组织内阿米巴包囊（铁苏木素染色）
3. 结肠内阿米巴包囊（碘液染色）　4. 结肠内阿米巴包囊（铁苏木素染色）
5. 布氏嗜碘阿米巴包囊（碘液染色）　6. 布氏嗜碘阿米巴包囊（铁苏木素染色）

彩图Ⅲ　寄生人体的三种阿米巴包囊

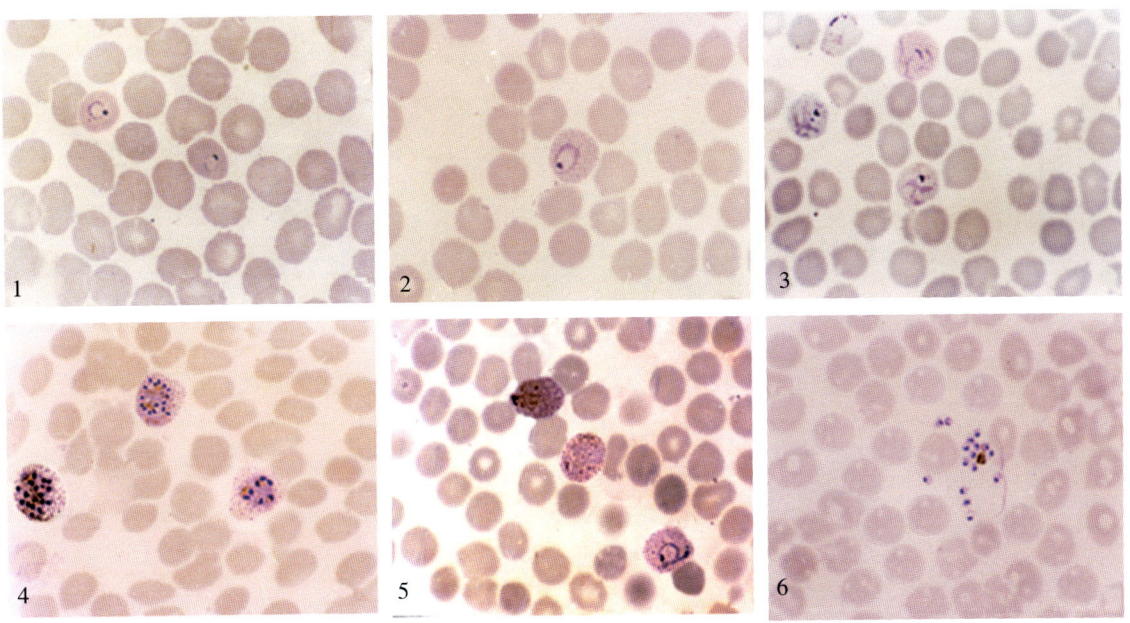

1. 环状体 2. 早期滋养体 3. 滋养体 4. 裂殖体 5. 配子体 6. 裂殖子

间日疟原虫（薄血涂片）

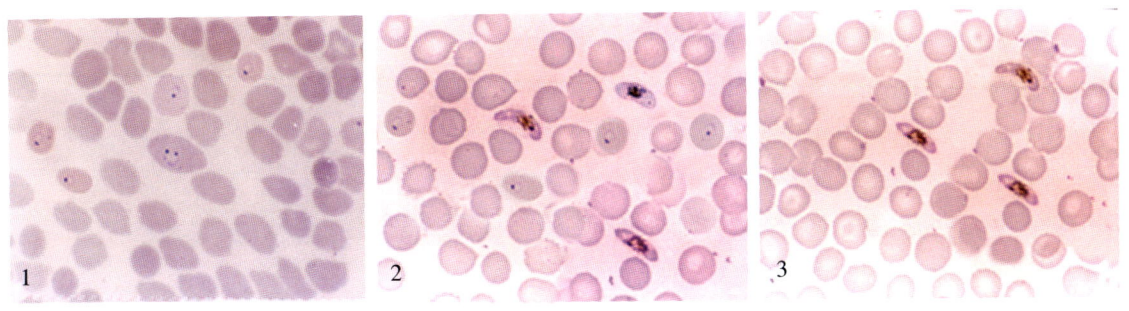

1. 环状体 2 和 3. 配子体

恶性疟原虫（薄血涂片）

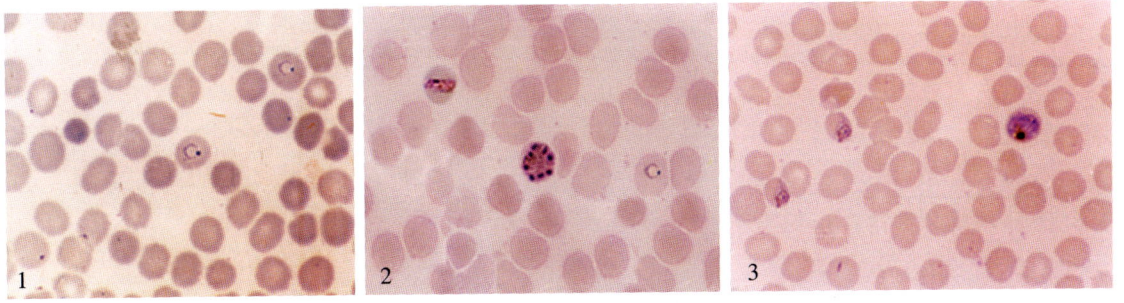

1. 环状体 2. 滋养体（带状），裂殖体（菊花状） 3. 配子体

三日疟原虫（薄血涂片）

彩图Ⅳ 常见人体寄生的三种疟原虫

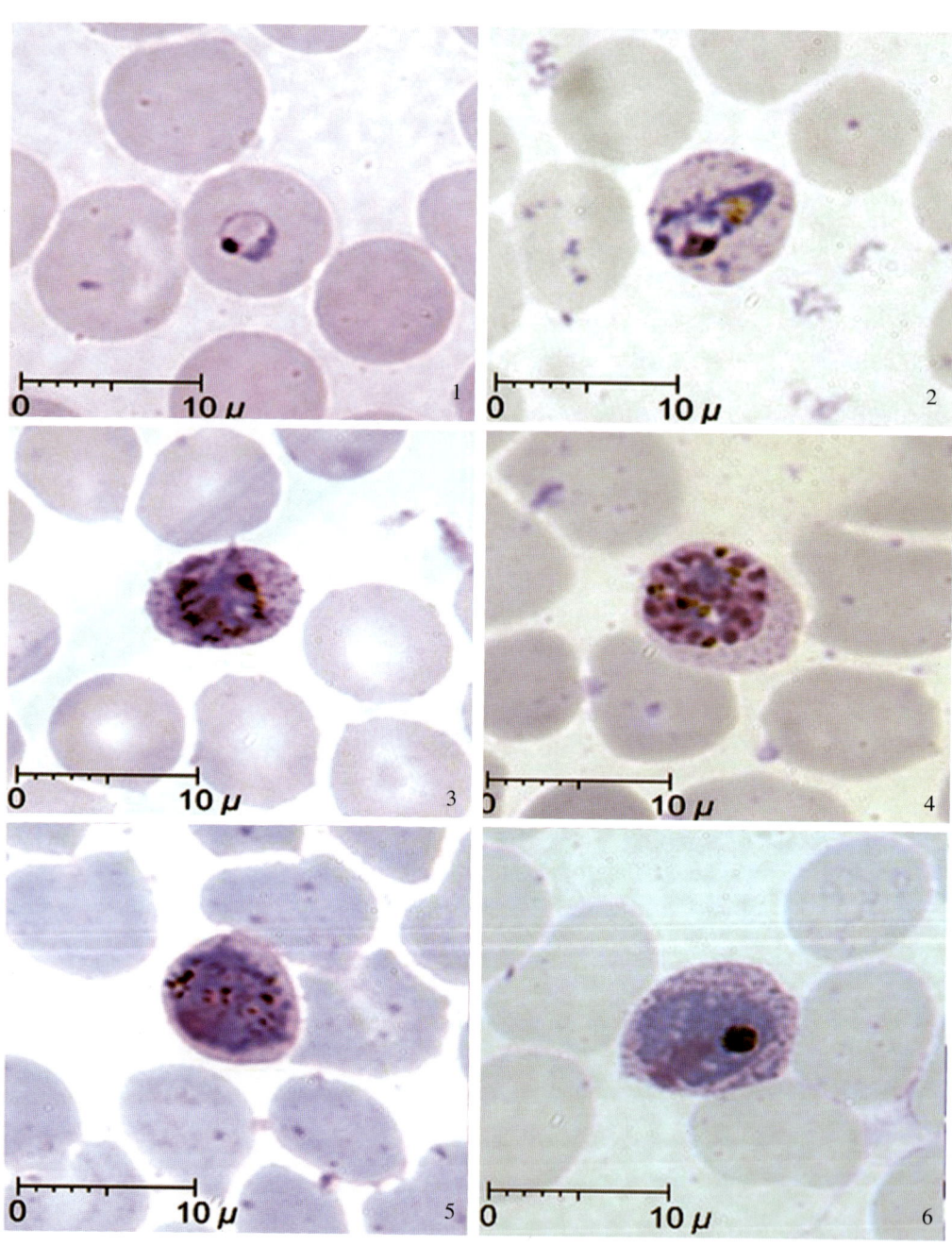

1. 环状体　2. 滋养体　3. 未成熟裂殖体　4. 成熟裂殖体　5. 雌配子体　6. 雄配子体

彩图Ⅴ　诺氏疟原虫（薄血涂片）

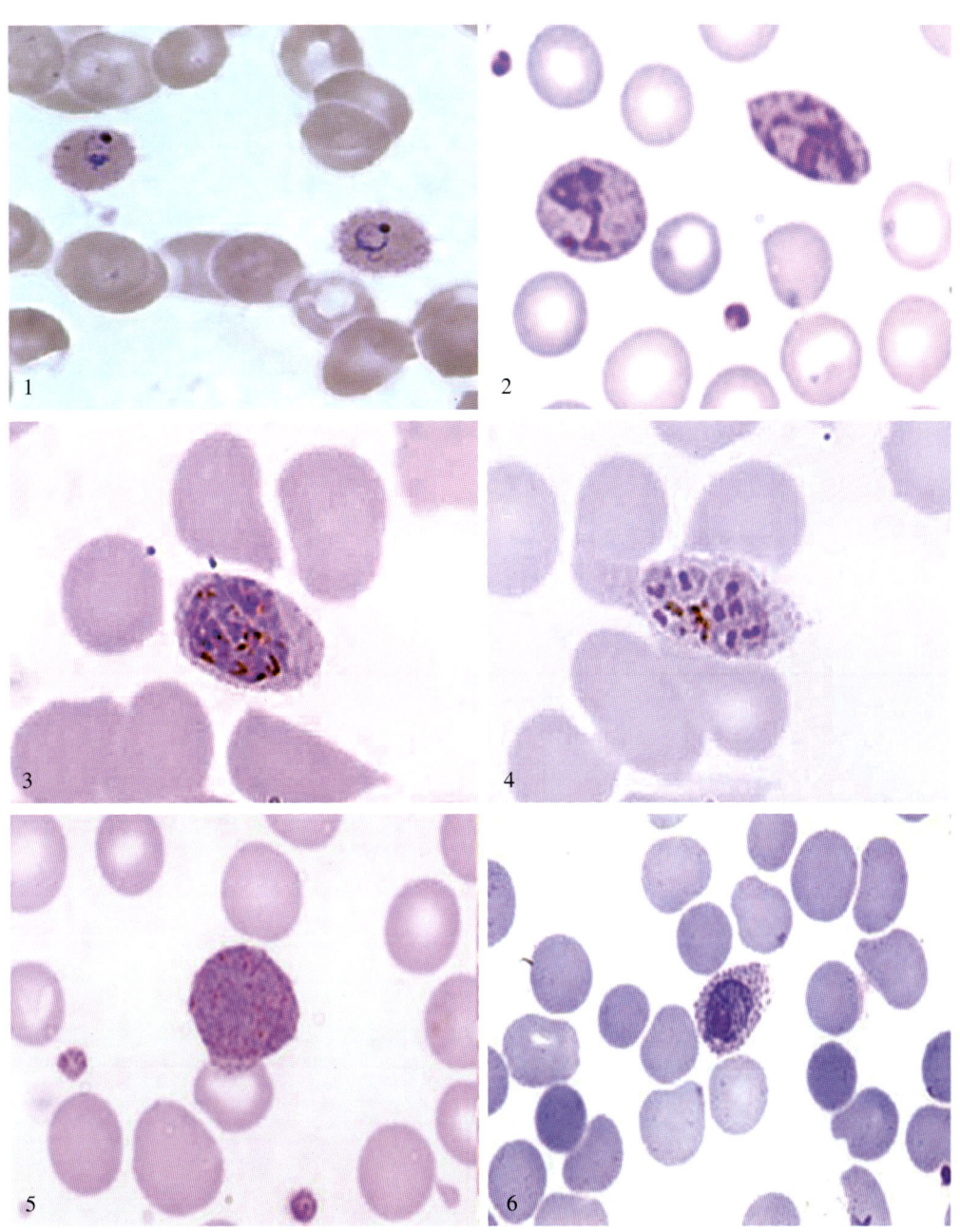

1. 环状体　2. 滋养体　3. 未成熟裂殖体　4. 成熟裂殖体　5. 雌配子体　6. 雄配子体

彩图Ⅵ　卵形疟原虫（薄血涂片）